Ausgesondert
Bibliothek der
Pädagogischen Hochschule
Freiburg

Roland Kollmann

Wegmarken in der religionspädagogischen Landschaft

Teilband 2

Die Deutsche Bibliothek - CIP-Einheitsaufnahme

Kollmann, Roland :
Wegmarken in der religionspädagogischen Landschaft
/ Roland Kollmann
- Essen : Verl. Die Blaue Eule, 2002
ISBN 3-89206-013-4

ISBN 3-89206-013-4

© Copyright Verlag DIE BLAUE EULE, Essen 2002

Alle Rechte vorbehalten

Umschlagabbildung: Fritz Berger

Nachdruck oder Vervielfältigung, auch auszugsweise, in allen
Formen, wie Mikrofilm, Xerographie, Mikrofiche, Mikrocard,
Offset und allen elektronischen Publikationsformen, verboten
Gedruckt auf alterungsbeständigem Papier

Printed in Germany

Inhalt
Teil-Band 2

- Offen gebliebene Fragen zum Religionsunterricht in
  den neuen Bundesländern (1993) — 367
- „Darf ich laut sagen, was ich über ‚Behinderung' denke?"
  Protokollnotizen aus der Fortbildung für Ärzte und
  Krankenschwestern (1993) — 373
- „Kirche im Wandel. Wir sind das Volk Gottes" (1993) — 382
- 28. April – Geburtstag von Hermann Lietz (1868-1919) (1993) — 404
- 5. Juni – Geburtstag von Kurt Hahn (1886-1974) (1993) — 406
- Rezension: Rainer Dillmann/ Josef Hochstaffl – Jesus als Modell.
  Praxisbegleitung in einem Gemeindebesuchsdienst (1994) — 408
- Brückenfunktion der Religionspädagogik. Versuch
  einer Standortbestimmung (1994) — 410
- Umgehen mit Aggression. Kollegiale Praxisberatung (1994) — 434
- Menschen mit Behinderungen – Kirche mit Behinderungen? (1995) — 456
- Stellungnahme zu den „konzeptionellen Überlegungen für die
  Reform des Theologiestudiums für Lehramtsstudierende" (1995) — 473
- Rezension: Cyprian Rogowski – Die Entwicklung der
  katholischen Religionspädagogik in Polen und in der
  Bundesrepublik Deutschland nach dem II. Vatikanischen
  Konzil. Eine vergleichende Untersuchung (1995) — 476
- Rezension: Hans-Georg Ziebertz/ Werner Simon (Hg.) –
  Bilanz der Religionspädagogik (1995) — 478
- Bibliodrama in Praxis und Theorie (1996) — 484
- Psychisch krank und zufrieden mit dem Leben? (1996) — 505
- Bibliodrama. Erfahrungsorientierte Bibelauslegung in der
  Gruppe an ausgewählten Beispielen (1996) — 510
- Brief an den Erzbischof von Paderborn Degenhardt (1997) — 513
- 40 Jahre Familienbildungsstätte (FBS) Dülmen (1997) — 518

- Rezension (1997): Georg Baudler – El Jahwe Abba. Wie die Bibel Gott versteht (1996) — 520
- Gesellschaft ohne Glaube – Schule ohne Religion? (1998) — 521
- „Zwischen Anspruch und Wirklichkeit" – Antidiskriminierung von Menschen mit Behinderung in der Kirche (1998) — 532
- Religionspädagogik und Religionsdidaktik – eine Standortbestimmung (1998) — 543
- Der Gute Gott und das Leid – Eine Meditation (1998) — 560
- Menschen mit Behinderungen in Katechese und Religionsunterricht (1999) — 567
- Religionsdidaktik – eine interdisziplinäre Schnittmenge (1999) — 581
- Religion als Risiko. Entwicklungsfördernde und entwicklungshemmende Aspekte von Religion (1999) — 593
- Rezension: Hans-Jürgen Röhrig – Religionsunterricht mit geistigbehinderten Schülern – aber wie? Perspektivenwechsel zu einer subjektorientierten Religionsdidaktik (1999) — 626
- „Mit Leid umgehen" – „Kinder fragen nach Leid und Gott" – Religionsdidaktische Perspektiven und Fragen im Zusammenhang von zwei neuen Veröffentlichungen (1999) — 628
- Spaß an Reli. Darüber lacht man nicht… (2000) — 635
- „Weitergabe des Glaubens – Für den Glauben Worte finden – Sprachlosigkeiten überwinden" (2000) — 660
- Phänomenologie der Behinderung (2001) — 668
- Behinderung – Lexikonartikel (2001) — 676
- Bibliodrama – Lexikonartikel (2001) — 686
- Pfarrer Siegfried Kollmann – Nachruf auf seinen Tod (2001) — 689
- Körperbehindertenfürsorge – Lexikonartikel (2002) — 696
- Theodizee und Integration (2002) — 698
- Rezension: Stephan Leimgruber/ Annebelle Pithan/ Martin Spieckermann (Hg.) – Der Mensch lebt nicht vom Brot allein. (2001) — 708

- Rezension: Christoph Leyendecker/ Alexandra Lammers – „Lass mich einen Schritt alleine tun". Lebensbeistand und Sterbebegleitung lebensbedrohlich erkrankter Kinder (2001)   709
- Wer bin ich, vor mir selbst, vor anderen und vor Gott? (2002)   710

- Literaturverzeichnis   713
- Abbildungsverzeichnis   723

Offen gebliebene Fragen zum Religionsunterricht in den neuen Bundesländern (1993)
In Zusammenarbeit mit Martina Blasberg-Kuhnke und Hans-Willi Winden

Im Folgenden werden wichtige Gesichtspunkte zusammengestellt, die bei der das Symposion abschließenden Podiumsdiskussion über die Referate und die Ergebnisse der Gruppenarbeit zur Sprache kamen. Dabei bestand Konsens darin, dass sich der Synodenbeschluss insgesamt bewährt hat und auch weiterhin eine solide Grundlage für den Religionsunterricht darstellt. Er müsse jedoch in einer Reihe von Fragen überdacht und weiterentwickelt werden. Grundsätzlich erhalte das Fach mehr und mehr den auch pastoralen Charakter einer „Suchbewegung" der Lehrerin bzw. des Lehrers mit den Kindern und Jugendlichen, die indirekt auch eine Sozialisierung in die eigene Kirche ermögliche.

1. Was ist unter GG Art. 7 III ökumenisch möglich und sinnvoll?

Es wurde gefordert die juristischen Möglichkeiten des Art. 7 III GG genauer zu überprüfen; dabei könnten die Fragen leitend sein: Deckt er auch Formen eines „ökumenischen Religionsunterrichts" ab? Welche noch nicht realisierten Möglichkeiten sind im Art. 7 III enthalten? Die im Schulalltag in fast allen Schulformen, insbesondere jedoch in Berufs- und Sonderschulen, praktizierten Formen der ökumenischen Kooperation sollten auf ihre juristische Legitimation hin überprüft und umgekehrt durch die in Art. 7 III GG enthaltenen Möglichkeiten der Begründung stärker abgestützt werden.

2. Was bedeutet „Wahrung der Konfessionalität"?

Die Vorstellungen über die künftige Gestaltung der Konfessionalität des Religionsunterrichts markierten ein breites Spektrum. Als gemeinsamer Nenner wurde die Notwendigkeit regional unterschiedlicher Gestaltungsformen der Bekenntnisgebundenheit auf der Basis von GG Art. 7 III deutlich. In welcher Weise dieser Rahmen aber kirchlicherseits auszuschöpfen sei, darüber gingen die Ansichten zum Teil weit auseinander. Sie reichten von einem Festhalten an der Triasregelung, wann immer möglich, d.h. mit Ausnahmeregelungen (besonders für nichtgetaufte Schülerinnen und Schüler), über gestufte Formen der Zusammenarbeit zwischen den Kirchen, den generellen Verzicht auf die Schülerhomogenität bis hin zu einem „von den Kirchen gemeinsam verantworteten Religionsunterricht". Bei den Befürwortern der Triasregelung bestand Konsens darüber, dass sie differenziert zu interpretieren ist. Dabei dürfen für die Inhalte des Religionsunterrichts nicht allein konfessionelle Dogmatik und kirchliche Orthodoxie den Ausschlag geben, sondern unter den Bedingungen der pluralen und konfessionell differenzierten Gesellschaft sind die didaktisch und methodisch geforderten Aspekte der Vermittlung ebenso zu respektieren. Die Religionslehrerinnen und -lehrer sind überfordert, wenn sie im plural gesellschaftlichen Kontext darauf verpflichtet werden die Konfessionalität undifferenziert und ohne Rücksicht auf die Vermittlungsprobleme „voll zu wahren".

3. Religionsunterricht und außerschulische Lernorte

Die Rollenkonflikte von Religionslehrerinnen und -lehrern werden zunehmen und für den einzelnen unerträglich werden, wenn die Eltern erwarten, dass fehlende oder mangelhafte religiöse Erziehung in Familie und Gemeinde im Religionsunterricht kompensiert wird; deshalb sind die religiösen Lernorte Familie, Schule, Gemeinde, Verbände etc. neu zu vernetzen, da für die einzelnen Religionslehrerinnen und -Lehrer ohne Kooperationen und wechselseitige Entlastungen nicht zu verantwortende Überforderungen entstehen.

4. Wie reden wir über Religion?

Es ist Aufgabe des Religionsunterrichts Religion zur Sprache zu bringen. Dabei wird es in Zukunft immer wichtiger die tradierte religiöse Sprache sowie das eigene Sprechen über Religiöses kritisch zu überprüfen und durch „Umsprechen" verständlich und zugänglich zu machen.

5. Schulseelsorge und ihr Verhältnis zum Religionsunterricht

Schule ist ein Lebensraum mit eigener Kultur (Schulkultur) und als ein Ort zu betrachten, an den auch geglaubt wird; Schülerinnen und Schüler, Lehrerinnen und Lehrer, die ihre Schulkultur gestalten, sind deshalb in die Seelsorge (Schulseelsorge) einzubeziehen. Es sollte geklärt werden, inwieweit in der deutschen Schule Schulseelsorge und Religionsunterricht sowohl von ihren Aufgaben als auch von ihrem institutionellen Rahmen her auseinandergehalten bzw. aufeinander bezogen werden können.

6. Welche Aufgabe kommt den Hochschulen zu?

Der Stellenwert des Beitrags der Hochschulen zur Aus-, Fort- und Weiterbildung von Religionslehrerinnen und -lehrern ist neu zu bestimmen; der Maßstab für die Einschätzung ihres Beitrags liegt im Theorie-Praxis-Verhältnis, konkreter in der Frage, ob sie den Forderungen nach mehr Praxisbezug und konsequenterer Berücksichtigung der Anthropologie gerecht werden, damit sie imstande sind Religionslehrerinnen und -lehrer in der Weise auszubilden, dass sie nicht nur theologische Inhalte, sondern den gesamten didaktischen Prozess zu elementarisieren vermögen.

7. Wie kann die globale Dimension des christlichen Glaubens entfaltet werden?

„Lokal handeln, global denken"; dieser Grundsatz sollte die künftige Fortschreibung der Korrelationsdidaktik bestimmen. Denn die lebendige Entfaltung der globalen Dimension des christlichen Glaubens vollzieht sich u. a. auch in den alltäglichen Situationen des schulischen Lehrens und Lernens. Zwei extreme Gefahrenpunkte sind dabei zu beachten: Auf der einen Seite darf die globale Intention die didaktischen Bemühungen nicht lähmen, andererseits sollte die Problematisierung der Schülersituation nicht so überzogen werden, dass der Blick für das Ganze verlorengeht.

8. Warum „Roter Faden" des Glaubens?

Bei den vielfältigen und notwendigen Elementarisierungen im Religionsunterricht muss der „rote Faden" (G. Fuchs) des Glaubens bzw. der Theologie erkennbar bleiben.

9. Ist empirische Kontrolle möglich?

In der Religionspädagogik muss in Zukunft strenger nach empirischen Aspekten gearbeitet werden. Religionspädagogische Erkenntnisse sind empirisch zu überprüfen; in gewissen Bereichen kann auch die korrelative Didaktik durchaus empirischen Kontrollen unterzogen werden.

10. Gibt es die „Globalkonzeption"?

Es wurde betont, eine Konzeption des Religionsunterrichts dürfe nie als Globalbestimmung missverstanden werden; statt dessen sei sie immer „situierte Konzeptionierung", die versucht auf der Grundlage der Korrelationsdidaktik den Religionsunterricht den gesellschaftlichen, schulischen und kirchlichen Gegebenheiten vor Ort entsprechend zu begründen und zu konzipieren.

11. Fortsetzung der bildungstheoretischen Reflexion

Von Seiten der Schulpädagogik wird erwartet, dass die Religionspädagogik in stärkerem Maße als bisher das Gespräch mit der Erziehungswissenschaft und anderen Humanwissenschaften sucht um in der fortschreitenden bildungstheoretischen Reflexion einen allgemeinpädagogischen Rückhalt für die Begründung und Konzeptionierung des Religionsunterrichts zu finden.

12. Regionalisierung möglicher Konzeptionen

Es wurde vorgeschlagen regionale Erprobungen im didaktischen Bereich ausdrücklich zuzulassen und zu fördern; mögliche Fehler bei entsprechenden Modellversuchen dürften dabei kein Hindernis sein. Es müssten regionale „runde Tische" eingeführt werden, an denen alle teilnehmen, die in der Region mit dem Religionsunterricht befasst sind; besonders in den neuen Bundesländern - aber auch in den alten - müssten die regionalen Verhältnisse respektiert und als Ausgangsbedingungen der Entwicklung von Konzeptionen des Religionsunterrichts anerkannt werden.

13. Aufgreifen von außerinstitutioneller Religiosität

Religionspädagogische Arbeit braucht mehr Ermutigung und Begleitung, vor allem wenn Religionslehrerinnen und -lehrer im Religionsunterricht Formen von Religiosität aufgreifen und schöpferisch einbeziehen, die nicht unbedingt den institutionell-kirchlichen Erwartungen bzw. den Lehr- und Stundenplänen entsprechen, oder wenn in religionspädagogischen Modellversuchen „Grauzonen" hinsichtlich der religiösen Einstellung und/oder Glaubenshaltung zu bearbeiten sind.

14. Verhältnis Religionsunterricht - andere Schulfächer

Viele Probleme (z.B. Schöpfung-Umwelt) zwingen zur Kooperation des Religionsunterrichts mit anderen Fächern (z.B. Biologie); in den neuen Bundesländern bietet sich diese Kooperation besonders an, weil vielfach ehemalige naturwissenschaftliche Lehrer das weiterbildende Studium der Religionspädagogik absolvieren. Grundsätzlich muss die Einbindung des Religionsunterrichts in den Fächerkanon der Schule und seine Vernetzung mit anderen innerschulischen Lernbereichen deutlicher sichtbar werden. Dies erfordert, gerade mit Blick auf die Integration von religiösen Inhalten in fächerübergreifende Lernbereiche, die Überprüfung von Art, Umfang und Zusammengehörigkeit der Inhalte des Religionsunterrichts.

15. Altersspezifische Begründung

Der Religionsunterricht der Zukunft muss konsequent schülerorientiert sein, d.h. er braucht eine je altersspezifische Begründung um Prozesse in Gang zu setzen, die dem einzelnen Schüler hilfreiche Orientierungen auf seinem Lebensweg sein können, so dass der Religionsunterricht insgesamt eher dem Modell der „Einheit in versöhnter Vielfalt" als dem der „Einheitlichkeit um jeden Preis" entspricht.

16. Hierarchie der Wahrheiten - schulformbezogen

Die im Synodenbeschluss (2.4.1) aufgeführte Reihenfolge „altersspezifische Voraussetzungen" - „Hierarchie der Wahrheiten" sollte fortgeschrieben, d.h. erweitert werden um die notwendige Berücksichtigung der schulform- bzw. schulartbezogenen Bedingungen des Religionsunterrichts und entsprechend der Lehrerausbildung; dadurch können die Entwicklung des schulform- bzw. schulartbezogenen Religionsunterrichts grundgelegt und verstärkt werden.

17. Motivierung im Religionsunterricht

Die Beachtung der Motivationsprobleme im Religionsunterricht führt dazu, dass Formen der inneren Differenzierung, der Gruppenarbeit und der Freiarbeit stärker eingesetzt werden; sie helfen nicht nur das Klima im Religionsunterricht zu verbessern, sondern auch zu einem methodisch flexiblen Verhalten und Vorgehen zu ermutigen, das den Anforderungen einer pluralen Gesellschaft eher entspricht.

18. Mission und Religionsunterricht

Besonders aus der Sicht der neuen Bundesländer wird der missionarische Charakter des Religionsunterrichts unterstrichen und von den Religionslehrerinnen und -lehrern mehr Freude am Glauben erwartet.

19. „Kulturelle Diakonie"

Ausgehend von der „kulturellen Not" (Evangelii nuntiandi) und vom kulturellen Diakonieverständnis sollte der Religionsunterricht in allen kulturellen Bereichen religiöse Phänomene und Entwicklungen fördern, in denen sich Hoffnungspotentiale der Gesellschaft verdichten; es wird deshalb vorgeschlagen die Synodenbeschlusstexte „Der Religionsunterricht" und „Unsere Hoffnung" stärker aufeinander zu beziehen und „zusammen zu sehen".

20. Theologie als Gesprächspartnerin der Religionspädagogik

Das Gespräch, das zum Gelingen der Korrelation zwischen der Religionspädagogik und den anderen theologischen Disziplinen unerlässlich ist, setzt voraus, dass diese ihre Rolle als Gesprächspartner der Religionspädagogik annehmen und sich deren Korrelationsprobleme im Interesse der gemeinsamen Sache zu eigen machen; für die Ausbildung von Religionslehrerinnen und -lehrern ergibt sich daraus die Forderung nach korrelativ strukturierten Studiengängen und nach Aufhebung der Segmentierung des Theologiestudiums durch Überspezialisierungen. Dies setzt voraus, dass die Fachtheologie ihr eigenes Wissenschaftsverständnis überprüft, indem sie sich auch selbst dem Verhältnis von theologischer Wissenschaft und Bildung widmet.

21. *Erwartungen der neuen Bundesländer*

Vertreter der neuen Bundesländer artikulierten deutlich ihr Interesse an westlicher Unterstützung in der Religionslehrerausbildung, bei der es sich in vielen Fällen i. e. S. um Weiterbildung von Lehrern aus den Naturwissenschaften handelt; solche Unterstützung könne durch konzeptionelle Beratung und Lehrpläne erfolgen. Sie erwarten aber auch, dass ihnen eigenständige Entwicklungen ermöglicht werden.

„Darf ich laut sagen, was ich über ‚Behinderung' denke?"
Protokollnotizen aus der Fortbildung für Ärzte und Krankenschwestern (1993)

In der Fortbildung für Ärzte und Kinderkrankenschwestern, die in der Medizin rund um die Geburt, also in der Medizin der Neugeborenen, in der sog. Neonatologie bzw. der Perinatal- und Intensivmedizin, tätig sind, beobachte ich seit einigen Jahren ein zunehmendes Interesse an Aussprache und Erfahrungsaustausch vor allem über die Grenzprobleme des „Lebens und Sterbens" und der „Behinderung". Beide Personengruppen, aber auch die Eltern der Neu- bzw. Frühgeborenen, haben im Krankenhaus- und Kliniksystem unserer Tage kaum Gelegenheit, über ihre Einstellung zu Geborenwerden und Sterbenmüssen sowie zur Behinderungsproblematik zu sprechen.

Um diesem Interesse und den dahinter stehenden Problemen Ausdruck zu verleihen, halte ich es für sinnvoll einige protokollierte und bearbeitete Aussagen von Ärzten und Krankenschwestern hier anonym zu veröffentlichen. Zum besseren Verständnis seien ihnen noch ein paar grundsätzliche Überlegungen zur speziellen Art der Fortbildung in diesem Bereich und zu den neuen Problemen am Lebensanfang vorangestellt.

1. Zur speziellen Fortbildung in der Neonatologie

Ärzte und Schwestern werden heute mit Fragen und Problemen konfrontiert, die es in dieser Art und Dringlichkeit vorher nicht gegeben hat und für deren Bewältigung sie auch nicht ausgebildet werden konnten. Es sind Probleme, die durch die sich überstürzenden Fortschritte in der Medizintechnologie zwangsläufig immer neu entstehen und auf drastische Weise zum ständigen Nachdenken über „Behinderung" herausfordern, sofern diese bereits in pränatalen Entwicklungsstadien auftreten bzw. durch Brutkastenbedingungen wie künstliche Beatmung oder Ernährung teilweise mitverursacht werden.

Diese Probleme sind kompliziert und schwierig, weil sich bei der Arbeit am Brutkasten sehr unterschiedliche Interessen überschneiden, beispielsweise die der Eltern, der Ärzte, der Krankenschwestern, der Medizintechnologie, des Trägers, der Kirche(n), des Staates, und weil die herkömmliche Disziplin für derartige Probleme, die Ethik, für die Bearbeitung der neuen Grenz- und Abgrenzungsprobleme soviel wie keine Hilfe anzubieten hat.

Um diese Probleme einigermaßen in den Griff zu bekommen, müssen die Möglichkeiten der Fortbildung stärker als bisher genutzt werden. Dazu ist allerdings festzustellen, dass - wie die Erfahrung zeigt - die Form der Fortbildung als „Qualifizierung von oben nach unten" nach dem herkömmlichen Hierarchiemodell keine Chancen mehr hat. Eine kontinuierliche medizintechnische Ausbildung ist zwar notwendig, aber eine entsprechend einseitige Fortbildung an den Geräten verfehlt die heute erforderlichen Zielsetzungen. In der Vergangenheit bestand ihr Defizit in der Ausblendung menschlich wichtiger Bereiche, auf die sie jetzt entschiedener ausgerichtet werden muss: Respek-

tierung persönlicher Probleme am Arbeitsplatz, Förderung der zwischenmenschlichen Beziehungen zwischen den Personengruppen und zwischen den Ebenen in der Klinik, Beteiligung an der ethischen Entscheidungsfindung und Aufklärung über philosophisch-religiöse Hintergründe. Die Fortbildung muss ergänzt werden durch die Einbeziehung persönlicher, gruppendynamischer und ethischer Fragestellungen und insofern einer grundlegenden Reform unterzogen werden.
Es drängt sich zwingend eine Form der kollegialen Beratung auf, bei der alle von der Kompetenz der anderen profitieren, bei der die Entscheidungen für alle transparenter sind, und alle sich gegenseitig unterstützen können. Weil alle Beteiligten im selben Boot sitzen und jede/r an ihrer/seiner Stelle volle Verantwortung zu tragen hat, muss eine „kollegiale Form der Fortbildung" entwickelt werden.

2. Die neuen Probleme am Lebensanfang

Die schon etwas länger bekannten und diskutierten Grenzfragen um das Lebensende lauten: „Hirntod als Tod des ganzen Menschen?" - „Sterbenlassen oder töten?" - „Sterbebegleitung, aber wie?"
Sie stellen sich jetzt in ähnlicher Weise am Lebensanfang, wobei sie jedoch mehr als „Vorentscheidung" und „Weichenstellung für das ganze Leben" des Kindes schon vor seiner „Geburt" verstanden werden. Sie könnten wie folgt zusammengefasst werden: „Früh-Geburt immer früher?" - „Hat jeder Fötus Recht auf Leben?" - „Gewicht oder Reifegrad?" - „Wo liegen für den Arzt die Behandlungsgrenzen?" - „Darf man sagen, Behinderungen würden produziert?" - „Wie sind Eltern zu beraten, deren Kind behindert sein wird?" - „Wohin mit den Neugeborenen mit schweren Schädigungen, die von ihren Eltern abgelehnt werden?"
Die bei mehreren Fortbildungsveranstaltungen für Ärzte und Krankenschwestern gesammelten Fragen und Antwortansätze zum neuen Behinderungsproblem beziehen sich verständlicherweise auf ihre Berufssituation und können lauten:
- „Wie kann man als Arzt und Krankenschwester mit solchen Problemen fertig werden?"
- „Sind Fortbildung und psychologische Beratung in dieser Lage nicht widersinnig, da es sich um hausgemachte Probleme handelt?"
Diese Fragen sind nicht frei erfunden; tatsächlich finden die aufgezeigten neuen Probleme in der intensivmedizinischen Praxis täglich ihre Bestätigung bzw. Verschärfung. Deshalb ist die/der einzelne oft überfordert oder hilflos und ohnmächtig den Fragen ausgeliefert. Keiner kann sie für sich allein beantworten, deshalb sollen die hier abgedruckten Protokollnotizen auch belegen, dass kollegiale Formen der Fortbildung sowohl für die diagnostische Erkennung als auch für ethische Entscheidungsfindung und therapeutisches Handeln unentbehrlich sind und häufig eine offene Aussprache über diese Fragen erst ermöglichen.
Getrennte Fortbildungen für Ärzte und Krankenschwestern können allerdings in bestimmten Situationen anzuraten sein; wichtig ist, dass auch diese kollegial organisiert und durchgeführt werden.

Auf beiden Seiten gibt es sprachliche Schwierigkeiten, störende Rollenverständnisse und gewisse Hemmungen sich frei den kritischen und meist ethischen Fragen zu stellen; es ist deshalb notwendig ein Forum zu schaffen, das offene Aussprachen, Diskussionen und Aufklärungen über aktuelle und drängende Fragen ermöglicht.

3. Protokollnotizen aus der Fortbildung in der Neonatologie

Die protokollierten Aussagen werden nach Ärzten und Krankenschwestern getrennt aufgeführt. Dies dient zunächst der Übersicht und Gewinnung von Prioritäten sowie der Stabilisierung vor allem der Schwesterngruppe; als Fernziel soll die gemeinsame kollegiale Beratung zwischen Ärzten und Schwestern angestrebt werden. Das gewählte Verfahren hat den Vorteil die Gewichtungen zwischen Aspekten zu Organisation, Recht, Ethik, Gruppendynamik und persönlicher Betroffenheit besser beobachten zu können. Entsprechend der Häufigkeit der Nennung sind sie geordnet nach ethischen (a), persönlichen (b), gruppendynamischen (c), organisatorischen (d) und juristischen (e) Aspekten.

a. Äußerungen der Krankenschwestern

Die Unterscheidung zwischen „Beeinträchtigung", „Behinderung" und „Schädigung" ist von der Sache her und zur Kennzeichnung von Gradunterschieden notwendig, kann aber in den spontanen Aussagen selbstverständlich nicht berücksichtigt werden.

aa. Ethische Aspekte

Auch die ethische Terminologie, die zwischen Werten, Normen und Gesetzen sowie zwischen Denk- und Handlungsprinzipien unterscheidet, darf hier nicht streng angewandt werden; im Gegenteil zeigen die Frage- und Aussageformen deutlich die Not der Lage.
- S1 und S2 wissen nicht, wo anfangen und wo aufhören mit der Behandlung von Frühchen.
- S3 klagt darüber, dass sie sich Vorwürfe gefallen lassen müsse, Kinder würden durch sie zu Behinderten gemacht.
- S4 fragt, wie das Leid zu verantworten sei, das durch jetzige Behandlung und sicher eintretende künftige Behinderungen verursacht wird.
- S5 fühlt sich falsch verstanden, wenn sie die Menschenwürde sterbender Kinder verteidigt und die Versorgung fortsetzt.
- S6 fragt, ob man Leben grundsätzlich als gut oder schlecht „qualifizieren" dürfe.
- S7 äußert Schock über Eltern, die ihr Kind nicht mehr haben wollen; sie selbst schlägt vor das Kind als das eigene anzusehen.

- Leitende S8 verdeutlicht ihren Konflikt an einem konkreten Fall eines schwerstbehinderten Jungen, der seit Jahren auf der Station lebt: sie habe als S auf ärztliche Anordnung das Kind am Leben zu erhalten und am Sterben zu hindern, insofern müsse sie zu ihrem Auftrag stehen. Dennoch denke sie darüber nach, warum „man" nicht schon früher mit der Behandlung aufgehört habe; dieser Konflikt sei schwer zu ertragen.
- S9 stellt die Erfolge von Wissenschaft und Forschung in Frage, da die Grenzprobleme nicht bewältigt, sondern durch den angeblichen Fortschritt vermehrt würden; drei Grenzen erfahre sie ständig: 1. Mangel an Gesprächsgelegenheiten 2. Unterbesetzung auf der Perinatal-Station und 3. Eigener Frust auf Grund fehlender Motivation.
- S10 leidet unter dem Widerspruch, dass die S auf der einen Seite aus der Sicht der Mutter argumentieren müsse und das neue Leben als „lebenswert" einzuschätzen habe; nach diesem Grundsatz habe sie Hilfe anzubieten und mit den Eltern zu reden statt sie zu verunsichern; auf der anderen Seite hätten die S dazu weder die Ausbildung noch die Zeit.
- Leitende S8 berichtet über Abmeldungen aus dem Dienst der S; sie wisse aus den Nachgesprächen, dass Schuldgefühle der S häufig ihr Hauptmotiv für die Abmeldung seien.
- S11 äußert scharfen Protest über Missstände auf einer Station; die Kinder würden nicht „angelegt", statt dessen werde dort weiter „abgepumpt"; die S dürften ihre Verantwortung nicht übersehen.
- Leitende S8 äußert ihren Eindruck, viele S hätten ein „schlechtes Gewissen" und zwar gegenüber sich selber, gegenüber den Kindern und gegenüber den Eltern, weil den Kindern, die sie zu behandeln haben, ständig „Behinderung" drohe.
- S12 nennt Beispiele für positivere Sicht der Situation, denn es gebe auch „schöne Kinder", z.B. seien Zwillinge von der 27. Woche durchgekommen und „schöne Kinder" geworden.
- S13 macht darauf aufmerksam, dass „schöne" und „schlechte Kinder" im Erleben der S einen Ausgleich herstellen könnten; problematisch sei dagegen der richtige Umgang mit den Eltern.
- S14 entlastet sich mit dem Hinweis auf die Verantwortung der Eltern und Angehörigen, die schließlich über Leben oder Tod des Kindes zu bestimmen hätten.
- S15, die viel Erfahrung in der Pflege sterbender Kinder und nicht nur mit Frühchen hat, fragt nach Sinn und Grenzen dieser Pflege und nach dem richtigen „ständigen" Umgang mit behinderten Kindern; sie gibt zu, das burn-out-Problem erfahren zu haben.
- S16 berichtet über ihre Erfahrungen mit kleinen Gruppen, in denen jeder zu Wort komme, und in denen „Engagement" und „Distanz" gleicherweise möglich seien; auch die Eltern könnten nur auf diese Weise an ihr behindertes Kind herangeführt werden.

ab. Persönliche Aspekte

- S1 artikuliert ihre Unsicherheit, ob sie laut sagen dürfe, was sie innerlich wirklich denkt; sie wisse nicht, ob es erlaubt sei zu denken, was sie denkt; sie wolle deshalb lieber allgemein nach den Grenzen der Behandlung von Frühchen fragen.
- S17 der Nachtwache beschreibt ihre persönliche Schwierigkeit beim häufigen Miterleben des Sterbens der Neugeborenen die menschliche Würde zu beachten.
- S4 verleiht ihrer Betroffenheit Ausdruck angesichts der nicht zu verhindernden Behinderungen als Direkt- oder Spätfolgen der Behandlung im Brutkasten.
- S18 äußert persönliches Bedrücktsein wegen der „schlimmen" Zukunft der Frühchen mit Behinderung.
- S19 gesteht ihren Frust über ihre Arbeit.
- S20 artikuliert den Zwiespalt zwischen ihrem Anliegen, dem Frühchen einen Namen zu geben, und der Perspektive der Eltern, die es als Fehlgeburt einstufen.
- S21 beschreibt ihre Verantwortung, wenn ältere S gehen.
- S22 äußert persönliche Bedenken und zweifelt daran, dass in der Klinik alles seine Ordnung habe; sie fragt, ob eigene Sicherheit und Stabilität gegenüber den Eltern wirklich vorhanden sei oder nur vorgespielt würde; andererseits betont sie die notwendige Distanz zu den Kindern, die ja nicht die eigenen seien.
- S23 von Intensiv verweist auf Probleme, die sie mit den Eltern habe, wenn diese vom A zu spät aufgeklärt würden; sie sei als S persönlich und beruflich überfordert, vor allem, wenn der A fehle. Man helfe sich dann mit der Verdrängung der wahren Probleme, die zwar auch entlasten könne, aber eher eine zusätzliche Belastung der S darstelle.

ac. Gruppendynamische Aspekte

- S3 betont Grenzsituationen, in denen die S notgedrungen den gesetzten Rahmen überschreiten muss; dazu brauche man aber mehr Gesprächsmöglichkeiten zwischen S und Ä als jetzt.
- S24 weiß nicht, wie sie die Bedürfnisse von Frühchen und ihren Eltern kennenlernen soll.
- S25 möchte wissen, was Ä eigentlich denken.
- S26 beklagt sich über die schlechte Kommunikation zwischen Eltern, Schwesten und Ärzten, die von allen Seiten durch Vorurteile belastet sei.
- S27 fordert Verbesserung der Kommunikation mit Ärzten, da Grenzprobleme gemeinsam ausgetragen werden müssten.
- S28 bittet um Hilfe bei der Beratung von Eltern, die keinen Fortschritt in der Therapie sehen.
- S29 analysiert das Verhältnis der S zu den Ä: Beide Seiten gingen davon aus, dass die andere Seite schon wüsste, was man selber denke; man unterstelle der anderen Seite zu viel und rede zu wenig miteinander.
- S30 analysiert offen ihre Situation: Nach ihrer Meinung schafften häufig unnötige Lebensverlängerungen bei den Frühchen persönlich unerträgliche Bedrückungen bei

ihr und anderen S; deshalb müssten situationsangemessene Gesprächsmöglichkeiten unbedingt angeboten werden.
- S31 ist erfreut, dass auf ihrer Station die geforderten Gespräche schon stattfinden.
- S32 macht die positive Feststellung, dass der Dialog auf der Intensiv-Station gelinge, weil dort schnell gehandelt werden müsse; sonst gelinge der Dialog nur in 50% der Fälle; hier müsse jede S letztlich die Spannung allein aushalten; sie fragt, wo diese Probleme eigentlich diskutiert werden sollten, wenn nicht auf den Stationen, und verlangt nachdrücklich stärkere Beteiligung der S an den entscheidenden Gesprächen.
- S33 von Intensiv stellt nach 10 Jahren fest, sie habe zu wenig Zeit für Elterngespräche gehabt, längere Gespräche seien jedoch immer notwendig gewesen; hier liege in erster Linie ein Ausbildungsdefizit, da Schülerinnen zur Gesprächsführung zu wenig angeleitet und ausgebildet würden; ein weiterer Mangel wird freimütig genannt: Auf einer bestimmten Station laufe wenig zwischen S und Ä; den S müssten mehr Informationen über die Entscheidungen der Ä mitgeteilt werden, und gemeinsame Stationsbesprechungen seien unbedingt notwendig.

ad. Organisatorische Aspekte

- S34 beklagt die zu große Zahl der Frühchen und Brutkästen.
- S35 fordert rechtzeitige Aufklärung der Eltern schon zur Zeit der Schwangerschaft.
- S36 schildert Teambildung auf ihrer Station.
- S37 kritisiert die Krankenhausstruktur, nach der die Ä die Entscheidungen treffen und die S die Probleme der Ausführung zu tragen hätten.
- S38 beschwert sich über die Undurchlässigkeit der Struktur zwischen Pflegedienstleitung und Ä; in einem Fall seien Informationen über Viren auf der Station festgehalten und nicht an die Ä weitergegeben worden.
- S39 bedauert den notwendig gewordenen Teamwechsel; sie fragt nach organisatorischen Möglichkeiten um ihre wertvollen Erfahrungen an die jüngeren S weitergeben zu können.
- S40 bittet dringend um konkrete Hilfen für die schwierigen Gespräche mit den betroffenen Eltern; sie müssten als S eigens für diese Gespräche geschult werden, da sie keine Psychologen seien.
- S41 fragt, wie mit unzufriedenen Eltern umzugehen sei, deren Kinder länger liegen müssten, und wie solche Gespräche organisiert werden könnten.
- S42 von Intensiv fordert die Klinik auf, eigens eine Elternaufklärung einzurichten, um den Eltern zu helfen mit ihrer Angst umgehen zu lernen, wenn sie nach dem Klinikaufenthalt mit dem behinderten Kind allein sind.

ae. Juristische Aspekte

- S43 fragt, ob Eltern in allen Fragen ein Mitspracherecht hätten.

b. Äußerungen der Ärztinnen und Ärzte

ba. Ethische Aspekte

Die ethischen Aspekte haben für die Ärzte/innen - wie auch für die Schwestern - offenbar Vorrang vor allen anderen Aspekten; dies zeigen Anzahl und Inhalt der folgenden Äußerungen:
- Arzt 1 (A1) präzisiert die Frage nach den Grenzen der Behandlung und fragt zurück vom Ende des Lebens („den Menschen in Würde sterben lassen") nach den Grenzen am Anfang; sie dürften nicht beliebig nach unten verschoben werden; eine wichtige Vorgabe sei die gesetzliche Grenze der 23. Woche, in der nicht mehr behandelt wird.
- A2 macht Angaben über verbesserte statistische Relationen zwischen behandelten Kindern und Kindern mit Behinderungen.
- A3 betont, die Medizin stehe grundsätzlich und immer zwischen Segen und Fluch; dies werde besonders deutlich am sprachlichen Bild der „Produktion von behinderten Kindern", mit dem man als Arzt und Krankenschwester leben müsse.
- A4 macht deutlich, dass eine klare Grenzziehung immer schwerer fällt; „Grauzone" der Grenzen bedeute, dass es unterschiedliche Grenzen für Eltern, Schwestern (S) und Ä gebe; man müsse auch so etwas wie verschiedene Hierarchien von Grenzen anerkennen.
- A3 mahnt zum Abbau von Vorurteilen; eine gewisse Hilflosigkeit sei berufsimmanent gegeben.
- A5 schlägt den S vor sich mit der Vorstellung zu helfen, das Kind im Brutkasten sei das eigene.
- A6 entdeckt bei sich unbewusstes Nachdenken über „kleine Fehler - große Wirkungen" und die damit verbundene Überforderung, vor allem am Anfang; er bringt Verständnis auf für die Angst vieler Eltern, die fragen, was aus ihrem Kind werden soll; andererseits mache er die Erfahrung, dass viele Kinder „gut" geworden sind, und dass Eltern auch mit behinderten Kindern glücklich leben könnten; es gebe kein Recht über Leben und Sterben zu entscheiden; die Frage nach dem Punkt, wo aufzuhören ist, sei jedoch berechtigt; als Christ und A könne er sagen, dass das Sterben für ihn seinen Schrecken verloren habe; im Vorfeld bleibe die Krise allerdings bestehen, sie müsse als Spannung ausgehalten werden.

bb. Persönliche Aspekte

Einige Äußerungen sind eher unter dem Stichwort der persönlichen Betroffenheit zusammenzufassen, obwohl sie nicht immer von den ethischen streng zu trennen sind:
- A2 äußert persönliche Bedrücktheit über die Tatsache, dass Behinderungen trotz aller Erfolge nicht zu verhindern seien.
- A7 äußert persönliche Schwierigkeiten im Umgang mit sterbenden Kindern.
- A8 der Perinatalabteilung äußert persönliche Betroffenheit über die Formulierung „Produktion von Behinderungen"; dagegen sei die Verschiebung der Häufigkeit von neurologischen handicaps nach unten zu betonen; aus ärztlicher Sicht treffe die Be-

schreibung, sie machten „medizinische Experimente", nicht zu, dennoch müsse er andere Sichtweisen, beispielsweise der S, anerkennen.
- A 2 beschreibt offen die persönlichen Schwierigkeiten bei den Versuchen sich als A mit den Eltern zu identifizieren, da die Frühchen immer kleiner werden; aber auch mit den S müsse der A sich identifizieren lernen.

bc. Gruppendynamische Aspekte

- A9 stellt mit Bedauern fest, dass er von S nicht immer verstanden werde; Vorurteile müssten unbedingt abgebaut werden.
- Leitender A2 gibt zu, dass ihm die gerade vernommenen Informationen über den Zustand auf einer Station neu seien.
- A10 betont äußerste Wichtigkeit der Gespräche mit den Eltern, da die Kinder relativ immer kleiner werden.
- A11 problematisiert die unterschiedlichen Sicht- und Denkweisen, die S und Ä voneinander haben.

bd. Organisatorische Aspekte

- A12 betont die Wichtigkeit der Gespräche zwischen S und Eltern, vor allem bei cerebral geschädigten Kindern, deren Eltern dies nur schwer verarbeiten; unbedingt müssten personelle Möglichkeiten für solche Gespräche geschaffen werden. Andere Probleme entstünden dadurch, dass Kinder auf verschiedene Stationen verteilt werden müssten.
- A4 stellt nüchtern fest, dass Frühchen durch perinatal-medizinische Fortschritte immer jünger werden, das sei so; dies dürfe jedoch nicht dazu führen, dass S sich am Arbeitsplatz nicht mehr wohl fühlen.

be. Juristische Aspekte

- A13 weist hin auf die paradoxe Zweideutigkeit der gleichen Situation Anfang der 24. Woche: Auf der einen Abteilung sei eine Abtreibung nach Indikation noch möglich; auf der anderen bestehe die Pflicht zur Behandlung des Frühgeborenen.
- A2 gibt Auskunft über Personenstandsgesetz, das das Grenzproblem rechtlich nicht kläre; andererseits gelte das Elternrecht, und die Eltern müssten selbst die Grenzen ziehen; zudem sei jeder Fall ein Fall für sich.

4. Fazit

Das hier ausgebreitete Protokollmaterial zwingt auf Grund seiner inhaltlichen Dichte zur verstärkten ethischen Reflexion mit Ärzten und Krankenschwestern über die Grenzprobleme um den Lebensanfang, aber auch zu notwendigen Innovationen in der Fortbildung, die durch Transparenz, Kollegialität und gemeinsame Verantwortlichkeit gekennzeichnet sein müssten.

„Kirche im Wandel. Wir sind das Volk Gottes" (1993)

0. Zum Titel

- ‚"Wir sind das Volk!' so riefen die Demonstranten in Leipzig und Dresden und an anderen Orten der ehemaligen DDR 1989. Damit brachten sie eines der alten demokratischen Grundprinzipien zum Ausdruck, dass alle Gewalt unmittelbar vom Volk ausgeht. Wer kontrolliert die Mächtigen?" (Leuninger 1992, 80). Was sich weltweit als politische Herrschaftsform bewährt hat - Kontrolle der Mächtigen - , gilt das auch für uns und unser Kirchesein?

- Als Religionspädagoge bin ich immer wieder schockiert über die Kluft zwischen Religionspädagogik und offizieller Kirche, so wie sie sich nach innen und nach außen in der Öffentlichkeit darstellt bzw. tatsächlich verhält. Vieles davon deckt sich nicht mit meinen pädagogischen Erfahrungen und Vorstellungen von einer den Menschen förderlichen Institution.
Vielleicht können die folgenden Überlegungen den verbreiteten Kirchenfrust und unser eigenes Kirchenverständnis ein wenig bearbeiten helfen und ein geschwisterliches Umgehen miteinander anregen und verstärken, vielleicht sogar Mut zur Kirche machen.

- Ist es nicht paradox, zu einer umstrittenen Kirche auch noch Mut zu machen? Ich glaube, eine Antwort hängt von vielen Einzelproblemen ab, aber auch und vor allem vom Gemeindeverständnis, vom Kirchenbegriff, vom Begriff des Laien, vom Autoritätsbegriff...

I. Kirche im Wandel

1. Blitzlichter auf die Kirche heute

- Wie erleben Jugendliche die Kirche? Die neueste empirische Studie über Jugend und Religion von Heiner Barz („Postmoderne Religion. Die junge Generation in den alten Bundesländern", Opladen 1992) konstatiert eine „anhaltende antiinstitutionalistische Grundtendenz" (ebd. 172). Die Vorsitzende des BDKJ (Karin Kortmann) sagt dazu: In der Gesellschaft erleben Jugendliche Veränderungen und Umbrüche als normale Kennzeichen für Leben und Lebhaftigkeit; dagegen erscheint ihnen Kirche als etwas Starres, das sie zu gängeln versucht.

- Wie sieht ein Bischof die Kirche heute? Bischof Walter Kasper von Rottenburg auf dem Katholikentag 1992 in Karlsruhe: „Mit Recht kann man erwarten, dass in der Kirche ein Mehr an demokratischer Kultur entsteht." „Die Kirche ist keine Demokratie im engeren Sinn." „Was es aber in der Kirche geben muss, ist eine Art demokratischer Kultur."

- Wie denkt ein Pfarrer über seine Aufgaben? „Ein guter Pfarrer sollte in seiner Gemeinde Initiativen wecken und zulassen!"

- Was sagt ein Kirchenrechtler über unser Thema? Klaus Lüdicke, Münster, betont, dass das Recht in Gesellschaft und Kirche ein Spiegel des jeweiligen Selbstverständnisses ist; dieses scheint sich zu ändern; man muss fragen, was im Kirchenrecht an Gottgegebenem und was an Zufälligem zum Ausdruck komme.

- Was sagen die Theologen? Der Außenstehende hat den Eindruck, sie liefern sich einen unwürdigen Kompetenzstreit und lähmen sich gegenseitig. Aber es gibt auch Einigkeit unter ihnen: Anfang 1989 unterschrieben 261 und später europaweit einige Hundert von ihnen die so genannte „Kölner Erklärung" aus Anlass der vatikanischen Manipulation am Wahlrecht des Kölner Domkapitels zum Zwecke der Ernennbarkeit von J. Meisner als Erzbischof von Köln.

- Was lässt sich psychologisch über die heutige Kirche sagen? Kirche ist gegenwärtig in geradezu hypnotischer Weise mit sich selbst beschäftigt; dabei kommt es doch darauf an, was die Kirche in der heutigen Zeit den Menschen zu sagen hat.

2. Der Traum von einer neuen Kirche

- Ich träume von einer Institution, die in der Lage ist sich durch eine kritische Instanz, durch kritische Rückbesinnung auf den eigenen Ursprung immer wieder zu erneuern. Diese Instanz müsste zur Institution selbst gehören und insofern bewirken, dass Erstarrung verhindert und Wandlungsfähigkeit garantiert werden. So müsste Kirche eigentlich sein, und sie ist es auch von ihrer Grundidee her.

- Dagegen sieht die Wirklichkeit ganz anders aus: Kritik ist bei der derzeitigen Kirchenleitung höchst unerwünscht. Seit der Kritik der „Kölner Erklärung" vom Frühjahr 1989 und der scharfen Reaktion von Kardinal J. Ratzinger in der sog. „Instruktio" vom 24. Mai 1990 und bei anderen Gelegenheiten wird eines sehr deutlich: Kritik wird von dieser Kirchenleitung nicht geduldet, sie wird bestraft. „Das Denksystem, aus dem heraus argumentiert wird, ist gegen jede Kritik gefeit. Es ist vollständig tabuisiert, denn sich gegen die Einlassungen von JCR zu äußern, das hieße sich gegen den Heiligen Geist und die Dreifaltigkeit selber zu wenden und damit die gnadenhafte Verbundenheit mit Gott (durch seine Kirche) unwiderruflich und unweigerlich zu verlieren [...] Mit Begriffen wie ‚unfehlbar', ‚irrtumsfrei', ‚definitiv' wird [in der instructio, R.K.] die Tätigkeit des Lehramtes unangreifbar tabuisiert" (Stachel, 7).
- Hinzu kommt die statistische Realität der Kirche: nach Heinrich Fries (1992) werden „in Erfurt sechs Prozent, in Hamburg noch 20 Prozent der Kinder christlich getauft.

Nach neuesten Umfragen bekennt sich im größer gewordenen Deutschland nur noch jeder vierte als Christ" (747).

Nach N. Mette ist die Stimmung in der Kirche dreifach geprägt:
1. Zorn, Frustration und Resignation seien nicht mehr zu überbieten.
2. Es fehle die Bereitschaft bei den noch Motivierten, weiter an ihrer Kirche leiden zu wollen oder zu müssen.
3. Die Sehnsucht nach einer überschaubaren und durchschaubaren Gemeinde sei verbreitet.

Mette gibt folgende Ratschläge:
a. Schwarz-Weiß-Schema vermeiden: Amt - Laie, innerhalb - außerhalb, Hierarchie - Demokratie, Lehramt - Glaubenssinn.
b. Vorrangig geht es nie um Kirchenreform, sondern um den Kampf um eine bewohnbare Erde, um gerechtere Lebensbedingungen, ideologisch und ökonomisch, ein Kampf, an dem die Kirche sich einseitig beteiligt, wenn sie „Basisgemeinden" und die „Theologie der Befreiung" bekämpft.
c. Neue und selbstbewusste Formen des Kircheseins haben sich bereits in Basisgruppen, Initiativen und „Eine-Welt-Partnerschaften" gebildet; „Netzwerke" dieser Art müssten unterstützt werden.

3. Kirche in der Wendezeit

Unsere Frage hat einen noch umfassenderen Aspekt: Wie steht die Kirche mitten in dem Prozess, den wir als „Wende" zu bezeichnen uns schon angewöhnt haben.

Die Gegenwart sei bereits als Wendezeit anzusehen, sagt Wolfgang Nastainczyk; er betont als Kennzeichen des kulturellen und sozialen Wandels in der Moderne, dass an die Stelle von homogen geprägten Lebenswelten solche von offener und pluraler Prägung getreten sind. Diese führten einmal zur Individualisierung von Lebensläufen, Lebenswegen und Lebensformen, aber auch zum Subjektsein des Menschen und zum selbstbewussten Denken und Handeln.

„Insbesondere seit der kulturellen Wendezeit zwischen 1968 und 1973 sind sich Jugendliche, Männer und Frauen ihrer Freiheiten, ihrer Würde, ihrer Rechte und Möglichkeiten, kurz: ihrer selbst bewusster geworden. ‚Wir sind das Volk' - dieser befreiende Aufschrei ehemaliger DDR-Bürger gibt auch die Grundstimmung ‚zeitgenössiger' Menschen wieder, die sich religiös interessieren und engagieren. Der programmatische Inhalt dieser Losung geht aber unverkennbar über die Tragweite jener Perspektiven hinaus, die das Zweite Vatikanische Konzil in seinen Visionen von communio und Volk Gottes zu fassen gesucht hat.

Der Trend zur Individualisierung und Subjektwerdung scheint schwerlich mehr umkehrbar. Er dürfte sich vielmehr verstärken. Voraussichtlich wird er nicht nur das Verhalten von Christen in und gegenüber der Kirche weiter differenzieren, sondern religiöses Leben überhaupt vielgestaltiger werden lassen. Er dürfte alle institutionalisierten Religionen als soziale Einflussgrößen schwächen, ihre geistig-spirituelle Dynamik jedoch verstärkt fordern" (393f).

Unsere Frage lautet: Muss das auch für die Kirche gelten, die göttlichen Rechtes ist, wonach sich Demokratie und Hierarchie von ihrem Wesen her ausschließen? Hat sie als solche nicht gerade solchen Trends zu widerstehen?

II. „Nos populus Dei" („Wir sind Gottes Volk")

1. „Volk Gottes"

Im Titel ist gemeint, dass die Kirche die in der Neuzeit seit der Französischen Revolution bewährte und neuerdings durch die Auflösung des Totalitarismus im Osten bestätigte Herrschaftsform der Demokratie nicht weiter unter Verdacht stellen und selber nicht an ihr vorbei existieren darf.

Die Kirche hat sich immer wie das Volk Isreal im AT als von Gott bestimmte kollektive Größe, als durch die Geschichte wanderndes Volk Gottes verstanden. „Wir sind das Volk" setzt eigentlich das „Wir sind das Volk Gottes" voraus; so meine These.

Im Folgenden soll u.a. auf das II. Vatikanum und seine Lehre von der Kirche eingegangen werden. Dabei ist die Frage nach der Autorität in der Kirche, nach dem authentischen Lehramt und der Lehrautorität der Gläubigen (sensus fidei und consensus fidelium) besonders zu beachten.

2. „Wir sind das Volk"

Was konkret damit gemeint ist, kann etwa eine katholische Initiative verdeutlichen, die mehr Mitsprache der Gläubigen bei der Bischofswahl fordert:

Ihr Initiator Winfried Blasig schreibt 1992 in seinem Aufruf: Zunehmende Kirchenaustritte und abnehmende Gottesdienstbesuche, Überalterung der Priesterschaft und schrumpfender Nachwuchs müssen einen Grund haben; die Initiative sieht diesen „geistlichen Niedergang [...] zum guten Teil durch den übersteigerten Zentralismus unserer Kirchenleitung und ihre rückschrittliche Politik verursacht".

Es heißt weiter: „Der herrschende Zentralismus und die Bevormundung des Kirchenvolkes stellen indes in der Kirche keine Neuheit dar. Schon seit über 1000 Jahren geht eine fortschreitende Entrechtung der Gemeinden mit der Konzentration aller Macht in der Hand des Papstes einher. Das Verhängnis der Kirchenspaltungen ist durch diese Entwicklung mitbedingt."

Es soll nach dem Aufruf allen Kirchenmitgliedern wieder zu ihren ursprünglichen Rechten verholfen werden, zur Wahl ihrer Oberhirten und Hirten und zur Mitsprache bei allen kirchlichen Entscheidungen.

3. Das Volk Gottes in der Kirchengeschichte

a. Fragestellung:
- Welche weltliche Herrschaftsform entspricht eigentlich dem kirchlichen Grundverständnis vom biblischen Ansatz her? Wie war das in der Geschichte der Kirche? Müsste die Demokratie nicht am besten mit ihr konvergieren, weil hier der einzelne Christ in seiner Würde wirklich geachtet werden kann?
- Die „Kirche als Volk Gottes" gibt dem Einzelnen in der Kirche eine wesentlich höhere Bedeutung als die „Volkskirche"; welche Rolle aber hat der einzelne Gläubige in der Kirchengeschichte tatsächlich gehabt?

b. Biblische Anfänge:
Wie ist die Entwicklung tatsächlich gelaufen?
1. Mit Jesu Worten: „Ihr seid alle Brüder/besser: Geschwister." - Der Evangelist Mt lässt Jesus die Jünger fragen, für wen sie ihn eigentlich halten, ehe Petrus ihn als Messias und Sohn des lebendigen Gottes bekennt. Jesus erwidert, dies habe er nicht aus sich selbst, nicht aus Fleisch und Blut, sondern der Vater im Himmel habe ihm dies offenbar gemacht. Zu Beginn tragen also die Jünger und mit ihnen die Gemeinde erheblich dazu bei, dass Jesus als Messias und Sohn Gottes offenbar gemacht wird. In der Reaktion der Jünger liegt eine eigene Autorität, die Jesus ihnen zugesteht. Oder anders formuliert: Jesu Autorität wird getragen vom Zeugnis der Jünger (Mt 16,14: „Ihr aber, für wen haltet ihr mich?"); das Zeugnis der „sequela Jesu" hat Anteil an der Aurorität Jesu. Ohne die gegenseitige Interpretation, ohne die Kommunikationsbasis des gegenseitigen Sich-Anerkennens und -annehmens und ohne das mündliche Zeugnis der ersten Zeugen und aller Christen wüssten wir nicht, wer Jesus war und wer er für uns sein kann. Also haben doch die Gläubigen das Sagen in der Kirche!

2. Im ganzen NT gilt, „dass alle Getauften ‚Brüder und Schwestern' sind.
- In der frühen Kirche bestimmte die „Geisttaufe" das Bewusstsein zunächst der einzelnen Christen und der Gemeinden in Antiochia, später im ganzen hellenistischen Raum; dadurch fühlten sie sich als „schon Erlöste" in einer neuen Welt.
„Alle christlich Getauften bilden das eine prophetische und pneumatische Volk Gottes, eine Gemeinde von gleichen Partnern ohne Herrschaftsverhältnisse (Gal 3,27-29), obgleich dies Leitungsfunktionen nicht ausschließt" (Schillebeeckx 1985, 245). Die auf Tod und Auferstehung Jesu „Geist-Getauften" sind selbst die Geistträger („im Geist", „Leben durch den Geist oder im Geist", sind „neue Schöpfung") und sie sind das eine prophetische und pneumatische Volk Gottes.
Jeder ist „in Christus" erfüllt vom Heiligen Geist wie er. Das ist die frühchristliche Pneuma-Christologie! Jeder lebt aus der „Kraft des Geistes"; hier ist die Pneuma-Christologie über die Logientradition mit dem historischen Jesus verbunden und in der großkirchlichen Tradition im NT kanonisiert. Hiermit lässt sich die Forderung nach Wiederherstellung bzw. Orientierung an der alten Kirchenordnung begründen.

3. „Innerhalb dieser Gemeinschaft der Brüder und Schwestern haben manche Glieder der Gemeinde besondere Aufgaben, bestimmte Charismen und Ämter. Die Bezeich-

nungen für diese Funktionen sind im Neuen Testament noch fließend, die Aufgaben noch nicht eindeutig voneinander unterschieden" (Neuner, 509).
Eine Schlüsselstelle für das frühe Kirchenverständnis und das typisch christliche Gemeindebewusstsein ist 1 Petr 2,9-10a:
„Ihr aber seid ein auserwähltes Geschlecht, eine königliche Priesterschaft, ein heiliger Stamm, ein Volk, das sein besonderes Eigentum wurde, damit ihr die großen Taten dessen verkündet, der euch aus der Finsternis in sein wunderbares Licht gerufen hat. Einst wart ihr nicht sein Volk, jetzt aber seid ihr Gottes Volk."

c. Frühe Kirchengeschichte
Wer entscheidet über die Zugehörigkeit zur Gemeinde bzw. Kirche?
Wer nimmt an der Lehrautorität in der Kirche teil? Die Antwort lässt sich nur indirekt an bestimmten Phänomenen ablesen:
Schon im dritten Jahrhundert titulieren sich mit dem Titel „Mitbruder" (confrater) nur noch die Amtsträger untereinander; eine ständische Gliederung innerhalb der christlichen Gemeinde hatte längst eingesetzt. Der Prozess war unaufhaltsam, obwohl Kleriker und Laien in der christlichen Gemeinde sich noch verbunden fühlten.
Erst später löste sich dieses Band und die Laien wurden als die Nichtkleriker angesehen. Im Mittelalter blieb diese Klammer durch die scharfe Trennung im Zusammenhang des ständischen Denkens noch erhalten.
Während die Lehrer der Theologie bis ca. 250 „doctores" heißen, werden sie danach nur noch „sacerdotes doctores" genannt.
Diese Klerikalisierung der Lehrautorität hat dann im Mittelalter zu der scharfen Unterscheidung zwischen den „doctores", den Theologen, der cathedra magistralis, und dem „Lehramt" der Bischöfe und Päpste, der cathedra pastoralis, geführt; also eine weitere Schmälerung der Lehrautorität der Gläubigen, „sie wurde intellektualistisch reduziert auf die Kaste der Ungelehrten" (Schillebeeckx 1985, 246).

Ein weiteres Phänomen ist die Bischofswahl: „Wie in der frühen Kirche soll wieder die Regel des heiligen Papstes Leo des Großen (gest. 461) gelten: ‚Nullus invitis et non petentibus ordinetur (Es soll keiner (zum Bischof) geweiht werden, den (die Gemeinde) nicht haben will und nicht erbittet.' Die Mitwirkung der zuständigen Bischöfe soll [...] in keiner Weise ausgeschlossen oder eingeschränkt werden. Wie schon bei der Wahl des Apostels Matthias soll die Kirche [...] auf die geistliche Kompetenz aller ihrer Glieder setzen und nach der Maxime des heiligen Paulus verfahren: ‚Wo der Geist des Herrn ist, da ist Freiheit' (2 Kor 3,17)" (Blasig 1992).
Nach dem Leitwort Papst Leos des Großen „Wer allen vorsteht, soll auch von allen gewählt werden" entwickelte sich zunächst die frühmittelalterliche Einheit von weltlichem und geistlichem Regiment in der Kirche, d.h. dass der Kaiser oder König als Laienherrscher die Bischöfe einsetzen konnte. Diese Regelung hatte das erste Jahrtausend bestimmt. Hinzu kam die so genannte Konstantinischen Wende von 313/314, durch die die christliche Kirche römische Staatskirche wurde; das unheilvolle Drama zwischen Kirche und Staat begann also schon sehr früh, es spitzte sich im 11. Jht. mit dem sog. Investiturstreit zu.

d. Hohes Mittelalter
- Die bis dahin geltende Einheit zwischen beiden Größen wurde im Investiturstreit zerschlagen. Das Konzil von Reims (1049) beschloss noch unter Vorsitz des Papstes Leo IX.: „Niemand darf ohne Wahl durch Klerus und Volk zu leitenden kirchlichen Stellungen aufsteigen" (ebd.).
Das wurde anders unter Papst Gregor VII. (1073-1085); er „kämpfte mit allen ihm zu Gebot stehenden Mitteln gegen die so genannte Laieninvestitur, das heißt gegen die Praxis, dass die Bischöfe durch den Kaiser bzw. den König eingesetzt wurden" (Neuner 1992, 510); er erhob damit den Machtanspruch des Papstes über die gesamte geistliche und weltliche Christenheit, als der oberste Herr der Welt. Der Kaiser ist Laie, der niedrigste Kleriker steht über ihm.

- Diese Entwicklung fand ihren Höhepunkt bei Papst Bonifaz VIII. (1294-1303) mit seiner Theorie von den Zwei-Schwertern, wonach der Papst beide Schwerter von Christus verliehen bekommen hat, das weltliche hat der Papst an den Kaiser verliehen.
In einer Bulle erklärte er: „Dass die Laien den Klerikern bitter feind sind, überliefert das Altertum, und auch die Erfahrungen der Gegenwart geben es deutlich zu erkennen" (ebd.).
Die eigentlichen und rechten Christen sind die Kleriker; der Kleriker ist der volle Christ; die Laien sind der „Stand der Unvollkommenheit" und nur insofern Christen, als sie mit dem Kleriker übereinstimmen. Fast alle Heiligen als Vorbilder entstammen dem Klerikerstand.
Zu erwähnen ist nun die Reformation, vor allem durch Luther, aus der sich ein Kirchenverständnnis entwickelt hat, bei dem der einzelne Glaubende, sein Glaubensbewusstsein (sola fide) eine neue Qualität gewinnt; es hat die kirchliche und gesamtkulturelle Entwicklung in Europa und darüber hinaus entscheidend geprägt.

e. Neuzeit
- Nach der Aufklärung wird die Anerkennung des einzelnen Menschen zum Problem, da nicht alle Einzelne funktionieren; in seiner „nichtfunktionalen Autorität" wird er als leidender Mensch lästig; die Anerkennung der Autorität der leidenden Menschen wird erforderlich; „aus Leiden und konkreten Notsituationen entsteht aus der Erinnerung an den biblischen Jesus Christus eine bestimmte Praxis von Christen" (Schillebeeckx 1985, 247); aus dem Konsens in Basisgemeinden entsteht neue außerakademische Theologie, die Befreiungstheologie.

- „Es gibt auch außerhalb des Lehramtes und außerhalb der theologischen Autorität von Wissenschaftlern eine Lehr*autorität* in der Kirche" (ebd.).
Es kommt zur Entdeckung wichtiger Gegenbewegungen, die es immer in der Kirche gegeben hatte:
- Die alte Orden (fliehen muss man die Frau und den Bischof, so Johannes Kassian, ✝ 435);
- Die Armutsbewegungen und Bettelorden im Mittelalter;
- Der Streit um die Laienpredigt im 12. Jh.;
- Die Reformation und ihre Betonung des allgemeinen Priestertums;
- Später das katholische Verbändewesen im 19. Jh.;

- J. H. Newmans Aufsatz über das Recht der Laien in Glaubensdingen befragt zu werden; es ging um die Befragung der Gesamtkirche vor dem Mariendogma von 1854.
- Die „Katholische Aktion" im 20. Jh.;
- Das so genannte „Laienapostolat" als „Teilnahme der Laien am hierarchischen Apostolat", also als Werkzeug in der Hand der Hierarchie.

- Das I. Vatikanum (1870) bestätigt - von Papst Pius IX. überrumpelt - die „Vollgewalt" und die Unfehlbarkeit des Papstes, einschließlich der Bischofsernennung.

- Der CIC (1917) bestimmt: „Die Bischöfe ernennt der Papst."

- Das II. Vatikanum (1962-1965) definiert die Kirche in „Lumen Gentium" neu als das „Volk Gottes" (20 mal so genannt); in LG 33 heißt es: „Der Apostolat der Laien ist Teilnahme an der Heilssendung der Kirche selbst. Zu diesem Apostolat werden alle vom Herrn selbst durch Taufe und Firmung bestellt."
„Jesus Christus ist das Haupt der Kirche. Von ihm geht alle Gewalt aus. Er ist in seinem Volk gegenwärtig. Das Volk ist damit sichtbare Trägerin der Gewalt, die von seinen Organen ausgeübt wird" (Leuninger 160).

f. Gegenwart
- „Lumen gentium" - so bezeichnet das II. Vatikanische Konzil (1962-1965) die Kirche; sie soll als das Volk Gottes Licht für die Völker sein. Das ist das neu rezipierte Selbstverständnis der Kirche; „dem Kapitel III über die Hierarchie und den Episkopat wird jetzt ein Kapitel II über das Volk Gottes und die Gleichheit seiner Würde vorangestellt, das wiederum dem Kapitel I folgt, das das Mysterium der Kirche von seinem göttlich-trinitarischen Ursprung her definiert.

- Das Volk Gottes bleibt zwar hierarchisch strukturiert, aber nun werden der funktionale Charakter und der Dienst-Charakter des kirchlichen Amtes betont.
Außerdem wird diese diakonische Amtsfunktion jetzt noch hineingestellt in die Vielfalt von Diensten, gemäß der Vielfalt der Aufgaben und Charismen im Volk Gottes. Dieser Volk-Gottes-Gedanke unterstreicht aber nicht nur den Gemeinschaftscharakter der Kirche, sondern er hebt auch ihre Geschichtlichkeit, Unvollkommenheit und Reformbedürftigkeit hervor" (Wiedenhofer 1992, 167).
Das Konzil wendet sich also deutlich gegen eine klerikalistisch verengte Sichtweise, die im antireformatorischen und antiliberalen Sinne Kirche auf Hierarchie reduzieren wollte.

- Kirche versteht sich als „Subjekt des Glaubens" und nicht nur als „Gegenstand des Glaubens"; denn zunächst sind es die einzelnen, die sagen: credo oder credimus und ihren Glauben selbst zu verantworten haben; zugleich drückt sich darin aber auch das Subjekt der Kirche aus. „Die Gemeinschaft der Gläubigen ist das Subjekt des Glaubens und die eigentliche Vermittlungsweise des Glaubens" (Wiedenhofer 51).
Nach ihrem eigenen Verständnis gilt beides: als „Volk Gottes" von Gott auserwählt, Subjekt also nicht aus eigener Kraft zu sein, und als „Volk Gottes" Subjekt eines Han-

delns zu sein, das selbst in die Gemeinschaft ruft, versammelt und vermittelt. Also beides: Gerufensein und Ruf!

Man kann also mit Wiedenhofers Worten sagen: „Ein gemeinsames Subjekt wird die Gemeinschaft der Gläubigen durch das gemeinsame Hören des Wortes Gottes, durch die Teilnahme an der gottesdienstlichen Feier der Heilsgeheimnisse Gottes und am gemeinsamen Gebet und durch die Erfahrung einer geschwisterlichen Gemeinschaft. Ein gemeinsames Subjekt wird die Gemeinschaft der Gläubigen aber auch im eigenen Vollzug dieser Grundvollzüge der Kirche, d.h. also in der Verkündigung, in der gottesdienstlichen Feier und im geschwisterlichen Liebesdienst" (Wiedenhofer 214).

g. Nachkonzilszeit
Was ist mit der Kirche heute, 30 Jahre nach dem II. Vatikanum?
- Die heutigen Probleme lassen sich nicht mit der Unterscheidung zwischen progressiv und konservativ lösen, eher entspricht der Realität die Unterscheidung zwischen „defensive[m] Sicherheitsdenken" und „offensive[r] Treue" (Metz).

- Statt „Volkskirche" müssen wir heute sagen: „Kirche des Volkes"; die Stunde der Kirche ist heute die Stunde der kleinen Leute, der kleinen Propheten und kleinen Heiligen.

- Wir erleben den Übergang von der abendländisch-europäischen Kirche zur polyzentrischen Weltkirche.

- Leider hat die Bischofssynode 1985 in Rom die Sicht des „Volkes Gottes" wieder reduziert zu Gunsten der Betonung der Kirche als „Mysterium"; dies gleicht einem Rückzug in die Periode der Piuspäpste.

- Kirchentheologisch betrachtet ist die heutige Situation auf keinen Fall normal; denn die Übermacht des Amtes lässt die Lehrautorität der Glaubensgemeinschaft kaum zu ihrem Recht kommen.

- Wir erleben gerade restaurative Tendenzen: Angefangen von der holländischen Kirchenentwicklung, über die ernüchternde und erschreckende Besetzung von Bischofsstühlen bis zu Lehrzuchtverfahren gegen kirchenkritische Theologen; schlimm sind päpstliche Übergriffe gegen noch bestehende Wahlrechte (Salzburg, Köln, Chur); wir beobachten aber auch eine noch vorhandene Akzeptanz oder Duldung der päpstlichen Selbstermächtigung durch große Teile der Katholiken.

- Die Bischofssynode Herbst 1987 scheiterte, weil der Laie auf den „Weltdienst" festgelegt wurde, ein Rückfall auf eine vorkonziliare Position.
Es gibt immer noch ungeklärte Folgeprobleme, die hier nicht besprochen werden können:
- Kirche in moderner Gesellschaft?
- Kirchenkritik von innen und außen?
- Kirche im ökumenischen und interreligiösen Dialog?
- Identität und Wandel im Selbstverständnis der Kirche?

- Stellung der Ortskirche in der Weltkirche?
- Stellung der Frau in der Männerkirche?
- Mitbestimmung und Wahlrecht bei Bischofswahlen?

h. Wünsche
- Änderung der Rechtslage und mehr Rechtskultur;
- eine „demokratischere" Kirche;
- „Vox populi vox Dei" (Wahlspruch Kardinal Faulhabers);
- Kirche als Lebens- und Lernraum im Glauben.

III. „Autorität" als Problem in der Kirche

1. Die Stellung des Einzelnen in der Kirche

- Seine Bedeutung darf nicht reduziert werden auf seine „Rechtgläubigkeit", also seine Übereinstimmung mit dem Lehramt; es geht vielmehr um die Anerkennung der „Lehrautorität der Gläubigen" und um die Übereinstimmung des Lehramtes mit dem Glaubenssinn der Gläubigen!

- Seit dem Konzil haben wir in der katholischen Kirche ein neues Gemeindebild und ein entschieden subjektorientiertes Kirchenverständnis, da der Glaubende als aktives Subjekt und Träger des Glaubens statt passives Objekt und bloßer Adressat der Glaubenslehre verstanden wird.

- Theologen sprechen vom Modell der „Subjektwerdung" („Christliche Gemeinde ist eine um die Eucharistie versammelte Erinnerungs- und Erzählgemeinschaft in der ungeteilten Nachfolge Jesu", so Metz 1987, 49) statt „Betreuungskirche von oben": „Die Hierarchie lehrt - die Priester betreuen - die Theologen erklären und verteidigen die Lehre und bilden die Betreuer aus - die Glaubenden hören und gehorchen" (Metz 1987, 52).

- Es gibt Probleme mit dem neuen Sozialmodell des Konzils:
  - Antimoderne Tendenzen wirken nach und werden verstärkt durch autoritären Führungsstil,
  - vorherrschend ist auch in der Kirche ein unpersönlicher Verhandlungsstil, der dem christlichen Anspruch auf mehr Menschlichkeit widerspricht.

- Dagegen ist das alte-neue Dialogmodell nach der Communio-Ekklesiologie des Konzils „unbedingt auf das Verständigungsmittel Dialog angewiesen" (Dialog statt... 1991, 9).
Denn nach dem Konzil widerspricht eine Kirche ohne Dialog dem Willen Gottes (Gott offenbart sich als Gott im Dialog mit den Menschen und als dreifaltiger Gott; es gibt

den Dialog in Gott, in den er seine Kirche einbeziehen will; dann lebt Kirche vom Dialog und „wir alle sind Kirche", vgl. ebd.).

- Autorität erweist sich erst durch Konfliktbewältigung; deshalb muss sich Kirche heute den gegebenen Konflikten stellen:
„Kommunikationsstörungen" auf Grund der „Überbeanspruchung des ‚guten Willens'" führen zu Ohnmachtsgefühlen und zu depressiven oder aggressiven Reaktionen, die häufig strukturell bedingt sind.

- Zusammenfassend gefragt: Was bestimmt das neue Bild der Kirche?
- Struktureller und personaler Dialog (vgl. Dialog statt 3.2).
- Voraussetzung für Kirche als Communio ist die Tatsache, dass Menschen den personalen Dialog, also zwischen Personen, zum Menschsein brauchen (Ernstnehmen der Identität des Gesprächspartners in seiner individuellen Ganzheit); dazu gehört aber immer auch der Dialog zwischen ‚Welten' (Ernstnehmen einer bestimmten Sache) (vgl. das Ich-Wir-Es-Modell der Themenzentrierten Interaktion nach R. Cohn).
- Kirche sollte sich an der Weisheit des Christentums orientieren: „Dies wird umso eher möglich, je mehr sich Menschen gemeinsam Werten verpflichtet fühlen und je mehr diese Werte auch echtes Vertrauen einschließen. Es müsste doch wohl am Christentum etwas sein, das es Menschen leichter macht miteinander dialogisch umzugehen, nämlich die Hoffnung nicht nur auf sich selbst, sondern stets auch auf seine Mitmenschen zu setzen und sogar das Risiko des Scheiterns einzugehen (Dialog statt... 1991, 13).

2. „Was ist unter dem Wort Laie zu verstehen?"

Die Diskussion wird hart geführt, da der Laienbegriff grundsätzlich zur Disposition steht.
Peter Neuner betont, dass diese Frage ein offenes, also nicht gelöstes Problem in Theologie und Kirche wiedergibt.
Klar ist jedoch, dass die Laien neben den Bischöfen in der katholischen Kirche die Nutznießer des II. Vatikanums waren. „Als Getaufte und Gefirmte haben sie teil am königlichen, prophetischen und priesterlichen Amt; das Konzil spricht über die ‚wahre Gleichheit in der allen Gläubigen gemeinsamen Würde und Tätigkeit zum Aufbau des Leibes Christi' (LG 32)" (Neuner 1992, 507).

Zwar ist hier ein Fortschritt erzielt, aber dennoch keine schlüssige Definition des Laien gefunden, da alle positiven Bestimmungen auch den Kleriker betreffen. Neuner schlägt folgenden Gedanken vor:

a. „Es scheint heute nicht mehr möglich zu sein, den Laien schlüssig zu definieren" (ebd., 515). Dem Wort „Laie" entspricht - rechtlich gesehen - keine kirchliche Realität.

b. Die Frage, „Was ist ein Laie" ist falsch gestellt, deshalb kann man auf sie auch nicht antworten. Sie ist falsch gestellt, weil es keine Sammelbezeichnung gibt für „Nicht-Amtsträger"; die Analogie zu „Staatsbürger" wäre „Kirchenglied"; zum „Laien" in der Kirche gibt es kein Analogon im Staat, es sei denn man sagt „Nicht-Beamte"; diese sind aber keine in sich stehende Realität im Staat wie das „Volk" und die Beamten, die handelnde Subjekte sind.

c. Aus biblischer Sicht wird dies bestätigt, denn „nirgendwo finden wir einen Hinweis darauf, dass die Gemeindemitglieder mit besonderer charismatischer und amtlicher Vollmacht nicht mehr zum Volk Gottes gehört hätten. Es waren eben alle Schwestern und Brüder" (ebd., 516). In der ntl. Exegese wird deshalb vorgeschlagen, auf den Begriff „Laie" zu verzichten.

d. Die These lautet jetzt: Der Begriff „Laie in der Kirche" ist nicht definierbar, weil er irreführend ist und weil ihm keine kirchliche Wirklichkeit entspricht. Laós bezeichnet die Kirche als ganze; „Volk Gottes umreißt [...] die Einheit und Gemeinsamkeit aller in der Kirche und ihre legitime Vielfalt" (ebd., 516).

Im Gegensatz zu dieser Schlussfolgerung wird die Wirklichkeit des Volkes Gottes in Theologie und Kirche noch nicht entsprechend wahrgenommen. Die Idee des Volkes Gottes und der gemeinsamen und gleichen Würde aller wird durch Betonung der Struktur „von oben nach unten" verdunkelt.
Es gibt keine eigene „Laienspiritualität", sondern alle Christen haben eine gemeinsame Spiritualität. Alle Charismen und Ämter in der Kirche stehen „im" Volk Gottes, nicht „über" ihm und „sie definieren sich durch ihren Dienst, den sie für das Volk wahrzunehmen haben. Sie erweisen sich dadurch als geistgewirkt, dass sie der Auferbauung der Gemeinde dienen, nicht alle Vollmacht für sich allein beanspruchen und nicht jene, die ihre Brüder und Schwestern sein sollten, auf das Hören und Gehorchen festlegen.
Und nichts berechtigt, diese als „Laien" im negativen Sinn des Wortes abzuqualifizieren. ‚„Aus der <Ordination> der einen darf nicht eine <Subordination> der anderen werden' (Zulehner)" (ebd., 518).

3. „Die Lehrautorität aller"

- Das gewandelte Kirchenverständnis wird deutlich, wenn man sich eine vorkonziliare Kirchenbeschreibung von Papst Pius XII. vergegenwärtigt:
„Nur das Kollegium der Hirten hat das Recht zu führen und zu regieren. Die Masse hat kein anderes Recht, als sich wie eine gehorsame Herde, die ihrem Hirten folgt, führen zu lassen" (zit. nach Metz 1987, 58).
Kirche wird festgemacht am Begriff des Magisteriums, gemeint ist die Autorität des Papstes und der Bischöfe, die allein die Wahrheit des Glaubens garantiert.

- Diese Sprache ist verräterisch; sie behauptet, dass die Kirchenherde nur das Recht habe sich führen zu lassen. Das bedeutet theologisch, dass religiöse Wahrheit nur durch Unterweisungssprache der Hirten oder durch Argumentationssprache der theologischen Experten ausgedrückt werden kann. Dass es die Erinnerungs- und Erzählsprache der sog. „einfachen Gläubigen" gibt, kommt nicht in den Blick.

- Ganz anders klingt die Antwort des Bischofs Kasper auf die Frage, wer zuständig ist für die Wahrheit des Glaubens. Er sagt: „Was in der Kirche als Wahrheit zu gelten hat, [...] muss sich in einem offenen Dialog, im gegenseitigen Aufeinanderhören und im gemeinsamen Hinhören auf das Offenbarungszeugnis [...] und im persönlichen wie gemeinsamen Tun der Wahrheit immer wieder neu herausstellen" (Kasper 1978, 53).
Auf dieser Linie argumentiert auch J.B. Metz: „Die Autorität der Glaubenden selbst gewinnt Gewicht, und mit guten Gründen kann man seit dem Konzil davon sprechen, dass es neben dem Lehramt der Kirche auch eine Lehrautorität der Glaubenden in der Kirche gibt. Im Zusammenhang mit der Rede von der Kirche als ‚Volk Gottes' hat das Konzil, zumindest in Ansätzen, die aktive Rolle der Glaubenden bei der Artikulation und Entfaltung des Glaubens unterstrichen und dabei betont, dass die Lehrautorität des kirchlichen Amtes auf dem Glaubenszeugnis der gesamten Kirche fußt.
Im Dekret über die Religionsfreiheit proklamiert das Konzil den Übergang vom Recht der Wahrheit zum Recht der Person in ihrer Wahrheit, d.h. die abstrakte Unterordnung des Subjekts unter eine subjektlose Wahrheit wird aufgegeben und das subjekthafte Fundament aller religiösen Wahrheit ausdrücklich ins Licht gerückt" (Metz 1987, 46f).

Das Bild von der hierarchischen Lehrautorität der Hirten, die die Wahrheit besitzt, sie bewacht und vor der Herde abschirmt und schützt, hat das Konzil als falsch verabschiedet. Um im Bild zu bleiben, lebt die Wahrheit in den Schafen.
Die Kirche ist als ganze eine lehrende und lernende Kirche. Dabei kommt den Glaubenden kraft ihres gelebten Glaubens auch eine lehrende Autorität in der Kirche zu.

Man kann das an vielen Beispielen verdeutlichen:

- Immer mehr Bischöfe in Lateinamerika verstehen sich als „Stimme der Stimmlosen", sie anerkennen die Autorität der Armen und sprachlos Leidenden und kämpfen darum, dass sie eine eigene Glaubenssprache gewinnen.
Sie nehmen teil an der „Lehr*autorität* aller Gläubigen" in der Kirche im Unterschied zum „Lehr*amt* von bloß einigen" in der Kirche, die von der Glaubensgemeinschaft bevollmächtigt worden sind.

- Es geht um eine Besinnung auf die Strukturen des Neuen Testaments; dazu hat Edward Schillebeeckx eine klare Unterscheidung zwischen der „Lehrautorität aller" und dem „Lehramt" herausgearbeitet. Leitend ist für ihn die Widerspiegelung der Autorität Jesu in der Glaubensgemeinschaft.
Was ist diese eigentümliche Autorität in der Gemeinschaft der an Jesus Glaubenden?

- Basisgruppen, nicht nur die lateinamerikanischen Basisgemeinden, verstehen sich als aktive Subjekte ihres Glaubensausdrucks, wenn sie versuchen, unter ihren ganz speziellen Lebensbedingungen Kirche zu sein; die dadurch bedingte Selektivität ist normal, weil jede Situation kulturbedingt anders ist. Ihr Kirchesein ist häufig geprägt durch leidvolle Lebensbedingungen, durch elementare Lebensbedürfnisse und Not, die die Gläubigen selbst am besten ausdrücken können.

- Schillebeeckx vertritt die Theorie einer geteilten Autorität und stellt eine Reihenfolge der Autoritäten auf:
Das Wort Gottes gilt als Norm für die Lehrautorität aller Gläubigen und der ihnen nahestehenden Theologen; diese Lehrautorität der Gläubigen steht in Wechselwirkung zur Autorität der akademischen Theologie und zur Lehrautorität des Lehramtes in der Kirche.

- Die Lehrautorität der Glaubensgemeinschaft kommt heute noch kaum zu ihrem Recht und hat bisweilen unter der Übermacht des Amtes in der Kirche zu leiden (vgl. Schillebeeckx 1985, 248). Sie kann sich aber äußern im Gewissen und in der Verantwortung des einzelnen bzw. aller in der Kirche. Denn alle sind verantwortlich beteiligt am Schicksal dieser Kirche und an ihrem öffentlichen Zeugnis für die Hoffnung.

4. „Kirche als Communio"

Der zentrale Begriff communio, mit dem das Konzil die Kommunikationsstruktur der Glaubenden untereinander betont hatte, wird neuerdings wieder in Frage gestellt. Ich will dies am Beispiel eines Vorgangs aufzeigen, der noch nicht lange zurückliegt:
Am 28. Mai 1992 richtet die römische Glaubenskongregation an die Bischöfe ein Schreiben „über einige Aspekte der Kirche als Communio".
Das römische Dokument lehrt im Unterschied zum II. Vaticanum (s.o.), Christus übe sein dreifaches Amt aus 1. in der apostolischen Lehre, 2. in den Sakramenten und 3. in der hierarchischen Ordnung; damit „fehlt" in auffallender Weise die gemeinsame aktive Verantwortung aller Glieder des Gottesvolkes, die das Konzil in theologischer und institutioneller Hinsicht breit entfaltet hatte!
Hermann J. Pottmeyer analysiert den Text und vergleicht ihn mit einem Aufsatz des international angesehenen Kanonisten Ladislas Örsy SJ in der Jesuitenzeitschrift „America" mit dem Titel „The Conversion of the Churches: Condition of Unity. A Roman Catholic Perspective" (in: America 166 (1992) 479-487).
Örsy stellt das Paradox heraus zwischen der Priorität des Gottesvolkes im II. Vatikanum und der tatsächlichen Ausschließung der Laien vom offiziellen Handeln der Kirche. Er fordert deshalb eine radikale „Umkehr zum Volk", „die Anerkennung des Geistwirkens auch in den Laien und des sakramentalen Charakters ihres Auftrags. Diese Umkehr müsse auch ihren institutionellen Ausdruck finden" (Pottmeyer 1992, 582).
Konkret schlägt Pottmeyer vor:
- eine „synodale Leitung", also eine Orientierung am Eucharistieprinzip wie in der Urkirche (auf Grund der Beziehung zur Eucharistie) statt am Hierarchieprinzip (auf Grund der Beziehung zum Herrscher),
- ein Eingeständnis der tiefsitzenden Ängste in der gegenwärtigen römischen Kirchenleitung und ihres Misstrauens, das sie veranlasst alles unter ihre Kontrolle bringen zu wollen,

- in der Vielfalt den besten Schutz gegen exzessiven Zentralismus zu sehen,
- in der Kirche die christliche (in Treue zu Christus) und die kirchliche Identität (gemeinsames Bekenntnis in der Kirche) zu stärken und auf die konfessionelle Identität (also auf Trennung beruhend) zu verzichten, das ist unter institutioneller Umkehr zu verstehen!

5. Ecclesia semper reformanda

Die Ansicht, dass Kirchenreform auf Grund von Kirchenkritik zur Kirche gehört, setzt ein bestimmtes Kirchenverständnisses voraus, nämlich ein solches, das die kulturellen Voraussetzungen des Kircheseins ernst nimmt.

Kirche existiert immer in Abhängigkeit von kulturellen Rahmenbedingungen. Die kirchliche Einstellung zu den Frauen ist beispielsweise ohne diesen Rahmen nicht zu verstehen: Jesus und die frühen Gemeinden haben die Frauen anders gewürdigt als die antike Kultur und die spätere Kirche. Das zeichnete sie aus und war ein wichtiger Teil ihrer kulturellen Ausstrahlung. „Die Zurückstufung der Frau und die Neudefinition ihrer Rolle geschah im Verlauf einer Angleichung an die in der Antike bei den breiten Massen, nicht bei der emanzipatorischen Intelligenz geltenden gesellschaftlichen Normen, also im Verlauf einer Inkulturation oder, modern gesagt, im Gleichzeitigwerden von Kirche und Gesellschaft" (Siller 1993, 478). Unter diesem Aspekt braucht die Kirche also immer auch einen Schuss Ungleichzeitigkeit zur gegebenen Kultur, sie soll kulturkritisch sein.

Das ist notwendig, weil es Kulturformen gibt, die der Kirche schaden können. Die Kirche kann sich unzureichende, weil sich absolut setzende, Formen von Kultur zu eigen machen; diese treten dann als Kirchenkritik auf und verdrängen die evangeliumsgemäßen Formen von Kritik:
1. Typisch für diese kulturelle Überformung der Kirche ist der Fundamentalismus als eine geschlossene Kulturform (Angst vor Komplexität, überschaubare Vereinfachung, Problemreduktion auf gut und böse).
2. Ebenso die so genannte „Zivilreligion" mit einer pluralistischen Kulturform, die als Totalidentifikation von Religion und Kultur uns alle beherrscht, die die konfessorische Kirchlichkeit ablehnt, die als Legitimation für den liberalen Staat gilt, als integralistische Vereinheitlichungstendenz, als moralische Vernunft.

In beiden Fällen wird Religion als unablösbar von der jeweiligen Kultur erlebt. „Weder der Fundamentalismus noch die Zivilreligion können eine kulturelle Andersheit für legitim halten [...] Auch die Andersheit des Fremden hat keine Plausibilität" (Siller 1993, 481).
Im Fall des römischen Zentralismus kann man Siller zustimmen, der sagt: „Die Zentrale hat sich als von sich aus irreformabel erwiesen" (Siller 1993, 482); jetzt geht es um die Wiedererlangung der Reformfähigkeit.

Wie aber soll sie erreicht werden, wenn „institutionelle Umkehr" (Orsy) unwahrscheinlich ist?

Ein Antwortversuch:
a) Statt „kirchliche Magie", bei der alle Reform von Funktionsträgern erwartet wird, muss unten in selbstverständlicher Eigenverantwortlichkeit ohne großes Aufsehen begonnen werden; die Zentrale kehrt erst um, wenn kein Risiko mehr besteht und die Umkehr schon realisiert ist. Dabei sollte klar sein, dass in einem zentralen System die zentrale Leitung, der Papst also, die beste Chance hat.
Diesen Gedanken formuliert Leuninger in seiner zweiten These: „Der Papst als Inhaber des Organisationsrechtes hat die beste Möglichkeit, diese Option zur Demokratisierung der Kirche zu realisieren."
b) Lernen interkulturell und weltkirchlich zu denken und zu handeln,
c) Begegnungen suchen mit kulturell anders bestimmten Christen,
d) Katholizität realisieren, Solidarität praktizieren, Konfliktbereitschaft zeigen.

IV. Fragen und Praktische Konsequenzen

1. Alltägliche Lebenspraxis?

Was bedeutet es für uns und für mich zum „wandernden Volk Gottes" und zur „Gemeinde Jesu" zu gehören? An dieser Frage muss sich jede/r in der Kirche messen lassen, vor allem diejenigen, die diesen Zusammenhang erkannt haben.

- Was kann ich tun? In der Praxis des täglichen Lebens von der Entscheidungskompetenz des mündigen Christen Gebrauch machen (in allen Lebenssituationen sich in der Nähe Gottes fühlen, Eheleute sind verantwortlich für die Familienplanung, in Lehr- und Lernsituationen eigenes Wissen zur Geltung bringen...).

- Wen interessiert, wie und was ich als einzelner glaube? Es ist jesuanisch und ursprünglich kirchlicher Glaube zu sagen: Der Glaube des Einzelnen ist sehr gefragt. Jesus fragt: „Für wen haltet ihr mich?" Der einzelne Gläubige nimmt also teil an der Autorität Jesu.

2. „Amtskirche" und „Volkskirche"?

Wollte Jesus die Kirche als „Amtskirche"? Wollte er sie als „Volkskirche"?

- Wenn für beide Strukturen der Rangstreit um oben und unten die Hauptrolle spielt, muss dagegen Jesu Wort gesetzt werden: „Bei euch soll es nicht so sein."

- Dies ist konkret der Maßstab für die Kirche als Gemeinde Jesu; im Lauf der Geschichte war es schwer, diesem Maßstab immer gerecht zu werden; ihr Eingebundensein in die Geschichte ist vor allem gegen die Kultur der Gnosis erkämpft worden, so dass „Amtskirche" und „Volkskirche" Ausdrucksformen von Kirche werden konnten. Diese Formen müssen damit aber nicht für alle Zeiten festliegen; sie können wiederum durch andere und Jesus gemäßere ersetzt werden.

- Die heutige Kirchenleitung darf sich nicht an die Stelle Gottes setzen wollen; das tut sie, wenn sie das Zeugnis des in den Gemeinden gelebten Glaubens ignoriert bzw. wenn sie ihre diakonische Funktion für das Reich Gottes nicht wahrnimmt. Sie muss wahrnehmen, dass in unserer Zeit „Basisgruppen je länger desto mehr zu aktiven Subjekten von Glaubensausdruck [werden]" (Schillebeeckx 1985, 248).

3. „Laien", „Kleriker" und „Frauen"?

Muss es in der Kirche die Unterschiede geben?

- „Laien" und „Kleriker"

Hier helfen nur zwei Dinge:
a. Die Gleichheit praktizieren, wo es nur geht; die Laien sind keine Dilletanten, Rat einholen und gegenseitige Beratung pflegen, Sachverstand einsetzen;
b. die Information darüber verbreiten, dass diese Unterscheidung dem NT nicht entspricht;
c. entsprechend andere Schwerpunkte in der Theologenausbildung setzen;
d. Ziel für ein drittes großes Konzil: Vat.I war auf Bischöfe ausgerichtet, Vat.II auf den Laien, nun: auf das Volk Gottes (konkret: Aufwertung der Diözesansynode, keine Bischofssynode mehr ohne Laien).

- „Frauen" in der Kirche

1. Schritt: Frauen melden sich in Kirche und Theologie zu Wort;
2. Schritt: Die Kirchenmänner stehen zur Aussage der Bischöfe von 1981 („Zu Fragen der Stellung der Frau in Kirche und Gesellschaft"), dass Frauen in der Kirche benachteiligt und ungerecht behandelt worden sind;
3. Schritt: In kirchlichen und theologischen Bewerbungsverfahren erhalten bei gleicher Qualifikation Frauen den Vortritt;
4. Schritt: Abschied vom Patriarchat und Aufarbeitung der biblischen und kirchlichen Botschaft vom „neu gelesenen" Verhältnis von Mann und Frau.

4. Lehrautorität aller?

Die tatsächliche Lehrautorität aller Getauften und Gefirmten in der Kirche steht der angemaßten Autorität des kirchlichen Lehramtes von bloß einigen gegenüber. Lehrt das nicht die Kirche über sich selbst?

- Die zentralistischen Tendenzen in der gegenwärtigen katholischen Kirche verhindern, das zu sehen und zu sagen, was die Kirche über sich selbst lehrt: Nämlich, dass jeder getaufte und gefirmte Christ vor Gott und in der Gemeinde mündig ist und so mit allen Gläubigen das Volk Gottes bildet.

- Daraus folgt: „Das Lehramt in der Kirche empfängt seine Definition von der ‚Lehrautorität aller Gläubigen' her, die normiert ist durch das ‚Wort Gottes', unter dem auch das Lehramt steht - und nicht andersherum" (Schillebeeckx 1985, 248). Dem Volk Gottes ist nach der tradierten Botschaft Jesu „die Garantie gegeben, dass es als Ganzes nicht aus der Botschaft herausfallen kann. Dies ist katholische Lehre" (Leuninger 1992, 139).

5. Mehr demokratische Kultur?

Kann auch für die Kirche gelten, was sonst in der Gesellschaft gilt: Mehr demokratische Kultur und Mitbestimmung, mehr offene Auseinandersetzung und mehr Durchsichtigkeit bei Entscheidungen, mehr Dezentralisierung, mehr Verteilung von Verantwortlichkeiten und mehr Vertrauen zum einzelnen Gläubigen? Oder ist in der Kirche alles anders?

- Wenigstens den humanen Errungenschaften der Neuzeit (Menschenrechte und Demokratie) muss eine Kirche gerecht werden, die dafür eintritt, dass das Reich Gottes immer mehr Gestalt annimmt, also mehr Gerechtigkeit und mehr Menschlichkeit in der Welt herrschen. Die Kirche muss sich von der Machtstruktur des anonymen „Zentralismus" trennen.

1. In unserer Gesellschaft ist die katholische Kirche (noch) eine Einrichtung, in der der Grundsatz von der grundlegenden Ungleichheit der Glieder gilt.

2. Die in der katholischen Kirche geltenden Bezeichnungen für höhere oder niedere Stände, die zugleich die Struktur dieser Kirche ausmachen, widersprechen fast ohne Ausnahme der Absicht ihres Gründers und ihrer Gründungsurkunde, dem Neuen Testament (Heiliger Vater, Hochwürden, Eminenz,...).

3. Im einzelnen sind die Ursachen der Störung (vgl. Dialog statt... 1991, 25ff): Größe der Diözesen, Priestermangel, strukturelle Abhängigkeit der Gemeinden von der Diözese u.a..

4. Aufwertung der Gemeinde, die sich nach LG I als kleine Filiale der Universalkirche missversteht, denn die „Kirche Christi ist wahrhaft in allen rechtmäßigen Ortsgemeinschaften der Gläubigen anwesend, die in der Verbundenheit mit ihren Hirten im NT auch selbst Kirche heißen" (ebd., 26).

„Entscheidendes würde sich in der Kirche nur ändern, wenn sich die in der Tat übermächtige Stellung des Papstes durch *Selbstbeschränkung* in Richtung auf mehr Mitverantwortung anderer modifizieren würde" (Meisenberg 1992, 784); also konkret:
- der Papst weitet sein eigenes Organisationsrecht aus und fördert den kommunikativen Leitungsstil,
- Diskurs- und Kooperationsformen - für Verkündigung, Diakonie und Liturgie - müssen entwickelt werden (Hirtenbriefe dürfen nicht mehr vom Himmel fallen),
- Wahlrecht und Wahlmodi müssen geändert werden,
- die Vermögensverwaltung ist unter Kontrolle zu stellen,
- als Fernziel ist die Gewaltenteilung (Verwaltung, Gesetzgebung und Rechtsprechung) statt einseitiger Machtübergewichte auch in der Kirche anzustreben,
- der Einfluss der Bischöfe auf die zentrale Leitung ist zu sichern (Föderalisierung kann der Leitung der Gesamtkirche nur dienen),
- nach innen und außen ist mehr Öffentlichkeit herzustellen; Leuningers 9. These lautet: „Es muss Sorge dafür getragen werden, dass die Kontrolle kirchlicher Macht auch durch die Herstellung von Öffentlichkeit im inner- und außerkirchlichen Raum gewährleistet wird. Hofberichterstattung ist völlig ungenügend."
- die Kirche braucht Gremien für strukturierte Gespräche mit dem Amt,
- der notwendige Bewusstseinswandel in der Kirche soll gefördert werden durch mehr Bildungsarbeit und theologische Erwachsenenbildung,
- schließlich brauchen solche Prozesse Spielräume und Experimentierphasen, die auch Spaß machen und insgesamt zur Kirche ermutigen.
- Es wäre eine dialogfähigere Kirche, die vom Vertrauensvorschuss und dem Ernstnehmen der anderen, der Respektierung der Grenzen der Verfügbarkeit, von der Unterscheidung zwischen dem Wesentlichen und Routineangelegenheiten sowie von mehr Delegation von Kompetenzen nach dem Subsidiaritätsprinzip gekennzeichnet wäre (vgl. Dialog statt... 1991, 3.3).

6. Neue Wege in Europa?

Gibt es neue Wege in Europa?

In Europa gibt es basisgemeindliche Ansätze, die aber auch kritisch zu sehen sind: traditionalistische und fundamentalistische Basisbewegungen sind in Gefahr rein defensiv und sektiererisch zu werden; andere sind als charismatische Bewegungen in der Gefahr die konkreten gesellschaftlichen Herausforderungen und das politische Engagement zu unterschätzen.

Hinweise auf den Kongress der Europäischen Gesellschaft für katholische Theologie 1992 in Stuttgart und den Europäisch-Katechetischen Kongress 1993 in München-Freising; Referat Zulehner: Neue Evangelisierung des alten Kontinents, nicht nach dem Modell der Indoktrination (in die böse Welt kommt der gute Gott, da monologisch gedacht), sondern nach dem Modell der Inkulturation (Vertrauen in die unbeirrbar treue Präsenz Gottes in der Welt, Weltgeschichte ist immer schon Heilsgeschichte, Methode: kritisch-loyale Kulturdiagnose, diese überprüft nach Heils- und Unheilskriterien des Evangeliums). Grundlage ist die große Europäische Wertestudie; zwei interessante Aussagen:

Erstens setzt die Kirche gegen die Zeichen des Todes in der europäischen Kultur „angestrengte Diesseitigkeit" und den „verschlossenen Himmel", „den Himmel, ubi vera sunt gaudia", gegen den „Mangel an belastbarer Solidarität" die Befreiung aus Liebe, gegen die „Obdachlosigkeit der Seele" die „Mystagogie", gegen die „Lebensangst" das „Vertrauen".

„Spätestens hier wird - zweitens - deutlich, dass eine nur moralisch oder politisch engagierte Kirche vergeblich arbeitet, weil sie nicht jene Angst beruhigt (sondern moralisierend und politisierend sogar mehrt), die Menschen unsolidarisch macht. Wenn aber die Kirche mystagogisch wirkt, also die Menschen hineinbegleitet in Gottes bergendes Geheimnis, dann setzt sie zugleich auch jene solidarisierenden Kräfte frei, die den Menschen befähigen moralisch verantwortlich zu leben, politisch zu wirken. Die vertraute Regel ‚je mystischer, desto politischer' bewahrheitet sich dann" (Zulehner 1993, 59).

Heinrich Fries betont, dass die Verschiedenheit in den Kirchen „ein Ausdruck der verschiedenen Gnadengaben, ja sogar ein Ausdruck lebensvoller Einheit [ist]"; er meint, das Ziel sei, „dass sich die Verschiedenheiten versöhnen und zu dem einen Herrn und dem einen Geist bekennen und sich ihm verpflichtet wissen" (Fries 1992, 750).

7. Warum Mut zur Kirche?

Lohnt es sich zur Kirche Mut zu machen?

- Viele Ältere leiden darunter, dass die Jugend ihre eigenen Wege - und zwar an der Kirche vorbei - geht. Man muss sich jedoch klarmachen, dass Jugend sich immer loslöst um ihr Eigenes zu finden, und dass es für die Älteren immer schwer, wenn nicht sogar schmerzlich ist sie dafür loszulassen.

- Das gilt allgemein. Speziell haben wir jedoch eine total neue Situation: Nach dem Krieg hatten wir Älteren noch den sicheren Halt in einer von vor dem Krieg übernommenen kirchlichen Struktur, in den Werten, in den Lebensformen und etwa der Liturgie gefunden. Die heutigen Jungen finden ihren Halt anders; Haltsuche geschieht über die Peergroup und in offener Auseinandersetzung mit den Normen der Alten, auch in der Kirche.

- Dabei haben die Jungen uns Älteren eines voraus: Ihre beachtlich hohe Sensibilität für Echtheit und Authentizität. Sie sind in Fragen der Orientierung an Werten und Normen, vor allem wenn diese von den Kirche[n] angeboten werden, eher gelassen bis kritisch als bereitwillig und „gläubig", schon gar nicht gehorsam und unterwürfig.

- Warum sollten die neuen Wege für sie selbst nicht die richtigen Wege sein; jede neue Generation geht immer ihre eigenen Wege, auch zur Gemeinde Jesu und zur Kirche; nur diesmal dauert es länger, weil sozusagen ein doppelter Weg gegangen werden muss: aus einer nicht mehr stimmigen Kirchlichkeit in die Distanz und wieder zurück in eine stimmigere Kirchlichkeit, die sie dann hoffentlich auch antreffen. Das könnte ja gelingen, und Mut zur Kirche zu machen wäre dann sogar sinnvoll!

Literatur

Blasig, Winfried: Die Bestellung der katholischen Bischöfe in Vergangenheit und Gegenwart, 1992 (unveröffentlichtes Vortragsmanuskript).
Dialog statt Dialogverweigerung. Wie in der Kirche miteinander umgehen? Diskussionsbeitrag der Kommission 8 „Pastorale Grundfragen" des Zentralkomitees der deutschen Katholiken, Bonn Oktober 1991.
Frey, Kathrin: erwachsen glauben. Konzeption einer zeitgemäßen theologischen Erwachsenenbildung, Essen 1991.
Fries, Heinrich: Das neue Europa und die christlichen Kirchen, in: Stimmen der Zeit, Heft 11, 1992, 741-750.
Fuchs, Ottmar: Ökumenische und kontextuelle Bibellektüre hierzulande, in: KatBl. 7-8/1992, 483-489.
Holzgreve, Werner: Die Stunde der Laien ist da! - Oder: Das Ende der Leidensbereitschaft an der Kirche, Konstanz Jahr 1992.
Kehl, Medard: Kirche in der Fremde. Zum Umgang mit der gegenwärtigen Situation der Kirche, in: Stimmen der Zeit, 8/1993, 507-520.
Kasper, Walter: Zum Problem der Rechtgläubigkeit in der Kirche von morgen, in: *Haarsma, F./ Kasper, W./ Kaufmann, F.X.:* Kirchliche Lehre - Skepsis der Gläubigen, Freiburg 1978.
Leuninger, Ernst: Wir sind das Volk Gottes. Demokratisierung der Kirche, Frankfurt a. M. 1992.
Meisenberg, Paul: Mehr Mitwirkung in der Kirche, in: Stimmen der Zeit, Heft 11, 1992, 772-784.
Mette, Norbert: Erbitterter Kampf um eine bewohnbare Erde, in: Publik Forum Nr. 10, 29. Mai 1992, 14-16.
Metz, Johann Baptist: Ein neues Gemeindebild? - Inspirationen aus dem Erbe des Konzils, in: *Nacke, Bernhard (Hrsg.):* Dimensionen der Glaubensvermittlung in Gemeinde, Erwachsenenbildung, Schule und Familie, München 1987.
Nastainczyk, Wolfgang: Wendezeit auch für die Kirche? Perspektiven der Neuevangelisierung, in: Anzeiger für die Seelsorge 100 (1991), 339-346 (I) und 392-397 (II).
Neuner, Peter: Was ist ein Laie? in: Stimmen der Zeit 8/1992, 507-518.
Ders.: Der Laie und das Gottesvolk, Frankfurt a. M. 1988.

Pottmeyer, Hermann J.: Kirche als Communio. Eine Reformidee aus unterschiedlichen Perspektiven, in: Stimmen der Zeit 9/1992, 579-589.
Siller, Hermann Pius: Kirchenreform, in: Stimmen der Zeit 7/1993, 477-488.
Stachel, Günter: „Theologie ohne Kompetenz?" - Instruktion über die kirchliche Berufung des Theologen, 24. Mai 1990, in: RpB 26/1990, 3-14.
Schillebeeckx, Edward: Die Lehrautorität aller. Besinnung auf die Strukturen des Neuen Testaments, in: Concilium Heft 4, 21. Jahrgang 08/1985, 242-248.
Wiedenhofer, Siegfried: Das katholische Kirchenverständnis. Ein Lehrbuch der Ekklesiologie, Graz/Wien/Köln 1992.
Zulehner, Paul Michael: Zur Lage des Christentums in Europa. Konsequenzen für die neue Evangelisierung des alten Kontinents, Dokumentation des Europäischen Katechetischen Kongresses '93, DKV München 1993, 40-60.

28. April - Geburtstag von Hermann Lietz (1868-1919) (1993)

Eine schillernde Persönlichkeit, ein bedeutender Reformpädagoge und ein moderner Religionspädagoge. Auffällig und komisch wirkt, wie er sich öffentlich präsentiert mit dem Pseudonym „Dr. Namreh Zteil" (für Hermann Lietz) oder wenn er seinem Hauptwerk den Titel „Emlohstobba" als Anagramm für Abbotsholme, einem Reforminternat an einer New School in England, gibt; dort hat er noch nicht dreißigjährig die Anregungen für die Gründung der - wie er es schreibt – „D.L.E.H." (Deutschen Land-Erziehungs-Heime) erhalten. Wie war er als Mensch, Lehrer und Theologe, und was hat ihn umgetrieben?

Gustav Wyneken, ein Mitarbeiter von Lietz und selber ein bedeutender Pädagoge, schreibt: „Im Kern seines Wesens war er etwas, was sich nicht lernen lässt: ein Bauer; mehr Bauer als mancher moderne Bauer von Beruf. Seine ‚Mentalität' war durchaus - wie soll man sagen? - nicht bäurisch und auch nicht bäuerlich, sondern bauernhaft. Seine echte Verbundenheit mit der Scholle, das sich deutlich bekundende Gefühl der Überlegenheit des Landbewohners über den Städter, die ironische Einstellung zu städtischem Leben und städtischen Wertungen, ein Einschlag von Bauernschlauheit und Bauernvorsicht - das alles lag ihm im Blut. Er wusste dem in seinen frühen Programmen nicht anders Ausdruck zu geben als in der Forderung eines natürlichen, naturgemäßen Lebens im Sinne der ‚Lebensreform' [...] Lietz wollte kein ‚Zurück' zur Natur, sondern ihn verlangte es, in seiner ihm angeborenen Natur und ihren Lebensbedingungen verharren zu können und den von ihm erwählten Beruf mit solcher Lebensreform zu verbinden." Was inspirierte den „größten Pädagogen des modernen Deutschland" (Kurt Hahn) zur Vision einer ländlichen „Erziehungsschule"?

Seit Jahren ist mir mein Plan immer fester geworden mit der Zeit selber eine Schule zu gründen, die den Forderungen der Pädagogik (Hygiene etc.) entspricht, geistige, körperliche, praktische, moralische Erziehung verbindet, und zwar auf dem Lande - am liebsten auf einer kleinen Insel oder Halbinsel, die ganz Schulgebiet ist. Hier auf Rügen oder um Rügen herum glaube ich mehrere geeignete Plätze zu kennen. Um der Leitung solcher Schule völlig gewachsen zu sein, werde ich nicht nur [...] in England verweilen, sondern auch noch nach Frankreich gehen und einen Kursus für Turn- und Handfertigkeitsunterricht, respektive praktische Medicin in Berlin oder Leipzig durchmachen; u. [...] 98 würde ich mich genügend dazu vorbereitet glauben und mit meinem 30. Jahre den Versuch beginnen; denn wenn man noch älter geworden ist, verliert man die zu derartigen Unternehmungen nötige Kraft.

Seine hohen pädagogischen Ansprüche machen ihm allerdings auch zu schaffen; ihm fehlt eine Portion Selbstkritik; Spaß kann er nicht verstehen, vor allem nicht mit seinen angestellten Lehrern, die alle nicht an sein hohes Lehrerideal herankommen. Er verspottet sie gern als „Mietlinge" und „x-beliebige Lehrer". Aus ganz lächerlichem Anlass kommt es zu fürchterlichem Krach, so dass sich eine Konferenz schnell in einen Hexenkessel verwandelt. Dabei aber gehen ihm seine Schüler über alles. Ein ehemaliger Lehrer erzählt: „Die Jungen hatten eigentlich nur vor Lietz Respekt und behandelten die Lehrer mit souveräner Missachtung. Als einmal in einer Konferenz ein Lehrer äußerte, gegen solche Ungezogenheiten hülfen nur noch Prügel, antwortete Lietz seelenruhig: ‚Prügeln Sie doch', mit dem Unterton: ich habe das nicht nötig. Er hatte es natürlich auch nicht nötig und tat es nur ganz ausnahmsweise." Der Lehrer ist nach ihm „Priester der Menschheit und Gottes im wahren Sinn des Wortes" - aus heutiger Sicht eine überzogene Rollenbeschreibung des Lehrers; sie zeigt aber, dass „Religion" und „religiöse Erziehung" für ihn mit dem gesamten Lebensvollzug verbunden sind:

Wir suchen Religion nicht vorzulehren, sondern vor- und mitzuleben. Nie dürfen unsere Zöglinge von uns Spott über heilige Dinge, nie Gleichgültigkeit oder Leichtnehmen gegenüber dem Schlechten hören oder schauen, sondern Ehrfurcht vor dem Heiligen, heilige Scheu vor dem Bösen, erbarmende Milde gegenüber der Schwäche, unendliche Hilfsbereitschaft für jeden. Jeden der Lehrer sollen sie das tun sehen, was Jesus seinen Jüngern und allen Menschen that: vergeben, helfen, bessern, heilen, trösten, ermutigen, lieben.

Sein Enfant-terrible-Habitus gehört als Schattenseite auch zu seinem religiösen Profil. Ein früherer Schüler charakterisiert Lietz als aufgeklärten Despoten und als Patriarchen: „Liebte man ihn? Viele sicher. Gefürchtet wurde er von allen."

Lesehinweis: R. Koerrenz, Hermann Lietz. Grenzgänger zwischen Theologie und Pädagogik. Eine Biographie, Frankfurt/Main 1989

5. Juni - Geburtstag von Kurt Hahn (1886-1974) (1993)

Kurt Hahn war Reformpädagoge und Mitbegründer verschiedener Internate im In- und Ausland, von denen das bekannteste Schloss Salem am Bodensee ist. Er gilt als Wegbereiter der Erlebnispädagogik (Outward-Bound-Erziehung). Manches von dem, was er gedacht und getan hat, war person- und zeitgebunden, manches ohne Zweifel auch problematisch. Der Historiker Golo Mann, ein ehemaliger Salem-Schüler: „Hahns Pädagogik fehlte es an Diskretion. Zu oft, zu deutlich ließ er uns wissen, was er von uns erhoffte: dass wir Deutschland eine Generation von ‚Führern' stellen sollten, besser als jene des Kaiserreiches gewesen waren: ferner auch, dass wir den moralischen Verfall, wie er ihn sah, aufhalten oder den üblen Gang der Dinge umzukehren bestimmt waren [...] Ein anderer Irrtum der Hahnschen Pädagogik war, dass er allzusehr an den Willen und die Möglichkeit seiner systematischen Stärkung glaubte [...] Ein dritter Irrtum wiegt am schwersten. Kurt Hahn hatte von Sexualität und sexueller Erziehung nahezu keine Ahnung." Doch die wichtigste von Hahns pädagogischen Intentionen, nämlich zur Verantwortung zu erziehen, wird Bestand haben und mit seinem Namen verbunden bleiben. Unleugbare Einseitigkeiten werden aufgewogen durch das, was der Pädagoge Kurt Hahn tatsächlich bewirken konnte:

1. „Einführung der Erlebnistherapie" (als vorbeugende Kur); dazu zählen die selbstverantwortliche Bewährung in Ernstfall-Situationen, z.B. in der schuleigenen Feuerwehr, in der Bergwacht oder in der Durchführung eines Projektes; so sollen die Jugendlichen zu sinnvoller Selbsterfahrung angeleitet werden. Hahn versucht damit auch den von ihm beobachteten gesellschaftlichen Verfallserscheinungen entgegenzuwirken:

Wir müssen uns darüber klar sein, dass die heranwachsende Jugend von heute von einem verführerischen Verfall umgeben ist. Ich nenne den Verfall der körperlichen Tauglichkeit, den Verfall der Unternehmungslust, der Selbstsucht, des Gedächtnisses und der Phantasie, den Verfall der Sorgsamkeit und den schlimmsten Verfall des Erbarmens.

2. „Reform des Erziehungswesens" (als politische Umsetzung seiner Pädagogik); „Kurt Hahn war", so schreibt Michael Knoll, „man darf nicht sagen, ein gescheiterter Politiker, denn nie wünschte er, Politik zu seinem Beruf zu machen; wohl aber hatte er, im Verborgenen, oder halb Verborgenen, politisch wirken wollen. Nun, seit dem unglücklichen Verlauf und Ende des Weltkrieges sollte die Pädagogik ihm die Politik ersetzen oder sollte die menschlichen Voraussetzungen für eine neue und bessere Politik schaffen." Hahn forderte: „Wir brauchen Ereignisse, die die öffentliche Meinung aufschrecken und der Erkenntnis zum Durchbruch verhelfen, dass es heute gilt, unsere Jugend vor der Verwilderung, der Verweichlichung und der Verflachung zu bewahren. Nur unter dem Druck der öffentlichen Meinung werden die Regierungen sich entschließen, die entscheidende Reform des Erziehungswesens ins Werk zu setzen, und zwar eine Reform, die nicht nur der lernenden, sondern auch der arbeitenden Jugend zugute kommt."

3. „Aristokratie der Hingabe" (Privatschulen und Internate als weithin sichtbare Beispiele für das staatliche Schulwesen). Exklusivität und Elitebewusstsein nahm Hahn als Vorwurf um der besseren Sache willen in Kauf.

Alles in allem war Kurt Hahn eher kein Unterrichtsreformer, obwohl er vorbildlichen Unterricht hielt; sein Verdienst liegt in der konzeptionellen Reform des Erziehungswesens, der politischen Umsetzung seiner Ideen und ihrer europa- und weltweiten Verbreitung. „Ein bedeutender Theoretiker war er wohl nicht eigentlich, seine Schriftstellerei gering - er war ein Tuer" (Golo Mann). Er praktizierte Schülerselbstverwaltung, die jungen Menschen das Vertrauen in die heile Gemeinschaft und Harmonie des Zusammenlebens vorgibt und ihnen ermöglicht sich selbst zu regieren. Er gab der Herrschaft der Guten eine Chance, weil er an das Gute im Menschen glaubte.

Lesehinweis: K. Hahn, Erziehung und die Krise der Demokratie. Reden, Aufsätze, Briefe eines politischen Pädagogen (hrsg. v. M. Knoll), Stuttgart 1986

Rezension: Dillmann, Rainer/ Hochstaffl, Josef. Jesus als Modell. Praxisbegleilung in einem Gemeindebesuchsdienst, (Grünewald Verlag) Mainz 1994

The pastoral theologian Hochstaffl and the biblical theologian Dillmann, who teach at the Catholic school for higher technical and vocational training of Nordrhein-Westfalen, the Paderborn branch, present in this book the results of their project seminar, which they have carried out (together?) since 1986 on the theme of 'Jesus as a model' in the teamwork of a parish service.

The first chapter 'Explaining assumptions' (15-30), is about questions on concepts and view points of a parish service in a parish practice. Voluntary assistants have to be encouraged and supported in their contemplations on their practice by accompanying and advising supervision. First of all, it is striking that a verbal and theoretical representation are presented in a fairly inadequate style and even in a partly unreasonable form. It says, amongst others, on page 18: 'These kind of questions and answers to it...' In the second chapter 'The assignment: meeting people and care for them' (31-44), too, the reader is rather kept from reading an by his irritation about verbal shortcomings; in the description of the parish service, it says an page 24: 'Its concept has been modelled an the parish theology as a result of regarding the church as God's pilgrim people at the Second Vatican council and at the Würzburg Synod'. What should be done with a sentence, such as: 'It is true that man's desire for real relationships will remain effective in future, yes, it will probably even turn into something phantastic' (26)?

On the other hand, the third chapter (45-65) is a successful elementary biblical theology; under the heading 'The model: Jesus', it unfolds the process-like basic character of the biblical exegesis, which is also consistently regarded as a pragmatic exegesis following on Frankemölle (57).

This chapter is an inserted lecture in the book which, however, lacks the connection with the theme of parish service; only the insider suspects the authors' intention. Though they reflect upon the way in which they wish their model concept to be understood, there still remain some doubts when 'the model Jesus' is called a 'frame of reference': 'To look upon Jesus as a model, means: in Jesus of Nazareth we find both a moralistic and a pastoral frame of reference (R.C.), which determines our own ethical and pastoral actions, without turning it into a law regarding content. Therefore, Jesus is our model, since God Himself is the security of this model of Jesus' (65). The Son of Man, Jesus of Nazareth thus becomes a neutral 'it'; in that respect the title of the book is not right either, because an the basis of the communication concept, only the actions and words of Jesus can function as a 'model', and not his person, as expressed by the name; christological considerations can also be added in this respect.

In the fourth chapter, there is a 'leitmotiv for practice counselling' (66-106), meaning the guidance by professionals of voluntary assistants in their practice. The authors refer to 'pastoral supervision', which in essence comes down to 'sorting out practice experiences and consulting the Holy Scripture an this subject' (66).

According to the reviewer, the real value of the book lies in this aspect, because the incited practice reflection of concepts of general social-scientific analysis and practice critically proceeds, and, at the same time, acquaints itself with models of encounter and action of the tradition, respectively, the history of the effect of the Christian faith (cf. 70).

Both valuable and convincing are the 'practical examples' of the fifth and final chapter (107-146). After the introduction of the model of procedure, the visitors of a parish service meet, in order to reflect upon their practice, after they have been introduced into the model, which is related to the 'collegiate practice counselling', by an experienced (professional?) practice counsellor.

The examples have been selected on the aspects of 'contact visits', 'crisis visits' and 'encounters with people in hopeless situations'. Both theologically, but also just practically-minded readers may find it interesting to see how, in the Sense of an experimental balance, scriptural passage and Situation are linked together.

A critical observation might be that the scriptural passage is only introduced when it is functional for the further instruction of voluntary assistants, but how it is to be used during house calls themselves, that is, during the actual preaching of the Gospel, remains unmentioned in the entire book. Without expressing it, the authors have connected methods of 'Scripture devisions' (African liberation theology) and the 'bibliodrama' (worldly interpretation) with those of the 'Balint groups' (medical development) and the 'collegiate practice counselling' (development of therapists and teachers) in a skilful way. The model discussed in this book is about a congregational pastoral care, in which people are approached and 'visited', which is not just a valuable Stimulation for pastoral practice in general, but is probably even an essential concept for its credibility. It is a fact, that both authors should have been more consistent and critical in their collaboration, in order to avoid technical mistakes - particularly verbally - as have been indicated, for the good cause. It is inexcusable for a publisher with a good reputation to have overlooked it.

Brückenfunktionen der Religionspädagogik. Versuch einer Standortbestimmung (1994)
Überarbeiteter Vortrag für Ralph Sauer zur Vollendung seines 65. Lebensjahres

I. Zwischen Lebenswelt und göttlichem Geheimnis

1. Funktion einer Brücke

Stellt man sich die Religionspädagogik (RP) als Brücke vor, so geht es auch bei ihr - genau gesehen - nicht allein um die Konstruktion eines stabilen und schönen Bauwerks, sondern mehr noch um die Verbindung zweier wichtiger Punkte auf zwei getrennten Seiten etwa eines Tales oder eines Abgrundes. Die sollen durch den Bau der Brücke verbunden werden. Auf die Verbindung der getrennten Punkte bzw. Seiten kommt es also an, die unverbunden weniger Wert hätten oder ihre Bedeutung verlieren würden. Wegen dieser vermittelnden Funktion ist die Brücke erst wichtig. In der RP sind die Brückenfunktionen allerdings *personal* vorzustellen. Religionspädagogen sind also selber „Brücke" oder Brückenbauer, wenn sie die persönlich verbindende Funktion der RP ausüben oder fördern.

2. Personale Brückenfunktion

An Ralph Sauers religionspädagogischem Hauptinteresse kann die Brückkenfunktion der RP gut veranschaulicht werden. Seine Veröffentlichungen, aber auch seine Aktivitäten und Wortmeldungen in religionspädagogischen Gremien zeigen ihn als Brükkenbauer in zweifacher Hinsicht:
Er vermittelt zwischen Menschen, ihrer „Lebenswelt und göttlichem Geheimnis" - wie er selber formuliert hat - und zwischen Menschen, künftigen Brückenbauern, StudentInnen, LehrerInnen, KollegInnen.
Zudem verknüpft er gern die regionale religionspädagogische Arbeit in Familie, Kindergarten, Schule und Hochschule mit überregionalen, nationalen und internationalen Kontakten.
Auf dem letzten Vertretertag des DKV meldete er sich in der hochaktuellen und brisanten Diskussion um die Konfessionalität des RU zu Wort und gab mit Nachdruck zu bedenken, man möge dieses Randthema nicht zum Hauptthema machen; Hauptthema müssten die Probleme sein, die Kindern und Jugendlichen heute wichtig sind.
Er will Religionsphilosophie, kirchliche Tradition und Theologie vermitteln und von hier aus eine praktisch begehbare Brücke zur Welt des Kindes schlagen; dies ist ihm in der Liturgie für Kinder hervorragend gelungen. Aber auch in seiner elementaren Leidtheologie, von der er sagt: „Für mich zählt das Reden von Gott angesichts des Leids zur Nagelprobe einer verantwortlichen Theologie und Religionspädagogik" (Sauer 1989, 290). Sein „Plädoyer für die katechetische und handlungsorientierte Dimension des Religionsunterrichts" zeigt, wie wichtig ihm die Vermittlung zwischen schulischem Unterricht und religiösem Vollzug ist.[1]

Zuletzt hat er sich der religiösen Erlebniswelt Jugendlicher zugewandt. Ralph Sauer, ein lebendiges Beispiel für die Brückenfunktion, die die RP insgesamt kennzeichnen sollte. Wie aber sieht es damit aus?

3. Rp Brückenfunktion heute

Bei einer *Standortbeschreibung* der RP fällt auf, dass sie - sitzend zwischen vielen Stühlen (Henke) - sich eher hin- und hergerissen als emporgehoben vorkommt. Eine gewisse, durch vielleicht zu viele Herausforderungen verursachte Lethargie prägt ihr Selbstverständnis; fühlt sie sich überfordert?
„Es ist Windstille", so beschreibt Gabriele Miller die religionspädagogische Situation von 1986. Inzwischen ist zwar der RU als Schulfach wieder neu und grundsätzlich in die Diskussion gekommen; dies aber wegen der Wende seit 1990 unter vorrangig rechtlichen, weniger unter inhaltlichen Aspekten (vgl. Miller 1993, 108, 119). Konkret abzulesen ist eine auffallende Ratlosigkeit an den sich widersprechenden Forderungen etwa hinsichtlich der Konfessionalität des Religionsunterrichts.[2]
Eine Klärung ihres Selbstverständnisses als Wissenschaft ist andererseits notwendig, weil sie sich in ihrem Verhältnis zu ihren praktisch theologischen Nachbardisziplinen (Pastoraltheologie, Liturgiewissenschaft, Homiletik, Missionswissenschaft, Caritaswissenschaft, Katechetik und Kirchenrecht) inhaltlich und methodisch in abgrenzender und ergänzender Hinsicht definieren und legitimieren (können) muss. Als spezielle Disziplin steht sie vor der Grundaporie „verbindliche Lebensrelevanz des Christlichen" und „unverbindliches Angebot zur Lebensgestaltung", eine dialektisch religionspädagogische Herausforderung, die ihr keine andere Disziplin abnehmen kann.[3]
Eingestürzte Brücken müssten wieder aufgebaut werden, insbesondere in theologischen Fakultäten, wenn dort von den Studierenden die RP zu Gunsten anderer Fächer abgewählt und damit aus der künftigen Praxis ausgeblendet werden kann. Es ist bedrückend, wenn die in der Theorie als wichtig erkannte Lebensbedeutsamkeit religiöser Erziehung und Bildung faktisch in den theologischen Ausbildungsgängen bisher wenig Akzeptanz gefunden hat. Es ist ein schlimmer Zustand, wenn in einigen Fakultäten gegen die Ansprüche der biblisch-historischen und der systematischen Disziplinen die wissenschaftliche Reputanz der RP erstritten werden muss. Umso stärker sollte sie ihr Erbe aus den Zeiten der Pädagogischen Hochschule nachdrücklich zur Geltung bringen.
Man muss das Problem der Akzeptanz der RP heute sehr nüchtern sehen: Die RP als selbständige Wissenschaft spielt weder in der gesellschaftlichen und kirchlichen, noch in der theologisch-fachlichen Öffentlichkeit eine nennenswerte Rolle. Dies lässt sich leicht belegen:
Der Europäische Katechetische Kongress im Mai 1993 in Freising (vgl. Lange, Günter: Europäischer Katechetischer Kongress 1993 in Freising, in: KatBl 8-9/1993, 526-532), an dem u.a. eine Reihe wissenschaftlich arbeitender Religionspädagogen beteiligt war, hat mit dem Thema Katechese und Religionsunterricht in Europa beispielsweise in den öffentlichen Medien kaum ein hörbares Echo auslösen können, obwohl dort die neue plurikulturelle und plurireligiöse Situation Europas zur Diskussion stand. Man muss

schlicht feststellen: Die Gesellschaft zeigt für Katechese, Religionsunterricht und RP kaum bis kein Interesse. Das Thema „Katechese" hat sich gegenwärtig - durch was auch immer bedingt - zu einem innerkirchlichen Phänomen und zu einer religionspädagogischen Insider-Thematik entwickelt, die auch in kirchlichen und theologischen Institutionen wiederum nur die Insider erreicht.

II. Verschiedene Brückenfunktionen der RP

Im Folgenden sollen einige mir wichtig erscheinende Funktionen beschrieben werden: Zwischen Gesellschaft und christlicher Lebensgestaltung, zwischen Jugend und Kirche, zwischen Theorie und Praxis, zwischen Wissenschaft und Konzeption, zwischen Institution und Konzeption sowie zwischen Sonderpädagogik und dem Anspruch der RP.

1. Zwischen Gesellschaft und christlicher Lebensgestaltung

RP Denken muss davon ausgehen, dass die Universalkategorie für die Lebensorientierung aller Menschen gegenwärtig die *pluralistische Gesellschaft* selbst ist (vgl. Zwergel 1987, 128). Sie setzt - wie die Soziologen sagen - für alles - also auch für das religiöse Leben, Lernen und Lehren - die bestimmenden Maßstäbe. Auch die RP kann sich grundsätzlich diesen gesellschaftlichen Bedingungsstrukturen nicht entziehen; ihr Angebot einer christlichen Lebensgestaltung an Kinder und Jugendliche, SchülerInnen, junge und alte Erwachsene muss gesellschaftlich situativ und kritisch vermittelt sein. Bereits hier scheiden sich die Geister: Unter Religionspädagogen ist umstritten, wie auf diese gesellschaftliche Bestimmungsmacht zu reagieren ist. Soll zu ihr überhaupt eine Brücke gebaut werden?
Wenn nicht, ist dennoch klar, dass ein Rückzug auf religiöse, von der Gesellschaft abgeschirmte Positionen auch eine Reaktion auf die Gesellschaft ist. Wenn aber doch Brücken gebaut werden sollen: was kann die beiden Pfeiler Gesellschaft und christliches Lebensangebot dann verbinden? Wo sind die Pfeiler zu verankern, die der Brücke ihren Halt geben? Durch welche Konstruktion kann die kulturgeschichtliche Differenz zwischen den damaligen und heutigen religiösen Erfahrungen überbrückt werden? Welche Brückenprojekte tragen und welche sind ungeeignet?
Wird diese Differenz richtig gesehen, wenn unterstellt wird, die heutige Gesellschaft sei völlig religionslos und durch Mangel an religiöser Erfahrung sowie durch voranschreitende Säkularisierung, also Entsakralisierung, gekennzeichnet? Ist es richtig, wenn die Erschließung heutiger religiöser Erfahrung daran gemessen wird, ob sie den angeblich als ideal und gelungen vorgestellten Erschließungen in den christlichen Urgemeinden entspricht. Wegen dieser geschichtlichen und gesellschaftlichen Differenzen sind die mit Korrelation umschriebenen Grundlagenprobleme der RP immer noch völlig offen und ungelöst.

Die RP entdeckte erst in den 70er Jahren und nur sehr zaghaft ihre Funktion in der Gesellschaft und für die Gesellschaft.[4]
Hinzu kommt, dass die gesellschaftlichen Entwicklungen seit der Wende von 1989/90 und besonders die Situation in den neuen Bundesländern diese Frage immer dringlicher erscheinen lassen.

2. Zwischen Jugend und Kirche

Die RP kann sich als Brücke zwischen Jugend und Kirche verstehen. Es geht nicht vordergründig um die „antiinstitutionelle" und „antikirchliche" Einstellung der gegenwärtigen Jugend, sondern um die darin u.a. zum Ausdruck kommende Skepsis gegenüber Wert- und Sinnorientierungen, von denen die Jugend sich abzulösen beginnt bzw. bereits abgesetzt hat; die Kirche gilt lediglich als deren Repräsentant.[5]
Angesagt ist das gemeinsame Ringen um sinnstiftende Lebensperspektiven und um eine zeitgemäße Erschließung des Evangeliums, bei dem bewahrende Kräfte genauso zum Tragen kommen wie die Erneuerungskraft der Jugend.
Religionspädagogisch ist *ein neues Vertrauen in die Schülerinnen und Schüler* zu fordern, deren „hohe Sensibilität angesichts einer gefährdeten Zukunft [...] in ganz neuer Weise an tragende Erfahrungen und Inhalte jüdisch-christlicher Tradition heranführen [kann]. Wenn sich dabei Selbstakzeptanz und autoritär erfahrene Kirche nicht miteinander vertragen, spricht dies nicht gegen die Jugendlichen" (Zwergel 90).

3. Zwischen Theorie und Praxis

Die Vermittlung zwischen Theorie und Praxis war in den mittleren 70er Jahren Anliegen der großangelegten Strukturreform des Theologiestudiums durch den Westdeutschen Fakultätentag.[6]
Hier erhielt die RP Gelegenheit ihre bereits hoch reflektierte Praxistheorie auch für die Gestaltung der theologischen Ausbildungsgänge über die Religionslehrerausbildung hinaus zur Geltung zu bringen. Ihr Spezialanliegen des religiösen Lernens und Lehrens, ihre Erfahrungen aus der Religionslehrerausbildung konnten sich nun auswirken auf die Lehr- und Lernprozesse des gesamten Theologiestudiums.
Es ging um die Brückenfunktion der RP i. e. S., um den „*Lerntransfer*" zwischen Lernsituation Universität und Lebenssituation Praxis, der u. a. auch der stärkeren Profilierung des „Religionsdidaktikers" dienen sollte: „Zwischen diesen beiden Bereichen, dem Bereich des Lernens an der Universität oder an der Schule und dem Leben mit seinen Situationen, für die man qualifizziert sein soll, gibt es eine Brücke, die wissenschaftlich noch gar nicht ausreichend erforscht ist. Sie heißt: ‚Transfer'" (Stachel 1973, 61). Dahinter steht die Reformidee Karl Rahners, der der Praktischen Theologie eine „kritische Funktion" gegenüber den anderen theologischen Disziplinnen zusprach, insofern sie zu überprüfen habe, „ob die anderen theologischen Disziplinen zur Selbst-

verwirklichung der Kirche" (ebd., 68) und - wie Stachel ergänzt - zur Selbstverwirklichung der Gesellschaft von heute und der Christen in der Gesellschaft beitragen.
Aus der Distanz von heute muss man kritisch feststellen, dass das beachtliche Reformwerk eine angemessene Umsetzung in die Realität der theologischen Ausbildung leider noch lange nicht gefunden hat.[7]

4. Zwischen Wissenschaft und Konzeption

Ihre Vertreter nennen die praktisch theologischen Disziplinen „Fächer zwischen den Stühlen" (Henke), „Kontextwissenschaft" (Nipkow) und „Verbundwissenschaft" (Rothbucher). Nach ihrer Meinung steht die RP in Verbindung zu anderen Disziplinnen um deren unterschiedlichste Dienste in Anspruch zu nehmen und ihnen ihre Dienste anzubieten.
Dabei ist sie den Gefahren der Fremdbestimmtheit durch andere Wissenschaften ausgesetzt und zur Bestimmung des Grades eigener Selbständigkeit gezwungen.
Wie eigenständig ist sie? Wird sie von den anderen Disziplinen anerkannt? Hat sie eine eigenständige wissenschaftstheoretische Position? Wie lauten die Leitfragen der Wissenschaftstheorie der RP heute?
Die Antworten darauf variieren je nach der Brückenfunktion, die man dieser Disziplin zuspricht; deshalb muss nach ihrer konzeptionellen Funktion weitergefragt werden.
Wie versteht sie ihre *konzeptionelle Funktion*? Hat sie eine wissenschaftlich begründete Konzeption?
Ich glaube, gegenwärtig fehlt ihr eine Konzeption, die zugleich öffnet und verbindet, die die Funktionen der Differenzierung und der Bündelung gleichzeitig wahrnimmt. Eine solche Konzeption könnte dem einzelnen Religionspädagogen Rückendeckung für die orts-, zeit- und situationsangemessene Konzeptionierung seiner Arbeit geben.
Heute dominiert die Spannung zwischen Universalisierungsansprüchen theoretischer Konzeptionierungen und der Verliebtheit in die eigene Überspezialisierung; die damit verbundenen Probleme sind auch in unserem Fachgebiet noch wenig aufgearbeitet und teilweise unerträglich; vielleicht typische Kennzeichen für die Übergangsphase, in der die deutsche RP sich augenblicklich befindet.
Es werden in großer Fülle anspruchsvolle religionspädagogische sowie religionsdidaktische Spezialitäten gepflegt, die vom jeweiligen Spezialisten natürlich als das Wichtigste des Faches eingestuft werden. Es drängt sich dazu das Bild auf, dass wir Gourmet-Allüren entwickelt haben, die gegen den realen Hunger stehen; wir brauchen in der RP beides: Ein konzeptionelles Kochbuch und viele differenzierende Rezepte; solche Rezepte könnten uns doch die Gourmet-Köche einmal zu einem rp Kochbuch zusammenstellen.[8]

5. Zwischen Institution und Konzeption

Brücken können auch gesperrt, abgebrochen und gesprengt werden. Diese Brückenbilder drängen sich auf, wenn man an die neuerliche kirchliche Einschätzung des Stellenwertes der RP durch die Kongregation für die Glaubenslehre bzw. durch Kardinal Joseph Ratzinger in der Kontroverse mit Jürgen Werbick über Inhalt und Methode denkt.[9]
Ausgehend von dieser Kontroverse ist zu fragen, welche Innen- und Außenbeschreibungen der Rolle der RP hier sichtbar werden? Wie sehen die Selbstverständnisse und wie die Fremdbilder aus? Welche Funktion hat die RP aus der Sicht unterschiedlicher Institutionen, etwa der Universität und der Kirche?[10] Welche Leistungen profilieren sie heute - nach der „Instruktion über die kirchliche Berufung des Theologen" von 1990[11] und indirekt nach der Enzyklika „Veritatis splendor" von 1993[12] - in kirchlich-institutioneller Perspektive zu einer theologischen Wissenschaft?
In diesen Verlautbarungen wird die gesamte Theologie - vor allem die Moraltheologie - prinzipiell dem kirchlichen Lehramt unterstellt; sie hat das vom Lehramt „Vorgetragene" zu reflektieren und dabei keine eigenständige Aufgabe. Einschärfung des Gehorsamsprinzips und das strikte Verbot des Dissenses widersprechen jedoch nicht nur bewährten pädagogischen und religionspädagogischen Grundprinzipien, sie lassen auch den Respekt vor einer Universitäts-Disziplin und ihrer unaufgebbaren Funktion in der Gesellschaft vermissen.[13] Ignoriert werden Entwicklungen und Einsichten, die im Einklang mit dem II. Vatikanum insbesondere die deutsche RP auszeichnen: Anerkennung des sensus fidei und des consensus fidelium in der Kirche, Mündigkeit aller getauften und gefirmten Christen, die charismatische Begabung der ausgebildeten und erfahrenen Glaubenszeugen, das Prinzip der intellektuellen Redlichkeit, das Prinzip der geschichtlichen, anthropologischen und gesellschaftlichen Korrelation religiöser Vermittlung, das Prinzip der wissenschaftlichen und kritischen Begleitung religiöser Lehr- und Lernprozesse in Schule und Kirche, das Prinzip der kontrollierten und verantworteten Auseinandersetzung zwischen unterschiedlichen Ansätzen rp konzeptionellen Denkens.
Mit diesen Problemen kann die RP nur sinnvoll umgehen, wenn sie ihre korrelationsdidaktischen Errungenschaften gegenüber kirchlich institutionellen Selbstüberschätzungen beharrlich verteidigt und den damit gegebenen Machtmissbrauch offenlegt, entlarvt und anprangert, statt sich den selbstzerstörerischen Forderungen nach Gehorsam und Dissensvermeidung willenlos auszuliefern (vgl. Katechsimus der Katholischen Kirche 1993 und Enzyklika „Veritatis splendor" 1993).
Selbstbewusst verweist sie auf ihren Auftrag, für die Stabilisierung und Weiterentwicklung der Korrelationsdidaktik[14] und damit für die Sicherung der Einsichten in die kontexttheologischen Zusammenhänge religiöser Erziehung und Bildung in und außerhalb der Schule einzutreten sowie für das exemplarische Lernen - bedeutsam für jede christliche Lebensgestaltung, die Elementarisierung, die kommunikative Fundierung und die soziologische und psychologische Erforschung religiöser Entwicklungsprozesse.

6. Zwischen Sonderpädagogik und dem Anspruch der RP

Insbesondere wenn sie sich der Menschen mit Behinderungen und Lebensbeeinträchtigungen besonders annimmt, braucht sie Kontakte zu den sonderpädagogischen Disziplinen. An einigen Standorten versteht sich die RP als Brücke zwischen Theologie, Allgemeinpädagogik und Sonderpädagogik, indem sie sich den sonderpädagogischen Spezialfragen stellt - beispielsweise in Bezug auf die Schule für Lernbehinderte (SfL), ohne deren Beantwortung - wie die neueste Entwicklung in der Gewaltfrage zeigt - auch die Allgemeinpädagogik nicht mehr auskommt. Allgemeine Pädagogik und RP sind auf sonderpädagogische Erfahrungen und Erkenntnisse angewiesen (vgl. Krenauer 1991, 189f).

Es hat sich an diesen Standorten ein Geben und Nehmen entwickelt zwischen RP und den Humanwissenschaften, die als Pädagogik, Sonderpädagogik, Psychologie und Soziologie usw. mit ihren je speziellen Methoden die Bedingungsfelder der rp Vermittlungsarbeit analysieren, kritisch begleiten und weiterentwickeln. Am *Bild vom Boden und dem Samen* kann man sich diesen Sachverhalt klarmachen:

„Bereits vor mehr als 50 Jahren bemerkte der Religionspädagoge Fr. Niebergall: ‚Die Theologen sind stets an der Beschaffenheit des Samens interessiert, kaum aber an der des Bodens. Sie zerbrechen sich - verglichen mit der Sorgfalt ihrer exegetischen Bemühungen [...] zu wenig den Kopf über den >Auftreffpunkt< oder die Rezeptionsfähigkeit ihrer Adressaten, [...]' (Niebergall, zit. nach J. Redhardt 1976, 30). Tatsächlich versäumen es die meisten Publikationen zum RU (der SfL), hinreichend über die Lebenswirklichkeit der Kinder und deren religiöse Gedankenwelt zu reflektieren.

Umgekehrt scheint eine wissenschaftliche Sonderpädagogik v. a. mit der Beschaffenheit des Bodens befasst, wobei die Sorge um den Samen, der anthropologische Bezugspunkt und die Frage nach dem Lebenssinn und einer christlichen Lebensführung im Hintergrund bleiben" (Krenauer 1991, 283).

Die Sonderpädagogik, spezialisiert in diversen Fachrichtungen, benötigt angemessene anthropologische Fundamente und flexible korrelativ verwendbare Religions- und Glaubensbegriffe; auf der anderen Seite hat es die allgemeine Religionspädagogik bisher versäumt das sonderpädagogische Selbstverständnis angemessen zu berücksichtigen bzw. anzuerkennen. Beide Seiten belegen, dass der Dialog miteinander nicht hinreichend gepflegt wurde.

Die spezielle RP befasst sich deshalb mit den Bedingungen der religiösen Entwicklung, Sozialisation und Erziehung, vor allem wenn sie sich herausfordern lässt Schülern mit unterschiedlichen Lebensbeeinträchtigungen religiösen Halt zu bieten. So kann sie den anderen Disziplinen wichtige und zum Teil sehr spezielle Informationen über die „Bodenverhältnisse" (der unterschiedlichsten Lebenssituationen) zuspielen, damit der „Same" (des Glaubens) aufgehen kann.[15]

„Das Dilemma, in dem sich die SfL und ihr RU heute befinden, scheint deshalb ganz wesentlich dadurch bedingt, dass sich die Religionspädagogik ihrer christlichen Verantwortung gegenüber diesen Kindern nicht im erforderlichen Maße stellte und die Lernbehindertenpädagogik eine Hybris entwickelte, die sie glauben machte, auf religiöse/christliche Rückbindungen verzichten zu können. Das Ergebnis war und ist Desinteresse auf beiden Seiten" (Krenauer 1991, 382).[16]

III. Gegenwärtige Brückenfunktionen der RP

1. Zur konzeptionellen Entwicklung

Als Disziplin ist die RP (erst) entstanden, nachdem die praktische Theologie bereits ein Jahrhundert, seit 1777, als eigenständige Universitätsdisziplin eingeführt war. Von ihrer Geschichte her bestimmen Spannungen und Irritationen das Verhältnis von Theologie und RP, „seitdem dieser Begriff auf die Aufgabe einer Vermittlung von theologischem und pädagogischem Denken hinweist"[17].

Ende der 68er Jahre dieses Jahrhunderts wurde die pädagogische und theologische Konvergenz-Begründung des RU (wieder) strittig, so dass die RP als „Krisenwissenschaft" neue Bedeutung gewann. Es ging ihr darum, das pädagogische Bildungselement in der Theologie und ihre eigene theologische Selbständigkeit in Abgrenzung zur dogmatischen Theologie zu stärken.

Die *gegenwärtige RP* setzt nach einer stürmischen konzeptionellen Entwicklung in den letzten Jahrzehnten ganz entschieden bei den Lebens- und religiösen Lernsituationen der Betroffenen an und zwar auf der kommunikativen Verständigungsebene um die Probleme der allein inhaltlichen Vermittlung, oder die Fragen der Methode, der Organisation und des institutionellen Rahmens nicht in den Mittelpunkt gelangen zu lassen. Sie betont den Vorrang der Verständigungsbemühung über religiöse Erfahrungen vor allen anderen Faktoren der religiösen Erziehung und Bildung und ist bestrebt diesen Faktoren im Verständigungsgeschehen je nach Situation die geforderte Gewichtung zu geben und so eine Konzeptionenentwicklung zu fördern, die personalen und gesellschaftlichen Veränderungen und den fachlich theologischen Ansprüchen gerecht wird.

Dazu ist in Weiterführung der Korrelationsdidaktik inzwischen häufig auf die Notwendigkeit einer Kommunikativen Religionsdidaktik[18] hingewiesen worden, die das religiöse Lernen und Lehren mit allen Bereichen des individuellen und gesellschaftlichen Lebens von Anfang bis Ende vernetzt sieht.

Die RP nimmt heute ihre Brückenfunktion auf den Ebenen der personalen Begegnung, der institutionellen Kooperation und der wissenschaftlichen Arbeit nach dem Prinzip der Korrelation und im Sinne einer Kommunikativen Didaktik wahr.

Sie beginnt beispielsweise auf der Ebene der Wissenschaft schon bei der Konstruktion von Studiengängen und betont, dass die RP nicht ans Ende der Disziplinen gehört, und dass sie sich nicht lediglich eine Anwendungsfunktion zudiktieren lassen darf. Sie müsste eigentlich die Bezeichnung „Didaktik der Theologie"[19] erhalten und nicht weiter wie in NRW als „Theologie und ihre Didaktik", also als additive Disziplin, geführt werden. Sie durchzieht mit ihrem kommunkativen Grundanliegen wie ein roter Faden alle Disziplinen der Theologie.

Die RP ist als ein gestuftes und sich selbst unterstützendes System vorzustellen, als ein systemischer Zusammenhang zwischen den im Dialog befindlichen Personen (Kinder/ErzieherInnen/KatechetInnen, SchülerInnen und LehrerInnen) auf der ersten Stufe; auf der nächsten Stufe sind es die Institutionen (Schule, Kirche und Verbände), die die personalen Dialoge auf der unteren Stufe subsidiär zu fördern haben; und schließlich sind auf der dritten Stufe die Wissenschaften angesiedelt, die diese Zusammenhänge reflektieren, kritisieren und optimieren helfen und ihrerseits auf die Praxis einwirken.

Die RP könnte die *Funktion einer Klammer* zwischen den theologischen Disziplinen übernehmen, weil es grundsätzlich allen, insbesondere aber den praktischen Disziplinen der Theologie um möglichst gelingende Korrelation und um Förderung des religiösen Lernens sowie des verantwortlichen Handelns nach dem Evangelium geht.[20] Inhaltlich ist sie deshalb im Sinne der „gefährlichen Erinnerung" (J.B. Metz) vorrangig Bibeldidaktik, die in enger Kooperation mit der kommunikativen Religionsdidaktik und den anderen Disziplinen um die kritische und produktive Wechselbeziehung von biblisch tradierter und gegenwärtiger Erfahrung bemüht ist. Denn nicht Traditionsvergessenheit macht das Originalitätsdefizit der RP aus, sondern die fehlende Aktualisierung „der biblischen Geschichte, die uns als unsere Geschichte erzählt werden will" (Weinrich 1992, 48).

Ist die RP aber eine theologische (den Glauben für das pädagogische Handeln voraussetzende) Disziplin oder eine erziehungswissenschaftliche (die Glaubensdimension in das pädagogische Handeln einbeziehende) Disziplin?

Dem Namen nach ist sie *Pädagogik*, ihrer Genese nach praktische Theologie; ist sie es auch ihrer Sache nach? Ist sie in erster Linie Anwalt des Schülers oder Anwalt des Glaubens? Es gibt hier verschiedene Positionen.[21]

In der inzwischen gut hundertjährigen Tradition trägt die RP als „theologische" Disziplin die Bezeichnung „Pädagogik". Diese lässt zwar auch die Sicht zu, dass es sich bei ihr um eine Grenzdisziplin handelt, um ein „vermittelndes Zwischenstück" (Günter R. Schmidt 1987), es kommt aber hinzu, dass sie sich in den Augen der meisten katholischen Religionspädagogen als theologische Disziplin i. e. S. versteht und als solche mit „Religion" befasst, die nicht mit „Glauben" gleichzusetzen ist. Sie ist also eine theologische Disziplin, die Pädagogik heißt, weil sie sich mit den Fragen der „religiösen" Erziehung und Bildung beschäftigt, für die die „religiösen" Einstellungen von fundamentaler und elementarer Bedeutung sind, da sie Einfluss nehmen auf die Glaubensentscheidung der jungen Menschen.

Es ist also theologisch bedeutsam, dass es eine Disziplin gibt, die sich mit dem Fundament und den Bedingungen der Glaubensentwicklung und des Glaubenlernens befasst, soziologische, entwicklungspsychologische und pädagogische Studien heranzieht und eigenständige Forschungen zur kindlichen und jugendlichen Religiosität anstellt. Es gehört zum theologischen Profil der RP, dass es ihr nach Abstreifung ihrer katechetischen Eierschalen nicht mehr schadet sich auf außertheologische Fragestellungen und Fächer einzulassen.[22]

2. Anfragen

Von den anderen theologischen Disziplinen wird die RP inzwischen zwar formal als eigenständige theologische Disziplin anerkannt, aber als eine solche, die das zu vermitteln hat, was die Lehrämter der Kirche und der historischen und systematischen Theologie lehren. „Ihre Funktion wird auf die Vermittlung systematisch-theologischer Theorien in die Praxis beschränkt. Als ‚angewandte Theologie' wird sie zum Umschlagplatz für die Resultate der anderen theologischen Disziplinen" (Henke 1993, 197).[23]

Das Akzeptanzproblem lässt sich noch ausweiten oder vertiefen: Wird die RP als praktische Disziplin innerhalb der Theologie oder als Nachbardisziplin von den Humanwissenschaften zu allgemein wichtigen Problemen angefragt? Wird die RP etwa aus der Schulpädagogik, Psychologie, Soziologie, der Philosophie oder der Sonderpädagogik zum Problem der „Ethik" oder zum Thema „Gewalt" angefragt?
Während die RP teilweise auf allgmeinpädagogische und allgemeindidaktische Arbeiten zu Erziehung und Bildung angewiesen ist und sie deshalb rezipiert, fällt allerdings auf, dass umgekehrt religionspädagogische Aspekte in diesen pädagogischen Arbeiten fast ganz fehlen und Anleihen bei der rp Literatur äußerst selten vorkommen.
Das Rezeptionsverhalten ist nicht reziprok. „Es erstaunt daher nicht, dass religionspädagogische Argumente und Befunde im interdisziplinären Gespräch ‚außerhalb' der Religionspädagogik so gut wie nie zur Kenntnis genommen werden" (Hemel, 172).
Eine weitere schwerwiegende Frage ist die nach dem Dialog der Theologen untereinander und im speziellen zwischen Religionspädagogen und den Vertretern der historischen und systematisch theologischen Disziplinen; werden theologische Probleme überhaupt noch miteinander besprochen? Lässt sich ein Dogmatiker schon gern vom Religionspädagogen herausfordern etwa durch Hinweis auf das theologische Problem „Fachsprache und Alltagssprache".[24]
Als Wissenschaft entspricht die RP nach wie vor eher dem „hermeneutischen Paradigma", weniger dem „empirischen" und „kritischen".
Aus diesem Grund markiert Hans-Georg Ziebertz den Gefahrenpunkt der gegenwärtigen RP, dass sie trotz beachtlicher empirischer und kritischer Ansätze wegen ihrer hermeneutischen Gesamtprägung darum bemüht ist „die verschiedenen Mittel der Wissenschaft zu nutzen, um, bei all ihrer Begrenzung, den spekulativen Anteil bei der Reflexion der Praxis zu vermindern" (Ziebertz, 150).
Ist das wirklich ihr Hauptproblem? Sicher braucht sie mehr empirische Kontrolle und Absicherung ihrer Aussagen, aber zur Überprüfung und Deutung der empirisch abgesicherten Aussagen braucht sie Spekulation, viel Kreativität und Entdeckerfreude.
Dies Argument darf aber nicht missverstanden werden, als sei die Vorsicht vor der Empirie in der RP unbedingt gut zu heißen. Im Gegenteil ist zu bedauern, dass „die Zahl der Religionspädagogen, die faktisch auch empirisch arbeiten, eher gering geblieben [ist]" (Ziebertz 1992, 155). Aber, wären es mehr, bliebe das Problem der Hermeneutik ihrer Ergebnisse.
Zusammenfassend kann man sagen: Es ist unklar, ob in den wissenschaftlichen Methodenkonzepten der heutigen RP ihre heuristische Funktionalität eher als eine bedeutsame Chance anerkannt oder aber als Irrweg verdächtigt wird.

3. Offene Probleme

Global gesehen ist die christliche Lebensdeutung aus dem Glauben der eine Brückenpfeiler, von dem aus die Brücke herüber führt zum anderen Brückenpfeiler, zur Lebenswelt der Kinder und Jugendlichen, in der diese ihre religiösen Lebens- und Lernerfahrungen machen. Kümmern sich kirchliche Institution und kirchlich mitzuverant-

wortende RP um die konkreten Menschen und ihre tatsächlichen Lebensprobleme? *Darf der schulische RU mit seinen begrenzten Möglichkeiten ihr Hauptanliegen sein?*
„Angesichts der anhaltenden Krisenanalyse der Glaubenstradierung" (Ziebertz 1992, 150) haben in Deutschland der Religionsunterricht und die Religionsdidaktik immer noch Vorrang vor allen anderen rp Arbeitsfeldern; wegen der Betonung der „Glaubens-Tradierung" überwiegt in der RP die Perspektive der konkordatär abgesicherten schulischen Arbeit.[25]

In den anderen, nicht so stark durch Institutionen abgegrenzten Lebens- und Lernbereichen müsste sie entdecken, wie sich Glaubenlernen bei allen Kindern und auch bei religiös nicht gebundenen jungen Menschen (so genannten Nicht-Glaubenden) vollzieht, und wie Religion in so genannten weltlichen Bereichen (etwa den Humanwissenschaften) vorkommt. RP und Kirche müssten ihre Identität am Maßstab ihrer Gesprächsbereitschaft mit der Welt messen.[26] Dagegen gewinnt Zerfaß von der nachkonziliaren Kirchenleitung (auch von der RP? R.K.) den Gesamteindruck, dass sie sich verhält im Sinne einer „Strategie der Identitätswahrung durch Gesprächsabbruch"[27].

Auf der wissenschaftlichen Ebene muss ein anderes offenes Problem dringend behandelt werden, es handelt sich um die *Nachwuchsförderung*. Für die StudentInnen des Faches ist neben dem Erwerb von Fachwissen die persönliche Motivation ein zentrales Moment des Studiums, vor allem für die, die in den praktisch theologischen und rp Belangen zum zusätzlichen Engagement bereit sind. Sind aber Weiterqualifizierungen und der Einsatz hoher Motivationen zu verantworten, wenn mit Sicherheit rp Karrieren kaum zu erwarten sind? Ist ein rp Lehrauftrag als Krücke für Qualifikationsnachweise zuzumuten? Welches Image und welche Chance haben so genannte Laientheologen - und vor allem weibliche - in der gesellschaftlichen und kirchlichen Öffentlichkeit? Bei Berufungen führt trotz möglicherweise hoher theologischer Qualifikation fehlende Ordination (inzwischen häufig) zur Ablehnung, die mit Scheinargumenten legitimiert wird. Hinzu kommt das Problem der Wiederberufbarkeit bei weiteren Bewerbungen. Junge Männer und Frauen gehen ein hohes Risiko ein, wenn sie die Freiheit ihrer wissenschaftlichen Forschung gegen die Strategie der Selbsterhaltung ausbalancieren müssen. Nicht zu reden von den Theologen und Theologinnen, die sich entschlossen haben 1989 die „Kölner Erklärung" zu unterschreiben; neuerdings ist ihre Liste das unterste Maß für die Nicht-Erteilung des römischen Nihil Obstat. In diesen Punkten teilt die RP das gegenwärtige Schicksal aller theologischen Disziplinen.[28]

Bildungspolitische Entwicklungen wie die Auflösung bzw. Integration der Pädagogischen Hochschulen in die Universitäten oder die zu erwartenden Transponierungen der Fachhochschulen mit ihren rp Fächern zwingen zur Selbstprofilierung und zur entschiedenen Besinnung auf den Zusammenhang von Theorie und Praxis sowie auf die Bedeutung einer Elementartheologie.

Die durch die Ausbildungsprobleme von ErzieherInnen, ReligionslehrerInnen, SozialarbeiterInnen, Sozialpädagogen und Pastoralreferenten angestoßenen religionspädagogischen, religionsdidaktischen und elementartheologischen Entwicklungen dürfen nicht einer globalen Integration in die Fakultäten nach dem Schluckprinzip geopfert werden.

Es wäre schlimm, wenn sich „eine von sozialwissenschaftlicher und ideologie-kritischer Ausrichtung allzu gereinigte Theologie [...] unfreiwillig zum Vorreiter fremder Interessen macht" (Heimbrock, 187).

IV. Zukünftige Aufgaben der RP

1. Die verbindenden Funktionen

Die RP sollte eine Brücke zwischen Schule und Kirche schlagen und von beiden Seiten als *zentrale Bezugswissenschaft* anerkannt werden; dies heute ausdrücklich zu wünschen ist wichtig, weil gerade die deutsche staatskirchenrechtliche Konstruktion des Religionsunterrichts von politischer und neuerdings auch kirchlicher Seite erneut in Frage gestellt wird. Beide treffen sich jedoch in der gemeinsamen Aufgabe die Entwicklung junger Menschen und die Humanisierung der Gesellschaft mit jeweils ihren Mitteln zu fördern.[29]
Die Zentralstelle Bildung der Deutschen Bischofskonferenz (DBK) kooperiert mit Experten der Hochschulen in Fragen etwa des RU, seiner Planung - Lehrplankommissionen - und Durchführung - Schulbuchkommissionen - und in diversen anderen Bereichen (u.a. bei der Erstellung von Studienmaterialien für „Theologie im Fernkurs"). Es ist zu wünschen, dass diese guten Kontakte weiter gepflegt werden, damit auch der theologischen und religionspädagogischen Reflexion des Glaubens in und außerhalb der Kirche Rechnung getragen wird.

2. Die kritische Funktion der RP

Die RP sollte die Aufgabe übernehmen den unvermeidlichen Prozess der Überspezialisierung bei theologischen und pädagogischen Forschungen kritisch zu begleiten und ihre nicht immer günstigen Auswirkungen auf die religiöse Entwicklung junger Menschen zu steuern.
Es ist zu wünschen, dass sie sich von der praktisch-theologischen Reflexion inspirieren lässt und sich die Ergebnisse der Pastoraltheologie auf dem eigenen Gebiet zunutze macht. Heute nimmt die RP teil an den Entdeckungen der symbolischen und kommunikativen Dimension in der Praktischen Theologie, die sich in den 70er und 80er Jahren *als kommunikative Handlungswissenschaft* verstehen lernte[30] und insofern die kritisch-reflektierende Begleitung religiös-christlich-kirchlichen Handelns als ihre Hauptaufgabe ansieht.

3. Die anerkennende Funktion der RP

Die RP anerkennt die *Eigenständigkeit* der Humanwissenschaften und teilt mit ihnen das Anliegen die Menschlichkeit des Menschen zu fördern.[31]
Zu wünschen wäre an dieser Stelle allerdings eine stärkere Beachtung der RP durch die anderen mit dem Menschen befassten Wissenschaften.[32]
Gegenseitige Anerkennungen sind längst fällig zwischen RP und den *Literatur- und Kunstwissenschaften*, sofern diese Themen mit religiöser Relevanz behandeln und der

RP im säkularen Bereich mit Gestaltungen und Ausdrucksformen eigener Art zuarbeiten.[33]

4. Die ökumenische Funktion der RP

Katholische und evangelische RP verbünden sich aus teils praktisch zwingenden und teils theologisch wünschenswerten Gründen auf der ökumenischen Ebene. Hier sollte erwähnt werden, dass AKK und AfR im Herbst 1994 einen *gemeinsamen Kongress* durchführen und ihre Forschungen über kindliche Religiosität austauschen werden.[34]

5. Die methodologischen Funktionen der RP

Auch in der RP sind die Verfahren umstritten. Eine Versöhnung im Streit um die qualitativen und quantitativen Verfahren ist allerdings sowohl in der Erziehungswissenschaft als auch in der RP nicht in Sicht (vgl. Ziebertz, 158f). Das Anliegen Rudolf Englerts die Forschungssituationen zu Bildungssituationen werden zu lassen, hätte heute noch mehr Chancen, wenn nicht gleichzeitig die empirische Forschung in ihrer Bedeutung für die Theologie sehr zurückhaltend beurteilt würde.[35]
Eine Wissenschaft, der es um die Darstellung und das Verständnis ihrer Inhalte allein geht, muss die Funktion, die sie für irgend etwas anderes hat, ausblenden; deshalb sollten die Gründe für die Ablehnung der Funktionalität einer Wissenschaft gegen die Gründe für die Einbeziehung ihrer Funktionalität konsequenter reflektiert werden.
Die Unterscheidung zwischen „reiner Wissenschaft" und „Kontextwissenschaft" muss im Hinblick etwa auf die Exegese vertieft werden, damit Methoden-, Inhalts- und Interaktionsprobleme nicht unverbunden nebeneinander stehen bleiben.
Die RP kann ihrer *funktionalen Aufgabe* eher gerecht werden, wenn sie theologischen und methodologischen Tendenzen zum objektivierenden Wissenschaftsverständnis widersteht und - genötigt durch die Bedingungen im Forschungsfeld - ihre relationale Grundstruktur weiter ausbaut. Objektivierende Forschungsinteressen geben eher Theoriedefizite zu erkennen, weil die Innensicht der hier betroffenen SchülerInnen und die Eigenwertigkeit ihrer Lebensperspektive zu wenig oder gar nicht beachtet werden.[36]
Ziel sollte sein, dass statistische, empirische und struktur-analytische Aspekte noch entschiedener mit hermeneutisch, sozial und biographisch orientierten Forschungsperspektiven verknüpft werden, in denen „Selbstkonzept-Bildung und Ausbalancieren eigener Identität" (Zwergel 1990, 82) einen hohen Stellenwert erhalten.
Versteht sich die RP in diesem Sinne als „Kontextwissenschaft", so ist es naheliegend, wenn sie in der - verbindenden - Funktionalität ihre Hauptaufgabe erblickt.[37]
Hinzu kommt, dass die Theologie insgesamt, also auch ihre historischen und systematischen Disziplinen, als pragmatische und handlungsorientierte Wissenschaft[38] zu verstehen ist, so dass die Brückenfunktion der RP durch „Gegenstand", „Wirkungsgeschichte" und das „gegenwärtige Selbstverständnis" der Theologie selbst noch unterstützt wird.

6. Zur theologischen Funktion

Eine neue Brücke ist zu spannen zwischen der Aussage „nach christlichem Verständnis will Gott den Menschen nahe sein; im Reich Gottes kann jeder Mensch seine Erfüllung finden" und der anderen Aussage „junge Menschen wissen nicht, worauf sich das Wort ‚Gott' überhaupt beziehen könnte". Deshalb sollte sich die RP in Anknüpfung an die nicht-rp Biographieforschung und an die theologische Kairologie[39] als Handlungs- und Kommunikationstheorie verstehen und ihre Hauptaufmerksamkeit auf die religiösen Verständigungsprozesse konzentrieren, in denen junge Menschen sich selbst und den Sinn ihres Lebens suchen; entsprechend müsste der RU kommunikationsdidaktisch grundgelegt werden oder in Zukunft eine koinonische Struktur (Martina Blasberg-Kuhnke) erhalten.[40] Wird hier der theologische Eigenanspruch, der - ob gelegen oder ungelegen - zu vertreten ist, nicht zu Gunsten von Verständigungsbemühungen aufgegeben und somit relativiert?
Auf die mit diesem Aspekt verbundene *Gefahr der Funktionalisierung* macht Gerhard Sauter aus systematisch theologischer Sicht aufmerksam; mit der Warnung vor der „Flucht ins Allgemeine" einer Wert- und Normorientierung möchte er das Besondere des theologischen Anliegens - die Unterscheidung zwischen „Gott" und „Götzen" - auch für die RP zur Geltung bringen. In dieser Perspektive könnten sich RP und Systematische Theologie berühren, wenn sie beide es verstünden sich auf „Gespräche" mit jungen Menschen wirklich einzulassen und „die Situation Heranwachsender in den theologischen Zusammenhang ‚einzufädeln' (vgl. Sauter 1986, 137, 139, 142, 147).
Meine Gegenfrage ist, ob beide Disziplinen nicht den theologischen Zusammenhang *in die* alltägliche Lebenswelt der Heranwachsenden einzufädeln hätten, wobei sie - wie Schillebeeckx[41] und Bonhoeffer[42] betont haben - auch im säkularen Kontext positive und religiös relevante Sinnerfahrungen voraussetzen dürfen, auch wenn diese nur „weltlich" zu sein scheinen.

7. Neue Funktionen der RP

Ihre Funktion nimmt die RP heute wahr, wenn sie in verschiedene Richtungen neue Brücken baut.
Die gegenwärtigen gesellschaftlich bedingten Anforderungen und die „gefährlichen Erinnerungen jüdisch-christlicher Tradition" sind die beiden Uferseiten, die miteinander verbunden werden müssen, zwei Lebensbereiche, die ohne neue Brücken zu verkümmern drohen. Das heißt konkret:
Es sind neue rp Brücken zu bauen, die den dialogischen Austausch zwischen älteren und jüngeren Menschen über Lebensorientierung und religiöses Erfahrungswissen fördern. Dabei sind ihr u. a. die entwicklungspsychologische (psychoanalytische, kognitionspsychologische und strukturgenetische) und biographische Forschung (etwa Nipkow, Grom, Fraas, Oser/ Gmünder, Schweitzer, Zwergel, Fowler, Bucher, Englert, Esser) und die Sozialforschung (etwa Berger, Kaufmann, Krappmann, Gabriel) unentbehrliche Hilfen. Diese beeinflussen die rp Theoriebildung heute erheblich.

Die RP verbindet pädagogische und religiös theologische Anliegen miteinander und bringt sie möglichst zur Konvergenz. Menschwerden ist mit Glaubenlernen zu korrelieren.[43] Für den praktisch religiösen Brückenbau überlebenswichtig geworden ist inzwischen die Theorie des *religiösen Symbols* (Paul Tillich), die in den letzten Jahrzehnten beispielsweise von Hubertus Halbfas, Georg Baudler und Peter Biehl didaktisch umgesetzt wurde.[44] Ebenso unentbehrlich, allerdings nur schwer auf die deutsche Situation zu übertragen, sind die *befreiungstheologischen Ansätze* (beispielsweise von Mette, Steinkamp, Schreijäck) sowie die rp Arbeiten, die das *interreligiöse Lernen* im neuen Europa und die Begegnung der Weltreligionen bei der Entwicklung der Einen Welt und des „Weltethos" (Küng) fördern wollen (Lähnemann u.a.). Brücken in die *Geschichte* religiöser und christlicher Erziehung sind notwendig, weil Zeitbedingtheiten und Rückbindungen an jeweilige Bildung und Kultur der Zeit jede religiöse und auch die christliche Erziehung mitbestimmen; für die gegenwärtige RP kann deshalb die Erforschung der Geschichte der christlichen Erziehung (Paul) nicht hoch genug eingeschätzt werden.[45]

Schließlich sind neue *(unterrichts)methodische Brücken* zu entwickeln, die angesichts weit verbreiteter „religiöser Behinderung" (Jendorff) jungen Menschen helfen „eine lohnenswerte, frohmachende Lebenskultur zu entwickeln"[46].

Um das Gesagte zusammenzufassen, besteht die zentrale Aufgabe der RP darin Wege zu den Brücken zu finden, die - theologisch gesprochen - von Gott zum Menschen bereits gespannt sind. Sie muss sich und ihren Adressaten deshalb die theologischen Kategorien „Schöpfung", „Gottebenbildlichkeit" und „Menschwerdung" (Gottes und des Menschen) immer wieder aktualisierend und elementarisierend erschließen. Dazu gehört sicher auch die „Spurensicherung", die im Vollzug symbolischen Handelns und der ästhetischen Wahrnehmung des Menschen liegen.[47]

Schlussbemerkung

In seinem Bericht von 1988 formuliert Rudolf Englert über die Tagung der Ständigen Sektion „Rp Grundlagenforschung" der AKK abschließend: „Ist nicht der Alltag rp Forschung noch fast durchgängig monologisch orientiert, geschieht rp Theoriebildung nicht vielfach weitgehend bezugslos - ohne dass man sich gründlicher aneinander ‚abarbeitete'?" (Englert 1988, 613).

Hoffentlich konnte dieser Beitrag zeigen, dass Englerts Befürchtung heute nach fünf Jahren in dieser Schärfe jedenfalls nicht mehr zutrifft. Künftig könnte sich die RP ‚abarbeiten' an vielfältigen Kooperationen trotz unterschiedlicher Forschungsinteressen, an der Konzentration auf örtliche und zeitliche Bedingtheiten religiösen Lernens und Lehrens und am Mut zur freieren Meinungsäußerung in und außerhalb des Faches.

Literatur

Beinert, Wolfgang: Universitätstheologie und Kirche, in: Stimmen der Zeit 11/1993, 723-740.

Brachel, Hans-Ulrich v./ Mette, Norbert (Hg.): Kommunikation und Solidarität. Beiträge zur Diskussion des handlungstheoretischen Ansatzes von Helmut Peukert in Theologie und Sozialwissenschaften, Freiburg (Schweiz)/ Münster 1985.

Englert, Rudolf: Wissenschaftstheorie der Religionspädagogik, in: *Bitter, Gottfried/ Miller, Gabriele (Hg.):* Handbuch der Religionspädagogik, Bd.II, 1986, 430ff.

Ders.: Religionspädagogische Grundlagenforschung. Persönliche Tagungsnotizen, in: KatBl 113 (1988) 8, 611-613.

Esser, Wolfgang: Gott reift in uns. Lebensphasen und religiöse Entwicklung, München 1991.

Feifel, Erich (Hg. für die Kommission ‚Curricula in Theologie' des Westdeutschen Fakultätentages): Studium Katholische Theologie. Berichte Analysen Vorschläge, Band 1 - 6, Zürich Einsiedeln Köln 1973 bis 1980.

Ders.: Von der curricularen zur kommunikativen Didaktik. Zur Situation der Religionspädagogik, in: Paul/ Stock 1987, 21-32.

Fuchs, Ottmar (Hg.): Theologie und Handeln. Beiträge zur Fundierung der Praktischen Theologie als Handlungstheorie, Düsseldorf 1984

Fürst, Walter: Praktisch-theologische Urteilskraft. Auf dem Weg zu einer symbolisch-kritischen Methode der Praktischen Theologie, Zürich Einsiedeln Köln 1986.

Heimbrock, Hans-Günter: Unbußfertiger Sohn oder überlebte Vaterbilder? Anmerkungen zum Verhältnis von Religionspädagogik und Praktischer Theologie, in: Theologia Practica 24. Jg. (1989), Heft 3, 175-187.

Hemel, Ulrich: Ist eine religionspädagogische Theorie des Symbols möglich? Zum Verhältnis von Symboldidaktik und religionspädagogischer Theoriebildung, in: RpB 25/1990, 145-176.

Henke, Thomas: Ein Fach zwischen den Stühlen. Wo steht heute die Pastoraltheologie?, in: HK 4/1993, 197-203.

Hilger, Georg/ Reilly, George (Hg.): Religionsunterricht im Abseits. Das Spannungsfeld Jugend Schule Religion, München 1993.

Jendorff, Bernhard: Religion unterrichten - aber wie? Vorschläge für die Praxis, München 1992.

Krenauer, Joachim: Didaktik als Problem der Schule für Lernbehinderte und der Religionsunterricht, Frankfurt a. M. u.a. 1991.

Lachmann, Rainer: Grundsymbole christlichen Glaubens. Eine Annäherung, Göttingen 1992.

Mette, Norbert: Theorie der Praxis. Wissenschaftsgeschichtliche und methodologische Untersuchungen zur Theorie-Praxis-Problematik innerhalb der Praktischen Theologie, Düsseldorf 1978.

Mette, Norbert/ Steinkamp, Hermann: Sozialwissenschaften und Praktische Theologie, Düsseldorf 1983.

Mette, Norbert: Jugend ohne Sinn? Handlungstheoretische Überlegungen zu einer Religionspädagogik des Jugendalters, in: *Mette* 1985, 214-230.

Ders.: Konsolidierungen und Neuentwicklungen - Gesamtdarstellungen und Grundlegungen der evangelischen Praktischen Theologie, in: Verkündigung und Forschung, 31. Jg. (1986), Heft 2, 2-13.

Miller, Gabriele: Unsere religionspädagogische Situation und Perspektive - durch meine Brille beurteilt, in: Vierhundert Jahre Kösel-Verlag (FS), München 1993, 108-129.

Nastainczyk, Wolfgang: Der Synodenbeschluss zum Religionsunterricht. Geschichte und Zukunft, in: Arbeitshilfen 111 (hg. v. Sekretariat der DBK): Religionsunterricht 20 Jahre nach dem Synodenbeschluss, Bonn 1993, 13-28.

Paul, Eugen/ Stock, Alex (Hg.): Glauben ermöglichen. Zum gegenwärtigen Stand der Religionspädagogik (FS Günter Stachel), Mainz 1987.

Peukert, Helmut: Wissenschaftstheorie - Handlungstheorie - Fundamentale Theologie. Analyse zu Ansatz und Status theologischer Theoriebildung, Düsseldorf 1976.

Ringshausen, Gerhard: Überlegungen zum Verhältnis von Theologie und Religionspädagogik, in: Evang. Theol. 46. Jg. (1986), Heft 2, 148-159.

Sauer, Ralph: Ist der Glaube nur ein Objekt des Religionsunterrichts? Ein Plädoyer für die katechetische und handlungsorientierte Dimension des Religionsunterrichts, in: *Paul/ Stock* 1987, 94-107.

Ders.: Die Not der Gottesrede und -anrede, in: *Lachmann, Rainer/ Rupp, Horst F. (Hg.):* Lebensweg und religiöse Erziehung. Religionspädagogik als Autobiographie, Band 2, Weinheim 1989, 277-296.

Sauter, Gerhard: Zur theologischen Revision religionspädagogischer Theorien, in: Evang. Theol. 46. Jg. (1986), Heft 2, 127-148.

Schlüter, Richard: Ökumenisches Lernen in den Kirchen. Schritte in die gemeinsame Zukunft. Eine praktisch-theologische Grundlegung, Essen 1992.

Schmidt, Heinz: Religionsdidaktik. Ziele, Inhalte und Methoden religiöser Erziehung in Schule und Unterricht, Stuttgart u.a. 1982 (Bd.I) 1984 (Bd.II).

Schmidt, Günter R.: Religionspädagogik zwischen Theologie und Pädagogik, in: Theologia Practica 22. Jg. (1987), Heft 1, 21-33.

Siller, Hermann Pius: Handbuch der Religionsdidaktik, Freiburg 1991.

Stachel, Günter: Wie konstruiert man ‚Curricula in Theologie'? In: Feifel 1973 (Band 1), 52-72.

Stock, Alex (Hg.): Religionspädagogik als Wissenschaft. Gegenstandsbereich Probleme Methoden, Zürich/Einsiedeln/Köln 1975.

Weinrich, Michael: Religionspädagogik in der Bewährung. Konsolidierungen, Innovationen und Verlegenheiten, in: Verkündigung und Forschung, 37. Jg. (1992), Heft 1, 17-48.

Werbick, Jürgen: Glaubenlernen aus Erfahrung. Grundbegriffe einer Didaktik des Glaubens, München 1989.

Ders.: Zurück zu den Inhalten? Die Forderung nach einer ‚materialkerygmatischen Wende' in der Religionspädagogik - ihre Berechtigung und ihre Zwiespältigkeit, in: RpB 25/ 1990, 47-67.

Ders.: Heutige Herausforderungen an ein Konzept des Religionsunterrichts, in: Arbeitshilfen 111 (hg. v. Sekretariat der DBK): Religionsunterricht 20 Jahre nach dem Synodenbeschluss, Bonn 1993, 35-72.

Wittenbruch, Wilhelm: Religion, Glaube, Bildung – „Grundakte menschlichen Daseins"? Interpretation von Materialien aus der Schulforschung, in: *Dikow, Joachim (Hg.):* Religion, Glaube, Bildung, Münster 1992, 42-66.

Ziebertz, Hans-Georg: Methodologische Überlegungen zur religionspädagogischen Forschung, in: RpB 30/1992, 148-164.

Zwergel, Herbert: Empirische Religionspädagogik und Alltags-Konzeption, in: *Paul/ Stock* 1987, 128-145.

Ders.: Die Allensbacher Untersuchungen angesichts religionspädagogischer Theoriebildung und empirischer Forschungen, in: RpB 25/1990, 69-91.

Anmerkungen

[1] Vgl. Sauer 1987, 107: „Ein Religionsunterricht, der sich als handlungsorientiertes Fach versteht, wird sich nicht mit dem Erreichen kognitiver Ziele zufrieden geben, er wird auch emotionale und pragmatische Ziele anstreben. Im Rahmen seiner Möglichkeiten wird er versuchen die Schüler in den religiösen Vollzug mit hineinzunehmen."

[2] Vgl. Lott, Jürgen (Hg.): Religion - warum und wozu in der Schule? (Forum zur Pädagogik und Didaktik der Religion 4), Weinheim 1992; das Themenheft der Katechetischen Blätter 12/1993 (118. Jahrgang) heißt: „Konfessioneller Religionsunterricht - wohin?"

[3] Vgl. dazu Werbick 1993, der diese pädagogische und religionspädagogische Grundaporie der RP beschreibt. Statt nur der „Glaubens-Weitergabe" zu „dienen" (Diakonie), geht es in einer „uneigennützigen Religionspädagogik" (46f) um „authentische Vermittlung", die in speziellen Arbeitsgebieten

(Katechetik, Religionspädagogik und Religionsdidaktik) nur dann sinnvoll behandelt werden kann, wenn auch der Rezipient der Vermittlung mit seinen Ansprüchen in die Konzeption einbezogen wird, eine speziell pädagogische Aufgabe.

[4] Vgl. dazu Fürst, der betont, dass in soziologischer Sicht die Praktische Theologie auf rapide gesellschaftliche, politische und kulturelle Veränderungen (vgl. Studentenrevolte, ‚Prager Frühling' u.a.) reagieren und „die Beziehung der Wissenschaft auf die gesellschaftliche Wirklichkeit zum akuten Thema machen" musste (Fürst 1986, 342f). Vgl. auch Werbick 1993, 41ff.

[5] Vgl. Mette 226, der darauf hinweist, dass die RP deshalb die Sinn- und Systemkrise selbst thematisieren müsse und eine „schmerzliche Überprüfung des bisherigen Selbstverständnisses und der bisherigen Handlungsorientierungen (Peukert)" (Mette, 227) bei allen Beteiligten nicht scheuen dürfe. Da die Sinnorientierungen, die junge und ältere Menschen suchen oder vertreten, als konkurrierende Wertsysteme auftreten, sollte - systematisch gesehen - die propädeutische Argumentation wieder ernster genommen werden. Die Konkurrenzsituation ist als solche zu akzeptieren. Daraus folgt, dass - methodisch gesehen - „die Gehalte der christlichen Überlieferung nicht in dogmatisch kodifizierter Form dargeboten werden [dürfen]" (ebd., 228), so als gingen Kirchenleitung und Jugend von einer gemeinsam geteilten Grundüberzeugung aus.
Vgl. auch Werbick, der vom Dienst an allen jungen Menschen spricht; von Ottmar Fuchs und ebenso aus „Religionsunterricht in der Schule. Ein Plädoyer des DKV, in: KatBl. 9/1992 (117. Jg.), 611-627 übernimmt er die Forderung eines „uneigennützigen Dienstes" der Kirche an den jungen Menschen und an der multikulturellen Gesellschaft. Als Einbahnkommunikation wäre dieser Dienst missverstanden; was dem Hilfsbedürftigen hilft und was nicht, sei ernstzunehmen.

[6] In Auftrag des KThFT erarbeitete der Religionspädagoge Erich Feifel in Zusammenarbeit mit einem Theologenteam Reformvorschläge für das gesamte Theologiestudium, die vor allem durch die Einbeziehung der Studiengänge für die Ausbildung von Religionslehrern gekennzeichnet waren; vgl. Feifel, Erich (Hg.): Studium Katholische Theologie (SKT), 6 Bände, Zürich u.a. 1973-1980.

[7] Vgl. Fürst 1986, 371, der weitere Ansätze der praktischen Theologie beschreibt, die an Theorie-Praxis-Vermittlung besonders interessiert sind und dabei die RP nicht übersehen: Zu nennen ist Norbert Mette, der in seiner Grundlegung der Praktischen Theologie vermitteln will zwischen einer allgemeinen Theorie kommunikativen Handelns und einer expliziten theologischen Theorie kommunikativen Handelns, die das Subjekt-Objekt-Schema im pastoralen Handeln der Kirche zu überwinden sucht.
Fürst selbst dringt auf eine vertiefte Reflexion des Methodenproblems und zwar nicht mehr nur im Blick auf das neue Verständnis von Praxis und Theorie als kritischem Wechselverhältnis, sondern zugleich auch in Bezug auf die Spannung von Empirie und Transzendentalität, die beide Pole gleichermaßen bestimmt (vgl. Fürst 1986, 343). Das Evangelium soll Praxis werden in der Gesellschaft durch die Kirche, zwischen Politik und Religion. Dahinter steht die Auffassung von Praxis, „welche die Inkarnation zum Modell nimmt". Kritisch gesehen liegt auch der Verdacht nahe, das Evangelium habe sich den Erwartungen der Gesellschaft anzupassen, so dass „das funktionierende System zum Symbol des Heils [wird]" (Fürst 1986, 360).

[8] Möglicherweise lassen sich durch die folgenden Hinweise Kriterien für Neukonzipierungen gewinnen:
a) Zur Wissenschaftlichkeit: Ihre Aufgabe als Wissenschaft ist kritische Reflexion religiöser Orientierungsangebote insbesondere für die ethischen „Grauzonen" des Alltags. These: Als Wissenschaft darf sie sich ihrer Praxisrelevanz nicht entziehen.
b) Zur Methodenfrage: Der Einsatz hermeneutischer und empirischer Methoden hat zur wissenschaftlichen Reputanz des Faches beigetragen. These: Heute zwingen viele Praxisprobleme zum Einsatz bewährter gruppendynamischer, verhaltenstherapeutischer und konfliktverarbeitender Arbeitsmethoden in der RP.

c) Zur Konzeption: Ein bedeutendes Ergebnis der konzeptionellen Entwicklung ist die relative Selbständigkeit der Disziplin RP. These: Ihre Konzeption soll offen und umstritten bleiben. Konkurrenz zwischen konzeptionellen Entwürfen ist erwünscht.

[9] Vgl. Werbick 1990 und seinen gleichnamigen, aber komprimierten Artikel mit weiteren Literaturangaben in: KatBl. 1/1991, 7-22.

[10] Vgl. Ratzinger, Joseph: Wesen und Auftrag der Theologie. Versuche zu ihrer Ortsbestimmung im Disput der Gegenwart, Freiburg 1993, 95-107, 108-114; vgl. auch Beinert 1993, 735, der ihre Funktion in Abhängigkeit sieht von legitimen staatlichen Forderungen an die Ausbildung von Religionslehrern und den Beitrag von Ratzinger kritisch einbezieht.

[11] Kongregation für die Glaubenslehre: Instruktion über die kirchliche Berufung des Theologen. Verlautbarungen des Apostolischen Stuhls 98 (hg. vom Sekretariat der DBK), Bonn 1990; vgl. dazu Stachel, Günter: ‚Theologie ohne Kompetenz?' - Instruktion über die kirchliche Berufung des Theologen, 24. Mai 1990, in: RpB 26/1990, 3-14.

[12] Papst Johannes Paul II.: Veritatis splendor. Enzyklika an alle Bischöfe der katholischen Kirche über einige grundlegende Fragen der kirchlichen Morallehre. Verlautbarungen des Apostolischen Stuhls 111 (hg. vom Sekretariat der DBK), Bonn 1993.

[13] Vgl. dazu Beinert 1993, der Bischof Kaspar zur gesamtgesellschaftlichen Aufgabe der Kirche zitiert, es habe „viele Vorteile, dass bei uns in Deutschland Theologie an Fakultäten innerhalb staatlicher Universitäten betrieben wird" (ebd., 738).

[14] Gegen die Tendenz bestimmter kirchlicher Stellen, die heute „wieder zum Rückzug zu einem kerygmatisch ausgerichteten Religionsunterricht [blasen]" (Sauer 1987, 94); vgl. Arbeitskreis Theologie und Katechese e.V. Köln, der 1991 die Religionsbücher von Hubertus Halbfas als „Verfälschung des Glaubens" diffamiert.

[15] Krenauer empfiehlt eine symboldidaktische Ausrichtung des RU, dem Kind Sprache zu geben, schulpädagogische Infrastrukturen umzugestalten, mehr Kooperation zwischen Religions- und Lernbehindertenpädagogik; „der Verzicht auf eine solchermaßen sonderpädagogische Begründung des RU würde zudem bedeuten, dass auch die Inhalte dieses Faches nicht zu vermitteln sind" (Krenauar 1991, 382).
Die Vernetzung und das Zusammenwirken von RP, SP und Allgemeinpädagogik kann verdeutlicht werden am Beispiel der Schul- und Unterrichtskultur. „Die Notwendigkeit hierauf besonderes Augenmerk zu richten, ergibt sich in allen drei Bereichen aus dem Umstand, dass sich Lernziele nur realisieren lassen, wenn das Lernumfeld dem Schüler gemäß ist" (Krenauer 1991, 190).
Vgl. Kollmann, Roland: Religionsunterricht unter erschwerenden Bedingungen, Essen 1988; ebenso Lehrbrief 22 (ders. 1990) und Lehrbrief 22a (ders. 1993) zum Religionsunterricht an Sonderschulen im Religionspädagogisch-katechetischen Kurs der Kirchlichen Arbeitsstelle für Fernstudien/ Theologie im Fernkurs, Würzburg; ders.: ‚Behinderte' Schüler - Schulen für ‚Behinderte', in: engagement 3/ 1991, 177-203; ders. i. Zus.arb. mit Mauermann, Gabriele: Symboldidaktik an Sonderschulen. Stellungnahme zum Ansatz von Hubertus Halbfas, in: Adam, Gottfried/ Pithan, Annebelle (Hg.): Wege religiöser Kommunikation. Kreative Ansätze der Arbeit mit behinderten Menschen. Dokumentation des Zweiten Würzburger Religionspädagogischen Symposiums (Comenius-Institut) Münster 1990, 245-253.

[16] Um Versäumtes nachzuholen, haben die beiden deutschen Großkirchen eine wichtige gemeinsame Erklärung veröffentlicht: Gott ist ein Freund des Lebens. Herausforderungen und Aufgaben beim Schutz des Lebens. Gemeinsame Erklärung des Rates der Evangelischen Kirche in Deutschland und der Deutschen Bischofskonferenz, Trier 1989, darin besonders zur Behinderung 90-102; katholischerseits haben sich die Deutschen Bischöfe zum Religionsunterricht an Sonderschulen geäußert in: Se-

kretariat der DBK (Hg.), Zum Religionsunterricht an Sonderschulen (Erklärungen der Kommissionen Nr. 11, Kommission für Erziehung und Schule), Bonn 1992.

[17] „Erstmals begegnet er 1889 bei dem systematischen Theologen Max Reischle, um sich nach 1900 durchzusetzen" (Ringshausen 1986, 148f).

[18] Vgl. Erich Feifel: Von der curricularen zur kommunikativen Didaktik. Zur Situation der Religionspädagogik, in: Paul/Stock 1987, 21-32. Neben Feifel sprechen u.a. auch Jürgen Werbick und Rudolf Englert von kommunikativer Religionsdidaktik; vgl. meinen Versuch in den Lehrbriefen 22 und 22a (Theologie im Fernkurs Würzburg), diesen Ansatz für den Religionsunterricht an Sonderschulen zu konkretisieren.

[19] Vgl. meinen Beitrag „Zur Didaktik der Theologie" in: Der katholische Erzieher 2/1970, 55-56.

[20] Eine der neuesten Ortsbestimmungen der RP stammt von Michael Weinrich, der auf der Diagnose besteht, „dass auch in der RP die Praxistheorie in den letzten Jahren mehr theoretische Akzente gesetzt als inhaltliche Debatten geführt hat" (Weinrich 1992, 20).
Sein fast vollständiger Literaturbericht will einen Bogen schlagen „von den Gesamterfassungen hin zur Bibeldidaktik, die mir [wie er sagt, R.K.] nach wie vor die Probe auf das Ganze zu sein scheint" (ebd. 21). „Von hier aus gesehen haben selbst die problematischsten Bibeldidaktiken in der gegenwärtigen Diskussion einen systematischen Vorsprung vor den brilliantesten, aber eben bibelvergessenen systematischen Architekturen in der RP" (ebd., 48).

[21] Günter R. Schmidt siedelt die RP an zwischen Theologie und Pädagogik und systematisiert die Unterscheidung zwischen einer allgemeinen RP, die der pädagogischen Wissenschaft zuzuordnen ist, und der christlichen RP, einer Disziplin der Theologie. Er versucht zu klären, dass beide RPen sich nur teilweise überdecken und dass „bei jeder gegenüber dem Überschneidungsbereich ein beträchtliches ‚exteritoriales' Teilfeld [bleibt]" (Schmidt 1987, 21).
Katholischerseits könnten diese Überlegungen durchaus im Anschluss an den Synodenbeschluss (1974) und seine pädagogische und theologische (kulturgeschichtliche, anthropologische und gesellschaftlich-ideologiekritische) Konvergenz-Begründung des RU als Weiterführung verstanden werden.

[22] Sie ist keine „Religions-Kunde", die die unmittelbar praktische Umsetzbarkeit des religiösen Wissens betont und moralisches Regelwissen vermittelt. Sie ist eine „Wissenschaft" in dem Sinne, dass sie der „hermeneutischen Spirale" folgt, wonach - anders als beim „hermeneutischen Zirkel" - der Erkenntnisfortschritt in das Handeln Eingang findet und umgekehrt das rp Handeln ein Faktor im wissenschaftlichen Forschungsprozess wird.
Die Anerkennung der so genannten Geisteswissenschaften ist im Unterschied zu den Natur- und Technikwissenschaften nur langsam in Gang gekommen; eine handlungsorientierte RP könnte sie fördern helfen durch konsequente Beteiligung am wissenschaftstheoretischen Diskurs. Die dazu erforderliche Gesprächsbereitschaft auf Seiten der Natur- und Technikwissenschaften lässt allerdings zu wünschen übrig, vor allem wenn es um technik- bzw. medizin-ethische Probleme geht, die diesen Disziplinen angesichts ihrer zugleich auch gesellschaftlichen Verantwortlichkeiten nicht gerade angenehm sind (vgl. Grewel, Hans: Recht auf Leben. Drängende Fragen christlicher Ethik, Göttingen Zürich 1990); Heimbrock 1998, 185: „Forschungszusammenhänge und Handlungsfelder gleichermaßen haben Religionspädagogik in und außerhalb theologischer Fakultäten in neuer Weise nach dem Zusammenhang der eigenen Theoriebildung mit anderen theologischen Disziplinen zu fragen veranlasst."

[23] Als Beleg für diese Einschätzung mag die Tatsache dienen, dass weder bei der Erstellung noch bei der kritischen Durchsicht des neuen Deutschen Katechismus Religionspädagogen herangezogen, dagegen fast alle anderen Disziplinen an diesem Prozess beteiligt wurden.

Dies entspricht einer Diskriminierung der RP, weil ihr damit die Kompetenz abgesprochen wird, für die Entstehung, Strukturierung und Gestaltung von Katechismen Verantwortung zu übernehmen und entsprechende Texte für die religiöse Erziehung und Bildung mitgestalten bzw. beurteilen zu können. An diesem Beispiel wird auch klar, dass die Einschätzung der Bedeutung der RP durch die offizielle Kirche sich in Grenzen hält. An dem oben erwähnten Kongress in Freising haben sich lediglich zwei deutsche Bischöfe beteiligt; der Ortsordinarius, Kardinal Wetter, der die Begrüßungsworte sprach, und der zuständige Schulbischof der DBK, Bischof Müller von Regensburg.

[24] Es ist sehr zu begrüßen, dass das theologische Gespräch in einigen Werkstätten der Theologie etwa anläßlich gemeinsamer Ringvorlesungen stattfindet.
Da die RP gerade zum Thema „Alltagssprache, religiöse Sprachformen und Sprache der Theologie" (vgl. Zwergel 1987 „Empirische Religionspädagogik und Alltags-Konzeption") etwas für die Theologie existentiell Wichtiges und für alle anderen Disziplinen Unentbehrliches zu sagen hat, könnten doch von ihr solche Gesprächsanregungen ausgehen.

[25] Vgl. dazu H. Schmidt, der seine systematische Religionsdidaktik ausdrücklich nicht im Anschluss an die allgemeine konzeptionelle Didaktikentwicklung, sondern auf der rechtlichen Grundlage und mit der institutionellen Verankerung des RU zu begründen versucht (H. Schmidt 1982 (Bd.I), 9f.).

[26] Vgl. Lothar Krappmann: Der Einfluss des Christentums auf die Erziehung in Schule und Familie, Vortrag in der Konferenz ‚Islam und Christentum. Ein Vergleich des Einflusses von Religion', Kuala Lumpur, Malaysia 13.-17. September 1993 (unveröffentlichtes Manuskript).

[27] Zerfaß hier zit. nach Fürst 1986, 605. Weitere Mängel gibt es auf der wissenschaftlichen Ebene zu beklagen: Die Beziehung der PrTh und der RP zu den Humanwissenschaften hat noch einen hintergründig kritischen Aspekt, auf den Hermann Steinkamp aufmerksam macht: „Im übrigen sollte die Theologie aus ihren jüngsten Erfahrungen im Kontakt mit den anderen Wissenschaften eines gelernt haben: Sie ist nicht die Gralshüterin jener - als ‚Wahrheit' unaufgebbaren - Tradition der Propheten, und des Jesus von Nazareth, dessen Wirkungsgeschichte sie studiert und erforscht. Diese Funktion kann sie gelassen jener kosmischen Energie überlassen, die sie - sofern sie Theologie bleibt - gläubig stammelnd (und in jedem Falle fachlich unqualifiziert und unwissenschaftlich) als den heiligen Geist Gottes bekennt (der bekanntlich ‚weht, wo er will', z.B. auch in den Humanwissenschaften (Steinkamp, Hermann: Zum Verhältnis von Praktischer Theologie und Humanwissenschaft, in: Diakonia 14/1983, 378-387, hier 378, zitiert nach Fürst 1986, 9).

[28] In den neun Gesprächen seit der „Kölner Erklärung" (1989) zwischen Vertretern der deutschen, österreichischen und schweizerischen Bischofskonferenzen und den Sprechern der Disziplinen der Theologie werden regelmäßig betroffene Einzelfälle behandelt mit der Intention Hintergründe abzuklären, Argumente auszutauschen, Bedenken auszuräumen und nach einer Ablehnung der Berufbarkeit möglichst wiederherzustellen. Das staatskirchenrechtlich äußerst komplizierte Verfahren, das auch zur einseitigen Durchsetzung kirchlich offizieller Eigeninteressen, zur Infragestellung legitimer Autonomieansprüche staatlicher Hochschulen geeignet ist und eingesetzt werden kann, bedarf dringend einer Neuregelung. Damit es auf junge Wissenschaftler wieder anziehend wirkt, muss es gezielt auf die wissenschaftliche Qualifikationserhebung der Bewerber (wieder) abgestimmt werden.

[29] Eine analytisch-kritische Einordnung der entsprechenden kirchlichen Grundlagentexte (z.B. des Direttorio Catechistico Generale (DCG) von 1971, des Schreibens Evangelii Nuntiandi von Papst Paul VI. und des Apostolischen Schreibens Catechesi Tradendae von Papst Johannes Paul II. über die Katechese in unserer Zeit 1979) in eine systematische Religionspädagogik steht noch aus (vgl. etwa Fox, Helmut: Kompendium Didaktik. Katholische Religion, München 1986, dessen Darstellung als die derzeit umfassendste gilt).

[30] Vgl. Fürst 1986, 343-379; dort die „praktisch theologische Urteilskraft als dialogisch vermittelte Einheit von pastoral-praktischer und theologisch-wissenschaftlicher Kompetenz und als intersubjekti-

ve Instanz der Symbolkritik" (Fürst 1986, 609) beschreibt; eine Sicht, der auf dem eigenen Gebiet der RP - in meiner Version - die Konzeption der „Kommunikativen Religionsdidaktik" entspricht, die sowohl dem religiösen Lernanfänger und etwa den Menschen mit geistiger Behinderung genauso gerecht zu werden versucht, wie den fortgeschrittenen und mit wissenschaftlicher Urteilskraft begabten Menschen. Sie betont den Symbolsinn des Menschen, der nicht nur einseitig kognitiv, sondern umfassend angelegt ist. Denn letztlich ist auch die kantische Urteilskraft eine Art von ‚Gemeinsinn', „der nicht theoretisch gelehrt, sondern nur praktisch gebildet und eingeübt werden kann, weil er auf einer Kultur der übernatürlichen menschlichen Gemütskräfte, vor allem der Gefühle, beruht und sich im Vermögen ‚geselliger Mitteilung' ausspricht, gleichwohl der wissenschaftlichen Kritik bedarf" (vgl. Fürst 1986, 610).

[31] Hier ist sie hellhörig, wenn rp relevante Fragen im humanwissenschaftlichen Kontext angesprochen werden. Sie entdeckt beispielsweise in der so genannten humanistischen Psychologie als eigenständiger und anerkannt wissenschaftlicher Richtung der Psychologie indirekte und immanente religionspädagogische Anteile ohne deren Einbeziehung sie ärmer wäre.

[32] Es gibt auch erfreuliche Entwicklungen; sehr zu begrüßen ist, dass aus erziehungswissenschaftlicher Sicht Wilhelm Wittenbruch (vgl. Wittenbruch 1992) im Rahmen der Münsterschen Gespräche Reflexionen anbietet zur Trias „Religion-Glaube-Bildung" an Hand von Materialien zur Schulforschung. Ebenso ist zu begrüßen, dass die RP inzwischen in angesehenen wissenschaftlichen Zeitschriften (z.b. Zeitschrift für Pädagogik) hier und da Beachtung findet. Zudem profitiert sie von hervorragenden Leistungen in so genannten profan pädagogischen und fach-journalistischen Bereichen (vgl. z.B. Septemberheft Nr.2/1993 der Zeitschrift GEO/Wissen zum Thema „Kindheit und Jugend").

[33] Vgl. für den Literaturbereich u.a. Franz W. Niehl unter Mitarbeit von Franz-Josef Nocke: Gottes Ohnmacht. Texte aus der deutschsprachigen Literatur, Mainz 1988; ders. in Zusammenarbeit mit Gotthard Fuchs: Die vielen Gesichter Gottes. Ein geistliches Lesebuch, München 1991. Vgl. für den Kunstbereich Günter Lange und seine diesbezüglichen Veröffentlichungen, vor allem in den laufenden Heften der Katechetischen Blätter der letzten Jahre.

[34] Beispielsweise sei auf Richard Schlüter (1992) verwiesen, der die Möglichkeiten des ökumenischen Lernens in den Kirchen praktisch theologisch und religionspädagogisch untersucht hat; ders. Ökumenische Perspektiven eines bekenntnisgebundenen RU, in: KatBl.12/1993 (118. Jahrgang), 810-814. Ebenso auf Rainer Lachmann (1992), dessen Ansatz einer Symboldidaktik erfahrungsorientiert vorgeht und die Anbindung an die systematische Theologie sucht (vgl. ebd. 18-26); sein Ansatz stimmt in vielen Bezügen mit der (katholischerseits vertretenen) Korrealationsdidaktik überein. I.w.S. ökumenisch ist das Bestreben Johannes Lähnemanns die Weltreligionen zur interreligiösen Kooperation anzuregen (hinzuweisen ist auf das Nürnberger Forum vom 28. IX. bis 1. X. 1994 zum Thema: ‚„Das Projekt Weltethos' in der Erziehung").

[35] Die Zeitschrift zur empirischen Theologie „Journal of Empirical Theology" (JET) gibt es erst seit 1988.

[36] Man denke hier etwa an die Allensbacher Untersuchung zum RU (1989), die nicht von den Schülerperspektiven, sondern „sehr stark von einem theoretischen Bezugsrahmen bestimmt", „durch den engen Zusammenhang von Säkularisierung, Institutionenbindung und Verkündigung charakterisiert und auch theologisch-religionspädagogisch nicht zureichend ausgearbeitet" war (Zwergel 1990, 79). Insbesondere fiel bei dieser Untersuchung auf, dass schon bei ihrer Konzipierung die Realität der deutschen Schullandschaft selektiv gesehen und die Probleme der Menschen mit Behinderung und die Sonderschulen ausgeblendet wurden.

[37] Vgl. den Begriff „Verbundwissenschaft" (Rothbucher in: A. Stock 1975, 73).

[38] Vgl. Peukert 1976; O. Fuchs 1984; v. Brachel/ Mette 1985.

[39] Vgl. Englert, Rudolf: Glaubensgeschichte und Bildungsprozess. Versuch einer religionspädagogischen Kairologie, München 1985, der eine stärkere Betonung der Handlungsorientierung der RP zurückhaltend beurteilt und ihre Orientierung an der bildungstheoretischen Position favorisiert. Er votiert „für die religionspädagogische Bildungstheorie als konzeptionellem Rahmen der hier auszuarbeitenden Kairologie" (ebd. 85).

[40] Vgl. Blasberg-Kuhnke, Martina: Lebensweltliche Kommunikation aus Glauben - zur koinonischen Struktur des Religionsunterrichts der Zukunft, in: Zentralstelle Bildung der DBK (Hg.): Religionsunterricht. 20 Jahre nach dem Synodenbeschluss (25. März 1993), Arbeitshilfen 111, 111-133.

[41] Vgl. Schillebeeckx, Edward: Glaubensinterpretation. Beiträge zu einer hermeneutischen und kritischen Theologie, Mainz 1971, 99-109.

[42] Vgl. Bonhoeffers Aussage: „Gott gibt uns zu wissen, dass wir leben müssen, als solche, die mit dem Leben ohne Gott fertig werden" (zit. nach Englert, in: Hilger/ Reilly 1993, 107).

[43] Als rp Vertreter ist hier Alex Stock zu nennen, der 1974 zur wissenschaftlichen Situation der RP bemerkte, diese komme „vielleicht am ehesten weiter, wenn man methodologische Modelle konstruiert, aus denen jeweils ersichtlich wird, wie und wo im Prozess der wissenschaftlich-religionspädagogischen Arbeit das, was man Theologie nennt, sich auswirkt. Zur wissenschaftlichen Profilierung der RP in (sic) Kontext von Theologie und Kirche scheint dies eine wichtige Aufgabe für die weitere Arbeit zu sein" (Stock 1975, 98).
Jürgen Werbick schlägt eine Brücke von der Fundamentaltheologie zur Religionspädagogik; ihm geht es um das Glaubenlernen in den alltäglichen Kommunikationsprozessen, um die grundsätzliche Unablösbarkeit der theologischen Reflexion von den alltäglichen Kommunikationsprozessen. Er erblickt gerade in dieser Unablösbarkeit den „theologischen Rang des Didaktischen". Die Religionsdidaktik ist nach ihm theologisch aufzuwerten, und es ist zu verhindern, dass sich die Religionspädagogen festklammern an den religiösen Bedürfnissen und theologischen Nachfragen der Lernenden. Es geht immer um das Mehr, das die Theologie über das menschliche Fragen hinaus anbieten kann.

[44] Ulrich Hemel versteht eine solche Symboltheorie als Teil und Spezialfall sowohl einer allgemeinen Symboltheorie als auch einer allgemeinen RP: „Da Gott als absoluter Ursprung aller Wirklichkeit dem endlichen Erkennen nicht unmittelbar zugänglich ist, übernimmt der symbolische Zugang zu religiöser Wirklichkeit eine unverzichtbare Brückenfunktion für das religiöse Leben und Erleben: Symbole repräsentieren im Modus der Indirektheit jene letzte Wirklichkeit, auf die sie wirksam verweisen. Dabei ist es dem Menschen eigentümlich, zum symbolischen Erkennen und Handeln grundsätzlich befähigt zu sein. Gleichzeitig ist das symbolische Potential des Menschen aber entfaltungsbedürftig und auf erzieherische Förderung angewiesen. Zur Entfaltung von Menschsein gehört folglich eine Sensibilisierung für symbolische Wahrnehmung, eine Förderung des ‚Symbolsehens' (G. Stachel) oder des ‚Symbolsinns' (H. Halbfas)" (Hemel 1990, 166).

[45] Vgl. Paul, Eugen: Geschichte der christlichen Erziehung. Bd. I: Antike und Mittelalter, Freiburg 1993.

[46] Vgl. Jendorff, der davon ausgeht, dass den vielerorts anzutreffenden religiös-christlich-kirchlich behinderten jungen Menschen nur radikal anthropologisch zu helfen ist. Der RU soll sich „subsidiärnotärztlich" und „selbstlos-diakonisch" verstehen und „methodisch geschickt Brücken zum Über-Leben bauen" (Jendorff 1992, 30); Grom, Bernhard: Methoden für Religionsunterricht, Jugendarbeit und Erwachsenenbildung, Düsseldorf/Göttingen 1976; Herion, Horst: Methodische Aspekte des Religionsunterrichts. Ein Kompendium zu Grundsatzfragen, Planung und Gestaltung des Unterrichts, Donauwörth 1990.

[47] Die ästhetische Kategorie wird von Erich Feifel („ästhetische Erfahrung") und von Jürgen Werbick („theologische Ästhetik") neuerdings für die künftige RP als besonders leitend herausgestellt (vgl. beide in: RpB, Heft 30/1992).

Umgehen mit Aggression. Kollegiale Praxisberatung (1994)

PädagogInnen werden zunehmend mit dem Aggressions- und Gewaltproblem konfrontiert. Gewalt macht sie ratlos. Sie wissen sich häufig nicht mehr zu helfen, wenn Situationen in der Klasse oder Gruppe aggressiv aufgeheizt sind und Gewalt gegeneinander ausgeübt wird. In Arztpraxen ist bei Unsicherheiten in der Diagnose bestimmter medizinischer Symptomatiken gegenseitige Beratung und Kooperation notwendig und vielfach schon selbstverständlich; wie sieht es damit in Lehrerkollegien aus?
Verändert vermehrt auftretende Schüleraggressivität bei Lehrern, Sonderschullehrern und anderen Pädagogen die Bereitschaft zu Kooperation und gegenseitiger Beratung? Wie funktioniert solche Beratung und wie können entsprechende Erfahrungen weitergegeben werden?
Das Thema „Umgehen mit Aggression" fordert für die Schulsituation die Einbeziehung „Kollegialer Praxisberatung"[1]; es soll in folgenden Schritten behandelt werden: Lehrerratlosigkeit angesichts veränderter Aggressivität und neuer Gewaltneigung (1), Kollegiale Praxisberatung (2) und Konsequenzen für die Praxis (3).

1. Lehrerratlosigkeit angesichts veränderter Aggressivität und neuer Gewaltneigung

1.1 Probleme bei der Wahrnehmung von Schüleraggressivität

Schon im Kindergarten und in der Grundschule beobachten ErzieherInnen und LehrerInnen an Kindern neue Seiten am Aggressionsverhalten, die nicht leicht zu durchschauen sind. Ihnen fällt auf, dass Aggressivität zunächst von den Schülern als etwas ganz Normales empfunden wird, das sie zur Selbstbehauptung oder Selbstverteidigung brauchen, das zur Regelung von Konflikten eingesetzt wird und dessen Folgen nicht weiter beachtet, bedacht oder bereut werden. Häufig scheinen die SchülerInnen keine Betroffenheit zu zeigen, auch wenn sie erleben, dass ihre Aggression den anderen geschadet hat.
Lehrer sprechen von „unbekümmerter Aggressivität", das heißt: Aggressivität bereitet den Aggressoren keine Bekümmernis, sie macht dem, der sie ausübt, keinen Kummer, auch wenn er Gewalt anwenden und grausam werden muss, um zu erreichen, was er erreichen will.[2] Sie betonen, dass Kinder sich an die Stilmittel der Gewalt im Fernsehen gewöhnt haben, „so wie sie den Blödsinn der Waschmittelwerbung kennen"[3]. Es sieht so aus, als sei Grausamkeit bei Kindern normal, weil sie angeblich überall vorkommt und das Leben bestimmt.
Ein 14-Jähriger konnte nicht sagen, warum er mit seinem gleichaltrigen Freund spät abends losgezogen ist, um an 25 Autos sämtliche Scheiben einzuschlagen. Auch nach längeren Gesprächen mit der Polizei und mit den Lehrern am Gymnasium konnten beide nur angeben, sie hätten am Gründonnerstag im Gottesdienst in der Jugendband Gi-

tarre und Schlagzeug gespielt und seien danach „gut drauf gewesen". Nach einer zweiten Scheibenschlacht (27 Autos) hätten sie im Ostergottesdienst wieder mitgewirkt. Mehr könnten sie dazu nicht sagen.
Über die Meldungen in der Lokalpresse reagieren die Eltern, das Lehrerkollegium und die Gemeindeleitung schockiert und irritiert. Ausgerechnet diese eher unauffälligen und vorbildlichen Schüler! Ausgerechnet diese aus bürgerlich gut situierten Familien stammenden und kirchlich engagierten Jugendlichen, die ihre Tat durchaus mit dem Gottesdienst vereinbaren konnten. So sieht es jedenfalls vordergründig aus.
Ist die Situation aber „richtig" interpretiert, wenn der Schulleiter behauptet, die Schüler hätten ein unterentwickeltes Verhältnis zu eigenem schuldhaften Handeln, das auf ein nicht vorhandenes oder schwach entwickeltes Moral-Bewusstsein schließen lässt?
Hier überwiegt die moralische Sichtweise des Lehrers, die einseitig auf das „schuldhafte" Schülerverhalten fixiert ist. Die Kategorien „Schuld" und „Moral" verhindern in diesem Fall weitere Fragen nach den Gefühlen der Schüler, nach der tatsächlichen Schülermotivation, die diesen selbst offenbar noch verborgen ist. Wie erleben diese die bürgerlich gut situierte Umwelt und den Gottesdienst?
Eltern, Lehrer und Gemeindeleitung müssten zumindest ihre Hilflosigkeit zugeben, sich ihre Neigung zur Vorverurteilung eingestehen und eher zurückhaltend reagieren.
Es ist also grundsätzlich dafür zu plädieren, dass die Lehrer- und Erzieherperspektive offen bleiben sollte für persongerechte und situationsangemessene Deutungen der Schüleraggressivität, die sich wandelt und immer wieder neue Gesichter zeigt. Dies fordert vom Lehrer größere Sensibilität für die sich verändernde Schüleraggressivität und eine entsprechende Flexibilität bei ihrer Deutung, ohne die keine angemessene Lehrerreaktion denkbar und möglich ist.
Im Schulalltag äußern Lehrer häufig die Vermutung, bei ihren Schülern sei die Fähigkeit zur Wahrnehmung eigener und fremder innerpsychischer Vorgänge bei aggressivem Verhalten nicht oder zu wenig entwickelt. Jedenfalls überwiegt bei Erziehern und Lehrern heute diese Wahrnehmungsart kindlicher Aggressivität.
Bei der Interpretation von einzelnen Aggressivitäten sind zudem gesamtgesellschaftliche Faktoren mit im Spiel, die das Gewaltproblem in den Schulen allgemein und mein eigenes Verhalten als Lehrer und Erzieher mitbestimmen.[4]
Da Erzieher und Lehrer - vor allem in bedrohlichen und gefahrvollen Situationen - unmittelbar und oft schnell handeln müssen, soll hier der binnenschulische Aspekt der Aggressivität, der die eigene Aggressivität des Lehrers nicht ausklammert, herausgehoben werden.[5]

1.2 Aggressivität und Gewalt in der Lehrerperspektive

Wie sehen Lehrer aggressives Schülerverhalten und Gewalt und wie reagieren sie darauf?

1.2.1 Verbreitete Ratlosigkeit

Inzwischen spricht man in Lehrerkreisen vom „neuen Gewaltklima", das sich überall an den Schulen ausbreitet, von „Brutalisierung" nicht nur der privaten und öffentlichen Medienwelt, sondern auch der Schule. Sogar Lehrer mit stabilen Persönlichkeitsmerkmalen, die bisher nie irgendwelche Disziplinprobleme mit Schülern hatten, reagieren schockartig auf das „neue" Schülerverhalten und kommen plötzlich - wie sie sagen - mit dieser Schülergeneration nicht mehr zurecht. Andere fühlen sich durch Schüleraggressivität bedroht oder persönlich angegriffen und wissen nicht, wie sie diese neuen Phänomene beurteilen und angehen sollen. Nicht wenige werden buchstäblich krank an ihrem Beruf, fühlen sich ausgebrannt und müssen sich vorzeitig pensionieren lassen. Es liegen Berichte darüber vor, dass Lehrer von Schülern überfallen und tätlich angegriffen worden sind.[6] Ratlosigkeit und Resignation sind insofern verständlich!
Für Lehrer an stationären oder ambulanten Sonderschulen ist Schüleraggressivität tägliches Brot. Aber auch sie können ratlos werden, wenn aggressives Verhalten direkt gegen sie selbst gerichtet wird und ihre trainierten Nerven überstrapaziert werden.
Aus dieser täglichen Not geboren, gibt es in solchen Schulsituationen Lehrer-Teams, die sich regelmäßig zur gegenseitigen Beratung treffen und sowohl die Probleme des geforderten therapeutischen Umgangs mit aggressivem Schülerverhalten als auch die Probleme zwischen den Kollegen gemeinsam besprechen. Ihre berufsbedingte Ratlosigkeit im Einzelfall hat inzwischen zur institutionalisierten gegenseitigen Beratung geführt, die zum festen Bestand dieser neuen Form einer ambulanten Sonderschule gehört.

An vielen Schulen im so genannten Regelschulbereich, die in dieser Hinsicht vom Sonderschulbereich profitieren könnten, sind besonders ältere LehrerInnen und ReligionslehrerInnen stark verunsichert. Es ist daher notwendig, dass sich Lehrer der Frage nach dem „richtigen" Umgang mit der eigenen Ratlosigkeit und Verunsicherung stellen und dabei grundsätzlich davon ausgehen, dass auch sie selbst von den Aggressionsproblemen nicht frei sind. Ihre Ratlosigkeit könnte ein Hinweis darauf sein, dass sie sich selbst und ihren Rollenanteil am gesamten Aggressionsspiel schon ausgeklammert und sich allein auf das Schülerverhalten fixiert haben. Davon sind die ReligionslehrerInnen nicht ausgenommen.
Lehrer sehen und verarbeiten die Probleme der Schüler- und Lehreraggressivität sehr unterschiedlich. Es lassen sich für die Verarbeitung drei Aspekte nennen: 1. die Art der Aggressivität und Gewaltausübung, 2. der Kontext der jeweiligen Situation und 3. die Persönlichkeitsstruktur der beteiligten Interaktionspartner.
Daher variieren die Reaktionsweisen der Lehrer auf Gewalt von Person zu Person und von Schule zu Schule, vor allem, wenn beim Kontext die unterschiedlichen Reaktionen der Erziehungsberechtigten und die gesellschaftlichen Umfelder einbezogen werden.

Allerdings kristallisieren sich trotz der Unterschiede einige Gemeinsamkeiten im Bemühen um die Gewaltbewältigung heraus; sie sollen wenigstens im Ansatz charakterisiert werden.
Zunächst kann zwischen erfolgreichem und problematischem Umgang mit Aggressionen in Schule und RU unterschieden werden.

1.2.2 Erfolgreicher Umgang mit Aggressivität

1.2.2.1 Die kooperative Lehrerpersönlichkeit

Lehrer, die in der Schule gegenüber Kollegen und Schülern Engagement, Zuwendung und auch positive Konfliktbereitschaft zeigen und sich durch ihren aktiven Einsatz in kollegialer und fachlicher Hinsicht in die Schule eingebunden fühlen, sind erfahrungsgemäß auch erfolgreicher im Umgang mit aggressiven Schülern als andere. Auf Grund ihrer guten Kollegenkontakte finden wichtige pädagogische Erfahrungsaustausche über bestimmte Schüler und Klassen selbstverständlich und regelmäßig statt. Es werden - wenn nötig - Gesprächstermine vereinbart, um gemeinsame Probleme eventuell auch in der Freizeit zu besprechen. Anlässe zu solchen Gesprächen sind häufig Aggressions- und andere Probleme, die auch diese erfahrenen LehrerInnen ratlos machen und zur gemeinsamen Problemlösung „zwingen".
Erfolgreicher Umgang mit Gewalt gelingt offenbar gemeinsam viel besser. Die klassische Formel von der stabilen Lehrerpersönlichkeit oder vom starken Einzelkämpfer stimmt nicht mehr. Der Satz: „Nur eine in sich gefestigte Lehrer-Persönlichkeit kann mit Schüleraggressivität vernünftig umgehen" ist kritisch zu hinterfragen, weil er die kooperative Ebene ausklammert.
Eine andere Formulierung trifft schon eher das Gemeinte: „Ständige Arbeit an sich selbst mit dem Ziel, eigenes und fremdes Aggressionsverhalten besser kennen- und damit umgehen zu lernen, ist Bedingung für den erfolgreichen Umgang mit Gewalt."
Dazu gehört natürlich auch, der Versuchung zur Verdrängung eigener Aggressivität widerstehen gelernt zu haben. Eigene Aggressivität anzunehmen und konstruktiv in andere Bahnen leiten zu können kennzeichnet konflikterfahrene und kooperationsbereite Lehrerinnen und Lehrer.
Von der Schülerseite her gesehen lassen sich korrespondierende Beobachtungen machen. Gerade solche Schüler, die ihr aggressives Verhalten frei ausagieren und dadurch Lehrer häufig verunsichern, brauchen ihrerseits eine Sicherheit vermittelnde Haltung des Lehrers, eine klare Positionsbestimmung oder auch - wenn nötig - entschiedenen Widerstand, Lehrerverhaltensweisen, ohne die weder die Gesprächsaufnahme noch klärende Gespräche möglich sind.[7]
Auf das Verhalten des Lehrers angewendet bedeutet dies: Konsequenz zeigen, über schwierige Situationen und das eigene Involviertsein sprechen zu können. Er muss - auch in für ihn selbst schwierigen Situationen - grundsätzlich zum Gespräch bereit sein. Das heißt, dass er sich auch von Schülern, Eltern und Kollegen „etwas sagen lässt". Es kann für Lehrer eine große Hilfe sein sich von erfahrenen Kollegen etwas sagen und sich beraten zu lassen. Dazu muss die Bereitschaft zum kollgialen Erfahrungsaustausch allerdings von dem zu Beratenden ausgehen. Er muss sagen können, dass er in einer schwierigen Situation steckt. Lehrer und Religionslehrer sollten auf

diese Weise noch viel stärker, als es üblich ist, die in jedem Kollegium vorhandene Kompetenzverteilung nutzen. Mehr Kooperation unter Lehrern ist gefordert.

In Schul- und Fachleiterkonferenzen wird mit Nachdruck betont, dass durch kollegiale Beratung häufig bereits die Hälfte eines Einzelproblems bewältigt ist. Damit bestätigt sich die These, dass kollegiale Beratung eine der wichtigsten Voraussetzungen für den erfolgreichen Umgang mit Aggressionen darstellt, da es sich bei der Aggression um einen äußerst komplexen Vorgang und nicht nur um ein Wechselspiel zwischen Lehrer und Schülern allein handelt. Wie die Erfahrung zeigt, fällt jedoch gerade diese Bereitschaft, sich beraten zu lassen, nicht nur vielen Menschen im Allgemeinen, sondern auch professionellen Lehrern äußerst schwer.

Dennoch gilt der Satz: Offenbar begünstigt die Bereitschaft über eigene Aggressionsprobleme zu sprechen die Fähigkeit zum Umgang mit den Aggressionen anderer.

Um die These vom kooperationsbereiten Lehrer zu stützen, sei auf einen weiteren außerschulischen Aspekt verwiesen: Lehrer, die in der Lage sind gewaltbesetzte Situationen in der Schule zu entschärfen und durch vielfältige Vermittlungen durch Aggression bedingte Konflikte erfolgreich zu meistern, führen diese Fähigkeit oft zurück auf ihren persönlichen Rückhalt, den sie selbst in Familie und freundschaftlichen Beziehungen außerhalb der Schule erfahren.

1.2.2.2 Aggressivität im Lehrer- bzw. Menschen-Bild

Es ist hier notwendig auf die Bedeutung des Menschen- und Lehrerbildes aufmerksam zu machen, das das aktive und reaktive Verhalten gegenüber Kollegen- und Schüleraggressivität beeinflusst und prägt. Denn konkret beginnt das erfolgreiche oder verfehlte Umgehen mit Aggressionen schon mit der Zugangs- und Sehweise der äußeren Symptomatik. Es kommt u.a. auf die Vorstellung an, die der Lehrer vom Menschen mit Aggressionsneigung hat.

Wenn das Gesagte stimmt, darf der Austausch der unterschiedlichen Sichtweisen vom Menschen unter den beteiligten Schülern und Lehrern nicht fehlen. Denn mein Bild vom Menschen, meine Vorstellung von der Zuordnung der Aggressivität zum Menschen, bestimmt meine Einstellung als Lehrer zu aggressivem Schüler- und Lehrerverhalten.[8] Ich darf nicht vom aggressiven Schüler- oder Lehrerverhalten auf das Wesen des Menschen („der aggressive Schüler", „der aggressive Lehrer") schließen. Es ist deshalb sinnvoll, vorsichtiger von Menschen, die aggressive Verhaltensweisen zeigen, zu sprechen.[9]

Auch gelten nach dem hier zu Grunde gelegten christlichen Verständnis vom Menschen *primär* gerade nicht die moralischen Kategorien,[10] so dass das aggressive Verhalten als Normabweichung und -verletzung bewertet bzw. verurteilt werden müsste. Nach christlichem Verständnis wird dem Menschen - auch dem Schüler, der sich aggressiv verhält - zuerst sein Angenommensein durch Gott mit allem, was er ist und hat - zugesagt (Indikativ) und erst danach wird ihm die Erfüllung der Forderungen zugemutet (Imperativ), die ihm wiederum nur gelingen kann, weil die Kraft dazu vom vorlaufenden Zuspruch Gottes ausgeht.

Aus diesem Menschenbild folgt für den Lehrer, dass er Schüler- und Lehreraggressionen nicht in erster Linie als Verletzung moralischer Normen, nicht als Belege für die Schlechtigkeit des Schülers, nicht als die nachträgliche Bestätigung seines vorgefassten Bildes vom Schüler und schon gar nicht als Angriffe auf die eigene Person versteht, sondern als „Hilferufe" und „Signale" für etwas, was der Schüler anders nicht ausdrücken kann.[11]

1.2.2.3. Konsequenzen für den Schulalltag

Was folgt aus diesem Menschen- und Aggressionsverständnis für den Schulalltag? Zunächst wird der Grundkonflikt „Gewalt-Gegengewalt" entschärft. Auf diese Weise ufert das aggressive Geschehen nicht zum Machtkampf zwischen zwei „gewalttätigen" Parteien aus.

Besitzen Lehrer und Schüler die Fähigkeiten kühlen Kopf zu bewahren, die Situation nicht aus den Augen zu verlieren, die eigenen Aggressionen zu kontrollieren und dem aggressiven (Stör-)Verhalten ein gewisses Maß an Verständnis, Einfühlungsvermögen und Akzeptanz entgegenzubringen, ist die Chance groß erfolgreicher für alle Beteiligten mit Aggressivität umzugehen und durch schulische Arbeit am Aggressivitätsverhalten im Kleinen das gesamtgesellschaftliche Gewaltproblem lösen zu helfen. Dabei wird vorausgesetzt, dass außerschulische Gewaltszenen in die Schule hineinwirken und in die „Diagnose" und „Therapie" schulischer Aggressionsprobleme einbezogen werden müssen.

Für den Lehrer ist in seiner Situation in der Schule wichtig auf aggressive Stimmungen entspannt reagieren zu können. Ihm muss klar sein, dass Aggressionen in den meisten Fällen verbal und mental umleitbar sind. Das gilt sowohl für das direkte Konfrontationsgespräch als auch für das beratende Lehrergespräch unter Kollegen, auf das diese Überlegungen hinzielen.

1.2.3 Problematische Lehrerreaktionen auf Gewalt

Schön wäre es, wenn in der Schule alles wie gerade beschrieben abliefe. Jedoch welche Verhaltensweisen zeigen Lehrer angesichts der komplizierten Aggressionsprobleme?

Es gibt problematische Lehrerreaktionen, die mit den schon genannten Ratlosigkeits- und Verunsicherungserfahrungen zusammenhängen und die es erforderlich machen, dass Lehrer - stärker als sie es vielleicht in der Ausbildung gelernt haben - kooperieren und sich gegenseitig mit ihrer fachlichen Kompetenz und auch auf menschlich-emotionale Weise unterstützen.

Es sollen zunächst noch einige Reaktionen aufgezeigt werden, die Lehrer häufig wählen ohne zu bemerken, dass sie zumindest problematisch, wenn nicht sogar falsch sind; im Augenblick des Erlebens werden sie meist als hilfreicher Ausweg aus einer schwierigen Lage empfunden:

- Sich persönlich angegriffen fühlen (Grund, sich emotional nicht auf die Sache einzulassen)
- mit Angst und Verzweiflung reagieren (Bestätigung früherer Niederlagen)
- Wut und Gegenaggression zeigen (letzte Rettung vor dem Untergang)
- nach dem Grundsatz handeln „Auf einen groben Klotz gehört ein grober Keil" (Aufrechterhaltung der Hackordnung)

- sich gleichgültig und „cool" zeigen (Gefühl der Unverwundbarkeit)
- sich raushalten durch Rationalisieren (Aufschub der emotionalen Auseinandersetzung)
- in den Dienst nach Vorschrift fliehen (Verhinderung von Vorwürfen)
- administrative Lösungen bevorzugen (Sicherheit in der Risikovermeidung)
- sich durch Selbstverteidigungs- und Judokurse für Lehrer schützen[12] (Gewaltprävention gegen Gewalteskalation)
- verschweigen von erpresserischen Gewaltvorgängen aus Angst vor angedrohter Gegengewalt (Ausruhen in der Verzweiflung).

Solches Lehrerverhalten ist einerseits aus der Situation verständlich und nachvollziehbar, anderseits immer mit Folgen verbunden, die eher nachteilig für Lehrer und Schüler sind. Wenn der Lehrer die Schüleraggressionen mit unangemessenem Verhalten, wie z.B. Hysterie, Gegengewalt oder Flucht beantwortet, eskaliert die Situation und wird nach dem Prinzip des „Teufelkreises" zusätzlich verstärkt.

Häufig versuchen Lehrer der Gewalt im Unterricht Herr zu werden, indem sie ihre Machtposition betonen, ihre Autorität herauskehren und so Druck auf den aggressiven Schüler ausüben.

Hierdurch wird das Problem jedoch nur oberflächlich unterdrückt. Denn der Schüler produziert im Gegenzug erneut Gewalt, die wahrscheinlich in anderen Lebensbereichen ein Ventil findet. Auf diese Weise ist trotz störungsfreiem Unterricht langfristig weder dem Lehrer noch dem Schüler geholfen.

Einige Lehrer versuchen das Problem durch Flucht vor Konfliktsituationen zu bewältigen. Sie entziehen sich der Konfrontation mit der Schüleraggression, indem sie z.B. auf Grund von (angeblicher oder echter) Krankheit dem Unterricht fernbleiben. Oder aber die Lehrer flüchten sich in emotionale Gleichgültigkeit und bauen auf diese Weise eine Schutzmauer um ihre Gefühle auf. So können sie durch die Gewalt der Schüler nicht mehr getroffen und verletzt werden und müssen sich demzufolge auch nicht damit auseinandersetzen.

In der Mehrzahl der Fälle muss man realistischerweise annehmen, dass Lehrerinnen und Lehrer heute durch die Konfrontation mit teilweise neuen und ungewohnten fremden und eigenen Aggressionen und entsprechenden Reaktionen im Unterricht überfordert sind. Überforderung führt aber - vor allem bei angeschlagener oder fehlender psychischer Stabilität - zu zusätzlichen psychischen Belastungen, die unverarbeitet neurotische Symptome und psychosomatische Beschwerden und Erkrankungen zur Folge haben können.

Hinzu kommt die Beobachtung, dass speziell die Fähigkeit zur Verarbeitung der eigenen aggressiven Gefühle, welche durch das aggressive Schülerverhalten hervorgerufen werden, bei vielen Lehrern nur schwach ausgebildet ist und offensichtlich in Studien- und Ausbildungsgängen bisher zu wenig Beachtung gefunden hat.

1.3 Gründe und Hintergründe für den Beratungsbedarf von Lehrern

Gibt es Erklärungen für dieses unterschiedliche Lehrerverhalten? Bestimmte Defizite in Ausbildung und Berufspraxis können benannt werden; sie sollen aber nicht nur erklären, sondern auch anregen, wo und wie eine entsprechende Beratung ansetzen kann.

1.3.1 Ausbildungsdefizite

Eine mögliche Erklärung für unzureichende Reaktionen vieler Lehrer auf Aggression und Gewalt im Unterricht liegt zum Teil an mangelhafter Ausbildung. Obwohl der Standard der Lehramtsausbildung an deutschen Hochschulen relativ hoch ist, lassen sich in verschiedenen Bereichen dennoch Defizite ausmachen. Es scheint, dass die bisherige Lehrerausbildung reaktiv-flexibles Lehrerverhalten angesichts veränderter Schulrealitäten zu wenig beachtet hat.

Die Zunahme von Schülern mit emotionalen Störungen, Verhaltensauffälligkeiten, Hyperaktivität und Aggressivität fordert von der Lehrerausbildung zumindest die Vermittlung grundlegender (sonder)pädagogischer, aber auch (individual- und sozial)psychologischer Kenntnisse und Fähigkeiten für den Umgang mit Aggression. Es fehlen jedoch gruppendynamische Instrumentarien (Methodenkenntnisse) und konfliktpädagogische Fähigkeiten (Einschätzung komplizierter Prozesse in der Klasse).[13]

Lehrerinnen und Lehrer werden nach den geltenden Studienordnungen auf den konkreten Schulalltag nur unzureichend vorbereitet. Vieles spricht dafür, dass Informationen über aggressives Schülerverhalten in der Ausbildungssituation sowohl von Studenten als auch von Dozenten eher als überflüssig empfunden und geschickt umgangen werden; infolgedessen stößt man als junger Lehrer oder junge Lehrerin erst in der Praxis schockartig auf dieses Ausbildungsdefizit.

Dies ist aber kein Wunder, denn die Lehrerausbildung zielt immer noch auf den Lehrer als Einzelkämpfer, der vor seiner Klasse zu stehen und zu bestehen hat. Verbreitet sind stille oder offene Ellbogenmentalität, tiefsitzendes Leistungsdenken, Anonymität und damit verbunden Vereinsamung.

An deutschen Hochschulen lernen werdende Lehrer nicht oder nur bedingt sich in gruppendynamische Prozesse einzufügen bzw. solche zu beobachten und zu steuern. Soziales Lernen wird zwar theoretisch gelehrt, im Studium jedoch kaum praktiziert, so dass die Schulpraxis nach dieser Ausbildung entsprechend empathie-defizitär ausfallen muss.[14]

Verkürzung der Regelstudienzeiten und das akademische Prüfungssystem zwingen die Studenten, wissenschaftliche Qualifikation und berufliche Karriere menschlichen und pädagogischen Qualifikationen vorzuziehen. Die entscheidenden Qualifikationsnachweise erbringen sie teilweise jahrelang in stiller Einsamkeit und einsamer Stille, am Ende des Studiums fast immer in Einzelprüfungssituationen. Studiensituationen nach gruppenpädagogischen Aspekten sind eher selten. Der daraus resultierende Mangel an kommunikativer Kompetenz wirkt sich dann später negativ auf die Schulpraxis aus. Dies hängt u.a. auch damit zusammen, dass eine durchgreifende Rezeption sonderpädagogischer Erkenntnisse, vor allem der Konflikt- und Aggressionspädagogik bisher weder in der allgemeinen Schuldidaktik noch in der Religionspädagogik stattgefunden hat. Durch entsprechend veränderte Ausbildung müssten in Zukunft Lehrer in der Lage sein auf neues Schülerverhalten flexibel zu reagieren und angemessener damit umzugehen.

1.3.2 Defizite im kollegialen Verhalten von Lehrern

- In Lehrerzimmern lassen sich vorzüglich die Kommunikationprobleme von Lehrern studieren; hier begnügen sich viele mit „smal talk" und dem Austausch von Ferienerlebnissen.
- Oft gewinnt man den Eindruck, alle verhalten sich nach dem Grundsatz: „Wahre dein Gesicht und rede nie über Probleme, denn du hast ja keine!"
- Schwierigkeiten mit Schülern oder Kollegen zu haben, dies zuzugeben und offen mit Kollegen zu besprechen, wird in Lehrerkonferenzen nicht selten als persönliches Versagen, grober Qualifikationsmangel und Tabuverletzung diffamiert.
- Oft sind bei Lehrerinnen und Lehrern festgefahrene Kommunikationsstrukturen zu beobachten, die Fortbildung und Beratung als normale Kommunikationsformen unter Lehrern ausschließen; man hat sein Handwerk schließlich gelernt, man weiß wie es geht: Lehrer lehren und Schüler lernen und niemals umgekehrt!
- Viele Lehrerinnen und Lehrer rechnen mit institutionellen Kommunikationsbarrieren zwischen Lehrern und Schülern bzw. Schülern und Schülern bzw. Lehrern und Lehrern, d.h. die Schule erlaube es als Schule nicht, über bestimmte pädagogische Themen sich miteinander zu verständigen, erst recht nicht über Aggressivität, da helfe nur das Gesetz.
- Eine logische Folge ist die unter Lehrern stark verbreitete Angst vor „Supervision" und vor allen Formen der „kritischen Unterrichtsreflexion". Schon diese Begriffe sind belastet und negativ besetzt, möglicherweise bedingt durch eine überzüchtete Leistungsbeurteilung in der Referendarausbildung.

2. Kollegiale Praxisberatung

2.1 Was ist Kollegiale Praxisberatung?

Darunter verstehe ich eine Art Selbsthilfe von Lehrerinnen und Lehrern, die beispielsweise mit den Problemen der Schüler- und Lehreraggressivität alleine nicht fertig werden und sich zur Besprechung ihrer schwierigen Situation mit Kolleginnen und Kollegen zusammentun. Sie gehen dabei aus von den vorhandenen Kompetenzen der Kolleginnen und Kollegen und nehmen an, dass der Prozess der „wechselseitigen Beratung" ergiebiger und pädagogisch ertragreicher ist als der Prozess der „einsamen und oft hilflosen Selbstberatung".
Meine These lautet, dass in vielen durch Schüler- und Lehreraggressivität teilweise ausweglos gewordenen Situationen in unseren Schulen die „Kollegiale Praxisbera-

tung" eine naheliegende, praktisch leicht durchführbare und für alle Beteiligten eine hilfreiche Einrichtung darstellt.[15]
Welche Vorzüge und Nachteile hat Kollegiale Praxisberatung? Wie oben beschrieben, spricht für sie, die vorhandenen Kompetenzen in Lehrerkollegien besser zu nutzen und konstruktiv einzusetzen. Sie hat auch Nachteile bzw. Gefahren, wenn mit den einzelnen Schülern oder Lehrern als Aggressionsträgern direkt zu führende Gespräche hinausgezögert oder sogar umgangen werden; man bleibt unter sich und meint, das Aggressionsproblem sei schon gelöst, wenn man sich als Lehrer unter Lehrern in einer wohltuenden Gruppenatmosphäre gut beraten hat. Im Bewusstsein dieser Gefahr muss auch darauf geachtet werden, dass sie sich nicht zu einem dilletantischen Therapie-Club oder einer exotischen Selbsterfahrungsgruppe entwickelt.
In Abgrenzung von anderen Formen der Beratung hat die Kollegiale Praxisberatung ihre eigene Form bereits gefunden. Die Unterschiede sind zu sehen in Bezug auf die psychotherapeutische Verhaltensmodifikation[16] und die medizinisch-therapeutischen Balintgruppen[17], die an die Institutionen der Beratungsstelle oder der medizinischen Klinik und ihre therapeutischen Ziele gebunden sind. Kollegiale Praxisberatung hat pädagogische Ziele in Verbindung mit religionspädagogischen Anliegen.

2.2 Wie funktioniert Kollegiale Praxisberatung?

Sie ist einfach zu handhaben, da die Regeln, nach denen sie funktioniert, den allgemeinen Methoden der Gesprächsführung entsprechen:[18] Ein Gesprächsleiter oder eine Gesprächsleiterin sollte vorweg schon bestimmt sein oder jetzt bestimmt werden, damit die Moderation zur Erledigung der notwendigen Voraussetzungen (Raum, Sitzordnung, Zeit, Regeln, Gruppenklima...) und die Einhaltung der Rahmenbedingungen (Regelbeachtung, Redeverteilung, Themenzentrierung...) garantiert ist. Wer redet, sollte in der Ich-Form und authentisch sprechen und die man-Form möglichst vermeiden. Was den Ablauf des Gespräches stört, hat Vorrang vor den anderen Themen; es muss beseitigt werden, damit die Sache - hier die zu besprechende Situation - wieder ins Zentrum der Aufmerksamkeit treten kann. Beratung meint aus der Sicht der Beratenden das Beste für den andern und setzt eigene Erfahrungen für den zu Beratenden um ohne ihn mit Ratschlägen erschlagen zu wollen. Dieser muss die Freiheit haben mit dem Rat umzugehen, wie er es für richtig hält. Kennzeichnend für die Kollegiale Praxisberatung ist die methodische Regelung den anderen ausreden zu lassen bzw. dem anderen zuzuhören, und dann erst sich über das Gesagte auszutauschen. Es wird großer Wert darauf gelegt, dass Beratende und zu Beratende möglichst authentisch sprechen und mit einer fairen Solidarität rechnen können. Da diese Beratung auf Praxis ausgerichtet ist, erörtert sie zwar auch Pro- und Contra-Argumente zur Situation, verzichtet jedoch auf deren ausführliche Diskussion. Es entfällt auch die Supervision i. e. S. als differenzierte Prozess- und Ergebnisanalyse, da das Ziel der Praxisberatung darin besteht,durch gemeinsamen Erfahrungsaustausch in der Gruppe die Entscheidungsfindung des zu Beratenden zu unterstützen und seine Praxis zu verbessern. Eine gemeinsame Reflexion der Berater und des Beratenen ist am Ende zur Ergebnissicherung sinnvoll.

2.3 Wie ist Kollegiale Praxisberatung aufgebaut?

2.3.1 Erster Schritt: Situationsbeschreibung durch den Ratsuchenden (Konzentration auf eine schwierige Situation)

Kollegiale Praxisberatung ist keine Therapie, aber sie kann „therapeutisch" wirken. In Erwartung dieser „heilenden" Wirkung wendet sich ein Lehrer oder eine Lehrerin in der bereits bestehenden Gruppe mit einem konkreten Praxisproblem (etwa Schüler- oder Lehreraggressivität) an seine KollegInnen und bittet um Rat. Da auch andere um Rat bitten, muss in der Gruppe eine Reihenfolge festgelegt werden, denn pro Sitzung (ca. 90 Minuten) soll nur ein „Fall" behandelt werden. Die Gruppe einigt sich auf eine bestimmte Reihenfolge der „Behandlung".

Wichtig ist für den Einstieg, dass der Ratsuchende alles mitteilt, was ihm zu seiner schwierigen Situation einfällt, die Konstellation der Situation, die Personen und die Ereignisse, auch die eigenen Gefühle und spontanen Einfälle.

Hat er begonnen, schweigen alle anderen. Sie sollen „aktiv zuhören", sich in die berichtete Situation hineindenken und -fühlen und beobachten, ohne jeden Kommentar! Sie dürfen zu diesem Zeitpunkt nicht mit Bewertungen, Erklärungen oder Deutungen in den Prozess der Situationsdarstellung eingreifen, obwohl das Bedürfnis danach sehr stark sein kann.

In dieser ersten Phase ist die Konzentration auf eine bedrängende Situation, die ein Teilnehmer vorträgt, für alle Teilnehmer die Hauptaufgabe.

2.3.2 Zweiter Schritt: Situationsanalyse durch beratende und ratsuchende Teilnehmer (Deutung und Gewichtung der Situationsfaktoren)

Jetzt geht es im zweiten Schritt um eine möglichst genaue Erfassung der realen Situationszusammenhänge. Man kann die Aufgabe dieser Analysephase kurz mit den zwei Fragen kennzeichnen: „Wie muss die Lage betrachtet werden?" (1) „Was ist hier eigentlich los?" (2).

(1) Wie muss die Lage betrachtet werden?

Um eine effektive Analyse zu erreichen, sollte die eigene Optik überprüft werden: Durch welche Brille betrachte ich beispielsweise aggressives Verhalten von Schülern und Lehrern?

Aggressives Verhalten kann mit verschiedenen Brillen „gelesen" werden, so dass es nicht gleichgültig ist, ob die Brille lediglich die aggressive Person, losgelöst von anderen Situationsfaktoren zu erkennen gibt („Wer sich aggressiv verhält, ist ein aggressiver Mensch"). Diese allein auf die Person ausgerichtete Perspektive ist sicher auch wichtig; aber die Deutung der Aggressivität nur auf die Biographie oder das familiäre Umfeld des aggressiv Handelnden zu beschränken, bedeutet zugleich die Vernachlässigung anderer wichtiger - z.B. sozialpsychologischer und pädagogischer - Deutungsfaktoren.

Es ist auch zu einseitig, wenn die Deutung von Aggressivität lediglich als Normabweichung bevorzugt wird, so als wäre aggressives Verhalten von vornherin strafbares Tun

("Wer sich aggressiv verhält, ist ein Normabweichler und Gesetzesbrecher"). Denn Aggressivität und Gewaltneigung muss zuerst unter psychologischen und religionspädagogischen Aspekten gesehen werden, damit Informationen über die realen Motive für das Verhalten eruiert werden können. Das Risiko der Verletzung von Normen und Gesetzen, die im sozialen Umfeld gelten, wird dann verständlich, wenn deutlich wird, dass es dem Handelnden vorrangig um seine eigene Anerkennung (im passivischen Sinne: anerkannt werden) geht und nicht (vorrangig) um die Anerkennung von vorgegebenen und ihm möglicherweise unverständlichen Gesetzen (im aktivischen Sinne: ich erkenne an).

Die dritte Brille ist die klarste; durch sie wird die Auslegung der Aggressivität weder auf die Person noch auf die Norm fixiert. Viel vorsichtiger versucht der Beratende, die auffällig aggressive Verhaltensweise als ein Signal mit innerer Logik anzusehen. „Aggression als auffällige Verhaltensweise fordert dazu auf, das verschlüsselte Signal auf seine innere Logik hin zu untersuchen."[19] Dabei wird unterstellt, dass es latente innere Aggressivität gibt, die sich zunächst nicht äußert, aber als manifest gewordene und geäußerte Aggressivität je nach Konstellation später eventuell greifbar wird und auf die innere Konflikthaftigkeit zurückschließen lässt. Es geht also um eine Entschlüsselung des Signals der geäußerten Aggressivität nach dem Stichwort: „Wer sich aggressiv verhält, gibt ein Signal".
Es wird empfohlen die dritte Aggressions-Deutung als die beste anzusehen, da sie stigmatisierende, also Vorurteile definierende Bewertungen verhindert und die Situation offen hält für den Einsatz konfliktverarbeitender und situationsadäquater Maßnahmen.

(2) Was ist hier eigentlich los?
Die beratenden Teilnehmer versuchen im Gespräch brain-storming-artig die geschilderte Situation „einzukreisen", indem sie im Ausschlussverfahren genauer abzugrenzen und nach Bereichen, Ebenen, Wirkungsrichtungen, Ursachen und Folgen zu charakterisieren versuchen. Es hat sich als praktisch brauchbar und sehr hilfreich erwiesen erst nach diesem Durchgang durch eine Globalanalyse in Verbindung mit einer Grobbewertung der Situation die aktiven oder reaktiven aggressiven Schüler- bzw. Lehrerverhaltensweisen zu bewerten um eine möglichst realistische Analyse zu gewinnen. Dies kann geschehen an Hand eines Analysebogens.[20]
Zur Gewichtung der vorgebrachten Situationsfaktoren kann ein Raster eine praktische Hilfe sein, der die möglichen Faktoren aufzählt (1. - 5.) und sowohl vom ratsuchenden als auch von den ratgebenden Teilnehmern ausgefüllt werden sollte:
(1.) Personaler Faktor (z.B.: neurotische Störung, die relativ eindeutig einer Person - Schüler oder Lehrer - zugeschrieben werden kann, Rollen-Verständnis)
(2.) Interaktionaler Faktor (z.B.: Außenseiterprobleme, Cliquen-Effekt, Übertragung und Gegenübertragung)
(3.) Inhaltlicher Faktor (z.B.: Reizthemen, Verfehlung des Erwartungs- und/oder Anspruchsniveaus, fehlende Erfahrungsrelevanz des inhaltlichen Angebots)
(4.) Medialer Faktor (z.B.: situations- und sachfremde Medienwahl, methodische Nachlässigkeit, unzureichende Vermittlung zwischen Wissenschafts- und Alltagssprache)

(5.) Institutionaler Faktor (z.B.: Schuladministration und -hierarchie, Schulraumbedingungen, Zensuren und Versetzungspraxis, Abmeldemöglichkeit vom Religionsunterricht, ‚heimlicher Lehrplan').

Entscheidend ist die Faktorengewichtung nach Prioritätsaspekten. Dies lässt sich einfach durch Umstellung der Ziffern erreichen. Aggressivität kann so z.b. in einer bestimmten Situation als vorrangig durch den medialen Faktor bedingt gedeutet werden; die zunächst vermutete Deutung mit der Betonung des interaktionalen Faktors trifft für diese Situation also nicht zu. Andere, vielleicht als bedeutsam eingeschätzte Faktoren treten vielleicht weit hinter diese zurück und verlieren so an Deutungskraft.

An der Analyse und Bewertung der durch Aggressivität bestimmten Störsituation sollten sich - soweit möglich - alle Gruppenmitglieder beteiligen; der zu beratende Teilnehmer entscheidet aber für sich, welche Analyse für ihn gelten soll.

Der ratsuchende Teilnehmer bewertet die genannten Vorschläge zur Deutung seiner Situation; er streicht auf seinem Analysebogen die nach seiner Meinung nicht zutreffenden Deutungen und gewichtet nach Prioritäten die folgenden Faktoren; d.h. die vorangestellten Zahlen werden - wenn notwendig - verändert.

Es geht jetzt um den Vergleich der verschiedenen Situationsanalysen durch den ratsuchenden Kollegen. Nach seinem Vergleich der Fremdwertungen ergibt sich möglicherweise für den Ratsuchenden ein differenzierteres Bild der Situation und auch die entsprechende Deutung der durch Aggression und Gewalt bestimmten Verhaltensweisen.

Jetzt erst kann die Situationsanalyse als beendet angesehen werden. Die eigentliche Beratung erfolgt nun durch die beratenden Teilnehmer.

2.3.3 Dritter Schritt: Regeln und Leitfragen als Hilfen zur Entscheidungsfindung für den Ratsuchenden

Die Berater sollten (unter der Leitung eines für diese Sitzung zu bestimmenden Moderators) möglichst von dem ausgehen, was sie selbst erfahren haben und was sie ausgehend von diesen Erfahrungen auf die Situation des Ratsuchenden, die einziger Bezugspunkt bleibt, übertragen möchten.
Dabei gelten folgende Regeln:
Erste Regel: Was in der geschilderten und zu besprechenden Situation „stört", d.h. zur Klärung, Deutung und Analyse nicht beiträgt, muss vorrangig bearbeitet werden!
Zweite Regel: Die Sichtung der Handlungs- und Maßnahmemöglichkeiten ist streng auf die vorgebrachte Situation zu beziehen; diese muss die Kommunikationsbasis bleiben.
Dritte Regel: Die Vorschläge der Berater werden von allen ebenso respektiert wie die folgenden Entscheidungen des Ratsuchenden, der selbständig die letzte Entscheidung über die zu akzeptiernde oder abzulehnende Beratung trifft.

Leitfragen für die Berater:
(1.) Leitfrage: Welche konkreten Lösungen und Konfliktlösungsmodelle haben sich bereits in ähnlichen Situationen bewährt?

(2.) Leitfrage: Gibt es für bestimmte durch Aggressivität gekennzeichnete Störsituationen besonders zu empfehlende Regeln, Maßnahmen oder Methoden?
(3.) Leitfrage: Welche konkreten Hilfen fallen den Beratern ein?
(4.) Leitfrage: Welcher konkrete Rat ist in dieser Situation besonders dringlich zu empfehlen?

Ein wichtiger Hinweis:
Die in die Beratung einbezogenen Erfahrungen der Teilnehmer dürfen die vorgestellte Situation des betroffenen Teilnehmers nicht aus dem Auge verlieren. Erfahrungsgemäß können z.b. methodische Hilfen leicht missverstanden werden; sie dürfen nicht als „Techniken des Lehrerverhaltens" angesehen werden, die zur „Behandlung" von lernunwilligen und aggressiven Schülern und/oder unfähigen Lehrern eingesetzt werden. Diese sind Subjekte; keiner darf zum Objekt einer Beratung oder Behandlung degradiert werden.
Der Ratsuchende hört sich alles genau an, auch wenn sich die Vorschläge widersprechen sollten. Er selbst kann - wenn er will - sich am Beratungsgespräch beteiligen.
Der Moderator hält alle Aussagen fest und sortiert sie - wenn erforderlich - nach pädagogischen Maßnahmen und zu erwartenden Wirkungen.

2.3.4 Vierter Schritt: Neun Ratschläge zur Beratung

Diese Ratschläge für Berater und Lehrer in Situationen, die durch Aggression mitbestimmt sind, sollen nicht zu „Rückschlägen" oder als Anleitung zum „Zurückschlagen" missverstanden werden.
Als Lehrer muss man häufig „schlagfertig", schnell und situationsgerecht handeln können; dann ist es gut, wenn man sich zuvor einige Sachverhalte klar gemacht hat, um sie in der Eile beachten zu können. Deshalb folgende Ratschläge für den Ernstfall:
(1.) Ratschlag: Nicht nur siegen wollen (Eingrenzung spontaner Aggressivität)
(2.) Ratschlag: Vor jeder Reaktion sich besinnen und nicht nur spontan sein (Gelassenheit als „umgeleitete" Aggressivität)
(3.) Ratschlag: Sich und die Schüler/die Kollegen fragen, was auf keinen Fall unternommen werden sollte (Aggressionsbewältigung durch Distanzierung)
(4.) Ratschlag: Sich in die Situation des durch Aggressivität Störenden versetzen (Empathisch-imaginatives Verstehen)
(5.) Ratschlag: Die Situation von verschiedenen Beratern her sehen und selber deuten (Klarheit durch wechselnde Identifikationen)
(6.) Ratschlag: Jetzt erst die adäquate Maßnahme wählen (Abwägendes Lehrerverhalten)
Trotz Beachtung der Punkte 1 - 6 handeln LehrerInnen, KollegInnen und Schüler immer wieder anders als situationsadäquat. Dann gilt:
(7.) Ratschlag: Als LehrerIn bei dem Ziel bleiben: Jede Situation kann noch menschlicher sein!
(8.) Ratschlag: Als LehrerIn bewusst vormachen, dass die kleine Geste dasselbe intendieren und bewirken kann wie das große Tamtam!

(9.) Ratschlag: Als LeherIn sich kompromissbereit und flexibel und dennoch zielsicher und bestimmt zeigen!

2.3.5 Fünfter Schritt: Entscheidungsfindung durch den Ratsuchenden (Entscheidung und Reflexion)

Der zu beratende Teilnehmer kann sich jetzt leichter entscheiden, welchen Beratungsvorschlägen er folgen will. Es ist seine Sache, wie er sich letztlich entscheidet. Er soll sagen, welche Lösungen er verworfen hat und welche er befolgen möchte.[21] Die anderen können ihm helfen aus seiner Entscheidung nun die Konsequenzen für die nächsten Schritte zu ziehen.

Abschließend können die Teilnehmer sich austauschen über Verlauf und Ergebnis der Gruppensitzung. Dabei sollte der ratsuchende Teilnehmer ermutigt werden. Der nächste Termin und das folgende Gesprächsthema sind noch zu vereinbaren.

3. Konsequenzen für die Praxis

In vielen Fachgesprächen zum Thema „Umgehen mit Aggression" wurde auf Grund sehr unterschiedlicher eigener Erfahrungen die Notwendigkeit „kollegialer Praxisberatung" betont und dringend empfohlen. Es ergab sich aus Berichten über einzelne Fälle, über schwierige Situationen und über das Beratungsgeschehen in Lehrer-Teams das Gesamtbild vom Notstand vieler Kollegien an allen Schulformen und von vielfältigen Versuchen, damit fertig zu werden. Auch ungewöhnlich komplizierte Situationen wurden geschildert, die noch einmal auf die Notwendigkeit der gegenseitigen Beratungshilfe verwiesen.

Als Ergebnis kann festgehalten werden, dass vor allem die speziellen (positiven) Erfahrungen an stationären und ambulanten Sonderschulen trotz der jeweiligen situationsbedingten (Integrations- und Personal-)Probleme dazu ermutigen Kollegiale Praxisberatung noch stärker allgemein zugänglich zu machen und sie auch in durch Aggressions- und Gewaltprobleme teilweise schwer geprüften so genannten Regelschulen einzuführen. Sie erscheint in vielen Fällen als das einzig Sinnvolle und praktisch auch Machbare.

Für die Praxis können folgende Beobachtungen und Anregungen hilfreich und ermutigend sein:

3.1 Viele Kollegien funktionieren so gut, dass die hier beschriebene Art mit Aggression umzugehen, nicht eigens herausgestellt werden muss; gegenseitige Beratung wird an vielen Schulen bereits selbstverständlich praktiziert.

3.2 In vielen Situationen müssen Lehrerinnen und Lehrer lernen mit der eigenen Nervosität umzugehen und mit den Augen der Kinder zu sehen; dies sind pädagogische Selbstverständlichkeiten, die jedoch angesichts der Aggressionsproblematik erneut hohe pädagogische Brisanz erhalten. Denn „Friedenserziehung im Klassenzimmer" ist komplex und anspruchsvoll und verlangt konfliktpädagogisch erfahrene Lehrer und solidarische Kollegien.[22]

3.3 Kollegiale Praxisberatung muss deutlich von anderen Beratungsformen abgegrenzt werden. Sie ist beispielsweise nicht geeignet zur Klärung von Problemen im eigenen Team oder von Beziehungsproblemen einzelner Teilnehmer, obwohl sich solche internen Probleme immer wieder aufdrängen. Die Aufgabe des Moderators ist eine andere. Er muss darauf achten, dass Kollegiale Praxisberatung nicht zur Selbsterfahrungsgruppe umfunktioniert wird.

3.4 Die wissenschaftliche Beschäftigung mit Aggression und Gewalt lässt angesichts der drängenden Probleme in der Praxis noch zu wünschen übrig. In der Tat wird in der Allgemeinen Pädagogik und auch in der Sonderpädagogik das Thema „Aggression" kaum ernsthaft behandelt. Udo Rauchfleisch beschließt den Sammelband „Gewalttätige Kinder" (1992) mit der Feststellung, „dass das Problem der Aggression in der Praxis zwar von großer Bedeutung ist, eine wissenschaftliche Auseinandersetzung mit diesem Thema aber kaum erfolgt [...] Während sich die Psychologie, speziell die Lerntheorie (Petermann et al. 1988), und die Psychoanalyse vielfach mit dem Thema Aggression beschäftigen, besteht in der Sonderpädagogik eher ein Mangel, ja möglicherweise eine Verleugnung dieses Problems. In dem im Herbst 1989 herausgegebenen Standardwerk, dem Handbuch der Sonderpädagogik Bd. 6, Pädagogik bei Verhaltensstörungen, wird in 51 Beiträgen auf 1083 Seiten das Thema Aggression nicht behandelt (Goetze und Neukäter, 1989)" (Rauchfleisch 1992, 213).[23]

3.5 Supervision muss als Schreckbild bei PädagogInnen und LehrerInnen abgebaut und als „unverzichtbarer Teil der Profession Lehrer/Lehrerin" (Wittrock 1991, 96) gesehen bzw. aufgebaut werden. In diesem Zusammenhang ist die Gleichrangigkeit der Teilnehmer wichtig, damit die Berater nicht eine (unbewusste) dominierende Funktion erhält.[24]

3.6 Zu beachten ist die schwere Belastung der Lehrer durch Ohnmachtsgefühle und die naheliegende Verführung zum harten Durchgreifen nach dem Prinzip „Grober Keil auf groben Klotz". Das Dilemma zwischen „Abwehr der unerträglichen Gefühle" beim Lehrer (Evelyn Heinemann) und der vom Schüler erwarteten, Sicherheit vermittelnden Lehrerposition besteht.[25]

3.7 Das Ziel einer Beratung sollte von Beratern und zu Beratenden im Prozess je nach Situationsbedarf gemeinsam festgelegt werden. Kollegiale Praxisberatung dient sicher auch der Arbeit am „Selbstkonzept" der Lehrer; es geht zu einem großen Teil um Aufbau, Wiedergewinnung oder Erhaltung der Selbständigkeit des Lehrers, letztlich jedoch um Hilfe für die „Identifitätsfindung" der Schüler, die mehr als die Lehrer unter den Problemen der Aggression zu leiden haben.

3.8 Erfahrungen aus der psychologischen Beratung können noch stärker in die interne Schulberatung integriert werden. Bei jedem Ratsuchenden ist auch mit Abwehrhaltungen zu rechnen, wenn die vorgebrachten Ratschläge nicht in die gewohnte Pädagogik des Kollegen passen sollten. Es ist schwierig den Rat als etwas Neues zu integrieren. Leichter ist es den Rat beiseite zu schieben oder so lange zu drehen und zu wenden bis er mit der eigenen Pädagogik übereinstimmt.[26]

3.9 Es ist schwer nach dem Modell in der Analysephase die durch Aggression gekennzeichnete Realität genau zu treffen und zu diagnostizieren, geschweige denn objektiv und realitätsgerecht zu beraten. Vielleicht müssen hier Anleihen bei der Psychotherapie gemacht werden ohne dadurch die Schule zur Beratungsstelle ummodeln zu wollen.[27]

3.10 Abschließend sollte Folgendes noch beachtet werden: Beim Verbalisieren emotionaler Erlebnisinhalte, die bei Aggression und Gewalt eine große Rolle spielen, können aber Wahrnehmungsebenen (Ebene der Selbstwahrnehmung, Ebene der sozialen Wahrnehmung) leicht verwechselt werden. Deshalb ist hier Vorsicht geboten! Es ist zu empfehlen in Verbindung mit der Methode des „aktiven Zuhörens" dem Ratsuchenden die eigenen Gefühle (Angst, Ohnmacht, Wut...) zu spiegeln, ihm eine indirekte Hilfe für die direkte Verbalisierung seiner Gefühle anzubieten. Auf diese Weise lernt der Ratsuchende Verantwortung für seine eigenen Gefühle (auch die unangenehmen) zu übernehmen. Diese spiegeln sich zunächst im Berater oder in der Beratergruppe. Im weiteren Prozess wird der Ratsuchende sich (vielleicht) seinen persönlichen Notstand eingestehen und insofern zu sich selbst Kontakt aufnehmen können (vgl. Kolb 1987, 13).
Kollegiale Praxisberatung müsste in Zukunft stärker als bisher zur Professionalität des Lehrers und der Lehrerin gehören; die Probleme des „richtigen" Umgangs mit Aggression provozieren eine Entwicklung der Schule in diese Richtung.

Literatur

Asmus, Hans-Joachim/ Peukert, Rüdiger (Hg.): Abweichendes Schülerverhalten. Zur Devianzetikettierung in der Schule, Heidelberg 1979.
Berg, Christa: „Rat geben" - Ein Dilemma pädagogischer Praxis und Wirkungsgeschichte, in: ZfP, 37. Jg., Heft 5/1991, 709-734.

Brophy, Jere E./ Good, Thomas L.: Die Lehrer-Schüler-Interaktion, München/Berlin/Wien 1976.
Czerwenka, Kurt: Unkonzentriert, aggressiv und hyperaktiv. Wer kann helfen? In: Zeitschrift für Pädagogik, Heft 5/1993, 721-744.
Gass, Petra/ Spielmann, Ulrich: Hyperaktiv, Hyperaktivität - bei Kindern und Jugendlichen (Hrsg.: Pädagogisches Bildungswerk e.V. Oppenheimer Landstr. 17, Frankfurt a.M.), Frankfurt a. M., o.J. (1987).
Gräser, Hannelore/ Lederer, Margarete: Störende Schüler - unruhige Klasse. Hilfen für den Schulalltag, München 1982.
Grazer, Werner: Mit Aggressionen umgehen, Braunschweig 1993.
Heinemann, Evelyn: Psyhoanalyse und Pädagogik im Unterricht der Sonderschule, in: *Heinemann, Evelyn/ Rauchfleisch, Udo/ Grüttner, Tilo:* Gewalttätige Kinder. Psychoanalyse und Pädagogik in Schule, Heim und Therapie, Frankfurt a.M. 1992, 39-89.
Hirschfeld, Malte/ Schmiedeberg, Joachim: Sozialauffällige Schüler. Diagnose und Therapie, Heidelberg 1978.
Hübner, H.G.: Die Behandlung von Schulschwierigkeiten mittels interprofessioneller Arbeitsgruppen. Ein praktischer Diskurs zur Herleitung eines Kooperationskonzeptes. Dissertation, Lüneburg 1990, zit. nach Czerwenka 1993, 741.
Kolb, Rüdiger: „Geh mal zu Frau B., die labert dich nicht gleich voll!" Gesprächsmethodische Hilfen zur Verbesserung von Beratungssituationen, in: WPB 1/1987, 8-13.
Kollmann, Roland: Religionsunterricht unter erschwerenden Bedingungen, Essen 1988.
Ders.: Glaube gefragt - auch in der Sonderschule? In: Sonderpädagogik (18.Jg.), Heft 1/1988, 1-19.
Ders.: „Behinderte" Schüler - Schulen für „Behinderte", in: engagement, 3/1991, 177-203.
Ders.: Religionsunterricht an Sonderschulen (Lehrbrief 22, 1990); Sonderpädagogische Zugänge zum Religionsunterricht (Lehrbrief 22a, 1993), (Hrsg.: Theologie im Fernkurs, Domschule e.V., Postfach 110455, Am Bruderhof 1, 97031 Würzburg).
Ders.: „Darf ich laut sagen, was ich über ‚Behinderung' denke?" Protokollnotizen aus der Fortbildung für Ärzte und Krankenschwestern, in: *Lesch, Karl Josef/ Saller, Margot (Hrsg.):* Warum Gott...? Der fragende Mensch vor dem Geheimnis Gottes, (FS Ralph Sauer), Kevelaer 1993, 151-160.
Neubauer, W.F./ Gaupe, H./ Knapp, R.: Konflikte in der Schule. Möglichkeiten und Grenzen kooperativer Entscheidungsfindung, Neuwied 1981.
Ohder, Claudius: Gewalt durch Gruppen Jugendlicher. Eine empirische Untersuchung am Beispiel Berlins, Berlin 1992.
Preuschoff, Gisela/ Preuschoff, Axel: Gewalt an Schulen. Und was dagegen zu tun ist, Köln 1992.
Redl, Fritz: Erziehung schwieriger Kinder. Beiträge zu einer psychotherapeutisch orientierten Pädagogik, München, Zürich 4/1987.
Rosin, Ulrich: Balint-Gruppen: Konzeption - Forschung - Ergebnisse, Band 3 der Reihe Die Balint-Gruppe in Klinik und Praxis, Berlin u.a. 1989.
Roth, Jörg Kaspar: Hilfe für Helfer: Balint-Gruppen, München 1984.
Sander, Elisabeth: Lernstörungen. Ursachen, Prophylaxen, Einzelfallhilfe, Stuttgart 1981.
Schmälzle, Udo (Hg.): Mit Gewalt leben. Arbeit am Aggressionsverhalten in Familie, Kindergarten und Schule, Frankfurt a.M. 1993.
Schockenhoff, Eberhard: Die verdrängte Gewalt. Theologisch-ethische Überlegungen zum Verständnis der Bergpredigt, in: Stimmen der Zeit Heft 4, April 1994, 239-253.
Ulich, Klaus (Hg.): Wenn Schüler stören. Analyse und Therapie abweichenden Schülerverhaltens, München/Wien/Baltimore 1980.
Verband Bildung und Erziehung (VBE) (Hrsg.): Konflikte in der Schule - Lehrer in der Klemme? VBE-Medien-Service, Hamm 1985.
Westermanns Pädagogische Beiträge (WPB): Heft 1/1987, diverse Artikel zum Thema „Beratung".
Winkel, Rainer: Der gestörte Unterricht. Diagnostische und therapeutische Möglichkeiten, Bochum 3/1983.
Wittrock, Manfred: Kollegiale Praxisberatung, in: Sonderpädagogik (21.Jg.), Heft 2/1991, 94-97.
Ders.: Lehrertraining, in: *Goetze, H./ Neukäter, H. (Hg.):* Handbuch der Sonderpädagogik, Band 6 (Pädagogik bei Verhaltensstörungen), Berlin 1989, 420-435.

Zeitschrift für Pädagogik (ZfP): Heft 5/1991, Beiträge zur „Beratung"; Heft 5/1993 zum Thema Aggressivität und Gewalt.

Zöpfl, Helmut: „Gewalt in der Schule" aus der Sicht der Lehrer, in: *Rolinski, Klaus/ Eibl-Eibesfeldt (Hg.):* Gewalt in unserer Gesellschaft. Gutachten für das Bayerische Staatsministerium des Innern, Berlin 1990, 155-166.

Anmerkungen

[1] Das hier vorzustellende Modell „Kollegialer Praxisberatung" ist im Erfahrungsaustausch zwischen Teilnehmern an Fortbildungsveranstaltungen für Religionslehrer aller Schulformen entwickelt worden. Im Speziellen geht es mir um die Übertragung sonderpädagogischer Erfahrungen auf die anderen Schulformen. Es stellt für mich das Ergebnis jahrelanger Arbeit dar.

[2] Der Philosoph Peter Sloterdijk nennt sie „ominöse Grausamkeit von Kindern", die häufig von der Art sei, alles auszulöschen, was meine Welt stört (zit. nach Art. „Zu welchem Menschenbild erzieht das Fernsehen?" in: Christ in der Gegenwart 21/1994, 172).

[3] Ben Bachmaier, zit. ebd. 171.

[4] Das Gewaltpotential ist noch nicht endgültig ‚entsorgt', es schlummert in der Gesellschaft, aber auch in jedem einzelnen als paradoxes Phänomen zwischen ‚Gewalt befreit' und ‚Gewalt zerstört'. Es gilt mit Gewalt leben zu lernen, weil Gewalt eine gesellschaftliche Realität ist. Vgl. Schmälzles Buchtitel „Mit Gewalt leben"! „Wir müssen lernen, in die vielen Gesichter der Gewalt zu schauen. Und eines dieser Gesichter ist das, welches mir jeden Morgen beim Blick in den Spiegel begegnet" (Schmälzle 1993, 9).

[5] Es wird hier davon ausgegangen, dass besonders in den persönlich eingefärbten pädagogischen Kontakten, in Schüler-Schüler-, Schüler-Lehrer- sowie in Lehrer-Lehrer-Interaktionen alle wichtigen Interpretations- und Handlungsfaktoren für den Umgang mit Aggression gebündelt vorkommen.

[6] Nach mündlicher Information existiert eine Studie zum Thema „Gewalt und Aggression an Schulen" im Auftrag des Instituts für Psychologie an der Universität Kiel (vom 23. September 1993), danach hatte angeblich jeder zehnte der befragten Schüler schon erlebt, wie Lehrer oder Lehrerinnen von Schülern tätlich angegriffen worden waren.

[7] Michael Weis beschreibt an Hand eindrucksvoller Praxisbeispiele, wie wichtig konsequentes Verhalten der Schulleitung ist. In aussichtslos erscheinenden Situationen - etwa bei längerfristiger Einschüchterung der Opfer durch Gewaltandrohung - geht er so weit zu sagen: „Konsequentes Verhalten schließt aber auch mit ein, gewalttätigen Schülern keine Freiräume zu lassen" (Weis, Michael: Der Schuss in den Rücken und seine Folgen, in: Schmälzle 1993, 134). Dadurch können Schüler zumindest davon abgebracht werden weiterhin Gewalt gegen andere auszuüben. Weis beschreibt, dass Informationen über Ordnungsmaßnahmen wie Klassen- und Schulwechsel oder Schulverweis eine gewisse Bereitschaft für Gespräche mit dem Vertrauenslehrer, später auch mit Mitschülern und Lehrern zur Folge hatten.

[8] Es darf nicht gleichgültig sein, welches Menschenbild in der Schule, aber auch in den Medien, etwa im Fernsehen, gepflegt und weitergegeben wird. Denn was sich verändert hat und weiter verändert, sind unsere durch die Medien beeinflussten Sehgewohnheiten, „was der Mensch wirklich - und nicht nur im Reality-TV - ist und was er sein soll" (Art. „Zu welchem Menschenbild erzieht das Fernsehen?" in: Christ in der Gegenwart 21/1994, 172). Vgl. zum Spannungsverhältnis zwischen christli-

chem Menschenbild und dem Gewaltproblem: Spiegel, Egon: Gewaltverhältnisse und Gewaltverhalten in der Schule. Theologische Grundlegung und Erörterung gewaltfreier Gegenmaßnahmen, in: Schmälzle 1993, 275-369, bes. sozio-theologische Impulse 296-305.

[9] Aggressivität in ungesunder Intensität kann den Menschen behindern. Insofern wird sie als Behinderung am Menschen erfahren, nicht aber als seine Wesensbestimmung. Auch Menschen mit aggressiven Behinderungen sind zuerst Mensch, die ein Recht darauf haben, als Menschen behandelt zu werden (vgl. Kollmann, Lehrbrief 22 „Religionsunterricht an Sonderschulen" - Theologie im Fernkurs - Würzburg 1989, 15f).

[10] Vgl. oben unter Nr. 1.1.

[11] Vgl. Kollmann 1988, 13-38; es geht dort um ‚„Verhaltensstörungen' im Religionsunterricht. Fälle - Deutungen - Hilfen" sowie um die theologische Dimension des störanfälligen Religionsunterrichts und das daraus sich ergebende Lehrerverhalten; vgl. auch die Anregungen für das Lehrerverhalten im Lehrbrief 22a „Sonderpädagogische Zugänge zum Religionsunterricht" - Theologie im Fernkurs - Würzburg 1993, 41.

[12] Vgl. das Gewalt-Präventionsprogramm, das das Bildungsministerium in Schleswig-Holstein seit 1993 über das Kieler Institut für Praxis und Theorie der Schulen - IPTS - anbietet.

[13] Egon Spiegel formuliert diesen Sachverhalt: „Selbst guten Willens, klagen [...] engagierte Lehrerinnen und Lehrer über fehlende Gesprächsführungs- und Kommunikationstrainings sowie mangelhafte Grundlagenkenntnisse in Konflikt- und Aggressionspädagogik. Häufig fehlt es an wenigen grundlegenden Kenntnissen, um die subtilen gruppendynamischen Prozesse in der Klasse zu verstehen, richtig einzuschätzen und adäquat aufgreifen zu können" (Spiegel in: Schmälzle 1993, 321).

[14] Aus eigener Erfahrung in der Schule, im Hochschulbereich und in der Lehrerfortbildung aber auch aus vielen Gesprächen mit Lehrern aller Schulformen finde ich diese Behauptung immer wieder bestätigt. Wegen dieser Ausbildungsmängel im Bereich des sozialen Lernens haben häufig die elementarsten gruppendynamischen Grundregeln, die für soziales Verhalten und die Verständigung in Gruppen grundsätzlich wichtig sind (z.B. Rollendistanz, Empathie, Konflikttoleranz), in Lehrerkollegien kaum eine Chance anerkannt zu werden und finden deshalb auch relativ selten konkrete Anwendung weder im Kollegium noch im Unterricht.

[15] Entsprechende Vorarbeiten stammen von Manfred Wittrock, der als Sonderpädagoge im Anschluss an eine unveröffentlichte Arbeit von Gerit Persing über „Kollegiale Praxisberatung" von 1988 und an andere eigene Erfahrungen sowie unter Berücksichtigung von Aspekten aus der lebensproblemzentrierten Pädagogik und dem Balint-Gruppen-Ansatz die These formuliert: „Die notwendige Autonomie der Pädagogin als Person und in ihrem pädagogischen Handeln kann nur erreicht werden, wiedergewonnen und erhalten werden durch eine bewusste *Interdependenz*, d.h. durch die Zusammenarbeit mit Kolleginnen! [...] Der Leitfaden für eine kollegiale Praxisberatung in schwierigen pädagogischen Arbeitsfeldern ist als eine Anregung zur Entwicklung eines eigenen Modells zu verstehen und keinesfalls als Rezept! [...] Als Ziele einer kollegialen Praxisberatung stehen die Chance zu einem verbesserten Austausch und die Unterstützung durch eine kollegiale, bewertungsfreie Rückmeldung im Vordergrund" (Wittrock 1991, 94). Wittrock denkt an Gruppen mit max. 10 Personen, die aus einem bzw. zwei bis vier unterschiedlichen Kollegien kommen sollten. Mir scheint diese Forderung auf Grund eigener Erfahrungen realistisch und empfehlenswert.

[16] Gemeint ist der Ansatz von Petermann, F./Petermann, U.: Training mit aggressiven Kindern, München Weinheim 1988.

[17] Balint-Gruppen, benannt nach Michael Balint (1896-1970), Biochemiker, Psychoanalytiker und Arzt, geb. in Ungarn, ab 1938 in London, der aus der gruppendynamisch und psychoanalytisch orien-

tierten Ärztefortbildung eine Gruppenarbeit entwickelte zur Konfliktverarbeitung und Fallanalyse im ärztlich-therapeutischen Team. Im Unterschied zur Kollegialen Praxisberatung, bei der die Leiterfunktion rotiert und partnerschaftlich wahrgenommen wird, gehört der Balint-Gruppen-Leiter nicht dem Team an, um neutral zur Konfliktverarbeitung beitragen zu können (vgl. Dupuis, Gregor u.a. (Hg.): Enzyklopädie der Sonderpädagogik, der Heilpädagogik und ihrer Nachbargebiete, Berlin 1992, Art. Balint Gruppen; vgl. Roth 1984, 97-104 und Rosin 1989, 62-65 und 181-186 über den Gruppenleiter in Balint-Gruppen, der „gleichschwebende Aufmerksamkeit" und andere analytische Therapiemethoden auf die Gruppenleitung anzuwenden hat).

[18] Kollegiale Praxisberatung ist gruppendynamisch und zugleich konfliktthematisch-situativ strukturiert, sie ist in abgewandelter Form nach den Regeln der „Themenzentrierten Interaktion" (TZI nach R. Cohn) aufgebaut, die hier im einzelnen nicht behandelt werden kann.

[19] Vgl. Kollmann 1988, 17f, wo die drei Deutungsweisen an einem Praxisbeispiel diskutiert und erläutert werden.

[20] Vgl. Kollmann 1988, 34, dort genannt „Diagnosebogen".

[21] Rüdiger Kolb betont, dass sich an dieser Stelle der Kreis schließt, „denn was das Beste für den Ratsuchenden ist, muss *dieser* und dessen Wirklichkeit entscheiden: Er muss Verantwortung für sich übernehmen" (Kolb 1987, 11).

[22] Dazu Egon Spiegel: „Erste Voraussetzung sind Versuche, im Kollegium einen ehrlichen, offenen Wissens- und vor allem Erfahrungsaustausch - in der Schule und außerhalb der Schule und warum nicht sogar in einer dafür eigens initiierten ‚Selbsterfahrungsgruppe' - zustande zu bringen, vor allem die eigenen Schwierigkeiten im Umgang mit aggressiven SchülerInnen wie auch KollegInnen, der Schulleitung und Bürokratie sich einzugestehen, vor anderen zuzugeben und ins Gespräch zu bringen. Beratungs- und Supervisionsangebote sind chancenreiche flankierende Maßnahmen" (Spiegel 1993, 321 ff).

[23] Anderseits kann Kurt Czerwenka aufzeigen, wie weit die Kooperation zwischen den Wissenschaften aus den Bereichen Pädagogik, Medizin, Psychologie und tangierenden Fachdisziplinen bereits entwickelt ist (Czerwenka 1993, 739-741). Zur besseren Behandlung mangelnder Konzentration, fehlender motorischer Kontrolle und sozial-integrativer Verhaltensweisen bei Kindern verweist er u.a. auf die „Nürnberger Arbeitsgruppe", die nach dem Konzept interprofessioneller Kooperation (Hübner, H.G.: Die Behandlung von Schulschwierigkeiten mittels interprofessioneller Arbeitsgruppen. Ein praktischer Diskurs zur Herleitung eines Kooperationskonzeptes. Dissertation. Lüneburg 1990) darauf abzielt, „möglichst alle medizinisch, psychologisch und pädagogisch relevanten Einflüsse und Ursachen für die jeweils isolierten Problembereiche in der Behandlungspraxis des Problembringers zu finden, zu analysieren und Zusammenhänge so aufzuzeigen, dass sie vom hilfesuchenden Helfer bewertet werden können" (Hübner 1990, 235, zit. nach Czerwenka 1993, 741).

[24] Auch Kolb bemerkt, dass ein Ratsuchender sein Problem häufig so formuliere, wie er annimmt, dass es der Berater gern hätte. Denn „Menschen neigen dazu, ihren Helfer nicht enttäuschen zu wollen, und antworten in Richtung ‚sozialer Erwünschtheit'" (Kolb 1987, 9). Als Ziel ist aber die Echtheit im Verhalten aller Teilnehmer anzustreben (neben Akzeptanz und Empathie auch Kongruenz) (vgl. ebd.).

[25] Vgl. Heinemann, Evelyn: Psychoanalyse und Pädagogik im Unterricht der Sonderschule, in: Dies. u.a. (Hg.) 1992, 78, wo das Dilemma beschrieben wird: „Da aggressive Schüler Lehrer immer wieder in ohnmächtige, angstvolle Situationen drängen, in Angst, ‚mit der Klasse nicht fertig zu werden', ist das harte Durchgreifen und Strafen ein Versuch, die Ängste vor Kontrollverlust und Ohnmacht durch Verkehrung ins Gegenteil abzuwehren. Für die psychische Entwicklung der Schüler ist es aber wichtig, eine realistische Position beizubehalten, nicht zwischen den beiden Extremen von Macht und

Ohnmacht zu schwanken. Dies ist gerade in der Sonderschule für Erziehungshilfe ungeheuer schwierig."

[26] Aus der Praxis der Beratungslehrerausbildung stellt Rüdiger Kolb dazu fest: „Wir müssen wissen, dass der Ratsuchende in der Beratungssituation durch einen sehr widersprüchlichen Prozess geht" (Kolb 1987, 10). Wenn er eingestehen muss, allein nicht fertig zu werden, kann dies für ihn eine narzistische Kränkung bedeuten; deshalb benötige er Ermutigung und eine Atmosphäre der Sicherheit. Zwischen Ratsuchendem und Berater müsse eine Beziehung hergestellt und verankert werden. Die Berater sollten wissen: „In dem Maß, wie der Berater den Ratsuchenden in dieser Phase akzeptiert oder in Frage stellt, lernt der Ratsuchende, dasselbe mit sich selbst zu tun" (ebd.). Der Ratsuchende muss zu seinem Problem eine neue Position beziehen, das könne aber immer mit negativen Gefühlen verbunden sein.

[27] Was hervorragende Therapeuten in der Beratung schaffen, darf natürlich nicht zum Maßstab für die kollegiale Beratung in der Schule erhoben werden; dennoch kann man sich an erfolgreich arbeitenden Therapeuten orientieren. Da Menschen unterschiedliche Wahrnehmungsmuster haben, verwenden Therapeuten viel Energie auf das richtige Zuhören: „Es gelingt ihnen, genau auf der Wahrnehmungsebene des Klienten in Kontakt zu treten [...] Zuhören und Schweigen ist weit mehr, als wir zunächst einmal äußerlich vermuten könnten!" (Kolb 1987, 12).

Menschen mit Behinderungen - Kirche mit Behinderungen? (1995)

Wie stehen Menschen mit Behinderungen zur Kirche? Wie steht die Kirche zu Menschen mit Behinderungen? Was erwarten behinderte Menschen von der Kirche? Kümmert sich Kirche um diese Menschen? Menschen mit und ohne Behinderungen, die ihre Kräfte einsetzen für gemeinsame und gegenseitige Förderung, erhalten sie die erwartete Unterstützung durch die Kirche(n)? Können sich Menschen mit Behinderungen in der Kirche wohl fühlen? Berücksichtigt die kirchliche Pastoral diese Menschen?

Es ist von den betroffenen Menschen selbst auszugehen: Behinderte Menschen sind häufig durch primäre und sekundäre Behinderungen belastet, durch ihre organisch oder anders bedingte Beeinträchtigung ihres Lebens und zum andern durch die hinzukommende gesellschaftlich soziale Einschätzung ihrer Behinderung, so dass heute der anthropologische Zugang zum Behinderungsverständnis ohne die Einbeziehung gesellschaftlicher Aspekte nicht mehr vorstellbar ist. Insofern ist auch Kirche als gesellschaftlicher Faktor immer involviert.

Behinderung und Kirche - Ein kompliziertes Verhältnis

Die Institutionen der Kirchen, die Caritas (Schmidle 1986, 634f) und das Diakonische Werk (Boeckler 1986, 860f; Zirker 1984, 202f), werden sie von der Bevölkerung als solche wahrgenommen? Man kennt sie als Einrichtungen, die Räume und Freiräume schaffen für menschliche Begegnung, indem sie ihre integrative Funktion auch als kritische Instanz in der Gesellschaft etwa gegen das ständisch orientierte Bildungswesen (vgl. Feuser 1991, 145) zur Wirkung kommen lassen, indem sie gegen Entdemokratisierung und Dehumanisierung der Gesellschaft eintreten und sich auf die Begleitung, Betreuung und Pflege in Spezialeinrichtungen konzentrieren (Heime, Krankenhäuser, Sonderschulen...).
Es bleibt aber kritisch zu fragen, ob sie auch erneuernd auf Selbstverständnis und gesellschaftliche Funktion der Kirche zurückwirken und die praktische Behindertenpastoral in den Gemeinden kritisch analysieren und eventuell revidieren helfen (vgl. Boeckler a.a.O.).
Caritas und Diakonie können - ungewollt - auch ausgrenzend (segregierend) wirken, so dass „Integration" zwischen Menschen mit und ohne Behinderungen in Gesellschaft und Kirche geradezu verhindert wird. Sonderpädagogische Förderung, die - nicht nur im schulischen Bereich - durch „einen pendelschlagartigen Positionswechsel gekennzeichnet [ist]" (Bach 1995, 4) und inzwischen beachtliche Formen „gemeinsamer Förderung" (vgl. KMK 1994, 3) entwickelt hat, stellt für die Kirche(n) eine Herausforderung dar. Die neueren Entwicklungen in den Ländern Europas haben allerdings zu teilweise paradoxen Konsequenzen geführt, wie die radikalen Forderungen nach Schließung sämtlicher Sonderschulen, staatlicher Einrichtungen und kirchlicher Anstalten zeigen können. Auf welcher Seite stehen die Kirchen?

Fördert Kirche als ein wichtiger gesellschaftlicher Faktor integrative oder segregierende Tendenzen? Diese Frage kann als Kriterium für ihre Geltung in der Gesellschaft angesehen werden. Ob ihr Einfluss heute von gesellschaftlicher Bedeutung ist, entscheidet sich am Maßstab ihrer unterstützenden Funktion in Bezug auf Menschen mit Behinderungen, so dass zu fragen ist, ob sie den Erwartungen dieser Menschen und insgesamt dem „sonderpädagogischen Förderbedarf" (KMK 1994, 2) auch gerecht wird.

Kirche kann als ein gesellschaftlicher Faktor mit mehr oder weniger großem Einfluss im Problemfeld Integration - Segregation angesehen werden. So wie einzelne Menschen behindert sein können und behindert sind, kann auch Kirche behindert sein, da sie aus Menschen besteht.

Neben ihren unbestrittenen und nachweisbaren Verdiensten könnte man auch kritisch aufzeigen, dass Kirche in geschichtlicher, systematischer und praktischer Hinsicht im Verhältnis zum Behinderungsproblem von Defiziten nicht frei ist. Als Institution ist sie nicht nur anfällig für Behinderungen im übertragenen Sinne. Es müsste jedoch genauer beschrieben werden, was konkret unter „Behinderung" der Institution Kirche zu verstehen ist. Kirchensoziologie und Pastoralpsychologie können aufzeigen, dass eine Kirche, die ihre „Behinderungen" eingesteht und zugibt eine „Kirche mit Behinderungen" zu sein, an Glaubwürdigkeit nur gewinnen kann. Menschliche Behinderungen (im Lernen und Verhalten, körperliche, sprachliche, geistige u.a.) auf die Kirche zu übertragen, würde heißen, dass auch die Institution Kirche nicht unbeeinflusst bleibt von Störungen und Fehlentwicklungen, also von Behinderungen der verschiedensten Art. Man müsste fragen, wie sie zum menschlichen Körper, zur Leiblichkeit und zur „Sinnenhaftigkeit" (zum Sehen, Hören, Riechen, Tasten und Schmecken) des Menschen und zu ihrem „institutionellen Leib" eingestellt ist. Wann muss man von kirchlicher Sinnesbehinderung sprechen? Und weiter ein religionspädagogisch wichtiger Aspekt: Durch was und wie ist kirchliche Sprache beeinträchtigt und inwiefern lässt sich von kirchlicher Sprachbehinderung sprechen? Wie ist Kirche zur geistigen Lage, zum Zeitgeist eingestellt? Widersteht sie inhumanen geistigen Entwicklungen und respektiert sie überhaupt die Weiterentwicklung des menschlichen Geistes? Wann muss man notgedrungen vielleicht sogar von einer „Kirche mit geistiger Behinderung" sprechen?

Versäumnisse und aktuelle Herausforderungen

Aus der Sicht der Sonderpädagogik bzw. der Sonderschulen (auch der Sonderschulen in freier und kirchlicher Trägerschaft) kommen weitere Spezialprobleme hinzu. Sie betreffen nicht nur die Kirche und die Kinder mit Behinderungen, diese aber vorrangig. Die Schule, hier die Sonderschule, nimmt ja einen nicht zu unterschätzenden Stellenwert im Leben von Kindern, und besonders von Kindern mit Behinderungen, ein.

Religionsunterricht und Kirche

Oft verbringen Sonderschüler einen großen Teil ihres Tages in den Fördereinrichtungen. Welchen Platz nimmt in diesem, für Kinder mit Behinderungen so bedeutsamen Lebensbereich die Kirche ein? In den staatlich geführten Sonderschulen werden Kinder mit kirchlichen Inhalten während des Religionsunterrichts vertraut gemacht. Von daher ist es in erster Linie Aufgabe des Religionsunterrichts von den gegebenen religiösen Lernausgangslagen auszugehen und sich den Fragen der Schüler an die Kirche zu stellen, die erfahrungsgemäß auf Grund von bestimmten Behinderungen lebensbezogen und besonders nachdrücklich vorgebracht, manchmal auch nur angedeutet werden. Hilfen für die Religionslehrer von Seiten der Amtskirche in dieser schwierigen Situation sind allerdings rar bzw. bisher fast ganz unterblieben. Dies hat auf katholischer Seite auch die Kommission für Erziehung und Schule der Deutschen Bischofskonferenz erkannt und im Januar 1992 eine Erklärung zum Religionsunterricht an Sonderschulen herausgegeben. Die Religionslehrerinnen und Religionslehrer sollen in ihrer verantwortungsvollen Aufgabe unterstützt, und die Zusammenarbeit zwischen Religionslehrern an Sonderschulen und den Gemeinden soll angeregt werden.
In der Tat steht und fällt der Kontakt zwischen Sonderschulen und kirchlichen Gemeinden mit dem Engagement der einzelnen Religionslehrer und seltener der Pfarrer. Anzustreben wäre eine regelmäßige Kooperation sowie ein gegenseitiger Austausch beider Seiten. Dass dies möglich ist, zeigen heute einige Ansätze (vgl. ebd., 46f; Borné 1985; Kollmann 1988; Adam 1994, 159f; Adam/Kollmann/Pithan (Hg.) 1994).
Diese sollten unbedingt weiterverfolgt und verstärkt werden, da insbesondere die Schülerinnen und Schüler mit Behinderungen aus den religiösen und kirchlich-theologischen Inhalten des Religionsunterrichts Orientierung, Unterstützung und Lebenshilfe gewinnen können. In der speziellen Förderung der durch Stigmatisierung belasteten Prozesse der Identitätssuche junger behinderter Menschen (vgl. Neubert u.a. 1991) liegt die besondere Chance des Religionsunterrichts der Zukunft.

Neue ethische Probleme

Am Beispiel der medizin-technischen Entwicklung und der damit verbundenen ethischen Probleme soll kurz die neue Lage gekennzeichnet werden.
Sehen die Kirchen ihre Mitbeteiligung an der Entstehung der neuen ethischen Probleme? Wie haben sie beispielsweise den sog. Erlanger Fall, den technich eventuell möglichen, ethisch aber umstrittenen Rettungsversuch des ungeborenen Kindes der durch Unfall angeblich hirntoten Mutter beurteilt? Angeregt durch die „Dortmunder Erklärung gegen den Missbrauch von Menschen durch die Medizin-Technologie in dem Erlanger ‚Experiment' an einer hirntoten Frau" vom 20. Oktober 1992 (vgl. Grewel 1990) sind teilweise äußerst kontroverse Diskussionen in beiden Kirchenleitungen sowie auf einigen Kongressen zwischen Medizin und Ethik/Theologie in Gang gekommen, die inzwischen auch öffentlich in den Medien verfolgt werden können.

Die Technik hat ein Doppelgesicht: Segen und Fluch. Deshalb ist dialektisches Denken gefragt. Viele Eltern, Ärzte, Schwestern und Pfleger haben die Technik als Segen erfahren; sie profitieren von den rasanten Fortschritten in Neonatologie, Perinatal- und Intensivmedizin sowie der „Brutkasten-Technik". Andere machen aufmerksam auf die Gefahren dieser Technik, auch auf die Einseitigkeiten bei ihrer Einschätzung und der Beurteilung ihrer Folgen. In diesem Zusammenhang ist natürlich auch die kirchliche Haltung immer unter zwei Aspekten, also dialektisch, zu sehen: Kirche kann sich aus dieser dialektischen Verstrickung nicht heraushalten. Schweigen ist Zulassung dessen, was geschieht oder was nicht geschieht. In der Dortmunder Erklärung zum „Erlanger Fall" wurde die Eilfertigkeit kritisiert, mit der Theologen und Kirchenvertreter die Frage nach der Zulässigkeit solcher Experimente mit dem Menschen an die Medizintechnologie abgetreten haben.
Erkennt Kirche ihre Beteiligung an den neuen Problemen der möglicherweise technisch bedingten Entstehung von Behinderungen, wenn sie die dominierende Stellung medizinischer Technik in ihren Häusern nicht hinterfragt? Wird die technische Dialektik realistisch eingeschätzt? Die Frage Boecklers ist berechtigt und notwendig, ob es den kirchlichen Häusern gelinge, diese Dominanz so zu überwinden, dass wirklich „therapeutische Gemeinschaft" entstehen kann, die eine ganzheitliche Therapie und christlichen Beistand am Kranken- und Sterbebett ermöglicht (Boeckler 1984, 852).
Im umgekehrten Sinne gibt es immer noch Situationen und Strukturen, in denen kirchlicherseits die Eigenständigkeit von Medizin, Psychologie und anderer Wissenschaften missachtet und an ihrer Stelle veraltete Methoden des Exorzismus eingesetzt werden (vgl. den Fall Klingenberg). Auch hier tut mehr Aufklärung not, Aufklärung darüber, dass auch die Kirchen mit psychologischen Übertragungsmechanismen zwischen Behinderten und Nicht-Behinderten rechnen müssen, die die Ausgrenzung behinderter Menschen aus Angst vor der drohenden eigenen Behinderung interpretieren.
Bleibt dieser Zusammenhang unerkannt, bewirkt er Menschenverachtung. Deshalb müssen Theologen, kirchliche Leitungsgremien und kirchliche Öffentlichkeit darüber aufgeklärt werden, dass dieser Angstmechanismus allgemeingesellschaftlich wirksam ist und infolgedessen auch für die Kirchen gilt. Aber wie die Einsicht in diesen Zusammenhang zwischen Behinderten und Nicht-Behinderten Angst bewältigen hilft und sogar aufheben kann, so kann diese Einsicht auch bewirken, dass zwischen Kirche und Menschen, die behindert sind, Angst „aufgehoben" und gegenseitige Akzeptanz gefördert werden.

Behinderung und Religiosität

Behinderung und Religiosität stehen in einem wechselseitigen Bedingungsverhältnis. Wichtig ist, bei der Realität des Behindertseins zu beginnen. Um über das, was mit „Behinderung" eigentlich gemeint ist, ins Gespräch zu kommen, hat es sich als günstig erwiesen, mit dem weiten Verständnis von Behinderung zu beginnen. Man unterscheidet deshalb auch zwischen Behinderung im weiten Sinne und Behinderung im speziellen Sinne.

Behinderung im weiten Sinne

Des Menschen Grenzerfahrungen beziehen sich auf Wünsche, die nicht alle und in vollem Maße erfüllbar sind; auf Anfang und Ende des Lebens, seine Endlichkeit; auf Bedrohungen des Lebens durch Krankheit, Naturkatastrophen, Umweltschäden und Krieg; auf soziale Beeinträchtigungen durch Arbeitslosigkeit, Ungerechtigkeit und Unterdrückung; auf fortschrittsbedingte neue Lebensformen, die das Altwerden und das Altern großer Bevölkerungsgruppen und den so genannten sozialen Tod zu ungeahnten Möglichkeiten und zugleich Bedrohungen menschlichen Lebens werden lassen. Jeder Mensch, der solche Grenzerfahrungen macht und als Mensch machen muss, erlebt in diesem weiten Sinne „Behinderung". Eine religiöse, also das unmittelbare Erleben übersteigende Sicht des Lebens, lässt sich dabei nicht ganz ausklammern.

Behinderung im speziellen Sinne

Welche religiösen Fragen stellen Menschen mit bestimmten Behinderungen? Gibt es bei Menschen mit besonderen Behinderungen auch besondere religiöse Bedürfnisse? Gilt für sie die in der Gesellschaft allgemein rückläufige Bedeutung von Religion? Hat Behinderung sie vielleicht religiös besonders sensibilisiert oder - umgekehrt - abgestumpft? Wie müssen Religion und Glaube geartet sein und behinderten Menschen begegnen, damit sie von ihnen nicht als bloße Vertröstung angesehen und abgelehnt werden? Wie kann die alte Tradition des christlichen Glaubens für Menschen mit einer Behinderung zu neuer Lebensorientierung transformiert werden?
Sind die Disziplinen der Theologie, vor allem der Praktischen Theologie, der Pastoral, der Liturgik, Homiletik und Religionspädagogik, auf diese Fragen vorbereitet? Gibt es dazu theologische Veröffentlichungen?
Diese Fragen stehen in den nächsten Jahren zur Bearbeitung an. Mir scheint jedoch ein Ansatz für alle Antworten ausschlaggebend zu sein, nämlich bei den Betroffenen selbst zu beginnen und sie sagen zu lassen, was für sie religiös wichtig ist. Leider ist dieser Weg bisher nur von wenigen beschritten worden. „Auf sonderpädagogischem Gebiet stammen die ersten Veröffentlichungen über geistig Behinderte in Kirchengemeinden aus dem Jahr 1965 [...] Auf religionspädagogischem und pastoraltheologischem Gebiet gibt es Anfang der achtziger Jahre so gut wie keine Überlegungen zu dieser Thematik" (Averwald 1984, 58). Inzwischen kann man schon auf einige diesbezügliche Arbeiten zurückgreifen (vgl. Katholische Behindertenseelsorge (KBS) (Hg.) 1988; K. Baumgartner/M. Langer 1988; Fuchs 1990; I. Baumgartner 1992), die jedoch noch einmal kritisch zu hinterfragen sind, ob sie wirklich von den religiösen Bedürfnissen der Betroffenen ausgehen, wenn sie von „diakonischer Kirche" (Fuchs), „heilend-mystagogischer Seelsorge" (I. Baumgartner), „Seelsorge für die Körperbehinderten" (Claeßen, in: K. Baumgartner) oder von „Behindertenseelsorge" (vgl. KBS) sprechen.

„Körperbehinderung" und religiöses Fragen

Menschen, die mit einer „körperlichen Behinderung" leben müssen, erfahren in den meisten Fällen, dass sie von den Nichtbehinderten als Objekt angesehen und behandelt werden. Für Nicht-Körperbehinderte steht vorwiegend die Wahrnehmung der Behinderung selbst im Vordergrund, die auf diese Weise alle weiteren Wahrnehmungen blockiert. Körperbehinderte erleben oft ihre eigene Behinderung als Auslöser von Unsicherheit und anderen negativen Gefühlen. Überhaupt kann die Körperbehinderung durch Behandlung und vielseitige Förderung derart in den Mittelpunkt ihres Interesses rücken, dass für viele von ihnen kaum noch Zeit und Freude bleibt unbeschwert ein Mensch wie andere zu sein.

In den ersten Lebensjahren fühlt sich das körperbehinderte Kind nicht behindert; „erst mit zunehmender Bewusstwerdung und durch das anormale Verhalten der nichtbehinderten Umwelt [gerät es] in eine soziale Benachteiligung" (Schuchardt 1990, 368). Schönbergers Definition, die die soziale Folgebehinderung betont, lautet: „Körperbehinderung ist eine überwindbare oder dauernde Beeinträchtigung der Bewegungsfähigkeit mit anhaltenden erheblichen Auswirkungen auf die kognitiven, emotionalen und sozialen Vollzüge in Folge einer Schädigung des Stütz- und Bewegungsapparates oder einer anderen organischen Schädigung" (Schönberger, [ist Zitat] in: Bach 1983, 98).

Mit schwierigen Situationen ist zu rechnen, wenn bei muskeldystrophischen oder krebskranken Kindern (B. Kollmann/Kruse 1990) eine ganzheitliche psychosoziale Begleitung erforderlich wird, mit der die Eltern, Lehrer, Seelsorger u.a. meistens überfordert sind; diese bedürfen häufig selbst einer kollegialen „Stützgruppe" und sogar der psychologischen Beratung und Begleitung.

Körperbehinderte Menschen fragen häufig nach dem Sinn ihrer Behinderung, sie können dabei ein auffallend starkes kognitiv-religiöses Interesse entwickeln. Hieraus ergibt sich die weitergehende Suche nach eventuellen Erklärungsmodellen und realistischen, aber auch utopischen Heilungschancen. Deshalb kann eine dumpfe Erwartungsangst das religiöse Aufklärungsinteresse überlagern.

Körperbehinderte können oft der existentiell-theologischen Frage „Warum gerade ich?" nicht ausweichen. Zur Beantwortung muss zunächst die in der Frage liegende Aggression erkannt und zugelassen werden; denn es geht nicht darum eine theologische Lehre um ihrer selbst willen (etwa die Theodizee) zu vermitteln, sondern in erster Linie darum eine Hilfe in der Krisenverarbeitung anzubieten. Dazu ist wiederum erforderlich die tatsächliche Lebenssituation zu kennen und darin eventuell die religiöse Frage zu entdecken. Als Religionspädagoge geht es mir hier um die Beachtung des Korrelationsprinzips; gemeint ist damit eine effektive Passung zwischen der gegebenen Lebenssituation und dem religiösen Angebot etwa der christlichen Lebensdeutung. Also wie kann es beispielsweise gelingen die christliche Heilsverkündigung von der Nähe Gottes Menschen mit Körperbehinderung so nahezubringen, dass sie für ihr Leben bedeutsam wird?

„Geistige Behinderung" und Religiosität

An dieser Stelle kann nur ein Hinweis auf die Komplexität „geistiger Behinderung" gegeben werden; sie ist als ein vielschichtiges Phänomen physischer, psychischer und sozialer Bedingungsfaktoren anzusehen, das eine Beschreibung aus nur einer Perspektive verbietet. Bei diesem Behinderungssyndrom müssen biologische Erbfaktoren genauso berücksichtigt werden wie Umweltfaktoren, die immer auch Lernbedingungen sein können. Hirnfunktionsstörungen legen eine medikamentöse Behandlung oder ein spezielles Training der vorhandenen Funktionen nahe, intellektuelle Beeinträchtigungen, etwa der Diskriminationsfähigkeit, also der Unterscheidungsfähigkeit, eher pädagogische Maßnahmen besonderer Art, die sich aus den sehr unterschiedlichen Ausmaßen und Schweregraden „geistiger Behinderung" ergeben.

Aus der ganzheitlichen Erlebensperspektive der Menschen mit „geistiger Behinderung" kann man mit aller Vorsicht sagen: Sie orientieren ihr Leben an unmittelbaren und direkten Begegnungen mit Personen und Sachen. Solche Begegnungen sind zwar für die Persönlichkeitsentwicklung überhaupt und für jeden Lernfortschritt unentbehrlich, bei diesen Menschen jedoch haben sie häufig extrem stark lebensbestimmende und schicksalhafte Bedeutung. Vitale Lebensbedürfnisse können sie spontan äußern und umsetzen. Unscheinbare Alltagsereignisse erleben sie als besonders wichtig. Sie finden auch leicht Zugang zu emotionalen Bereichen wie Freude und Trauer, zu den Gefühlen des Angenommen- und Ausgestoßenseins, der Liebe und der Angst.

Beim vertrauensvollen Zugehen auf fremde Menschen, das häufig durch Distanzlosigkeit gekennzeichnet ist, erfahren sie oft Ablehnung; jedoch innerhalb eines positiven Erfahrungsraums (Familie, Schulklasse, Gruppe oder Heim) sind sie in der Lage, Akzeptanz zu nehmen und zu geben (vgl. Bach 1983, 92; Speck 1987, 127).

Ihre besondere religiöse Ansprechbarkeit und (auch) Bedürftigkeit, die die Kirchen nicht übersehen und übergehen dürfen, liegen auf der personalen Ebene und haben mit dem Problem von Distanz und Nähe zu tun. Menschen mit geistiger Behinderung sind zu tiefer Religiosität und Gläubigkeit befähigt.

Religiöse Dimensionen der Krisenverarbeitung

Um nicht an der Realität dieser Menschen vorbeizugehen muss sich Kirche in Zukunft folgenden Fragen stellen, die für ihre Arbeit in diesem Bereich sicherlich neue Maßstäbe darstellen. Inwiefern kann man sagen, dass menschliche Erfahrungen, insbesondere aber Behinderungserfahrungen, religiös relevant sind? Wie artikuliert sich das religiöse Bedürfnis in den Erfahrungen von Behinderung? Kann Behinderung zu einer religiösen Erfahrung führen? Was sagen die behinderten Menschen selbst? Wie beschreiben sie ihre Wahrnehmungen, Gefühle und Erfahrungen, die sie zu bestimmten (auch religiösen) Verarbeitungen herausfordern? Wie lernen sie mit ihrer krisenhaften Betroffenheit durch die Behinderung fertig zu werden oder besser umzugehen?

In Phasen behinderungsbedingter Krisenverarbeitung kann die religiöse Frage nach dem Sinn des Lebens überlebenswichtig werden. Deshalb ist eine Methode zu finden, die die Lebenssinnfrage nicht nur distanziert wissenschaftlich behandelt, sondern von den Betroffenen her erhebt. Ausgehend von Menschen mit Behinderungen, die ihre Erfahrungen reflektiert und aufgeschrieben haben, hat Schuchardt (1993) inzwischen über tausend Biographien zusammengestellt und ihre These von der Spirale der Krisenverarbeitung bestätigt gefunden. Diese gilt natürlich nicht unbedingt im strengen Sinne für Kinder, die von Geburt an körperbehindert sind, sicher aber für deren Eltern; ebenso sind die Begleitpersonen von Menschen mit geistigen Behinderungen hier die stärker Betroffenen als die Behinderten selbst.

Kirche mit Behinderungen

Die Konfliktverarbeitungsspirale soll - soweit das möglich ist - von der individuellen auf die soziale und institutionelle Ebene übertragen werden. Auch die Kirche als Gemeinschaft von Menschen hat ihre „Behinderungen" und zwar besonders in Bezug auf Menschen mit Behinderungen.

Zur Geschichte eines Ambivalenzkonfliktes

Kirche bzw. Religion, Glaube und Theologie standen zu Menschen mit Behinderungen immer in einem spannungsreichen Verhältnis, sowohl im Sinne ihrer Respektierung und besonderen Förderung als auch im Sinne ihrer Ausgrenzung und Verachtung. Wie hängt das zusammen?
Hier ist zunächst auf die ambivalente Sicht der Behinderung zu verweisen, auf die Zweischneidigkeit ihrer Einschätzung in Religions- und Kirchengeschichte. Behinderung stand immer in der Spannung zwischen Dämonisierung und Entdämonisierung. Fuchs (1993, 43) beschreibt diesen Sachverhalt: „Wo Religion vorhanden ist, und oft besonders da, liegen Wesen und Unwesen nah beieinander: höchste Humanisierung und tiefste Menschenverachtung, wobei beide Haltungen mit der totalen bis totalitären Größe legitimiert und motiviert werden, die mit dem Begriff Gott gegeben ist. Gegen diese Autorität ist in der Regel kein Kraut gewachsen."
Humane und christliche Lebensdeutung aus dem Glauben nimmt immer teil an der kulturellen Entwicklung und je nach Einstellung zu behinderten Menschen hat auch die Theologie in der Geschichte Behinderung eingeschätzt; andersherum verstand sich der christliche Glaube von seinem Ursprung her als Alternative zu gesellschaftlich üblichen Lebenseinstellungen, also auch zu kulturgeschichtlich bedingten Einstellungen zu Behinderung, Krankheit und Leid des Menschen. Insbesondere die Einstellung zu behinderten Neugeborenen ist kulturabhängig. „Für den archaischen Menschen markiert nämlich nicht die physische Geburt, sondern die rituelle Aufnahme in den Lebensverband (Clan, Sippe, Stamm) als eine zweite oder ‚soziale Geburt' den Beginn menschli-

chen Lebens. Bei vielen Völkern, z.b. in Sparta oder Rom, auch bei den Germanen, wurde diese Aufnahme nur gewährt, wenn ein von einer menschlichen Frau geborenes Wesen nicht missgestaltet oder mit sonst einem das Heil der Gruppe bedrohenden Zeichen behaftet war" (vgl. Grewel 1990, 45). Zirker betont deshalb, dass „Diakonie für sie [die Kirche, R.K.] die notwendige Konsequenz ihrer Überzeugung [ist], dass der Wert jedes Menschen in Gott begründet ist und von keinen innerweltlichen Bedingungen und Erwägungen abhängig gemacht werden darf" (Zirker 1984, 204).

An der leidvollen Ambivalenzgeschichte beteiligt und/oder dafür verantwortlich waren immer einzelne Personen, aber auch die religiösen Institutionen der Gesellschaften, bei uns die Kirche(n); sie bestimmten, was unter „normal" bzw. „behindert" zu verstehen und wie der Umgang mit Menschen mit Behinderungen zu legitimieren war.

Anwendung des Evangeliums mit Verspätung

Seit der Industrialisierung im 19. und der technischen Revolution im 20. Jahrhundert werden Kirche und Medizin gleicherweise vor bisher ungeahnte Probleme gestellt, die radikal das Recht des Menschen auf Leben, den Lebensbeginn und das Lebensende, aber auch und vor allem die Entstehung und Einschätzung von Behinderung, Krankheit und Leid betreffen. Das heißt, die beschriebene Spannung hat sich noch extrem verschärft. Aufgearbeitet wurde dieses Problem zum Teil in der Geschichte der Sonderpädagogik (etwa bei Solarová) mit dem Akzent auf der kritischen Sicht der Rolle der Kirche: Mitleid-Nächstenliebe-Ambivalenz, Einrichtung der Arbeit mit behinderten Menschen in Anstalten, Heimen und Schulen durch kirchliche, klösterliche Institutionen. Nach Möckel ist die Geschichte der Sonderschulen eine Geschichte pädagogischer Entdeckungen und persönlicher Hingabe, eine Geschichte mutiger Einzelgänger und Außenseiter. Während sich die Kirche an der Entwicklung des allgemeinen Schulwesens direkt und entscheidend engagiert habe, seien die Sonderschulen gleichsam privat und scheinbar zufällig daneben entstanden; „die Kirche habe dabei nur indirekt eine Rolle gespielt, indem es auch Pfarrer und Ordensleute waren, die sich in der Behindertenfrage engagierten" (vgl. Szagun 1983, 108, Anm. 103).

Mit Speck lässt sich die Wirkungsgeschichte des christlichen Glaubens in Bezug auf das Problem der Behinderung in dem Satz zusammenfassen: „Das geschichtliche Schicksal des behinderten Menschen war eher ein gesellschaftlich bestimmtes als ein vom allgemeinen christlichen Glauben bewältigtes, obwohl das Evangelium alle Voraussetzugen dafür bereithielt" (zit. nach Szagun 1983, 108).

Es ist eine kritische Herausforderung für Kirche und Theologie der Gegenwart, wenn die These Specks zutrifft, dass das Schicksal der behinderten Menschen von Theologie und Kirche nicht bewältigt sei, obwohl das Evangelium die Voraussetzungen dafür bereithielt. Szagun ist der Meinung, diese These habe sich durch die Geschichte bestätigt (vgl. 109).

Man kann sagen, dass dieser Zusammenhang in christlicher Kirche und Theologie immer bewusst und relevant gewesen ist, jedoch erst in neuester Zeit theologisch-kritisch reflektiert und in kirchlichen Verlautbarungen offen angesprochen wurde.

Erst 1989 nehmen die beiden christlichen Kirchen in Verbindung mit der Arbeitsgemeinschaft christlicher Kirchen in einer gemeinsamen Erklärung Stellung zu diesen Problemen; dort heißt es einerseits: „Lange bestand eine unzureichende Kenntnis über den behinderten Menschen, insbesondere auch über Ursachen, Bedeutung und Folgen von gesundheitlichen Störungen. So wurde den Behinderten weithin ihre Personalität abgesprochen, was ihr Leid durch schlimme Kränkungen vergrößerte" (Gott ist ein Freund des Lebens 1989, 90). Andererseits wird auch festgestellt: „Unbestreitbar haben die Kirchen viel getan, um den Behinderten einen anerkannten und geschützten Platz in der menschlichen Gesellschaft zu sichern" (ebd.). Resumierend heißt es: „Selbstkritisch ist aber zu fragen, warum sich die Kirchen nicht insgesamt früher und entschlossener gegen das verbrecherische Euthanasieprogramm und gegen die Zwangssterilisierungen nach dem ‚Gesetz zur Verhütung erbkranken Nachwuchses' der Nazi-Diktatur gewandt haben. Wir müssen im Rückblick erkennen, dass auch in einer Anzahl kirchlicher Einrichtungen Menschen mitschuldig geworden sind" (ebd.).

Zur kirchlichen Pathologie

Von ihrem Wesen her - jedenfalls so wie die (katholische) Kirche, vor allem seit dem Zweiten Vatikanischen Konzil, sich selbst versteht und wie sie in den wichtigsten theologischen Arbeiten zur Zeit charakterisiert wird - ist sie „Volk Gottes unterwegs" (Werbick 1994, 135f), das aus der heilenden und befreienden Erfahrung lebt, die Menschen mit Jesus von Nazareth gemacht haben und die bewirkt, dass sie darin ihre Identität findet, „Zeichen und Realität des Heils und der Befreiung für die Welt zu sein" (Fuchs 1990, 90), das aber wegen der Spannung zwischen dem Anspruch Zeichen und Vorschein des Reiches Gottes zu sein und ihrer diesem Anspruch oft nur wenig entsprechenden oder gar widersprechenden Wirklichkeit zu diesem Ziel ständig unterwegs ist. Hinzu kommt, dass Heil und Befreiung, die von Jesus Christus ausgehen, auf die Welt und alle Menschen gerichtet sind und nicht allein auf die Kirche. Sie selbst ist Trägerin und Vermittlerin dieser Heilung und Befreiung, „unansehnlich" und „provisorisch" und insofern „fehlbar", „sündig", mit Behinderungen behaftet und aufgerufen zur ständigen Bekehrung und Erneuerung (vgl. Werbick 1994, 232f).
Überschätzt sie sich aber als ‚societas perfecta' und identifiziert sie sich mit dem Reich Gottes, so widerspricht sie ihrem Ursprung. Ursprünglich ist sie nämlich Gemeinde Jesu, Ort der Solidarisierung mit ‚anderen', armen und reichen, unterschiedlich begabten und behinderten Menschen in prinzipieller Gleichstufigkeit. Kirche ist vom Ursprung her nicht hierarchisches Kollektiv mit integralistischer Funktion. Dann wäre sie - wie Fuchs betont - nur für ich-schwache Menschen geeignet, die auf ein solches System gerne hereinfallen, ohne zu merken, dass sie sich aus Angst meinen unterwerfen zu müssen um an der Macht der vergöttlichten Institution teilhaben zu können. „Eine solche ‚pathologische' Kirchenstruktur hat immer wieder verhindert, dass ‚unpassende' Menschen und Nicht-zur-Kirche-Dazugehörige genauso wichtig und wertvoll genommen wurden wie die Insider" (Fuchs 1993, 58f; vgl. Weber 1990).
Die Pastoral, die sich heute als „Sozial-Pastoral" (Mette/Steinkamp) versteht, muss primär die Probleme der Menschen mit Behinderungen und den Widerstreit zwischen

Sozialarbeit und kirchlicher Identität thematisieren (Mette 1994). Legt sie in Seelsorge und Ausbildung der Seelsorger Wert auf die Probleme dieser Minderheiten? Wie werden die neueren Entwürfe einer Pastoralpsychologie eigentlich rezipiert? Hören die jungen Theologen etwas über „ekklesiogene Neurosen" und „Kirchenpathologie"? Wird in diesem Sinne konsequent auf die Sicht der Bibel geachtet, die auch für die kirchliche Beachtung von Menschen mit Behinderungen als Maßstab zu gelten hat?

Menschen mit Behinderung aus der Sicht des Glaubens

Die biblische Sicht

In Bezug auf behinderte Menschen schleppt die kirchliche Tradition ein unbewältigtes Problem mit sich herum. Es ist die Meinung, Behinderung, Krankheit und Leid könnten mit den Wundern Jesu in eine direkte Verbindung gebracht werden, so als sei in den so genannten Wunderheilungen die Beseitigung einer Behinderung als Beleg für die Befreiung von Sünde und Schuld anzusehen.

Abgesehen davon, dass dahinter die nicht haltbare Vorstellung von Jesus als Zauberer steht, der heilt, wann und wen er gerade heilen will, muss noch auf etwas anderes hingewiesen werden: Es ist schon innerhalb der Evangelienüberlieferung des Neuen Testaments ein Trend zu beobachten, der dieser Ansicht genau entgegensteht. Es wird betont, dass Jesus, der anderen helfen konnte, selber mit seiner Botschaft gescheitert ist.

Er solidarisiert sich mit den Leidenden ohne das Leid beseitigen zu können. Auch seine eigene Existenz konnte er nicht retten. Eine theologische Deutung versteht das so, dass Gott in der Geschichte des Jesus von Nazareth ein Behinderter unter Behinderten, ein Hilfloser unter Hilflosen geworden ist und nur auf diese Weise den Menschen nahe sein (konnte) wollte.

In biblischer Sicht gewinnt also beeinträchtigtes Menschsein eine unerwartet neue Aufwertung. „Als behinderte Menschen sind die Menschen von Gott geliebt und nicht erst, wenn sie geheilt sind" (ebd. 69). In dieser Perspektive lässt sich also sagen, dass eine Behinderung auch zur Begabung werden kann, wenn man als Glaubender annimmt, dass Gott gerade den beeinträchtigten und heilsbedürftigen Menschen liebt.

Der kirchliche Aspekt

In der Gesellschaft gilt das Gesetz der „Segregation"; körperlich, geistig und anders behinderte Kinder werden schon früh in Sonderinstitutionen untergebracht, obwohl eine Aufnahme in normale Kindertagesstätten oder Schulen in manchen Situationen auch möglich wäre. In gesamtgesellschaftlicher Hinsicht schafft dieses Denken heute große Probleme (ausländische Mitbürger, Asylanten und Flüchtlinge), zu denen die Kirche(n) bereits Stellung bezogen haben. Aber handeln sie auch danach?

In dieser Gesellschaft fallen den Kirchen zwei Aufgaben zu: Als gesellschaftliche Instanz müssen sie sich der öffentlichen Kritik und als Kirchen der Kritik des Evangeliums stellen, und gleichzeitig haben sie die Aufgabe Anwalt der im gesellschaftlichen System Benachteiligten zu sein, und - wenn nötig - öffentliche Kritik zu äußern. Für die Kirche ist das Evangelium die Instanz, an der sie ihre Doppelfunktion, Selbst- und Fremdkritik zu üben, messen muss (Werbick 1994, 91f). Aus der Perspektive des „Volkes Gottes unterwegs" dürfte es eine wichtige Aufgabe der kirchlichen Institutionen und Gemeinden sein zunächst bei sich selbst anzufangen und den eigenen Segregierungs- und Separierungstendenzen massiv entgegenzuwirken. Überall, wo dies nicht gelingt oder nicht wenigstens versucht wird, steht die Identität der Kirche auf dem Spiel. Oft muss sich die Kirche beschämen lassen durch Initiativen außerhalb der Kirchen. Wenn der theologische Satz stimmt, wo die Liebe, da ist Gott, dann wäre es „Aufgabe der Verkündigung, auf all die vielen Menschen und Gruppen und Initiativen hinzuweisen, die praktisch genau das verfolgen, was Christinnen und Christen von ihrem Glauben her für wichtig und notwendig halten" (Fuchs 1993, 57).
Hat die Kirche diese wichtige Doppelaufgabe erkannt und erfüllt?
Es gibt immer noch Gemeinden, in deren öffentlichem Erscheinungsbild Menschen mit Behinderungen - beispielsweise in der Liturgie - nicht vorkommen. Es gibt immer noch Kirchenvertreter, die behaupten, in ihren Gemeinden gäbe es keine Behinderten. Warum gehören Sonderpädagogik oder Behindertenpastoral nicht zur Ausbildung unserer Theologen? Nach meinem Eindruck, der sich vielfach bestätigt hat, stellen sich lediglich einige Theologen, Priester und Pfarrer diesen Aufgaben; einige erblicken darin ihr Hobby, wie andere lieber Bienen züchten. Sie haben wohl in Ausbildung und Berufsausübung zu wenig gelernt mit dem Scheitern von Menschen umzugehen (vgl. 61).
Das ist ein schlimmer Zustand!

Menschliche Kirche mit Behinderungen

Unsere Frage nach Behinderung und Kirche gerät durch sozialpsychologische Sachzwänge in Gesellschaft und Kirche immer mehr in den Grenzbereich zur Psychiatrie und zur Perinatal- und Intensivmedizin.

Zur Psychiatrieseelsorge

Ein Praxisbeispiel: In meinem Wohnort Dülmen wurde kürzlich eine akutpsychiatrische Abteilung durch den Generalvikar von Münster eröffnet. Die Kirche, unterstützt durch Land, Kreis und Gemeinde, übernimmt öffentliche Verantwortung für Menschen, die akut psychisch belastet, behindert oder krank sind und schnelle Hilfe benötigen. Dieses praktische Beispiel zeigt, wie Kirche eine ganzheitliche Therapie mit dem gesellschaftspolitischen Ziel einer humaneren Medizin unterstützt.

Hier ist allerdings auf das Problem der „Psychiatrie-Seelsorge" i.e.S. zu verweisen, das praktisch und theoretisch noch wenig ausgebaut ist. Der Pastoraltheologe Zerfaß nimmt die vorhandenen Erfahrungen der Psychiatrieseelsorge auf und fordert gegenüber einer früheren Praxis auf Grund des neuen Wissens über die psychischen Vorgänge bei geistig gestörten und behinderten Menschen eine veränderte christliche Praxis ein und macht Vorschläge zu einer „therapeutischen Seelsorge". Diese ist systemisch - kommunikationstheoretisch begründet und stößt an ihre äußerste Grenze, wenn sie im therapeutisch unergiebigen Fall dennoch auszuhalten hat (vgl. Zerfaß 1985, 248). Sie scheint mir die zukunftsträchtigste Konzeption zu sein, die übrigens auch mit der sonder- und heilpädagogischen Sicht von Behinderung kompatibel ist, jedenfalls mit der systemisch-pädagogischen Form, die von Speck u.a. vertreten wird.
Dies ist besonders hervorzuheben, weil eine Konzeption von Seelsorge benötigt wird, die die professionellen Disziplinen der Medizin, der Psychologie und Psychiatrie ebenso respektiert wie sie die Sonderpädagogik in den speziellen Ausprägungen je nach Behinderung einbezieht. Zum zweiten muss eine zukunftsweisende Konzeption auf die grundsätzliche Ambivalenzproblematik eingehen, die immer entsteht, wenn Religion ins Spiel kommt. Die schon praktizierte Integrationspädagogik (etwa in Selbsthilfegruppen) kann insofern als geistesgeschichtliche Legitimation angesehen werden für die Kritik an allen segregierenden Tendenzen in der Gesellschaft, auch in der Kirche.

Zur Perinatalmedizin

In der Fortbildung für Ärzte und Kinderkrankenschwestern, die in der Neonatologie bzw. der Perinatal- und Intensivmedizin, tätig sind, nehme ich seit Jahren ein zunehmendes Interesse an Aussprache und Erfahrungsaustausch vor allem über die Grenzprobleme des „Lebens und Sterbens" und der „Behinderung" wahr. Beide Personengruppen, aber auch die Eltern der Neu- bzw. Frühgeborenen, haben im Krankenhaus- und Kliniksystem unserer Tage kaum Gelegenheit über Einstellung zu Geborenwerden und Sterbenmüssen sowie zur Behinderungsproblematik, die sie ja meistens unvorbereitet überfällt, zu sprechen. Da die Probleme rund um den Brutkasten immer komplizierter werden, müssen Fortbildung und Supervision forciert werden.
Die Dringlichkeit liegt darin begründet, dass sich am Brutkasten sehr unterschiedliche Interessen überschneiden: beispielsweise die der Eltern, der Ärzte, der Krankenschwestern, der Medizintechnologie, des Trägers, der Kirche(n), des Staates. Es sind persönliche, technische, ideologische und nicht nur ethische Probleme, die hier zusammentreffen. Kollegiale oder anders strukturierte Konfliktberatung, die in diesen Fragen nach den künstlichen Entstehungsbedingungen von Behinderung sowie bei den neuen Grenz- und Abgrenzungsproblemen eine konkrete Hilfe anbieten könnte, gibt es nur selten.
Wer aber kümmert sich „psychotherapeutisch" und „seelsorglich" um die Ärzte und Schwestern, die diese äußerst komplizierten und oft unerträglichen Problemspannungen aushalten und durchstehen müssen?

Verantwortung der Kirche für Menschen mit Behinderungen

„Es geht um die Grundfrage: Sind die Menschen für die Kirche da, oder ist die Kirche für die Menschen da? Zwei Kirchenbilder kommen zur Konfrontation, die man plakativ auf die zwei extremen Positionen bringen kann: Die Kirche ist zuerst einmal für sich selbst da. Was nicht ihren Aufbau fördert an Teilnehmerzahl und Einfluss, wird in der Pastoral als relativ unergiebig erachtet. Zunehmend rotiert die Kirche dann um Probleme, die sie in solch starrer Identitätswahrung letztlich nur noch selber hat. Die andere Position lautet: Die Kirche ist für die anderen da, sie hat keinen Selbstzweck, sondern steht im Horizont des Reiches Gottes im Dienst an der Vermenschlichung der Menschen und ihrer Strukturen: durch die Verwirklichung von Nächstenliebe und durch die Verkündigung der Gottesliebe" (Fuchs 1993, 65f).
Es ist auch zu fordern, dass Kirche eine kritischere Sicht ihrer eigenen Sozialgeschichte, die ihre Schatten geworfen hat, annimmt (vgl. Dörner 1989, 28-38). Wie in der Erklärung zum Religionsunterricht an Sonderschulen sollte sie offener in der gesellschaftlichen Öffentlichkeit eingestehen, dass sie gegenüber Menschen mit Behinderungen in der Vergangenheit viel versäumt hat und bestrebt ist diese Versäumnisse auszugleichen.
Auch sollte Kirche die Möglichkeit kirchlicher Verursachung von Behinderung nicht leugnen: „Menschen können durch Personen und Institutionen behindert werden" (Kaspar 1986, 570). Dies sind machmal Vertreter oder Mitglieder der Kirche bzw. die Kirche als Institution. Wie neuerdings der sexuelle Missbrauch von Kindern durch katholische Geistliche in Amerika und Europa öffentlich, also für Gesellschaft und Kirche wahrnehmbar, angeprangert wurde, so müsste auf die kirchlich „hausgemachten" Behinderungen im Sinne „ekklesiogener Neurosen", die vielfältig sein können, aufmerksam gemacht werden. Diese sind schon in den sechziger Jahren beschrieben worden.
Auch die hilfreiche und sicher nicht angenehme tiefen- und sozialpsychologische Kirchenkritik sollte die Kirche nicht überhören. Wie die religiöse Selbstanalyse in „Gottesvergiftung" von Moser kann die Durcharbeitung ihrer institutionellen Krisen und ‚Krankheiten' für die Kirche heilsam sein. Es müsste sie dabei die Frage leiten: ‚Wie entsteht die neurotisierende Wirkung der Kirche' (Ringel/ Kirchmayr 1985, 18-23)? Das verdienstvolle und sicher zurecht auch umstrittene Werk von Drewermann u.a. darf von den Kirchen nicht einfach übergangen werden, wenn sie sich dem erneuten Vorwurf der Verdrängung und Verleugnung nicht aussetzen wollen.

Ausblicke auf eine Kirche für behinderte Menschen

Behindertenpastoral

Was die allgemeine Pastoral und Behindertenpastoral in unseren Gemeinden angeht, so sind nach Prior „die Gemeinden zu ermutigen, eine gemeinsame Verantwortung in der regionalen und örtlichen Arbeit zu entwickeln, deren Ziel es sein sollte, die Betroffe-

nen als Partner zu finden und anzunehmen. Gerade hier bewegen wir uns in den kirchlichen Gemeinden noch auf Neuland" (Prior 1989, 175). Die Kirche kann möglicherweise von Menschen mit Behinderungen lernen mit den eigenen Behinderungsproblemen besser umzugehen.
Eine Gemeindepastoral, die die „Gemeinde ohne Stufen" (Ruddat) möchte, kommt allerdings nicht an der Tatsache vorbei, dass sich in der gesellschaftlichen Diskussion Integration und Separation immer noch ambivalent zueinander verhalten; darunter hat auch die christliche Gemeinde zu leiden. Dagegen stand früher stärker das Mitleid mit dem Mäntelchen der christlichem Nächstenliebe im Mittelpunkt, aber mit deutlichen Tendenzen zur Separation. Dazu ist wichtig, auch andere inhumane Strukturen im eigenen System Kirche zu erkennen, da diese immer zu Ungerechtigkeiten gegenüber Schwachen und Hilflosen und zu schuldhaften Verstrickungen führen und damit dem Evangelium gerade nicht gerecht werden

Kirche für die Integration

Seit zwei Jahren arbeitet im Auftrag der Zentralstelle Bildung der Deutschen Bischofskonferenz eine Kommission an einem Grundlagenplan für den Religionsunterricht an Schulen für Geistigbehinderte. Ist daraus zu schließen, dass die Integration von Menschen mit geistiger Behinderung stärker in den Blick der Kirche gerückt ist, oder wird diese durch die Konzentration auf den Schultyp gerade verhindert? Als wissenschaftlicher Berater in dieser Kommission hat der Autor dieses Beitrages besonders auf das Integrationsproblem zu achten.
Positiv zu beurteilen sind neue Schwerpunktsetzungen in der kirchlichen Integrationspolitik etwa in Bezug auf die Konfessionalität des Religionsunterrichts an Sonderschulen. Da die Kirchen hier letztlich zu entscheiden haben, könnten sie eine unterstützende und kritische Funktion ausüben durch den Umbau des u.a. auch ausgrenzenden Prinzips der Konfessionalität etwa beim Religionsunterricht mit Kindern mit geistiger Behinderung. Es bot sich eine Gelegenheit dazu im Jahr 1994, als der Synodenbeschluss zwanzig Jahre alt wurde; ist sie genutzt worden? (vgl. Feifel 1993, 95).
In der Religionsdidaktik für Sonderschulen, die sich beispielsweise bei „Theologie im Fernkurs" (Würzburg) in den entsprechenden Lehrbriefen des religionspädagogisch katechetischen Kurses niedergeschlagen hat, werden die Probleme der Elementarisierung, der Kommunikativen Religionsdidaktik und i. e. S. die Sensibilisierung für Empathie und entsprechende Befähigung zur religiösen Kommunikation, die Konzentrierung auf überlebensnotwendige religiöse Informationen, Bewältigungsstrategien, Gestaltungsmuster und die Befreiung von unnötigem Ballast betont.
In den verschiedensten kirchlichen Bereichen, die mit behinderten Menschen zu tun haben, etwa in Pastoral und Liturgik, sollten künftige Entwicklungen folgende Schwerpunkte haben: Ansatz bei den Betroffenen und zugleich bei den speziellen medizinischen, psychologischen und sonderpädagogischen Disziplinen, engagiertes Handeln nach dem Prinzip des christlichen Sich-Einlassens in allen durch Behinderung gekennzeichneten Lebenssituationen, kirchlich institutionelle Umsetzung sonderpädagogischer Anliegen unter den regionalen Rahmenbedingungen gesellschaftlichen Lebens

im Interesse einer Integration, die den behinderten Menschen als Menschen unter Menschen ernst nimmt, und effektivere Kooperation zwischen den mit Behinderten befassten Initiativen, Institutionen und Wissenschaften.
„Wer als Christ helfen will, der braucht heute die Humanwissenschaften trotz ihrer Grenzen. Diese können allerdings nicht die letzten entscheidenden Ziele angeben, auf die es hier so sehr ankommt. Und trotz allen noch denkbaren wissenschaftlichen Fortschritten, die die Hilfe wohl noch verbessern werden, bleibt der Vorbehalt, dass die einen wie die anderen noch unvollkommen sind und Gott allein an Seinem Tag die Vollendung bringen kann" (Kaspar 1980, 342). Also sollte unter diesem Vorbehalt alles Menschenmögliche getan werden dem Menschenbild „Normal ist, verschieden zu sein" mehr gesellschaftliche Anerkennung zu verschaffen, wie es jüngst auf dem Vierten Würzburger Symposium (Adam/Kollmann/Pithan 1994) in ökumenischem Geist versucht wurde.

Literatur

Adam, G.: Religiöse Bildung und Lebensgeschichte. Beiträge zur Religionspädagogik II, Würzburg 1994.
Adam, G./ Kollmann, R./ Pithan, A. (Hg.): „Normal ist, verschieden zu sein". Das Menschenbild in seiner Bedeutung für religionspädagogisches und sonderpädasgogisches Handeln. Dokumentationsband des Vierten Würzburger religionspädagogischen Symposiums, Münster (Comenius-Institut) 1994.
Averwald, B.: Leben mit geistig Behinderten in christlichen Gemeinden, Essen 1984.
Bach, H.: Sonderschule gestern, heute, morgen: Perspektiven schulischer Förderung beeinträchtigter Kinder und Jugendlicher, in: Zeitschrift für Heilpädagogik 46 (1995) 4-7.
Baumgartner, I.: Heilende Seelsorge in Lebenskrisen, Düsseldorf 1992.
Baumgartner, K./ Langer, M. (Hg.): Mit Außenseitern leben. Eine Herausforderung für die Christen, Regensburg 1988.
Borné, G.: Behinderte Gesellschaft. Tagebuch eines Seelsorgers, München 1985.
Dörner, K.: Tödliches Mitleid. Zur Frage der Unerträglichkeit des Lebens, Gütersloh 2/1989.
Fahlbusch, E. (Hg.): Evangelisches Kirchenlexikon. Internationale theologische Enzyklopädie, Erster Band A-F, Göttingen 3/1986.
Familien mit behinderten Angehörigen. Anforderungen an Kirche, Gesellschaft und Politik im geeinten Deutschland (Erklärung des Zentralkomitees der deutschen Katholiken), Dokumentation Hg. vom Generalsekretariat des ZdK, Bonn 1991.
Feifel, E.: Die Konfessionalität des Religionsunterrichts, in: Arbeitshilfen 111 (Hg. v. Sekretariat der DBK) Religionsunterricht 20 Jahre nach dem Synodenbeschluss, Bonn 1993, 77-100.
Feuser, G.: Integrative Pädagogik und Didaktik. Kooperation statt Integration?, in: Behindertenpädagogik 30 (1991) 137-155.
Fuchs, O.: Heilen und befreien. Der Dienst am Nächsten als Ernstfall von Kirche und Pastoral, Düsseldorf 1990.
Ders.: Integration. Herausforderung für die Pastoraltheologie, in: *Adam, G./ Pithan, A. (Hg.):* Integration als Aufgabe religionspädagogischen und pastoraltheologischen Handelns. Münster (Comenius Institut) 1993, 43 - 72.
Gott ist ein Freund des Lebens. Herausforderungen und Aufgaben beim Schutz des Lebens. Hg. vom Kirchenamt der Evangelischen Kirche in Deutschland und vom Sekretariat der Deutschen Bischofskonferenz, Trier 1989.
Grewel, H.: Recht auf Leben. Drängende Fragen christlicher Ethik, Göttingen/Zürich 1990.

Kaspar, F.: Die einen und die anderen? Menschen mit Behinderungen. Bilder und Motive, in: Katechetische Blätter 105 (1980), 334-342.

Ders.: Heil-/ Sonderpädagogik, Art. in: *Bitter, G./ Miller, G. (Hg.):* Handbuch religionspädagogischer Grundbegriffe, München 1986, 567-576.

Kollmann, B./ Kruse, M.: Krebskranke Jugendliche und ihre Familien. Problematik und Möglichkeiten einer psychologischen Begleitung, Essen 1990.

Kollmann, R.: Religionsunterricht unter erschwerenden Bedingungen, Essen 1988.

Mette, N.: Caritas und Sozialstaat - Identität kirchlicher Diakonie im Widerstreit, in.: Concilium 30 (1994), 425-430.

Neubert, D./ Billich, P./ Cloerkes, G.: Stigmatisierung und Identität. Zur Rezeption und Weiterführung des Stigma-Ansatzes in der Behindertenforschung, in: Zeitschrift für Heilpädagogik 42 (1991), 673-688.

Prior, M.: Getragen werden und beitragen. Sonderpädagogische Orientierung für die Theorie und Praxis einer Gemeindepastoral (Dissertation), Dortmund 1989.

Katholische-Behindertenseelsorge des Kantons Zürich (Hg.): Nichtbehinderte Behinderte. Behinderte Menschen in Kirche und Gesellschaft, Zürich 1988.

Konferenz der Kultusminister: Empfehlungen zur sonderpädagogischen Förderung in den Schulen in der Bundesrepublik Deutschland. Sekretariat der Ständigen Konferenz der Kultusminister der Länder in der Bundesrepublik Deutschland. KMK (06.05.1994).

Ringel, E./ Kirchmayr, A.: Religionsverlust durch religiöse Erziehung. Tiefenpsychologische Ursachen und Folgerungen, Wien 1985.

Schuchardt, E.: Weiterbildung als Krisenverarbeitung. Soziale Integration Behinderter, Bd. 2, Bad Heilbrunn/ OBB 4/1990.

Ders.: Warum gerade ich? Leiden und Glaube. Schritte mit Betroffenen und Begleitenden, Göttingen 7/1993.

Szagun, A.-K.: Behinderung. Ein gesellschaftliches, theologisches und pädagogisches Problem, Göttingen 1983.

Weber, D. (Hg.): Wer nicht passt, muss sterben. Euthanasie für das Jahr 2000. Materialmappe Publik-Forum, Oberursel 1990.

Werbick, J.: Kirche. Ein ekklesiologischer Entwurf für Studium und Praxis, Freiburg/Basel/Wien 1994.

Zerfaß, R.: Mit psychisch kranken Menschen leben - Erfahrungen aus Psychiatrieseelsorge und Rehabilitationsarbeit, in: *Brachel, H-U. v./ Mette, N. (Hg.):* Kommunikation und Solidarität. Beiträge zur Diskussion des handlungstheoretischen Ansatzes von Helmut Peukert in Theologie und Sozialwissenschaften, Münster 1985, 240-251.

Zirker, H.: Ekklesiologie, Düsseldorf 1984.

Zum Religionsunterricht an Sonderschulen. Erklärungen der Kommissionen 11 (Kommission für Erziehung und Schule), Hg. vom Sekretariat der Deutschen Bischofskonferenz. Bonn (16.01.1992).

Zur Seelsorge an Behinderten. Die Deutschen Bischöfe 10. Hg. vom Sekretariat der Deutschen Bischofskonferenz. Bonn 1976.

Stellungnahme zu den „konzeptionellen Überlegungen für die Reform des Theologiestudiums für Lehramtsstudierende" (1995)

Sehr geehrte Frau Oberkirchenrätin Stoltenberg,

am 23. VIII. 1995 übersandten Sie mir den Entwurf der „Empfehlungen der Gemischten Kommission für die Reform des Theologiestudiums - Fachkommission Lehramtsstudiengänge (Fachkommission II)" (Stand der 8. Überarbeitung 16. 08. 1995) mit der Bitte um eine kritische Stellungnahme aus katholischer Sicht.

In konzeptioneller, inhaltlicher und sprachlicher Hinsicht habe ich vom Entwurf zur Reform der Lehramtsstudiengänge und des Theologiestudiums sehr positive Eindrücke gewonnen. Ich möchte mit diesem Schreiben starke Zustimmung zum Ausdruck bringen.
In dieser Beurteilung unterstützen mich der AKK-Vorsitzende Prof. Dr. Dr. Richard Schlüter und der DKV-Vorsitzende Prof. Karl-Heinz Schmitt.
Im Einzelnen möchte ich lediglich kleinere Korrekturen und Ergänzungen vorschlagen, die vielleicht der Wirkung des Textes zu Gute kommen.
Da sich vergleichbare bzw. in zahlreichen Punkten identische Reformschritte auch in der katholischen Theologie und Religionspädagogik aufdrängen, schlage ich vor den Text nach Endredaktion dem Katholisch-Theologischen Fakultätentag und/oder der Deutschen Bischofskonferenz zur Prüfung und eventuellen Übernahme vorzulegen.

- Der Entwurf geht von einer ungeschminkten Situations- und Bedarfsanalyse aus und gibt in den Kapiteln 1 und 2 einen realistischen Überblick über das Handlungsfeld des Religionsunterrichts, die Situation der Lehramtsstudierenden und die (differenzierte) Einbindung der Lehramtsstudiengänge in das Pfarramtsstudium (vgl. 1.4). Hier liegt ein fundamental-theologisch-didaktischer Ansatz vor, der nicht wieder aufgegeben werden darf.

- Es ist allerdings zu fragen, ob im einzelnen das hohe didaktische Anforderungsprofil des in den Kapiteln 3 und 4 beschriebenen integrativen Lehramtsstudiums den verschärften Ausbildungsbedingungen und veränderten Voraussetzungen bei den Studierenden (doppelter Druck durch Verkürzung der Regelstudienzeiten und die Notwendigkeit begleitender Teilzeitarbeit) schon ganz gerecht geworden ist. Trotz dieses Bedenkens sind unbedingt aufrechtzuerhalten die Forderungen und Vorschläge in Richtung einer elementarisierenden Neukonzeptionierung des Theologiestudiums und der Förderung religionspägogischer Kompetenz in Verbindung mit der Vermittlung theologischer Inhalte (vgl. Leitlinien Kapitel 4).

- Bei der sehr anspruchsvollen und differenzierten Beschreibung des integrativen Lehramtsstudiums, die - nicht in allen Details nachvollziehbar - nach Prinzipien (4.2) und Strukturen (4.3) unterteilt wird, stören einige Wiederholungen (gleiche Begriffe wie „integrativ" u. a. in verschiedenen Zusammenhängen) und erwecken an manchen Stellen den Eindruck der Redundanz, der Langatmigkeit verbunden mit Theorielastigkeit, die in Zukunft durch stärkere Einbeziehung (auch) empirischer Situationsanalysen ausgeglichen werden müsste, wie sie jetzt auf katholischer Seite im Bereich der Grundschule beginnen (Englert, Essen) und für die Hochschulen in Ansätzen schon vorliegen (van der Ven, Ziebertz u.a., Niederlande).

- Die Zuordnung zentraler Inhalte zu den vier Anforderungsbereichen des Berufsfeldes erscheint mir besonders gut gelungen. Einige zentrale Inhalte, etwa Symboldidaktik und Ästhetik (einschließlich der Musik), sind insgesamt jedoch zu wenig beachtet worden.

- Der Text versteht die Religionspädagogik nicht als Appendix der exegetischen, historischen und theologisch-systematischen Disziplinen oder als bloße Anwendungswissenschaft, sondern als eine die anderen Disziplinen der Theologie kritisch befragende und herausfordernde eigenständige theologische Disziplin. Damit wird der theologische Rang des Didaktischen unterstrichen und eine Theologiedidaktik für alle (theologischen) „Fächer" eingefordert. Dies schließt eine Distanzierung von jedweder „fachwissenschaftlichen" Deduktion grundsätzlich ein.

- Die Konsequenz daraus ist die Notwendigkeit der Entwicklung eines theologischen Kern-Curriculums, das sich deutlich vom klassischen Kanon theologischer Lehrtradition abhebt und den veränderten Situationen (Gesellschaft, Schule, Schüler sowie Hochschule, Forschung und „Qualität der Lehre", Studenten) gerecht zu werden versucht. Wegen der damit einhergehenden Konzentration auf den Grundkonsens zwischen den Konfessionen in fundamentalen Wahrheiten hat diese Forderung eine nicht zu unterschätzende ökumenische Relevanz. Das Theorem der Hierarchie der Wahrheiten hat sich hier bereits hochschul-didaktisch ausgewirkt (vgl. dazu die Studie „Lehrverurteilungen - kirchentrennend?").

- Die inhaltliche Bestimmung des Kern-Curriculums wird überzeugend u. a. mit der zu erwerbenden Spiritualität/Persönlichkeit des Religionslehrers in Verbindung gebracht. So konstituiert sich - sachnotwendig und angeregt durch die Lehrgangskonstruktion - eine anthropolisch gewendete, elementarisierte und adressatengerechte Theologie bzw. theologische Vermittlung (vgl. 45).

- Sehr zu begrüßen ist die Betonung einer ökumenischen (gemeinsamen) Ausbildung im Studium, die an einigen Standorten mit bestimmten Stundenanteilen bereits in den Studienordnungen festgeschrieben ist und etwa durch besonders zu fördernde projektgebundene Kooperationsformen ausgeweitet werden könnte.

- Zu unterstreichen ist insgesamt die Anlage des Lehramtsstudiums als integratives Studium mit eigenem Profil, eigener Zielsetzung und ausdrücklicher Praxis-Theorie-Verknüpfung (vgl. 3.1.4ff und 41ff). Kooperationsforderungen über die Fachgrenze hinaus und zwischen den Ausbildungsphasen sind voll und ganz zu unterstützen.

- Angesichts der Anforderungen an den Lehrer in der Doppelrolle als lernend Lehrender werden die im Studium zu erwerbenden Fähigkeiten neu beschrieben. Die Behauptung, „dass das im Studium Erarbeitete für den Unterricht nicht oder kaum relevant ist und dass die erworbenen Fähigkeiten nicht diejenigen sind, die bei der unterrichtlichen Vermittlungsaufgabe benötigt werden" (15), müsste genauer bestimmt, verifiziert und lokalisiert werden, denn sie trifft nicht für alle Standorte zu.

- Gemeinsamkeiten und Unterschiede zwischen Pfarramtsstudium und Lehramtsstudiengängen werden kritisch erörtert (4f und 50f). Gegenüber Fakultäten, die die hier vorgenommene Zuordnung nicht mitvollziehen (wollen oder können), muss die Eigenständigkeit der neukonzipierten Lehramtsstudiengänge als Konstitutivum für das gesamte Theologiestudium eingefordert werden. Die nicht an den Fakultäten angesiedelten Lehramtsstudiengänge, die die für die Fakultäten gedachte Neustrukturierung - häufig notgedrungen - im Ansatz bereits seit Jahrzehnten praktizieren, müssten stärker in das Gespräch der Fakultäten eingebunden werden.

- Eine Verständnisschwierigkeit ergibt sich auf Seite 18f. Dort geht es um „die doppelte Aufgabe" des Religionsunterrichts, die jedoch „drei" Unterscheidungen enthält: persönliche religiöse Orientierung, Mitwirkung an der ‚neuen' Allgemeinbildung und Focussierung überschreitender Dynamik.

- Gut heißen möchte ich ausdrücklich die Betonung der kommunikativen Kompetenz des/r Religionslehrers/in und damit die Unterstützung der Bemühungen um eine kommunikative Religionsdidaktik (26f). Eine kleine Unstimmigkeit in der Formulierung irritiert den Leser, wenn einerseits vom „Dialog als Mittelpunkt des Religionsunterrichts" (20) und andererseits zugleich von der Frage nach Gott als der „verantwortungsvolle[n] Mitte des Faches" (23) gesprochen wird.

- Die enge „Schriftbindung" müsste aus katholischer Sicht noch ausgeweitet werden auf eine „Lebens- und Glaubenskultur" (Stichwort: Leben mit Symbolen und aus den Sakramenten) und auf den persönlichen, gemeinschaftlichen und kirchlichen Bereich (einschließlich der Frage nach der „Kirchenbindung").

Ich möchte abschließend noch einmal dringend den Wunsch aussprechen, dass dieser Entwurf mit der katholischen Kirche abgestimmt wird, und dass die katholische Seite nach kritischer Überprüfung das Positive übernimmt (auch die Vorschläge zur Organisation des Studiums). Mit der Formuliuerung „Religionsunterricht offen für alle" (11) gibt der Text ein Plädoyer ab für eine Weiterentwicklung des Religionsunterrichts zu einem konfessionell-kooperativen Modell, das unterstützt durch die oben beschriebene Struktur des Studiums und der Lehrerausbildung (nach meiner Meinung) allein das interkonfessionelle und - mit Blick auf die drängenden Probleme der Gegenwart und erst recht der Zukunft - das interrreligiöse Lehren und Lernen, Forschen und Studieren garantieren kann.

Rezension: Rogowski, Cyprian: Die Entwicklung der katholischen Religionspädagogik in Polen und in der Bundesrepublik Deutschland nach dem II. Vatikanischen Konzil. Eine vergleichende Untersuchung, (Bonifatius) Paderborn 1995

Zwischen polnischen und deutschen Religionspädagogen gibt es zahlreiche fachliche und freundschaftliche Kontakte. Wechselseitige Besuche von Theologen unterschiedlicher Disziplinen, insbesondere Religionspädagogen, haben den nicht immer leichten fachwissenschaftlichen Austausch zwischen Polen und Deutschland seit Jahren geprägt. Angesichts eines gewissen Konformitätsdrucks gegenüber der westdeutschen Theologie und Religionspädagogik, der an Polens Fakultäten herrscht, ist der Dialog zwischen der deutschen und der polnischen Sektion der Europäischen Gesellschaft für katholische Theologie (ET), der im März 1998 auf einem Symposion in Warschau stattgefunden hat, sehr zu begrüßen. Dem Rezensenten, der der Einladung nach Polen gefolgt war, ist aufgefallen, dass bei der Präsentation der polnischen Theologie und ihrer Disziplinen die Religionspädagogik bzw. Katechetik fehlte.

Umso begrüßenswerter ist das zu besprechende Buch von Cyprian Rogowski, das - vorgelegt als Dissertation in Kassel - Tendenzen und Konzeptionen in polnischer und deutscher Religionspädagogik zunächst getrennt aufzeigt und an Hand von Kriterien nach „Gaudium et spes" miteinander vergleicht. Im zeitlichen Vergleich betont der Autor, dass sich in Deutschland früher als in Polen eine kerygmatische Richtung der Katechese entwickelt hat, die sich auch heute noch stärker (als in Polen) „mit der Gegenwart auseinandersetzt" (340) und im Religionsunterricht an der deutschen Schule „der menschlichen Erfahrung der Schüler unter Berücksichtigung der sozialgesellschaftlichen Bedingungen mehr Raum" (348f) gibt. Auf polnischer Seite gewinnt „die Kerygmatik als Ablösung von einer engen Katechismusorientierung erst wesentlich später, nämlich in den sechziger Jahren, an Bedeutung" (ebd.). Dies wird vom Autor mit der speziellen Wechselbeziehung zwischen Kirche und Staat in Polen in Zusammenhang gebracht. Trotz der Entfernung der „kirchlich-schulischen" Katechese aus der Schule (1961) bis zu ihrer Wiedereinführung am 1. 9. 1990 und darüber hinaus bis heute habe sie die Entwicklung einer eigenständigen Form der schulischen Unterweisung begünstigt. Auch die außerschulische kirchliche Katechese folgt den Unterrichtsstufen der polnischen Schule mit ihrer „heimischen Didaktik" und ihren regionalen Ausprägungen. Interessant sind die Ausführungen zu den unterschiedlichen Verständnissen von Erwachsenenkatechese, die in Polen der Seelsorge, in Deutschland einerseits der Hinführung erwachsener Katechumenen zum Glauben und andererseits der theologisch-wissenschaftlichen Bildung („Erwachsenenbildung") zugeordnet wird. Kritisch wird aufgezeigt, dass Ziele und Inhalte den Anforderungen der Kirche untergeordnet sind und erstens der Vorbereitung auf die Teilnahme an den Sakramenten und zweitens der Integration von Lehrvermittlung, Erziehung im Glauben und persönlicher Zeugenschaft dienen. Im neuen katechetischen Programm von 1971 seien Ansätze der biblischen Theologie als Grundlage und Quelle der so genannten exegetischen Katechesee gewählt, die „das offenbarte Wort Gottes in der menschlichen Erfahrung verankern" soll (vgl. 340f).

Ein wichtiges Ergebnis der Arbeit ist die Einsicht, dass die insgesamt eher innerkirchliche Zielausrichtung in Polen sich deutlich von der deutschen abhebt, die sich hinsichtlich des Adressatenkreises (auch kirchlich distanzierte junge Menschen im RU), ihrer Abstützung in den empirischen Wissenschaften (Soziologie, Psychologie, Erziehungswissenschaft und Didaktik) sowie ihrer schulischen Begründung als schulische Korrelationsdidaktik versteht. Zur Illustrierung dieser Einsicht zählt der Autor inhaltliche Elemente des deutschen RU auf, die in der polnischen Katechese nicht behandelt werden: Vorfeld des Glaubens, menschliche Religiosität, Ökumene und interreligiöses Lernen, religiöse Sprache, Sinn- und Wertfragen, gesellschaftliches Engagement, christliche Verantwortung für das Gemeinwesen und Zusammenarbeit beim Schaffen des Gemeinwohls (vgl. 345).

Im Vergleich zwischen beiden Ländern kann dem deutschen Leser das Besondere am Eigenen schärfer bewusst werden. Es wird klar, dass es das anthropologische Denken war, das die deutsche Religionspädagogik seit den sechziger Jahren bestimmt und zu zahlreichen neuen Konzeptionen herausgefordert hat. In Deutschland werden Kinder schon früh mit dem weltanschaulichen Pluralismus konfrontiert, sie müssen neben den tradierten Inhalten nicht nur mit religiösen Grundentscheidungen und religiöser Toleranz, sondern auch mit ökumenischen und politischen Aspekten der Religion vertraut gemacht werden, bis hin zu einer feministischen Religionspädagogik. Dazu findet man in der polnischen katechetischen Literatur „noch" kein Pendant (vgl. 347).

Dem Autor liegt sehr daran festzustellen, dass die Grundidee einer integralen Tendenz in der Katechetik, die ihr Fundament in der göttlichen Offenbarung und in der menschlichen Erfahrung hat, in Polen bereits in den frühen siebziger Jahren von M. Majewski (Lublin) ausdrücklich im Anschluss an das (deutsche) Korrelationsprinzip entwickelt wurde. R. tritt dafür ein, dass diese Idee im Prozess der neuen Demokratisierung weiter verfolgt wird, und zwar - so meint der polnische Autor - im Sinne einer konstruktiven Auseinandersetzung mit den sich ändernden gesellschaftlichen Bedingungen und nicht mehr wie bisher im Sinne einer sich abschottenden ekklesialen Zentrierung. Diese müsse vielmehr zur kirchlichen Mit-Gestaltungskraft der Gesellschaft transformiert werden.

Dem Autor ist es gelungen an Hand einer fachwissenschaftlich gut abgesicherten Kriteriologie einen Vergleich im Detail und im Gesamtüberblick durchzuführen, der Unterschiede und Übereinstimmungen, Abhängigkeiten und gegenseitige Lernmöglichkeiten beinhaltet.

Ein Desiderat ist anzumelden: Es fehlt eine Erwähnung des Religionsunterrichts an Sonderschulen. Beim künftigen wissenschaftlichen Dialog zwischen polnischen und deutschen Religionspädagogen sollte auch der vom Autor leider nicht erfasste Bereich der „sonderpädagogischen Religionspädagogik" aufgenommen werden. Die Probleme des Religionsunterrichts unter erschwerenden Bedingungen mit Kindern und Jugendlichen mit Behinderungen sind bereits auf den Würzburger Symposien seit 1986, und zwar unter polnischer Beteiligung, erörtert und dokumentiert worden. Es müsste darüber nachgedacht werden, ob und welche Aspekte des polnischen Integrationsgedankens dem umstrittenen deutschen Korrelationsdenken vielleicht aus der Krise helfen könnten?

Rezension: Ziebertz, Hans-Georg/ Simon, Werner (Hg.): Bilanz der Religionspädagogik, (Patmos Verlag) Düsseldorf 1995, 488 Seiten

Der im doppelten Sinne „gewichtige" Band dokumentiert beachtliche Fortschritte der Religionspädagogik (RP), die sich - ausdifferenziert in Arbeitsgebiete und Spezialdisziplinen - im Jahre 1995 selbstbewusst der Öffentlichkeit als Wissenschaft präsentieren kann. Der Band lässt hoffen, dass die RP gerüstet ist auch für die „neue Unübersichtlichkeit" der Postmoderne, in der sie als „angemessene Hermeneutik" und als Ideologie- und Gesellschaftskritik (Herbert Zwergel) künftige Aufgaben wird übernehmen können.

Die Reihenfolge der Nennung der Herausgeber Hans-Georg Ziebertz (Nijmegen, inzwischen Utrecht) und Werner Simon (Mainz) zeigt an, dass Ziebertz Hauptverantwortung hatte. Beide jedoch stehen für die Konzeptionierung (als „Bilanz" statt „Zwischenbilanz"), die Gestaltung des Werkes (Umfang und Zuordnung der Beiträge) sowie die Auswahl der Autoren, die andere (anders denkende?) Autoren zwangsläufig ausschließt.

Die Besprechung richtet sich nach folgenden Leitfragen: Enthalten die Texte (richtige) Realitätsbeschreibungen oder beschönigen sie? Wird die Kritik der religionspädagogischen Entwicklung seit den 60er Jahren bis heute redlich oder voreingenommen durchgeführt? Zur Erhebung religionspädagogischer Realität benötigt die Wissenschaft je nach Lage sachadäquate Methoden; entsprechen Wahl und Anwendung solcher Verfahren dem Standard? Zur kritischen Bewertung brauchen sie normative Messlatten und zur Innovation konzeptionelle Entwürfe; sind solche (mit der notwendigen Stringenz) entwickelt worden? Wird das Ineinander und Miteinander von (empirischer) Realitätsbeschreibung, (kritischer) Bewertung und daraus entstehender (konzeptioneller) Innovationen konsequent genug beachtet?

Das Buch versammelt nach einem Vorwort der beiden Herausgeber zum Komplex „Grundlegungen" (Teil I, 10-174), also zur Wissenschaftstheorie und zur Grundlagenforschung, Arbeiten über Hermeneutik und Ideologiekritik in der Religionspädagogik (RP) (Herbert A. Zwergel), über empirische Entwicklungspsychologie (Anton A. Bucher), Lehrerforschung in der empirischen RP (Hans-Georg Ziebertz), über historische RP (Eugen Paul, der am 16. Februar 1995 verstorben ist), didaktische Ansätze in der RP (Erich Feifel), über die Themen RP und Pädagogik (Norbert Mette), über RP und Psychologie (Anton A. Bucher) und RP und Religionswissenschaft (Peter Antes) sowie über die Wissenschaftstheorie der RP (Rudolf Englert).

Unter „Kontexte" (Teil II, 176-273) werden sodann speziellere Probleme behandelt, die die RP in den letzten Jahrzehnten aufgearbeitet hat in Vernetzung mit den Problemen des ökumenischen Lernens (Richard Schlüter), jüdisch-christlicher Lernprozesse (Stephan Leimgruber), feministischer Theologie (Helga Kohler-Spiegel), befreiungstheologischer Ansätze (Thomas Schreijäck), des interkulturellen Lernens (Martin Jäggle) und der interreligiösen Bildung (Johannes A. van der Ven/ Hans-Georg Ziebertz).

Der Teil „Themen" (Teil III, 276-367) präsentiert Beiträge, die von den tatsächlich behandelten Aspekten her ebenso gut in andere Kapitel gepasst hätten. Die Beiträge

„Ansätze zu einer Didaktik des Glauben-Lernens" (Gottfried Bitter), „Lernen in der Begegnung mit der Bibel" (Rudi Ott), „Ethisches Lernen im Horizont religionspädagogischer Reflexion" (Wolfgang Langer) sowie „Lernen in der Begegnung mit Geschichte" (Klaus König) hätten sich wegen der durchgehenden Lernthematik gut mit Feifels Beitrag zu den didaktischen Ansätzen in der RP (Teil I) vertragen. Die Beiträge „Religionspädagogik der Spiritualität als Anleitung zur ,Achtsamkeit'" (Günter Stachel) und „Religionspädagogik und ästhetische Bildung" (Günter Lange) eröffnen der RP neue Dimensionen, deshalb hätten sie eine klarere systematische Einordnung verdient und nicht nur die Schublade „Themen".

Als „Orte" werden im letzten Teil (Teil IV) genannt: die Familie (Udo Schmälzle), der Elementarbereich (Johann Hofmeier), der Religionsunterricht (Helmut Fox), die Hochschule (Johannes A. van der Ven), die Erwachsenenbildung (Martina Blasberg-Kuhnke), die kirchliche Jugendarbeit (Werner Tzscheetzsch) und die gemeindliche Katechese (Franz-Peter Tebartz-van Elst). Helmut Fox ist als Autor für den Beitrag zum RU (wegen Erkrankung von Werner Simon) schnell eingesprungen. Das ist verdienstvoll. Seine Ausführungen lassen jedoch infolgedessen und aus verständlichen Gründen Hinweise auf die Entwicklung nach 1980 und auf brisante aktuelle Diskussionspunkte vermissen. Meiner Meinung nach hätten Herausgeber und Verlag das Erscheinen des Bilanzbandes wegen des herausragend wichtigen Themas „RU" vertagen müssen. Die anderen Beiträge dringen in gegenwärtige konkrete Problemlagen der einzelnen religionspädagogischen „Orte" vor und überzeugen durch Konzentration auf das Wesentliche, gute Lesbarkeit und gelungenen Theorie-Praxis-Bezug.
Die die Wissenschaftlichkeit bzw. die Kontextualität betreffenden Beiträge reflektieren die Methodologie der RP ebenso wie ihr Verhältnis zu den anderen Wissenschaften innerhalb und außerhalb der Theologie und können belegen, dass das Fach RP inzwischen eine interdisziplinäre Bedeutung erlangt hat, die allerdings - so meine ich - auf konkrete Anerkennung durch die anderen Disziplinen der Theologie und der Humanwissenschaften noch zu überprüfen wäre. Wodurch ist das wissenschaftliche Bild der Disziplin bestimmt? Durch besondere Realitätsnähe oder durch abgehobene Theorie? Durch eine auch von anderen Wissenschaften anerkannte Methodenanwendung?
Hier ist der souveräne Beitrag von Englert zu nennen, der zweierlei zeigt: einmal, dass „die Probleme religionspädagogischer Theoriebildung in den letzten anderthalb Jahrzehnten keine größere Aufmerksamkeit gefunden haben [...] Die meisten Beiträge im religionspädagogischen Diskurs begnügen sich mit dem Theorietypus ,systematisiertes Alltagswissen'"(166); zum andern, wie folgenreich die Wissenschaftstheorie für die Praxis sein könnte, wenn Theorie und Praxis der RP intensiver voneinander zu lernen sich bemühten, wenn etwa im Rahmen der Ausbildung von Religionspädagogen stärker als bisher mit Formen der praxisorientierten Theoriearbeit experimentiert würde (170).
Mehr Theorie-Praxis-Vermittlung mahnt auch Mette mit einer besonderen Zuspitzung an. Er erwartet von dem handlungstheoretischen Ansatz nach Helmut Peukert angesichts der „globalen Probleme der Gegenwart, die so etwas wie einen ethischen Sprung der Menschheit erforderlich werden lassen" (116), eine neue Kooperation zwischen Theologie und Pädagogik. Er geht hier sehr weit, bedenkt man die abnehmende Relevanz von Religion, Kirche und Theologie in der Gesellschaft. Nach Mettes Einschät-

zung gibt es (bisher) jedoch keine Alternative zur von Peukert herausgearbeiteten Konvergenz sowohl von pädagogischen als auch von theologischen Grundsatzfragen (vgl. 117).

Von seinem stärker bildungstheoretisch geprägten Ansatz aus votiert Englert kritisch für die Theologizität der RP und entsprechend für die Berücksichtigung der nicht dispensierbaren Glaubensentscheidung, die die Basis der Theologie ausmacht. So verteidigt er das „soteriologische Vorurteil" (167f) der Praktischen Theologie und der Religionspädagogik, ohne das beide ihre Identität verlieren müssten, und ohne das eine gleichrangige Kooperation mit den Humanwissenschaften zumindest als voreilig einzustufen wäre. Im interdisziplinären Gespräch habe die RP „die Pruduktivität des soteriologischen Vorurteils" zu demonstrieren (169).

Überrascht hat mich beim Lesen die ausgehend von den unterschiedlichsten Forschungen (Entwicklungspsychologie, Wissenschaftstheorie, Religionswissenschaft, Lerntheorie, empirische Theologie...) immer stärker werdende ökumenische Tendenz in der RP. Zahlreiche Beiträge beziehen die Prozesse interkulturellen und interreligiösen Lernens ein, auf die offenbar die praktisch-theologischen Fächer heute nicht mehr verzichten können. Hier drängt sich die Frage auf, ob nicht gerade die Wissenschaftlichkeit des Faches seine Ökumenizität herausfordert bzw. sogar entscheidend bestimmt. Die Herausgeber stecken ihre Bilanz aus praktisch-verlegerischen Gründen (der Band wäre zu dick geworden) zunächst auf die katholische Religionspädagogik ab. Wenn dennoch im Bilanzband evangelische Autoren in großer Zahl (in Anmerkungen und Literaturverzeichnissen) anwesend sind, zeigt dies die faktisch schon realisierte Ökumene im wissenschaftlichen Austausch unter den Religionspädagogen, die in der religionspädagogischen Praxis häufig ihre Entsprechung hat. Andererseits ist kaum einzusehen, wie eine (aus welchen Gründen auch immer herbeigeführte) Beschränkung eines solchen Bilanzbandes auf die katholische Religionspädagogik (heute noch) die Realität der vielfältig und effektiv verschlungenen Kooperationen zwischen evangelischen und katholischen Religionspädagogen widerspiegeln soll. Der im September 1994 gemeinsam (ökumenisch) durchgeführte Kongress der (evangelischen) Arbeitsgemeinschaft für Religionspädagogik (AfR) und der Arbeitsgemeinschaft katholischer Katechetik-Dozenten (AKK) zum Thema „Kindsein heute als Herausforderung der RP" zeigte, dass die Entwicklung schon weiter ist als dieser (angeblich rein katholische) Band zu erkennen gibt. Tatsächlich zeigen dann auch einige Beiträge (Leimgruber, Schreijäck, Jäggle, Langer und van der Ven), also nicht nur der Beitrag zum ökumenischen Lernen (Schlüter), dass trotz der verordneten grundsätzlichen Beschränkung auf die katholische Sicht „Grenzüberschreitungen" (stimmt der Ausdruck noch?) nicht zu vermeiden waren. Die RP hat in den letzten Jahrzehnten gelernt ökumenischer zu werden (zu sein) und sich aus den binnenkirchlichen und innerchristlichen Räumen zu lösen, um ihre Aufgabe im „Haushalt der bewohnten Erde" mit dem Ziel „einer möglichst universalen solidarischen Beziehung" (Ökumene ist - so Schlüter - kein Zustands-, sondern ein Beziehungswort) zu verstehen als Hilfe „zum Leben in einer multikulturellen und postmodern geprägten Gesellschaft" (Schlüter, 188). Ein Spitzensatz bei Schlüter besagt, dass insofern ökumenisches Lernen auch ein Weg sei „Pluralitätsfähigkeit" innerhalb und zwischen den Kirchen zu fördern.

Abgesehen von allmählich sich auflösenden, aber immer noch vorhandenen gegenseitigen Tabuisierungen und einem vielleicht neuen pädagogischen Interesse an Religion und Glaube (Sinnbedarf als „pädagogische" Kategorie) ist unbestritten auf ökumenischer Basis die Kooperation zwischen evangelischer und katholischer Religionsdidaktik i. e. S. und allgemeiner Religionspädagogik an den meisten Hochschulstandorten eine Selbstverständlichkeit. Es gibt hier kaum noch Berührungsängste. Literaturaustausch und gegenseitiges Zitieren und Zitiertwerden sind - bis auf einige (unschöne) persönliche (und durchschaubare) Zitationskartelle - selbstverständlich. Kontroverstheologische und apologetische Streitereien sind eher selten, oft sind Antipathie und (menschlich verständliches) Kompetenzgerangel die wahren Gründe. Die fächerverbindende und überfachliche Kooperation hat längst begonnen.

Hinzu kommt der ökumenische Aspekt „zwischen den Religionen", der in diesem Band breiten Raum einnimmt. Antes betont im Anschluss an Zirker, der sich in seinen Beiträgen außerhalb dieses Bandes auf den Islam beschränkt hat, mit großem Nachdruck, dass „das gegenseitige Aufeinandereingehen von Christen und Muslimen nicht ohne Konsequenzen auf die eigene Religion bleiben wird" (143). Für die Religionsdidaktik folgert er deshalb, dass das Brechen der in unserer Gesellschaft bestehenden Tabus Gott und Religion „nicht durch religiöse Bekenntnisse aus gläubiger Sicht geschieht, sondern als religionskundliche Einführung in die fremd gewordenen christlichen/katholischen Denk- und Handlungsweisen" (144). Für die Zukunft setzt er auf Einführung einer Religionskunde als wissenschaftlichen Unterrichtsstoff in den Schulen, nicht aber auf eine Erkundung praktisch gelebten Glaubens. Was für die Zukunft noch aussteht, sei daher die Konkretisierung des bewährten religionskundlichen Ansatzes jetzt aber „mit Blick auf das Christentum selbst" (ebd.). Trotz des ersten Eindrucks, dass wir das (die „Religionskunde") doch schon einmal hatten, scheint mir nach genauerem Hinschauen Wichtiges zum Ausdruck zu kommen: Es ist die Gestaltung christlichen Selbstverständnisses auch aus der (einer?) Fremdperspektive und die Entdeckung des Fremden im Eigenen.

Wie ist die Entwicklung der Konzeptionen der RP beschrieben geworden? Die in Feifels Beitrag gewählte perspektivische Betrachtungsweise, die er der chronologischen mit guten Gründen - wie seine Darstellung belegt - vorzieht (vgl. 87), wird von anderen Autoren, die sich ebenfalls zur Entwicklung konzeptioneller Ansätze äußern, nicht beachtet bzw. genutzt. Es hätten nach der (allgemeinen) Grundlegung (Feifel) weitere Beiträge mit Bezug auf die Grundlegung folgen können. Ein anderes Vorgehen, das im Bilanzband gewählt wurde, ist aber ebenso legitim: Ausgehend von speziellen Fragestellungen wird die je sachgebundene Problemgeschichte geschrieben, so dass insgesamt ein interessantes und buntes Bild von der Konzeptionengeschichte zu Stande kommt. Jedoch seine Umsetzung ist im Bilanzband insofern nicht ganz gelungen, als die naheliegende und sich aufdrängende Gefahr ständiger Wiederholungen und unliebsamer Überschneidungen (als Folge ihres Vorgehens) von den Herausgebern offenbar nicht erkannt wurde.

Fragt man nach Anspruch und Reichweite des Buches, so muss auch seine geschichtlich-gesellschaftliche Bedeutung reflektiert werden. Die katholische Religionspädagogik in Deutschland erweckt - wie sie sich hier darstellt - fünf Jahre nach dem Zusammenschluss beider deutscher Staaten sowie nach dem politischen und gesellschaftlichen Zerfall des ehemaligen Ostblocks den Eindruck, als seien diese Ereignisse spurlos an ihr vorübergegangen. Während man sich im Westen - zur Zeit - über die christlichen Kreuze in den Schulräumen streitet, und der Einfluss von Religion, Glaube und Kirche auf gesellschaftliche Entwicklungen immer geringer wird, und während im Osten Deutschlands nach vierzigjähriger kommunistischer Herrschaft der gesellschaftliche Stellenwert von Religion, Glaube und Kirche zur Diskussion steht, erscheint eine Bilanz unrealistisch angesetzt, wenn sie sich auf den Westen und seine 30-jährige Geschichte fast ganz beschränkt. Im Jahr 1995 kann eine Gesamtbilanz sinnvoll nur lokal begrenzt (Ost oder/und West) und zeitlich gesondert (vor und nach 1989/90), aber alle Orte und Zeiten umfassend ansetzen.

Die vorliegende Bilanzierung der Religionspädagogik (seit den 60er Jahren) hat diesen geschichtlichen Tatbestand in einigen Beiträgen zwar berücksichtigt, nicht aber in einem eigenen Beitrag gewürdigt.

Die 28 Beiträge sind - nicht immer ganz nachvollziehbar - den Kapiteln „Grundlegungen" (1), „Kontexte" (2), „Themen" (3) und „Orte" (4) zugeordnet worden. Man sieht hier deutlich die nachträgliche und teilweise beliebige Anordnung von getrennt in Auftrag gegebenen Einzelbeiträgen, die nun irgendwie zusammenpassen mussten. Eine redaktionelle Überarbeitung der eingesandten Beiträge hätte das Buch leserfreundlicher gemacht, sie hätte dem Leser geholfen, wie Einzelbeiträge einander zuzuordnen, zu verstehen und zu lesen sind. Statt dessen quält er sich herum mit endlosen Wiederholungen, denn jeder Autor/jede Autorin ist bestrebt, seine/ihre spezielle Perspektive historisch, systematisch, praktisch zu bearbeiten und auf die Zukunft auszurichten. Konkret heißt das: Die Geschichte der Konzeptionen, das Korrelationsprinzip und die Symboldidaktik werden - aufs Ganze gesehen - redundant behandelt. Dem Buch, das vermutlich in den Augen seiner Herausgeber und des Verlages für einige Jahre Leitfunktion in der RP haben sollte, fehlt der redaktionelle rote Faden. Schade! Man vergleiche vor allem die Wiederholungen zur Korrelations- und Symboldidaktik in den Beiträgen von Zwergel (19), Bitter (280-282), Ott (298-300) und vielen anderen.

Besonders herauszuheben ist der folgende Artikel: „Lehrerforschung in der empirischen Religionspädagogik" von Ziebertz, der sämtliche Arbeiten seit der Pionierzeit der empirischen RP, also der 70er Jahre, kritisch durchleuchtet und eindeutige Fortschritte benennt. „Erstens zeigen die Untersuchungen deckend, dass es um die Akzeptanz des Faches ‚Religionslehre' durch die Schüler nicht so schlecht bestellt ist, wie bisweilen vermutet wird [...] Zweitens haben die Interaktionsuntersuchungen eine Vielzahl direkt verwertbarer Erkenntnisse geliefert, wie die Gewichtung zwischen Stoff, Lehrer- und Schülerbeitrag beschaffen sein sollte, um eine höchstmögliche Motivation, Unterrichtseffizienz und innere Zufriedenheit zu erreichen" (75).

Es können folgende Ergebnisse festgehalten werden:

- Eine Autorengruppe, die auch schon das „Handbuch religionspädagogischer Grundbegriffe" getragen hatte (Bitter, Blasberg-Kuhnke, Englert, Feifel, Mette, Lange, Ott, Schreijäck), schreibt ihre Arbeiten fort. Damit verbunden sind natürlich Auslassungen und „Zitationskartelle" nicht nur bestimmter anderer Personen, sondern auch deren Forschungsarbeiten.
- Religionsunterricht und Religionslehrer haben ein besseres (als allgemein angenommenes) Image.

- Korrelationsprinzip und Symbolerziehung haben nach wie vor hohe Konjunktur.
- Menschen mit Behinderungen, die Sonderpädagogik und die Probleme des Religionsunterrichts an Sonderschulen werden nur am Rande (bei Aufzählungen von Adressatengruppen) erwähnt.
- Die Problemlage der neuen Bundesländer wird zu wenig gewürdigt.
- Eine ausdrückliche religionspädagogische Wirkungsforschung, die sich auf das lernende Subjekt konzentriert, scheint es noch nicht zu geben.
- Die Musik als Bestandteil ästhetischer Erziehung und der Spiritualität kommt ihrer Bedeutung nach zu kurz.
- Warum gibt es keinen Beitrag zum „Sozialen Lernen" und zur „Gruppendynamik", die in religiösen Lernprozessen eine grundlegende Bedeutung haben?
- Redaktionell fehlen einige Details: Namen, Daten, Quellentexte, Beschlüsse, die immer wieder auftauchen, hätte man in einem gesonderten Verzeichnis neben dem Literaturverzeichnis und (mit Abkürzungen versehen) angeben können. Querverweise zwischen den einzelnen Beiträgen hätten dem Gesamteindruck gut getan. Die Einteilung (I,II,III,IV) hätte näher erläutert und begründet werden können. Die Literatursuche wird erheblich erschwert, wenn bei manchen Beiträgen die alphabetischen Literaturverzeichnisse fehlen und erst recht, wenn bei einem Bilanzband ein Gesamtverzeichnis fehlt, das Wiederholungen in den Anmerkungen einzelner Beiträge vermieden hätte.
- Es fällt auf, dass die „kommunikative Religionsdidaktik" von verschiedenen Autoren (z.B. Englert, Feifel, Ott, Schlüter) als die Konzeption der Zukunft (nicht nur des RU, sondern auch der allgemeinen RP) angesehen wird.
- Die erfreuliche Entwicklung der empirischen Religionspädagogik (seit den frühen 70er Jahren) und in ihrem Gefolge der Theologie (vertreten vor allem von Bucher, Oser, van der Ven, Ziebertz u.a.) ist noch keine Garantie für wirkliche Fortschritte in der Realitätskontrolle religiösen Lernens sowie in der ernsthaften Auseinandersetzung mit lebensbedrohenden Realitäten in unserer Gesellschaft.

Der Band kann im Sinne einer (katholischen?) Summe wichtiger Selbstrepräsentationen der RP sicherlich als eine stolze (Zwischen-)Bilanz betrachtet werden. Dennoch enthält er auch noch viel schönen Schein, der abgebaut werden müsste durch stärkere und konsequentere Beachtung realer Lebensbedingungen (Jugendarbeitslosigkeit, Krisenerfahrung, Probleme des Alterns, Behinderung u.a.). Die RP der Zukunft ist abhängig von der Entwicklung einer religionspädagogischen Theorie, die durch die Praxis des religiösen Lernens und Lehrens (besser) mitvollzogen werden kann und umgekehrt, die sich von ihr (effektiver) in Frage stellen ließe.

Bibliodrama in Praxis und Theorie (1996)

I. Was ist ein Bibliodrama?

1. Biographischer Zugang

Meine biographische Entwicklung hat mir das Bibliodrama sozusagen aufgedrängt. Während des Theologiestudiums in den 50er Jahren, also noch vor dem II. Vatikanum, wurde ich mit schwererziehbaren Jugendlichen, mit Industriearbeitern und mit Berufsschülern im Ruhrgebiet konfrontiert, die an der Bewältigung ihrer Lebensprobleme interessiert waren, nicht aber gerade an der Theologie, die ich studiert hatte, um Priester zu werden. Ich musste lernen, zuerst ihre Lebensgeschichte und Lebensprobleme zu respektieren, mich auf ihr Leben einzulassen und vor allem zuzuhören und mein biblisch exegetisches Wissen zurückzuhalten.[1]

Da ich inzwischen nach dem Theologiestudium auch Pädagogik, Psychologie studiert und Gruppendynamik in Selbsterfahrungsgruppen und „Themenzentrierte Interaktion" (TZI) praktiziert hatte, war für mich eine Verbindung dieser Erfahrungen mit der Religionspädagogik, der Theologie und der Exegese unausweichlich. Die in der Theorie entwickelten korrelativen, erfahrungs- und schülerorientierten sowie symboldidaktischen und therapeutischen Ansätze standen aber noch unversöhnt nebeneinander; es fehlte ihre konsequente und kritische Verknüpfung.

Für die Bibelarbeit musste eine neue Form gefunden werden, die die befreiende Reich-Gottes-Verkündigung Jesu in der Praxis der Bibelarbeit wirksam werden ließ und sich selbst nicht als lediglich verkleinerte Universitätsexegese verstand. Dazu bot sich in dieser Situation das Bibliodrama an.

Es ist also festzuhalten: Bibliodrama steht im Zusammenhang mit immer noch ungelösten Problemen der historisch-kritischen Exegese und ihren Auswirkungen auf das Leben vor allem der Menschen, die sich an der Bibel orientieren wollen. Es sind Probleme zwischen kritischer Textkommentierung und frommer Bibelbetrachtung, zwischen literaturwissenschaftlicher Analyse und lebensbedeutsamer Textaneignung.

Konkret ist die Frage an die theologische Ausbildung zu richten, ob sie es verantworten kann Studenten mit kritisch literaturwissenschaftlicher Exegese zu konfrontieren ohne diese zugleich auch auf ihr Alltagswissen und ihre persönliche Lebensführung zu beziehen.

Wie sollen Katecheten und Religionspädagogen überhaupt noch Menschen erreichen, wenn ihre exegetische Ausbildung am Lebensdrama dieser Menschen vorbeigeht? Da die Texte selbst aber auf leben Können ausgerichtet sind, darf die theologische Ausbildung in Exegese nicht auf die positiven und lebensbezogenen Erfahrungen verzichten, die im Bibliodrama bereits vorliegen.

2. Abgrenzungen und Bestimmungen

Die Methode des Bibliodramas kann zwar an Vorerfahrungen anknüpfen, insofern es die Praxis lebensbezogener Textanwendung schon immer gegeben hat; sie stellt jedoch auch etwas Neues dar, das sich erst aus den genannten modernen Problemen der Bibeldidaktik ergeben hat.
Bibliodrama wird - jedenfalls in Deutschland und in den Niederlanden - schon von zahlreichen Katecheten und Religionspädagogen als didaktische Vermittlungshilfe in Sakramentenkatechese, Religionsunterricht, Erwachsenenbildung und in der Aus- und Fortbildung eingesetzt.
Das schulische Rollenspiel ist vom Bibliodrama i. e. S. zu unterscheiden. Die Rollen liegen nicht wie in Rollenspiel und Mysterienspiel fest; es geht dem Bibliodrama um die persönliche Ausfüllung der Rollen, die Durchbrechung der Tradierung von erstarrten Rollenmustern und die Einbeziehung der eigenen Erfahrung der Teilnehmer in die spielerisch-ernste Auseinandersetzung mit den im Text handelnden Figuren, Personen, Aussagen und Zuständen; unter einem Bibliodrama ist deshalb eher ein aufgewertetes und um eine Reflexion erweitertes Rollenspiel zu verstehen, bei dem es darauf ankommt die gemeinsame Aneignung durch die Beteiligten zu gewährleisten; die Aneignung soll sein: erfahrungsbezogen, ganzheitlich und das Unbewusste einbeziehend, also auch tiefenpsychologisch. Das unterscheidet das Bibliodrama von all den genannten anderen Formen der lebensbezogenen Bibelauslegung.
Das Bibliodrama zielt lebensfördernde Prozesse dadurch an, dass es die bei Kindern, Jugendlichen und Erwachsenen unterschiedlich gegebenen Ausgangspunkte im Leben selbst aufspürt und mit bewährten Lebenserfahrungen aus der biblischen Tradition in Verbindung bringt.
Vom Bibliodrama erhoffen sich Leiter und Teilnehmer praxisbezogene - nicht nur theoretische - Anregungen für ihr Leben; Bibel soll als ein sinnvolles Lebensangebot erfahren werden.[2]

II. „Maria und Marta". Ein Praxisbeispiel

1. Der Text (Lk 10, 38-42)

„[38]Bei ihrem Gehen aber ging er selbst hinein in ein Dorf; eine Frau aber mit Namen Martha nahm ihn auf. [39]Und diese hatte eine Schwester, gerufen Mariam, und (die), dasitzend zu den Füßen des Herrn, hörte sein Wort. [40]Martha aber war überbeschäftigt mit viel Dienst; hintretend aber sprach sie : Herr, kümmert dich nicht, dass meine Schwester mich allein zurückließ zu dienen? Sprich nun zu ihr, damit sie mir mithilft. [41]Antwortend aber sprach zu ihr der Herr: Martha, Martha, du sorgst und beunruhigst dich um vieles, [42]eines aber ist nötig; denn Mariam wählte aus den guten Teil, welcher nicht wird weggenommen werden von ihr."

Die Lebensprobleme der heutigen Textadressaten müssen für die Auswahl des Textes wie für den Einstieg in die Auslegung selbst den Hauptaussschlag geben, denn bei ihnen soll seine Botschaft schließlich ankommen. Da dieser Text mit seiner besonderen Konfliktthematik durchaus auch heute wichtige Fragen anspricht, erscheint er für ein Bibliodrama besonders gut geeignet. Wie kann im Bibliodrama der Zugang zu diesem Text gewählt werden?

2. Methodischer Ablauf des Bibliodramas

a. Praktisch-körperliche Ausdrucksübungen
Es empfiehlt sich zur Anwärmung mit körpersprachlichen und pantomimischen Elementen konkret mit einer Übung zur „Körperkonzentration" zu beginnen, die auf Situationen im Text ausgerichtet ist; je zwei Teilnehmer werden aufgefordert pantomimisch zum Ausdruck zu bringen: „jemand freundlich begegnen"; dabei soll ihnen das im Körper lokalisierte Gefühl freudiger Erregung bewusst werden.
Eine Variante ist die sog. „Gabelung", eine Übung, die bei Gefühlsunsicherheit oder bei der Darstellung kontrastierender Gefühle durch zwei Mitspieler gespielt wird; sie können durch Wahl des räumlichen Abstands voneinander oder durch Gestik und Mimik widerstreitende Gefühle darstellen. Hier wären „Hektik und Ruhe" „weiblich und männlich" oder „Selbstaufgabe und Autonomie" angebrachte Kontraste.

b. Übungen zum Training elementarer Kommunikation
Bei jedem Bibliodrama sollten die „Grundregeln" der Gruppendynamik noch einmal bewusst gemacht werden: entscheide selbst mitzumachen oder dich zurückzuhalten, jeder respektiert jeden, Störung soll Vorrang haben, Beziehung beeinflusst die sachliche Auseinandersetzung, die Sache hat ihre eigenen Gesetze, die Reflexion am Ende darf nicht fehlen. Bei unserer Perikope muss mit Streitgesprächen gerechnet werden, deshalb ist „Ausredenlassen und Zuhörenkönnen" genauso wichtig wie „kritisch offen bleiben und seine Meinung sagen".
Dazu empfiehlt sich die Übung im freien Raum „Abstand halten und sich näher kommen"; sie kann bewusst machen, dass dies hier mein Raum um mich herum ist, den ich für mich brauche, mein Territorium. Geht ein anderer auf mich zu, sage ich stop, wann ich es für richtig halte. Durch solche Übungen finden persönlich biographische Zugangsvoraussetzungen zum Mitspielen eine angemessene Berücksichtigung.
Als thematisch bedeutsame Vorübung hat sich in mehreren Bibliodramasitzungen zu „Maria und Marta" gerade diese als wichtig erwiesen; es geht beispielsweise um „Nähe" als Einfühlung in die innere Situation des anderen, die Angst, Wut, Freude beinhalten kann. Die Übung „Unten und oben" (mit Bezug auf Maria zu Füßen Jesu sitzend) wäre hier als Ausdruck der Erfahrung etwa von Macht und Ohnmacht ebenso angebracht.

c. Szenische Übung mit Spontan- und Standbildern
Hier können thematische Elemente aus der biblischen Szene herausgegriffen und „angespielt" werden.
Es bietet sich an zwei Figuren mit typischen Gesten für Aktivität und Passivität zu gestalten. Oder es wird ein Mann zwischen zwei Frauen aufgestellt, der unterschiedliche Beziehungen zwischen ihnen zum Ausdruck bringen soll. Eine andere Möglichkeit: Ein müder Wanderprediger.
Solche szenischen Übungen sollten indirekt und vorsichtig auf die im Text „verborgene Thematik" verweisen. Der Teilnehmer ahnt bereits, „worum es eigentlich geht".
Hier ist es die „Erinnerung" an den Anspruch, in alltäglichen Konflikten die eigene, auf Jesus bezogene Existenz neu zu erfahren.

3. Die drei Grundformen des Bibliodrama

a. Bibliodrama als „szenisches Spiel"
Bei dieser ersten Grundform wird die bei Lukas erzählte Geschichte „Maria und Marta" als Szene nachgespielt und möglichst bald mit eigenen Erfahrungen angereichert und dadurch szenisch ausgeweitet.
Damit dies reibungslos ablaufen kann, ist Wert zu legen auf Rollenverteilung und Arbeitsanweisung.
Der Leiter fordert die Teilnehmer zur unmittelbaren Identifikation mit den beteiligten Personen auf: Welche Person gefällt mir, welche stößt mich ab? Dieser Vorgang, der bereits beim oberflächlichen Zuhören beginnt, soll bewusst gemacht und verstärkt werden. Andere Figuren oder Szenen, die im Text selbst nicht vorkommen, können hinzu genommen werden. Solche szenischen Ausweitungen sind möglich und sogar wünschenswert, denn sie konkretisieren häufig die Aussagen des Textes oder regen durch verfremdende Einblicke in die Szene das Sachinteresse an.
Es ist nicht uninteressant zu fragen, was die Leute draußen auf der Straße reden, nachdem Jesus das Haus der beiden Frauen betreten hat oder was sich zwischen Maria und Marta nach der Begegnung mit Jesus zuträgt.
Interessieren sich mehrere Teilnehmer für eine Figur oder Situation, wird der Text in Kleingruppen einzeln oder gemeinsam genauer und mit Konzentration auf die ausgewählte Person oder Situation gelesen. Über ihre unterschiedlichen Auslegungen können sich die Teilnehmer in den Kleingruppen und später im Plenum gegenseitig austauschen.
Wichtig ist die Einrichtung einer Supervisionsgruppe, die das Geschehen beobachtet und am Ende mit ihren Eindrücken aus der Vogelschauperspektive zur Reflexion beiträgt.
Besonders in der ersten Runde sollte viel Spontaneität zugelassen werden, da die Situation im Hause von Marta und Maria nicht als Rollenspiel im engeren Sinne nachgespielt, sondern mit Bezug zur eigenen häuslichen Situation nachempfunden werden soll. Deshalb haben historisch-kritische Vorinformationen hier keinen Platz. Es genügt zunächst die „erzählte Situation" ohne weitere Erklärung.

Wenn das Thema Eifersucht zwischen Maria und Marta aufkommt, ist schon ein Anknüpfungspunkt gewonnen, die erzählte Geschichte i. e. S. auf die eigene Lebenssituation zu beziehen und sie zunächst auch ohne die gewohnten christologischen Vorgaben zu „lesen".

Unter exegetischem Aspekt kann auch die „Erzählsituation" in der lukanischen Gemeinde als Szene gewählt werden. Hierzu ist allerdings eine historisch kritische Zusatzinformation erforderlich, aus der hervorgeht, dass Lukas diese Geschichte seiner Gemeinde in bestimmter Absicht erzählt hat. Man sollte diese Variante nur dann wählen, wenn sich Situationen damals und heute sinnvoll vergleichen lassen und das historisch kritische Verständnis schon fortgeschritten ist.

Die anschließende Reflexion erörtert den Ablauf der Handlung, die Inszenierung und Akzentuierung einzelner Momente im Spiel, die Gefühle der Spieler sowie Fragen nach der Botschaft der Geschichte.

b. Bibliodrama als „interaktionale Auslegung"
Bei der zweiten Grundform des Bibliodramas soll die erzählte Geschichte durch Imagination und Identifizierung mit den handelnden Personen und Situationen ganzheitlich erlebt und möglichst umfassend verstanden werden.

„Verstehen" im weiteren Sinne bedeutet aber personales Verstehen, nicht vorwiegend rationales und instrumentelles Verstehen. Wichtig ist dabei das subjektive Einfühlungsvermögen, damit die Teilnehmer sich mit ihren eigenen Erfahrungen an der Auslegung der Geschichte beteiligen können. Jeder von ihnen hat ähnliche Situationen erlebt, die jetzt intensiver einbezogen werden sollen. Maria drückt für einige aus, was sie selbst schon erfahren haben: Es sich bequem machen, zusehen, wie andere arbeiten, zuhören, still werden, aufmerksam sein, inneres Verstehen. Marta tut, wozu es viele auch drängt, sie zögern nicht lange und handeln, indem sie helfen. Marta drückt Gefühle offen aus, die andere vielleicht lieber nicht nach außen treten lassen. Sie sagt, was sie denkt, lässt ihren Ärger heraus und verdrängt nichts. Sie hat ja Recht mit ihrem Protest gegen die Schwester und gegen Jesus, der das Verhalten der Maria gut heißt. Hat sie wirklich Recht? Unter welchen Aspekten hat nach Jesu Meinung Maria den guten Teil gewählt? Haben sich die Verhältnisse heute nicht umgekehrt? Arbeit und Freizeit, Arbeitslosigkeit und Freizeitstress? Oder ist bei Jesus wieder alles ganz anders?

Lukas können die verstehen, die in einem Pfarrkomitee mitgearbeitet haben, sie kennen den Streit zwischen sonntäglichen Hostienzählern und meditierenden Nichtstuern im Pfarrbüro, zwischen leistungsbewussten Organisatoren kirchlicher Großveranstaltungen und frommen Liturgen, die in allem auf den lieben Gott vertrauen. Wie war das bei Lukas und seinen Gemeinden?

Junge Studentinnen spielen diese Szene heute mit Blick auf ihre eigene Rolle in der Gesellschaft, als Frau, Tochter, Schwester, Geliebte, Verliebte, Katechetin, Lehrerin, Mutter. Oder sie beginnen mit nachempfindbaren Gefühlen wie Neid und Eifersucht oder auch Bewunderung. Von Jesus wollen sie wissen, was „der gute Teil" genau ist, und was das eine Notwendige ist, wie er die Rolle der Frau versteht und ob seine Bewertung des Verhaltens der beiden Frauen vielleicht von seinem eigenen besonderen

Sendungsbewusstsein abhänge und nur auf dieses zu beziehen sei. Was hält er von den damaligen und heutigen Gemeindeproblemen?
Diese Detailarbeit an einzelnen Szenen bzw. an Einzelerfahrungen der Teilnehmer soll durchgeführt werden mit Hilfe psychologischer und gruppendynamischer und historisch-kritischer Methoden. Sie dienen dazu die Bereitschaft des einzelnen Teilnehmers zu fördern, sich auf die Herausforderung der Reich-Gottes-Botschaft Jesu einzulassen, aber auch die ambivalente Spannung zwischen Glaube und Nicht-Glaube, Hoffnung und Zweifel, Liebe und Hass zu artikulieren und auszuhalten.
In der Reflexion werden deshalb Fragen besprochen, die sich auf die Aneignungsprozesse und ihre Bedeutung für die eigene Glaubenshaltung beim Lesen, Hören und Spielen beziehen.

c. Bibliodrama als „dramatische Auseinandersetzung"
Bei der dritten Grundform des Bibliodramas werden möglichst alle Aspekte einbezogen, die verbunden sind mit Akteuren, Kritikern, Evangelisten, Psychologen, Didaktikern, Wissenschaftlern und Supervisoren, Inhalten, Haltungen, Erkenntnissen, Erfahrungen, sowie andere Details.
Bei dieser Grundform wird neben der „erzählten Geschichte" auch die „Erzählsituation" ausdrücklich mit einbezogen. Das historisch-kritische Grundanliegen, den Text aus der Perspektive des Verfassers bzw. Redaktors zu verstehen, wird bei diesem Zugang voll und ganz respektiert. Alle anderen als wichtig erkannten Auslegungsfaktoren kommen ebenso zum Zuge und bilden mit den literaturwissenschaftlichen Faktoren den ganzen Umfang der Auslegung. Aus dem anfänglich lockeren Spiel wird meistens eine ernste Auseinandersetzung.
Die Exegese dieser Stelle lässt erkennen, dass auf der einen Seite die Übertragbarkeit der Problemlage dieser Perikope im analogischen Sinne durchaus angebracht ist, auf der anderen Seite jedoch auch noch eine Aktualisierung der Gemeindeprobleme sowie der Frauenfrage als ergänzende Interpretation hinzukommen muss.
Die Kommentare[3] weisen darauf hin, dass sich aus dem Kontext mit dem Samaritergleichnis (10, 25-37), dem Gebet des Herrn (11, 1-4), dem Gleichnis vom bittenden Freund (11, 5-8) und vom Vertrauen beim Beten (11, 9-13) schließen lässt, Lukas erzähle die Geschichte um die Bereitschaft zum Hören auf das Wort Jesu zu wecken (vgl. Ernst 1977). Andere sagen, es gehe um die Entfaltung der Lehre Jesu angesichts seines Todes; 10, 38 und 13, 22 seien literarische Einschübe, die seine Wegstationen nach Jerusalem markieren. Was die Historizität angeht, lässt sich behaupten: „Es ist gut möglich, dass die Erzählung in ihrem Kern auf historischen Erinnerungen beruht" (Ernst, 354). Es handelt sich um ein biographisches Apophthegma (Wiefel 1987).
Die Adressaten waren urchristliche Gemeinden mit wohlhabenden Frauen, die die Gemeinden finanziell unterstützten. In den lukanischen Gemeinden wurde die Geschichte von Marta und Maria tradiert, weil sie gleich mehrere Funktionen zu erfüllen hatte: 1. Es sollte die Stellung der Frau als gleichberechtigte Hörerin in der Kirche und als Jüngerin betont werden. 2. Der erste Teil des Hauptgebotes, du sollst den Herrn deinen Gott lieben, sollte veranschaulicht werden. 3. Es ging um die Heraushebung der Gastfreundschaft in den Missionsgemeinden. 4. Der Einsatz der Geschichte diente der vita contemplativa, dem Wortgottesdienst, dem Hören auf das Wort Gottes, der Sorge um

das Heil und das Reich Gottes gegenüber der vita activa, dem Liebesdienst, der Diakonie.
Eine Besonderheit ist, dass Jesus als lehrender Rabbi mit einer Frau als Schülerin dargestellt wird.
Im Bibliodrama werden Frauenemanzipation, feministische Theologie und Frauenordination als Stichworte der aktuellen Diskussion mit ziemlicher Sicherheit erwähnt, ohne deren Beachtung die Interpretation an der Sache, wie sie heute erscheint, vorbeiginge.
Methodisch gesehen kann man sich dem Text zunächst von außen nähern; eine Thematisierung der genannten Themen fällt nach meiner Erfahrung den meisten Teilnehmern dann nicht mehr schwer.
Es wird deutlich, dass der Text Lk 10, 38-42 reich an Tätigkeiten ist und in den Verben viel Bewegung zum Ausdruck bringt: weiter ziehen, kommen, aufnehmen, sich setzen, zuhören, für jemand sorgen, sich kümmern, jemand Arbeit überlassen, sagen, helfen, notwendig sein, das Bessere wählen, jemand etwas nehmen.
Diese Verben können wieder spielerisch und körpersprachlich erarbeitet werden. Ihre Reihenfolge sollte wie im Text gewählt werden. Um sie nachempfinden zu können kann eine Verbindung zwischen einem Verb (etwa „sitzen") und dem entsprechenden Substantiv (etwa „zu Füßen") sinnvoll sein.
Eine musikalische Darstellung der Verben durch Orff- Instrumente könnte den Teilnehmern das handelnde Nachempfinden erleichtern.
Eine weitere Möglichkeit ist die Video-Aufzeichnung einzelner Sequenzen, die als individuelle oder auch gruppenbezogene „Selbstbeobachtung" der späteren Reflexion dienlich ist.
Weitere methodische Zugänge seien nur kurz genannt: Malen, Musikbegleitung, thematische Collage einer Kleingruppe, Wort-Collage, schriftliche Wortassoziationen zu einzelnen Textsequenzen, „kleines Kunstwerk", beispielsweise pantomimische Standbilder, Spiel- und Musikszenen, bildnerische Werke.
Es können für die Auseinandersetzung unterschiedliche thematische Schwerpunkte gewählt werden: Das Dreiecksverhältnis Maria, Marta und Jesus; die Spannung zwischen der tüchtigen Hausfrau und der gebildeten Theologin; Jesu Verhältnis zu Frauen; Jesus als Mensch, als wandernder Weisheitslehrer und Prophet; das Problem Wortgottesdienst und Diakonie; die Stellung der Frau in der patriarchalischen Gesellschaft und Kirche; das Animus-Anima-Problem; Jesus der integrierte Mann; Maria und Marta vor und nach der Begegnung mit Jesus...
Ein Hauptbestandteil jedes Bibliodramas ist die Reflexion. Sie kann bei dieser Form besonders anspruchsvoll und manchmal auch schwierig werden, weil sie selbst das Drama ist, das sie besprechen soll, und weil die Teilnehmer deshalb unterscheiden müssen zwischen Vollzug der dramatischen Handlung und ihrer kritischen Besprechung; aus diesem Grund sind auch insgesamt drei Phasen zu unterscheiden, auf die die Leitung besonders zu achten hat:
a. Szenisches Spiel „Maria und Marta" auf der Ebene der Erzählung,
b. Auseinandersetzung zwischen allen an der Exegese beteiligten Gruppierungen (Akteuren, Exegeten...) möglichst in der Reihenfolge des Handlungsverlaufs,
c. Reflexion zur Gewinnung eines Standpunktes (Ablehnung, Zögern oder Aneignung).

d. Definition
Was ist also unter dem Bibliodrama zu verstehen? Bibliodrama ist eine didaktisch und exegetisch verantwortbare Methode der Bibelauslegung.
Didaktisch gesehen bilden die religiösen Lebensprobleme der Teilnehmer den Ausgangspunkt. In zunächst spontanen und intuitiven Identifizierungen mit biblischen Szenen und Personen sollen sie mit den Erfahrungen biblischer Glaubenszeugen verknüpft werden. Durch diesen synchronen Einstieg fördert es den Prozess der gemeinsamen Auslegung in der Gruppe mit dem Ziel eine gefühlsbetonte, lebensnahe und handlungsorientierte Begegnung mit dem Text zu ermöglichen.
Exegetisch gesehen ist das Bibliodrama eine Variante der Interaktionalen Bibelauslegung. Es erweitert das diachrone Verfahren, das den Text von seiner Entstehung her interpretiert, im didaktischen Interesse durch Spiel, Imagination und Reflexion zu einer umfassenderen und ganzheitlichen Auslegung. Der ganze Kreislauf des naiven, des anspruchsvolleren und des forschenden Verstehens soll auf diese Weise gefördert werden.
Durch begleitende Reflexionen, vor allem aber durch die Schlussreflexion, werden die Teilnehmer befähigt andere Auslegungskonzepte kritisch zu hinterfragen und über die Aneignung biblischer Inhalte selbst entscheiden zu können.

III. Bibliodrama und radikale Bibeldidaktik

1. Defizitäre Bibeldidaktik

Die in der konzeptionellen Entwicklung des Religionsunterrichts gewonnenen Kategorien (Verkündigung, Problemorientierung, Schülerorientierung, Korrelation, Erfahrungsbezug und Symbolsinn) sind mit Sicherheit aus Religionsunterricht, Katechese, und Bibelunterricht nicht mehr wegzudenken. Sie decken aber nur teilweise das ab, was heute unbedingt erforderlich ist, nämlich die Einbeziehung des ureigenen Lebensinteresses der Schüler durch ihre aktive Beteiligung am Geschehen der Textinterpretation.
Es ist der Respekt vor der selbständigen Schülerpersönlichkeit, seiner Motivation und Beziehungsfähigkeit, mit seiner ihm eigenen religiösen Bedürftigkeit und Gottessehnsucht, ohne die weder Zuwendung zu biblischen Texten noch ihre Aneignung möglich erscheinen.[4]
Hinzu kommt, dass der theologische Anspruch der Texte unverstanden bleiben muss, wenn man meint ihn ohne Einbeziehung der eigenen Lebenswelt der Schüler und ohne ihre aktive Beteiligung erschließen zu können.

2. Interaktionale Bibeldidaktik

Bei der theologisch-didaktischen Kritik an der relativen Wirkungslosigkeit der Textvermittlung wird heute neu die Notwendigkeit einer interaktionalen Bibelauslegung[5] entdeckt, nunmehr auch für den Schulunterricht, erst recht aber für Kinder-, Jugend- und Erwachsenenkatechese, weil in der Gemeinde mehr Zeit zur Verfügung steht. Es geht - radikal gesehen - nicht primär um Bibelvermittlung um jeden Preis und um ihrer selbst willen, sondern um drei ganz andere Ziele, denen die Bibelvermittlung zu dienen hat: 1. Den Menschen ein erfüllteres Leben zu ermöglichen und ihnen dazu das Angebot der Befreiung aus dem christlichen Glauben nicht vorzuenthalten. 2. Das christliche Angebot, im Medium der Bibel vorliegend, in lebensnahen und zugleich exegetisch verantwortbaren Weisen sich neu erschließen zu lassen. 3. Das didaktisch Mögliche zu tun, damit diese wechselseitige Erschließung auch gelingen kann. Dieser Ansatz widerspricht nicht der historisch-kritischen Exegese. Er wird ihr sogar voll gerecht, wie unten noch deutlicher aufgezeigt wird.

Bibeldidaktik will die biblische Tradition jungen Menschen erschließen, indem sie mit ihnen ins Gespräch zu kommen und im Gespräch zu bleiben versucht. Der Exegese geht es um das Verständnis der biblischen Texte hinsichtlich ihrer Syntax, Grammatik und Semantik. Letztere ist auf den Menschen in seinem Verhältnis zu Gott ausgerichtet; und Gott will als Dialogpartner den Menschen nahe sein. Fast alle Texte der Bibel sind in ihrer Semantik dialogisch angelegt und machen auch den heutigen jungen Menschen das Angebot sich im Dialog mit Gott von Gott ohne jede Einschränkung angenommen zu fühlen. Die Texte selbst haben eine kommunikative Struktur. Sie sind für einen kommunikativen Unterricht also bestens geeignet und erleichtern auf diese Weise dem Religionsunterricht und der Katechese die sonst so schwere Arbeit.

3. Anknüpfung an die Kommunikative Religionsdidaktik

Für den gruppendynamischen und zugleich (unterrichts)methodischen Aspekt des Themas ist u. a. auf die Erfahrungen mit der Themenzentrierten Interaktion (TZI) hinzuweisen, die grundlegend sind. Danach müssen das Ich (die individuellen Ansprüche des einzelnen Teilnehmers), das Wir (die Ansprüche der anderen und die Gruppenkohäsion) sowie das Es (die Sache bzw. der Text) gegeneinander und miteinander ausbalanciert werden. In den informellen Kleingruppen „bilden Einzelleser, Leserrunde und Text Pole einer Dreierbeziehung"[6].

Danach ist der unterrichtliche Prozess eine „Ausbalancierung" von persönlicher Lebensgeschichte, sozialer Situation und überliefertem Glauben. Es geht dabei nicht mehr nur um die Motivierung der Teilnehmer, die bereit gemacht werden sollen die biblische Botschaft aufzunehmen, sondern vielmehr um die Gestaltung, Vorbereitung und Planung von Gruppen- und Gesprächssituationen, in denen sich damalige und heutige Erfahrungen, Evangelium und heutiges Menschsein gegenseitig erschließen können (vgl. Funke 1985, 179).

So setzt dann auch die Kommunikative Religionsdidaktik beim globalen gesellschaftlichen Kontext und zugleich bei der sozialen Beziehungsdimension innerhalb der (Klassen-)Gruppe an, die sie als konstitutiv für die Zuwendung zur Sache und für ihre Aneignung betrachtet. Ein solcher Unterricht fordert und fördert soziales Lernen; ihm geht es um das Erlernen von kommunikativen Kompetenzen wie Toleranz und Akzeptanz, aber auch Identität und Solidarität. Diese Fähigkeiten decken sich zu großen Teilen mit der kommunikativen Struktur der zu vermittelnden Inhalte der Theologie. Denn die zentralen theologischen Inhalte, die Nächsten- und Gottesliebe, die Selbstoffenbarung Gottes in Jesus Christus, die Kirche als das Volk Gottes im consensus fidelium, haben in sich selbst und grundlegend dialogische Struktur. Auch die biblischen Texte sind in der Regel mitteilsame und auf Kommunikation angelegte Erzählungen, die wenigstens einen Erzähler und einen Hörer, also eine zum Verstehen des Sinnes der Erzählung geeignete Gemeinschaft, voraussetzen.

Unterrichtspraktisch sind Varianten des Bibliodramas zu entwickeln, die für die Schule und ihre Bedingungen besonders gut geeignet sind; noch gibt es dazu nur Einzelerfahrungen.

Es sind zunächst die oben genannten Ausdrucksübungen, das Training kommunikativen Verhaltens im Sinne des sozialen Lernens sowie die auf die Thematik des Unterrichts hinführenden körpersprachlichen Übungen zu nennen, die auf die Bibel und ihre Themen neugierig machen können.

Die kommunikative Religionsdidaktik beginnt mit der Frage nach der religiösen Lernausgangslage der Schüler und ihre Disponiertheit für das Evangelium vom Reich Gottes. Was fühlen, denken und wollen unsere SchülerInnen eigentlich und was brauchen sie? Was interessiert sie an der Bibel? Wie erfahren sie Religion, Glaube und Kirche? Wo kann ich als LehrerIn ansetzen? Exemplarisches Lernen legitimiert dann zur Auswahl kleiner Szenen, die bestimmte Fragen als religiöse Fragen erkennen lassen oder auf diese Fragen Antworten anbieten. Mut zur kleinen Szene ist das Stichwort für viele KatechetInnen und LehrerInnen, die mit dem Bibliodrama in der Schule beginnen wollen. Es muss nicht gleich die ganze Bibel erfasst werden. Das biblische Angebot an Lebensorientierung ist aber so unausschöpfbar reich, dass der auf Korrelation bedachte bibelkundige Katechet und Lehrer immer etwas findet und eigentlich nichts falsch machen kann. Wichtig sind gruppendynamische Vorerfahrungen für die KatechetIinnen und ReligionslehrerInnen, sonst artet das Bibliodrama schnell zu einer dramatischen Katastrophe aus; stimmen aber diese Voraussetzungen, so können zunächst die einfachen methodischen Zugänge zum Text der Bibel mit Hilfe der pragmatischen Exegese gewählt werden; auf die spontanen und naiveren Zugänge folgen dann die anspruchsvolleren bis zur kritischen Textananlyse. Dazu jetzt mehr.

IV. Bibliodrama und Exegese

Auszugehen ist heute von der Mehrdimensionalität der Bibelauslegung; es gibt nicht den einen Zugang, es gibt nur die vielen unterschiedlichen Zugänge zum biblischen Text, aus denen man auswählen muss um den Anforderungen der jeweiligen Auslegungssituation gerecht zu werden. Diese Mehrdimensionalität hat sich im Laufe der Geschichte entwickelt; die biblische Auslegung kann sein: Allegorisch - meditativ – linguistisch - struktural - materialistisch - feministisch - politisch und befreiungstheologisch - bibliodramatisch - heilsgeschichtlich - homiletisch - „katechetisch" zweckdienlich - historisch-kritisch - speziell-didaktisch (vgl. Berg 1991).

1. Historisch-kritische Exegese und das Bibliodrama

a. Wechselseitige Kritik und Ergänzung
Inzwischen wird das kritische Gespräch zwischen Exegese und Bibliodrama offen geführt.[7]
Noch 1990 erörtert beispielsweise Ulrich Bubenheimer unter hermeneutischem Aspekt die Spannung zwischen Subjektivität und Objektivität im Rezeptionsvorgang theologischer Texte und meint, dass „Historiker und Berufsexegeten [...] bislang kaum in die Diskussion mit dem Anliegen der Bibliodramatiker eingetreten [seien]" (Bubenheimer, 539). Zusammenfassend stellt er fest: „Aus der theologischen hermeneutischen Literatur ist mir kein Ansatz bekannt, der von einer anthropologisch-psychologischen Sichtweise her die Suche nach Objektivität und den Wunsch nach Subjektivität konsequent als zwei gleichberechtigte polare menschliche Grundbedürfnisse anerkennt" (Bubenheimer 1990, 538f). Inzwischen ist die Diskussion über diese Zusammenhänge in Gang gekommen; sie soll hier aus religions-didaktischer Sicht vorgetragen werden.
Im Sinne einer *radikalen Bibeldidaktik* - also einer solchen, die an der Wurzel der biblischen Verkündigung selbst ansetzt - lässt sich eine besondere Kritik an bestimmten Formen der Exegese nicht unterdrücken. Sie geht von positiven Erfahrungen mit dem Bibliodrama aus und findet, dass die Exegese einiges (noch) nicht leistet bzw. nur sehr zögernd aufgreift: die Aneignungsproblematik, die aus text- und kommunikationstheoretischen sowie sozialgeschichtlichen und pädagogischen Gründen zum Auslegungsprozess gerechnet werden muss, und die Beachtung psychologischer Textdeutung. Dies alles bisher zu wenig beachtet zu haben und dadurch auch dem Prinzip der Korrelation praktisch nicht gerecht geworden zu sein, muss kritisch gegen bestimmte Tendenzen in der Exegese aus bibeldidaktischer Sicht erhoben werden.
Die Kritik wird auch in umgekehrter Richtung von Exegeten am Bibliodrama vorgetragen. Das „Bibliodrama"[8] sei wissenschaftlich nicht abgesichert; seine Unsicherheiten und Risiken seien nicht zu verantworten; es werde zu viel herumexperimentiert. Mit dem „Bibliodrama" habe man bereits unterschiedliche und häufig auch schlechte bzw. enttäuschende Erfahrungen gemacht. Zudem wendet der historisch-kritisch arbeitende Exeget - meistens auf Grund solcher Erfahrungen - gegen das „Bibliodrama" ein, es sei unseriös und widerspreche seiner Methode.

Gibt es *Gründe gegen diese Gründe*, die eher auf eine gegenseitige Ergänzung schließen lassen?
Die schlechten Erfahrungen müssen nicht gegen die gute Sache sprechen. Wenn etwa in einem „Bibliodrama" persönliche Probleme unbearbeitet blieben und Teilnehmer ohne weitere Begleitung sich selbst überlassen wurden, dann hat der Gruppenleiter möglicherweise schlimme Fehler gemacht, die sich aber abstellen lassen; oder wenn Einzelerfahrungen im Plenum nicht angemessen berücksichtigt wurden, dann fehlten eventuell die entsprechenden Vorbereitungen in der Kleingruppe, Zivilcourage des einzelnen oder der entschiedene Einsatz der Leiters.
Zudem wurden durchaus auch *positive Erfahrungen* mit dem Bibliodrama gemacht, etwa als „Weg-Imagination"; dazu ist die besondere Chance zu betonen, die darin liegt, einen Bibeltext mit Wegmotiven (etwa die Emmausgeschichte) auf neue Art (der Auferstandene als nichtdirektiver Begleiter), auf einen bestimmten Aspekt konzentriert (etwa auf indirektive Methode) und erfahrungsorientiert (etwa in Verbindung mit der religiösen Erziehung) zu lesen.
Die Kritik benennt heute klar die Defizite und Ergänzungsbedürftigkeiten einer einseitigen Exegese und verweist auf das Bibliodrama als Beispiel für eine exegetisch legitime interaktionale Auslegung. In didaktischer Absicht ist das Bibliodrama in der Bibeldidaktik als eine katechetisch praktische Auslegungsform entwickelt worden, um den Zugang zur Bibel zu erleichtern und zugleich das Defizit der Exegese unter didaktischen Aspekten auszugleichen.[9]
Das Bibliodrama fordert also in *didaktischer* Absicht, die Ergebnisse der historisch-kritischen Exegese nicht nur zur Kenntnis zu bringen, sondern zugleich ihre Vermittlung und Aktualisierung in der Erziehungs- und Bildungsarbeit und in der religionspädagogischen Praxis gelingen zu lassen.
Bibliodrama ist - wie schon gesagt - eine Form der interaktionalen Auslegung oder der dialogischen Exegese, wie diese Auslegung auch genannt wird. Es konfrontiert jedoch nicht nur mit dem Text als Text, sondern auch mit dessen Botschaft, die zur Wirkung kommen soll.

b. Kritische Auswahl bibliodramatisch auslegbarer Texte
Es besteht das Problem, dass Situationsfremdheit bei alten Texten durch neue Methoden nur schwer überwunden werden kann; deshalb sollten zur Erreichung bestimmter didaktischer Ziele nur solche Texte ausgewählt werden, die mit aktuellen Situationen korrelierbar sind, da sonst die Zugangsprobleme unübersichtlich werden.
Die *Kriterien* für die Auswahl werden von den bibliodramatischen Möglichkeiten vorgegeben. Historisch fest an die unbekannten damaligen Verhältnisse gebundene Texte fallen aus, weil Erfahrungszusammenhänge nicht erschließbar sind. Bei der Entscheidung sind Erfahrungs- und Symbolaffinitäten, die sich im Text schon anbieten, als Anknüpfungspunkte zu nutzen.
Manchmal werden diese auch in unverhoffter Weise im Spiel selbst entdeckt. In einem Fall wurde die Wahl der schwierigen Erzählung von der „Heilung des Besessenen von Gerasa" (Mk 5, 1-20) durch den Einfall eines Mitspielers erleichtert, der aus persönlichen Motiven die Rolle des Vaters des verhaltensauffälligen jungen Menschen spielen wollte; ein anderer hatte in der Nacht einen Angst- und Befreiungstraum und wusste

am Morgen, dass er in diesem Bibliodrama die Jesusrolle übernehmen werde; der Text wurde trotz der bestehenden Schwierigkeiten gewählt. Hilfreich war zur Entscheidung noch die Information, dass die berichtete Begebenheit sich höchst wahrscheinlich so nie abgespielt haben kann. In umgekehrtem Sinn ist zu unserer Perikope „Maria und Marta" zu fragen, ob die wahrscheinlich historische Begegnung zwischen Jesus und den beiden Frauen in dem Dorf bei Jerusalem mit absolutem Vorrang vor allen anderen Rücksichten besonders geeignet sei im Bibliodrama nachempfunden und aktualisiert zu werden?

c. Exegese als Schutz vor Fehlinterpretationen
Dabei ist jedoch zu beachten, dass die historisch-kritische Exegese unbedingt heranzuziehen ist, wenn das Bibliodrama vor Willkür oder wilder Auslegung geschützt werden soll. Solche Willkür liegt beim Bibliodrama oft nahe, wenn Teilnehmer zur Allegorie greifen um ein Symbol direkt und subjektiv verbindlich zu deuten. Dagegen muss der Leiter die im Text liegenden und für die einzelnen Teilnehmer wichtigen Lebensbezüge herausstellen, die im Bibliodrama die Symboldeutung zu tragen haben und das Missverständnis fernhalten, als sei die aktuelle Auslegung eine allgemeingültige. Der rote Faden ist in den Evangelien die Frage, *wer ist dieser Jesus von Nazaret*, der von sich behauptet, aus der Nähe Gottes zu kommen, und an den schon die ersten Zeugen als an den von Gott gesandten Christus geglaubt haben? In dieser theologischen Linie der Evangelien steht auch die Geschichte von Maria, Marta und Jesus: wer ist er für dich? Der Freund, der Leidende, „der integrierte Mann", der Auferstandene, der von Gott gesandte Messias, der Herr, Sohn Gottes? Der Exeget wird im Bibliodrama darauf bestehen, dass die christologische Grundfrage nicht vergessen wird.

2. Pragmatische Exegese und Bibliodrama

In der Exegese werden heute die grammatischen und semantischen Aspekte immer noch stärker beachtet als die pragmatischen; sie hat primär ein philologisches Interesse, kümmert sich um Wort-, Satz- und Textanalyse und vernachlässigt die Adressatenprobleme weitgehend. Auslegung wird immer noch so praktiziert, als wäre die Wirkung auf die damaligen und heutigen Adressaten zweitrangig.
Pragmatische Exegese - und ebenso das Bibliodrama - fasst den ganzen sprachlichen Kommunikationsprozess ins Auge, in dem der Text selbst „lediglich" eine Zwischenstufe darstellt. Über den Text selbst hinaus will sie die Beziehung zwischen der Sprache des Textes, dem Benutzer der Sprache und insbesondere dem Adressaten der Sprache analysieren.[10]
Es ist hier für das Bibliodrama wichtig, dass diese Exegese die *Priorität der Synchronie vor der Diachronie* betont; sie wendet sich sowohl nach rückwärts als auch nach vorwärts, eben auf den gesamten Kommunikationsprozess, und erweitert so die in die Geschichte zurück gerichtete diachronische Vorgehensweise, die von der historisch-kritischen Exegese in der Regel bevorzugt wird; hinzu kommt die gleichzeitige Berücksichtigung möglichst aller Auslegungsfaktoren.

Die Auslegung umfasst auch die Beobachtung, dass im frühen Stadium der Textentstehung und -tradierung bereits eine *immanente Bibeldidaktik* wirksam war. Jesus selbst muss als Weisheitslehrer, und die neutestamentlichen Schriftsteller müssen als Lehrer und Didaktiker der Reich-Gottes-Lehre betrachtet werden. Waren sie es, so sind sie auch die Garanten heutiger Pragmatik und Didaktik. Diese Sichtweise erhält neue und triftige Begründung,[11] wenn das eine Notwendige, das Maria bereits hat, auch heute gelten soll.

3. Psychologische Aspekte des Bibliodramas

Vor allem die tiefenpsychologische Exegese teilt mit dem Bibliodrama einige Interessen, denn sie berücksichtigt im Auslegungsprozess die unbewussten Tiefenschichten und möchte durch Erinnerung und Bewusstmachung unbewusster Inhalte den Prozess der Selbstwerdung bzw. der Gotteserfahrung fördern. Beide gehen davon aus, dass die biblischen Texte Niederschläge des individuellen und kollektiven Unbewussten enthalten und deshalb etwas ansprechen, was vielen Menschen gemeinsam ist. Beide wollen „biblische Erfahrung in heutige um[...]setzen" (Kassel 1980, 10) und die symbolische Kommunikation mit den Prozessen der Menschwerdung fortführen, die in den Tiefenstrukturen der biblischen Texte grundgelegt ist. Das Bibliodrama geht allerdings einen Schritt weiter, weil sich auch die tiefenpsychologische Exegese gern mit der verbalen Interpretation begnügt;[12] dies ist jedoch eher ein Defizit. Konsequent wäre eigentlich eine gemeinsame Auslegung im Gruppenprozess.[13]
Neuerdings vertritt Bucher den Standpunkt, das Bibliodrama sei eine „mögliche Konkretisierung" der „Bibel-Psychologie"[14], da durch eigene Mittäterschaft biblische Geschichte angeeignet und dadurch wichtige Identifikationsprozesse angeregt würden (vgl. Bucher 1992, 174). Dies habe für die Exegese zur Folge, dass sie anerkennen müsse, „dramatische Neu-Inszenierung einer biblischen Geschichte führt immer auch zu einer neuen Interpretation" (ebd.). Ungewohnte Adressatensituationen zwangen auch die biblischen Autoren überlieferte Texte zu ändern und neu zu deuten um sie durch neue Redaktionierung den Adressaten wirkungsvoller vermitteln zu können.
Besteht nicht die *Gefahr der Psychologisierung* der Bibel? Beim exegetisch kontrollierten Bibliodrama besteht sie nicht. Es weiß die tiefenpsychologische Deutung kritisch einzuordnen und erblickt in ihr eine Bereicherung. Psychologischer Dilletantismus wird auf diese Weise gerade verhindert. Mit dem Effekt der Verfremdung gewohnter Bibeltexte lässt sich zudem im Bibliodrama dieser Gefahr gegensteuern. Etwa das bekannte Gleichnis vom „Zöllner und Pharisäer" könnte analog zu „Maria und Marta" dadurch verfremdet werden, dass die negativ empfundene Depressivität des Zöllners im dramatischen Spiel durch ein positives Gegenbild eines Menschen mit starkem Selbstwertgefühl, der sich von Gott gehalten und bejaht weiß, ersetzt würde. Dadurch kann das tiefenpsychologische Verfahren, Menschenpaare in der Bibel (Kain und Abel, Jakob und Esau u.a.) als Spannungsverhältnis in ein und demselben Menschen zu deuten, etwas relativiert werden. Aber auch die Zulassung soziologischer Aspekte kann die Psychologisierung verhindern helfen. Wenn gesagt wird: Zöllner und

Pharisäer, Maria und Marta führen in deiner Seele einen Kampf, dann erinnert die Exegese daran, dass beide auch in der Kirche vor Ort, in unserer Gemeinde, miteinander kämpfen; „der Kampf zwischen dem ‚Pharisäerhaften' und dem ‚Zöllnerhaften' findet in der Seele eines jeden Menschen statt, überall dort, wo Menschen zusammen sind, also auch in der Kirche."[15] Insofern macht die Exegese „dem Bibliodrama den Widerstand der biblischen Überlieferung gegen einen privatistischen ‚Gebrauch' bewusst" (Schramm 1987, 130).

4. Feministische Aspekte des Bibliodramas

Ein lange verdrängter Aspekt gewinnt in den letzten Jahren u.a. durch das Bibliodrama immer mehr an Bedeutung. Es ist die feministische Theologie, die die religiöse Selbsterfahrung von Frauen in der modernen Gesellschaft von der Bibel her auf bisher zu wenig beachtete Weise zu erschließen beginnt. „In der Geschichte von Maria und Marta lässt sich auch über die geschichtlichen Zeiträume hinweg relativ leicht ein Grundproblem weiblicher Selbstverwirklichung erkennen. Marta und Maria kann es in jeder Frau geben, mit stärkerem Akzent teils auf dem Marta- und teils auf dem Mariatyp."[16] Im Bibliodrama wird unsere Perikope zur „Schattengeschichte" der Gesellschaft, die so gelesen werden kann, dass Marta, die moderne und aktive, aber unbewusst abhängige und letztlich an ihre Aktivität ausgelieferte Frau, im Zentrum steht, die in der Figur der stillen aber emanzipierten, zum Dialog bereiten und selbstbewusst über den Dingen stehenden Maria ihren eigenen Schatten verarbeitet. Wird diese Szene im Bibliodrama mit gemischten Gruppen gespielt, fällt vor allem den Männern auf, dass hier der Schatten (Maria) - so gesehen - nichts Negatives hat, er ist ein positiver Schatten; es wird dann erarbeitet, dass Marta und mit ihr all die Marta-Frauen in Gesellschaft und Kirche ihren Schatten eigentlich voll ausleben sollten, da sie ihn bisher unterdrückt haben. Das, was Maria schon lebt und was ihr nicht mehr genommen werden kann, gehört zum vollständigen Menschwerden all der Marta-Frauen in unserer Gesellschaft.
Im Bibliodrama liegt also auch die Möglichkeit in einer androzentrischen Kultur wie der unseren eine gesellschaftskritische Funktion wahrzunehmen.

V. Fazit

1. Ergebnisse

a. Allgemeines Ergebnis:
Das Bibliodrama hat sich als eine Methode entwickelt, die der subjektiven Religiosität Raum lässt und zugleich die für die mitmenschliche Kommunikation und die öffentliche Kultur wichtige Vermittlung einer „belastbaren Solidarität"[17] fördern hilft.

b. Ergebnis für die Katechese:
Aus dem Gesagten ergibt sich, dass das Bibliodrama für alle Lebensalter eine heute äußerst wichtige und kaum zu ersetzende katechetische Form der Begegnung des Menschen mit dem biblischen Anspruch darstellt sein Leben mit Gott zu wagen. Denn es bezieht den ganzen Menschen mit seinen kleinen, ihm selbst aber wichtigen Lebensproblemen mit ein in das große Drama der menschlichen Geschichte als Heilsgeschichte mit Gott.

c. Ergebnis für den Religionsunterricht:
Insbesondere deshalb, aber auch aus didaktischen Gründen, kann das Bibliodrama für den Religionsunterricht in der Schule nicht einfach ignoriert oder wegen Zeitknappheit abgewiesen werden.[18] Seine kommunikative Struktur stellt sogar jeden Religionsunterricht in Frage, der den kommunikativen Austausch zwischen den Beteiligten, dem Text und den gruppendynamischen Anforderungen im unterrichtlichen Geschehen nicht genügend beachtet. In elementarisierter Form ist es insofern auch schulisch nicht nur einsetzbar, sondern sogar unverzichtbar. Es entspricht mit seinen schulischen Varianten allen wesentlichen Aspekten der Kommunikativen Religionsdidaktik.

2. Forderungen

a. Aus den oben genannten Gründen sollten methodische Experimente mit elementaren Formen des Bibliodramas in verschiedenen Praxisfeldern - insbesondere aber im Religionsunterricht - durchgeführt werden. Gefordert ist von den Verantwortlichen in der Aus- und Fortbildung von Religionslehrern, neue und Lehrer und Schüler ansprechende Kurzversionen des Bibliodramas zu erproben und didaktisch kritisch zu reflektieren. Dies müsste zum Grundbestand der Aus- und Fortbildung in Exegese und Didaktik gerechnet werden. Praktische bibeldidaktische Studien (Reflektierte Schulpraktika) finden hier ihre Ergänzung durch wissenschaftlich-exegetische Begleitung (Vorlesungen und Seminare), und die exegetische Theorie erfährt eine praktische Kontrolle.[19]
b. Exegese, Didaktik und Bibel-Psychologie können dazu beitragen dass thematisch und symboldidaktisch brauchbare und für die Durchführung von Bibliodramen verwendbare Bibeltexte bereitgestellt werden. Sie müssten für bestimmte Peronengruppen nach den Kategorien Alter, Erfahrungsthematik und interaktionale Verwendbarkeit angeboten werden. Im Laufe der Zeit entstehen dann vielleicht Erfahrungsberichte, die anregen bestimmte Texte entweder aus exegetischen oder didaktischen Gründen lieber nicht zu wählen, andere, die nichts herzugeben scheinen, nachdrücklich zu empfehlen, weil sie sich bereits gut bewährt haben.
c. Handlungsanweisungen für die Praxis sollen hier nicht gemacht werden; es lohnt sich, nach einer gründlichen Ausbildung in Exegese und Religionsdidaktik einfach die Konsequenzen zu ziehen und eine Katechese oder einen Unterricht zu gestalten, der den Schülern, dem Text und den gruppendynamischen Anforderungen gerecht wird; was dann dabei heraus kommt, ist mit ziemlicher Sicherheit: Ein Bibliodrama.

Literatur

Andriessen, Herman/ Derksen, Nicolaas: Lebendige Glaubensvermittlung im Bibliodrama. Eine Einführung, Mainz 1989.

Berg, Horst Klaus: Hören - Verstehen - Vermitteln. Auf dem Weg zu einer integrativen Bibeldidaktik, in: KatBl 6/1989, 388-396.

Ders.: Ein Wort wie Feuer. Wege lebendiger Bibelauslegung, (Hdb. des biblischen Unterrichts Bd. 1) München/Stuttgart 1991.

Ders.: Grundriss der Bibeldidaktik. Konzepte Modelle Methoden, (Hdb. des biblischen Unterrichts Bd. 2) München/Stuttgart 1993.

Berg, Sigrid/ Berg, Horst Klaus: Interaktionale Bibelarbeit, in: KatBl 4/1989, 428-432.

Bubenheimer, Ulrich: Bibliodrama - Selbsterfahrung und Bibelauslegung im Spiel, in: Baumgartner, Isidor (Hg.): Handbuch der Pastoralspychologie, Regensburg 1990, 533-545.

Bucher, Anton A.: Bibel-Psychologie. Psychologische Zugänge zu biblischen Texten, Stuttgart/Berlin/Köln 1992.

Dormeyer, Detlev: Die Bibel antwortet. Einführung in die interaktionale Bibelauslegung, München/Göttingen 1978.

Ders.: Wege des charismatischen Wanderlehrers und Wanderpropheten Jesus von Nazaret in Palestina, in: Angenendt, Arnold/ Vorgrimler, Herbert (Hg.): Sie wandern von Kraft zu Kraft. Aufbrüche, Wege, Begegnungen (FS Bischof Reinhard Lettmann), Kevelaer 1993a, 73-90.

Ders.: Erinnerung, Erzählung, Interaktion. Zum Konflikt des charismatischen, prophetischen Weisheitslehrers Jesus mit seinem Heimatdorf Nazareth (Mk 6,1-6a), in: Peters, Tiemo Rainer u.a. (Hg.): Erinnern und Erkennen. Denkanstöße aus der Theologie von Johann Baptist Metz (FS J. B. Metz), Düsseldorf 1993b, 85-94.

Drewermann, Eugen: Missverständnisse und Irrwege der Wunderauslegung, in: KatBl 6/1989, 408-413.

Feil, Ernst: Der christliche Glaube - unverändert und unverkürzt für die ganze Welt? Zum neuen „Katechismus der katholischen Kirche", in: Stimmen der Zeit 9/1993, 579-593.

Fittkau, B./ Müller-Wolf, H.-M./ Schulz von Thun, F.: Kommunizieren lernen (und umlernen). Trainingskonzeptionen und Erfahrungen, Braunschweig 1977.

Frankemölle, Hubert: Biblische Handlungsanweisungen. Beispiele pragmatischer Exegese, Mainz 1983.

Funke, Dieter: Glaubensgesprächskreise in der Gemeinde. Ein Modell nach TZI, in: Erfahrungen lebendigen Lernens. Grundlagen und Arbeitsfelder der TZI, Mainz 1985, 168-179.

Hilger, Georg/ Niehl, Franz Wendel: ...und Jakob hinkt. Bibelarbeit als offener Prozess, in: KatBl 6/1989, 397-403.

Hochgrebe, O./ Meesmann, M. (Hg.): Warum versteht ihr meine Bibel nicht?, Freiburg 1989.

Kassel, Maria: Biblische Urbilder. Tiefenpsychologische Auslegung nach C. G. Jung, München 2/1980.

Dies.: Sei, der du werden sollst. Tiefenpsychologische Impulse aus der Bibel, München 1982.

Kertelge, K. (Hg.): Metaphorik und Mythos im NT, Freiburg 1990.

Kiehn, Antje (Hg.): Bibliodrama, Stuttgart 1/1987, 2/1989.

Kollmann, Roland: Zöllner und Pharisäer. Ansprache...zu Drewermanns Bibeldeutung, in: *Fleckenstein, Wolfgang/ Herion, Horst:* Lernprozesse im Glauben (FS Paul Neuenzeit), Gießen 1991.

Kubik, Wladyslaw: Situation und Konsequenzen für die Katechese in Europa, in: Dokumentation des Europäischen Katechetischen Kongresses 1993, 61-66.

Laeuchli, Samuel: Das Spiel vor dem dunklen Gott. ‚Mimesis' - ein Beitrag zur Entwicklung des Bibliodramas, Neukirchen 1987.

Leinemann, Barbara: Bibliodrama und christliche Identitätsbildung (unveröffentlichtes Manuskript), Trier 1990.

Martin, Gerhard Marcel: Art.: Bibliodrama, in: Evangelisches Kirchenlexikon. Internationale theologische Enzyklopädie, I3, Sp. 487f (1985).

Ders.: Das Bibliodrama und sein Text, in: Evangelische Theologie 45/1985, 515-526.

Ders.: Mehrdimensionaler Umgang mit der Bibel in Handlungsfeldern der Praktischen Theologie, in: Verkündigung und Forschung 31/1986, 34-46.

Meier-Bogge, M./ Zeeden, Th./ Unverdorben, M.: Kain und Abel im Schullandheim. Bibliodrama mit Schülern der Klasse 13, in: Forum Religion 15/1989, Heft 4, 17-21.

Michaelis, M.: Bibliodrama - Spiele zu biblischen Texten und Themen, in: KatBl 111 (1986), 643-647.

Münchener Neues Testament (hg. v. Hainz, Josef), Düsseldorf 3/1991.

Linke, Michael: Religionsunterricht und Exploration von Alltagserfahrung. Was nützt es, Schülern zuzuhören? In: RpB 25/1990, 92-109.

Otto, Gernot: Gottes Reich entdecken. Biblische Geschichten erleben und gestalten, (GTB 645) Gütersloh 1989.

Petzold, Klaus: Theorie und Praxis der Kreativität im Religionsunterricht. Kreative Zugänge zur Bibel in Hauptschulen, Frankfurt a.M. 1989.

Schmitt, Karl-Heinz: Zur Gemeindekatechese in der Bundesrepublik Deutschland. Konzeptionelle Entwicklung und künftige Aufgaben, unveröffentlichtes Vortragsmanuskript beim Deutsch-Italienischen Treffen der Religionspädagogen, Benediktbeuern 1993.

Schmitz, Stefan: In Menschen der Bibel sich wiederfinden. Tiefenpsychologische Zugänge, (Walter) Olten 1988.

Schulz von Thun, Friedemann: Miteinander reden. Störungen und Klärungen. Allgemeine Psychologie der Kommunikation, Hamburg 1/1981.

Veit, Marie: Alltagserfahrungen von Jugendlichen, theologisch interpretiert, in: JRP 1 (1985), 3-28.

Warns, Else Natalie: Bibliodrama - Spielprozesse zu biblischen Texten, in: Der Evangelische Erzieher 35/1983, 286-299.

Warns, Else Natalie/ Fallner, Heinrich (Hg.): Bibliodrama als Prozess. Leitung und Beratung, Bielefeld 1994.

Wink, Walter: Bibelauslegung als Interaktion. Über die Grenzen historisch-kritischer Methode, Stuttgart 1976.

Zulehner, Paul M.: Zur Lage des Christentums in Europa, in: Dokumentation des Europäischen Katechetischen Kongresses 1993, 40-60.

Anmerkungen

[1] Zwei Bibelverständnisse prallten aufeinander, mein eigenes, das sich weiterentwickelte, und das andere, das ich auch später als Lehrer bei allen Altersgruppen antraf; es stand in krassem Widerspruch zu dem in der wissenschaftlichen Ausbildung Gelernten: die wort-wörtliche, naiv unreflektierte Textauslegung, die aus tiefer Glaubensüberzeugung jede historische Aufklärung nicht an sich heranlässt. Auch hatten viele Prediger und vor allem Beichtväter die Exegese noch nicht angenommen und pastoral umgesetzt, vielleicht auch nicht verstanden; biblische Texte dienten entweder zur frommen Betrachtung oder als Beleg für den Katechismus. Viele (katholische) Christen lernten auswendig, was sie nicht verstanden; es ging an ihrem Leben vorbei, oder sie litten unter dem moralischen Druck, der insbesondere auf sexuellem Gebiet durch Bibelzitate verstärkt wurde.

Gespräche mit jungen Erwachsenen, die in den 70er und 80er Jahren Teilnehmer am Religionsunterricht waren, bestätigen, dass den Bibelunterricht der Lebensbezug gefehlt hat. Problemorientierte, bibelkundliche und exegetische Reste stehen in ihrer Erinnerung heute unvermittelt nebeneinander.

Paradoxerweise war die Exegese als Wissenschaft längst anerkannt und etabliert; aber sie schwebte über den Köpfen der Katecheten und Religionspädagogen. Wie sollte den ernsthaft an der Bibel Interessierten bei ihren Zweifeln an der historischen Echtheit biblischer Geschichten, bei dem damit verbundenen Verlust der Bedeutsamkeit der Texte für das eigene Leben geholfen werden? Ohne darauf einzugehen, verschanzten sich die meisten Exegeten - bis auf wenige Ausnahmen - für viele Jahre hinter ihren literaturwissenschaftlichen Methoden; die Lebensprobleme überließen sie den praktischen Theologen und Religionspädagogen.

[2] Dies wollen auch Andriessen und Derksen mit ihrem (stärker als hier) pastoraltheologisch ausgerichteten Bibliodrama-Modell: „Bibliodrama, wie wir es praktizieren, hat sich das Ziel gesetzt, gläubigen Menschen zu helfen, in ihrem persönlichen Glauben und in ihren Glaubensbeziehungen mehr Klarheit zu gewinnen" (Andriessen/Derksen 1989, 21). Hier geht es um die didaktische Struktur des Bibliodramas, also seine Bedeutung für Katechese und Religionsunterricht und um die Klärung der Voraussetzungen für eine entsprechende Umsetzung.

[3] Ernst, Josef: Das Evangelium nach Lukas, in: Kuss, Otto (Hg.): Regensburger Testament, Regensburg 1977, 353-356; Schmidt, Josef: Das Evangelium nach Lukas, in: Kuss, Otto (Hg.): Regensburger Testament, Regensburg 1955, 195f; Schweitzer, Eduard: Das Evangelium nach Lukas, in: Friedrich, Gerhard (Hg.): Das NT deutsch, Band 3, Göttingen 19/1986, 123f; Wiefel, Wolfgang: Das Evangelium nach Lukas, in: Theologischer Handkommentar zum NT Band 3, Berlin 1987, 211-213

[4] Das ‚Vorverständnis' des Lesers oder Adressaten eines Textes „reguliert" nach dem Prinzip des hermeneutischen Zirkels die Wahrheitserkenntnis. Der Exeget müsste zulassen, dass der Religionspädagoge zusätzlich zu den literaturwissenschaftlichen Methoden weitere und vor allem psychologische Methoden einsetzt, die das Vorverständnis beschreiben helfen. Denn auch dem Exegeten müsste an einer wirkungsvollen Interpretation um der Wahrheit willen gelegen sein. Gegen jeden historisch-kritischen Reduktionismus muss theologisch und didaktisch darauf bestanden werden, dass „Gottes Wort im Menschenwort" bedeutet: Wirkliche Gottesbegegnung bringt psychische Wirklichkeit zum Ausdruck, und zu ihrer Auslegung sind psychologische Methoden erforderlich (vgl. Schmitz 1988, 190-203).

[5] Eine erste Veröffentlichung zur Interaktionalen Bibelauslegung hat Detlev Dormeyer bereits 1978 vorgelegt. Darin betont er unter dem Aspekt des Bibellesens, dass „biblische Erzählungen [...] grundsätzlich vom Alltagswissen des Lesers angeeignet [werden]. Aber ob sie dort als eine eigene Lebenswelt isoliert werden und in ihrem theologischen Anspruch unverstanden bleiben, oder ob sie auf die Bereiche der alltäglichen Erfahrungen aufgebrochen werden, ist das eigentliche Problem des Bibellesens" (Dormeyer 1978, 71); vgl. Dormeyer 1993b, wo Interaktionale Bibelauslegung am Beispiel Mk 6, 1-6a ausgeführt wird; vgl. auch Berg 1991, 169-195, der Gen 4,1-16 und Mk 5,1-20 beispielhaft interaktional auslegt.

[6] Dormeyer 1993b, 88, der noch ergänzt, dass in den einzelnen Interpretationsphasen jeweils ein Pol dominiert: in der Spontanphase der einzelne, in der Verstehensphase das Aushandeln der Auslegungsregeln in der Gruppe, in der Forschungsphase der Text und seine Bedeutung in kritischer Sicht.

[7] Vgl. den hier einschlägigen Beitrag von Tim Schramm 1987, der das Bibliodrama als notwendige Ergänzung der Historisch-Kritischen Exegese ansieht. Aus sozialgeschichtlicher Perspektive vertritt er den Standpunkt einer selbstkritischen Exegese, die sogar zum Bibliodrama ermutigt (Schramm 1987, 127). Dormeyer und Berg reflektieren als Exegeten den Zusammenhang Exegese und Bibliodrama immer mit. Beide favorisieren die Interaktionale Auslegung auch für alle Auslegungssituationen, also auch die Schule, halten sich aber in der Frage Bibliodrama und Religionsunterricht zurück (vgl. Berg 1991, 185). Im Zentrum ihres Interesses steht die Interaktionale Exegese. In dieser Lage ist auf die didaktische Klammer zwischen Exegese und Bibliodrama aufmerksam zu machen.

[8] „Bibliodrama" wird hier in Anführung geschrieben, weil es den anerkannt definierten Begriff noch nicht gibt, und weil die wilden Formen gemeint sind, gegen die sich die Exegeten mit Recht zur Wehr setzen.

[9] Hier meldet die Religionsdidaktik ihren Anspruch an die historisch-kritische Exegese aus didaktischer Verantwortung kritisieren und ergänzen zu können. Insofern stellt sie auch Ansprüche an die exegetische Auslegungsform, da diese auf Grund einer streng literaturwissenschaftlichen Methodenanwendung die Praxisbezüge zunächst ausklammern muss um sagen zu können, was der Text von seiner Entstehung her bedeutet.

[10] Vgl. Frankemölle vertritt als Exeget den Standpunkt, die pragmatische Dimension habe größeres Gewicht als die syntaktischen und die semantischen Dimensionen; für ihn „[heißt] biblische Texte pragmatisch verstehen, ihre pragmatische Intentionalität für die damaligen Hörer und für uns heute neu aufzudecken" (Frankemölle 1983, 12 u. 18). Zur Begründung wird aufgezeigt, dass erst im pragmatischen Zugehen und Auslegen der Text in seiner kerygmatischen Ausrichtung ernst genommen werden kann; der Text wird so im Sinne des verkündigten Inhalts bezogen auf das Handeln der Angesprochenen.

[11] Vgl. Dormeyer, Detlev: Wege des charismatischen Wanderlehrers und Wanderpropheten Jesus von Nazaret in Palestina, in: Angenendt, Arnold/ Vorgrimler, Herbert (Hg.): Sie wandern von Kraft zu Kraft. Aufbrüche, Wege, Begegnungen (FS Bischof Reinhard Lettmann), Kevelaer 1993, 73-90.

[12] Hier ist auf das tiefenpsychologisch exegetische Verfahren Eugen Drewermanns zu verweisen, das sich auf das geschriebene und gesprochene Wort beschränkt und auf die aktionalen Möglichkeiten, die das Bibliodrama bietet, verzichtet. Aus religionsdidaktischer Sicht muss zudem kritisch seine Verabsolutierung der tiefenpsychologischen Exegese kritisiert werden, die die unaufgebbaren Errungenschaften der historisch kritischen Exegese und der humanistischen Psychologie verkennt.

[13] Vgl. den Ansatz von Maria Kassel, die in Theorie und Praxis den tiefenpsychologisch exegetischen Ansatz im didaktischen Interesse interaktional umsetzt, Kassel 1982, bes. 156-160.

[14] In Anlehnung an die bekannten kognitionspsychologischen Stufentheorien und in kritischer Distanz zur unreflektierten Anwendung tiefenpsychologischer Erkenntnisse hat Bucher seine Bibel-Psychologie entwickelt (vgl. Bucher 1992). Er fordert eine stärkere Beachtung sozialpsychologischer und empirischer Ansätze. Der Schlussakkord seines Buches ist das Bibliodrama, das für ihn allerdings vor allem für die Erwachsenenbildung reserviert bleibt (vgl. ebd. 174).

[15] Kollmann 1991, 142; exemplarische Darstellung der tiefenpsychologischen Exegese von Drewermann mit einer zusätzlichen Übertragung auf die kirchlich soziologische Ebene; vgl. zur psychologischen Deutung dieser Stelle Schmitz 1988, 70-98, der das Gleichnis in Auseinandersetzung mit Karlheinz Sorger deutlich tiefenpsychologisch auslegt. Es sei im wesentlichen eben nicht ein Abbild einer „historischen Wirklichkeit"; „der Text ist vielmehr als bildhafte Vergegenständlichung innerer, seelischer Sachverhalte und Vorgänge aufzufassen" (88). Zur Erweiterung auf die soziologische Ebene: Die Allianz zwischen Religionspädagogik, Exegese und Tiefenpsychologie muss kritisch offen gehalten und daraufhin hinterfragt werden, ob sie die individualpsychologische Sicht nicht zu eng führt und die in der Exegese selbst sowie beim Bibliodrama entdeckten gesellschaftskritischen, soziologischen, sozialpsychologischen sowie befreiungstheologischen Aspekte nicht zu sehr vernachlässigt. Sie muss aus der Sicht der Religionsdidaktik auf der unteren Ebene u.a. wenigstens gruppendynamisch und sozialpsychologisch ansetzen und könnte damit auch eine Verbindung herstellen zu Ergebnissen aus der materialistischen Bibelinterpretation (vgl. Belo, F.: Das Markusevangelium materialistisch gelesen, Stuttgart 1980).

[16] Kassel 1982, 35, vgl. auch die kirchenkritische Relevanz dieser Sicht: Es geht um die „Vorbildfunktion, die Kirchenmänner diesen beiden biblischen Frauen in der Kirche immer wieder aufgezwungen haben, um den Frauen in der Kirche ihren bescheidenen Platz und ihre dienende Stellung zuzuweisen" (29); vgl. auch die Sicht der Person Jesu als ein Mensch, der seine unbewussten Anteile integriert hat und nun einen starken Einfluss hat auch auf andersgeschlechtliche Menschen; „unsere

Geschichte ist ein Beispiel dafür, dass eine Frau durch den Mann Jesus ihre Möglichkeit zu vollerem Frausein erkennt" (34f).

[17] Vgl. Zulehner 1993, 55, für den „belastbare Solidarität am ehesten in jenem Personenkreis anzutreffen [ist], der ein hohes Freiheitsvermögen mit einem niedrigen Belohnungsstreben verbindet, der über den Tod hinaushofft und dem die Gnade gegeben ist, in Gott ein festes Dach über seiner Seele zu finden" (ebd.).

[18] Auch Bubenheimer vertritt diese Meinung. In den 45-Minuten-Einheiten oder Doppelstunden des Religionsunterrichts müsse „das Bibliodrama anfänglich auf die Arbeit mit kurzen bibliodramatischen Elementen reduziert werden. Ein regelmäßiger Einsatz solcher Elemente führt jedoch bald zu einer Vertrautheit der Schüler mit den Methoden, was wiederum die inhaltliche Ergiebigkeit und Intensität des Prozesses steigert. Bei einigem Training der Schüler und guter Kooperation des Lehrers mit den Schülern lassen sich nach meiner Erfahrung bibliodramatische Prozesse auch über mehrere Einzelstunden hinweg weiterführen" (Bubenheimer 1990, 544).

[19] Hinweise zur Umsetzung des Bibliodrama in Aus- und Fortbildungssituationen bei Bubenheimer 1990, 543 ff. Vgl. auf den Religionsunterricht bezogen auch Kubik 1993, 65: „Es ist dringend nötig, den Religionsunterricht dahingehend zu modifizieren, dass er Grundlagen zur selbständigen und ‚textgerechten' Lektüre der Bibel vermittelt. Theoretisch scheint dieser Ansatz keine Probleme mehr zu bereiten, seine praktische Umsetzung geht jedoch nach wie vor sehr mühsam vonstatten." Neuerdings auch bei Warns/ Fallner (1994), deren Vorschläge nach Erstveröffentlichung dieses Beitrages erschienen sind (vgl. vor allem 191-204).

Psychisch krank und zufrieden mit dem Leben?
Gesundheitsamt Dülmen, 4. XII. 1996

Voraussetzungen

Es handelt sich um zwei Gruppen psychisch Kranker, die vom Sozialamt der Stadt Dülmen betreut werden. Diese Menschen haben fast alle wegen Schizophrenie eine langjährige psychiatrische Behandlung hinter sich, befinden sich inzwischen in relativ stabilem Zustand und treffen sich in diesen Gruppen zum Zweck ihrer Rehabilitation. Mir sind die beiden Gruppen nicht bekannt. Ich kenne lediglich die beiden Sozialarbeiterinnen, die mich als Theologen und Religionspädagogen eingeladen haben, die Gespräche fortzusetzen, die bisher mit einem Arzt, einem Pädagogen und einem Juristen stattfanden.
Beide Gruppen treffen sich, nachdem sie sich zuvor über einige Fragen geeinigt haben, die sie mit den Referenten besprechen möchten. Mir wurden die folgenden Fragen zwei Wochen vor dem Gespräch zugestellt.

Fragen der Teilnehmer an den Referenten

- Wie kann ich in einer Lebenskrise den Mut und die Hoffnung nicht verlieren oder wiedergewinnen?
- Wie kann ich mit meinen Ängsten umgehen - Angst vor einem Rückfall, Angst vor dem Alleinsein, Angst vor dem Tod der Eltern, Angst sich das Leben nehmen zu wollen, Angst allein nicht mehr klarzukommen (Zukunftsängste)?
- Wie kann ich im Glauben Kraft finden, mit der Krankheit fertig zu werden?
- Inwieweit bestimmt Gott, ob ich psychisch krank werde, inwieweit bestimmt er mein Leben?
- Kann man durch Glauben und Beten zu einem zufriedenen Leben kommen?
- Was ist die Seele (seelische Erkrankung)?
- Wie würden Sie einem kranken Menschen Mut zusprechen?
- Warum hat die Gesellschaft eine negative Einstellung gegenüber dem psychisch Kranken?
- Viele Kranke haben religiöse Wahnideen. Was denken Sie darüber?
- Was ist der Sinn des Lebens?

Planung

Ziel ist das Gespräch (kein Vortrag) als Versuch einer gemeinsamen Beantwortung der Fragen (ohne Seminaratmosphäre). Die Teilnehmer sollen spüren, dass auch der Referent angesichts dieser Fragen ein Suchender ist wie sie. Vollständigkeit soll deshalb nicht angestrebt werden. Wichtiger ist die Gestaltung einer Gesprächssituation, in der sich jede Teilnehmerin und jeder Teilnehmer ernstgenommen fühlen und den Mut finden können, sich zu äußern. Deshalb übernehme ich die Rollen des Erzählers und des Moderators, der das Gespräch anstößt und die Ergebnisse zusammenfasst.
Inhaltlich soll das Gespräch geführt werden nicht auf der Ebene des rationalen Diskurses, sondern auf der Ebene des emotional-symbolischen Verstehens als gemeinsame Verständigung über die Deutung eines Symbols. Ausgewählt wurde die Symbolgeschichte vom geheimnisvollen Korb (vgl. H. Halbfas, Lehrerhandbuch 1986), die für viele Deutungen offen ist und zahlreiche Gesprächsanlässe bietet. Dabei ist darauf zu achten, dass nicht „über" das Symbol, sondern „im" Symbol gearbeitet wird. Je nach Situation sollen Erfahrungsbezüge zum Leben der Teilnehmer und zu den vorformulierten Fragen hergestellt werden.
Methodisch empfiehlt es sich neben der erzählten Geschichte vom geheimnisvollen Korb auch noch zur visuellen Unterstützung vier Dias (von Relindis Agethen) und eventuell das Stuhltheater einzusetzen als zusätzliche Anregung zur szenischen Erarbeitung der Geschichte, zur spielerischen Einbeziehung eigener Krisen- und Muterfahrungen sowie zur Mitteilung persönlicher religiös-theologischer Lebensdeutungen. Dazu müssen vier leere Stühle in der Mitte der Sitzrunde bereitstehen. Die halbkreisförmige Sitzrunde ist auf die Projektionswand gerichtet. Der Diaprojektor ist vorbereitet.

Ablauf

- Persönliche Begrüßung.
- Raumgesaltung und Sitzordnung im Halbkreis. Vier freie Stühle in der Mitte mit Hinweis auf kleines Stuhltheater, das ganz leicht zu spielen ist und den Abend etwas auflockern soll.
- Aufbau des Diagerätes mit Ankündigung von 4 Dias zu einer Geschichte, die sich auf die Fragen der Teilnehmer bezieht.
- Nennung der Fragen und Eingeständnis, dass auch der Theologe nicht alle Antworten weiß. Er hat aber Geschichten, in denen die Antworten verborgen sind.
- Beginn der Geschichte vom geheimnisvollen Korb. Genaue Bildbetrachtung: Das Gesicht des Hirten zwischen den goldenen Hörnern der Kuh, der volle Euter). Teilnehmer bringen Beispiele zu guten und schlechten Lebenserfahrungen, setzen sich auf den leeren Hirten-Stuhl: „Mir geht es gut, wenn die Kühe genug Milch geben, [...] wenn ich keinen Rückfall kriege" und „Mir geht es schlecht, wenn die Kühe keine Milch mehr geben, [...] wenn ich einen Rückfall kriege". Ein Teilnehmer sagt zum er-

sten Bild: „Der Hirt sieht ja gut aus, aber zwischen den spitzen Hörnern der Kuh kriegt auch der noch seine Krise."
- Freies Erzählen der Geschichte zu den Bildern mit Bezug zu den Fragen. Etwa: „Worin besteht der Sinn seines Lebens?" Teilnehmer: „Er muss noch lernen, mit Krisen umzugehen, auch mit der Angst." Teilnehmer: „Ob er das schafft, was wir schon hinter uns haben?"
- Einbeziehung der Teilnehmer und Aufnehmen ihrer Äußerungen: „Meine Probleme liegen im Augenblick woanders." Moderator: „Wo liegen denn Ihre Probleme im Augenblick?"
- Gezielte Kombination von Bildbesprechung, Stuhltheater und situativer Beantwortung der Fragen (s.o.).
- Stuhltheater und die Stühle:

Der Rinderhirt: Kühe geben keine Milch mehr, lässt sich in der Krise vom Himmel ansprechen, ergreift die Situation und heiratet, ist glücklich mit Frau und geheimnisvollem Korb, ohne zu wissen warum, kann den Korb nicht „zulassen" und lacht über das Geheimnis des Lebens, hat zu wenig Vertrauen, erkennt zu spät seine eigene Lebenskrise, hat er Angst? Was soll er jetzt machen, nachdem die Krise ausgebrochen ist? - Teilnehmer: „Ich hatte erst kürzlich meine Krise, ich weiß nicht, was Gott mir mit meiner Krankheit sagen will."

Die Feen: Wir sind die Liebe in Person, Liebe kann andere annehmen und wieder lassen, wir haben die Verbindung zum Himmel, sind die Seele des Ganzen, sind Engel, die von Gott kommen, wir sind die Hoffnungsträger für die Menschheit, vor allem für die, denen es schlecht geht, die krank sind und die trotzdem durchhalten und Liebe haben. Teilnehmer auf dem Feen-Stuhl: „Ich bin für euch ein Engel des Himmels, nach der Krise geht es euch besser."

Der Korb: Moderator: Warum bist du so wichtig? Was bist du im richtigen Leben? Teilnehmer auf dem Korb-Stuhl: „Jeder hat sein Geheimnis, jeder ist ein Geheimnis." Moderator: Man kann lernen, den Korb „zuzulassen" im doppelten Sinn von „nicht öffnen, geschlossen aufbewahren, hier: das Geheimnis Geheimnis sein lassen" und von „geschehen lassen, erlauben, hier: dem Geheimnis eine Chance geben". Jeder Mensch ist ein Geheimnis. Und jedes Geheimnis ist verbunden mit Gott, der das letzte und tiefste Geheimnis ist.

Die Sachen im Korb: Teilnehmer auf dem Sachen-im-Korb-Stuhl: „Ohne uns geht gar nichts im Leben, wir sind die Liebe und das Vertrauen, das jeder Mensch braucht wie das Atmen." Ein anderer Teilnehmer: „Ich bin der Glaube an den guten Gott, der gegen das Leid kämpft und gerade für uns Kranke das beste will." „Ich bin das Selbstvertrauen, das Zu-sich-selber-stehen-können, gerade wenn man psychisch krank ist." „Ich will das Leben als Geschenk verstehen, auch wenn ich manchmal sauer auf mein Leben bin, aber das geht nicht immer." Moderator: „Das heißt, sich und anderen Mut zusprechen, sich angenommen fühlen können auch in der Krankheit und trotz der Krankheit. Psychisch Kranke sind oft mutiger als die Nicht-Kranken. Sie können oft sogar besser Trost zusprechen. Davon können sie dann Lebenszufriedenheit gewinnen." Teilnehmer: „Ich glaub, im Korb ist das Trotzdem-beten-Können an schwierigen Tagen."

Reflexion über den Ablauf

Methode: Die geplante Kombination von Erzählung, Bildbetrachtung, Stuhltheater und Gespräch war riskant, aber nicht misslungen. (Noch) nicht gelungen war die Aktivierung der aufmerksam zuhörenden Schweiger, die allerdings am Ende (vielleicht aus Höflichkeit) ihre Zufriedenheit mit dem Gespräch äußerten. Überaktive Teilnehmer sollten sich mit ihren Beiträgen (Teilnehmer: „Gott kennt mich genau") angenommen fühlen und zugleich die Beiträge anderer annehmen (anderer Teilnehmer: „Woher weißt du das denn"). Ihnen musste ihre Grenze gezeigt werden, denn auch die (aus welchen Gründen auch immer) langsameren Teilnehmer sollten frei sprechen können. Wichtig war die Kontrolle meiner Achtsamkeit, meiner Wahrnehmung der Rede- und Spielbereitschaft der Teilnehmer und meiner Sprache, um konzentriert in der Situation des Gruppengeschehens zu bleiben und auf die spontane Reaktion der Teilnehmer durch Körperhaltung, Blickkontakt in jedem Augenblick eingehen zu können. Wörtliche Formulierungen der Teilnehmer wurden in die eigenen aufgenommen. Aufforderung zum Stuhltheater wurde immer direkt aus dem Gespräch abgeleitet („setzen Sie sich bitte auf den Stuhl und sagen Sie es noch einmal als wären sie die Fee") und mit der Du-Formulierung verbunden: „Du Fee, woher kommst du eigentlich?"

Interaktion: Die meisten Teilnehmer ließen sich motivieren und zeigten ihre Bereitschaft mitzumachen. Redselige ließen sich bremsen. Nicht alle beteiligten sich verbal. Sehr persönliche Äußerungen zur eigenen Krankheit wurden geäußert, auch von mir über eigene Krankheit. Wichtig war, dass ich meine Anerkennung ihrer Lebensleistung, mit den Krisen umgehen gelernt zu haben, mehrfach so formuliert habe. Daran konnte ich die Ermutigung zu weiteren Gruppengesprächen und zur gegenseitigen Bestärkung anschließen ohne dabei oberlehrerhaft zu wirken. Die Identifikation mit den in der Geschichte handelnden Personen und vorkommenden Dingen (Hirte, Feen, Korb, Sachen im Korb) wurde im Spiel (Stuhltheater) szenisch umgesetzt und zugleich mit eigenen Erfahrungen in der religiösen Dimension verbunden.

Inhaltliche Schwerpunkte: Eigene Krisen bennenen (psychische Krankheitsschübe und religiöse Wahnideen, Teilnehmer: „Ich war mal Gott"), gesellschaftliche Beurteilung der psychischen Krankheit beschreiben (Teilnehmer: „Ich seh doch ganz normal aus, gucken sie mich mal an, und trotzdem halten die anderen mich für blöd"), lernen, sich selbst zu akzeptieren (Teilnehmer: „Ich bin doch wer - trotz meiner Krankheit"), über eigene psychische Krankheit reden können (Teilnehmer: „Ich hab was durchgemacht, das anderen fehlt"), den Glauben an Gott, der gegen das Leid ist, formulieren (Moderator: „Gott leidet mit den kranken Menschen"), Jesu Zuwendung zu Kranken und zu Menschen, denen es schlecht ging, aufzeigen (Moderator: „Den Bedürftigen verheißt er das Reich Gottes, gerade leidende Kranke haben Grund sich vom mitleidenden und sich zuwendenden Gott ganz angenommen zu fühlen." Teilnehmer: „Ich habe mehr Lebenserfahrung als viele Gesunde zusammengenommen." Moderator: „An Gott zu glauben ist nicht unvernünftig." Anderer Teilnehmer: „Von nix kommt nix, also muss es Gott geben").

Wirkung: Es ist schwer zu beurteilen, wie das Gespräch auf die einzelnen tatsächlich gewirkt hat, obwohl am Ende alle das Gespräch gut fanden. Spontane Äußerungen waren positiv, auch zur gewählten Methode, die die emotionale Situation der Teilnehmer aktivieren sollte. Die „Arbeit im/am Symbol Korb" (statt „über" das Symbol) hat gezeigt, dass die Teilnehmer ihre religiöse Lebensdimension auffallend gut und klar (klarer als in manchen Gruppen der theologischen Erwachsenenbildung) artikulieren konnten. Am Beispiel der erzählten Geschichte wurde die je eigene Lebensgeschichte - auch mit ihren religiösen Anteilen - zur Sprache gebracht und (in Ansätzen) in Szene gesetzt. Die religiösen Lebensdeutungen wurden dabei ehrlich und lebensbezogen angesprochen (Teilnehmer: „Ich wollte auch mal Priester werden, aber dann kam diese Scheiß-Krankheit dazwischen") und nicht aufgesetzt oder nur rational-distanziert erörtert. Das Positive (Mut haben, zufrieden sein, sich angenommen fühlen trotz der Krankheit...) wurde betont, das zu hören und bestätigt zu bekommen deutlich in der Erwartung der Teilnehmer lag. Hader mit Gott, Kritik an Religion, Glaube und Gott sowie Kritik an der Kirche wurden (noch) nicht geäußert.

Ausblick: Es ist zu vermuten, dass durch psychische Erkrankung bedingte religiöse Zweifel gegenüber einem Theologen und Religionspädagogen vorerst (vornehm) zurückgehalten werden. Erst in weiteren Gesprächen, die für solche Fragen und religiösen Zweifel ausdrücklich geöffnet werden, kann die Thematisierung von Religionskritik vorsichtig versucht werden. Es muss bei psychisch Kranken auch mit pathologischen religiösen Einstellungen (etwa regressive Formen, Identifizierung mit Gott) oder auch mit ekklesiogenen Neurotisierungen (durch erzieherischen Missbrauch von Religion, Androhung von Höllenstrafen, Angst vor strafendem Gott) gerechnet werden. Hier wird die Grenze zur psychiatrischen Therapie erreicht. Die kann nicht Gegenstand solcher Gespräche sein. Wohl aber können diese Gespräche u. a. auch und hoffentlich therapeutisch wirken.

Bibliodrama. Erfahrungsorientierte Bibelauslegung in der Gruppe an ausgewählten Beispielen (1996)

An dem gemischten Arbeitskreis nahmen 42 Personen (davon sieben männlich, vier jugendlich) teil. Die Begrüßungs- und Kennenlernrunde zeigte, dass die Zahl der Teilnehmer für die Bibliodrama-Übungen zwar zu groß, die Zusammensetzung der Gruppe aber ausgesprochen günstig war. Jedenfalls konnte man sich leicht und schnell auf wichtige gruppendynamische Grundregeln und auf das Verfahren einigen: Zu den im Text vorkommenden Rollen sollten Kleingruppen gebildet werden, die jeweils eine Person für das szenische Spiel auswählten. Die Gruppe durfte die spielende Person auch unterstützen. Nach dem Aufwärmen und nach jeder durchgespielten kleinen Szene sollte eine gemeinsame Reflexionsrunde im Stuhlkreis folgen. Der Moderator sollte die zeitlichen, inhaltlichen und methodischen Rahmenbedingungen beachten und den Teilnehmern möglichst viel Kreativität ermöglichen.

Hinterher erfuhr ich, dass eine gewisse Neugier befriedigt (1) und kritische Vorbehalte gegenüber dem Bibliodrama zum größten Teil ausgeräumt werden konnten (2). Schließlich äußerten fast alle Teilnehmer, neue wichtige Impulse für ihren persönlichen Umgang mit biblischen Texten gewonnen zu haben (3).

1. Was ist eigentlich unter Bibliodrama zu verstehen?

Die meisten wollten es einfach durch eigenes Tun und Erleben herausfinden. Am Beispiel der Geschichten von Kain und Abel (Gen 4, 1-16) und von Maria und Martha (Lk 10, 38-42) wurde mit Hilfe körpersprachlicher Übungen und „interaktionaler Auslegungsverfahren" hautnah und spürbar erlebt, dass biblische Texte mit „mir" und mit „meinem" Leben etwas zu tun haben. Was bedeutet es für mich als erstes von zwei Kindern geboren zu sein? Wie habe ich die Stellung in der Geschwisterreihe erlebt und (bis heute) verarbeitet? Im szenischen Spiel können Spannungen zwischen Eltern und Kindern, Vertrauen, Freundschaft und Liebe, aber auch Hassgefühle, Aggressionen, offene bzw. versteckte Gewalt, wie sie in der eigenen Kindheit erlebt wurden, im Gruppenprozess teilweise nacherlebt und bewusstgemacht werden. Die Gemeinsamkeit solcher Erfahrungs-Rekonstruktionen kann als Basis angesehen werden für die Erarbeitung der biblischen Bezüge: Was wird jetzt passieren, wenn wir uns gemeinsam mit diesen Erfahrungen auf die Texte einlassen? Dass Jahwe schon bei der Zeugung des Kain im Spiel war, nicht erst im Gewissensdialog nach seiner Tat (Brudermord als Folge der Distanzierung vom eigenen Lebensquell), wird als Grundaussage über das eigene Leben der Teilnehmer und ihre Gottesbeziehung empfunden. Warum schaut Jahwe Kains Opfer (meine ganze Existenz) nicht an? Wer kann ihn (so) verstehen? Es wurde gefragt: Ist Jahwe identisch mit dem Vatergott Jesu? Kann ich mich von ihm akzeptiert fühlen? Bin ich Kain oder Abel, oder beides? Vor der gerechten Bestrafung, die Kain für sich erwartet, wird er durch Jahwe bewahrt (Kainszeichen). Was geschieht, wenn wir Abel zum Protagonisten der Geschichte machen (vgl. das Gedicht von Hilde Domin: Abel steh auf) und ihn anders agieren lassen? Abel hätte früher mit seinem Bruder sprechen sollen (im Text sprechen sie nicht miteinander), dann hätte der Brudermord vielleicht verhindert werden können. Die Auffassung, der Text sei ein ätiologischer Text, der das Vorhandensein des Bösen in der Welt zu erklären versucht, wurde eher in Frage gestellt. Interessanter schien die Frage, ist der Mensch nur in der Gottesbeziehung autonom und authentisch? Wie ist Adam (Vater) mit seinem Erstgeborenen (Kain im Unterschied zu Abel) umgegangen? Wir hörten dazu den Song „Papa, mein geliebter Papa" von Ludwig Hirsch, der die Brüchigkeit von Autoritätsverständnissen ohne Rückhalt an Jahwe verdeutlichen kann.

Neugierig waren vor allem die beteiligten Frauen im Arbeitskreis auf die Perikope von Maria und Martha, die ja zwei provozierende Frauengestalten behandelt, die von Jesus ziemlich radikal beurteilt werden. Stimmen diese Typen überhaupt noch mit dem Selbstverständnis von Frauen heute überein? Was will Jesus mit der barschen Ablehnung der Martha erreichen? Was ist der gute Teil, den Maria (vielleicht auch ich?) gewählt hat? Was ist also das eine Notwendige, das Martha (mir?) noch fehlt? Ist Jesus bei aller Nähe zu Frauen nicht doch gegen ihre Emanzipation? Oder geht es um die (meine) Einstellung zu seinem Heilsanspruch?

2. Vorbehalte gegenüber dem Bibliodrama

In den Reflexionen konnte offen ausgetauscht werden, was die gemeinsame Erschließung für den einzelnen erbracht hatte. Dabei wurden neben neuen Einsichten zum Textverständnis und zur eigenen Lebensführung auch grundsätzliche Fragen und Vorbehalte zum Bibliodrama geäußert: Werden hier meine eigenen Fragen an den biblischen Text nicht wichtiger genommen als die kirchlich-theologische Auslegung? Wird hier die Exegese der Willkür geopfert? Muss Gen 4, 1-16 nicht missverstanden werden, wenn man den historisch-prophetischen Kontext am Hof der Könige David und Salomon ausklammert? Ist also ein direkter Einstieg in den Text ohne den historischen Umweg nicht grundsätzlich versperrt? Muss man Lk 10, 38-42 im direkten Zugang und ohne den zeitgeschichtlichen Kontext nicht missverstehen? Hat der Evangelist Lukas den Anspruch Jesu nicht überzogen, wenn er ihn mit dem Heilsanspruch Jahwes identifiziert („ihn hören" = „Höre Israel")? Dürfen wir Nicht-Juden-Christen (um nicht zu sagen Heidenchristen) so tun, als hätte es den jüdischen Heilsanspruch nicht gegeben oder ihn einfach dem christlichen unterordnen? Dürfen wir heute im interreligiösen Dialog mit dem Judentum und dem Islam wie Lukas - der Christologie (wer ist Jesus Christus - für mich/uns?) einen derartigen Vorrang vor der Gotteslehre (wer ist Gott - für mich/uns?) einräumen? Muss ich Theologie und Exegese studiert haben, um nicht einer wilden Exegese auf den Leim zu gehen? Dürfen meine eigenen Fragen und Erfahrungen bei der Auslegung biblischer Texte zugelassen werden, wenn sie (zunächst jedenfalls) dem Text widersprechen oder nichts mit ihm zu tun haben? Nicht nur die Laien unter den Teilnehmern, auch die theologischen Profis, die mit der historisch-kritischen Exegese vertraut waren, ließen sich auf den gruppendynamisch gesteuerten Prozess ein und gaben später zu erkennen, auf diese Weise einen neuen Zugang zur literaturwissenschaftlichen Auslegungsmethode gefunden zu haben, die bei keinem Bibliodrama fehlen darf. Durch das Bibliodrama, das eine Form der pragmatischen Exegese darstellt, kann wirklich eine dramatische Spannung erzeugt werden zwischen der eigenen Betroffenheit der Teilnehmer, der Form des Textes und dem Inhalt/Gehalt seiner Verkündigungsaussage.

3. Neue Impulse für die Bibelrezeption

Schließlich konnte durch die kleinen Bibliodrama-Übungen (jedenfalls im Ansatz) erreicht werden, dass die in den ausgewählten Textstellen selbst enthaltenen konkreten Impulse für einen intensiveren Transfer ins eigene Leben erkannt und freigelegt wurden. Es geht den Texten um das volle Leben, um meine ganze Existenz. Ich werde darin konfrontiert mit dem Anspruch Jahwes mich von ihm her anders zu sehen, Abstand von mir und neuen Zugang zu mir zu gewinnen. Jesus steht in der Linie dieser heilsamen Konfrontation, die von Zuspruch und Vorweg-Annahme getragen ist. Seinem Anspruch zu entsprechen heißt dann auch sich um Achtsamkeit zu bemühen und sich konzentriert und entschieden auf ihn einzulassen.

Die besprochenen und erarbeiteten Texte Gen 4, 1-16 und Lk 10, 38-42 enthalten - wenn man sich auf sie im Sinne dieser Konfrontation einlässt - selbst einen lebensnahen Aufforderungs- und Zuspruchscharakter, der zum Gespräch, zum Nachspielen und zur szenischen Erschließung anregt. Vielleicht haben die Teilnehmer im Arbeitskreis etwas für sich persönlich und für unsere Gemeinschaft Wichtiges entdeckt und auch etwas erfahren, was sie anderen weitergeben möchten.

Brief an den Erzbischof von Paderborn Degenhardt

Herrn
Erzbischof Dr. Joachim Degenhardt
Erzbischöfliches Generalvikariat Paderborn
Domplatz 3
D - 33098 PADERBORN

24. VII. 1997

Sehr geehrter Herr Erzbischof Degenhardt,

ich schreibe Ihnen heute in einer persönlich-familiären und zugleich dienstlichen Angelegenheit, die in der Sache die „Gemeinschaft der Seligpreisungen" (GdS) betrifft und mich, meine Frau Dr. med. Marianne Kollmann, Ärztin und langjährige Leiterin des Dülmener Gesundheitsamtes, und unsere Kinder, Diplompsychologin Barbara Kollmann (33), Andreas Kollmann (32), ehemaliger Bundestrainer für Behindertensport/Rollstuhltennis, und Marion Kollmann (29), Leiterin eines Kindergartens und Motupädin, veranlasst hat den familiären Rahmen bewusst zu verlassen und an die Öffentlichkeit (Professorenkollegen, Sektenberatungsstelle Essen, Frau Stolte; Generalvikariat Augsburg, Ludwig Rendle, aber auch Münster und jetzt Paderborn; Kirchliche Sozialethische Arbeistsstelle Hamm, Harald Baer u. a.) zu gehen.

Hinzu kommt, dass ich mich als Religionspädagoge verpflichtet fühle nach einem wissenschaftlichen Seminar zur Religionspsychologie, das ich im vergangenen Semester (nach dem Ansatz von Bernhard Grom) durchgeführt habe, die folgenden Ereignisse Ihnen als dem für mich an der Universität Dortmund zuständigen Ortsbischof bekanntzugeben und Sie um entsprechende Schritte zu bitten.

Unser Sohn Andreas lernte im Herbst 1996 in Ulm eine junge Frau kennen, die Kontakte pflegte mit verschiedenen charismatischen Gruppen und Gebetskreisen, u. a. und vor allem zur „Gemeinschaft der Seligpreisungen".

Diese auch an der Universität in Dortmund vertretene Gruppierung war mir schon seit einiger Zeit (seit etwa eineinhalb Jahren) bekannt durch Studierende, die mir in theologischen und religionspädagogischen Veranstaltungen durch extrem-fundamentalistische Aussagen auffielen und zu mir in die Sprechstunde kamen, mich über dort erfahrene Gebetspraktiken, Wallfahrten (Medjugorje), Klosterbesuche (Kloster Sießen u.a.), religiöses Fasten und religiöse Gehorsamsforderungen sowie speziell über Gesundbeten und Exorzismen informierten, mir ihre Hilflosigkeit eingestanden und später ihre durch zwanghafte Praktiken erlittenen Persönlichkeitsstörungen (Identitätsverlust, Bewusstseinsspaltung) und vor allem ihre religiös bedingten Angste vor Teufel, Dämonen und Hölle anvertrauten. Drei Studierende habe ich von meiner Seite - so gut ich konnte - theologisch und pastoral beraten und unverzüglich an sachkundige Psychologen weitergeleitet. Zwei von ihnen werden - nach ein- bzw. eineinhalbjähriger Unterbrechung ihres Studiums - demnächst ihre Staatsprüfung antreten.

Unserm Sohn widerfuhr Ähnliches. Ihm wurde - da er sein Leben ändern und ganz auf Gott ausrichten wollte - in der GdS durch Mitglieder und durch einen Priester mit Namen Polukaran Antony, einem indischen Pater, klar gemacht, dass er bisher total gottlos gelebt habe und von bösen Mächten, Dämonen und vom Teufel immer noch besessen sei.

Er wurde zunächst in einem Familienkreis, danach bei der GdS in teilweise intensive Gebetsaktionen (mit Glossolalie und jenseitigen Anrufungen) hineingezogen, die nicht nur mit seelischen und körperlichen Unterwerfungsriten, sondern mit zuerst einfachen Formen des Exorzismus verbunden waren und in der Folge zur zweimaligen Ausübung des großen Exorzismus durch den genannten Priester Antony führten.

Bestimmte Schutz- und Befreiungsgebete mussten immer wieder gebetet werden, vor allem beim Zubettgehen, beim Verlassen des Hauses und beim Autofahren.

Weihwasserriten, tagelanges Rosenkranzbeten und mehrmaliges Beichten (bis zu sechs Mal in der Woche) wurden ihm im Kloster Sießen (Mutterhaus der Franziskanerinnen, Saulgau bei Sigmaringen) im Rahmen der diesjährigen Karwoche, die er dort mit seiner Partnerin verbrachte, angeboten bzw. als Buße auferlegt.

Die dort vermittelte fundamentalistische Frömmigkeit (Schwester Gertraud in Sießen: „jetzt spricht Jesus aus dir"; seine Partnerin: „ich seh die Dämonen in deinen Augen wie bei meinen anderen Freunden vor dir") brachte ihn fast um:

- Absolutes Fasten mehrere Wochen lang,
- nächtliche Angstserlebnisse bis zum Stupor (Körperstarre),
- Außenlenkung (dämonische Befehle),
- Wahnvorstellungen (Höllenängste, Messiasbewusstsein, Berufung zum Retter der Welt),
- Stimmenhören (Dämonengelächter),
- Suizidversuche (zwei, als Erkundung des göttlichen Willens).

Er war abgemagert und heruntergekommen, dies alles unter ständigem Beten, das je nachdrücklicher und verpflichtender angeraten wurde, desto schlimmere Angstzustände als Beweis für die Besessenheit wurden, ein wahrer „Teufelskreis".

Mit unserem Sohn wurde nie über seine Probleme gesprochen, es wurde nur gebetet bzw. allenfalls angedeutet, medizinische oder psychologische Behandlung seien in seinem Fall zwecklos.

Nach meinen Recherchen ist Pater Antony in der Diözese Augsburg als Nachfolger von Pfarrer Simon zuständig für die charismatischen Gruppen und betreut diese von der Kirche auf dem Illerberg (bei Ulm) aus. Dort ist unser Sohn ihm begegnet.

Pater Antony ist vor ca. zwei Jahren von Herrn Brömmel, dem seinerzeitigen „Hirten" der GdS in Rees am Niederrhein, zum großen Exorzisten „fortgebildet" worden.

Mehrere mir bekannte Priester haben - ohne diese Zusammenhänge zu kennen - ebensolche Kurse und Exerzitien in Rees mitgemacht.

Man verweist in diesen Priesterkreisen auf Aussagen des zuständigen Weihbischofs Jansen (Münster), der die GdS als kirchliche Gemeinschaft anerkannt und zugelassen hat, dass man froh sein müsse, angesichts der vielen außerkirchlichen Sekten wenigstens eine innerhalb der katholischen Kirche zu haben. Dieser Zynismus ist nach meiner Einschätzung nicht mehr zu überbieten.

Dass diese Gemeinschaft nunmehr in Warstein unter der Leitung des Metzgers und Schlachters Brömmel, der - wie man hört - wegen eines betrügersichen Konkurses verurteilt worden sein soll, weiterhin und unkontrolliert solche Fortbildungen durchführen kann, bestürzt mich aufs Äußerste.

Hier müssen nach meinem Verständnis der Dinge Kompetenz, spirituelle Autorität und Regeln der Gemeinschaft strengstens überprüft bzw. hier muss dem sektiererischen Treiben dieser Gemeinschaft schnellstens ein Ende bereitet werden.

Pater Antony konnte unserem Sohn in seiner Lebensangst nicht mehr helfen und verwies ihn an den Pallotinerpater Dr. Jörg Müller in Freising, der sich Klinischer Psychologe, Psychotherapeut und Exorzist nennt.

Das unserem Sohn von Müller zugefaxte Gebet offenbart die fundamentalistische Pseudo-Theologie dieses Paters, die nicht nur die Realexistenz von „dämonischen Belastungen", sondern auch von Dämonen selbst unterstellt. Durch dieses Gebet, das wenigtens zehnmal am Tag gebetet werden sollte, wurde die (von unserem Sohn angstvoll erwartete) wirkliche Existenz von Dämonen und Teufeln bestätigt.

Psychologie, Psychiatrie und Medizin werden aus dieser Perspektive als Teufelswerk verdammt. Pater Müller bietet sich an als einziger, der all denen helfen könne, die trotz jahrelanger Psychiatrisierung und Medikamentierung nicht weiterkamen. Angeblich hilft in den Augen von Müller, der offensichtlich eine christliche Erlösungstheologie weder studiert noch verstanden hat, nur ein „amtlicher Befreiungsdienst", den er für sich selbst von den deutschen Bischöfen eingerichtet wissen will. Sein Schreiben an die Deutschen Bischöfe vom 21. 10. 1996 ist mir bekannt, in dem er „Fortbildungskurse" für die bischöflichen Beauftragten durch im sog. Befreiungsdienst arbeitende Priester als Referenten anbietet.

Unser Sohn wurde durch dieses von Müller formulierte Gebet noch tiefer in seine Angstzustände hineingetrieben, so dass schließlich die Einweisung in die Psychiatrie (zunächst in Ulm, dann in Dülmen) unausweichlich wurde. Die psychischen und spirituellen Schädigungen mussten nun mühsam Schritt für Schritt therapeutisch und theologisch-pastoral behandelt werden.

Mit den Psychiatern haben wir (meine Frau und ich sowie unsere Tochter Barbara) einen Therapie-Plan entwickelt, der vorsah (religiöse) Symptomatik und (psychisches) Verhalten sorgfältig zu trennen und dennoch parallel zu bearbeiten. Nach vier einstündigen Sitzungen bei den Psychiatern in Ulm und Dülmen, die beide mit tangierender medikamentöser Behandlung verhaltenstherapeutisch und psychoanalytisch vorgingen, und nach ausgedehnten theologischen Diskussionen, die einem dreiwöchigen theologischen Grundkurs (mit dem Vater) gleichkamen, bekam unser Sohn wieder Boden unter die Füße, erkannte, was mit ihm geschehen war und gesundete von Tag zu Tag.

In stundenlangen Gesprächen analysierten wir die ihm von der GdS und von Müller empfohlenen Gebete auf ihren theologischen Gehalt hin und entdeckten eine vormittelalterliche Dämonologie und Satanologie, vermischt mit hoch-mystischen (aber unverstandenen) Bildworten, die in ihrer Kompilation mit der biblischen, christlichen und kirchlichen Erlösungslehre und erst recht mit der heutigen Medizin und Psychologie nichts mehr zu tun haben.

Unser Sohn hat sich schließlich durch die kritische Gebetsanalyse und sicherlich mit Hilfe des Heiligen Geistes im Vertrauen auf seinen guten Glauben „gesund geschrieben" (s. Anlage).

Inzwischen - nach einigen Wochen - können wir Gott sei Dank sagen, dass unser Sohn wieder gesund ist und seinem Beruf nachgehen kann. Er hat sich von seiner Partnerin getrennt, die den Kontakt zur GdS und ihren Glauben an Dämonen und Teufelsaustreibungen nicht aufgeben möchte und nicht zugeben will, dass die Heilung eingetreten ist durch solide psychologische Behandlung, theologisch-pastorale Beratung sowie durch kritische Gebetsanalysen und letztlich durch die Stärkung des Vertrauens in die Kraft des christlichen Glaubens und des ehrlichen vertrauensvollen Betens.

Ohne die komplizierten Zusammenhänge zwischen dem Beziehungskonflikt mit der Partnerin (Übertragungsphänomene), den teilweise bedrohlichen Verhaltensweisen unseres Sohnes (Selbstschutz-Mechanismen), seinen religiösen Vorstellungen (magische Erklärungsmodelle) und den theologischen Hintergründen (Dämonen- und Teufelsglaube), die sich aus dem Kontakt zu den charismatischen Gruppen und speziell der GdS sowie den genannten Priestern unmittelbar ergaben, genauer analysieren zu wollen, möchte ich Sie inständig bitten angeregt durch unseren Fall und mit Blick auf viele andere religiös suchende Menschen und auf die in Dortmund Theologie Studierenden eine gründliche Analyse der GdS und ihrer Auswirkungen zu veranlassen und natürlich die entsprechenden Maßnahmen zu ergreifen.

Dieses Schreiben erhalten als Kopie auch Herr Prälat Winfried Schwingenheuer und der Leiter der Kirchlichen Sozialethischen Arbeitsstelle Hamm, Herr Harald Baer, dem ich für seine freundliche Hilfe zu aufrichtigem Dank verpflichtet bin.

Mit freundlichen Grüßen

Univ.- Prof. Dr. Roland Kollmann

Anmerkung: Bis zum Tag der Veröffentlichung hat der Erzbischof von Paderborn diesen Brief nicht beantwortet.

40 Jahre Familienbildungsstätte (FBS) Dülmen
Vortrag am 26. Oktober 1997

Über den Anfang kann ich nicht sprechen. Das war vor meiner Dülmener Zeit, die für mich 1961 als Lehrer in Hausdülmen begann. Zu dieser Zeit hieß die FBS noch „Mütterschule", die zwar vorrangig, aber nicht nur von Frauen, sondern auch von Männern und Vätern besucht wurde. Ich hatte es immer mit gemischten Gruppen zu tun.
Ausgehend von meinen subjektiven Eindrücken möchte ich Ihnen zwei Beispiele erzählen, an die ich mich noch sehr gut erinnern kann. Es ging einmal um Erziehungsfragen (1) und dann um theologische bzw. biblische Fragen (2).

1. Die Erziehungsprobleme

Ich erinnere mich noch sehr genau an mehrere Vortragsreihen, die ich als junger Theologe und Lehrer damals angeregt durch Frau Maria Worstbrock, gehalten habe.
Es ging im Vorfeld der 68er Studenten-Revolutions-Jahre und in Ablösung vom inhumanen Gesellschaftssystem der NS-Zeit um den neuen Erziehungsstil in einer prosperierenden Gesellschaft. Wie sollte Erziehung in dieser Gesellschaft aussehen, in ihren Familien, Kindergärten und Schulen? Es wurde kritisch informiert und diskutiert über Medienerziehung. Ein Thema lautete: „Fernsehen. Heimliche Verführer?"
Auch zum Thema „Erziehung ohne Zwang" kamen Frauen und Männer, Mütter und Väter. Ich kenne seit dieser Zeit nicht nur die heutige Bürgermeisterin Frau Dorothea Hainke, sondern genauso gut den ehemaligen Stadtdirektor Dr. Hans Lemmen als Teilnehmer an meinen Veranstaltungen wie viele andere Frauen und Männer, mit denen ich heute noch freundschaftlich verbunden bin.
Gerade das Thema „Erziehung ohne Zwang" hatte damals in doppeltem Sinn emanzipatorischen Charakter: 1. Die junge Generation, als deren geistige Vertreter wir uns fühlten, stand auf gegen veraltete und vermoderte Formen von Erziehung und gegen einen gewissen Dirigismus im Bildungsdenken. 2. Frauen und Mütter begannen auch hier im ländlichen Bereich ihre Eigenständigkeit, ihren Eigenwert als Frau und ihre eigene Kompetenz in Familie und Gesellschaft zu erkennen und zu behaupten. Da solche Prozesse emanzipatorischer Art immer nur dann gelingen, wenn sie das zu bewahrende Gute nicht unterschlagen und möglichst alle am Prozess Beteiligten zu ihrem Recht kommen lassen, deshalb war es sehr sinnvoll 1967 diesem Ort der Begegnung, der Bildung und der Beratung den Namen „Familienbildungsstätte" zu geben.
Aber stimmt der Name heute noch? Oder stimmt er heute erst recht?
Ich denke an die vieldiskutierten und beklagten Auflösungserscheinungen der Familie. Auch wir Religionspädagogen sind gezwungen uns mit dem Thema „Familie" unter dem Aspekt des sozialen Lernens und der Prävention von Gewalt in Kindergarten und Schule zu beschäftigen und wir stoßen dabei immer auf das Kind in der Familie, auf das Kind als Opfer, Täter und/oder Zuschauer von Gewalt und Aggression. Es wird hier zunehmend schwieriger in den erziehenden Institutionen gemeinsame Erziehungsarbeit zu leisten. Denn es setzt jede Familie mittlerweile in der Sozialerziehung ihrer Kinder eigene und zum Teil divergierende Akzente, die für Erzieher und Lehrer nur

äußerst mühsam zu erfassen und realistisch einzuschätzen sind. Es müssen - wie Kollege Udo Schmälzle von Münster auf Grund eigener Erfahrungen vorschlägt - „Familienseminare" eingerichtet werden (entweder schulische oder außerschulische), die parallel zur „Kollegialen Praxisberatung" im Kindergarten und in den Schulen Modelle zur Prävention entwickeln und praktizieren sollten. Dies ist zwar ein weites Feld, aber äußerst dringlich erforderlich und mit ziemlicher Sicherheit auch mit Hilfe z.B. der Familienbildungsstätten machbar! Mein Wunsch zum Jubiläumstag 40 Jahre FBS wäre im nächsten Jahrzehnt vielleicht an Projekte dieser Art der Familienseminare näher heranzutreten und sie auch in Dülmen zu etablieren. Denn es geht nicht um die einzelne Familie, sondern um Wert- und Erfahrungsaustausch zwischen den vielen sozialen Lebensformen in unserer Gesellschaft, zu denen auch die Familie gehört und die alle friedlich zusammen leben können sollen.

2. Die theologischen Probleme

Eine weitere eigene Erfahrung, von der ich heute noch zehre, wenn ich an der Universität in Dortmund soziales und religiöses Lernen, etwa in Bibliodramaformen, anbiete. Die ersten Gehversuche dazu habe ich hier in diesem Hause gemacht. Es waren Übungen, verbunden mit kleinen Vorträgen, die Bibel in Gruppengesprächen gemeinsam zu interpretieren. In gemischten Gruppen, alt und jung, weiblich und männlich haben Teilnehmer von ihren eigenen Erfahrungen her versucht gemeinsam den Sinn einer biblischen Erzählung zu erschließen und in das eigene Leben hereinzuholen. Die Kompetenz dazu hat ja jeder, der sich auf den Text einlässt, vor allem die mündigen Christen. Die altbekannten Texte wurden auf einmal lebendig, sie hatten etwas mit mir und meinem Leben zu tun. Es wurde sozusagen die menschliche Seite an den biblischen Erzählungen neu entdeckt. Und auf diese Weise kam auch ein neuer Zugang zu den Gotteserfahrungen zu Stande, die ja für diese Geschichten der Bibel zentral sind. Beides, die eigenen Lebenserfahrungen und die alten und teilweise fremden Gotteserfahrungen, konnten so verständlich und interessant gemacht werden. Inzwischen sind diese Formen, Bibel und Theologie spannend zu erschließen, weiter entwickelt worden. Sie werden in der professionellen Lehrerausbildung und in der theologischen Erwachsenenbildung vermittelt.
Für mich war es damals sehr wichtig in der Familienbildungsstätte Dülmen mit diesen neuen Formen experimentieren und sie weiter vermitteln zu können. Deshalb fühle ich mich diesem Haus immer noch sehr verbunden, auch wenn ich inzwischen mehr außerhalb von Dülmen tätig bin. Das steht fest: hier hat alles angefangen! Dafür vielen Dank und herzlichen Glückwunsch zum Jubiläum von einem heimlichen Immer-noch-Insider.

Rezension (1987): Georg Baudler: El Jahwe Abba. Wie die Bibel Gott versteht, Düsseldorf (Patmos) 1996, 264 Seiten

Die zahlreichen gewaltverhafteten Texte der Bibel (Gott ist El-Schaddai, der „gewaltige Gott") zwingen die Bibelleser Gott als etwas Gewaltig-Großes und Herrscherliches vorzustellen. Nach anderen Jahwe- und Abba-geprägten Texten kann Gott nicht „mächtig" oder „allmächtig", aber auch nicht „ohnmächtig" sein; nach diesen Texten ist er „einfach nur gewaltfrei" (247). Wie soll das zusammenpassen?
Der Verf. bezweifelt den wenn auch nur „polyphon" stimmigen Zusammenklang von Verheerungs- und Vernichtungsgewalt mit dem Pathos der Bergpredigt, den Erich Zenger offensichtlich annimmt (vgl. 14). Nach Baudler ist Verstehen, wie die Bibel Gott versteht, eine Klärung der Wirkungsgeschichte der Bibel. Es sollen Ort und Bedeutung der einzelnen Stellen im Ganzen der Sammlung deutlich werden, damit ein neuer innerer „Zusammenhang, der einfach und verständlich ist" (9), entsteht. Kompliziert und äußerst komplex ist allerdings dieses - nach seinen Worten - „wichtigste Werk" seines Lebens geraten, eine differenzierte Analyse der Spuren des Wandels biblischen Gottverstehens, die sich nach seinem Befund in einem literarischen Modell von drei Motiv-Schichten, Gott zu verstehen (El-Schaddai, Jahwe, Abba), plausibel machen lassen.
Wichtig ist festzustellen, dass diese drei Motiv-Reihen des biblischen Gottverstehens nicht parallel mit der Chronologie der biblischen Schriften verlaufen, sondern dass sie bis heute konflikthaft ineinander verschränkt sind. Baudler kommt zum Ergebnis, dass die Abba-Schicht (Gott ist gewaltfrei) „seltsam unterentwickelt" und „bis heute relativ wenig in das Bewusstsein getreten" (166) sei, obwohl sie „schon in ganz alten Überlieferungselementen zutage tritt" (ebd.). Weniger sollte der Autor auf den Psychologen Buggle und dessen unerleuchtetes Buch von 1992 verweisen, das er durch siebenmalige Erwähnung zu sehr aufwertet. Viel häufiger (leider geschieht dies nur einmal, 53) und auch nachdrücklicher sollte er dagegen seine lobliche Absicht herausstellen die anthropologische Theologie Karl Rahners kulturgeschichtlich und bibeltheologisch umzusetzen durch den Aufweis der Bedingungen des Gottverstehens bzw. durch die Vermittlung von Religions- und Menschheitsgeschichte. Gewaltverhaftete biblische Texte erfahren zwar eine erklärende Einordnung in die Geschichte der Gottesbild-Entwicklung (das ist Baudlers Verdienst), sie bleiben aber in ihrer christlichen Wirkungsgeschichte, im nach-neuzeitlichen Zusammenhang der Theodizeefrage nach Auschwitz und im interreligiösen Dialog, vor allem mit dem Islam, seltsam dunkel und - bestärkt durch die Lektüre dieses Werkes immer noch äußerst erklärungsbedürftig. Für beides, für Klärung und ehrliches Eingeständnis, sei dem Autor gedankt. Das ernüchternd-aufklärende und ansprechend-aufbauende Buch sollte Pflichtlektüre für alle TheologInnen und Religionspädagoginnen sein. Es ist eine Ermutigung für alle Gott-Suchenden und solche, die mit Seelsorge, Verkündigung, Erziehung, Religionsunterricht und theologischer Wissenschaft befasst sind angesichts eines schillernden Angebots von unbiblischen Gottesbildern heute. Baudlers neues Buch kann den Lesern helfen ihr eigenes Gottesbild zu finden, Gottesvorstellungen zu überprüfen oder sie an dieser neuen biblischen Gotteslehre eventuell zu korrigieren.

Vortragsreihe im Herbst 1998
„Wenn der Glaube verdunstet...."

Gesellschaft ohne Glaube - Schule ohne Religion?

Ein Blick auf die Brückstraße oder den Westen Hellweg in Dortmund, die Hohe Straße in Köln oder in jede andere beliebige Großstadteinkaufsmeile verdeutlicht vielleicht am besten, wie sich die heutige moderne oder schon post-moderne Gesellschaft der Bundesrepublik verändert hat. Wenn ich sage: Dönerbuden reihen sich in diesen Städten einheitlich mit chinesischen und amerikanischen Fast-Food-Buden aneinander, hier und da unterbrochen von einem in echter alter Tradition stehenden deutschen Bäckerladen, dann trifft das in etwa auch für eine mittlere Kleinstadt wie Dülmen zu. Auch in Dülmen gilt, dass es sie nicht mehr gibt, die *deutsche* Gesellschaft. Vielmehr gibt es eine multikulturelle Gesellschaft mit einem deutschen Ausgangsland und einer Mehrheit deutschstämmiger Mitbürger und Mitbürgerinnen.

Die moderne Gesellschaft ist pluralistisch und mulitkulturell geworden, ähnlich wie es überall in der Welt zu sein scheint; man denke nur an den sogenannten melting pot (Schmelztiegel), die USA. Doch eine veränderte Gesellschaft stellt auch ihre Mitglieder und ihre inneren Einstellungen, Haltungen, ihre Religion und ihren Glauben vor eine veränderte Ausgangslage und damit verbunden vor eine Vielzahl von neuen Herausforderungen, Problemen und Chancen.

Im Folgenden möchte ich diese neuen Herausforderungen der modernen, genauer gesagt der post-modernen Gesellschaft kurz skizzieren und fragen, wie sie sich auf Religion/Religiosität, den christlichen Glauben und die Kirche(n) sowie den Religionsunterricht an der Schule heute auswirken.

1. Die post-modernen Herausforderungen

1.1 Säkularisierung

Wir sprechen heute von der Post-Moderne. Dies ist ein Verlegenheitsbegriff, ein „Suchbegriff" (Küng) für das Unbehagen, das die unübersichtlich gewordene Moderne ausgelöst hat. Die Verselbständigung der wichtigsten Lebensbereiche (Politik, Kultur, Kunst, Medizin, Recht, Wirtschaft, Wissenschaft) hat schon vor 500 Jahren begonnen. Der damit verbundene Fortschritt auf allen Ebenen vor allem im 19. Jahrhundert (Industrialisierung, Demokratisierung, Spezialisierung, Technisierung) hat damals mit der sog. Verweltlichung der Welt eingesetzt, der Abkoppelung von der noch im Mittelalter einheitlichen Weltanschauungsklammer des katholischen Glaubens. Der war damals das, was heute die säkularisierte, also die verweltlichte Gesellschaft ist: Nämlich die selbstverständliche Geschäftsgrundlage, von der aus alles über Gott und die Welt zu-

sammengedacht werden kann. Gegenwärtig ist die Menschheit auf der Suche nach einer neuen Gesamtkonstellation. Die alten Formeln (z.B. „so wahr mir Gott helfe", vgl. Luther und Grundgesetz) zählen dabei nicht mehr. Mit dem 27. Oktober 1998, der Vereidigung der beiden Regierungschefs Schröder und Fischer ohne diese religiöse Formel, hat in Deutschland ein neuer säkularer Äon begonnen: Die Politik wird nach ihren eigenen (politischen) Regeln gemacht, „etsi deus non daretur" (als wenn es Gott nicht gäbe).
Es gibt zur „Säkularisierung" positive und negative Auffassungen. Negativ wird Säkularisierung gedacht als „Verweltlichung" im bedauernden Sinne: immer weniger Glaube, „Verdunstung des tradierten Glaubens", „Enttraditionalisierung" und „Tradierungskrise", oftmals gleichgesetzt mit: Konsumgesellschaft, Konkurrenzdenken und damit einhergehend eine gottlose, unmoralische und böse Welt. Die positive Auffassung besagt: „Säkularisierung" ist eine Orientierung an den Eigengesetzlichkeiten der einzelnen Lebensbereiche. Auch Religion und christlicher Glaube nehmen Maß an der Welt und ihren Bedingungen und sind „ein" Bereich neben anderen. Sie stehen zur Welt zwar auch in kritischer Distanz, respektieren aber ihren Eigenanspruch. In Deutschland ist das beste Beispiel das Zusammenspiel von Staat und Kirche, das etwa in Bezug auf den RU nicht funktionieren würde, wenn dieser gegenseitige Respekt fehlte.

Wo steht das Christentum und der RU in der säkularisierten Gesellschaft?

Die christlichen Kirchen schwanken nach einer mehr als 500-jährigen Geschichte der Säkularisierung immer noch zwischen den positiven und negativen Deutungen hin und her. Es fällt den Kirchen schwer, sich selbst als Teil der säkularisierten Gesellschaft anzusehen und diese als Geschäftsgrundlage auch für die eigene Arbeit anzuerkennen. Faktisch ist es so, dass sich die Kirchen auf katholische und protestantische Milieubildungen nicht mehr stützen können. Die Milieus haben sich aufgelöst, nur Reste gibt es noch. Die Abschottung der Kirchen von der Welt, vor allem die „Einbunkerung" der katholischen Kirche seit der Mitte des 19. Jahrhunderts, hat sich aus soziologischer Sicht gewandelt zu einer bemerkenswerten Anpassungsleistung an die Sozialstrukturen der Moderne, allerdings mit ambivalenten Folgeerscheinungen:
Die Erscheinungsform der Kirche ist die einer gesellschaftlichen Institution („Verkirchlichung des Christentums"). Auf der anderen Seite besteht die Gefahr, dass die Kirche nur noch speziell kirchliche Funktionen ausübt und sich auf sich selbst zurückzieht und ihre Verantwortung für die Gesellschaft zurücknimmt („Entkirchlichung der Gesellschaft" in Verbindung mit „neuem kirchlichen Fundamentalismus").
Auch der RU befindet sich in dieser Spannung: Er ist ordentliches Lehrfach in der Schule und fördert das vernünftige Nachdenken über Religion und Glaube in einer säkularisierten Gesellschaft und „dient gewiss nicht zuerst der christlichen Gemeinde, gleichsam als Zulieferer des religiösen Nachwuchses" (Lehmann 1997, 3). Auf der anderen Seite ist er in Gefahr sich zu überschätzen und die ganze Verantwortung für die Bildung des Menschen vor Gott stellvertretend zu übernehmen und die Grenzen des weltanschaulich neutralen Staates sowie einer Schulpädagogik überhaupt zu übersehen. RU ist nicht „Kirche in der Schule", aber er ist auch „kirchlicher Religionsunterricht".

1.2 Pluralisierung und Individualisierung

Pluralität und Individualisierung prägen alle Lebensbereiche. Auch Religion oder Religiosität, Sinnorientierungen gibt es in dieser Gesellschaft in den unterschiedlichsten Schattierungen (neben den christlichen Gottesdiensten Yoga, Meditation, Heilfasten, Wallfahrten u.a.m.). Es gibt Religion in vielfältigsten Formen und wenn gewünscht für jeden Geschmack extra. Man spricht von „subjektiver Religiosität", die sich nach neuesten Umfragen etwas genauer beschreiben lässt.
Nach der Untersuchung „Männer im Aufbruch", die von Zulehner u.a. durchgeführt wurde und in diesen Tagen veröffentlicht wird, hier einige Daten: 44 % der Deutschen halten sich selbst für religiös. 47% bezeichnen sich als areligiös. 9 % sind erklärt atheistisch. Die Zahl der erklärten Atheisten ist mit 18 % in Ostdeutschland mehr als doppelt so hoch wie in Westdeutschland (7%). Beträchtlich ist das Gefälle nach Alter. Die jungen Deutschen unter 20 Jahren (33%) sind nur halb so religiös wie die Senioren über 70 (68%). Katholiken (64%) sind in ihrer Selbsteinschätzung erheblich religiöser als Protestanten (47%). Für beide gilt, dass persönliche Religiosität offensichtlich an eine religiöse und in Deutschland zumindest auch christliche Institution gebunden ist. Wie steht es mit dem Gottesbild der Deutschen? Für 30% ist es kirchlich-christlich: Gott hat sich in Jesus Christus zu erkennen gegeben. Ein weiteres Drittel glaubt an einen deistischen Gott im Sinne einer höheren Kraft (28%). Die übrigen glauben an Gott, aber mit Zweifeln (19%), lehnen vorhandene Gottesbilder ab (13%) oder leugnen Gott überhaupt (8%). „Es muss für beide Kirchen eine markante Herausforderung sein, dass es ihnen nur teilweise gelingt, ein wesentliches Element der subjektiven Religiosität ihrer Mitglieder, das Gottesbild, in ihrem Sinne zu formen" (Zulehner 1998, 742).
Zur Kirchenverbundenheit: Deutschland hat drei große „Konfessionen": die Katholiken (37%), die Evangelischen (35%) sowie die Konfessionslosen (26%). Überraschend ist die Zahl, dass 40% der Katholiken sich kaum oder überhaupt nicht mit ihrer Kirche verbunden fühlen, von den Protestanten sind es sogar 51%.
Zum Kirchgang: Die bekannten Zahlen schrumpfen weiter. Die meisten der nie Praktizierenden sind in beiden Konfessionen unter den bis 30jährigen zu finden. Dort ist allerdings auch eine leichte Stabilisierung in der Kirchenbindung zu beobachten, aber auf niedrigerem Niveau. „Gegenläufig ist die Lage im Osten und im Westen: Während westliche Protestanten weniger als östliche praktizieren, ist es bei den Katholiken umgekehrt" (ebd. 743).
Subjektive Religiosität kennt alle Schattierungen:
- Geistliche, seelische und soziale „Beheimatung" als positive Kirchenmotivation.
- „Konvention" als ererbte Kirchenbindung, die man seinen Kindern vererbt.
- „Unzeitgemäßheit", die die als Missverhältnis wahrgenommene Beziehung der Kirche zu Frauen betrifft, aber auch die Kritik am Rationalismus der Kirche, die nur den Verstand anspricht.
- Sehr breit ist eine „umfassende Kirchenkritik". „Die moralisierende Haltung der Kirche, ihre bürokratische Starrheit stehen im Vordergrund. Weiterhin geht sie in dieser Optik am wirklichen Leben vorbei und nimmt ihre soziale wie politische Verantwortung nicht wahr. Sie tut zu wenig für das religiöse Empfinden, ist im Bekenntnis zu wenig eindeutig. Lust- und Sexualfeindlichkeit, aber auch zu große Staatsnähe werden beanstandet" (Zulehner 1998, 745).

- Kombiniert man statistisch „Kirchgang" und „Gottesbild", so ergeben sich neue Religionstypen: In der Gesamtbevölkerung sind die stärkste Gruppe mit 49% die „Kulturchristlichen". Bei ihnen hat sich eine aufgeklärte Gestalt der Religion in vereinfachter Form durchgesetzt: Man glaubt an ein höheres Wesen, nimmt aber nur selten am Gottesdienst (Eucharistie, Abendmahl) teil. An zweiter Stelle rangieren die „Christlichen" (25 %), sodann die „Kirchlichen" (15%), die „Unchristlichen" (9%) sowie die „Kulturkirchlichen" (3%) folgen auf den Plätzen vier und fünf (vgl. sozioreligiöse Typologie).

Die Soziologen fassen die Veränderungen im Begriff der „Individualisierung" zusammen: Trotz oder gerade wegen der Pluralität nimmt die Bedeutung des einzelnen in der Gesellschaft zu. Der einzelne Mensch ist gefordert sich aus den vielen verschiedenen Angeboten sein eigenes individuelles Lebens- und/oder Sinnkonzept „zusammenzustellen". („Enttraditionalisierung" und „Flickerlteppich-Religion"). Auch religiös gesehen ist er zur individuellen Freiheit befreit und zugleich gezwungen sich seinen eigenen Lebenssinn zu zimmern. Es ist paradox: Jeder ist frei und zugleich genötigt seine Identität selbst zu finden. Dem individuellen Freiheitsgewinn steht zudem ein Rationalitätsdruck in der Wirtschaft (Arbeitslosigkeit) entgegen.

Wo steht das Christentum und der RU in der pluralisierten/individualisierten Gesellschaft?

Das Christentum ist „ein" Sinnanbieter unter vielen geworden. Der Verlust seiner Monopolstellung muss zu einer veränderten Selbstwahrnehmung des Christentums an sich und in seinem Verhältnis zu anderen Religionen führen.

1.3 Interkulturalität und Interreligiösität

Ein grober Überblick über die Verteilung der Religionen in Deutschland von 1980 bis 1995 soll zeigen, dass das weltweite Zusammenwachsen der Völker, die gestiegene Mobilität, die Zunahme multikultureller Entwicklungselemente in westlichen Gesellschaften auch bei uns in Deutschland stattfindet und dass die Christen schon von den Zahlen her zu einem Dialog mit anderen Kulturen und Religionen herausgefordert sind.

Wo steht das Christentum und der RU in der interkulturellen/interreligiösen Gesellschaft? Auf welche Weise kann es dem Christentum gelingen mit anderen religiösen Überzeugungen in einen Dialog zu treten? Wie kann sich das in der Praxis, also im RU, verwirklichen?

Die Veränderungen der Gesellschaft bewirken damit einhergehend unweigerlich eine Veränderung des Christentums, da es Bestandteil dieser Gesellschaft ist. Wie die neuesten Untersuchungen zeigen, wird in diesem Prozess „der unmittelbar lebensformende Einfluss der Kirchen [...] als sehr niedrig eingestuft. Sie stören aber auch nicht" (Zulehner 1998, 750). Es besteht die Gefahr der „frei flottierenden Religion", die sich aus

Elementen der Religionen - einschließlich Okkultismus, Esoterik - zusammensetzen. Zudem wird Religion leicht zur Konsumware, die über die Medien schon kräftig vermarktet wird. Es entsteht ein nachchristlicher Synkretismus, wie er sich schon jetzt vor allem in der musikalischen Jugendszene und in den sog. Musik-Video-Clips zeigt, in denen religiöse und christliche Symbole vielfältig verarbeitet werden.

1.4 Globale Krise

Die gesellschaftliche Situation wird bestimmt auch durch die verschiedensten soziologischen, politischen und moralischen Probleme, die unter dem Stichwort der „Globalen Krise" zusammengefasst werden. Das sind z.b. die Nord-Süd-Konflikte, die ungerechte Verteilung der Ressourcen, Umweltprobleme, Polarisierung von Arm und Reich, die politische Unterdrückung, die religiösen Fundamentalismen, die kriegerischen Auseinandersetzungen, gentechnologische Möglichkeiten und bioethische Unsicherheiten.

Wo steht das Christentum und der RU in der so bedrohten Gesellschaft? Wie kann es Verantwortung und Hoffnung vermitteln wollen trotz der „offensichtlichen" Bedrohung der Zukunft durch (gewollte oder unkontrollierte) Selbstvernichtung?

Das „verkirchlichte Christentum" kann nicht mehr alleiniger Hoffnungsträger für die Zukunft sein. Seine Öffnung nach außen ist gefordert. Es muss kooperieren mit allen guten Kräften in der Welt. Wenn der Einfluss der Kirchen auf das bedrohte Leben und wenn die Verbundenheit der Kirchen mit der deutschen Bevölkerung „entlang der Alterskategorien deutlich rückläufig" ist (Zulehner 1998, 748), wenn 67% aller Befragten Auswirkungen kirchlichen Handelns negieren und 21% nichts von ihr bemerken (trotz des Streits um die Schwangerschaftskonfliktberatung), dann sollte man daraus die Konsequenz ziehen und die in beiden Kirchen vorhandenen, wenn auch nur leicht wirksamen ökumensichen Kräfte nutzen und verstärken. Entscheidend ist das gemeinsame Handeln aus christlichem Geist, nicht die Durchsetzung isolierter Interessen.

1.5 Herausforderungen an den RU

Wie alle anderen Schulfächer muss auch der RU seinen Standort in einer sich schnell verändernden Gesellschaft immer wieder überprüfen und je neu bestimmen. Staat und Kirche(n) wären gut beraten, wenn sie sich von den oben skizzierten und statistisch belegten psychologischen, soziologischen und pädagogischen Bestimmungen der Gesellschaft herausfordern und Konzept und Inhalte des RU sehr kritisch überprüfen ließen. Sie müssen auch die Einstellung der Eltern berücksichtigen. Nach der jüngsten Untersuchung spielt für die befragten Eheleute die gemeinsame religiöse Überzeugung so gut wie keine Rolle mehr. „Im Vordergrund stehen vielmehr: Vertrauen, Liebe, Treue, Ehrlichkeit. Etwas mehr Deutsche sehen in einem festen Glauben ein wichtiges

Erziehungsziel für ihre Kinder. 11% der Männer sind dieser Ansicht, 14 % der Frauen" (Zulehner 1998, 749).

Eines steht fest: Staatlicher und kirchlicher RU als schulisches Unterrichtsfach wird bildungspolitisch in Frage gestellt, wenn er primär nur kirchlichen Interessen gerecht wird. Die Frage nach verbesserten Möglichkeiten der Glaubens-, Wert- und Normenvermittlung einschließlich der Bewertung neuer Religionsformen innerhalb der Schule spitzt sich zu bei Berücksichtigung der ausländischen Schüler (allgemein 13,48%, Sonderschule für Lernbehinderte 27,27 %), die Anspruch haben auf eigene religiöse Erziehung und Bildung sowie auf eine gemeinsame Erziehung zur Toleranz.

2. RU im Kontext post-moderner Gesellschaft

2.1 Begründung des RU

2.1.1 Historisch
Seit 1919 als Schulfach in der Verfassung verankert, seit 1933 durch Konkordat gesichert, seit 1948 im Grundgesetz der Weimarer Regierung übernommen, Entwicklung der Konzeptionen des RU, heutiger Stand;

2.1.2 Rechtlich
GG 7,3 RU als ordentliches Lehrfach in der Schule in Übereinstimmung mit den Religionsgemeinschaften, versetzungsrelevantes Fach;

2.1.3 Konvergenztheoretisch
Konvergenz von pädagogischen und theologischen Begründungen auf den Ebenen der Kulturgeschichte, der Anthropologie und der Gesellschaftskritik, Probleme der Stimmigkeit, wenn gesellschaftlich bedingte Ausgangslagen sich plötzlich verschieben (s.o.).

2.2 Veränderte Kindheit und Jugend

Die Kinder in unserer Gesellschaft, „sie bekommen alles und haben nichts" (Geppert, nach Mette, 33), sie müssen mit der Spannung zwischen fortgeschrittener Industrialisierung und den damit verbundenen physischen, psychischen und sozialen Belastungen fertig werden. „Veränderte Kindheit" wird heute häufig in Verbindung gebracht mit Gewalt in Familien und Schulen, die vielfach beschrieben worden ist. Nach Hurrelmann sind die selbstdestruktiven Kräfte „nach innen" und die Bereitschaft zu Aggression und Zerstörung „nach außen" nur die beiden Seiten ein und derselben Medaille. Zurecht lauten deshalb die sonderpädagogischen Appelle: Kinder brauchen unbedingt das Gefühl und das Bewusstsein des Angenommenseins und mehr Vertrauen zu sich und ihrer sozialen Umwelt, sonst sehen sie sich später gezwungen sich das Vertrauen, um das sie betrogen wurden, als sog. sonderpädagogischen Förderbedarf zu ertrotzen. Aggressiv-sein ist ihr schrilles Alarmsignal.

Viele Eltern und Lehrer sind hilflos diesen Entwicklungen gegenüber und deuten aggressives Verhalten als schlechte Eigenschaft eines schlimmen Kindes oder als moralisches Vergehen, das bestraft werden muss. Wenn ein „Gott" hinzukommt, der Angst macht und straft oder von Eltern und Großeltern, manchmal auch von Erziehern/Erzieherinnen und Lehrern/Lehrerinnen - die es allerdings besser wissen müssten -, als Erziehungsmittel eingesetzt wird, dann wird die ohnehin schon verfehlte Erziehung auch noch von höchster Stelle legitimiert.

Was die Jugend angeht, so zeigt die soziologische Jugendbeschreibung unter dem Stichwort „Jugend und Religion" eine uneinheitliche Forschungslage: „Signale der Distanz und Ablehnung gegenüber dem, was für sie als religiös gilt, aber auch Signale der Zustimmung" gibt es (Mette 1994, 19). Generell sehen Jugendliche oft Kirche und Religion als identisch an. „Reli und Kirche kann'ste cool vergessen". Im Religionslehrer sehen sie den Kirchenvertreter. Beide, Religion und Kirche, werden abgelehnt, weil die ihnen vorschreiben wollen, was sie zu glauben und zu tun haben. Man wendet sich dann lieber illegitimen und nicht kontrollierten Religionspraktiken zu (Spiritismus). Die Kirchen tragen in ihren Augen das Erscheinungsbild der Rückständigkeit und gelten als total veraltet.

Angesprochen fühlen sich Jugendliche von freien Gemeindeangeboten, mit denen man sich auseinandersetzen und bei denen man für die eigene Identitätssuche etwas finden kann. Ausgehend von zahlreich entfalteten Jugendkulturen (vgl. Musikszene), die sich nur schwer überschauen lassen, haben Jugendliche einen Souveränitätswillen und einen Autonomieanspruch entwickelt, dem sich von außen kommende Erwartungen erst einmal unterwerfen müssen (vgl. Mette ebd., 20). Es gibt daneben auch ein beachtliches Maß an Verantwortungsbewusstsein unter Jugendlichen, auch Sehnsucht nach Verbindlichkeit und Treue, Wertschätzung persönlicher und sozialer Werte, die mit christlichen durchaus übereinstimmen.

Wie verhalten sich die veränderten Kinder und Jugendlichen zum RU?

Dazu zeigt eine Statistik des Landes NRW von 1998, dass sich im Schuljahr 1997/98 von den 2,24 Millionen Schülern 36300 (5,1%) vom evangelischen und 35534 (3,4%) vom katholischen Religionsunterricht abmeldeten. Erstaunlich, dass sich vom RU an den Sonderschulen im Vergleich nur 1,8 bzw. 1,2 % abmeldeten.

Kann oder muss der RU die fehlende religiöse Erziehung in der Familie ersetzen?

Der RU als schulisches Fach kann die fehlende religiöse Erziehung nicht ersetzen, er muss jedoch seine positiv religiösen Erziehungsanteile in einer „erziehenden Schule" erheblich verstärken. Es ist nur in Ansätzen möglich durch (religiöse) Fähigkeitsschulung und Wissenserweiterung in religiösen Bezügen kompensierend auf die Defizite der häuslichen religiösen Erziehung einzuwirken. Dies darf aber auf keinen Fall manipulativ geschehen, wenn man nicht einen Wiederanstieg der Abmeldezahlen riskieren will. Dies gilt übrigens auch für entsprechende Bemühungen der kirchlichen Gemeinden, die hier ihre gemeinde-pädagogischen Aufgaben erst noch zu entdecken haben.

2.3 Zeitgemäßheit

Geht man von der oben beschriebenen Gesellschaft aus, so drängt sich die Frage auf, ob der RU in der heute gültigen Form (RU mit konfessionell gebundenen Lehrern, Schülern und Inhalten, die sog. Trias) noch zeitgemäß ist oder ob es anderer und weiterführender Modelle bedarf. Hier werden genannt: Religionskunde, Ethik, (Praktische) Philosophie, Lebenskunde, ökumenischer Religionsunterricht, aber auch Konfessioneller RU, jedoch „in gemeinsamer Verantwortung der Kirchen" (vgl. Vorschlag des Deutschen Katecheten-Vereins DKV).
Räumt man dem RU einen hohen Stellenwert für die Identitätsentwicklung der SchülerInnen und Schüler ein (vgl. „Bildende Kraft des RU" der DBK von 1996), so muss man sich fragen, ob man diesen Aspekt bei den nichtchristlichen Schülerinnen und Schülern vernachlässigen darf bzw. wie man dies bei ihnen kompensiert. Genügt es, wenn der konfessionelle RU konfessionell bleibt, aber geöffnet wird für den Gaststatus von Schülern und Schülerinnen anderer Konfessionen, „sofern der RU dieser Konfession nicht angeboten werden kann und das Profil des katholischen RU nicht in Frage gestellt wird" (vgl. ebd.)? Hiermit sind auch die besonderen Regelungen in den neuen Bundesländern angesprochen, „die eine Aufnahme nicht getaufter Schülerinnen und Schüler in größerer Zahl" ermöglichen.

2.4 Nutzen für die Erziehung und Bildung

Worin liegt der Nutzen der Konfessionalität?

Unter „Konfession" versteht man nicht nur eine staatskirchenrechtlich negativ abgrenzende Kategorie, sondern positiv „die konkrete, faktisch gültige Lebenswelt einer bestimmten Glaubensgemeinschaft" (Lehmann 1997, 8). Aus der Sicht der Kirche ist der RU ein Lernort des Glaubens neben anderen Lernorten, der unbedingt erhalten werden soll. Deshalb muss er Halt und Rückhalt im kirchlichen Leben und die Kirche muss weiterhin Einfluss auf diesen Unterricht in der Schule haben. Hier steht aber die Kirche, nicht jedoch der zu erziehende und zu bildende Schüler im Vordergrund, auch nicht die gemeinsame Verantwortung der Kirchen in der post-modernen Gesellschaft.

Bischof Lehmann gibt im Bundestagshearing 1997 zu, dass schon aus ökumenischer Sicht diese Position des konfessionellen RU „unbefriedigend" ist. Er sagt, es kann „je nach dem Stand des ökumenischen Miteinander viele Formen der Zusammenarbeit geben. Diese sind naturgemäß begrenzt, freilich ausbaufähig... Was zwischen den Kirchen an Kooperation möglich ist, soll nutzbar gemacht werden" (ebd. 9). In der o.g.

Schrift „Die bildende Kraft des Religionsunterrichts" ist deutlich von solchen flexiblen Verhaltensweisen und von Ausnahmefällen die Rede. Gemeint sind Modifikationen des Konfessionalitätsgrundsatzes bei Modellversuchen, Sonderfällen und Ausnahmesituationen in Sonderschulen, Berufsschulen und in der Sekundarstufe II. Dabei wird ausdrücklich die Lernausgangslage bei den Erziehungs- und Bildungsvoraussetzungen der Schülerinnen und Schüler betont (z.b. darf man kleine sonderpädagogische Klassen aus sonderpädagogischen Gründen konfessionell nicht trennen).

Geht man grundsätzlich vom pädagogischen Nutzen und hohen Stellenwert des RU für die Erziehung und Bildung aus, so ist dabei die Förderung der Identitätsentwicklung und die Hilfe bei der Sinngebung des eigenen Lebens der ausschlaggebende (pädagogische) Maßstab.

Pädagogisch betrachtet ergeben sich für den heutigen Religionslehrer folgende Möglichkeiten: a) Der konfessionell eng geprägte Lehrer, der in der Gefahr der Indoktrination steht. b) Der konfessionell geprägte, aber offene Lehrer, der die Schüler zur Auseinandersetzung und zu eigenen Entscheidungen ermutigt und ihnen hilft einen eigenen Standpunkt zu finden. c) Der konfessionell neutrale Lehrer mit der Belastung der Informationsüberflutung und Entscheidungsüberforderung. Dieser Lehrertyp hängt von den Fähigkeiten der Schüler ab, ob sie (schon) in der Lage sind sich kritisch mit Informationen und Entscheidungsmöglichkeiten auseinanderzusetzen (z.b. Kritikfähigkeit gegenüber bloßem Konsum).

Im juristischen Streit, der gegenwärtig über das Modell LER in Brandenburg geführt wird, ist von „konfessionellen Fenstern" die Rede.

2.5 Der spezifische Nutzen des RU im Vergleich zu „neutralen" Ersatzfächern

Der von Staat und Kirchen verantwortete RU schließt selbstverständlich voll und ganz die Religionsfreiheit ein. Dies gilt für die Eltern, den religionsmündigen Schüler, die bekenntnisfreien Schulen und den Religionslehrer. Auch für einen grundsätzlich konfessionell gebundenen Schüler gibt es die Möglichkeit der Abmeldung. Im Interesse der Religionsfreiheit aller Beteiligten gibt es das Ersatz- oder Alternativfach. Auf dieser Grundlage müsste es streng genommen auch RU nicht-christlicher Religionen in unserem Land geben.

2.5.1 Ersatzfach
Für die vom RU abgemeldeten Schüler gibt es den sog. Ersatzunterricht, der in den Bundesländern unterschiedliche Formen erhalten hat. Ersatzfach „Praktische Philosophie" wird gerade in NRW als dem letzten Bundesland eingeführt. Religionslehrer dürfen diesen Unterricht nicht erteilen. Philosophielehrer gibt es aber noch keine. Man hilft sich im Augenblick mit Übergangslösungen. Nach § 22 des Lehrerausbildungsgesetzes kann man im Lehramtsstudium „Zusatz-Qualifikationen" erwerben. Auf dieser Grundlage werden inzwischen in Münster schon jetzt abschlussbezogene Zusatzqualifikationen in interkultureller Pädagogik angeboten, die zum Fachlehrer für „praktische

Philosophie" führen. An anderen Standorten werden von den philophischen Fachvertretern im Auftrag des Ministeriums Lehr-Angebote erarbeitet. Streit gibt es noch 1. um die Einbeziehung der Sekundarstufe I, also des Philosophieunterrichts an Haupt-, Sonder- und Realschulen an allen Standorten, 2. um die Berücksichtigung der Religionskunde innerhalb der praktischen Philosophie und 3. um die Offenheit des Konzeptes, damit über die Ländergrenzen hinweg Studienwechsel möglich werden.

Es bleibt zu fragen, ob der Philosophie- oder Ethiklehrer sich unter der Decke der Neutralität verstecken wird, anders als der Religionslehrer, der immer mit seiner religiösen Einstellung und ihrer Begründung, d.h. mit seinem ganzen Rollenkonflikt, von den Schülern gefordert ist.

2.5.2 L-E-R

Besondere Ausgangssituation:
a) GG, Artikel 141: Dieser besagt, dass „[...] alle Länder, in denen am 1.1.1949 eine andere landesrechtliche Regelung (bezüglich des RU's) bestand, von dieser Verpflichtung freigestellt sind. In allen Ländern der ehemaligen sowjetischen Besatzungszone war zu dem genannten Zeitpunkt gesetzlich kein konfessioneller RU vorgesehen" (MBJS 1996, 9).

b) Der fehlende volkskirchliche Hintergrund:
Der Bund der Evangelischen Kirche wies in einem Brief vom 23.05.1995 darauf hin, dass „beim Bedenken der Frage [ob RU ein ordentliches Lehrfach werden sollte oder nicht, Anm. d. Verf.] [...] deutlich geworden [ist], dass der RU in der BRD von einem volkskirchlichen Hintergrund ausgeht. Durch die über 40jährige DDR-Geschichte ist es bei uns [den neuen deutschen Bundesländern, Anm. d. Verf.] zu einer mehrheitlichen säkularen Gesellschaft gekommen. Damit ist keine Vergleichbarkeit zur schulischen Situation in der BRD gegeben, in die der RU eingebunden ist" (MBJS 1996, 8).

c) Das Misstrauen gegenüber dem RU als „Tendenzfach":
Es fällt auf, dass der RU von vielen, die ihm kritisch gegenüberstehen, als „schwarze Staatsbürgerkunde" gesehen wird. Man befürchtet durch ihn eine vergleichbare weltanschauliche Einengung der Schule, wie sie im sozialistischen Schulwesen durch die Orientierung am Marxismus-Leninismus geschehen ist. Die Einführung des neuen Faches wird im Osten als staatliche „Überstülpung" empfunden - vergleichbar mit den sozialistischen Festlegungen im Rahmen der Schulpolitik der DDR (vgl. ebd.).

Auf diesem Hintergrund steht LER als staatliche Initiative (und nicht als res mixta, als Sache von Kirche und Staat) parallel zum Versuch des Landes Hessen ohne Einvernehmen mit der katholischen Kirche einen katholisch theologischen Diplomstudiengang an der Universität in Frankfurt einzurichten. Der zuständige Bischof von Limburg hat das Verfahren gegen das Land Hessen gewonnen.

2.6 Zielsetzungen

Ein Vergleich der Zielsetzungen des RU nach dem Synodenbeschluss von 1974 und nach LER von 1996 kann zeigen, dass trotz grundsätzlicher Unterschiede auch zahlreiche Übereinstimmungen bestehen.

Deshalb kann die Frage, ob der vorherrschende RU weiterhin bestehen kann bzw. auch in den neuen Bundesländern eingeführt werden soll, zu diesem Zeitpunkt noch nicht endgültig beantwortet werden. Gegenwärtig befinden sich die Verantwortlichen im offenen Streit (hoffentlich ist es ein „ekklesial gekonntes Streiten", vgl. Schmitt, 127), ob es genügt über Religion zu informieren, allein das „Bescheidwissen" zu fördern, oder ob es um mehr geht, nämlich die „Ermöglichung von Glauben und Religion", wie es im Synodenbeschluss von 1974 heißt. Es geht auch um die Frage, ob eigene Lösungen den neuen Bundesländern zuzugestehen sind und ob „Regionalisierung" als konzeptionelles Prinzip der Zukunft gelten kann.

Ausgehend von den Unterschieden zwischen den Schulformen, die RU in sehr unterschiedlichen Zuordnungen von „Bescheidwissen" und „Ermöglichung" (Synodenbeschluss 1974) praktizieren müssen - man denke an Sonderschulen, Schichtzugehörigkeit, Milieuprägung - lässt sich vielleicht vom Prinzip der „Regionalisierung" für die Zukunft am meisten erwarten.

Literatur

Gabriel, Karl: Christentum zwischen Tradition und Postmoderne, Freiburg/Basel/Wien 3/1994.
Gottfried, Thomas: Religionsunterricht als Lebenshilfe. Diakonische Orientierung des Religionsunterrichts in der postmodernen Gesellschaft, Essen 1995.
Kaufmann, Franz-Xaver: Religion und Modernität. Sozialwissenschaftliche Perspektiven, Tübingen 1989.
Lehmann, Karl: Religion in der Schule - Orientierung in der offenen Gesellschaft. Grundsatzreferat des Vorsitzenden der Deutschen Bischofkonferenz, 7. Oktober 1997.
Mette, Norbert: Religionspädagogik, Düsseldorf 1994.
Ministerium für Bildung, Jugend und Sport: Abschlußbericht zum Modellversuch „Lernbereich Lebensgestaltung-Ethik-Religion", Potsdam (Februar) 1996.
Ministerium für Bildung, Jugend und Sport: Lebensgestaltung-Ethik-Religion (LER). Konzeption, Sonderdruck der Landtags-Drucksache 2/3490, (Mai) 1997.
Schmitt, Hanspeter: Einfühlungsvermögen und ekklesiale Streitkultur, in: Stimmen der Zeit, Heft 2, 1998, 118-132.
Unruh, Ulrich: Nicht voneinander lassen. Ein Blick auf das Verhältnis von Christentum und Moderne, in: EB 1/1996, 7-10.
Zulehner, Paul M./ Volz, Rainer: Die Religiosität der Deutschen, in: Stimmen der Zeit, Heft 11, 1998, 741-750.

„Gemeinsam leben - gemeinsam lernen"
Bundeskongress
1. und 2. Mai 1998
Dortmund Gesamtschule Gartenstadt

93. Deutscher Katholikentag Mainz 1998
10. bis 14. Juni 1998

„Zwischen Anspruch und Wirklichkeit"
Antidiskriminierung von Menschen mit Behinderung in der Kirche

1. Begrüßung und Einführung

Ich begrüße Sie herzlich und möchte mich Ihnen vorstellen. Meine eigene Betroffenheit als Vater stelle ich bewusst an den Anfang und bitte Sie, dies zugleich als Einführung ins Thema zu betrachten.
Ende 1995 erwähnte ich in meinem Artikel „Menschen mit Behinderungen - Kirche mit Behinderungen?" in der Zeitschrift für Heilpädagogik (11/1995) die Kirche und ihr Engagement für Behinderte und für psychisch erkrankte Menschen am Beispiel Dülmen, wo ich wohne (vgl. 545); dort gibt es in kirchlicher Trägerschaft eine der modernsten psychiatrischen Kliniken. Ich hatte zu dieser Zeit nicht die geringste Ahnung, dass 2 Jahre später unser 32-jähriger Sohn dort behandelt werden würde. Seine psychische Erkrankung, die Anfang 1997 ausbrach, hatte insofern mit der Kirche zu tun als er angeregt durch seine Freundin zu dieser Zeit im süddeutschen Raum an charismatischen Gruppentreffen teilnahm und dort von Priestern exorzistisch behandelt wurde. In seinen krankheitsbedingten Angstzuständen wurde er nicht zum Psychologen oder Arzt/Psychiater geschickt, sondern zu Priestern, die als Dämonen- und Teufelsaustreiber in diesen Kreisen bekannt waren und dringend empfohlen wurden. Ihre Methode war „Beichten", „Handauflegen", „gesund beten" und „Exorzismus". Wir haben es hier mit einer medizinischen Ignoranz zu tun, die kirchliche Vertreter zu verantworten haben; es sind in diesem Fall die deutschen katholischen Bischöfe. Ich werfe ihnen vor, unseren Sohn in einer äußerst notvollen Situation mit sachfremden Methoden, die bis heute kirchlich erlaubt sind, behandelt und tiefer in die psychische Erkrankung hineingestoßen zu haben. Bis vor einigen Tagen ist er in der neuen, in kirchlicher Trägerschaft befindlichen Klinik (Tagesklinik) in Dülmen mit den neuesten psychiatrischen und psychotherapeutischen Methoden behandelt und als symptomfrei (wenn auch rückfallgefährdet) entlassen worden.

Ich möchte damit die Zweischneidigkeit unseres Themas aufzeigen: Es gibt beides in der gleichen Kirche: Die schuldhafte, ideologisch und fundamentalistisch abgeleitete Verteufelung medizinisch-psychiatrischer sowie psychologischer Wissenschaft auf der einen Seite und auf der anderen den Einsatz modernster Wissenschaft bei Diagnose und Therapie von Behinderungen und Erkrankungen in kirchlicher Verantwortung.

Besonders gefährlich ist es, wenn die psychotische Symptomatik beim Kranken religiöse Züge trägt, also Satan oder Gott, Dämonen oder Engel leibhaftig - und deshalb krankhaft - erlebt werden. Aber religiös-unkritische und naiv-glaubende Menschen finden darin ihren eigenen naiven Glauben bestätigt. Sie verstärken die Angst machenden Symptome des Psychotikers ohne zu bemerken, dass ein falscher Zusammenhang hergestellt wird zwischen Religion und Krankheit/Behinderung. Dass aber die Realitätswahrnehmung der Psychotiker krankhaft ist und sie von den als Realität wahrgenommenen Dämonen, Teufeln, Engeln und Göttern ebenso befreit werden müssen wie von den Angstgefühlen, wird nicht unterscheidend wahrgenommen oder bewusst ignoriert.

Es ist deshalb der Vorwurf zu erheben, dass die Kirche in diesem und in vielen anderen Fällen gezielt Aufklärung verhindert und ihre Theologen bzw. Priester fundamentalistisch agieren lässt.

In der Theologenausbildung wird nach wie vor die fächerübergriefende und vor allem die Medizin und Psychologie betreffende Kooperation zurückgehalten.

In der pastoralen Praxis
- wird trotz aufgeklärter Theologie naiv-fromm gepredigt und der Graben zwischen Gemeinde und Theologie vertieft;
- werden fundamentalistisch auftretende Gruppen kirchlich unterstützt und gedeckt, nicht aber hinterfragt, überprüft oder - wenn nötig - verboten. Selbst charismatische Gruppierungen in der katholischen Kirche, die von professionellen Sektenberatungsstellen einwandfrei als destruktive Kulte eingestuft werden, dürfen frei agieren. Eine in Warstein im Sauerland angesiedelte und von einem ehemaligen Metzgermeister geleitete sog. Ordensgemeinschaft („Gemeinschaft der Seligpreisungen") darf Priester zu Exorzisten fortbilden. Unser Sohn ist bei Ausbruch seiner Krankheit mehreren solcher zu Exorzisten fortgebildeter Priester in die Hände gefallen. Wie wird sich sein Verhältnis zur Kirche entwickeln?

Zur Fragestellung: Menschen mit Behinderungen - Kirche mit Behinderungen?

Wie stehen Menschen mit Behinderungen zur Kirche? Wie steht die Kirche zu Menschen mit Behinderungen? Was erwarten behinderte Menschen von der Kirche? Kümmert sich Kirche um diese Menschen? Menschen mit und ohne Behinderungen, die ihre Kräfte einsetzen für gemeinsame und gegenseitige Förderung, erhalten sie die erwartete Unterstützung durch die Kirche(n)? Können sich Menschen mit Behinderungen und ihre Angehörigen in der Kirche wohl fühlen? Berücksichtigt die kirchliche Pastoral diese Menschen?
Es ist von den betroffenen Menschen selbst auszugehen: Behinderte Menschen sind häufig durch primäre und sekundäre Behinderungen belastet, durch ihre organisch oder anders bedingten Beeinträchtigung ihres Lebens und zum andern durch die hinzukommende gesellschaftlich soziale Einschätzung ihrer Behinderung, so dass heute der anthropologische Zugang zum Behinderungsverständnis ohne die Einbeziehung ge-

sellschaftlicher Aspekte nicht mehr vorstellbar ist. Insofern sind die Angehörigen und auch die Kirche(n) als gesellschaftlicher Faktor immer einbezogen.

2. Brainstorming

Sie werden eingeladen, auf einem Zettel stichwortartig zu notieren, warum Sie sich für diesen Workshop entschieden haben (1. Hälfte) und welche Aspekte, Ideen oder Vorschläge Sie mit dem Thema verbinden (2. Hälfte).

- Alltägliche Berührungsängste?
- Latente Ausgrenzung aus der Kirche?
- Frühdiagnostik und ethische Leitlinien für Eltern?
- Gottebenbildlichkeit der Menschen mit Behinderungen?
- Menschen mit Behinderungen als Objekte kirchlichen Handelns? Eigene Höherstufung auf Grund des Dienstes am Nächsten?
- Sich selbst trotz seelischer Tiefs als Behinderter akzeptieren und Stellung in der Geschwisterreihe
- Akzeptanz in Nachbarschaft und Gemeinde erarbeiten

- Wo ist der Unterschied zwischen Menschen? Wer ist behindert oder wer ist nicht behindert?
- Warum muss aussortiert werden? Warum können nicht alle gemeinsam beten?
- Kann sich Kirche gegen Integration stellen?

- Diskrepanz in Kirchengemeinden (evgl. und kath.) zwischen Anspruch und Wirklichkeit, d.h. was steht in der Schrift (jeder Mensch ist von Gott gewollt und von ihm angenommen, wie er ist) und wie sieht die Wirklichkeit in den Kirchengemeinden für beh. Menschen und ihre Familien aus (Isolation, Ängste)

- Menschenbild: Behindert - sündig?
- Stellungnahme der Kirche - Ethik zu: Peter Singer, Biogenetik, Freiheit des Menschen vor Gott sich für oder gegen ihn zu entscheiden; Stellungnahme der Gesellschaft zum Individuum

- Kirche - von oben bis unten oder umgekehrt- muss sich bewusst werden, dass vom Gedanken der ‚Communio' her alle zusammengehören und kreativ gemeinsam leben sollen und können. Alles andere ist im Zeitalter der Pränataldiagnostik, der Diskussionen über Lebenswert krass unsolidarisch und für die Betroffenen behindernd

- Sensibilisierung unserer christlichen Gemeinschaften für das Selbstverständnis des Zusammenlebens von Menschen mit Einschränkungen verschiedenster Art

- Betreuung der Familien mit Angehörigen, die mit Einschränkungen leben lernen genau so sicher und regelmäßig wie sie Gottesdienste besuchen
- Hilfen gegen die Angst der ‚Nichtbetroffenen'
- Wie können wir dazu beitragen, in unseren Kirchen Bewusstsein zu verändern, damit Menschen mit Beeinträchtigungen nicht ‚behindert' werden (weg von ausschließlich ‚diakonischer' Betreuung)
- Beispiele gelungener wirklicher Integration in Kirche (in Gemeinden, Unterricht) veröffentlichen!
- Alternative Lebens-/Wohnmodelle wie Arche
- Ich wünsche, dass alle Behinderten in Regelschulen und Kindergarten gehen.
- Ich freue mich als Behinderter Zuhörer sein zu dürfen

3. Die Grundbegriffe Behinderung, Religion und Kirche

„Diskriminierung" heißt laut Duden: „unterschiedliche Behandlung; Herabsetzung". „Antidiskriminierung" ist aber nicht nur ‚gleiche Behandlung; Heraufsetzung', sondern gerade unter religiösem Aspekt und nach meinem Verständnis mehr noch ein Protest gegen die Herabsetzung. Es wird kompliziert, wenn man z.b. fragt, ob Kirche immer gegen Diskriminierung Behinderter protestiert hat oder vielmehr selber zu bestimmten Zeiten Behinderte diskriminiert hat. Ich möchte mich schrittweise dem Problem nähern und von einer Begriffsklärung ausgehen.

Behinderung und Religiosität stehen in einem wechselseitigen Bedingungsverhältnis. Wichtig ist bei der Realität des Menschseins und des Behindertseins zu beginnen. Um über das, was mit „Religion und Behinderung" eigentlich gemeint ist, ins Gespräch zu kommen hat es sich als günstig erwiesen mit dem weiten Verständnis von Religion und Behinderung zu beginnen. Man unterscheidet deshalb auch zwischen Behinderung bzw. Religion im weiten Sinne und Behinderung im speziellen Sinne.

Religion und Behinderung im weiten Sinne
Des Menschen Grenzerfahrungen beziehen sich auf Wünsche, die nicht alle und in vollem Maße erfüllbar sind; auf Anfang und Ende des Lebens, seine Endlichkeit; auf Bedrohungen des Lebens durch Krankheit, Naturkatastrophen, Umweltschäden und Krieg; auf soziale Beeinträchtigungen durch Arbeitslosigkeit, Ungerechtigkeit und Unterdrückung; auf fortschrittsbedingte neue Lebensformen, die das Altwerden und das Altern großer Bevölkerungsgruppen und den sog. sozialen Tod zu ungeahnten Möglichkeiten und zugleich Bedrohungen menschlichen Lebens werden lassen. Und dennoch erlebt der Mensch so etwas wie totales Angenommensein trotz allem, das ihn über seine Begrenztheit hinaus hoffen lässt.
Jeder Mensch, der solche Grenzerfahrungen macht und als Mensch machen muss, erlebt in diesem weiten Sinne „Behinderung" und zugleich seine „Religiosität". Eine re-

ligiöse, also das unmittelbare Erleben übersteigende Sicht des Lebens, lässt sich gerade in Grenzsituationen nie ganz ausklammern.

Religion und Behinderung im speziellen Sinne
Welche religiösen Fragen stellen Menschen mit bestimmten Behinderungen? Gibt es bei Menschen mit besonderen Behinderungen auch besondere religiöse Bedürfnisse? Gilt für sie die in der Gesellschaft allgemein rückläufige Bedeutung von Religion? Hat Behinderung sie vielleicht religiös besonders sensibilisiert oder - umgekehrt - abgestumpft? Wie müssen Religion und Glaube geartet sein und behinderten Menschen begegnen, damit sie von ihnen nicht als bloße Vertröstung angesehen und abgelehnt werden? Wie kann die alte Tradition des christlichen Glaubens für Menschen mit einer Behinderung zu neuer Lebensorientierung transformiert werden?
Ist die Praktische Theologie, die Pastoral und die Religionspädagogik, auf diese Fragen vorbereitet?
Diese Fragen stehen in den nächsten Jahren zur Bearbeitung an. Mir scheint jedoch ein Ansatz für alle Antworten ausschlaggebend zu sein, nämlich bei den Betroffenen selbst zu beginnen und sie sagen zu lassen, was für sie religiös wichtig ist. Leider ist dieser Weg bisher nur von wenigen beschritten worden.

Spezielle Bedürfnisse der Menschen mit Behinderungen
- Situation der Eltern behinderter Kinder

Eltern behinderter Kinder wissen, wie eng die behinderungsbedingte Krisenverarbeitung mit der religiösen Frage nach dem Sinn des Lebens verknüpft ist. Sie kann überlebenswichtig sein. Schon bei der Einschätzung der Behinderung durch die Eltern, bei der Verarbeitung ihrer eigenen Hilflosigkeit, erst recht bei Selbstvorwürfen und heftigen Schuldgefühlen ist ganz entscheidend wichtig, welches religiöse Welt- und Menschenbild sie haben.
- „Körperbehinderung" und religiöses Fragen

Bei körperbehinderten Menschen treffen wir häufig die Frage nach dem Sinn ihrer Behinderung an und ein auffallend starkes kognitiv-religiöses Interesse. Hieraus ergibt sich die weitergehende Suche nach eventuellen Erklärungsmodellen und nach realistischen, aber auch utopischen Heilungschancen. Hierbei kann es passieren, dass dumpfe Erwartungsängste das religiöse Aufklärungsinteresse überlagern.
Körperbehinderte stehen oft vor der existentiell-theologischen Frage „Warum gerade ich?" Zur Beantwortung muss zunächst die in der Frage liegende Aggression erkannt und zugelassen werden. Es geht ja in erster Linie darum eine Hilfe in der Krisenverarbeitung anzubieten. Dazu ist erforderlich die tatsächliche Lebenssituation zu kennen und darin eventuell die religiöse Frage zu entdecken. Sie ist ernst zu nehmen und mit der christlichen Lebensdeutung „irgendwie" in Verbindung zu bringen. Wie aber kann es gelingen die christliche Lebenshoffnung den Menschen mit Körperbehinderung ihrer Situation gemäß zu vermitteln?
- „Geistige Behinderung" und Religiosität

Für ihre besondere Religiosität ist wichtig zu wissen, dass sie aus einer ganzheitlichen Erlebensperspektive heraus leben und sich an unmittelbaren und direkten Begegnungen mit Personen und Sachen orientieren. Vitale Lebensbedürfnisse können sie spontan äußern und umsetzen. Unscheinbare Alltagsereignisse erleben sie als besonders

wichtig. Sie finden auch leicht Zugang zu emotionalen Bereichen wie Freude und Trauer, zu den Gefühlen des Angenommen- und Ausgestoßenseins, der Liebe und der Angst. Das alles hat mit Religion zu tun.
Ihre besondere religiöse Ansprechbarkeit und (auch) Bedürftigkeit, die die Kirchen nicht übersehen und übergehen dürfen, liegen auf der personalen Ebene und haben mit dem Problem von Distanz und Nähe zu tun. Menschen mit geistiger Behinderung sind zu tiefer Religiosität und Gläubigkeit befähigt.

Aktuelle Herausforderungen der Kirche

Weitere Spezialprobleme betreffen ethische Fragen und den Religionsunterricht, der ja einen nicht zu unterschätzenden Stellenwert im Leben von Kindern, und besonders von Kindern mit Behinderungen, einnimmt.

- Religionsunterricht und Kirche

Oft verbringen Sonderschüler einen großen Teil ihres Tages in den Fördereinrichtungen. Welchen Platz nimmt in diesem, für Kinder mit Behinderungen so bedeutsamen Lebensbereich die Kirche ein? In den staatlich geführten Sonderschulen werden Kinder mit kirchlichen Inhalten während des Religionsunterrichts vertraut gemacht. Von daher ist es in erster Linie Aufgabe des Religionsunterrichts, von den gegebenen religiösen Lernausgangslagen auszugehen und sich den religiösen Fragen der Schüler zu stellen. Erfahrungsgemäß werden diese auf Grund von bestimmten Behinderungen immer sehr lebensbezogen und manchmal auch besonders nachdrücklich vorgebracht, manchmal aber auch nur angedeutet. Hilfen für die Religionslehrer von Seiten der Amtskirche in dieser schwierigen Situation sind allerdings rar bzw. bisher fast ganz unterblieben.

Dies hat auf katholischer Seite auch die Kommission für Erziehung und Schule der Deutschen Bischofskonferenz erkannt und im Januar 1992 eine Erklärung zum Religionsunterricht an Sonderschulen herausgegeben. Die Religionslehrerinnen und Religionslehrer sollen in ihrer verantwortungsvollen Aufgabe unterstützt, und die Zusammenarbeit zwischen Religionslehrern an Sonderschulen und den Gemeinden soll angeregt werden.

- Neue ethische Probleme

Am Beispiel der medizin-technischen Entwicklung und der damit verbundenen ethischen Probleme soll kurz die neue Lage gekennzeichnet werden.

Sehen die Kirchen ihre Mitbeteiligung an der Entstehung der neuen ethischen Probleme? Wie haben sie beispielsweise den sog. *ERLANGER FALL*, den technich eventuell möglichen, ethisch aber umstrittenen Rettungsversuch des ungeborenen Kindes der durch Unfall angeblich hirntoten Mutter beurteilt? Angeregt durch die „Dortmunder Erklärung gegen den Missbrauch von Menschen durch die Medizin-Technologie in dem Erlanger ‚Experiment' an einer hirntoten Frau" vom 20. Oktober 1992 sind teilweise äußerst kontroverse Diskussionen in beiden Kirchenleitungen sowie auf einigen Kongressen zwischen Medizin und Ethik/Theologie in Gang gekommen, die inzwischen auch öffentlich in den Medien verfolgt werden können.

Es gibt auch in der Kirche eine Wissenschaftsgläubigkeit, die über die komplizierten Sachverhalte zwischen Medizin, Ethik und Theologie lieber hinwegsieht und einem öffentlichen wissenschaftsfreundlichen Trend folgt, der sich von ethischen Folgeproblemen nicht irritieren lässt. Wenn Regierungen, Verbände, Kirchen und Wissen-

schaftler dem Trend folgen, hat es der differenzierende Ethiker schwer wie beim Erlanger Fall. Wenn selbst die Ethik-Kommission des Erlanger Krankenhauses und alle anderen Verantwortlichen dafür stimmen, dass der Versuch an der hirntoten Schwangeren fortgesetzt wird, erscheint es „unmenschlich" die Mutter nicht als Versuchsobjekt zu missbrauchen und das Kind mit ihr sterben zu lassen.
Die Technik hat ein Doppelgesicht: Segen und Fluch. Deshalb ist dialektisches Denken gefragt. Viele Eltern, Ärzte, Schwestern und Pfleger haben die Technik als Segen erfahren; sie profitieren von den rasanten Fortschritten in Neonatologie, Perinatal- und Intensivmedizin sowie der „Brutkasten-Technik". Andere machen aufmerksam auf die Gefahren dieser Technik, auch auf die Einseitigkeiten bei ihrer Einschätzung und der Beurteilung ihrer Folgen. In diesem Zusammenhang ist natürlich auch die kirchliche Haltung immer unter zwei Aspekten, also dialektisch, zu sehen:
Kirche kann sich aus dieser dialektischen Verstrickung nicht heraushalten. Schweigen ist Zulassung dessen, was geschieht oder was nicht geschieht. In der Dortmunder Erklärung zum „Erlanger Fall" wurde die Eilfertigkeit kritisiert, mit der Theologen und Kirchenvertreter die Frage nach der Zulässigkeit solcher Experimente mit dem Menschen an die Medizintechnologie abgetreten haben.
Erkennt Kirche ihre Beteiligung an den neuen Problemen der möglicherweise technisch bedingten Entstehung von Behinderungen, wenn sie die dominierende Stellung medizinischer Technik in ihren Häusern nicht hinterfragt? Wird die technische Dialektik realistisch eingeschätzt? Es wurde zu Recht gefragt, ob es den kirchlichen Häusern gelinge, diese Dominanz so zu überwinden, dass wirklich „therapeutische Gemeinschaft" entstehen kann, die eine ganzheitliche Therapie und christlichen Beistand am Kranken- und Sterbebett ermöglicht (Boeckler 1984, 852).
Im umgekehrten Sinne gibt es immer noch Situationen und Strukturen, in denen kirchlicherseits die Eigenständigkeit von Medizin, Psychologie und anderer Wissenschaften missachtet und an ihrer Stelle veraltete Methoden des Exorzismus eingesetzt werden (vgl. den *FALL KLINGENBERG*). Auch hier tut mehr Aufklärung not, Aufklärung darüber, dass auch die Kirchen mit psychologischen Übertragungsmechanismen zwischen Behinderten und Nicht-Behinderten rechnen müssen, die die Ausgrenzung behinderter Menschen aus Angst vor der drohenden eigenen Behinderung interpretieren.
Bleibt dieser Zusammenhang unerkannt, bewirkt er Menschenverachtung. Theologen, kirchliche Leitungsgremien und kirchliche Öffentlichkeit müssen wissen, dass dieser Angstmechanismus allgemeingesellschaftlich wirksam ist und infolgedessen auch für die Kirchen gilt. Nur gemeinsam lernen Behinderte und Nicht-Behinderte Angst bewältigen. Nur gemeinsam kann zwischen Kirche und Menschen, die behindert sind, gegenseitige Akzeptanz gefördert und Angst „aufgehoben" werden.

4. Gruppenarbeit zu Kirche und Behinderung

Zur Methode: Drei Gruppen, je zwei DinA3 Plakate:
a. Mind-Mapping zum Thema:
Gruppe 1: Behinderte in der Kirchengeschichte,
Gruppe 2: Behinderte in der Bibel,
Gruppe 3: Behinderte in der Kirche heute;
b. Ergebnissicherung, Möglichkeiten: Rollenspiel, Thesenplakat, Collage, Zeitleiste/ Zeitstrahl, mind-mapp, Karikatur.

Anregungen für die Gruppenarbeit
- Welche Ansätze und Meinungen zur Behinderung gab und gibt es innerhalb der Kirche?
- Welche Rolle soll die Kirche in der Behindertenfrage spielen?
- Gibt es Glaubensgrundlagen zur Behinderung und welche Konsequenzen haben sie?
- Welche Erfahrungen der Betroffenen und welche persönlichen Sichtweisen gibt es?
- Was steht über Behinderungen in der Bibel?

Arbeitsgruppe 1: Das Bild Behinderter in der Kirchengeschichte

Folgender Textauszug aus:
Kollmann, Roland: Menschen mit Behinderungen - Kirche mit Behinderungen? In: Zeitschrift für Heilpädagogik 11/1995, 539-547, hier 543:

„Kirche bzw. Religion, Glaube und Theologie standen zu Menschen mit Behinderungen immer in einem spannungsreichen Verhältnis, sowohl im Sinne ihrer Respektierung und besonderen Förderung als auch im Sinne ihrer Ausgrenzung und Verachtung.
Hier ist zunächst auf die ambivalente Sicht der Behinderung zu verweisen, auf die Zweischneidigkeit ihrer Einschätzung in Religions- und Kirchengeschichte. Behinderung stand immer in der Spannung zwischen Dämonisierung und Entdämonisierung.
An der leidvollen Ambivalenzgeschichte beteiligt und/oder dafür verantwortlich waren immer einzelne Personen, aber auch die religiösen Institutionen der Gesellschaften, bei uns die Kirche(n); sie bestimmten, was unter ‚normal' bzw. ‚behindert' zu verstehen und wie der Umgang mit Menschen mit Behinderungen zu legitimieren war."

Anregung für die Gruppenarbeit
- Bitte lesen Sie zunächst den Text!
- Erinnern Sie sich an alte Mythen, Erzählungen, Biographien (z.B. Teufelsaustreibungen, Heiligenlegenden, Sprichwörter wie ‚mit Blindheit geschlagen')?
- Wie war das Bild Behinderter in der Kirchengeschichte?
- Welche Fähigkeiten wurden ihnen zugeschrieben oder abgesprochen?

- Wie waren sie in die Kirche integriert?
- Wie prägte die Gesellschaft das Bild Behinderter in der Kirche?
- Wie prägte die Kirche das Bild Behinderter in der Gesellschaft?
- War sie eher integrierend oder eher separierend?
- Was hat die Kirche in ihrer Geschichte für Behinderte geleistet und was hat sie versäumt?
- Worauf kann man aufbauen, was muss in der Kirche revidiert oder verbessert werden?
- Gibt es einen Wandel im Bild der Behinderten in der Kirche?
- Was bedeutet dieses Bild für die Behinderten selbst und für die Angehörigen?

Arbeitsgruppe 2: Das Bild Behinderter in der Bibel

Folgender Textauszug aus:
Kollmann, Roland: Menschen mit Behinderungen - Kirche mit Behinderungen? In: Zeitschrift für Heilpädagogik 11/1995, 539-547, hier 544:

„In Bezug auf behinderte Menschen schleppt die kirchliche Tradition ein unbewältigtes Problem mit sich herum. Es ist die Meinung, Behinderung, Krankheit und Leid könnten mit den Wundern Jesu in eine direkte Verbindung gebracht werden, so als sei in den sog. Wunderheilungen die Beseitigung einer Behinderung ein Beleg für die Befreiung von Sünde und Schuld anzusehen.

Abgesehen davon, dass dahinter die nicht haltbare Vorstellung von *JESUS* als Zauberer steht, der heilt, wann und wen er gerade heilen will, muss noch auf etwas anderes hingewiesen werden: Es ist schon innerhalb der Evangelienüberlieferung des Neuen Testaments ein Trend zu beobachten, der dieser Ansicht genau entgegensteht. Es wird betont, dass *JESUS*, der anderen helfen konnte, selber mit seiner Botschaft gescheitert ist.

Er solidarisiert sich mit den Leidenden, ohne das Leid beseitigen zu können. Auch seine eigene Existenz konnte er nicht retten. Eine theologische Deutung versteht das so, dass Gott in der Geschichte des *JESUS VON NAZARETH* ein Behinderter unter Behinderten, ein Hilfloser unter Hilflosen geworden ist und nur auf diese Weise den Menschen nahe sein (konnte) wollte.

In biblischer Sicht gewinnt also beeinträchtigtes Menschsein eine unerwartet neue Aufwertung. ‚Als behinderte Menschen sind die Menschen von Gott geliebt und nicht erst, wenn sie geheilt sind'. In dieser Perspektive lässt sich also sagen, dass eine Behinderung auch zur ‚Begabung' werden kann, wenn man als Glaubender annimmt, dass Gott gerade den beeinträchtigten und heilsbedürftigen Menschen liebt."

Anregungen für die Gruppenarbeit
- Erarbeiten Sie das Verständnis von Behinderung in der Bibel durch Bezugnahme auf den Bibeltext Lk 5,17-26 (Heilung eines Gefährten)
- Wie ist die Einstellung des christlichen Glaubens (etwa im Neuen Testament) gegenüber Behinderung?
- Sind die Heilungsgeschichten wörtlich zu nehmen?
- Welche anderen Zugänge gibt es zu ihnen?
- Welche Ansätze bietet die Bibel für ein positiveres Bild von Behinderung?
- Welche Auswirkungen kann christlicher Glaube auf das Selbstverständnis eines Behinderten haben? Welche Perspektiven bietet er an?
- Ist die christliche Botschaft des absoluten Angenommenseins in der heutigen Gesellschaft bekannt?
- Wie könnte diese Botschaft umgesetzt werden? Wie wird sie umgesetzt?

Arbeitsgruppe 3: Behinderte und Kirche heute

Folgender Textauszug aus:
Kollmann, Roland: Menschen mit Behinderungen - Kirche mit Behinderungen?, in: Zeitschrift für Heilpädagogik 11/1995, 539-547, hier 545:

„In der Gesellschaft gilt das Gesetz der ‚Segregation'; körperlich, geistig und anders behinderte Kinder werden schon früh in Sonderinstitutionen untergebracht, obwohl eine Aufnahme in normale Kindertagesstätten oder Schulen in manchen Situationen auch möglich wäre. In gesamtgesellschaftlicher Hinsicht schafft dieses Denken heute große Probleme (ausländische Mitbürger, Asylanten und Flüchtlinge), zu denen die Kirche(n) bereits Stellung bezogen haben. Aber handeln sie auch danach?
In dieser Gesellschaft fallen den Kirchen zwei Aufgaben zu: Als gesellschaftliche Instanz müssen sie sich der öffentlichen Kritik und als Kirchen der Kritik des Evangeliums stellen, und gleichzeitig haben sie die Aufgabe, Anwalt der im gesellschaftlichen System Benachteiligten zu sein, und - wenn nötig - öffentliche Kritik zu äußern.
Es gibt immer noch Gemeinden, in deren öffentlichem Erscheinungsbild Menschen mit Behinderungen - beispielsweise in der Liturgie - nicht vorkommen. Es gibt immer noch Kirchenvertreter, die behaupten, in ihren Gemeinden gäbe es keine Behinderten. Warum gehören Sonderpädagogik oder Behindertenpastoral nicht zur Ausbildung unserer Theologen? Nach meinem Eindruck, der sich vielfach bestätigt hat, stellen sich lediglich einige Theologen, Priester und Pfarrer diesen Aufgaben; einige erblicken darin ihr Hobby, wie andere lieber Bienen züchten. Sie haben wohl in Ausbildung und Berufsausübung zu wenig gelernt, mit dem Scheitern von Menschen umzugehen. Das ist ein schlimmer Zustand! Unsere Frage nach Behinderung und Kirche gerät durch sozialpsychologische Sachzwänge in Gesellschaft und Kirche immer mehr in den Grenzbereich zur Psychiatrie und zur Perinatal- und Intensivmedizin."

Anregungen für die Gruppenarbeit
- Lesen Sie zuerst den Text und diskutieren Sie über die Grundfrage: Sind die Menschen für die Kirche da oder ist die Kirche für die Menschen da?
- Wie ist es heute, fördert die Kirche in unserer Gesellschaft integrative oder segregierende Tendenzen?
- Eigentlich müssten die Stellungnahmen der Kirchen gegenüber Menschen mit Behinderungen besprochen werden: Zum Religionsunterricht an Sonderschulen, Bioethikkonvention, zur pränatalen Diagnostik, zu Peter Singer... Was interessiert Sie besonders?
- Welche Position vertritt die Kirche heute?
- Welche Schwierigkeiten liegen in der Institution/ dem System begründet?
- Wo muss und kann Kirche ansetzen?
- Welche Probleme werden an die Kirche herangetragen (von der Gesellschaft, den Behinderten)?
- Welche Lösungsansätze gibt es?
- Welche Lösungen wären wünschenswert?
- Ist die Kirche eine Mittlerin zwischen Gesellschaft und Behinderten? Welche Position hat sie nach eigenen Aussagen? Stimmen diese mit der Realität überein? Welche Position sollte sie haben?
- Beispiele für eine gute Kooperation

5. Schluss-Plenum

Die Ergebnisse der Gruppengespräche wurden als Wünsche und Forderungen an die Kirchen formuliert:
- Engagierte Integrationsfreudigkeit bei den Offiziellen der kirchlichen Institution
- Überprüfung des Menschenbildes in der Gemeindekatechese und Stärkung des Solidaritätsgefühls in den Gemeinden
- Kirchliche Unterstützung der Selbsthilfegruppen betroffener Eltern
- Engagement der Gemeinde als Gemeinde, nicht nur der Betroffenen
- Konkrete Förderung von Elterngesprächskreisen durch die Gemeinde und die Einrichtung eines Behindertentages (wie in St. Amandus in Datteln)
- Integration als Thema in der Aus- und Fortbildung von Theologen
- Kirche soll Umgang mit Behinderten vormachen
- Recht behinderter Kinder auf Kindergartenplatz, erst recht im konfessionellen KG
- Kirche soll die vorhandene power bei Betroffenen aufgreifen und von deren Grenzerfahrungen profitieren (gegen bloß diakonische Betreuung)
- Hinweis auf französische Gruppen „Fort eliminaire"
- Alternative Wohnmodelle entwickeln

Modellversuch Zentrum für Lehrerbildung
Erstes Interdisziplinäres Fachdidaktik-Kolloquium
25. II. 1998

Religionspädagogik und Religionsdidaktik -
Eine Standortbestimmung

Abstract: Im interdisziplinären Gespräch vertritt die Religionspädagogik als eine Disziplin der praktischen Theologie das Anliegen die Fragen des Menschen nach dem Sinn seines Lebens wach zu halten. Sie erforscht die jeweils gegebenen gesellschaftlichen und individuellen Bedingungen für eine pädagogisch und theologisch verantwortbare Orientierungshilfe (nicht nur für junge Menschen). Die solide ausgestattete Fachdidaktik für den Religionsunterricht an den verschiedenen Schulformen kann sich sehen lassen. Sie wird allerdings durch die gegenwärtig geführte Diskussion um den Religionsunterricht dazu herausgefordert den Stellenwert von Moral, Ethik, Glaube und Kirche in der Gesellschaft neu verorten zu helfen.

Begrüßung und Vorstellung

Ich spreche als katholischer Religionspädagoge, als Vertreter eines im Grundgesetz (Art.7 Abs.3) verankerten und dennoch umstrittenen Faches mit dem Image des „Randstundenfaches", mit schwierigen Sachfragen und konfliktbeladenen Gruppensituationen in allen Schulformen wegen der nicht immer günstigen gesellschaftlichen Einschätzung von Religion, Glaube und Kirche und mit meiner eigenen Betroffenheit, ob und wie es mir gelingt Ihnen die Didaktik der Theologie und des modernen Religionsunterrichts vorzustellen.

Ich beginne mit drei Zugängen (1). Danach folgen zwei Kapitel, eines zur differentiellen Religionsdidaktik (2) und eines zur gegenwärtigen Krisensituation des Religionsunterrichts (3). Danach skizziere ich einige Forschungsbereiche (4) und schließlich stelle ich einige Methoden und Medienbeispiele vor (5).

1. Zugänge zur Religionsdidaktik

Es gibt drei mögliche Zugänge: den kulturgeschichtlichen (1.1), den soziologischen (1.2) und den anthropologischen (1.3).

1.1 Wähle ich den kulturgeschichtlichen Zugang, so stehe ich vor dem Problem der religionsdiaktischen „Korrelation" von tradierter Theologie und gegenwärtigen religiösen Erfahrungsinhalten. „Elementarisierung" ist ein Terminus für den Transfer von hochkomplexer Theologie in weniger komplexe Verstehensdimensionen bzw. für die Erschließung religiöser Bildung aus den Anfängen des staunenden Verstehens heraus. Man spricht z.b. von der Elementaren Didaktik des Lobens, die nach einem Beispiel von Ingo Baldermann mit dem Erstaunen über die Schönheit der Welt beginnt, das sich niederschlägt in dem Satz „Die Welt ist so schön" und zum verstehenden und mitvollziehenden Sprechen (vielleicht auch Beten) des Psalms 104 „Lobe den Herrn meine Seele" führen kann (vgl. Baldermann 1995, 94-113).

1.2 Wähle ich den soziologischen Zugang zur Religionsdidaktik, so muss ich mich angesichts der öffentlichen Infragestellung des christlichen Glaubens und alles Religiösen der Störbarkeit und Störanfälligkeit des RU stellen und zugeben, dass diese nur schwer zu beheben ist, vor allem, wenn sich Verantwortliche in der RP weigern diese Störanfälligkeit realistisch zu sehen und zuzugestehen. Ich hinterfrage Störsituationen und stoße auf unbewusste oder auch bewusste Hass-Liebe-Gefühle zu religiösen Gegenständen (z.b. Gott, Kirche). Oder ich thematisiere die Esoterik und entdecke ernstzunehmende Motive bei jungen Menschen, sich mit der so genannten neuen Religiosität, Astrologie und Okkultismus zu beschäftigen oder sogar in eine Sekte einzutreten. Unter dem Stichwort „Paradies im Angebot" könnte ich die Verwendung religiöser Symbole in den Medien bzw. in Videoclips analysieren (dies sind Themen für Examensarbeiten, die im Augenblick bei uns geschrieben werden).

1.3 Wähle ich den anthropologischen Zugang, habe ich es zu tun mit dem lernend sich entwickelnden Menschen, der auf Grund positiver oder negativer Lebenserfahrungen, durch Intensivierung oder Unterbrechung von Lebensvollzügen die religiöse Dimension seines Lebens entdeckt, als das, was den Menschen unbedingt angeht (Paul Tillich). Die Disziplin thematisiert dann die religiöse Biographie bzw. die so genannte Kairologie (Lehre vom rechten Augenblick) einschließlich des religiösen Lernens bzw. der religiösen Erziehung sowie des Lehrens von religiösen Sachverhalten und Zusammenhängen. Es geht ihr dann um die pädagogische Frage nach den Bedingungen und Möglichkeiten von religiösen Erziehungs-, Lehr- und Lernprozessen, etwa um die Frage nach psychologisch beschreibbaren Motivationen in religiösen Entscheidungsprozessen oder nach der Rekonstruktion religiöser Entwicklungsstufen. Sie fragt: Was ist überhaupt „religiöses Lernen"? Erst jüngst hat Rudolf Englert in einem vielbeachteten Beitrag versucht, unter den Aspekten von „Erfahrung", „Tradition" und „Lebenspraxis" eine Anatomie, eine Aporie-Lehre, eine Typologie und eine Kairologie religiöser

Lernprozesse zu schreiben (vgl. Englert 1998). Eine Dissertation, die in diesen Tagen bei mir abgegeben wird, lautet: „Die religiöse Entwicklung der Edith Stein. Eine Untersuchung zur Korrelation von Lebens- und Glaubensgeschichte" (Autorin Maria Petermeier). Sie kennzeichnet auch die neu aufblühende Erforschung religiöser Biografien.

2. Differentielle Religionsdidaktik

Nach einer Bestimmung des Gegenstandes der Religionsdidaktik (2.1) beschreibe ich ihre multidisziplinäre Vernetzung (2.2) sowie ihre konzeptionelle Entwicklung (2.3)

2.1 Gegenstand der Religionsdidaktik ist der kritische und produktive Wechselbezug zwischen „Religion und Glaube" und „Erziehung, Lernen und Unterricht". Er ist je nach Situation und heute unter den gesellschaftlichen Bestimmungen der Individualisierung und Pluralisierung von Lebensentwürfen zu gestalten.
Welcher Religionsbegriff liegt hier zu Grunde? Es ist der weite und offene Religionsbegriff, der die unbestimmten Phänomene frei flottierender und vom Autozentrismus geprägter Sinnsuche genauso umfasst wie die Phänomene einfacher und komplexer Welterklärung, aber auch die Phänomene letztgültigen Eingestelltseins im Sinne einer bestimmten Tradition bis zur klar entschiedenen (etwa christlichen) Gläubigkeit und (etwa katholischen) Kirchlichkeit, die sich bis zum Ekklesiozentrismus gesteigert denken lässt. So ergibt sich ein pyramidaler Aufbau: In der Grundfläche: „Religiosität" als menschliche Grundeinstellung zu Woher und Wohin des Lebens, dann „Glaubensentscheidung" in den „Religionen" der Menschheit, „christlicher" Glaube, „kirchlichchristlicher" Glaube, und „konfessionelle" Kirchlichkeit in der Spitze der Pyramide. Die Ökumene betont bei aller Verschiedenheit der Konfessionen die Frage nach deren gemeinsamen Ursprüngen (gleiche Grundfläche?) und Vergleichbarkeiten und strebt an die Eine Welt als Einheit in der Vielfalt der Konfessionen. In unseren Schulen fordert sie zur interkulturellen und interreligiösen Arbeit heraus.
Was ist hier unter Glaube zu verstehen? Traditionell unterscheiden wir in der katholischen Theologie zwischen fides quae (was geglaubt wird) und fides qua (dass geglaubt wird), eine Unterscheidung, die sich bewährt hat. Sammelt man etwa Kinderfragen (wie Oberthür) und ordnet diese nach Sachgebieten (fides quae), so ergibt sich erstaunlicherweise ein der Philosophie und der Theologie ähnliches System von Fragen, religiöse Fragen und Fragen des Glaubens. Es sind Fragen nach der eigenen Identität, nach der Entstehung der Sprache, nach den Geheimnissen des Kosmos und des Unendlichen, nach dem Zusammenleben, nach Krieg und Frieden, nach der Entstehung der Welt und nach Umweltkatastrophen, nach dem Leid, dem Guten und dem Bösen, der Trauer, dem Tod, nach einem Leben nach dem Tod, und nach der Existenz und Wirklichkeit Gottes. Jedenfalls berühren die großen Fragen, die Kinder von sich aus stellen, die zentralen theologischen Themen wie Woher und Wohin des Lebens, Got-

teslehre, Theodizeefrage, Schöpfungslehre, Auferstehung und Eschatologie, Anthropologie und Ethik.
Die didaktische Problemzuspitzung liegt nun in der Frage: Sind Religion und Glaube wie andere z.b. naturwissenschaftliche Gegenstände auf Erziehung, Lernen und Unterricht zu beziehen? Oder gibt es hier besondere Kriterien? Die besondere Rolle des Lehrers etwa? Seine religiöse Überzeugung und Glaubwürdigkeit? Seine Lebensführung? Was für alle Fächer gilt, muss unter den angedeuteten Aspekten erst recht gelten für den RU, d.h. dass das „situative Lernen" auch die spezielle Form des Lernens, den „Unterricht", bestimmt, dass hier die Lehrer-Schüler-Interaktionen, die Beziehungsverhältnisse und das Kommunikationsklima eine besondere Rolle spielen.
So ist der Lernbegriff bei Wolfgang Sünkel von der Situation her definiert: „Lernen geschieht immer innerhalb eines jeweiligen Gefüges gegenständlicher und persönlicher Handlungsbeziehungen, in denen der Lernende sich befindet" (Sünkel 1996, 38). Im RU sind es „religiöse" - sowohl gegenständliche als auch persönliche - Handlungsbeziehungen, die das religiöse Lernen ausmachen.
Auch sein Unterrichtsbegriff kommt meiner Sicht entgegen: „Unterricht ist der Inbegriff aller Situationen des formellen Lernens" oder „wir nennen Unterricht jeden Komplex sowohl gegenständlicher als auch persönlicher Handlungsbeziehungen eines Lernenden, wenn der hauptsächliche Zweck des Komplexes ein (formelles) Lernen ist" (ebd. 39f). RU meint einen Unterricht, der formell mit Religion bekannt macht und dazu einlädt sich auf das Angebot des christlichen Glaubens einzulassen (fides qua).

2.2 Religionsdidaktik ist - wie ich sie in ihrer multidisziplinären Vernetzung verstehe - ein Bereich der Religionspädagogik neben anderen Disziplinen innerhalb der Praktischen Theologie. Mit Norbert Mette lässt sich religionspädagogisches Handeln, das diese zu reflektieren hat, beschreiben als freiheitsstiftende und -begründende kommunikative Praxis, die sich „den Erfahrungen von Gottes befreiendem Handeln in der Geschichte [verdankt]" (Mette 1994, 131). Sie fordert eine entschiedene Ausrichtung des RU auf die persönliche Dimension (Schülerorientierung), die Beziehungsdimension (Handlungsorientierung) und die Gegenstandsdimension (Stofforientierung). Wie in einem Knoten laufen hier unterschiedlichste wissenschaftliche Entwicklungsfäden zusammen, die aus den Natur- und Geisteswissenschaften sowie den anderen Disziplinen der beiden großen Theologien kommen. Sie konzentrieren sich im didaktischen Kernansatz stark auf TZI-Balance zwischen Ich, Wir und Es und im speziellen Bereich der Bibeldidaktik auf szenische Texterschließung im Sinne der pragmatischen Exegese (Bibliodrama, s.u.), die nicht nur auf die Entstehungssituation des Textes ausgerichtet ist, sondern vor allem auf die Wirkungen, die heute von der Textbegegnung ausgehen und deshalb von (religions-) didaktischem Interesse sind. Weil sich dies alles in der Interaktion zwischen den beteiligten Personen in den Kommunikationsprozessen des Unterrichtsgeschehens abspielt, vertrete ich den Ansatz einer „kommunikativen Religionsdidaktik" (s.u.).

2.3 Zunächst blicke ich zurück auf die bisherige konzeptionelle Entwicklung der Religionsdidaktik bis zum korrelativen Unterricht

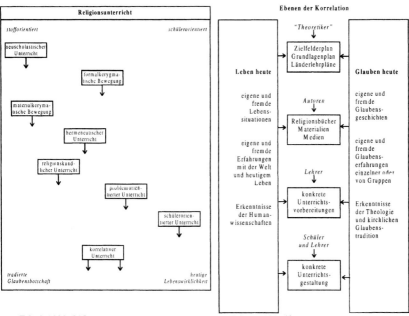

aus: Frisch 1992, 215 aus: Frisch 1992, 42

und übernehme die Darstellung von Hermann-Josef Frisch: „Die dargestellten Konzeptionen des Religionsunterrichtes im letzten Jahrhundert machen den Wechsel von stoff- zu schülerorientiertem Arbeiten deutlich. Dabei hat es oft Einseitigkeiten und dadurch Fehlentwicklungen gegeben. Dennoch hat jede Konzeption Aspekte eingebracht, die hilfreich waren und die nun zu einer Art Synthese zusammengebracht werden können: Der korrelative Religionsunterricht verbindet beide Seiten, den Schüler und die Sache, die heutige Lebenswirklichkeit und die tradierte Glaubensbotschaft. Eine solche Verbindung ist nicht nur äußerlich, sondern bedeutet eine Wechselwirkung und gegenseitige Einwirkung. Theologische und anthropologische Aspekte fließen hier zusammen, der korrelative Unterricht ist zugleich schülernah wie sachorientiert, er erschließt Religion und christlichen Glauben ebenso wie heutige Lebenssituationen" (Frisch 1992, 214). Konkret geworden ist diese Konzeption in den so genannten Zielfelderplänen für den Religionsunterricht des 5. bis 10. Schuljahres (1973) und für die Grundschule (1977).

Zielfelderplan für den katholischen Religionsunterricht in der Grundschule

Erfahrungsbereiche:

I. Ich - Du - Wir	Der Glaube der Kirche II.

Qualifikationen:

Fähigkeit, sich selbst verstehen zu lernen. Fähigkeit, sein Leben sinnvoll zu gestalten.	Fähigkeit, mit anderen aufmerksam zusammenzuleben und sie zu respektieren. Fähigkeit, füreinander Verantwortung zu tragen.	Fähigkeit, hinter Vorgegebenes zurückzufragen. Fähigkeit, Meinungen, Anschauungen und Programme wahrzunehmen, zu unterscheiden und zu bewerten.	Fähigkeit, grundlegende Texte der biblischen Überlieferung in ihrem Anspruch zu erfassen. Fähigkeit, den Zusammenhang von bliblischer Existenzbedeutung, menschlicher Selbsterfahrung und kirchlicher Gemeinschaft zu sehen.	Fähigkeit, Erscheinungsformen kirchlichen Lebens zu verstehen. Fähigkeit, Glaubensaussagen der Kirche mit der eigenen Erfahrung zu konfrontieren und in der Auseinandersetzung Orientierung zu gewinnen. Fähigkeit, sich zum Engagement in Kirche und Welt zu entscheiden.

Zielfeldüberschriften:

I.1 Ich-Stärkung und Einmaligkeit	I.2 Zusammenleben und Nächstenliebe	I.3 Weltsichten und eigener Standort	II.1 Biblische Botschaft und Lebensorientierung	II.2 Christliche Gemeinde und Engagement

Richtziele

Fünf Zielfelder (in Zielstränge unterteilt)

Themenfelder Unterrichtseinheiten mit Intentionen	Themenfelder Unterrichtseinheiten mit Intentionen	Themenfelder Unterrichtseinheiten mit Intentionen	Themenfelder Unterrichtseinheiten mit Intentionen	Themenfelder Unterrichtseinheiten mit Intentionen

Themenfelder über die Schuljahre 1 - 4 hinweg curricular aufbauen

Von den beiden *Erfahrungsbereichen* ausgehend, gliedert sich der Plan ähnlich dem ersten Zielfelderplan in *Qualifikationen, Zielfelder* und *Richtziele*. Die Übersicht über die einzelnen Themen ist dadurch verfeinert worden, dass *Themenfelder* als eine Art Überschrift über kleine Einheiten von Themen geschaffen wurden, die sich in allen Schuljahren wiederfinden und so kleine curriculare Einheiten darstellen, die aufbauendes Lernen fördern. Unter den Themenfeldern sind mit einer übersichtlichen Nummerierung die einzelnen *Unterrichtseinheiten (Themen)* angegeben und jeweils durch eine *Intention* näher bestimmt (aus: Frisch 1992, 84f).

Dieser Zielfelderplan von 1977 ist wesentlich besser gelungen als der ältere von 1973 und gilt noch heute für die Grundschule. Der erste für die Sekundarstufe I musste verbessert werden, da die Korrelation nicht überzeugen konnte. Das Ergebnis war der Grundlagenplan für die Sekundarstufe I von 1984.

Zielfelderplan für den katholischen Religionsunterricht im 5.-10. Schuljahr

Erfahrungsbereiche:

Eigenes Leben		Leben mit anderen		Religion / Religionen		Kirche			
Qualifikationen:									
Fähigkeit, sich selbst zu verstehen	Fähigkeit, sein Leben zu gestalten	Fähigkeit, mit andern zusammenzuleben	Fähigkeit, sich im öffentlichen Bereich zu engagieren	Fähigkeit, religiöse Erscheinungsformen wahrzunehmen	Fähigkeit, den Anspruch von Religionen und Weltanschauungen zu bewerten	Fähigkeit, die Bibel als Buch der Kirche in ihrem Anspruch zu verstehen	Fähigkeit, Erscheinungsformen des kirchlichen Lebens und ihre Geschichte zu verstehen	Fähigkeit, die Glaubensaussagen der katholischen Kirche darzulegen und zu interpretieren	Fähigkeit, sich zum Engagement in der Kirche zu entscheiden

Richtziele, z.B.:

Verstehen, dass ...	Einsehen, dass ...	Erkennen, dass ...	Darlegen, dass ...	Aufmerksam werden	Sich auseinandersetzen	Interpretieren können	Impulse gewinnen	Aufzeigen, dass ...	Beurteilen, dass ...

Zehn Zielfelder entsprechend Qualifikationen

Themenfelder Einzelthemen	Themenfelder Einzelthemen	Themenfelder Einzelthemen	Themenfelder Einzelthemen	Themenfelder Einzelthemen	Themenfelder Einzelthemen	Themenfelder Einzelthemen	Themenfelder Einzelthemen	Themenfelder Einzelthemen	Themenfelder Einzelthemen

Themenfelder über die Schuljahre 5 - 10 hinweg curricular aufbauen

Der Zielfelderplan gibt ein „didaktisches Strukturgitter" vor, in dem die vier Erfahrungsbereiche mit drei didaktischen Schritten (Lernstufen) verknüpft werden: 1. Kommunikative Information (wahrnehmen – kennenlernen – darstellen), 2. Interaktive Entfaltung (erfahren - verstehen – unterscheiden), 3. Engagierte Stellungnahme (Verhaltensweisen und Einstellungen überprüfen – bewerten – ändern). Dieses Strukturgitter lässt die Kriterien erkennen, nach denen der Plan eingeteilt ist, und hilft bei der theologischen und didaktischen Analyse einzelner Themen.

Zur Jahresplanung des Unterrichtes gibt der Zielfelderplan neun Lehrgangsvorschläge zu theologischen Themenbereichen vor, in denen die einzelnen Erfahrungsbereiche miteinander verknüpft und die Themen der Zielfelder unter einen theologischen Oberbegriff eingeordnet werden (aus: Frisch 1992, 80f).

An der Planung einer Unterrichtseinheit kann man sich klarmachen, worin der Fortschritt dieses Planes besteht: Er orientiert sich am Leitmotiv des Schuljahres, wählt Intentionen/Ziele, setzt theologische und anthropologische Akzente und beschreibt zentrale Inhalte.

Klasse	
Thema	
Beziehung zum Leitmotiv des Schuljahres	
Beziehung zu verwandten Themenbereichen	
Intentionen / Ziele: - ... - ... - ...	
Theologische Akzente	Anthropologische Akzente
Zentrale Inhalte: - ... - ... - ... - ...	
Feinziele / Unterrichtsschritte:	Medien / Materialien
1. Einstieg / Motivation:	

2. Erarbeitungsphase:
  2.1
  2.2
  2.3
  ...	

3. Zusammenfassung / Anwendung / Sicherung	

aus: Frisch 1992, 192f

Dabei sollte Ausgangspunkt die persönliche Betroffenheit des Lehrers/der Lehrerin sein. Er/Sie muss sich bewusst machen, dass das Thema auch für die Schülerinnen und Schüler möglicherweise existentielle Relevanz hat. Positive oder negative Vorerfahrungen fließen schon hier in die Vorbereitung ein, so dass die sachliche Planung und die Auswahl von Methoden und Medien bei aller didaktischen Distanz, die notwendig ist, auf den genannten Vorgaben aufbauen können.

3. Gegenwärtige Krisensituation des Religionsunterrichts

In einer schnell sich verändernden Gesellschaft ist der Religionsunterricht gezwungen sich immer wieder neu auf die wechselnden Ausgangsbedingungen einzulassen.

3.1 Fast ein viertel Jahrhundert nach dem so genannten Synodenbeschluss zum Religionsunterricht von 1974, der den korrelativ konzeptionellen Ansatz eines Lehrfachs Religion in der staatlichen Schule begründete, haben sich die konfessionellen Verhältnisse in der deutschen Gesellschaft deutlich verschoben. Die konfessionelle Stimmigkeit zwischen „Schülern", „Lehrern" und „Gegenstand des Unterrichts", die so genannte „Trias", ist zerbrochen und kann als zustimmungsfähige Basis für einen Religionsunterricht realistisch nicht mehr angenommen werden. Faktisch gelingt unter diesen Prämissen Korrelation in den Schulen nicht mehr. Der Religionsunterricht wird in regional bedingten Mischformen entweder (leider) nach althergebrachten bzw. veralteten Mustern oder aber auch nach neuen religions- und theologiedidaktischen, philosophischen, ethischen und ökumenischen Vorstellungen praktiziert. Mutige Lehrer und Lehrerinnen bzw. Schulleitungen stellen sich an ihrem Ort den Herausforderungen des interkulturellen und interreligiösen Lernens und entwickeln selbständige Formen religiöser Begegnung, des Erfahrungsaustausches, der Wissensvermittlung und des gegenseitigen Respekts im Unterricht. Die Krise des Faches soll an Hand konzeptioneller Kriterien aufgezeigt werden.

3.2 Die religionspädagogische Forschung, die diese interkulturellen gesellschaftlichen Veränderungsprozesse als Voraussetzungen für religiöses Lehren und Lernen kritisch zu untersuchen hat, kann inzwischen begründet aufzeigen, dass ein Ansatz der „kommunikativen Religionsdidaktik" diesen Veränderungen am ehesten gerecht werden könnte. Sie geht aus von der als Interaktion, Begegnung oder Dialog beschreibbaren Wechselbeziehung zwischen Lehrenden und Lernenden, die sich gemeinsam um ein Gesprächsklima bemühen (müssen), in dem eine Verständigung über lebensbedeutsame, philosophische, religiöse und theologische Fragen gelingen kann. Idealiter soll religiöses Lernen so stattfinden: mit Kopf, Herz und Hand. Aber wem gelingt das schon? Am besten lässt sich dies beobachten am neuen Umgang mit Musik im Religionsunterricht. Es gehört zum Wissensbestand der modernen Religionsdidaktik, dass Musik mit ihren Klangbildern helfen kann Gottesbilder zu entdecken, denn sie lässt hindurchhören, „was keines Menschen Ohr gehört hat" (vgl. Oberthür 1995, 151). Obwohl aber dieser Zusammenhang zwischen Musik und Gottesbild religionspädagogisch hoch bedeutsam ist, wird man ihn mit diesem hohen Anspruch in der alltäglichen Unterrichtswirklichkeit kaum antreffen.

Kritische Religionspädagogen machen heute darauf aufmerksam, dass die beschriebene Fortentwicklung von der Materialkerygmatik über die hermeneutische und problemorientierte Didaktik des Religionsunterrichts zur Korrelations- und Symboldidaktik bis zur schülerorientierten und kommunikativen Religionsdidaktik am Ende einer ziemlich stürmischen positionellen Auseinandersetzung schlicht zu versanden droht. Die Ausbildungskonzepte für die beiden Phasen der Religionslehrerausbildung sind nicht oder zu wenig aufeinander abgestimmt. Faktisch wird gerade in den Sekundarstufen, vor allem in Sekundarstufe II, immer noch und immer wieder Religionsunterricht nach überholten konzeptionellen Vorstellungen erteilt. Lehrerzentrierung, einseitig verstandene Problemorientierung („Laberfach") und „Vertextung" kennzeichnen nach wie vor den Religionsunterricht an weiterführenden Schulen. Auf Grund der hervorragenden Ausstattung des RU mit Medien aller Art, mit Schulbüchern und weiterführender Literatur, die jedem Vergleich mit anderen Fächern standhalten kann, und auf Grund der insgesamt erfreulich guten Beteiligung von Religionslehrern an Fortbil-

dungsveranstaltungen (staatlichen und kirchlichen), kann man - trotz der genannten Vorbehalte - davon ausgehen, dass heute der Religionsunterricht mittleren bis hohen Ansprüchen durchaus gerecht wird.
Es ist allerdings ein Trauerspiel, dass die große Zahl der nach der kommunikativen Religionsdidaktik ausgebildeten Lehrer und Lehrerinnen (vor allem) für die Primarstufe kaum eine Anstellung zu erwarten haben. Ihre teilweise hohe fachdidaktische Qualifikation setzen sie allenfalls (hoffentlich) bei der Erziehung ihrer eigenen Kinder ein.

3.3 Die genannte Krise kann auch an den halbherzigen Umsetzungen der Elementarisierungsprinzipien aufgezeigt werden. Unsere Dortmunder Bemühungen um die religiöse Erziehung und Bildung der Kinder und Jugendlichen mit Behinderungen ausgehend von deren Lebenssituationen haben ebenso wie die sechs Würzburger Symposien zur Sonder- und Religionspädagogik volle Anerkennung gefunden. Es wäre allerdings zu viel behauptet, würde man annehmen, diese Erfahrungen hätten Auswirkungen auf andere Schulformen gehabt. Es ist vielmehr Faktum, dass sich die didaktischen Prinzipien der didaktischen Elementarisierung und Sensibilisierung für religiöse Symbole und Symbolsprache - ausgehend von der Lebenswelt und der Alltagssprache, die im sonderpädagogischen und im Primarbereich entwickelt wurden, in den Sekundarstufen noch nicht überall durchgesetzt haben bzw. sogar dort auf Widerstand gestoßen sind. Unter dem Stichwort „Zurück zu den Inhalten" werden diese Prinzipien anderen Interessen (z.B. Vollständigkeit der Lehre) untergeordnet gegen die Einsichten der sich auf Religionssoziologie, Religionspsychologie, Erziehungswissenschaft und Sonderpädagogik stützenden Religionsdidaktik. Realität ist, dass die Abmeldungen vom Religionsunterricht zunehmen. Mit der Einrichtung des Ersatzfaches „Praktische Philosophie" ist in NRW zu rechnen, wenn die Erprobungsphase, die jetzt läuft, erfolgversprechend abgeschlossen werden kann.

3.4 Zur Veranschaulichung zwei aktuelle Defizit-Beispiele: Zwei Erlebnisse aus der letzten Woche können den Standort der heutigen Religionspädagogik verdeutlichen: Am selben Tag erhielt ich die Aufforderung zur Teilnahme an einem Gespräch über die „Konfessionalität des Religionsunterrichts" (Bensberg) auf kirchlich-politischer Ebene und die Anfrage eines besorgten Priesteramtskandidaten auf der schulpraktischen Ebene, ob ich ihm zum Thema Auferstehung im 5. Schuljahr und zum Thema Befreiungstheologie und lateinamerikanische Basisgemeinden im 9. Schuljahr Literatur und Material angeben könne, er habe zu diesen didaktischen Fragestellungen in seinem 12-semestrigen Studium an der theologischen Fakultät bisher nichts gehört.
Auf der höchsten Ebene streitet man sich über die Erhaltung des Rechtsstatus der kirchlich-konfessionellen Institutionalisierung aller religiösen und theologischen Ausbildung in Schule (RU) und Hochschule (Theologie an staatlichen Universitäten) und bildet an diesen faktisch junge Theologen zu kirchlichen Amtsträgern aus, die als „Geweihte" - wie es scheint - nicht unbedingt etwas über Religionsdidaktik gehört haben müssen, obwohl sie in ihrer Berufsausübung in Schule und Kirche über Religion und Glaube lehren werden. Religionspädagogik und -didaktik sind im so genannten Vollstudium der Theologie abwählbar bzw. ersetzbar durch z.B. Kirchenrecht.

3.5 Nur langsam verbessert sich die wissenschaftliche Geltung der Religionspädagogik. Die theologische Fachwissenschaft der differenzierten Fakultäten hat nur zögerlich die Eigenständigkeit der Religionspädagogik anerkannt und stuft sie inzwischen nicht mehr als bloße Anwendungswissenschaft ein, deren Aufgabe es sei die in Exegese, Dogmatik und Moral behandelten Inhalte zu vermitteln. Ihr Anspruch, als Theologie in der Lehrerausbildung selber Theologie und selbständiger Partner der anderen theologischen Disziplinen zu sein, ist auf dem letzten Fakultätentag (Februar 1998) ein Haupttagesordnungspunkt gewesen.

4. Forschungsbereiche

Aus der aufgezeigten Krisensituation und den Chancen, die sie auch beinhaltet, ergeben sich interessante Forschungsbereiche, für die ich im Folgenden einige anregende Beispiele bringen möchte.

4.1 Besonders anregend sind immer Interessenskonflikte. Die Jugendforschung zur religiösen Einstellung Jugendlicher, die beginnende Motivationsforschung zum Sekteneinstieg sowie die Erforschung der Gewaltneigung an bestimmten Schulformen belegen ziemlich eindeutig, dass unter den Prämissen der Individualisierung und der Pluralisierung in der Gesellschaft ein religiöser Orientierungsbedarf bei Kindern und Jugendlichen vorhanden ist, der sich zunächst als „Recht auf Selbstbestimmung" und nicht als „Übernahme des tradierten Glaubens" zur Geltung bringt. Von diesem Sachverhalt muss eine empirisch verantwortlich arbeitende Religionspädagogik heute ausgehen.
Hier regt sich jedoch bei einigen Religionspädagogen und anderen Verantwortlichen Widerspruch: Religiöse Einstellung und Glaube dürften nicht am Bedarf, an Bedürfnissen, und seien sie noch so religiös, gemessen werden, ihr Maß sei die Wahrheit des Glaubens. Religion werde hier funktionalisiert und einem Nutzenkalkül unterstellt.
Als praktischer Theologe und Religionspädagoge denke ich hier pragmatisch: Auch ich weiß mich der Wahrheit und einer Hierarchie der Wahrheiten verpflichtet, bin aber auch der Überzeugung, dass alles, was existiert und alles das, was geglaubt wird, Wirkungen, Aufgaben und damit Funktionen hat. Damit will ich nicht sagen, alle Fragen der Religion und des Glaubens erklärten sich aus ihren Funktionen (vgl. König 1997, 8). Sie zu untersuchen, ist aber Sache der Religionsdidaktik, weil die Sache, die Wahrheit der Religion und des Glaubens möglichst auch ankommen soll.

4.2 Empirische Forschungsmethoden werden beispielsweise in folgenden Bereichen angewandt: Jugendfoschung; Unterrichtsanalyse; spezielle Untersuchungen zur Lehrplanentwicklung, zur religiösen Dimension in Videoclips, zur Sektenszene in Deutschland... Hierzu ließen sich zahlreiche, auch hier in Dortmund laufende konkrete Untersuchungsprojekte nennen.

4.3 Eine weitere Chance liegt in der Erforschung der Erschließung biblischer Texte im Unterricht (Bibeldidaktik): Wozu ist die Bibel eigentlich gut? Was bringt es mir, wenn ich in der Bibel lese? So fragen Kinder und Jugendliche. Eine didaktisch höchst erwünschte Frage. Bibeldidaktik kann sie heute gut beantworten.

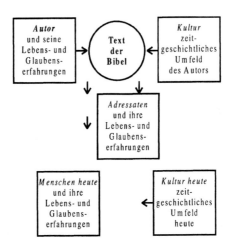

In beiden Teilen der Bibel sind wir nahe an den Quellen des Glaubens, Glauben lernen kann nicht ohne die Bibel erfolgen. Der Religionsunterricht muss deshalb unbedingt die Bibel als ein wesentliches und unverzichtbares Element in seine Arbeit integrieren (aus: Frisch 1992, 144f).

Die Bibeldidaktik hat inzwischen die Mehrdimensionalität methodischer Zugänge zur Interpretation biblischer Texte entdeckt und spannende, pragmatische und szenische Erarbeitungsformen entwickelt. Erforscht werden Methodenkombinationen, die exegetischen und didaktischen Ansprüchen genügen (vgl. mein Studienangebot: Drei-Semester-Zyklus „Soziales Lernen im Religionsunterricht" im SS 96, „Bibliodrama" im WS 96/97 und „Bibliodramaformen im Religionsunterricht" im SS 97).

4.4 Eng damit verwandt sind neuere Veröffentlichungen auf dem Gebiet der Kinder- und Schulbibelforschung (vgl. Rosenberger 1997, Adam/ Lachmann (Hg.), Kinder- und Schulbibeln. Probleme ihrer Erforschung, 1999). Hier geht es um Anwendungs- und Brauchbarkeitsanalysen von auf dem Markt befindlichen Kinderbibeln, aber auch um historische Analysen zum Wandel der Gottesdarstellungen bzw. der Jesusbilder in verschiedenen Kinderbibeln sowie um Prinzipien ihrer sprachlichen und bildnerischen Gestaltung.

4.5 Weitläufig sind die Forschungen zur Symboldidaktik. Erforscht werden die interdisziplinären Zusammenhänge bei Entstehung, Verwendung und Wirkung von Symbolen und ihre propädeutische Funktion für das religiöse Empfinden, Denken und

Sprechen, für das Verstehen von tradierten und heute praktizierten liturgischen Riten, Gebeten und sakramentalen Formen. Zum Religionsunterricht sind unterschiedliche symboldidaktische Ansätze entwickelt worden (Baudler, Biehl, Bucher, Halbfas), die insgesamt ihre fundierende Funktion für religiöses Denken, Sprechen und Handeln betonen. Kritiker stellen jedoch fest, dass Symboldidaktik nicht immer die Höhe der theologischen Gotteslehre oder der Christologie erreiche. So führte Gottfried Bitter in einem Vortrag (Februar 1998 in Bensberg) aus, die von ihm untersuchten gebräuchlichen Schulbücher für den Religionsunterricht enthielten neben einem reichen Symbolangebot kaum tradierte christologische Theologie. Dieser Befund besagt nach meiner Einschätzung, dass an Hand der verbreiteten symboldidaktischen Propädeutik möglicherweise eine neue Elementar-Theologie im Entstehen begriffen ist, die nicht in jeder Hinsicht der tradierten Theologie entsprechen muss.

4.6 Zur Ökumene: Um hier nur die didaktische Ebene anzusprechen, sei verwiesen auf das Schülerbuch für die Sekundarstufe I von Ulrich Becker u.a.. „Projekt Ökumene. Auf dem Weg zur Einen Welt" (Patmos/Calver) Düsseldorf Stuttgart 1997 kann zeigen, was die ökumenisch religionsdidaktische Forschung bisher erbracht hat „Von der Westkirche zur Weltkirche", „Wie wird die Zukunft der Kirche aussehen?" und „Taizè")

4.7 Fachübergreifende Kooperationen mit benachbarten theologischen und außertheologischen Disziplinen sind je nach Fokussierung der speziellen Frage (etwa Bild-Didaktik in Bochum, Günter Lange; in Dortmund: Philosophie, Psychologie, Soziologie, Naturwissenschaften, Sonderpädagogik) selbstverständlich.

5. Via directa et via indirecta - Methoden- und Medienbeispiele

Zum Schluss sollen noch einige ausgewählte Methoden- und Medienbeispiele vorgeführt werden um die gegenwärtige Standortbestimmung der Religionsdidaktik zu veranschaulichen.
Es wird in der Religionsdidaktik immer umstritten bleiben, ob die direkten oder indirekten methodischen Zugänge zu religiösen Themen die besseren sind. Es ist jedoch nicht mehr umstritten, dass immer schon und erst recht in Zukunft die symbolischen Vermittlungsformen den theologischen und religiösen Inhalten besser entsprechen als die direkten verbalen Frage- und Antwortformen.

5.1 Zum Grundschulwerk von Hubertus Halbfas: Die umstrittenen Bilder in Halbfas' Grundschulwerk von Relindis Agethen (vgl. Dias zur Geschichte vom Korb mit den wunderbaren Sachen) sind religionsdidaktisch konstruierte Kunst-Collagen, hoch aufgeladen mit mythologischen und symbolischen Andeutungen, die Kinder erstaunlich gut inspirieren können. Sie stellen allerdings höchste Ansprüche an die Lehrenden.

5.2 „Kinder und die großen Fragen", so lautet ein Buchtitel, dem die Entdeckung zu Grunde liegt, „dass für Kinder schon vom Grundschulalter an sowohl wörtliches als auch symbolisches Verstehen parallel ohne kognitive Probleme möglich ist" (Oberthür 1995, 91). Die Lehrer waren sprachlos, wie Kinder ihre Möglichkeiten symbolischen Ausdrucks beim Umgang mit alttestamentlichen Psalmen vor Augen führten.

5.3 Als weiteres Beispiel nenne ich das „Bibliodrama" (biblio - Buch, drama - Handlung), also die erfahrungs- und handlungsorientierte Erschließung biblischer Texte: Diese szenische Erarbeitungsform von biblischen Texten basiert auf der pragmatischen Exegese und zugleich neueren gruppendynamischen Erfahrungen im Klassenraum mit dem sozialen Lernen. Sie fördert die Korrelierung von lebensbedeutsamen Erfahrungen, die die Bibel überliefert und die die Kinder selber machen (können). Eigene Versuche ermutigen, Elemente aus der Großform des Bibliodramas im Religionsunterricht einzusetzen und damit zu experimentieren.

5.4 Zum Schluss noch ein Hinweis auf den schon erwähnten Lehrplan, der als das didaktische Resümee - auch - unserer Dortmunder Religionsdidaktik verstanden werden kann. Es gibt einen neuen Lehrplan für Schulen für Geistigbehinderte: Dieser inzwischen (1999) im Auftrag der deutschen Bischöfe fertiggestellte Grundlagenplan gilt zunächst für die Schulen für Geistigbehinderte, könnte aber auch für andere Schulformen anregend sein, da er - gezwungenermaßen - konsequent elementarisierend vorgeht und im Sinne des Prinzips der Korrelation die Lernbereiche, Zielperspektiven, Themenfelder und Themen sowie die inhaltlichen Schwerpunkte bis in kleinste methodische Details einander zuordnet.

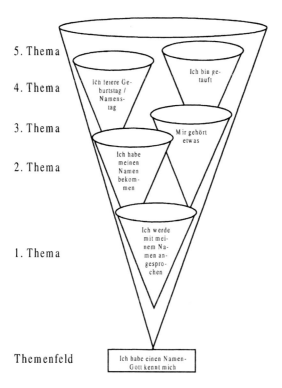

(aus: Grundlagenplan GB 1999)

Am didaktischen Trichter mit den Ebenen der Elementarisierung wollte die Vorbereitungsgruppe die angestrebte Vielfalt der Elementarisierungen eines Themenfeldes veranschaulichen. Das zu Grunde liegende Konzept umfasst auch den Versuch auf die Vielfalt der Schülerinnen und Schüler und vor allem auf die Notwendigkeit der Einbeziehung schwerstbehinderter Schüler (Integration) zu antworten. Diesen werden nicht eigene inhaltliche Aspekte zugewiesen, wie es in anderen Grundlagenplänen und vergleichbaren Länderrichtlinien üblich ist. Statt dessen werden hier unterschiedliche Zugänge zu denselben Intentionen des Themenfeldes aufgezeigt.

Lernbereich I:
Ich bin wertvoll – Gott sagt ja zu mir

Zielperspektive: Im Selbstvertrauen und Wert des Menschen zeigt sich die religiöse Dimension in der vorbehaltlosen Annahme des Menschen, die nach christlicher Auffassung im unbedingten Ja Gottes begründet ist.

Themenfeld I/1:
Ich habe einen Namen – Gott kennt mich

Themen:
1. Ich werde mit meinem Namen angesprochen
2. Ich habe meinen Namen bekommen
3. Mir gehört etwas
4. Ich feiere Geburtstag / Namenstag
5. Ich bin getauft

Themenfeld I/2:
Ich habe Gefühle und kann sie zeigen – Gott weiß um mich

Themen:
1. Ich erlebe Atmosphäre
2. Ich kann zeigen, was ich denke und fühle
3. Still werden und sich öffnen
4. Ich habe verschiedene Möglichkeiten, Gott zu zeigen, wie es mir geht
5. Ich kann Gott alles sagen

Themenfeld I/3:
Ich nehme teil an der Welt – Gott teilt sich uns mit

Themen:
1. Ich nehme auf, was Menschen und Dinge mir mitteilen
2. Ich teile mich mit
3. Ich werde eingeladen
4. Wir leben mit Bildern und Symbolen
5. Wir hören von Gott

Lernbereich II:
Menschen leben mit mir – Jesus und seinen Freunden begegnen

Zielperspektive: Im Miteinander zeigt sich die religiöse Dimension im menschlichen und solidarischen Umgang, der für Christen begründet ist im Verhalten Jesu gegenüber seinen Mitmenschen.

Themenfeld II/1:
Ich möchte – Jesus hält zu mir

Themen:
1. Ich darf zeigen, was ich will
2. Ich möchte jemand sein
3. „Was willst Du?" – So geht Jesus mit Menschen um
4. Wir bitten – Wir beten
5. Ich möchte später...

Themenfeld II/2:
Du und ich – Wir sind angenommen

Themen:
1. Ich erfahre mich und andere
2. Ich lebe in Gemeinschaften
3. Allein kann ich nicht leben
4. Jeder ist anders
5. Ich möchte eine(n) Freund(in) haben

Themenfeld II/3:
Wir feiern – Freude über Jesus

Themen:
1. Wir erleben Feste
2. Wir feiern gemeinsam
3. Wir feiern in Schule und Kirche
4. Ostern – das Fest des Lebens

Themenfeld I/4: **Ich brauche Zuwendung – Gott hält mich in seiner Hand**	*Themenfeld II/4:* **Kommunion – Jesus lädt uns ein**
Themen: 1. Ich erlebe Zuwendung 2. Mit sich selbst gut umgehen 3. Ich wende mich anderen zu 4. Sich versöhnen ist nicht immer leicht 5. In den Sakramenten die Zuwendung Gottes erfahren	*Themen:* 1. Wir erleben Tischgemeinschaft 2. Die Gaben Brot und Wein 3. Jesus feiert mit seinen Freunden 4. Wir gehören zur Gemeinschaft Jesu 5. Wir feiern Erstkommunion

aus: Grundlagenplan GB 1999

Diese tabellarische Übersicht hilft dem Lehrer und der Lehrerin die für die eigene Schülergruppe richtige Elementarisierung auszuwählen. Es kann in der Praxis notwendig sein, aus den verschiedenen Themen eines Feldes einzelne Elemente zu einem neuen Thema, zu einer neuen, der konkreten Schülergruppe angemessenen Elementarisierung zu kombinieren. Sie liegt letztlich in der Verantwortung der Lehrerin und des Lehrers und soll in jedem Fall genau der Intention entsprechen, die für das ganze Themenfeld gilt.

Literatur

Baldermann, Ingo: Wer hört mein Weinen? Kinder entdecken sich selbst in den Psalmen, Neukirchen-Vluyn 5/1995.
Englert, Rudolf: Der Religionsunterricht nach der Emigration des Glauben-Lernens. Tradition, Konfession und Institution in einem lebensweltorientierten Religionsunterricht, in: KatBl (123. Jg.) 1998, 4-12.
Frisch, Hermann-Josef: Leitfaden Fachdidaktik Religion, Düsseldorf 1992.
König, Klaus: Auferstehung im Religionsunterricht: Gottes Aufstand gegen den Tod im Leben, in: Religionsunterricht - Informationen Bischöfliches Ordinariat Mainz, 3-4 1997, 7-22.
Mette, Norbert: Religionspädagogik, Düsseldorf 1994.
Oberthür, Rainer: Kinder und die großen Fragen. Ein Praxisbuch für den Religionsunterricht, München 1995.
Rosenberger, Gertraud: Das große Buch für kleine Leute. Kriterien und Beurteilung ausgewählter Kinderbibeln, Essen 1997.
Sünkel, Wolfgang: Phänomenologie des Unterrichts. Grundriss der theoretischen Didaktik, Weinheim/München 1996.

Der Gute Gott und das Leid - Eine Meditation (1998)
Ein Text - eine Herausforderung

„Dann begann er sie darüber zu belehren, der Menschensohn müsse vieles erleiden und von den Ältesten, den Hohenpriestern und den Schriftgelehrten verworfen werden: er werde getötet, aber nach drei Tagen werde er auferstehen. Und er redete ganz offen darüber. Da nahm ihn Petrus beiseite und machte ihm Vorwürfe. Jesus wandte sich um, sah seine Jünger an und wies Petrus mit den Worten zurecht: Weg mit dir, Satan, geh mir aus den Augen! Denn du hast nicht das im Sinn, was Gott will, sondern was die Menschen wollen" (Mk 8, 31-33).

Ich weiß nicht, wie diese Bibelstelle auf Sie gewirkt hat. Mich schockt sie immer wieder aufs neue. Wenn ich ehrlich bin, ist mir Petrus hier sympathischer als Jesus. Ist es nicht verständlich und sehr menschlich, wenn Petrus von Misserfolg und Scheitern nichts wissen will? Hat er denn nicht recht mit seinen Vorhaltungen gegen Jesus, der sagt, er „müsse vieles erleiden"? Petrus will den Erfolg der Jesusbewegung und der Verkündigung des Evangeliums, nicht aber die Voraussage ihres Untergangs. Sein Denken ist mir - und ich vermute auch den meisten von Ihnen - nicht fremd.

Aber was ist mit der schroffen Zurückweisung des Petrus durch Jesus? Jesus bin ich sonst anders gewohnt, viel menschenfreundlicher. Aber diese im wahrsten Sinne des Wortes extreme ‚Verteufelung' seines Freundes macht mich doch stutzig: Es muss da offenbar um ganz Entscheidendes gehen, das weder Petrus noch wir schon verstanden haben.

Guter Gott und Leid

Die herausfordernde Bibelstelle ist dem Markus-Evangelium entnommen, von dem die Exegeten sagen, es sei eine nach vorn verlängerte Leidensgeschichte, eine Leidensgeschichte mit langer Einleitung. Die entscheidende Frage des ganzen Evangeliums lautet: Warum findet der von den Propheten verheißene und von den Vätern erwartete Messias bei den Menschen keinen Glauben, und warum muss er nach einer kurzen Zeit seines Wirkens den Tod erleiden? Dies ist das Kernproblem für Markus: Was sind das für Menschen, die die Liebe, die sie doch brauchen, zerstören; die Jesus, die Güte in Person, nicht als ihren Erlöser annehmen, sondern wie Gift ablehnen und zum Tod verurteilen? Sind die Menschen schon so tot, dass sie nur zu töten vermögen; so leidend, dass sie nur Leid zufügen können, selbst zu zerstört, dass sie nur noch sich und andere und auch noch ihre Umwelt zerstören können? Was ist mit Gott, der - um den Menschen da herauszuholen - nur noch die eine Möglichkeit sieht, seinen Sohn am Kreuz sterben zu lassen?

Ich möchte den erregten Dialog zwischen Petrus und Jesus etwas erweitern und fragen, wie die beiden sich wohl danach, als die Gemüter sich beruhigt hatten, über ihren Streitpunkt unterhalten haben. Was mag Petrus Jesus entgegengehalten haben? Welche Vorwürfe hat er ihm gemacht?

Vielleicht so: Jesus, du schadest dir, wenn du den Leuten sagst: Mein Gott ist barmherzig und gütig, und dennoch will er, dass ich leiden und sterben muss. Das ist doch paradox. Sag so etwas bloß nicht, wenigstens nicht laut. Oder ist dein Gott ein Gott, der nur Opfer und Leiden liebt, also ein Sadist? Ähnlich wie damals Petrus fragen heute viele Menschen, ob Leid und Tod nicht eher ein Beweis gegen den guten Gott sind. Sie fragen als moderne Menschen noch radikaler, ob es bei all dem Leid in der Welt überhaupt einen guten Gott geben könne, und ob die Lehre Jesu vom guten Gott, der vom Leiden erlöst, indem er sich selbst auf das Leid einlässt, nicht doch zu weit gehe.

Gottes Barmherzigkeit und die Rücksichtslosigkeit des Schicksals

Vor kurzem passierte folgendes: Ein junger Mann, 23 Jahre alt, auf einem Bauernhof beschäftigt, zeigt seinen Eltern, die bei ihm zu Besuch sind, stolz einen neu angeschafften computergesteuerten Bagger, der ihm seine Arbeit erleichtert; während er das Gerät vorführt, fällt plötzlich die Riesenschaufel auf ihn herab und erschlägt ihn, den einzigen Sohn, vor den Augen seiner Eltern.
Eine große Tragik und ein grausames Leid für diese Eltern! Ich kann verstehen, wenn sie daran zweifeln, ob es für sie noch einen guten Gott geben könne, und dass sie seit diesem schlimmen Ereignis von einem barmherzigen Gott, dem christlichen Glauben und der Kirche nichts mehr hören wollen. In der Kirche hat man sie seitdem auch nicht mehr gesehen.
Hat Petrus nicht Recht, wenn er Jesus den Vorwurf macht, er rede zu offen und frei über sein Leiden, so als sei es das wichtigste und notwendigste Lebensthema? Muss Petrus nicht zu Recht fürchten, die Menschen verständen seine Lehre nicht mehr, wenn er sie lehrt, der gütige Vatergott verlange den Tod des eigenen Sohnes und auch sie müssten das Leid und den Tod annehmen als den Willen Gottes?
Ich will die Bedenken des Petrus noch ein wenig erweitern: Wie ist ein barmherziger Gott annehmbar und denkbar angesichts des entsetzlichen Leids von unschuldigen Menschen in den Konzentrationslagern der Menschheitsgeschichte, die wegen ihrer politischen Einstellung, ihrer Hautfarbe oder wegen ihres Andersseins Folterung und Ermordung ausgeliefert wurden? Ist der Glaube an den guten Vatergott nach Auschwitz und trotz Auschwitz noch möglich?
Manchmal bete ich: Gott, wo warst du, als in Auschwitz die Vergasungswolken zum Himmel stiegen?
Und weiter: Unsere Welt ist voller Unfriede; die Geschichte ist voll von Kriegen. Ein guter Gott hätte den Krieg längst ausgerottet. Vielleicht will er sich daran weiden, wenn die Menschen leiden. Manchmal bete ich: Gott, bist du wirklich der gute Vater deiner Schöpfung? Es spricht vieles dafür, dass eher der Krieg der Vater aller Dinge ist!

Allmächtiger Gott?

Jesus muss sich auch sagen lassen: Warum setzt Gott seine Güte nicht mit Hilfe seiner Allmacht gegen die Unheilsmächte durch, gegen die schlimmen Mächte der Natur, des Bösen, der Schuld und der Angst? Er könnte doch zumindest bewirken, dass kein Leid mehr durch dumme Zufälle und blinde Schicksalsschläge entsteht. Manchmal bete ich: Gott, als Schöpfer hast du eigentlich versagt: Warum konntest du nicht wenigstens das zufällige und schicksalhafte Leid verhindern? Warum das unerkannt bleibende, aber fürchterlich sich auswirkende Leid von Kindern, die von wem auch immer und für was auch immer missbraucht werden? Gemeint ist das psychische Leid der Kinder und anderer Menschen, die gezwungen werden den Missbraucher nicht zu verraten und dann aus Angst ein Leben lang schweigen und leiden. Warum werden Menschen unschuldig hingemordet? Auch ich bete manchmal: Gott, wie kannst du die Liebe selbst sein, wenn die Welt von Angst und Hass regiert wird?
Petrus hat heute viele Menschen auf seiner Seite, wenn er fragt: Wie kann Gott es zulassen, dass Menschen den gesellschaftlichen Verhältnissen, den wirtschaftlichen Notwendigkeiten oder - wie man sagt - der strukturellen Ungerechtigkeit und Gewalt zum Opfer fallen? Gott, es kann nicht wahr sein, dass du ein gütiger Gott bist; denn dann hättest du den Menschen davor bewahrt Opfer struktureller Gewalt zu werden.

Leid im Namen Gottes?

Es geht noch weiter; wir Christen müssen uns fragen, ob unsere Gottesvorstellung noch stimmt; denn ganz schlimm ist ja das Leid, das vielen Menschen durch die Kirche im Namen Gottes zugefügt worden ist und wird. Hexenverbrennungen und Ketzerprozesse hat es in der christlichen Kirche wirklich gegeben, ebenso wie die so genannte christliche Mission in Lateinamerika mit Kreuz und Schwert, Eroberung und Unterdrückung, deren Leidensgeschichte seit 500 Jahren andauert. Schlimm auch das Leid, das in einer fehlgeleiteten religiösen Erziehung angerichtet wurde durch die Androhung von Höllenstrafen für kleine kindliche Vergehen, weil Gott in erster Linie ein strafender Richtergott sei, der alles sieht und auch die geheimsten Gedanken kennt. Mit Strafangst sind ganze Generationen aufgewachsen; es gibt auch heute noch Christen, meist ältere, die aus Angst vor dem strafenden Gott ihres Glaubens und ihres Lebens nicht nie so richtig froh geworden sind. Jüngere Menschen leiden unter kirchlichen Gesetzen, z.B. Ehegesetzen, die die Wiederverheiratung Geschiedener verbieten; hier wird sinnloses Leid geschaffen. Wenn Gott wirklich so sein sollte, ein strafender Gewalt-Gott, der die Menschen mit der Androhung ewiger Verdammnis in Schach hält, man müsste ihn verwünschen und verfluchen.
Es ist aber am Ende des langen Fragens nach dem gütigen Gott und dem Leid keine Lösung in Sicht! Auch ich weiß keine Antwort! Ich habe bisher keine gefunden. Auch die Bibel beantwortet unsere kritischen Warumfragen nicht schlüssig und bündig. Es bleibt immer noch ein Aber. Wir müssen mit unserm Verstand vor dem Leid kapitulieren; es gibt keine befriedigende Antwort.

Leidender Gott?

Aber da ist die zornige Erregung Jesu, die zeigt, dass Petrus einen wunden Punkt oder den Hauptnerv bei ihm getroffen haben muss. Was hat Jesus dem Petrus entgegenzusetzen? Was meint er, wenn er sagt, Petrus habe nicht das im Sinn, was Gott will? Was will denn Gott, so wie Jesus ihn versteht? Jesus versucht, wie es bei Markus immer heißt, die Apostel zu belehren; aber sie verstehen ihn und seine Lehre nicht. Er lässt sie im Unverstand und geht seinen Weg weiter. So lässt sich Jesus auf den Fortgang seiner Leidensgeschichte ein, und viel später erst ahnen seine Freunde, was es mit seinen Worten auf sich hatte. Markus erzählt die Leidensgeschichte ja in einer Zeit, etwa 30 bis 40 Jahre nach Jesu Tod, um seinen Gemeinden klarzumachen, dass der Gottessohn auch Menschensohn war, ein Mensch, der leiden konnte und leiden musste.
Er geht noch einen Schritt weiter: Nach Markus zeigt Jesus durch seine Worte und Taten, dass Gott selbst leidet. Er erinnert an den „leidenden Gottesknecht" des Propheten Jesaja und an die Geschichte des leidenden Hiob. Hiob muss fast unerträgliches Leid ertragen; dadurch erfährt er, dass Gott dennoch der in Liebe Mitleidende ist. Im Neuen Testament ist Jesus der „leidende Gottesknecht" und mehr als „Hiob". Hier gibt es viele Ähnlichkeiten, aber noch entschiedener ist jetzt alles von diesem Menschen Jesus von Nazaret abhängig; er selbst behauptet, dass Gott in ihm und durch ihn seine besondere Nähe zum leidenden Menschen erfahrbar machen will.
In dem Gespräch mit Petrus sagt Jesus vielleicht: Will jemand Gott näherkommen, kommt er an mir nicht vorbei. Gott will es so. Auf das Leid angewandt heißt das: In mir will Gott sich voll und ganz auf das Leid der Menschen einlassen. Jesus erfährt Gott als barmherzig, mitleidend und leidensfähig. Manche Theologen sprechen deshalb auch vom „gekreuzigten Gott"; sie sagen: Gott hat in Jesus gelitten, und Gott ist mit Jesus in den Tod gegangen. Jesus hat konsequent Gott als die rettende Wirklichkeit verstanden, gerade im äußersten Leid, in der Verlassenheit des Todes, das ist das Herzstück seines Lebens. Deshalb ist er selbst im Vertrauen auf den im Tod rettenden Gott in den Tod gegangen.
In dem Gespräch sagt Petrus, ich verstehe dein Gottesbild nicht, kannst du mir das einfacher erklären? Dann Jesus: Du kennst doch meine Gottesgeschichten, die ich in meinen Predigten immer erzähle: Der barmherzige Vater, der vorbehaltlos seinen Sohn annimmt, obwohl dieser einen Weg gegangen ist, den er selbst nicht gutheißen konnte; der nicht versteht, dass der ältere und zu Hause gebliebene Sohn kein Verständnis aufbringt für seinen Bruder. Ein Vater, der sich mit dem leidenden Sohn eher identifiziert und mit-leidet, als ihn zurechtzuweisen und ihm Vorhaltungen zu machen. Der ihm mit offenen Armen entgegengeht und ihn als Sohn trotz allem annimmt und ein großes Fest feiert. Der traurig ist, dass der ältere Bruder nicht daran teilnehmen kann.

Der starke Gott - der mitleidende Gott

Petrus brachte nun das schärfste Gegenargument: Diesen Gott, den du da verkündest, den annehmenden und menschenfreundlichen Gott, kannst du nur auf eigene Lebensgefahr verkünden; denn in unserer Gesellschaft ist das ein sehr riskantes Reden, das widerspricht dem tiefsten Empfinden der Menschen, für die Gott ein starker Gott ist, ein Gott, der auf die Befolgung des Gesetzes achtet und als Richtergott den mit dem Tod bestraft, der beispielsweise die Sabbatgesetze nicht einhält.

Es war tatsächlich so: Seine Verkündigung des barmherzigen Gottes, der mit den Menschen leiden will, weil er sie liebt, passte weder den politischen noch den geistlichen Führern; die Proklamierung dieses ungewohnten Gottesbildes war für sie Gotteslästerung und Grund genug ihn hinrichten zu lassen. Jesus musste nicht deshalb sterben, weil Gott als Rachegott Blut, Genugtuung und den Tod seines eigenen Sohn forderte: Jesus musste sterben, weil er in seiner Lebenspraxis den Glauben an den unbedingt liebenden annehmenden Gott bis zum Ende durchgehalten hat.

Zu Petrus gewandt sagt Jesus: Ich muss dieses Risiko auf mich nehmen. Denn in mir durchlebt Gott selbst das Leid des Menschen, er lässt sich auf Leid und Tod des Menschen ein, so wie ich es tue. Leid bekämpft er, wie ich es bekämpfe; er gibt ihm nicht irgendeinen religiösen Sinn, sondern er lehnt es ab und will es überwinden, so wie ich es zu überwinden versuche. Er geht durch das Leid selbst hindurch um es hinter sich zu bringen. In mir leidet Gott mit den leidenden Menschen.

Theologen wie Paulus haben das so formuliert: Er hat nicht daran festgehalten Gott zu sein, sondern er entäußerte sich und wurde den Menschen gleich (Phil 2, 7). Heute sagen andere Theologen, er habe das Leid als notwendige Folge der Liebe erfahren.

Das bedeutet zweierlei:

Einmal: Liebe will sich hingeben; lieben heißt, sich weggeben können im Vertrauen darauf, dass ich mich dem anderen nicht ausliefere, sondern dass er mich annimmt. Jesus wendet sich auch noch in seiner Verzweiflung im Klagegebet an Gott: „Mein Gott, warum hast du mich verlassen?" Das heißt: „Ich vertraue dir dennoch."

Zum anderen: Liebe ist immer mit Leid verbunden; Liebe macht Leiden. Letztlich gibt sich der liebende Mensch im Tod (durch das aktive Sterben) ganz in das Leid und in Gott hinein, hoffend, dass er das Leid aufheben wird. In dieser Liebe hat sich Jesus auf das Leid der Menschen eingelassen. Der zu erleidende Tod ist christlich gesehen die aktiv hoffende und liebende Hingabe seiner selbst.

Später erinnert sich Petrus: Wir hatten schon den Glauben an ihn als Messias aufgegeben, aber Gott hat den Leidensweg seines Sohnes als Erlösungsweg für alle bestätigt, indem er ihn auferweckt hat. Das ist der Sinn des Kreuzes: Jesu Auferstehung. Gott liebt den Menschen, indem er sich ganz in das Leid und in den Tod des Menschen gibt. Es ist das besondere Merkmal seiner Allmacht, dass er an der Ohnmacht seiner Geschöpfe Anteil nehmen kann. In der Schwachheit erweist er seine Stärke, im Kreuz sein Heil. Seine Auferstehung bestätigt seine Lehre vom mitleidenden Gott.

Gott will in jedem Leiden mitleiden und auferstehen; Gott will durch sein Mitleiden das Leid überwinden, den Menschen vom Leid erlösen und in seine geheimnisvolle Nähe holen.

Solidarische Praxis im Leid

Was sollen wir tun? Wie soll unsere Praxis aussehen? Ist die Nachfolge Jesu nicht eine Zumutung für uns, die wir versuchen, als Christen zu leben? Wenn ich gleich einige Hinweise gebe, so geht es dabei nicht darum dem Leid einen Sinn unterlegen zu wollen, denn auf die Frage nach dem Sinn des Leids gibt es keine logische Antwort. Wohl geht es darum im Leid den Glauben an den guten Gott zur Praxis werden zu lassen. Und wie sieht die christliche Praxis im Leiden aus? Ich möchte vier praktische Hinweise geben.

Den Leid-freien Gottesbildern entgegentreten

Eine alte Martinslegende erzählt, dass sich der Teufel einmal Martin als Halt anbieten wollte. Er erscheint ihm als König in majestätischer Pracht. Martin fragt ihn, wer er denn eigentlich sei. „Ich bin Jesus, der Messias", antwortet der Teufel. „Wo sind denn deine Wunden", fragt Martin zurück. „Ich komme aus der Herrlichkeit des Himmels", sagt der Teufel, „da gibt es keine Wunden". Darauf entgegnet Martin: „An einem Messias, der keine Wunden hat, der nicht das Zeichen des Kreuzes trägt, kann ich mich nicht festhalten."

Jesus als Modell annehmen

Den Anhängern seines Sohnes mutet Gott zu, den dunklen Weg des Messias nachzugehen, damit nicht der Weg des Erfolges sich zu schnell in eine Straße der Macht und Gewalt verkehrt. Aber das heißt nicht, dass wir Christen immer und überall das Dunkle und das Leid suchen müssten. Dafür gibt es keine Anhaltspunkte bei Jesus, im Gegenteil: Über das Helle und Erfolgreiche, das Leben und unser zielstrebiges Denken und Arbeiten dürfen wir uns freuen - wenn es uns gelingt. Aber das heißt, dass wir nicht aus der Bahn geraten sollen, wenn der Erfolg einmal ausbleibt, wenn unsere Ziele vereitelt werden. Das heißt, dass wir nicht resignieren, wenn unser Ich nicht zum Zuge kommt, dass wir nicht kapitulieren, wenn das Kreuz unausweichlich wird. Und es bedeutet, dass wir schon nicht zu kurz kommen werden, dass wir es getrost Gott überlassen dürfen, wann und wie unsere Bedürfnisse ihre Erfüllung finden. Das zu glauben, fällt mir, vielleicht auch Ihnen, manchmal sehr schwer.

Leidensfähig werden

Was mich im Augenblick sehr beschäftigt, ist die Tatsache, dass immer mehr junge Menschen psychisch krank werden und/oder sich das Leben nehmen. Es gibt Menschen, die leiden darunter, dass sie da sind und existieren: Sie leiden nicht nur unter der Unerklärbarkeit des eigenen Daseins, sondern unter einer unerträglichen Leere und dem Gefühl, im Leben verloren zu sein; sie machen uns aufmerksam auf unsere eigene Geheimnistiefe, die auf Gott als das größte Geheimnis überhaupt verweist; im Geheimnis des Leids am Sein zeigt sich das Geheimnis des Menschen und das Geheimnis Gottes.

Der Mensch ist ein geplagtes, oft misshandeltes, unverstandenes und zerbrechliches Wesen; „auch die geschundenen, zerschlagenen und gescheiterten Menschen sind und bleiben Menschen, in denen Gott mitleidet, in denen das Leben Gottes auf dem Spiel steht" (Erich Zenger). Menschliches Dasein ist leidendes und durchkreuztes Dasein. Fehlt dieser Praxisbeweis der Christen, so ist ihr Glaube hohl und nichtig. Die Erfahrung zeigt: Der Glaube an den Vatergott Jesu kann einem Leidenden wirklich helfen! Dieser Glaube kann tatsächlich zu einem Sinnangebot werden, das herausführt aus dem Hadern mit Gott! Unsere Praxis der Solidarität mit leidenden Menschen muss der Beweis sein für den Glauben an Gott, der solidarisch ist mit den Leidenden.

So also sollten wir Christen mit dem Leid umgehen: Mehr Solidarität mit den Leidenden praktizieren! Und wenn wir selbst leiden: Mehr vertrauende Liebe im eigenen Leid haben, so wie Jesus in seinem Sterben.

Deutsch-französisches Treffen der Sonder- und Religionspädagogen
27. - 30. Mai 1999 in Paris

Menschen mit Behinderungen in Katechese und Religionsunterricht

1. These

Meine Ausgangsthese lautet: Das christliche Menschenbild, nach dem jeder Mensch von Gott angenommen ist so wie er ist, fordert vom Katecheten in der Gemeinde und vom Religionslehrer in der Schule die entschiedene Berücksichtigung der speziellen Behinderungsform als Lernausgangslage für alle katechetischen Bemühungen und zugleich die Nichtfestlegung des Menschen mit Behinderung auf seine Behinderung.

Daraus folgt, dass gegen die Segregationstendenzen in Gesellschaft und Kirche die Integration von Menschen mit und ohne Behinderung gefördert werden muss, dass speziell im sonderpädagogischen Bereich eine die Kommunikation zwischen Lehre, Lehrenden und Lernenden begünstigende didaktische Konzeption vorzuziehen ist, die auch eine stärkere gegenseitige Durchdringung von Religionsunterricht und Katechese zum Ziel hat. Im Folgenden werde ich dies genauer begründen und ausführen.

2. Religionsunterricht und Katechese aus deutscher Perspektive

Die Synode von 1974 beabsichtigte mit der Trennung von Katechese und Religionsunterricht einen ersten Schritt zur völligen Neuordnung des katechetischen Wirkens der Kirche in Deutschland. Katechese wurde auf alle Lebensbereiche und Altersstufen ausgeweitet. Der Religionsunterricht erhielt als schulisches Fach - auch an den Sonderschulen - einen neuen Stellenwert und verlor auf diese Weise seine katechetische Monopolstellung. „Er ist nur Teil eines größeren Ganzen von religiösen Lern- und Erziehungsprozessen", so heißt es im Beschlusstext „Der Religionsunterricht in der Schule" (3.9).

2.1 Katechese

Was ist unter Katechese zu verstehen?
Katechese mit Menschen mit Behinderungen ist grundsätzlich durch gemeinde- und durch behinderungs- bzw. integrationsspezifische Bestimmungen definiert. Sie ist die gemeinsame Bemühung um ein gemeinsames christliches Leben in der kirchlichen Gemeinde. Ihre Aufgabe ist die Einbeziehung des jungen Menschen in den Vollzug des Gemeindelebens durch Einübung und Belehrung. Konkret ist sie Hinführung zu den Sakramenten (vor allem Taufe, Buße, Eucharistie und Firmung). Alle Lernberei-

che der Katechese und sämtliche praktischen Handlungsfelder des Glaubens sind lebens- und sozialgeschichtlich, also durch das unmittelbare soziale mitmenschliche Umfeld und nie allein durch Lehre und Institution geprägt. „Selbstverwirklichung in sozialer Integration" gilt insofern auch als Prinzip für die christliche Gemeinde-Katechese mit Kindern und Jugendlichen mit Behinderungen.

2.2 Religionsunterricht

Was ist unter Religionsunterricht - im Unterschied zur Katechese - zu verstehen? Als staatlich und kirchlich getragenes ordentliches Lehrfach in der Schule ist er an schulische Bildungsziele gebunden. Er versteht sich als pädagogisch und theologisch begründetes „Lehr-Lern-Angebot" für junge Menschen, das ihn „zu verantwortlichem Denken und Verhalten im Hinblick auf Religion und Glaube befähigen" soll (Synodenbeschluss 1974, 2.5.1). Dabei wird der Schüler als Subjekt seines religiösen Lernens und seines Glaubens sehr ernstgenommen. Der „Schüler, dessen Situation und Erfahrung [bilden] ein unabdingbares Kriterium der Auswahl von Zielen und Inhalten. Je feiner und konkreter die Unterrichtsziele bestimmt werden, um so mehr können die jeweilige Situation und die betreffende Bildungsstufe Berücksichtigung finden" (Synodenbeschluss 1974, 2.5.3). Der Religionsunterricht hat also lebens- und glaubensgeschichtlich bedingte Veränderungen unbedingt zu respektieren. Dazu gehört u. a. auch die Behinderung, die Ausgangs- oder Veränderungspunkt für die Erschließung religiöser Sinndeutungen und Glaubenserfahrungen sein kann.

2.3 Annäherungen zwischen Katechese und Religionsunterricht

Vier Ansätze möchte ich aufzeigen:
1. Schon im *Synodenbeschluss* wird betont, dass es im Religionsunterricht über das Bescheidwissen hinaus „immer auch um die Ermöglichung von Religion und Glaube selbst geht" (2.5.3), um „Verhalten und Haltung", um die „Vorbereitung einer mündigen Glaubensentscheidung" und um Motivierung „zu religiösem Leben und zu verantwortlichem Handeln in Kirche und Gesellschaft" (2.5.1). Streng genommen sind dies zweifellos unterrichtliche Ziele, die jedoch hart an der Grenze zur Katechese angesiedelt sind.
2. Bisher wurde versucht, die Trennung beider Formen u.a. durch die „*Schulpastoral*" bzw. „Schulseelsorge" auszugleichen. Sie geht davon aus, dass Schule zwar Lern-Raum bleibt, dass aber ihre Bedeutung als Lebensraum zunimmt, in dem Kinder Zuwendung und Geborgenheit ebenso erfahren wie Angst und Gewalt. Es wird abzuwarten sein, ob die Einwirkung der Pastoral in den schulischen Bereich den Religionsunterricht erreichen und verändern wird.
3. Auf Grund der Veränderungen in Gesellschaft und Kirche (Technisierung, Säkularisierung, Pluralisierung...) ist die beschriebene Trennung von Katechese und Religionsunterricht an den *Sonderschulen* im bisherigen Maße kaum noch zu verantworten. Dies gilt z.B. für Schulen für Geistigbehinderte, für Lernbehinderte und für Körperbehin-

derte. Eine gegenseitige Durchdringung von beiden Formen ist notwendig und bereits überfällig. Denn
- der Religionsunterricht übernimmt bereits in seiner Praxis Aufgaben der (kompensatorischen) religiösen Sozialisation,
- die Integration rückt gesellschaftlich in den Vordergrund und kann in Schule und Gemeinde nicht unberücksichtigt bleiben,
- nicht nur die gesellschaftlichen Veränderungen fordern eine solche Durchdringung von Religionsunterricht und Katechese heraus, auch theologisch und (sonder)pädagogisch ist eine größere Schnittmenge zwischen beiden notwendig und praktisch anzustreben.

Aus sonderpädagogischer Sicht zielt die schulische Arbeit primär auf Erziehung ab, die vom Menschsein ausgeht und - von der Behinderung herausgefordert - durch religiös-ethische Motive bestätigend, kritisch hinterfragend und entwicklungsfördernd unterstützt werden sollte.

Da beide Sichtweisen nicht deduktiv sondern korrelativ aufeinander bezogen sind und sich schon im handelnden Miteinanderumgehen als tragend erweisen, ergibt sich eine religions- und sonderpädagogische Schnittmenge der Aufgaben.

Gegenwärtig sind es die Integrationsprobleme, die auch in kirchlichen Gemeinden noch nicht erkannt bzw. bewältigt sind, und es ist vor allem der Bedeutungsverlust der christlichen Erlösungslehre, der sich aus der fortschreitenden religiösen Desozialisation ergibt und kirchliche Gemeinden zur Flucht in die katechetische Ghettoisierung verleiten könnte.

4. Das traditionelle Verständnis von Katechese ist unter theologischer Perspektive weiter zu fassen. Aus *jüdisch-theologischer Sicht* und mit Blick auf Jesu Solidarität mit den armen, schwachen, entrechteten und ausgegrenzten Menschen ist das Angenommensein des Menschen mit Behinderung durch Gott von Gott gewollt. Juden und Christen sind der „Überzeugung, dass Gott den Armen und Entrechteten Recht schaffen wird" (Dillmann, in: Fuchs 1996, 119). Es ist zu prüfen, ob dieses Menschenbild implizit im pädagogischen Bildungsauftrag, der Sozialisation, Personalisation, Enkulturation umfasst (Mollenhauer), enthalten ist, vor allem, wenn dort von „radikaler Integration" als „Parteiung mit den Ausgegrenzten" die Rede ist (Feuser 1995, 15 u. 18f).

Angesichts menschlicher Behinderungen besagt jedenfalls das christliche Menschenbild, dass der Mensch - auch in der Kirche - in seinem Menschsein wahrzunehmen ist. Daraus folgt, dass der Mensch mit Behinderung in seinem ganzen Menschsein und nicht primär in seinem ausschnitthaften Behindertsein wahrgenommen wird. Wie Barbara Averwald als Sonderpädagogin und Religionslehrerin bereits 1984 gefordert hat, müsste integrative Katechese in christlichen Gemeinden selbstverständlich sein (Averwald 1984).

„Integration" und „Umgehen mit Leid" sind die Rahmenthemen für das begrenztere Thema Katechese mit Behinderten. Im Folgenden werden die konkreten Beispiele aus diesen Themen gewählt.

3. Religionsunterricht mit katechetischen Anteilen an Sonderschulen

Wie kann ein „katechetischer Religionsunterricht" mit Menschen mit Behinderungen praktisch umgesetzt werden? Legt man die Konzeption der „kommunikativen Religionsdidaktik" zu Ggrunde, so gelten für den Religionsunterricht allgemein und erst recht für den Religionsunterricht an Sonderschulen die Prinzipien der „Lebenshilfe" (Gottfried 1995), der „radikalen Erfahrungsorientierung" (Tillmann) und der „persönlichen Begleitung in schwierigen Lebenslagen" (Peter).

An drei ausgewählten Behinderungsformen (geistige, Lern- und körperliche Behinderung) möchte ich drei inhaltliche Beispiele („Vertrauen auf Gott"; „Christsein in Gemeinschaft"; „Mit Leid umgehen") erörtern und Möglichkeiten, Probleme, Ideen und Grenzen einer praktischen Umsetzung aufzeigen. Zunächst sollen kurz die unterschiedlichen Zugangsweisen zu den beiden ersten katechetischen Botschaften „Vertrauen auf Gott" und „Christsein in Gemeinschaft" aufgezeigt werden. Danach wird das Thema „Mit Leid umgehen" für die drei Behinderungsformen genauer behandelt.

3.1 Zugangsweisen zu katechetischen Botschaften

Schon die unterschiedlichen Zugangsweisen zu ein und derselben katechetischen Botschaft können zeigen, dass sie ein hohes katechetisches Engagement der Religionslehrerin und des Religionslehrers verlangen, das zur speziell sonderpädagogischen Kompetenz hinzukommen muss.

3.1.1 „Du kannst dich auf Gott verlassen!"

- Schüler und Schülerinnen mit geistiger Behinderung
Thematisch-korrelative Zugänge: Ich habe Gefühle und kann sie zeigen - Gott weiß um mich; du kannst dich auf mich verlassen - du kannst dich auf Gott verlassen; ich vertraue dir - ich kann Gott alles sagen; andere vertrauen mir - Gott ist für mich da.
Methodische Zugänge: Elementarisierung der zentralen Inhalte; Situationen, in denen wir beten; Vertrauensspiele, einander führen, praktisch füreinander dasein, Verantwortung übernehmen, danken, loben, bitten, klagen, vorformulierte Gebete lernen und üben.
- Schülerinnen und Schüler mit Lernbehinderung
Thematisch-korrelative Zugänge: Erkennen, dass wir ohne Vertrauen nicht leben können - Von Jesus lernen, dass wir auf Gott vertrauen dürfen.
Methodische Zugänge: gestörtes Vertrauen auf Grund gestörter Familienverhältnisse bewusst machen; Wiederaufbau von Vertrauen durch Lehrer als Vertrauensperson; „Einer, auf den ich mich verlassen kann"; Jesus heilt, hilft und verzeiht.
- Schülerinnen und Schüler mit Körperbehinderung
Thematisch-korrelative Zugänge: Ich kann mich dem Arzt anvertrauen, der mir helfen will - kann ich mich dem Schöpfer anvertrauen, der meine Behinderung gewollt hat? Gott ist allmächtig und ich bin ohnmächtig meiner Behinderung ausgeliefert - wie soll ich dieser „Person" vertrauen?

Methodische Zugänge: Wut zulassen, Gott anklagen, von Hiob lernen: Vertrauen heißt, sich mit Gott auseinanderzusetzen.

3.1.2 „Du bist ein wertvolles Mitglied der christlichen Gemeinde"

- Schülerinnen und Schüler mit geistiger Behinderung

Thematisch-korrelative Zugänge: Du und ich - wir sind angenommen; Bedürfnisse wahrnehmen und äußern - Bedürfnisse anderer akzeptieren; ich bin wertvoll - ich bin ein Christ; die Gruppe macht mich stark - wir gehören zur Gemeinschaft Jesu.

Methodische Zugänge: im Stuhlkreis Gemeinschaft erleben, Klassenfeste vorbereiten und feiern, Freiarbeit pflegen; Tischgemeinschaft erleben, Gottesdienst feiern.

- Schülerinnen und Schüler mit Lernbehinderung

Thematisch-korrelative Zugänge: Leben in der Gemeinschaft ist schwer - Leben in der Kirche noch mehr; ich erlebe Akzeptanz und Ausgrenzung - Wertschätzung; Soziales Lernen Gemeinsam geht es besser.

Methodische Zugänge: Regeln aufstellen und einhalten; ich bin wichtig für die Gemeinschaft; als Christ habe ich Verantwortung; die Geschichte von Swimmy (ein Außenseiter-Fisch, der sich für alle einsetzt).

- Schülerinnen und Schüler mit Körperbehinderung

Thematisch-korrelative Zugänge: Wie kann ich wertvoll sein? - Ich kann so vieles nicht; Erfahren was ich kann - ich kann schon viel; ich bin genau soviel wert wie alle anderen - Ich bin ein Ebenbild Gottes.

Methodische Zugänge: Gestaltung freier Gesprächssituationen - ich darf sagen, was ich will und ich darf mich zurückziehen, wenn ich will; welche Erfahrungen ich seit dem letzten Jahr mit meinem Körper gemacht habe; ich bin einmalig; mein Körper ist einmalig; mein Handabdruck ist einmalig; „Gott hat nur unsere Hände"; wir vergleichen unsere Gottesbilder; Gott hat viele Gesichter.

Die Beispiele sollen zeigen, dass ein Religionslehrer/eine Religionslehrerin die praktische Umsetzung dieser korrelativen und methodischen Zugänge ohne zusätzliche sonderpädagogische und katechetische Qualifikationen kaum schaffen kann.

3.2 „Mit Leid umgehen"

3.2.1 „Mit Leid umgehen" bei Schülerinnen und Schülern mit geistiger Behinderung

- Ausgangslage

Hier ist die Frage zu klären, worunter Kinder und Jugendliche mit geistiger Behinderung leiden. Sie leiden unter der Differenz von Soll- und Ist-Zustand; sie sollten - gemessen an der gesellschaftlichen Norm - in der Lage sein sich am Gespräch mit anderen Menschen zu beteiligen, sie erleben aber ständig, dass die anderen ihnen beispielsweise rhetorisch überlegen sind. Sie leiden unter ihrer andauernden eigenen Unterlegenheit.

Ihre Leiderfahrung wird am besten als elementar subjektives Gefühl beschrieben, das sie untrüglich spüren lässt, wie sehr sie hinter den von ihrer Umwelt erwarteten Abstraktions- und Reflexionsleistungen zurückbleiben. Sie leiden weniger unter ihrer primären (geistigen) Schädigung als vielmehr unter der Art und Weise, wie ihre Umwelt auf diese reagiert, nämlich stigmatisierend und ausgrenzend. Sie leiden also unter den sekundären gesellschaftlich bedingten Behinderungen. Infolgedessen ist abzulehnen, was häufig behauptet wird, Menschen mit geistigen Behinderungen hätten unter ihrer (primären) Behinderung zu leiden. Ein (geistig) behinderter Mensch gilt unter Behinderten nicht als behindert. Erst die Reaktion und das angstgeprägte Mitleid der Nicht-Behinderten stellt die sekundäre Behinderung her und lässt sie allmählich zur primären werden.

Vom Katecheten und Religionslehrer wird hier schon unter dem humanen und erst recht unter dem christlichen Anspruch erwartet, dass er Respekt vor den oft widerstreitenden Gefühlen der Menschen mit geistigen Behinderungen hat. Er muss ihr Einsamsein und ihre Langeweile kennen und sich einfühlen können, wie sie leiden unter dem Tod eines Menschen und darunter, dass sie anders, dass sie „behindert" sind.

- Katechetische Botschaft

Die katechetische Botschaft lautet:
- Dem Menschen mit geistiger Behinderung Raum und Zeit geben sein „Leid" zu thematisieren;
- Ihm elementare Sprache, verstehbare Bilder und klare Normen vorgeben, um Reflexion und Verarbeitung zu ermöglichen;
- Ihm „Religion" anbieten, die als Haltepunkt erfahren werden kann und mit ihren haltgebenden Ritualen und verlässlichen Formen stabilisierend wirkt.

Hier zeigt sich, dass der katechetische Anteil des Religionsunterrichts mit Schülern mit geistiger Behinderung zunächst in seiner sichernden Funktion besteht. Hinzu kommt seine Reflexion und Auseinandersetzung anregende Funktion, die in kleinen Schritten Zuversicht aufbauen kann.

- Methode

Katechese und Religionsunterricht können diese vorhandenen elementaren Leiderfahrungen zum Anlass für eine symboldidaktische Erschließung der thematischen Schwerpunkte „Einsamkeit und Langeweile", „Tod" und „Behindertsein" (etwa anhand des Symbols „schwerer Stein") nehmen. Beim Thema „Steine auf unserem Weg - Was uns das Leben schwer macht" (Heßling 1998, 205) spielt das szenische Spiel als Methode eine große Rolle. Es entwickelt sich ein Prozess, „in den die Jugendlichen ihre eigene Problematik zum Teil mit einbringen". Sie „verbalisieren ihre eigene Betroffenheit, ihre Erlebnisse und Erfahrungen nicht auf Grund eines fragend-entwickelnden Unterrichtsgesprächs, sondern im Spiel, bei der Präsentation der Geschichten, Bilder, Dias" (ebd., 207).

Der Halt gebende Aspekt liegt - nicht nur beim Thema Leid - in der Bedeutung der methodischen Rituale wie Raumatmosphäre, Musik hören, Kreis bilden, Symbol deuten, Text meditieren, Mandala malen, Brot teilen. In jeder Stunde werden einige dieser rituellen Elemente eingesetzt und sie wirken wie ein unbewusster aber nachhaltiger Hoffnungsschimmer in erfahrener Gemeinsamkeit gegen alles Leid.

Das Thema „Mit Leid umgehen" lässt sich nach dem neuen deutschen Grundlagenplan für den katholischen Religionsunterricht an Schulen für Geistigbehinderte (s. Literaturverzeichnis) katechetisch einordnen in die beiden Themenfelder „Vieles in der Welt verstehe ich nicht" mit der Intention „Sich mit den dunklen Seiten der Welt auseinandersetzen - Wege suchen, damit umzugehen" und in das Feld „Wir trauern und trösten - Hoffnung auf neues Leben bei Gott" mit der Intention „Erleben, wie Menschen trauern und einander trösten - verstehen lernen, dass Hoffnung auf neues Leben bei Gott für gläubige Menschen eine Hilfe ist". Schon diese korrelativen Formulierungen zeigen die Elementarisierungsstruktur des neuen Grundlagenplans, die sich auch auf die gemeinde-katechetischen Apekte bezieht, die bewusst in den Plan aufgenommen wurden.

- Katechetischer Anteil

Worin besteht der katechetische Anteil des Religionsunterrichts mit Schülerinnen und Schülern mit geistiger Behinderung?

Entsprechend dem *christlichen Menschenbild* besteht er in dem Ansatz bei den vorhandenen Fähigkeiten, beim „Noch-Können" statt bei den Defiziten.

Wie jeder Unterricht ist Katechese bestimmt durch den engen Zusammenhang zwischen sozialen Grunderfahrungen, Religiosität und christlicher Gläubigkeit und betont deshalb bei Kindern und Jugendlichen mit geistiger Behinderung trotz eingeschränkter Sprache, Feinmotorik und Abstraktionsfähigkeit umso entschiedener den *Ausgang von den religiösen Grunderfahrungen* von Liebe, Geborgenheit und Angenommensein in Spannung zu Angst, Verlassenheit und Hass.

Die kommunikative Religionsdidaktik und Katechetik betont folglich *die emotionale Beziehungsdimension zwischen Lehrer und Schüler*, denn in ihr laufen alle Bestimmungsfaktoren des gesamten katechetischen und Unterrichtsgeschehens zusammen. Dies ist auch theologisch bedeutsam. Denn aus *Respekt vor dem Glaubenssubjekt* des geistig behinderten jungen Menschen sollten Katecheten und Religionslehrer auf die alte Formel von der „stellvertretenden Hereinnahme in den eigenen Glauben" verzichten. Es ist situations- und sachangemessener die eigene Religiosität und Gläubigkeit in der menschlichen Begegnung spüren zu lassen, indem ich meinen Glauben an die im Leid rettende Wirklichkeit Gottes für den anderen behaupte. Bei diesem Ansatz der Erfahrbarkeit Gottes im Leid als zugesprochene Behauptung aus dem Glauben kann sich der Religionslehrer theologisch auf Metz und Peukert, aber auch auf Fuchs und Werbick (1991) berufen. Religionspädagogisch hat Mette (1994) diesen Gedanken weiterentwickelt zum Ansatz einer freiheitsstiftenden kommunikativen Praxis, die im „subversiven Gottesgedächtnis" (Metz) die universale Solidarität mit allen Menschen und die „Konvivialität" in Gerechtigkeit und Frieden antizipiert und konkret umsetzt.

Ein wichtiger katechetischer Anteil ist die *Vorbereitung auf den Empfang der Sakramente* (Taufe, Eucharistie, Firmung), die aus unterschiedlichsten Gründen in der Schule stattfindet, etwa weil den Katechetinnen und Katecheten in der Gemeinde häufig ein Mindestmaß an fachlichen Voraussetzungen fehlt. Der Grundlagenplan wird diesem Anliegen gerecht, indem er „Erstkommunion" und „Firmung" nicht nur als eigene Themenfelder sondern auch als Vorbereitung auf ihren Empfang anbietet. Hier sind die einzelnen Themen deshalb konstitutive Elemente, die alle in einer den Schülern angemessenen Art und Weise behandelt werden können (vgl. Grundlagenplan GB 1999, 17 und die Anleitungen zu II/4 und IV/4).

- Weitere Beispiele zur Methodik
- Szenische Erarbeitung biblischer Texte („Bibliodrama", vgl. Kollmann, EvErz 48. Jg. 1996, Heft 1, 20-41);
- Körperorientierte Methoden bei „seelischer Behinderung" (W. Günther, in: Adam u.a. (Hg.) 1998, 151-159);
- mit Schwerbehinderten – „basale Stimulation" und „gesungene Katechese".

3.2.2 „Mit Leid umgehen" bei Schülerinnen und Schülern mit Lernbehinderung

Worin besteht der katechetische Anteil im Religionsunterricht mit Schülern mit Lernbehinderung? Ich unterscheide wieder Ausgangslage, katechetische Botschaft und Methode.

- Ausgangslage

Es handelt sich hier um Schüler und Schülerinnen, die unter sozio-ökonomischen Benachteiligungen und im Gefolge davon auch unter Benachteiligungen im Verhaltensbereich zu leiden haben. Folgende Faktoren kennzeichnen die familiäre Sozialisation der Schüler mit Lernbehinderungen: beengte Wohnverhältnisse, zunehmd unvollständige Familien, vermehrte Kinderzahl, ungünstige Wohnumgebungen, mangelnde Zukunftsorientierung, Normen-Rigidität, restringierter Sprachkode und Ausrichtung auf sofortige Bedürfnisbefriedigung (Cloerkens 1997 s. Püttmann 1999, 19). „Dadurch, dass der benachteiligte Schüler in Folge einer Schädigung des Organ- und/oder Verhaltenssystems in der Fähigkeit des Lernens, der Fähigkeit der sinnlichen Wahrnehmung, der Fähigkeit der Sprache, der Bewegung und/ oder im Bereich des Leistungs- und Sozialverhaltens beeinträchtigt ist, kann er die wertorientierenden Normen seines Kultursystems nur unter außergewöhnlichen Bedingungen nachvollziehen" (Peter 1998, 192).
Solche Kinder und Jugendliche zeigen auffallende Verhaltensweisen, die weltweit nicht nur in Slums und Elendsvierteln sondern auch in deutschen Großstädten beobachtet und von Otto Speck als „subkulturelle Verwilderung" (Speck 1997, 66-68) beschrieben werden. Dietmar Peter macht im Anschluss an Hiller darauf aufmerksam, es werde oft verkannt, „dass diese uns bürgerlich Sozialisierten fremden Formen durchaus effizienter und psychisch stabilisierender sind als die von uns angebotenen Formen. Dies ist auch bei jenen Religionspädagoginnen und -pädagogen der Fall, die bürgerliche Formen der Ausgestaltung christlichen Glaubens als handlungsleitend für die eigene Arbeit im Religionsunterricht definieren. Gemessen hieran können die Schülerinnen und Schüler nur scheitern" (ebd. 194). Aus der Sicht der Betroffenen lautet die Frage: Wie kann ich im Elend überleben und in den täglich erfahrenen Begrenzungen und Belastungen Mut und Kraft gewinnen, mein Selbstvertrauen nicht zu verlieren und mein Selbstkonzept nicht aufzugeben?
Der Religionsunterricht in diesen Schulen findet unter handlungstheoretischer Perspektive seine Inhalte in der Alltagswirklichkeit dieser Schüler mit ihren schädigungsspezifischen Besonderheiten und in der sich hieraus ergebenden Spannung zur biblischen Botschaft. Er muss sich sogar ausdrücklich dieser Diskrepanz stellen, die zwischen belastetem Alltag und dem verheißenen Reich Gottes besteht. „Will er nicht unglaubwürdig werden, ist er gefordert die täglich neuen und alltäglichen Leiderfahrun-

gen seiner Schülerinnen und Schüler ernst zu nehmen, ihnen bei der Verarbeitung derselben zur Seite zu stehen und gemeinsame Handlungspläne für die Abwendung zukünftigen Leids zu entwerfen und die Schülerinnen und Schüler zu begleiten" (Peter 1998, 195f).

- Katechetische Botschaft

Die katechetische Botschaft lautet:
- Es ist kein moralisches Versagen, wenn es einem dreckig geht. Schüler mit Lernbehinderung und Verhaltensstörung müssen sich nicht den Vorwurf gefallen lassen, selbst an ihrer Lage schuld zu sein.
- Ich nehme dich ernst, wie du bist.
- Du sollst lernen in deinen schädigungsspezifischen Lebenssituationen Handlungspläne zu entwickeln und eigenverantwortete Wertentscheidungen zu treffen.
- „Nur wer sein Handeln als zielgerichtet, planvoll und wertorientiert begreift, kann das Handeln Gottes ansatzweise als lebensrelevant erachten" (Peter 1998, 192).

- Methode
- Schule und Unterricht reichen allein nicht aus, obwohl der Religionsunterricht wesentliche flankierende Funktionen hat: Erarbeitung adäquaten Umgangs mit Aggression; Behandlung der Themen „Der Wert des Menschen", „Liebe und Partnerschaft", „Umgang mit Schwachen", „Tod".
- Hinzu kommen muss „Kontaktpflege", „Umfeldarbeit" und „Alltagsbegleitung", mit Zusatzangeboten wie Klassenfahrten, Hausbesuchen, Interesse für Hobby, Kooperation mit Kollegen.
- Berufsfindungshilfe anbieten: Bewerbungstexte formulieren,
- ins Leben einmischen: jemandem beistehen, wenn alles aussichtslos erscheint; gemeinsam Dinge in Ordnung bringen, die schiefgelaufen sind; dasein, wenn sonst niemand da ist; sich mitfreuen, wenn es doch noch klappt; heraushören, was nicht so einfach zu sagen ist; merken, was abgeht; vorwarnen, wenn Schwierigkeiten unterschätzt werden...
- Institutionalisierung verlässlicher Kontakte jenseits von Familie, Verwandtschaft und Clique,
- Netzwerkschaffung mit Kirchengemeinde, Arbeitsamt, Freizeitzentrum.

- Katechetischer Anteil

Ist die beschriebene Position nicht zu idealistisch? Die katechetische Arbeit bei dieser Behinderungsform verlangt vom Lehrenden, bis an die Grenze zur extremen Selbstüberforderung zu gehen, wenn man allein an den Zeitaufwand denkt. Hier droht ständig das Burn-out-Syndrom. Die radikale Individualisierung des Unterrichts lässt sich institutionell kaum realisieren. Die normale Religionslehrer-Kompetenz reicht für die katechetische Ausweitung des Religionsunterrichts nicht aus. Auch die Kooperation der Lehrer-Ämter ist eine Fiktion, die der Realität auch in den Sonderschulen nicht gerecht wird. Lehrer müssten schon in ihrer Ausbildung gelernt haben sinnvoll mit Selbstüberforderungs-Stress umzugehen.

3.2.3 „Mit Leid umgehen" bei Schülerinnen und Schülern mit Körperbehinderung

- Katechetischer Anteil

Worin besteht der katechetische Anteil im Religionsunterricht mit Schülern mit Körperbehinderung? Er besteht in der Radikalität des Erfahrungs- und Kommunikationsansatzes - „Warum gerade ich? Wie kann Gott mir das zumuten? Religionsunterricht ist Scheiße." Bei der Themenfindung für den katechetischen Religionsunterricht mit Schülern mit Körperbehinderung ging ich 1985 davon aus, dass das theologische Leidproblem eine „zentrale Anfrage" darstelle. Es ist aber zu fragen, ob die Schüler tatsächlich ihre Körperbehinderung als „Leid" erfahren, ob sie ihre Behinderung mit Gott in Verbindung bringen und vorrangig die „Theodizeefrage" als Hauptthema des Religionsunterrichts wählen.

- Ausgangslage

„Meine Körperbehinderung gehört zu mir als grundlegende Erfahrung"
„Warum stößt mir das zu?"
„Welches Selbstbild, Selbstkonzept habe ich von mir? Wie wird es auf Grund meiner Behinderung eingeschränkt?"
Die Ergebnisse der empirischen Untersuchung von Barbara Tillmann zu diesen Fragen zeigen, dass körperbehinderte Schüler bei diesen Befragungen das Wort „Leid" und „leiden" nicht ein einziges Mal gebraucht haben. Auch das theologische Leidproblem wird nicht angesprochen. Sie fragen speziell nach ihrer Behinderung und bringen die Warumfrage nur mit dieser in Verbindung, nicht aber mit dem abstrakten theologischen Theodizeeproblem. Auch konnte die Schülerfrage nach der Existenz Gottes durch die Untersuchung nicht bestätigt werden. „Es war eher das Gegenteil der Fall, da die nichtbehinderten Schüler signifikant häufiger an der Existenz Gottes Zweifel äußerten als die körperbehinderten Schüler" (Tillmann 1994, 165).
Wie ist das zu erklären? Mit Bach nimmt Tillmann an, dass die üblichen Attribute für Gott seine Stärke, Herrlichkeit, Allmacht und sein „oben" betonen und für den Menschen mit Körperbehinderung eher den enormen Abstand zwischen Gott und einem behinderten Menschen signalisieren (Tillmann 1994, 154). Dadurch wird deutlich, dass „gerade die behinderten Menschen, deren Erfahrungen durch tägliche Begrenzungen gekennzeichnet sind, mit diesem Bild des in seinen Möglichkeiten unbegrenzten Gottes nur wenig anfangen können. Hier käme es darauf an Gottesvorstellungen zu thematisieren, die Ohnmacht, Hilfsbedürftigkeit und Armut betonen" (ebd., 155) und die Spannung zwischen Macht und Ohnmacht als Attributierung Gottes nicht ausklammern, sondern - wie im Leben Jesu deutlich wird - ausdrücklich problematisieren.
Welche Themen werden nun von den Schülern mit Körperbehinderung aus dem Angebot von 23 Vorschlägen gewählt? Es waren das Thema 3 „Auseinandersetzung mit dem persönlichen Leben", das Thema 6 „Verhältnis behinderte - nichtbehinderte Menschen" und das Thema 7 „Behinderung und Krankheit". Eine Analyse der Richtlinien ergibt, dass „noch deutlicher als bei den Richtlinien für die Evangelische Religionslehre [...] in den Richtlinien für die Katholische Religionslehre der behinderte Mensch und dessen Probleme nicht als Thema des RU erkannt [werden]" (ebd., 162).

- Katechetische Botschaft

Du kannst lernen deine Grenzerfahrungen, die du durch deine Behinderung erlebst, deutlicher wahrzunehmen und mit anderen zur Sprache zu bringen.
Es ist für dich wichtig, deine Körperbehinderung selbst zu thematisieren und zwar als Begrenzung des Menschen in einer sich grenzenlos überschätzenden Gesellschaft von selbständigen Machern ihres eigenen Glücks. Gegen dieses „zutiefst atheistische Menschenbild" (Bach) muss sich auch die Theologie stellen und verhindern, dass behinderte Menschen zu „Auch-Menschen" erklärt werden, ausgehend von der Vorstellung des nichtbehinderten Menschen als Geschöpf Gottes. Gefährlich ist der Satz: „Der behinderte Mensch ist auch ein Geschöpf Gottes".

- Methode

Gegen eine solche „Apartheitstheologie" (Ulrich Bach) müssen Gespräche über die Sinnlosigkeitserfahrungen der Schüler mit viel Geduld sowie über die Warumfrage ohne jeden Zwang angeboten werden. Das verlangt vom Katecheten und Lehrer „eine große Offenheit für die unterschiedlichen Variationen dieses Themas und eine große Bereitschaft sich wirklich intensiv auf die Schüler einzulassen um zu erspüren, wo er helfen kann und soll und wo er besser noch wartet" (Tillmann 1994, 169).
Mit älteren Schülern sollten die verständlicherweise hohen Erwartungen auf den heilenden Jesus, der viele Kranke geheilt hat und auch mich heilen kann, nach den Maßstäben der heutigen Exegese relativiert werden. Mk 2, 1-12 zeigt, dass Jesus „die Bedürftigkeit des Gelähmten in dem [sieht], dessen alle Menschen bedürftig sind: in der Vergebung der Sünde" (ebd., 172); Jesus war skeptisch gegenüber dem Heilungswunder als Beweis.
Die Theodizeefrage darf auf keinen Fall den Schülern mit Körperbehinderungen aufgedrängt werden; sie ist abhängig von der konkreten religiösen Sozialisation und vom individuellen theologischen Aufklärungsbedarf. Irgendwann drängt sich die Frage auf: Sind Behinderungen von Gott gewollt? Als Gesprächspartner in dieser existentiellen Situation sollte dem Katecheten und Religionslehrer klar sein, dass „wir nicht wissen, ob Gott Behinderungen will, aber dass man ganz sicher sagen kann, dass Gott den behinderten Menschen will und annimmt, so wie er jeden Menschen will und annimmt" (ebd., 160).
- Körpererfahrungen zulassen
- Grenzerfahrungen bewusst machen und gemeinsam verarbeiten
- Das Bild behinderter Menschen in der Bibel kritisch reflektieren
- Religion als Gemeinschaft erfahren, in der jeder wichtig ist.

Der am wissenschaftlichen Fortschritt orientierte moderne Mensch muss sich auch Fragen von körperbehinderten Menschen gefallen lassen, die nicht durch „den Fortschritt" zu beantworten sind, weil bereits ihre Nichtbeantwortbarkeit feststeht. Dazu gehört die Theodizeefrage.
Regressiv, hilflos, schwach, depressiv und wütend sein ist erlaubt und wird vom Katecheten und Religionslehrer nicht moralisch oder pädagogisch unter Verdacht gestellt.
Die Begegnung mit dem Leid und dem Tod anderer oder die Konfrontation mit dem eigenen Sterbenmüssen kann in diesem Zusammenhang bei Muskeldystrophikern die Infragestellung von Gottes Existenz und Liebe zur Folge haben (vgl. den Buchtitel „Gott - lieb und gerecht?" von Ralph Sauer). Regressionstendenzen mit Theodizee-

hintergrund sind bei Menschen mit Körperbehinderungen häufig anzutreffen und ausdrücklich in thematische Erörterungen und persönliche Beratungen einzubeziehen.
Wenn es um Planung, Durchführung und Reflexion des (katechetischen) Religionsunterrichts geht, der durch Orientierung an der Schülererfahrung gekennzeichnet ist, so muss immer wieder neu dessen spezielle religiöse Lernausgangslage (physisch, emotional, psychisch, intellektuell) erhoben und mit der zu verhandelnden Sache korrelativ verknüpft werden (vgl. Kollmann, Lehrbrief 22, 31: Wer, Was, Wann?). Nie darf hier beim Katecheten sein frommer Glaubenseifer durchschlagen, wenn er Themen wie „Schöpfung" und „Paradies" vorschlägt, weil sie zum depositum fidei gehören und weil sie im Lehrplan stehen. Hier müssen immer die Zielsetzungen „Respekt vor der Authentizität der Behinderungs- und Leiderfahrung" sowie der „Hilfe und Begleitung" dominieren. Es ist dann Sache des Lehrers, Fragen der Schüler aufzugreifen und „passende" Gesprächsangebote zu machen (z.b. „Trauerarbeit" und „Trost").
Für Schüler mit Körperbehinderungen gelten im übrigen die in der Religionspädagogik zur Behandlung dieser schwierigen Themen bereits entwickelten didaktischen Vorschläge für den Umgang mit Kindern (Sauer 1986), für den Religionsunterricht der Grundschule (Oberthür 1998) und der Sekundarstufen I und II (Sauer 1991), die auf ihre spezifische sonderpädagogische Relevanz je nach Situation überprüft werden müssen.

4. Resümee

Vielfältige gesellschaftliche Veränderungen in den Bereichen Alltag, Familie, Öffentlichkeit, Kirche, Schule, Arbeitswelt und Freizeit beeinträchtigen u. a. auch die religiösen Entwicklungs- und Lernprozesse von Kindern und Jugendlichen mit Behinderungen und verlangen eine neue Qualität von Katechese und Religionsunterricht in kirchlichen Gemeinden und an Sonderschulen.
Für Theologen ohne sonderpädagogisches Studium besteht die große Gefahr der Überschätzung ihres kirchlichen und theologischen Wissensangebotes, obwohl gerade sie die Relativierung alles theologischen Wissens und die kritische Infragestellung der Tun-und-Ergehens-Lehre im Buch Hiob kennen sollten. Theologen müssen lernen, dass Gott Hiob angenommen hat, weil er mit Gott über sein Leid - statt über theologische Leidtheorien - gestritten hat (Ebach bei Oberthür 1998, 105-108). Körperbehinderte Schüler müssen wie Hiob vor Gott ihr Leid beklagen und mit Gott darüber streiten dürfen.
Bei nicht-behinderten Mitmenschen besteht häufig die Gefahr des religiös fundamentalistischen Mitleids, schwerbehinderte Menschen würden unerträglich leiden und wünschten sich den Tod als Linderung oder dass sie besser gar nicht erst geboren wären. Sie sehen nicht, dass diese Einstellung nicht weit entfernt ist von der bio-ethischen Euthanasie, nach der die Tötung von Menschen mit schweren Behinderungen wegen des größeren Glückes aller Menschen erlaubt ist (Präferenz-utilitaristische Ethik nach Singer). Sie sehen auch nicht, dass sich die Unerträglichkeit beim Anblick schwerbehinderter Menschen nicht auf das Leid des anderen bezieht, sondern auf die, die ihre eigenen Gefühle bei einem solchen Anblick nicht ertragen können und meinen, ihr

unerträgliches Gefühl durch Infragestellung des Lebensrechtes von Behinderten lindern zu können (vgl. Stellungnahme der BAGcbf zum Menschenrechtsübereinkommen zur Biomedizin vom 05.02.1998).

Kirche und christliche Gemeinden, Katechese und Religionsunterricht sind herausgefordert sich auf die Menschen mit Behinderungen selbst und zugleich auf die Probleme der gesellschaftlichen Ausgrenzung von Behinderten (vgl. neuere Diskussion zur Bioethik) einzulassen. Integration, Erziehung und Bildung zur Autonomie (Speck 1997) von Kindern und Jugendlichen mit Behinderungen sollten Beispiel gebend in christlichen Gemeinden, in Katechese und Gottesdienst, beginnen.

Zumindest in den drei besprochenen Behinderungsbereichen (GB, LB, KB) gibt es zwischen den Lernfeldern der Katechese und des Religionsunterrichts bisher zu wenig beachtete Schnittmengen, die es angezeigt erscheinen lassen den katechetischen Faktor im Religionsunterricht an diesen Sonderschulen stärker zu profilieren.

An diesen Sonderschulen muss sich der Religionsunterricht kompensatorisch gegen die zunehmende religiöse Entfremdung intensiver als bisher den Aufgaben der religiösen Sozialisation stellen. „Integration" als übergeordnetes Leitziel sollte zuerst von den Christen verwirklicht werden, weil es den jüdisch-christlichen Glauben an die Gottebenbildlichkeit des Menschen ebenso einschließt wie die konkrete Hoffnung auf mehr Humanität in dieser Welt.

Für Religionslehrer/innen hat dies zur Folge, dass sie hinsichtlich Professionalität, Engagement und Motivation ein neues Rollenverständnis brauchen: Religionslehrer müssen sich in weit höherem Maße als bisher für die Qualität ihrer Schule und ihres Faches verantwortlich fühlen und praktisch engagieren. Insofern können Lehrer von Katecheten und Katecheten von Lehrern lernen.

Katecheten und Theologen, aber auch Lehrer in allen Lehrerausbildungsgängen benötigen wegen rapider Zunahme von Lernbehinderungen, Verhaltensstörungen und Erziehungsschwierigkeiten eine sonderpädagogische Zusatzausbildung, um sonderpädagogische Aspekte besonders durch „gemeinsame Katechese" und „gemeinsamen Unterricht" integrativ in Schulleben und Fachunterricht einbeziehen zu können. Im kirchlichen Bereich sollte die Berücksichtigung des „beeinträchtigten" Lebens, des Lebens mit Behinderung, in Predigt und Gottesdienst von der theologischen Intention des Evangeliums her selbstverständlich sein.

Die fortgeschrittene Didaktik und Methodik des modernen Religionsunterrichts (Korrelation, Elementarisierung, Symbol- und kommunikative Religionsdidaktik) muss als Chance für die Gestaltung der Katechese in den Gemeinden erst noch erkannt und in Zukunft stärker genutzt werden. In Zukunft könnten auch die positiven Erfahrungen der kirchlichen Katechese den schulischen Religionsunterricht verbessern helfen.

Literatur

Adam, Gottfried/ Kollmann, Roland/ Pithan, Annebelle (Hg.): Mit Leid umgehen. Dokumentationsband des Sechsten Würzburger Religionspädagogischen Symposiums, (Comenius-Institut) Münster 1998.
Averwald, Barbara: Leben mit geistig Behinderten in christlichen Gemeinden, Essen 1984.
Cloerkens, G.: Soziologie der Behinderten. Eine Einführung, Heidelberg 1997.

Deutsche Bischofskonferenz. Zentralstelle Bildung (Hg.): Grundlagenplan für den katholischen Religionsunterricht an Schulen für Geistigbehinderte, 1. Aufl. 1999.
Deutsche Bischofskonferenz. Kommission für Erziehung und Schule (Hg.): Zum Religionsunterricht an Sonderschulen (Heft 11), Bonn 1992.
Dillmann, Rainer: Durch Leiden Gehorsam lernen? Zur Frage nach dem guten Gott und dem Bösen in der Welt aus neutestamentlicher Sicht, in: *Fuchs, Gotthard (Hg.):* Angesichts des Leids an Gott glauben? Zur Theologie der Klage, Frankfurt am Main 1996, 119-147.
Dohmen-Funke, Christoph/ Winden, Hans-Willi: Religiöses Lernen von Schülerinnen und Schülern mit geistiger Behinderung. Aus der „Werkstatt" für einen neuen katholischen Grundlagenplan, in: *Adam/ Kollmann/ Pithan (Hg.):* „Blickwechsel". Alltag von Menschen mit Behinderung als Ausgangspunkt für Theologie und Pädagogik, Münster 1996, 175-187.
Feuser, Georg: Behinderte Kinder und Jugendliche. Zwischen Integration und Aussonderung, Darmstadt 1995.
Fuchs, Gotthard/ Werbick, Jürgen: Scheitern und Glauben. Vom christlichen Umgang mit Niederlagen, Freiburg 1991.
Gottfried, Thomas: Religionsunterricht als Lebenshilfe. Diakonische Orientierung des Religionsunterrichts in der postmodernen Gesellschaft, Essen 1995.
Heßling, Norbert: Steine auf unserem Weg - Was uns das Leben schwer macht. Religionsunterricht mit geistigbehinderten Schülerinnen und Schülern, in: *Adam/ Kollmann/ Pithan (Hg.):* Mit Leid umgehen, Münster 1998, 203-215.
Kollmann, Roland: Religionsunterricht an Sonderschulen, Lehrbrief 22 im Fernkurs Theologie, Würzburg 1992; Sonderpädagogische Zugänge zum Religionsunterricht, Lehrbrief 22a im Fernkurs Theologie, Würzburg 1993.
Ders.: Menschen mit Behinderungen - Kirche mit Behinderungen?, in: Zeitschrift für Heilpädagogik 11/1995, 539-547.
Mette, Norbert: Religionspädagogik, Düsseldorf 1994.
Peter, Dietmar: Leid im Religionsunterricht - Begleitung von Schülerinnen und Schülern in riskanten Lebenslagen, in: Adam/ Kollmann/ Pithan (Hg.): Mit Leid umgehen, Münster 1998, 189-201.
Püttmann, Olivia: Interreligiöses Lernen bei Schülerinnen und Schülern mit Lernbehinderungen (Unveröffentl. Staatsarbeit, Universität Dortmund 1999).
Sauer, Ralph: Kinder fragen nach dem Leid. Hilfen für das Gespräch, Freiburg 1986.
Ders.: Gott - lieb und gerecht? Junge Menschen fragen nach dem Leid. Hilfen zur Leidensproblematik in der Sekundarstufe I und II, Freiburg 1991.
Speck, Otto: Chaos und Autonomie in der Erziehung. Erziehungsschwierigkeiten unter moralischem Aspekt, 2. überarb. Aufl., München Basel 1997.
Ders.: System Heilpädagogik. Eine ökologisch reflexive Grundlegung, München Basel 4/1998.
Tillmann, Barbara: Behinderung als Curriculumdeterminante für den Religionsunterricht mit körperbehinderten Schülern. Eine vergleichende, empirische Untersuchung zu den Erfahrungen körperbehinderter und nichtbehinderter Schüler als Grundlage für einen erfahrungsorientierten Religionsunterricht an der Schule für Körperbehinderte, (Diss. Universität Dortmund) Hattingen 1994.
Verordnung über die Feststellung des sonderpädagogischen Förderbedarfs und die Entscheidung über den schulischen Förderort (VOSF) in NRW vom 22. Mai 1995.

Universität Dortmund
II. Interdisziplinäres Fachdidaktik Kolloquium
22. und 23. Februar 1999

Religionsdidaktik - eine interdisziplinäre Schnittmenge

Ich möchte Ihnen die heutige Religionsdidaktik unter methodologischen (1) und methodischen Aspekten an Hand von konkreten Projekten (2) vorstellen.

1. Zur Methodologie der Religionsdidaktik

Die Methodologie der Religionsdidaktik ist abhängig von deren Wissenschaftsverständnis. Wie also versteht sich die Religionsdidaktik?
Die Religionsdidaktik gehört zur Religionspädagogik, die alle Fragen der religiösen Erziehung und Bildung behandelt (1) und aus diesem Grunde mit anderen wissenschaftlichen Disziplinen vielfältige und ziemlich differenzierte Schnittmengen bildet (2). Dies ist meine These.

1.1 Autonomie von Religionspädagogik/Religionsdidaktik

Gegenüber dem traditionellen Verständnis, das sie als Anwendungswissenschaft der dogmatischen Theologie unterordnen wollte und teilweise auch heute noch will, wird hier ein autonomes Verständnis von Religionsdidaktik vorgestellt, das sich als Theorie und Praxis solidarischen Handelns von lernenden und lehrenden Menschen versteht, die sich in ihrem Lernen und Lehren auf die Geschichte des Menschen mit Gott berufen. Im Leben und (erst recht) im Tod behaupten christlich religiös glaubende Menschen in ihrem Handeln für den anderen die rettende Wirklichkeit „Gott" (Peukert 1976, 287). Dies zu reflektieren ist Theologie.
Autonomie beansprucht nun die Religionsdidaktik innerhalb dieser Theologie (vor allem der Theologie im Rahmen der Lehrerausbildung) aus drei Gründen: 1. weil es um die Förderung der Entwicklung des jungen Menschen geht, die nur durch die Respektierung seiner Lebensbedingungen zum so verstandenen solidarischen Handeln aus Glauben gelangen kann, 2. weil nur die tatsächlich handelnd erfahrene Behauptung der rettenden Wirklichkeit Gott allen anderen theologischen Disziplinen das Maß vorgibt für deren spezielle Fragestellungen und 3. weil sich erst daraus notwendige neue und spezielle Schnittmengenverbindungen zu anderen theologischen und außertheologischen Disziplinen ergeben.
Mit anderen theologischen Disziplinen kommen teilweise sehr unterschiedliche Schnittmengen zu Stande: Es sind - ausgehend von den traditionellen Einteilungen der

theologischen Fächer - Verbindungen zur Exegese, zur Kirchengeschichte, zur systematischen Theologie (Dogmatik und Moral) sowie zu den speziellen Disziplinen der Praktischen Theologie.

Mit außertheologischen Disziplinen gewinnt sie ausgehend von neuen und meist unvorhergesehenen gesellschaftlichen Herausforderungen eigene Kriterien der Gegenstandsabgrenzung, Zielsetzung, ihrer Forschungsmethoden und Kontrollverfahren. Diese Herausforderungen sind beispielsweise Biotechnologie, Erlebnisgesellschaft, Interkulturalität, neue Armut, sekundärer Analphabetismus, Integration von Menschen mit und ohne Behinderungen. Im Streit um das Bild vom Menschen, um seine Rechte und Pflichten, um das möglichst friedliche Zusammenleben und um seine Gottesbeziehung muss das tradierte Glaubens- und Lebenswissen analysiert und auf seine heutige Tauglichkeit hin überprüft werden. Es geht dabei nicht mehr allein um Vermittlung des Glaubenswissens (das auch), sondern vielmehr um konkrete Lebenshilfen aus dem Glauben, damit die jungen Menschen bewährte und vom Glauben geprägte Lebensformen kennenlernen, sie vergleichen, sie bewerten und eventuell übernehmen können.

Anmerkung zur rechtlichen und wissenschaftspolitischen Absicherung. In Deutschland gelten (noch) die Rahmenbedingungen des Konkordats und der Staatskirchenvereinbarungen zum konfessionellen Religionsunterricht als ordentliches Lehrfach an deutschen Schulen und zur konfessionellen Theologie als Wissenschaft an staatlichen Universitäten. Die 24 katholisch theologischen Fakultäten und die 33 katholischen lehrerausbildenden Standorte können sich in einer säkularisierten Gesellschaft und im internationalen Vergleich nur behaupten, wenn ihre religiösen Curricula nicht nur von ihren Zielen und Inhalten her, sondern auch methodologisch, methodisch und vor allem rechtlich abgesichert sind. Gegen alle denkbaren Missbräuche und Pervertierungen muss - jedenfalls innertheologisch gesehen - festgehalten werden an der wechselseitigen Zuordnung der Autoritäten der biblischen Schriften, der kirchlichen Überlieferung, des „sensus fidelium" (Glaubenssinn der Gläubigen) und der „cathedra magisterii magistralis", der akademischen Theologie, die den Glauben vernünftig (auch nach außen hin) zu reflektieren hat (s.u.).

1.2 Die religionsdidaktischen Schnittmengen

1.2.1 Überblick

Religionsdidaktiker arbeiten heute an zahlreichen neuen Schnittmengen, die sich notwendig je nach situativen und lokalen, aber auch grundsätzlichen Herausforderungen ergeben. Und zwar mit den Disziplinen und Arbeitsbereichen Medizintechnik, Bioethik, Unterrichtsforschung, Soziologie (Kirchensoziologie), Erziehungswissenschaft, Religionspsychologie, Biologie (Schöpfung/Evolution), Umweltethik, Menschenrechtsforschung (Weltethos), Ökumene, Religionswissenschaft (Weltreligionen), Literaturwissenschaft (Kinder- und Jugendbuch), Sprachwissenschaft und Linguistik (Exegese), Musik (z.B. Musikvideoclips und religiöse Dimension), Kunst (z.B. Didaktisches Bild und/oder Kunstinterpretation), Sport (Gesundheit), Ernährung und Diätetik (psychosomatische Ganzheit), neue Religiosität und Esoterik... Schon dieser Überblick beweist die Notwendigkeit der Spezialisierung innerhalb unserer Disziplin, d.h. die Frage nach den konzeptionellen Gewichtungen und nach dem Vor- und Nachgeordneten innerhalb der Schnittmengen. Den einzelnen religionsdidaktischen Forscher zerreißt diese Vielfalt der Beanspruchung, deshalb muss er sich spezialisieren.

Mit Blick auf die genannten Disziplinen stellt sich hier die grundsätzliche Frage: In welchem Maße lassen sich die Partnerdisziplinen anregen, die religionspädagogischen und -didaktischen Forschungsergebnisse in ihren eigenen Projekten zu verarbeiten. Dazu gibt es einige Vermutungen: In den anderen (nicht-religionsdidaktischen) Disziplinen spielen die Fragen nach Religion, Glaube, Gott oft eine nur geringe oder gar keine Rolle, weil der gesamtgesellschaftliche Stellenwert dieser Fragen im Sinken begriffen ist und diese Fragen mit kirchlicher Institution identifiziert und abgetan werden. Wird aber dieser Zusammenhang immer durchschaut? Welche wissenschaftliche Disziplin geht nicht von irgendwelchen Vorannahmen aus?

1.2.2 Mit der Psychologie

Seit den siebziger Jahren zehrt die Religionsdidaktik von den Forschungsmethoden und -ergebnissen der Entwicklungspsychologie. Hier sind besonders die religionspsychologischen Entwicklungstheorien von Kohlberg zur Entwicklung des moralischen Urteils, von Oser/Gmünder zur religiösen Urteilsentwicklung und von Fowler zu den Stufen der Glaubensentwicklung zu nennen.

Die Religionspsychologie bearbeitet religiöse Phänomene mit psychologischen Methoden (Grom). Sie kann entweder ausgehen von einer Glaubensvorgabe, es handelt sich dann um eine Religionspsychologie als theologische Disziplin, sie kann dies aber auch lassen und sich als rein psychologische Disziplin verstehen. Es besteht heute der Eindruck, dass sich die (empirische) Psychologie weniger auf die theologische Ebene einlässt (als umgekehrt sich die Theologie auf die Psychologie) und die Problemfälle („Psychose als spirituelle Krise", „Fundamentalismus", das „Okkulte, Satanische und Dämonische" in Religionsgeschichte und Gegenwart lieber auf sich beruhen oder aber der Parapsychologie überlässt. Man könnte sagen, dass die Psychologie (leider immer noch) in sich selber kreist und weiterführende religiöse oder theologische Deutungsmöglichkeiten nicht zulässt (obwohl diese ihr nicht widersprechen würden).

Die sicher nicht unumstrittenen Versuche von Philosophie und Theologie anthropologische Gesamtdeutungen anzubieten und eine zukunftsoffene Interdisziplinarität (wieder) herzustellen, sollten zumindest als Denkanstoß nicht verloren gehen, denn keine wissenschaftliche Disziplin, erst recht keine didaktische, die es grundsätzlich und immer mit Zielsetzungen und Zielevaluationen zu tun hat, kommt ohne einen sie bestimmenden Sinnhorizont aus.

Als Beispiel sei auf die Projektionshypothese verwiesen, die zwischenmenschliche Probleme zu erklären versucht und auch auf das Mensch - Gott - Verhältnis angewendet werden kann (transzendenten Sinn ausschließend: Feuerbach, Freud; und diesen Sinn erschließend: Fromm, Ricoeur). Die positiv gewendete Projektionstheorie arbeitet mit dem Symbol (z.B. Puppe) als Übertragungsmedium in der kindlichen Entwicklung und entdeckt den „intermediären Raum" (Winnicott), in dem sich die Loslösung aus der symbiotischen Mutterbeziehung vollzieht. Daraus entwickelt die Philosophie und die neuere theologische Sprachlehre „das Symbol" und „die Metapher" als Sinnsprache des Menschen und genauer als „die" Sprache der Religion und des Glaubens (Ricoeur, Weder, Meurer).

1.2.3 Mit der Handlungstheorie

Die Religionsdidaktik setzt mit ihren Methoden auch empirisch an, ordnet sie allerdings hermeneutisch in die größeren Zusammenhänge des Glaubenlernens ein. Wie schon erwähnt, gilt heute die kritisch kommunikative Handlungstheorie als Grundlage sowohl für eine fundamentale Theologie (Peukert) als auch für eine eigenständige Religionspädagogik und Religionsdidaktik (Mette), die von der Voraussetzung bzw. dem Glaubensvorurteil ausgeht, dass der Mensch schon von Gott angenommen ist, und dieses Angebot als soteriologisches Vorurteil (Englert) reflektiert. Diese Reflexion führt unweigerlich zur Kritik am Glauben auf der ersten Naivitätsstufe (wortwörtliche Auslegung des Bibeltextes), aber auch zum Aufbau eines intellektuell verantworteten Glaubens auf der zweiten Naivitätsstufe (historisch-kritische Analyse des Bibeltextes führt zu neuen, rational vertretbaren und lebensbedeutsamen Erkenntnissen und Lebenseinstellungen).

Für die Zukunft ist gefordert: Erforschung, Entwicklung und Kritik einer „Elementar-Theologie", die aus den Handlungszusammenhängen des Lehrens und Lernens und dem Gebrauch der menschlichen Vernunft im Gespräch mit jungen Menschen resultiert. Übrigens hat auch der amtierende Papst eine reflektierte Zuordnung von Vernunft und Glaube gefordert, die die Theologie zu leisten habe. Insofern ist die Kirche den Theologen zu Dank verpflichtet, wie es in Nr. 105 der Enzyklika „Fides et Ratio" vom 14. September 1998 heißt, „sind doch Glaube und Vernunft ‚wie die beiden Flügel, mit denen sich der menschliche Geist zur Betrachtung der Wahrheit erhebt'" (Beinert 1999, 78). Lahmt aber der eine (Glaubens-)Flügel, so liegt dies sicher auch daran, dass sich „das Wesen der christlichen Religion als Unwesen unbestreitbar erwiesen hat" (ebd.), aber möglicher Missbrauch kann rechten Gebrauch nicht aufheben („abusus non tollit usum").

1.3 Der methodologische Kern der Religionsdidaktik

Die Analyse konkreter Bedingungen und Wirkungen des Lernens und Lehrens erzielt bestimmte Erkenntnisse, die mit den Einsichten der Auslegungsgeschichte der christlichen Botschaft in einen wechselseitigen kritischen Bezug („Korrelation") gebracht werden. Danach können in der Religionsdidaktik als wissenschaftlich begründet „nur jene Aussagen gelten, die diesen Prozess kritisch-korrelativer Befragung ‚überstehen'" (Englert 1995, 158). Hinzu kommt die Forderung, dass diese Aussagen auch situativ umsetzbar sind, denn sie sollen für das konkrete Handeln eine normative Sinnorientierung sein. „Von daher stellt sich die Frage: Wie können normative Einsichten und empirische Erkenntnisse so aufeinander bezogen werden, dass sie sich wirklich etwas zu sagen haben und dass aus diesem Bezug schließlich handlungsorientierende Konzepte hervorgehen" (ebd.)?

2. Forschungsmethoden der Religionsdidaktik in konkreten Projekten

Hier möchte ich abgeschlossene, laufende und geplante Forschungsvorhaben vorstellen, die typisch sind für die in der gegenwärtigen Religionsdidaktik eingesetzten methodischen Vorgehensweisen.
Die Religionsdidaktik forscht heute unter den genannten Voraussetzungen empirisch, normativ, hermeneutisch und historisch. Sie gewinnt normative Einsichten (Glaube an Gott)..., erhebt empirische Daten (Kirchensoziologie)..., forscht historisch nach Entstehung und Wirkung (Exegese und Kirchengeschichte)... und deutet sie hermeneutisch für die Gegenwart (Praktische Theologie und Religionspädagogik/-didaktik).

2.1 Die Anwendung empirischer Methoden

Bekannt sind aus den Jahren 1970-1976 die empirischen Arbeiten von Havers, Prawdzik, Preyer, Birk und Vassalli zur Einschätzung des Religionsunterrichts aus Schülerperspektive, die die Meinungen der Schüler über Religionslehrer erfassten. Es folgten 1976-1989 Untersuchungen zur Lehrer-Schüler-Interaktion von Stachel, Schuh, Simon und Faust-Siehl u.a. und in der Phase bis 1993 Untersuchungen zu Person- und Funktionsaspekten der Religionslehrer von Battke, Schneider, Schach, Kürten, Grethlein, Feige, Langer, Allensbach, Biehl, Ziebertz/Hilger, Bucher u.a. Das bekannteste Beispiel für derartige Forschungen sind Arbeiten, die im Umfeld der „Mainzer Dokumentation von Religionsunterricht" (1976ff) entstanden sind. Heute erkennen wir deutlich die Grenzen dieser ersten empirischen Versuche: Ihrer Methodenanwendung fehlte häufig die Einbeziehung der Überprüfung ihrer konzeptuellen Vorgaben; selbst noch der groß angelegten Allensbacher Untersuchung von 1987 als Befragung von 810 katholischen Religionslehrern kann man den Vorwurf nicht ersparen, dass die Untersucher ihre Ekklesiologie, d.h. ihren eigenen Standort, nicht expliziert haben; abgesehen davon, dass man die Befragung von Sonderschullehrern schlicht vergessen hatte.
Inhaltlich fällt die Bilanz aller Untersuchungen positiv aus: Religionslehrer präferieren unterrichtsdidaktisch ein problemorientiertes Konzept; sie wollen Bewusstseinsbildung und keine Missionierung. Feige prägte den Begriff der „symbiotischen Distanz", um das Verhältnis der Lehrerschaft zur Kirche zu charakterisieren. Nach Feige treten die wenigsten Lehrer als von den Schülern nicht geschätzte ‚Kirchenfunktionäre' in Erscheinung. Um die Akzeptanz des Fachs ‚Religionslehre' durch die Schüler ist es nicht so schlecht bestellt, wie bisweilen vermutet wird (vgl. Ziebertz 1995, 74f).

In Dortmund werden auf Hochschulebene fachintern laufend Erwartungs-, Angebots- und Kontrollerhebungen zu den theologischen Veranstaltungen durchgeführt, und auf der Ebene von Schule und Kirchengemeinde gibt es Befragungen und Interviews zur „neuen Religiosität" sowie zur „veränderten Kindheit und Jugend" und ihren Herausforderungen für Unterricht und kirchliche Jugendarbeit, die soweit nötig und möglich die empirischen Zugangsweisen nutzen (Examens-, Diplom- und Doktorarbeiten im qualitativ und quantitativ empirischen Methodenset).

Projekt „Selbst- und Gottesbild"
Dieses Projekt ist zugleich ein gutes Beispiel für religions- und sonderpädagogische Kooperation zwischen dem Fach Katholische Theologie und der Fachrichtung Sprachbehindertenpädagogik.
Welche Vorstellungen haben Kinder und Jugendliche von ihrer eigenen Person und von Gott? Wir wollten wissen, ob es bei Kindern mit Sprachstörungen bestimmte wechselseitige Bezüge zwischen Selbstwertgefühlen und bestimmten Gottesvorstellungen gibt. Was sagen dazu die bekannten Schulen der Religionspsychologie? Wie sind darüber hinaus innovative religionspsychologische Erkenntnisse zu gewinnen und welche religionspädagogischen Konsequenzen sind für die konkrete Erziehung und Bildung in Familie und Schule zu ziehen? Wie ist also das Selbstkonzept als System kognitiver Selbstschemata zu erfassen? Wie sind Gottesvorstellungen sprachgestörter Kinder zu erfassen und wie sind methodische Verfahren zu gestalten, wenn Selbst- und Gottesvorstellungen in ihrem Bezug zueinander erfasst werden sollen?
Gesa Daniel geht in ihrer Dissertation (Universität Dortmund FB 13 und 14), die nach ihrem frühen Tod 1997 veröffentlicht wurde, davon aus, dass beide intrapsychischen Repräsentanzen nur mit Hilfe eines kindgerechten Mediums erfasst werden können. Entgegen der häufig instrumentalisierenden und desubjektivierenden psychodiagnostischen Praxis hat sie ein Klärungsverfahren entwickelt, das den Kindern ein großes Maß an Klarheit hinsichtlich ihrer Sicht der eigenen Person und den damit zusammenhängenden Vorstellungen des Symbols „Gott" ermöglicht und neue Handlungsperspektiven eröffnet. Es werden Imaginationsverfahren und Interviewtechniken zur Selbst- und Gottesakzeptanz, unstrukturierte, halb- und hochstrukturierte Methoden miteinander kombiniert: Persönlichkeitsfragebogen, adjektivische Selbstbeschreibungsverfahren mit vorgegebenen Adjektiven zur eigenen Person, das Q-Sort Verfahren zur Gegenüberstellung von realem Selbstbild und Idealbild, das semantische Differential, das halbstrukturierte Interview sowie die freie Beschreibung. Es wird hier also eine offene und reaktive Vorgehensweise gewählt, welche vom Probanden Antworten in symbolischer (z.B. laut- oder schriftsprachlicher) Form verlangt. Wie die Untersuchung gezeigt hat, erscheint das semiklinische Interview bei der Messung von persönlichen, selbstrelevanten Inhalten wie Selbst- und Gotteskonzept besonders geeignet. „Die explizite Freiheit bezüglich der Fragenformulierung ermöglicht eine Anpassung an das intellektuelle und sprachliche Niveau des Probanden. Insbesondere im Hinblick auf die Befragung sprachlich-kommunikativ beeinträchtigter Kinder erscheint dieser Aspekt von Bedeutung" (Daniel, 162). Der Interviewleitfaden umfasst 1. Allgemeine Selbstwertschätzung, 2. Soziales Selbst, 3. Selbsteinschätzung des Äußeren, 4. Störungsbewusstsein. Zur Erfassung von Dimensionen des Gottesbildes: 1. Bildanalyse, 2. Gefühle Gott gegenüber, 3. Selbst- und Gottesakzeptanz. Der strukturelle Aufbau des

Klärungsverfahrens umfasst also Imaginationsübungen und projektive Zeichenverfahren, halbstandardisierte Interviews, die sich für kleinere Gruppen als besonders kindgerecht, anwenderfreundlich und sachdienlich, für eine größere Stichprobe allerdings als nicht so ökonomisches Instrumentarium erwiesen haben. „Dennoch dürfte das Klärungsverfahren vielen Erhebungsinstrumenten bei der Erforschung persönlicher Vorstellungsstrukturen überlegen sein" (ebd., 332).

Projekt Gewalt an Schulen
In den Bereich der empirischen Unterrichtsforschung gehört eine Untersuchung zur Gewaltneigung in bestimmten Schulformen (unv. Examensarbeit FB 13 von Donata Viktor). Die Zusammenarbeit mit der Sonderpädagogik bestand in der speziellen Beratung hinsichtlich der Methodenanwendung. Lehrer und Schüler wurden über ihre Einstellung zu Aggressivität und Gewalt befragt. Mit den tatsächlich erhobenen Gewaltverhältnissen wurden diese Einstellungen verglichen. Ergebnis war, dass die ausdrückliche Beachtung der Entwicklung von Lernumgebungen (wie in der Grund- und Sonderschule) Gewaltneigung reduziert und Gewalt verhindert. Untersuchungen zur Gewaltneigung in religiösen Kontexten und in Glaubenssystemen (gewaltverhaftete Gottesbilder), auf die hier nur verwiesen werden kann, schlossen sich an.
Zwei weitere Arbeiten untersuchten mit den Methoden des erweiterten Interviews die Situation der kirchlichen Jugendarbeit in drei ausgewählten Dortmunder Gemeinden.

2.2 Die Anwendung empirischer und hermeneutischer Methoden

Die Religionsdidaktik erforscht z.B. den Beitrag der religiösen Erziehung und Bildung zur Identitätsbildung junger Menschen unter den Bedingungen einer pluralistischen und interkulturellen Gesellschaft. Gegenwärtige religiöse Milieubildungen in der jungen Generation lassen sich nicht nur an Zahlenverschiebungen und neuen Gruppenbildungen innerhalb der Bevölkerung bezüglich ihrer religiösen Einstellung und ihrer Zuordnung zur Kirche beobachten, sondern auch an Rezeptions- und Verarbeitungsformen tradierter Religion in neuen Medien bzw. an synkretistischen Vermengungen mit esoterischen Religions- und Glaubensformen.

Projekt „Religiöse Dimensionen in Musikvideoclips"
Untersuchungsmethodisch ist wichtig, dass das vielfältig von jungen Menschen genutzte neue Medium als Faktum respektiert und als religiöses Erziehungs- und Bildungsinstrument hinsichtlich seiner Wirkung hinterfragt wird.
Die Methode der Einzelanalyse ausgewählter Clips (Universität Dortmund, FB 14 Katholische Theologie, Examensarbeit von Nicole Goldmann) verfolgt die Schritte Text- und Inhaltsanalyse, Bild- und Tonebenen-Unterscheidung, Synergie- und Synästhesieeffekte, theologische Interpretation. Diese Vorgehensweise kulminiert in einem bipolaren Verfahren: Es verbindet das als Ergebnis der Einzelanalyse gefundene Religiositätsverständnis der analysierten Clips sowohl mit theologischen, religiösen und philosophischen Konzeptionen (Tillich, Rahner, Greeley, Sloterdijk) als auch mit musiktheologischen Ansätzen (Spencer) im Sinne eines Dialogs zwischen Kultur und Religi-

on. Die von der jeweiligen Sache (Musik und Religion) her geforderten Analyse-Verfahren führen - durch eigene Beobachtungen und Schlussfolgerungen unterstützt - zu einer interessanten neuen Kombination von bisher getrennten (Altrogge/Altmann, Eidloth, Schwarze) Methodenanwendungen.

2.3 Die Kombination von gruppendynamischen (teilweise auch therapeutischen), historisch-kritischen, textpragmatischen, theater- und spielpädagogischen Methoden (in der Bibeldidaktik)

Die Religionsdidaktik erforscht die Faktoren der besonderen Lernatmosphäre im Religionsunterricht nach den Regeln des sozialen Lernens, der Lernmotivation und der Gruppendynamik und fragt nach den Chancen für eine Einbeziehung des christlichen Evangeliums in schulische Lehr- und Lernprozesse (und nicht mehr nach den Regeln der bloßen Traditionsvermittlung) und umgekehrt nach den Möglichkeiten der didaktischen Verbesserung religiöser Unterweisung.

Projekt „Bibliodrama"
In diesen Kontext gehört ein Projekt, das die Korrelierung alles religiösen Lernens mit dem sozialen Lernen untersuchte. Es stand in Verbindung mit jahrelangen Vorläuferprojekten zum szenischen Lernen im Religionsunterricht mit biblischen Texten, die wiederum verbunden waren mit Untersuchungen zur pragmatischen Bibelinterpretation bzw. zur interaktionalen Auslegungsmethode (Universität Dortmund FB 14, Katholische Theologie, Kollmann).
Ergebnis war die Rezeption bibliodramatischer Verfahren in die Religionsdidaktik und die konkrete unterrichtliche Erprobung von Bibliodrama-Elementen in allen Schulformen und -stufen. Angefangen von den warming-up- und Imaginationsübungen, pantomimischen Stand- bzw. Szenenbildern, den verschiedenen Formen der interaktionalen Erarbeitung, des Rollenspiels, der Gruppenarbeit, des kontrollierten Dialogs, des Argumentationsspiels, der Freiarbeit, des Bildeinsatzes, der Verklanglichung sind alle Anliegen moderner Religionsdidaktik, vor allem die des Alltagstranfers, des Erfahrungsbezugs und der Gesellschaftsrelevanz berücksichtigt worden.
Ihren Niederschlag haben diese aufwendigen Verfahren gefunden in einer Dissertation (Universität Münster, Katholisch-Theologische Fakultät von Gudrun Lohkemper-Sobiech), die - gefördert durch das o.g. Dortmunder Projekt - soeben unter dem Titel „Bibliodrama im Religionsunterricht. Grundlegung (Bd.1) und praktische Erfahrung an berufsbildenden Schulen (Bd. 2)" im Grünewald Verlag Mainz veröffentlicht wurde und belegen kann, dass die Schnittmenge alt- und neutestamentliche Exegese, Praktische Theologie, Gruppendynamik, Theaterpädagogik und Didaktik sehr wohl ein funktionierendes Methodenset bilden kann, das den Anforderungen einer kommunikativen Religionsdidaktik auch gerecht wird.

2.4 Korrelative Biographieforschung

Sie erforscht die Korrelierung von pädagogischen (schulischen) und theologischen (kirchlichen) Interessenlagen bzw. Begründungen. Auf den Ebenen der Kulturgeschichte, der Anthropologie und der Soziologie versucht sie Erziehungswissenschaft und Theologie möglichst zur gelingenden Konvergenz zu bringen.

Projekte zur „Lehrertheologie"
Neu sind in diesem Rahmen Untersuchungsmethoden, die sich auf die Religionslehrer- und Religionspädagogenbiographie konzentrieren. Sie sollen Aufschlüsse darüber geben, „wie sich ihr Selbstbild, Erlebnismuster, Handlungsorientierungen und Glaubensvorstellungen in der Lebensgeschichte ausgebildet haben, durch wen oder was sie beeinflusst wurden und wie sie zur ‚Lehrertheologie' geworden sind" (Biehl 1991). Es geht also darum, „eine Phänomenologie hermeneutisch aufschlussreicher Situationen zu entwickeln, in denen sich die individuelle Lebensgeschichte und die religiöse Lebensperspektive artikulieren" (ebd.). Dass dabei normative Interessen in die Anlage einer Forschung einfließen, „kann kein Stein des Anstoßes sein. Absolute Wertfreiheit ist unmöglich. Daran zeigt sich die Notwendigkeit, die wechselseitige Verbundenheit von hermeneutischer Reflexion und empirischer Analyse offen zu legen und der intersubjektiven Kontrolle zugänglich zu machen" (Ziebertz 1995, 74). Für die Zukunft ist zu wünschen, dass wir die Voraussetzungen einer „Lehrertheologie" genauer kennen lernen, um so eine sachgemäßere Vermittlung mit einer „Elementartheologie" zu erreichen. Religionslehrer als signifikante Personen werden in der säkularen Gesellschaft nach dem Wegfall ‚heiliger Orte' immer stärker zum „Symbol der Religion" (vgl. Biehl, in: Ziebertz 72f).
Die Arbeiten von Lachmann/Rupp „Lebenswege und religiöse Erziehung" (1989), von Schweitzer u.a. „Lebensgeschichte und Religion" (1987), vom Comenius-Institut „Religion in der Lebensgeschichte. Interpretative Zugänge am Beispiel der Margret E." (1993) und von Pithan „Religionspädagoginnen des 20. Jahrhunderts" (1997) gehören hierher.

Projekt „Edith Stein"
In der Dortmunder Dissertation „Die religiöse Entwicklung der Edith Stein" (1998) untersucht Maria Petermeier die Korrelation von Lebens- und Glaubensgeschichte der bekannten Philosophin und inzwischen heiliggesprochenen Ordensfrau, die als Jüdin dem Naziterror zum Opfer fiel. Mit den Methoden der korrelativen Biographieforschung geht die Autorin den Spuren religiöser Entwicklung, einschließlich Erziehungs- und Bildungseinflüssen, nach und macht sich dabei die modernen Humanwissenschaften zu Nutze. Sie recherchiert nach den Gesetzen historischer Dokumentationsforschung ebenso wie sie entwicklungspsychologische Stufen- und Motivationstheorien heranzieht und überprüft, inwiefern solche Theorien geeignet sind religiöse Entwicklungen mit all ihren Unwägbarkeiten zu beschreiben oder inwiefern sich Lebensentscheidungen und Lebensläufe mit ihrer Hilfe besser verstehen lassen.
Inhaltlich kam heraus, dass „Kairologie", also die Pünktlichkeit religiöser Lernangebote im Sinne einer gezielten glaubensgeschichtlichen Plazierung religionspädagogi-

scher Lernimpulse immer mehr Eingang finden sollten in die Überlegungen der Religionspädagogik.

2.5 Konzeptionelle Unterrichtsforschung

Um die genannte Korrelation/Konvergenz nicht deduktiv zu verordnen und ideologisch erwartete Ergebnisse vorzugeben - was ja denkbar und möglich wäre, werden heute Ansätze gefördert, die induktiv vorgehen und die Kompatibilität bzw. die kritisch produktive Wechselwirkung von tradierten und aktuell religiösen Fragestellungen erforschen. So sind hier in Dortmund ausgehend von den sonderpädagogischen Herausforderungen zum Verhältnis von ‚Behinderung und Religion' bzw. ‚Kirche und Behinderung' Entwicklungen einer Kommunikativen Religionsdidaktik besonders gefördert worden, die sich in ‚Lehrbriefen zum Religionsunterricht an Sonderschulen' bereits niedergeschlagen haben und in zwei konzeptionellen Arbeiten (Buchpublikationen) gerade entwickelt werden („Kommunikation im Religionsunterricht" und „Integration aus religiöser Sicht").
Diese konzeptionellen Forschungen haben den interkulturellen und interreligiösen Dialog zum Hintergrund. Unsere religionsdidaktischen Forschungen gehen aus von empirischen Analysen, pragmatischen Modellvorstellungen, eigenen Unterrichtsversuchen und Selbst- und Fremdevaluationen, sie münden meist in konzeptionelle Zukunftsperspektiven: Wie wird sich auf Grund der neuen Herausforderungen der Religionsunterricht konzeptionell weiterentwickeln?

Projekt „Regionalisierung des Religionsunterrichts auf dem Hintergrund des religiösen Pluralismus"
Wolfgang Hippmann hat mit seiner Dissertation (Universität Dortmund FB 14, Katholische Theologie) zum Thema „Religionsunterricht vor Ort. Zur Konzeption der Regionalisierung im Kontext interreligiöser Kommunikation. Ein Beitrag zur Sicherung des Religionsunterrichts in der postmodernen pluralistischen Gesellschaft" eine „Bodenbeschauung" versucht und diese als eine methodologische Bündelung verschiedener empirischer Untersuchungen zur gegenwärtigen interreligiösen Situation verstanden. Religionssoziologische Untersuchungen (Milieuforschung) werden mit einer Erforschung der Jugend von heute (Jugendforschung) und einer Analyse der religiösen Einstellung bei Heranwachsenden (religiöse Entwicklungsforschung) und heutiger Wertvorstellungen in der Gesellschaft (Soziologie und Moralentwicklungsforschung) verbunden. Dabei sind religiöse Universalien in der Psychologie des Selbst im Kontext der postmodernen Gesellschaft ebenso berücksichtigt worden wie die allgemeine Unterrichtsforschung, die Didaktik des Religionsunterrichts und die Methode des Einsatzes bei den Lebens- und religiösen Lernsituationen der Betroffenen. Eigene Beobachtungen und Unterrichtsversuche ergänzen und untermauern die Forderungen zur Veränderung bzw. ökumenischen Öffnung der Lehrpläne.
Inhaltlich gelangt die Anwendung dieser Methodenkombination zu dem Ergebnis, dass ein neutraler religionskundlicher Unterricht nicht plausibel erscheint, wohl aber ein

konfessionell geprägter Religionsunterricht, der sich dem interreligiösen Dialog regionalspezifisch öffnet. Wie empirische Vergleichsuntersuchungen zwischen Deutschland und den Niederlanden (als Schülerbefragung von van der Ven und Ziebertz) bestätigen, bildet das interreligiöse Modell „nicht nur eine Schnittmenge aus dem ‚konfessionell-monoreligiösen' und ‚multireligiösen Modell', sondern übersteigt sie" (Ziebertz 1995, 269). Durch dieses Modell kann allerdings nicht garantiert werden, dass die wahren christlichen Werte unversehrt überleben werden. Beispielsweise muss sich der Glaube an Gott, wie er im christlichen Dogma als drei-einiger gedacht wird, dem interreligiösen Dialog stellen. Der zukünftige Religionsunterricht nach dem interreligiösen Modell beinhaltet also auch eine innerchristliche Neubesinnung.

Projekt „Gebetskultur im Religionsunterricht"
Die Dissertation (von Ulrich Brenner, Universität Dortmund, FB 14 Katholische Theologie) thematisiert die für christliche Lebensformen konstitutive Frage nach einer „Gebetskultur" vor allem im Handlungsraum Schule. Nach der vehementen Konzeptionsentwicklung des Religionsunterrichts in den letzten drei Jahrzehnten lokalisiert Brenner seine eigene Position bei den neuesten Bemühungen um eine kommunikative Religionsdidaktik, die nach modifizierten Korrelations- und Elementarisierungsprinzipien arbeitet. Beziehungstheologie und Begegnungspädagogik spielen hier eine große Rolle. Nach dem anthropologischen Ansatz werden Bedingungen und Bedürfnisstrukturen einer solchen „Gebetskultur" bei Kindern und Jugendlichen untersucht und entsprechende Angebote und Praxisvollzüge mit Ansprüchen und Angeboten aus dem christlichen Glaubensverständnis kritisch in Beziehung gesetzt.
Methodologisch ergibt sich hier, dass die Zulassung multipler methodischer Bearbeitungsgänge zum gleichen Thema (Gebetskultur) auch zur Folge haben kann, das konkurrierende Nebeneinander unterschiedlicher konzeptioneller Ansätze in Theorie und Praxis des Religionsunterrichts zu tolerieren und (eher) als Bereicherung zu verstehen.

2.6 Themenzentrierte interdisziplinäre Forschung

Die Religionsdidaktik in Dortmund kooperiert seit nunmehr einundzwanzig Jahren auf Universitätsebene und seit dreizehn Jahren auf Kongressebene mit der Sonderpädagogik. Hier ist für unseren Zusammenhang festzuhalten, dass sich zur Vorbereitung, Durchführung und Auswertung der sechs Würzburger Symposien seit 1986 eine interdisziplinäre Forschungsstrategie entwickelt hat, die nicht unerwähnt bleiben sollte. Als Beleg für die Erschließung immer neuer Kooperationsfelder und methodischer Vorgehensweisen können die sechs Dokumentationsbände und das Register des sechsten Bandes angesehen werden, das alle sechs Symposien umfasst.

Projekt „Umgehen mit Leid"
Im gerade abgeschlossenen Projekt (VI. Würzburger Symposium) zum Thema „Umgehen mit Leid" können Methoden unterschiedlichsten Zuschnitts beobachtet werden. Die wichtigsten Beobachtungen beziehen sich auf Austauschverfahren, wechselseitige Lernprozesse in workshops, die die Vertreter verschiedener Fächer oder Fachrichtun-

gen um das gleiche Thema versammeln. Hier waren es Intensivschwestern und ReligionspädagogInnen, Theologen und Tanzpädagogen, Sonderpädagogen und Pfarrer, Erzieherinnen und Psychologen u.a. Der thematische und methodische Austausch mit anderen Fächern liefert manch gute Idee, auf die man allein nicht gekommen wäre. Der einzelne Teilnehmer erhält hier die Möglichkeit Reflexionsansätze kennenzulernen und Formen der Bewältigung und Wege des Lebens mit Leiderfahrungen auszutauschen.

Literatur

Adam, Gottfried/ Kollmann, Roland/ Pithan, Annebelle (Hg.): Mit Leid umgehen. Dokumentationsband des Sechsten Würzburger Symposiums, (Comenius Institut) Münster 1998.

Beinert, Wolfgang: Universitätstheologie?, in: Stimmer der Zeit, Heft 2, 1999, 75-86.

Brenner, Ulrich: Beten in Religionsunterricht und Katechese, (Bd. 34 der Reihe Religionspädagogische Perspektiven) Essen 1999.

Daniel, Gesa: Selbst- und Gottesbild. Entwicklung eines Klärungsverfahrens bei Kindern mit Sprachstörungen, (Bd. 30 der Reihe Religionspädagogische Perspektiven) Essen 1997.

Englert, Rudolf: Wissenschaftstheorie der Religionspädagogik, in: *Ziebertz, Hans-Georg/ Simon, Werner (Hg.):* Bilanz der Religionspädagogik, Düsseldorf 1995, 147-174.

Lohkemper-Sobiech, Gudrun: Bibliodrama im Religionsunterricht. Grundlegung (Bd.1, 202 S.) und praktische Erfahrung an berufsbildenden Schulen (Bd. 2, 285 S.), Mainz 1998.

Petermeier, Maria: Die religiöse Entwicklung der Edith Stein. Eine Untersuchung zur Korrelation von Lebens- und Glaubensgeschichte, Frankfurt a.M. u.a. 1998.

Peukert, Helmut: Wissenschaftstheorie - Handlungstheorie - Fundamentale Theologie. Analyse zu Ansatz und Status theologischer Theoriebildung, Düsseldorf 1976.

Weidmann, Fritz (Hg.): Didaktik des Religionsunterrichts. Neuausgabe, 7. völlig neu bearbeitete und erweiterte Auflage, Donauwörth 1997.

Ziebertz, Hans-Georg/ Simon, Werner (Hg.): Bilanz der Religionspädagogik, Düsseldorf 1995.

Religion als Risiko. Entwicklungsfördernde und entwicklungshemmende Aspekte von Religion (1999)

Ist Erziehern, Erzieherinnen, Lehrern und Lehrerinnen eigentlich bewusst, dass religiöse Einstellungen - einschließlich christliche Spiritualität und kirchliche Gläubigkeit – auch eine Gefahr für den Menschen darstellen können? Schon aus dem religiösen Grund-Satz „Ich glaube" lässt sich ableiten, dass Religion immer mit einem Risiko verbunden ist. Glauben heisst nicht wissen, sich auf etwas einlassen und verlassen, das die Grenzen der Kontrollierbarkeit übersteigt und dessen Ausgang ungewiss bleibt, eine Chance und zugleich eine Gefahr. Aber wodurch wird das Risiko „Religion" zur Gefahr?

Trotz der allgemeinen Zurückhaltung gegenüber Religion entsteht - vor allem im stark verbreiteten esoterischen Religionsverständnis - eine religiöse „Risiko Freudigkeit", sozusagen eine Lust am Risiko der Religion, die ganz selbstverständlich von der Auflösung aller Ungewissheit ausgeht und in Kauf nimmt etwas Bekanntes zurücklassen zu müssen um sicher das Erhoffte zu gewinnen, die Erfüllung der Sehnsucht nach dem letztlich Wahren, Guten und Schönen, nach Gott. Dagegen steht die Erfahrung der Ambivalenz aller Religion. Religion muss nicht in jedem Fall zu einer gesunden Entwicklung beitragen, sie kann in bestimmten Formen die Entwicklung eines Menschen auch negativ beeinflussen und im Scheitern enden lassen. „Wer wagt, gewinnt", dieser Satz trügt, wenn seine Kehrseite „wer wagt, verliert" ausgeblendet wird. Wer Gott wagt, kann der auch „verlieren"?

Kriterien für die entwicklungshemmende Seite von Religion sind nicht leicht zu gewinnen. Um Schwarz-Weiß-Unterscheidungen zwischen entwicklungshemmenden und -fördernden religiösen Einstellungen zu vermeiden und auch die „Grauzonen" einbeziehen zu können, wird im Folgenden versucht den Religionsbegriff jeweils konzeptionell und kontextuell zu präzisieren. Zunächst frage ich nach entwicklungsfördernden Aspekten bei religiösen Einstellungen (1), nach Kriterien ihrer „lebensgeschichtlichen Aufhellung" (1.1) und Konsequenzen für die religiöse Erziehung und Bildung (1.2). Nach einem biografischen Beispiel (2) sollen entwicklungshemmende Aspekte religiöser Einstellungen (3) unter den Stichworten „lebensgeschichtliche Verdunklung" (3.1) und Fehlformen religiöser Erziehung und Bildung (3.2) behandelt werden.

1. Entwicklungsfördernde Aspekte von Religion

In dem Bewusstsein, dass Entwicklungsaspekte für die Gewinnung religiöser Einstellungen zwar notwendige, aber nicht hinreichende Bedingungen sind, und in dem Bewusstsein, dass „die Berücksichtigung von Entwicklungspsychologie und Lebenslaufforschung [...] einer institutionsblinden, gesellschaftsfernen und ungeschichtlichen Sichtweise [nicht] Vorschub leisten [darf]" (Nipkow 1988, 110f, vgl. Schweitzer 1987,

237), wird hier die Kategorie der Entwicklung als Maß herangezogen, sofern menschliche Entwicklung durch Religion bzw. religiöse Einflussnahme gefördert oder gehemmt werden kann.

1.1 Lebensgeschichtliche Aufhellung

Religion, im weiten Sinne verstanden als „Urbindung des Menschen an ein für ihn Letztes, Höchstes" (Fraas 1973, 63) und als das, was „eine Beziehung zu etwas Übermenschlichem und Überweltlichem beinhaltet" (Grom 1992, 368), hat für viele Menschen eine sinnstiftende und lebenserhellende Bedeutung. Im engeren Sinne können bestimmte religiöse Symbole wie „Weg", „Schutzmantel" oder „Kreuz" und „Auferstehung" in unsicheren oder ausweglosen Lebenssituationen Halt geben und einen Sinn des Lebens erschließen helfen. Diese die menschliche Entwicklung stabilisierende Form religiöser Einstellung wird hier „lebensgeschichtliche Aufhellung" genannt.

In Anlehnung an Schweitzer bedeutet „Aufhellung" Förderung der religiösen Entwicklung, wenn sich lebensgeschichtliche Erfahrungen „in religiösen Symbolen spiegeln" (Schweitzer 1987, 186f), wenn diese Licht bringen in dunkle Lebenskrisen und Lösungen für ausweglos erscheinende Lebenskonflikte anbieten. Die Frage, ob eine religiöse Entwicklung im Sinne der lebensgeschichtlichen Aufhellung abgelaufen ist, lässt sich nicht eindeutig beantworten. Die zahlreichen Theorie zur religiösen Entwicklung gelangen je nach Forschungsgegenstand, vorausgesetzter Theorie und angewandter Methode zu sehr umfassenden oder auch sehr begrenzten Perspektiven (vgl. Utsch 1998, 27).

Schweitzer schlägt nach kritischer Besprechung der wichtigsten - was nicht heißt aller - bisher bekannten religiösen Entwicklungstheorien vor, religiöse Entwicklung als „lebensgeschichtlichen Veränderungsprozess" (Schweitzer 1987, 173) zu verstehen. Dieser etwas unscharfe, aber für viele biografische und gesellschaftliche Detailfragen offene Entwicklungsbegriff vermeidet die Einseitigkeiten der psychoanalytischen Definition, die die religiöse Entwicklung nach Grundambivalenzen und psychosozialen Krisen in einem Zyklusmodell beschreibt. Ebenso vermeidet er die Einseitigkeiten der kognitiv-struktur-genetischen Definition, die diese Entwicklung als aufsteigende Stufenfolge im Sinne eines Fortschrittsmodells versteht.

Der lebensgeschichtliche Entwicklungsbegriff orientiert sich stärker an konkreten Lebensabläufen sowie an autobiografischen Berichten und Materialien der Lebenslaufforschung. Er schließt aber krisenhafte Auseinandersetzungen und die stufenweise fortschreitenden und aufeinander aufbauenden Phaseneinteilungen ein „und trägt dazu bei, dass kein wesentlicher Aspekt der religiösen Entwicklung von vornherein ausgeschlossen wird" (ebd.).

Gemeinsam ist diesen unterschiedlichen Zugängen die Betonung der Krisenhaftigkeit religiöser Entwicklung. So sind Vergleiche und wechselseitige Ergänzungen zwischen den unterschiedlichen Krisendeutungen möglich.

Im Folgenden sollen fünf religiöse entwicklungsfördernde Aspekte aufgezeigt werden, denen im dritten Teil fünf entwicklungshemmende entsprechen.

1.1.1. Ausbalancieren der Lebensgrundspannungen

Im Vordergrund der psychoanalytisch ausgerichteten Ansätze stand - und steht heute immer noch - die Pathologie, also die verfehlte religiöse Entwicklung (vgl. Schweitzer 1987, 53), die durch die Therapie als Fehlentwicklung bewusst gemacht und in eine ausgeglichene Weiterentwicklung übergeführt werden soll. Der Mensch durchlebt nach Erikson in jeder Phase seiner Entwicklung psychosoziale Krisen, die beginnend mit Grundvertrauen gegen Grundmisstrauen bis zur achten Stufe Integrität gegen Verzweiflung und Ekel gekennzeichnet sind. Eine „permanente Identität" (Bischof) findet er nicht ohne an Grenzen zu stoßen und Brüche, Schübe, Widersprüchlichkeiten, Konflikte zu erleben, die ihn verunsichern und an seiner Identität zweifeln lassen. Nach Scharfenberg ist Sinn und Ziel menschlicher Entwicklung die Ausbalancierung der Grundambivalenzen zwischen „Progression und Regression", „Autonomie und Partizipation" sowie „Realität und Phantasie" (Scharfenberg 1980).
Als Harmonisierung wäre diese Sicht allerdings missverstanden. Man kann beispielsweise an der biblischen *Erzählung vom Jakobskampf* am Jabbok beobachten, wie das Aufeinandertreffen der Wirklichkeit des Menschen mit der Wirklichkeit Gottes eher dunkel und geheimnisvoll bleibt. In der symbolischen Spannung zwischen „Gott attakiert Jakob" und „Ich lasse dich nicht, du segnest mich denn" lässt sich Gottesbegegnung eher als brüchige Krisenerfahrung (verletzte Hüfte), aber doch auch als Segen für den Menschen (Volk Israel) verstehen. Jakobs Leben wurde durch die Nähe Gottes bedroht und zugleich gerettet, so als wäre Rettung ohne vorgängige Bedrohung nicht möglich. Es ist eine Geschichte, „in der ein Gesegneter davonhinkt" (Spieckermann 1997, 17). Psychologisch ausgedrückt heißt dies, dass eine Begegnung des Menschen mit dem Übermenschlichen, mit Gott, seine Entwicklung „weiterführen" kann, wenn sie Grundkonflikte verarbeiten hilft und trotz geheimnisvoll und undurchschaubar bleibender Zusammenhänge bewusstseins-„aufhellenden" Charakter besitzt.
Nach einem neueren *psychodynamischen* Ansatz strebt der Mensch - unbewusst - immer eine Balance von Fremdheit und Vertrautheit in der krisenhaften Polarität zwischen „medialer" und „figuraler" Erfahrung an. Er sucht ständig ein „Fliesgleichgewicht" (Sudbrack 1998, 143) zwischen der Teilnahme an etwas und der Aufnahme und Verarbeitung von etwas (medial umfassendes Urvertrauen) und auf der anderen Seite der Abgrenzung des Eigenen von etwas anderem oder dem In-Beziehung-setzen dieses Eigenen zu etwas anderem (figural begrenzte Existenz). Vereinfacht gesagt, der Mensch lebt in der Polarität von Nähe und Distanz (Bischof in Sudbrack 1998, 29f), in der paradoxen Synthese von unüberbrückbarem Anderssein und intimstem Einswerden, die nicht ohne Konflikte bleiben kann (ebd., 143).
Menschliche Entwicklung lässt sich nach diesen auf die Spannung Unbewusstes und Bewusstes oder medial und figural ausgerichteten Ambivalenzmodellen (Erikson, Jung, Fromm, Scharfenberg, Sudbrack, Bischof) an Hand der Ausbalancierung bzw. Krisenverarbeitung als misslungene bzw. fehlgeleitete oder gelungene Entwicklung definieren.
Allerdings ist hier zu bedenken, dass die hinter diesen Ansätzen stehende Lehre *der Archetypologie (Jung)* den Makel des Nur-Hypothetischen hat und für den multifaktoriell ansetzenden Religionspsychologen Grom nicht belegt ist; sie ist „wissenschaftlich unbrauchbar und unwahrscheinlich" (Grom 1992, 404). Zudem wolle sie den Men-

schen einschließlich seiner religiösen Erfahrung letztlich auf sich selbst reduzieren und therapeutisch „hantierbar machen" (Sudbrack 1998, 24; vgl. auch Gess, Heinz: Vom Faschismus zum Neuen Denken. C.G. Jungs Theorie im Wandel der Zeit, Lüneburg 1994).

Aus diesem Grund kann das Maß für die Beurteilung der Entwicklungsgemäßheit religiöser Einstellungen auch nicht allein den psychoanalytischen Modellen entnommen werden.

1.1.2. Schutz vor Überforderungen

Um religiöse Einstellung und Entwicklung genauer zuordnen zu können und um Kinder und Jugendliche, aber auch Erwachsene, vor Anforderungen zu schützen, „die sie überfordern oder die an ihren Möglichkeiten des Verstehens vorbeigehen" (Schweitzer 1987, 162), bedarf der psychoanalytische Ansatz einer Ergänzung durch die *struktur-genetischen Stufenmodelle*. Im Anschluss an Piaget untersuchen diese gezielter mit empirischen Methoden die moralische Entwicklung (Kohlberg), die religiöse Urteilsfähigkeit (Oser) oder die Glaubensentwicklung (Fowler) an Hand der Kategorie des Entwicklungs-Fortschritts. Die Kenntnis der Stufenstruktur religiöser Entwicklung in den genannten Sachbereichen soll helfen im Vergleich zur Religiosität Erwachsener die Andersartigkeit kindlicher Religiosität zur Geltung zu bringen.

Zum Beispiel muss dem Kind gestattet sein die magische Denkstufe zu durchleben (vgl. Bucher: Kinder haben ein Recht auf ihre „erste Naivität"), weil sie eine Durchgangsstufe ist mit der Tendenz zu artifizialistischen, anthropomorphen und unkritischen religiösen Auffassungen. Bei der Weiterentwicklung der begrifflich-logischen Kompetenz geht sie aber zurück und wird in dieser Stufe in andere Kompetenzen integriert. Zwischen 6 und 15 Jahren geht die Tendenz zu entsprechenden Gottesvorstellungen „und zu einem buchstäblichen, unsymbolischen Verständnis von metaphorischen Aussagen über Gott ('Hand Gottes', 'König', 'Herr') bei christlich und jüdisch erzogenen Heranwachsenden kontinuierlich zurück und weicht tranzendenteren Auffassungen (vgl. dazu Oberthür 1995, 88f). Dies ist - trotz unterschiedlicher Erhebungsmethoden und mancher Deutungsprobleme - durch eine Reihe von quantitativen Untersuchungen gut belegt" (Grom 1992, 230).

Die vor Überforderung schützenden struktur-genetischen Stufentheorien dürfen aber niemals dazu benutzt werden die Religiosität von Kindern, Jugendlichen und Erwachsenen nur nach Stufenleistungen einzuordnen. Sie sind zu recht umstritten, weil sie dazu verleiten religiöse Urteile, die nicht der sequenziellen Stufenordnung entsprechen, „nur" nach dem Fortschrittskriterium bzw. als Ausnahmen von der Regel zu beurteilen, und zweitens, weil sie strukturelle und inhaltliche Momente der Entwicklung nicht klar genug unterscheiden und drittens Rationalität und Intellektualität überakzentuieren (vgl. zusammenfassend Englert 1988, 120ff). Die Forschungslage ist zur Zeit immer noch offen. Grom schlägt vor nicht die Entwicklung „der" Religiosität zu untersuchen, sondern der Frage nachzugehen, „unter welchen Bedingungen sich die einzelnen Motive, die sie bestimmen, entwickeln" (Grom 1992, 237). Es sind die noch wenig erforschten nicht-kognitiven Motive, die die krummen Wege der religiösen Entwicklung bestimmen, etwa bei frühem Elternverlust (Hennecke 1987), häufiger

Krankheit, Migration oder bei „emotional bedeutsamen Überzeugungen, Wertmaßstäben und Bewältigungsstrategien, die der einzelne internalisiert und aufbaut und in denen sich seine Emotionen und Motive artikulieren und mit den situativen Faktoren auseinandersetzen" (Grom 1992, 237).

1.1.3. Förderung des Selbstkonzepts

Das entwicklungsfördernde und aufhellende Potential bestimmter, noch genauer zu beschreibender religiöser Einstellungen besteht zunächst darin, dass es den einzelnen dazu „motivieren" kann ein *positives Selbstkonzept* und damit verbunden Selbstbewertungsstrategien zu entwickeln, die ihm helfen die Aufgaben und Krisen seines Lebens zu bewältigen.

Es wird vermutet - sichere Ergebnisse gibt es nicht -, dass religiöse Überzeugungen, die die Würde des Menschen und seinen Wert in den Augen Gottes hervorheben oder einer übermenschlichen Instanz zuschreiben, das Selbstwertgefühl eines Menschen positiv beeinflussen (Grom 1992, 175f). Umgekehrt können positive mitmenschliche Erfahrungen als Bestätigung des Bejahtseins durch den Schöpfergott und als Bestandteil des die menschliche Erfahrung transzendierenden Schon-angenommen-Seins durch den Gott des Lebens erfahren werden.

Im *christlichen Menschenbild* ist der Mensch - wie im psychologischen Verständnis des Menschen als „psycho-spirituelle Einheit" (Utsch) - nicht nur zum Bösen, sondern auch zum Guten geneigt. Und in dieser Diskrepanz weiß sich der Gläubige mit Gott verbunden. Von Gläubigen wird nachweislich die Gottesbeziehung als Mehrwert, als bereichernde und bestärkende Ich-Erweiterung und als „Ich-Ausdehnung" (Allport) erfahren (Grom 1992, 177). Sie wird auch als Beitrag zur Aufrechterhaltung der Selbstachtung in Lebenskrisen und als Relativierung von belastenden Fremdbewertungen erlebt.

Setzt diese Auffassung nicht voraus, dass ohne menschliche Selbst- und Fremderfahrung keine Gotteserfahrung möglich ist? Alle neueren religionspsychologischen Untersuchungen (Utsch 1998, 76f) bestätigen die theologischen Ansätze, die den Naturfaktor (Anthropologie) dem Gnadenfaktor (Theologie) nicht nur nachordnen. Gemäß dem thomasischen Grundsatz „gratia praesupponit naturam" gilt die Selbstannahme (Ich bin ich - vor Gott, der mich liebt) und die Befähigung zur Solidarität (Nächsten- und Gottesliebe - in dieser Reihenfolge) als anthropologische Voraussetzung für den Glauben an den annehmenden Gott. Hier liegt die Auffassung zu Grunde, dass die Arbeit an den anthropologischen Strukturen die Grundlage für religiöse Entwicklung und theologisch gesehen für Gottesbeziehungen darstellt.

Die religiösen bzw. theologischen *Inhalte* (Mensch als Geschöpf und Abbild Gottes, Menschwerdung Gottes, vorbehaltlose Annahme des Menschen durch Gott) werden als selbstwertstützend erlebt, wenn sie an positive Dispositionen der Selbstbewertung - des religiösen/gläubigen Menschen - anknüpfen. Es besteht hier eine anthropologisch-theologische Korrelation, also eine Wechselwirkung zwischen dem Verlangen nach Angenommensein durch Gott (anthropologisch) und völlig freiem Angebot des Schon-angenommen-Seins bzw. des Überrascht- oder Schockiertwerdens durch eine Gotteserfahrung (theologisch) (vgl. Schillebeeckx 1971, 83-109; Grewel 1990, 160-177).

Zusammenfassend folgt daraus: Auch noch so intensive Bemühungen um eine Korrelierung von religiös tradierten Fremddeutungen und eigenen Selbstdeutungen sind nicht in der Lage in direkter Einwirkung auf den Menschen bisher nicht vorhandene Selbstbewertungsstrategien zu entwickeln. Wie Untersuchungen belegen, können sie lediglich dazu motivieren. Sie können auch Selbstentwertungen nicht unbedingt verhindern. Mit anderen Worten kann und darf eine theologisch motivierte religiöse Einflussnahme die psychologische Arbeit am Selbstkonzept nicht ersetzen wollen (s. 1.2).

1.1.4. Beziehungsfähig werden

Ein weiteres Kriterium für lebensgeschichtlich aufhellende Wirkung von Religion sind die Beiträge, die sie dazu leisten kann, dass der Mensch auf jeder Lebensstufe beziehungsfähiger wird, zu sich selber, zu anderen, zur Welt und zu Gott. Wie kann aber Religiosität Beziehungsfähigkeit fördern? Neben ganzheitlichen Ansätzen (Esser 1991) gibt es auch attributionstheoretische Ansätze.

Geht eine christlich religiöse Einstellung (1 Joh 1,7 „wer seinen Bruder liebt, der bleibt im Licht") davon aus, dass das Gebot der Selbst-, Nächsten- und Gottesliebe den Menschen beziehungsfähig und sozial macht? Wird der Mensch durch den Glauben an die Liebe Gottes automatisch beziehungsfähig?

Die wenigen aussagekräftigen *attributionstheoretischen* Studien besagen, „dass religiöse Überzeugungen nicht einfach mit prosozialer Einstellung einhergehen" und nicht automatisch zu sozialem Handeln führen (Grom 1992, 210f). Aber kann man bestimmte Formen von Religiosität nennen, die prosoziales Verhalten unterstützen?

Die hochkomplexe Beziehung zwischen religiöser und sozialer Einstellung ist nur ungenügend erforscht (Grom 1992, 209). Nach dem bekannten Prozessmodell von Schwartz (1977) ist es ein weiter Weg vom Sehen zum Handeln. Es ist anzunehmen, dass erst nach dem Wahrnehmen der Not des anderen, nach dem Erkennen der Möglichkeit zu helfen und dann nach dem Entstehen von Verantwortungsgefühl für den konkreten Fall der eigentliche „Verpflichtungsschritt" erfolgt. Erst hier haben prosoziale religiöse Überzeugungen ihren stärksten und unmittelbarsten Einfluss, und zwar in Verbindung mit einem gesteigerten Selbstwertgefühl und einer mitfühlenden Erleichterung und Freude (vgl. Grom 1992, 212f).

Für den Christen ist Selbst-, Nächsten- und Gottesliebe unbedingte Verpflichtung und zugleich höchste Sinnerfüllung, die die Bereitschaft zu empathischem Verhalten und zur Beziehungsaufnahme unterstützt durch das Bewusstsein auf diese Weise mit Gottes Gerechtigkeit und Zuwendung mitzuwirken. Insofern spricht Grom von der Motivierung zu prosozialem Empfinden, Denken und Verhalten durch Religiosität (ebd.), die allerdings nur mittelbar auf die Aktivierungs- und Abwehrschritte (nach Schwartz) einwirken.

Als Ergebnis kann festgehalten werden, dass pure religiöse Motivation keine Prosozialität bzw. Beziehungsfähigkeit herstellt. Religiosität rechnet mit dem Schonvorhanden-Sein von Empathie und Mitmenschlichkeit, sie setzt die Bereitschaft zur Beziehungsaufnahme voraus und kann sie verstärken (vgl. ebd., 215). Die *dialogische Religionspsychologie* betont zudem, dass menschliches „Getrenntsein in Bezogenheit" (Utsch) einer Religiosität als „Rückbezüglichkeit zur Transzendenz" entspricht. Es ist

Aufgabe der religiösen Erziehung und Bildung mit diesem Sachverhalt zu rechnen und hier theoretisch und praktisch anzuknüpfen.

1.1.5. *Dialektisches Gottesbildes*

Welches Gottesbild braucht der Mensch für eine möglichst gesunde Entwicklung? Welches Bild kann ihm aufhelfen, ihn aufrichten, wenn er unten ist? Die Aufhellung, die vom Gottesbild ausgehen kann, wurzelt - *psychologisch gesehen* - in intrinsischen Motiven des Menschen wie etwa im Motiv der Selbstwertbestätigung. Aber hier sind die Probleme größer als die Klärungen: Fragwürdig sind die Ansätze, die die Gottesvorstellung einseitig aus einem einzigen Motiv entstehen lassen, wenn angenommen wird, positive Gottesvorstellungen wirkten - selbstpsychologisch gesehen - nur kompensatorisch zu unerfüllten Wunschphantasien. In Wirklichkeit können sie aber auch selbstbestätigend wirken bei Menschen, die keine Kompensationsbedürfnisse haben. Gott kann als eine Wirklichkeit erlebt werden, „die um ihrer selbst willen liebenswert und verehrungswürdig ist" und also ganz anders als eine narzistische Verschmelzungsphantasie" (Grom 1992, 104) erfahren wird. Nimmt man mehrere Motive für die Gottesbildentwicklung an, könnte man in Zukunft genauer überprüfen, wie in der Spannung zwischen Angst- und Erfüllungsmotiven die Anteile der erfüllungsbestimmten Motive an der Gottesvorstellung erhöht werden können.
Ein Gottesbild ist nicht wirklich tragfähig, wenn es undialektisch einseitig als „nur lieber Gott", als „nur allmächtiger Gott" oder als „nur gerechter Gott" vermittelt wird. Tragfähig und entwicklungserhellend sind paradoxerweise niemals die nur hellen und positiven Gottesbilder, nach denen Gott der schützende, der angstreduzierende, der liebend annehmende, der Wünsche und Bitten erfüllende, der Selbstwert bestätigende, der beschenkende, der Leben erschaffende und Leben erhaltende, der lebensbegleitende, der Zukunft verheißende, der befreiende, der rettende Gott ist. Ihre aufhellende Wirkung ergibt sich immer erst aus der Bewusstwerdung eines unbewussten Schattenbildes, das sich nach Frielingsdorf - aus psychoanalytischer Sicht - bei jedem Menschen perinatal als negative Schlüsselerfahrung in einem „dämonischen Gottesbild" niederschlägt (Frielingsdorf 1992, 162f).
Als religionspsychologisch gesichert ist zunächst anzunehmen, dass ein Gottesbild immer in Verbindung mit dem Menschenbild (Elternbild - Selbstbild) und mit einer Reihe anderer Faktoren auftritt, die ihrerseits wieder auf das Gottesbild zurückwirken (vgl. „Elternübertragungen" bei Grom 1992, 153; Frielingsdorf 1992, 65-68). Ein Gottesbild wirkt also nie durch sich allein auf die Entwicklung ein. Hinzu kommt, dass das Bild eines menschenfreundlichen Gottes, das durch religiöse Fremd- und Selbstsozialisation den Selbstwert unterstützend und die Verantwortung anregend wirkt, immer in Spannung steht zu den Zügen eines menschen-unfreundlichen - zumindest unverständlichen - Gottes, der unvorstellbares Leid in der Geschichte der Menschheit nicht verhindert hat und „zulässt". Primär prägt den Menschen seine Leiderfahrung, in der der unbegreifliche Gott vielleicht zur Sprache kommt.
Theologisch gesehen wird dieses „Vielleicht" Gottes zur „Gewissheit" im Glauben an den Gott, der sich im Volk Israel und in Kreuz und Auferstehung Jesu Christi als der Mit-Leidende und absolut liebend Annehmende geoffenbart hat. Ein solches Gottes-

bild bleibt tragfähig, wenn es Gott nicht auf seine Nähe oder Ferne zur Welt und zum Menschen festlegt, sondern wenn es gerade „die Spannung von Nähe und Ferne Gottes betont", das Paradox von Gottes Allmacht und ohnmächtiger Liebe (Fuchs/Werbick 1991, 50) zulässt und die Verborgenheit und Unbegreiflichkeit Gottes als „die" Eigenschaft Gottes schlechthin in den Mittelpunkt rückt (vgl. Sauer 1991, 33).

Es gibt nicht „das" Gottesbild, es gibt nur „die" spannungsreiche Gottesbildentwicklung in der Geschichte der Menschheit und im Leben des einzelnen Menschen. Gottesbilder sind Bestandteile von Entwicklungsprozessen (Gottesbild und Elternbild) und geschichtlichen Ereignissen (vgl. Baudler, Georg: El - Jahwe - Abba. Wie die Bibel Gott versteht, Düsseldorf 1996). Sie sind kontextuiert und stellen menschliche Erfahrungen in Frage oder bestätigen sie. Ebenso werden sie durch Wünsche und Ängste, Befürchtungen und Hoffnungen der Menschen geprägt. Sie verändern sich mit den gesellschaftlichen und politischen Entwicklungen. Es gibt sie nur im Plural, auch die jüdischen und die christlichen, weil ihre Kontexte sich ändern. Gottesbilder haben in allen Kulturen die Tendenz Vorläufiges zu sanktionieren und absolute Wertmaßstäbe zu setzen. Insofern benötigen sie Kontrolle und Bestreitung durch andere Gottesbilder. Sie müssen sich dem Anspruch konkurrierender Gottesbilder stellen und sich jenseits dogmatischer Verkündigung und moralischer Appelle „kontextuell" bewähren, „damit wieder Gott in der Weise des Zur-Sprache-Kommens zur Welt kommen kann" (Höhn 1998, 145) als „Gott, der den Menschen als sein Ebenbild geschaffen hat und ihm das Leben in Fülle schenkt", als „Gott, der das Leben des Menschen als guter Hirt begleitet und beschützt", als „Gott, der als ‚mütterlicher Vater' für die Menschen sorgt", als „Gott, der mit dem Menschen leidet und ihn durch das Leid und den Tod zum Leben befreit" (Frielingsdorf 1992, 167-171).

Von der Theologie, die das Geheimnis Gottes zu reflektieren hat, ist also zu fordern nicht nur an den biblischen Gottesbildern kritisch Maß zu nehmen. Sie sollte auch auf die kontextuell arbeitende Religionspsychologie eingehen und ihr eigenes Gottesbild hinsichtlich seiner erfüllungsmotivierenden und fremd- und selbstsozialisierenden Wirkungen hinterfragen lassen.

1.2 Lebensgeschichtliche Aufhellung durch religiöse Erziehung und Bildung

Die aufgezeigten Möglichkeiten und Rahmenbedingungen von religiös bedingten Biographien haben Konsequenzen für die religiöse Erziehung und Bildung. An Hand der unter 1.1.1 - 1.1.5 entwickelten Kriterien soll dies aufgezeigt werden.

1.2.1 Ausbalancieren von Lebensgrundspannungen

Hier geht es zunächst um die „Fähigkeit des Ausbalancierens" aus der Sicht des Erziehers in Bezug auf das zur Welt kommende Kind. Dieses lebt ja aus dem Vertrauen, dass die Welt ganz und heil ist. Oder ist dieses Vertrauen bereits erschüttert? Gegen Bedrohung, Verfremdung und Paradoxie muss dieser Vertrauensglaube, der am Leben erhält und dem Kind Halt gibt, immer wieder austariert werden. Gegen alles Dialekti-

sche und Widersprüchliche hält sich das Kind fest am Lebensglauben der *unkritischen Harmonie*, vor allem in der Beziehung zu seinen Hauptbezugspersonen, die darauf achten müssen, dass das kindliche Vertrauen nicht enttäuscht wird und der notwendige Übergang zur *kritischen Harmonie* erträglich bleibt.
Der erste praktische Schritt religiöser Erziehung besteht in der bedingungslosen Zuwendung und zugleich in einer Bestandsgarantie für diese Zuwendung. Schon am Anfang hat die Erziehung die latent als Risiko erfahrene Spannung zwischen Vertrautheit und Fremdheit auszugleichen. Dazu genügt nicht nur Annahme aktuell erleben zu lassen, sondern überdauernde Annahme mit Verheißungscharakter, so dass eine gewisse Dosis von Entfremdung eine Zeit lang ausgehalten und überstanden werden kann.
Nach der so genannten „lebensweltlichen Wende" in der Religionspädagogik ist Ziel der religiösen Erziehung und Bildung nicht mehr nur die „Beheimatung" in einem religiösen Kontext anzustreben, sondern angesichts gesellschaftlicher Entfremdungserfahrungen eine *neue „religiöse Kompetenz"* (Englert 1998, 9) aufzubauen. Kinder und Jugendliche sollen lernen religiös relevante Lebensspannungen zu artikulieren und die Produktivität religiöser Krisen zu erkennen um an ihnen durch selbständiges Ausbalancieren (Wahrnehmen, Verstehen, Deuten und Handeln) zu wachsen.
Für Eltern, Erzieher und Lehrer ergibt sich, dass sie für sich selbst und in ihren Erziehungs- und Bildungsangeboten die negativen Pole in den religiösen Lebensspannungen nicht unterschlagen und zur Balance rechtzeitig und pünktlich anleiten. Sie setzen bewusst Gegengewichte ein gegen Misstrauen und Unmut und unterstützen beim Kind diese Fähigkeit des *selbständigen Ausbalancierens*. Sie fördern im späteren Stadium der Entwicklung beispielsweise die Emanzipation gegen personalen Autoritarismus ohne diese Bedrohtheit des Emanzipationsstrebens außer Acht zu lassen.
Erst auf dieser Balancebasis gelingt das Mitwachsen des Glaubens, wie es bei Kohlberg, Oser, Fowler, Kegan, Fraas, Bucher, Esser, Werbick u.a. beschrieben wird. In der Spannung zwischen naivem Glauben und aufgeklärtem Vernunftgebrauch ist rechtzeitig die kritische und differenzierte Wahrnehmung der Wirklichkeit - auch der Wirklichkeit des Glaubens - anzuregen, damit der spätere Glaube stabil wird. Hinzu kommen die Deutungs- und Reflexionsfähigkeiten, die erst den tragfähigen Glauben aus Kindertagen reifen lassen, bis der Herangewachsene aus dem Glauben und seinen Widerständen im Sinne der „zweiten Naivität" (Ricoeur) leben gelernt hat.
Der *„ausbalancierte Glaube"* hat grundlegende und ganzheitliche „Lebensbedeutsamkeit", mehr als die nur rationale Auseinandersetzung mit der Lebenswelt. Seine umfassende lebensweltliche Bedeutung erweist sich allerdings erst in den konkreten Erziehungs- und konstruktiven Bildungssituationen, wenn Vertrauensbildung und der Mut zur eigenen Lebensgestaltung, zur Sinnsuche und zum Aushalten in schwierigen Lebenssituationen tatsächlich gestärkt werden. Für Kurz, ein Vertreter der Logotherapie nach Frankl, ist es ein „unbestreitbarer Sachverhalt", „dass das Evangelium von Jesus Christus eine bemerkenswerte Ermutigung zum Leben darstellt" und „dass genuin christlich-religiöse Erziehung hilft, Angst vor Sinnlosigkeit, Schuldangst und Todesangst zu bewältigen" (Kurz in: Klosinski 1994, 194f).

1.2.2 Erzieherisch vor Überforderungen schützen

Kinder müssen nach dem Woher und Wohin der menschlichen Existenz uneingeschränkt fragen können und dürfen. Man darf sie nicht mit religiösem Wissen vollstopfen. Sie brauchen *Schonräume*, in denen sich ihre Fähigkeit zum Staunen entwickeln kann. Das Geheimnis des eigenen Lebens und der Welt soll ihnen allmählich bewusster werden. Sie sollen lernen nach ihrer eigenen Fraglichkeit und dem Geheimnis Gottes fragen zu können. Problematisch sind hier die umfassenden und erschöpfenden Antworten, die alles Fragen beenden, denn vorschnelle Antworten töten den Verstand. Junge Menschen brauchen den Schutz vor erzieherischem Übereifer und vor der religiösen Wissens-Überforderung. Religiös erhellend sind nur Antworten, die die Fragen offen halten und neue Fragen provozieren (vgl. Oberthür 1995, 16).

„Religiosität" als die Fähigkeit die Welt religiös deuten zu können gehört zum kindlichen Erfahrungskreis und sollte wie die Fähigkeiten in anderen Erfahrungsbereichen (sprechen, lesen, zählen...) durch Erziehung gefördert werden. Nur phasengerechte, ergänzende und möglichst auch die Persönlichkeitsentwicklung fördernde religiöse Erziehungsangebote können die notwendige Parellisierung der religiösen Entwicklung zur begrifflich-logischen Kompetenzentwicklung garantieren. So kann auch der Einfluss religiöser Kultur und Sozialisation in Familie, Gemeinde und Schule davor schützen, dass Vertreter eines *antipsychologischen Theologismus* die Heranwachsenden kognitiv und emotional überfordern und so die religiöse Weiterentwicklung stoppen bzw. sie von der Persönlichkeitsentwicklung abkoppeln. Leider geschieht dies sehr häufig und es ist mit Allport zu vermuten, dass „in keinem Bereich der Persönlichkeit so viele Kindheitsreste wie bei den religiösen Einstellungen Erwachsener" zu finden sind (Grom 1992, 136).

Die noch wenig erforschten nicht-kognitiven Motive (s. 1.1.2), die die religiöse Entwicklung tatsächlich bestimmen, sorgen dafür, dass von vielen Menschen aus nicht durchschauter Überforderung Religion und Glaube einfach fallen gelassen werden. Im institutionellen Bereich ermutigen allerdings Ergebnisse der *empirischen Zielforschung* zum Religionsunterricht (Ziebertz/ Hilger 1993), dass demnächst auch die *notwendigen Motivforschungen* zur religiösen Entwicklung durchgeführt werden. Die Ergebnisse der Zielforschung lauten: Von den befragten Religionslehrern verbinden 45% in Westdeutschland und 30% in Ostdeutschland ihr Fach mit der Zielvorstellung der „Lebenshilfe" als „Auseinandersetzung mit Fragen nach dem Lebenssinn" und als „Hilfestellung zur Lebensbewältigung". In Zukunft könnten durch stärkere Verschränkung von Motivations-, Lehrer- und Biographieforschung (vgl. Nipkow, in: Hilger/ Reilly 1993, 210) die Schaffung von Schonräumen als Lebenshilfe und Schutz vor religiösen Überforderungen präziser erforscht werden (vgl. dazu Gottfried, Thomas: Religionsunterricht als Lebenshilfe. Diakonische Orientierung des Religionsunterrichts in der postmodernen Gesellschaft, Essen 1995).

1.2.3 Religionspädagogische Förderung des Selbstkonzeptes

Wie kann im Sinne des bekannten Liedtextes „Ich bin und weiß nicht wer" (Henné) aus Ich-Fremdheit Ich-Stärke werden? Es geht - *pädagogisch gesehen* - um die „zunehmende Befähigung zum selbstbestimmten, autonomen Umgang mit der eigenen Person und den damit zusammenhängenden religiösen Vorstellungen" (Daniel 1997, 338).

Diese These entspricht dem Modell von Religionspädagogik, das „bemüht ist, dem Freiheits- und Autonomiestreben des modernen Menschen aufgeschlossen zu begegnen und Religion als wesentlichen Bestandteil im Identitätsfindungsprozess herauszustellen" (Mette 1994, 126). Darin wird Religion als ein allgemein menschliches Phänomen aufgewiesen und religiöse Erziehung und Bildung hat darin die Aufgabe „zur Förderung der religiösen Anlage beizutragen" (ebd.). Der Mensch als ein genuin religiöses Wesen ist anthropologisch gesehen ein Suchender, theologisch gesehen ein Gott Suchender, der aber auch - nach jüdischer und christlicher Auffassung - von Gott gesucht wird.

Religiöses Lernen nach der „lebensweltlichen Wende" bedeutet hier, dass Korrelation jetzt theologisch und didaktisch radikal (von den Wurzeln her) durchzuführen ist. „Die Antworten, die in den Heranwachsenden und ihrer Lebenswelt *selbst* stecken, sind aufzuspüren und zu würdigen" (Englert 1998, 5). Korrelation ist gezielt mit den menschlichen Selbstwert unterstützenden religiösen Traditionen zu konfrontieren.

Dies wird jedoch nur unter der Bedingung gelingen, dass das Thema „Selbstachtung" und „Eigenliebe" von den religiösen Erziehern selbst und „innerhalb der religiösen Gewissensbildung als zentrale Aufgabe und als Kardinaltugend thematisiert" (Grom 1994, 108) wird. Damit verbunden ist die Aufgabe religiöser Gruppen Voraussetzungen und Dispositionen zur positiven Selbstbewertung zu beachten und Beziehungen konkret aufzubauen, „die dem Kind seine Besonderheit zugestehen und ihm Achtung entgegenbringen" (Krappmann in: Mette 1994, 182).

Unter diesem Aspekt kann auch das religiöse Schuld- und Vergebungsverständnis, das eine religiöse Erziehung vermittelt, eine Wiederherstellung der Selbstachtung bewirken und helfen sich von Selbstabwertungen zu distanzieren (vgl. Grom 1992, 177).

Die jüdisch-christliche Rede vom Menschen als *Ebenbild Gottes* beinhaltet u. a. die Kategorie der Selbstgestaltung des Menschen nach dem Bild, in welchem ‚Gott je mich gedacht hat'. Deshalb kann gerade die religionspädagogische Entfaltung der „Gottesebenbildlichkeit" das Zusammenspiel zwischen Selbstaktualisierungs- und Sinnverwirklichungsmodellen unterstützen und vertiefen (vgl. Kurz in: Klosinski 1994, 203).

Praktisch pädagogisch sind hier Formen des Philosophierens mit Kindern wichtig (Martens, Freese, Oberthür). Das Nachdenken über sich selbst und das Staunen über die Einmalig- und Einzigartigkeit der menschlichen Existenz (sich von aussen oder im Spiegel betrachten) darf unter religionspädagogischem Aspekt nicht losgelöst werden vom Aushaltenkönnen „des Geheimnisvollen und Fremden der eigenen Existenz" (Oberthür 1995, 48).

1.2.4 Zur Beziehungsfähigkeit erziehen

Es wurde oben schon aufgezeigt, dass „religiöse Einflüsse entwicklungspsychologisch *immer erst nach Beziehungseinflüssen* der frühen Kindheit einsetzen" (Grom 1994, 106) und dass „religiöse Motivation als solche nicht Prosozialität [schafft]", sondern sie voraussetzt und verstärkt (Grom 1992, 215). Daraus folgt nun, dass religiöse Erziehung und Bildung nur dazu motivieren kann beziehungsfähiger zu werden. Wie also kann sie motivieren, dass prosoziales Verhalten als sinnvoll erkannt und dann praktisch ausgeübt wird? Sie selbst muss sozial ansetzen. Grundlegend wichtig ist für religiöses Lernen, dass es von Seiten der Erziehenden immer als eingebettet in *soziales Lernen* verstanden wird und insofern immer dann „gesund" verlaufen kann, wenn die religiöse Beeinflussung oder Belehrung sich selbst vom sozialen Miteinander her versteht und auf das „prosoziale Verhalten" (Grom) unterstützend oder kritisierend bezogen bleibt.

Auch die *Inhalte* dieser religiösen Motivation müssen demnach so ausgewählt sein und eingesetzt werden, dass sie emotional handlungsbereit machen, statt nur kognitiv zu informieren. Sie müssen in sich selbst soziale Relevanz haben (z.b. Nächsten- und Gottesliebe). Prosoziale Handlungskompetenz kann durch religiöse Inhalte und Belehrungen unterstützt und aktiviert werden, wenn diese „weder direkt noch voraussetzungslos wirken" wollen (Grom 1994, 106) und mit Belohnung für beispielsweise gewaltloses Verhalten als Verstärkung verbunden sind. Sie „können nur dadurch wirken, dass sie etwa dem Gläubigen im ethisch-personalen Bereich unabhängig von gesellschaftlicher Nützlichkeit oder von Beliebtheit den Wert und die Würde eines Partners Gottes zuschreiben" (ebd.).

Auch aus theologischer Perspektive zählt allein das Helfen, nicht jedoch das Helfen aus noch so edlen Motiven, und sei es um Gott zu gefallen. Nach Mt 25, 40 sagt der König denen, die nur geholfen haben ohne zu wissen, wem sie geholfen haben: „Amen, ich sage euch: In dem Maß ihr tatet einem dieser meiner geringsten Brüder, mir tatet ihr es."

In einem *religiösen Lehr-Lern-Konzept*, sowohl für die alltägliche Praxis als auch für Ausbildung und wissenschaftliche Reflexion, müssten *handlungstheoretische* Begründungen ausschlaggebend sein. Erzieherische Entwicklungsförderung ist also auch in religiöser Hinsicht ein Bestandteil des umfassenden Lernprozesses zwischen Anlage und Umwelt, Mensch und Mensch, Mensch und Welt, zwischen den Generationen und Religionen, zwischen Gott und Mensch. In diesem interaktionalen Geschehen wird gemeinsam religiöse Deutungsfähigkeit gelernt und miteinander Sinn konstituiert. Religiöse Erziehung und Bildung ist insofern grundlegend als Hilfe zur Konstituierung von Sinn durch Tradierung von Sinnsystemen in interaktionaler Aushandlung zu verstehen. Mette beschreibt diesen Vorgang als Lernprozess, „in dem die überlieferten Erzählungen und Wissensbestände immer neu gemeinsam so angeeignet werden, dass sie in schöpferischer Weise umgesetzt und fortgeschrieben werden" (Mette 1994, 152f). Nach dem handlungstheoretischen Ansatz ist religionspädagogisches Handeln als freiheitsstiftende und -begründende „kommunikative Praxis" (Peukert) zu verstehen.

Es liegt im Interesse einer kommunikativen Religionsdidaktik (vgl. Boschki 1998 und Englert 1998) eine *religiöse Gesprächskultur* zu entwickeln, die sich der Frage stellt:

„Wie gehen wir redlich und schöpferisch mit der grundsätzlichen Unverstehbarkeit des Lebens um?" (Niehl 1993, 95). Es geht um religiöse Verständigung, um nachdenkliche Gespräche „über lebensbegründende Erfahrungen" und um das „umkreisende Verstehen", das mit der Kraft der Frage rechnet, das Widersprüche und Einsprüche respektiert, kognitives Lernen überschreitet und Glauben als ganzheitlich lebensgeschichtlichen Prozess versteht. Diese Gespräche erreichen ihr Ziel, „wenn Leben durchsichtig wird durch die Motive und Symbole des Glaubens - und wenn Glaubensüberlieferungen einleuchten als Erhellung des Lebens" (Niehl 1993, 96).
Praktisch dürfen Kommunikations- und Konfliktbewältigungsmodelle (Antons, Gudjons, Schulz von Thun u.a.), die soziales Lernen systematisch analysieren und trainieren, und die Themenzentrierte Interaktion (Cohn), die sich in vielen anderen Lebensbereichen bewährt hat, beim religiösen Beziehungslernen nicht ausgeklammert werden (vgl. Scharer, Matthias: Begegnungen Raum geben, Mainz 1995; Ludwig, Karl Josef: Im Ursprung ist Beziehung, Mainz 1997). Als spezielle Konzepte und Methoden wären hier die Pragmatische Exegese und die Interaktionale Bibelauslegung (Dormeyer) sowie das Bibliodrama (Kollmann) und die Kommunikative Religionsdidaktik (Kollmann) zu nennen.

1.2.5 Vermittlung eines dialektischen Gottesbildes

Bestimmte systematisch-theologische Positionen erheben gegen die Religionspädagogik den Vorwurf der Funktionalisierung von Religion und Glaube, wenn diese nach der *Brauchbarkeit des Gottesbildes* für einen möglichst gelingenden religiösen Entwicklungsprozess fragt bzw. die Unentbehrlichkeit eines dialektischen Gottesbildes für die Entwicklung einer tragfähigen Gottesbeziehung aufzeigt. Wer aber als Theologe davon ausgeht, über Gott könne man nur objektiv reden, ignoriert die existentielle Relevanz der Gottesfrage und des Glaubens an Gott und entzieht sich damit allen Problemen der pastoralen und religionsdidaktischen Vermittlung. Die Diskreditierung der produktiven Auseinandersetzung mit Sinnfragen und der „religiöse[n] Bewältigung von Kontingenzerfahrungen" wird hier energisch zurückgewiesen (vgl. Höhn 1998, 22f).
Denn junge Menschen suchen in der neuen pluralistischen Unübersichtlichkeit, die durch „schwebende Religiosität" und „unbestimmte Christlichkeit" (vgl. Nipkow 1993, 203) gekennzeichnet ist, einen *religiösen Standpunkt* und vielleicht den Gott, der ihre Lebensgeschichte erhellen kann. Insofern können lebens- und erfahrungsbezogene religiöse Inhalte (z.B. Sinn des Lebens, Schuld und Vergebung) dazu beitragen dieses suchende Fragen des Menschen nach dem dunklen Geheimnis, das er sich selber ist, nach der Welt und nach Gott offen und redlich zu bearbeiten. Bedingung ist, dass die theologischen Angebote der lebensgeschichtlichen Fragesituation angemessen sind und die „biographischen Theologumema" (Nipkow 1993) treffen, die die Jugendlichen als Frage, Vermutung oder Antwort selber formulieren. Die Heranwachsenden müssen sich in den Angeboten jedenfalls „wiedererkennen".
Den religiösen Erzieher interessiert die Frage, wo und wie Gott in der Welt heutiger Kinder und Jugendlicher vorkommt, wo und wie wird Gott für Heranwachsende wichtig? Schon relativ früh fragen Kinder von sich aus nach Gott und Leid (Theodizeefrage) und versuchen auch mit der dunklen Seite Gottes fertig zu werden (vgl. Oberthür

1998). In Anknüpfung an die vorhandenen Suchbewegungen (subjektive Religion, persönlicher Lebensglaube, ‚verborgene Religion') und an die religiösen Bedürfnisse (vertrauen können im Leid...) sollte sich christlicher Glaube beim vorhandenen „Lebensglauben" *ins Spiel bringen*. Das heisst, er darf sich nicht normativ aufdrängen und sich nicht als religiöses System rational über die alltägliche Lebenswelt überstülpen. Religionspädagogisch bedeutsam ist hier die von Bonhoeffer formulierte Bedingung, dass die Rede von Gott weltlich ist und praktisch wird. „Das heißt der Christ ist zunächst einmal ganz und gar Mensch, er liebt die Erde und lebt im Vorletzten - aber er tut dies alles sozusagen ‚vor Gott'. ‚Gott gibt uns zu wissen, dass wir leben müssen, als solche, die mit dem Leben ohne Gott fertig werden müssen'" (Bonhoeffer zit. n. Englert 1993, 107).

Das christliche Leid- und Erlösungssymbol „Kreuz und Auferstehung" kann von jungen Menschen als tragfähig erkannt und angenommen werden, wenn bei Entwicklungsproblemen (Trennung und Abschied), bei Krankheitserfahrung (Depression) oder Lebensbedrohung (Unfall, Sterben müssen) analoge Widerspiegelungen oder provozierende Herausforderungen auf der Erfahrungsebene (als Schmerz, Ausweglosigkeit und Trost, Ermutigung, Glück) entdeckt werden. Über Kreuz und Auferstehung Jesu lässt sich nur sinnvoll reden, wenn diese Rede *dialektisch und biografisch* mit eigener Leiderfahrung und der Erfahrung, Leid mit anderen Menschen teilen und erträglicher machen zu können, „geerdet" ist.

Religionspädagogisch und theologisch wichtig ist, dass man von Gott nur sinnvoll reden kann, wenn man zugleich vom Menschen spricht, der nach Gott fragt und Gott sucht.

2. Ein authentisches Biografiebeispiel

Ein psychose-erfahrener *junger Mann (B., 33)* sagt nach erfolgreich verlaufener Therapie: „Vielleicht wäre ich ohne meinen überstarken Wunsch nach religiöser Erneuerung nicht krank geworden." B. schlägt sich auch noch nach der Therapie mit dem Problem herum, wie es sein kann, dass ein religiöses Interesse, ein intensiver Wunsch sein Leben neu auf Gott auszurichten und immer wieder in der Bibel zu lesen, in einer Psychose enden kann.

Er fragt sich auch, ob die Krankheit vielleicht schon vor dem religiösen Umkehrwunsch in ihm steckte und das religiöse Interesse „nur" Anlass für den Ausbruch der Krankheit war. Oder ob vielleicht seine stärker werdende Religiosität selber irregeleitet und krank machend war. Oder ob beides zusammenkam.

B. weiß, dass für ihn ein hohes Rückfallrisiko besteht, wenn er auf bestimmte Symptome nicht achtet. Das können sein: Schlafstörungen oder die auffallende Neigung alles Erlebte auf die eigene Person zu beziehen, aber auch *„zunehmende Religiosität"*, wie es in einem Merkblatt für psychose-erfahrene Menschen heißt. Religiosität als Krankheitssymptom? Er lernt - um einem Rückfall zuvorzukommen - in der Therapie die gezielte Selbstbeobachtung und darauf zu achten, dass sein Interesse an Religion und seine Neigung zur Religiosität nicht zu stark werden.

B. hat später erzählt: „Gut, dass ich die Beziehung zu meiner damaligen Freundin S. ganz abgebrochen habe. S. war immer sehr bestimmend, auch sehr religiös und etwas abgedreht. Da ich unter Angst- und Schuldgefühlen litt, wollte sie mir echt helfen. Aber die verschiedenen Gruppen, mit denen ich es dann zu tun bekam, machten alles nur noch schlimmer. Die charismatische Gruppe, ein katholischer Priester, dann die Schwestern und zwei katholische Beichtväter in einem Kloster, sie erkannten meine Krankheit nicht. Sie sahen meine Ängste, auch meine Versuche mich umzubringen, als *Besessenheit und Teufelswerk* an und traktierten mich mit täglichen Beichten, Bibellesen (Apokalypse), Weihwasserwaschungen und Fasten. Bei all den Rosenkränzen (bis zu fünf Rosenkränzen pro Tag) und trotz Heilbeten wurde es immer schlimmer. Am schlimmsten war der zweimalige Exorzismus, das war die Hölle. Der Priester konnte mir nicht mehr helfen, er wirkte auf mich wie geistesabwesend und hilflos. Er verbot mir streng zu einem Psychotherapeuten zu gehen, in meinem Fall helfe nur das Beten. Deshalb verwies er mich an einen anderen Exorzisten, der mir Gebete zufaxte, die ich mit meiner Freundin täglich mehrmals zu beten hatte.

In die andere Gruppe - eine freikirchliche - hatte mich M. aus unserer WG mitgenommen. Da musste jeder in jeder Sitzung von seinen Gotteserfahrungen erzählen. Ich war gerade mitten in einem psychotischen Schub und hatte Visionen, also Halluzinationen, die von dem Leiter des Hauskreises *als echte Gottesoffenbarungen* ausgelegt wurden. Dann mussten alle Teilnehmer Bibelstellen nachschlagen und mir meine Visionen biblisch bestätigen. Gut, dass das alles vorbei ist und M. inzwischen ausgezogen ist. Sie hätte mich sonst wieder in diese Gruppe mitgenommen, die mich damals reingerissen hatte. Als ich dann in psychiatrischer Behandlung war, besuchten mich diese Leute öfter, heimlich legten sie mir die Hände auf und beteten über mir, bis die Psychiater ihnen das Haus verboten.

In der monatelangen *Therapie* habe ich die Einsicht gewonnen, dass die Behandlung der psychischen Beschädigung Vorrang hat vor allen anderen Aspekten, auch vor den religiösen. Deshalb muss ich mich streng an die Grundregel halten: ‚Wenn ich beten will, kann ich mit Gott sprechen. Das ist o.k. Wenn er aber antwortet, dann muss ich zum Therapeuten.'"

Offenbar kann Religion „gefährlich" werden, wenn sie sich absolut setzt, sich als psychotherapeutisches Allheilmittel versteht und die Psychiatrie verteufelt. Wie bei B., der durch seine Disposition für psychotische Erkrankung in besonderer Weise religiös sensibilisiert war, kann Religion auch auf gesunde Menschen gefährlichen Einfluss ausüben. Im Folgenden sollen aus dem Extrembeispiel Konsequenzen für den normalen Erziehungsalltag gezogen werden.

Eine weitergehende Frage, die hier nicht mehr behandelt werden kann, ist das Problem der pastoralen Begleitung von neurose- und psychoseerfahrenen Menschen nach der Therapie.

3. Entwicklungshemmende Aspekte von Religion.

Religiöse Einstellungen, insbesondere der christliche Glaube, können - wie aufgezeigt - in Lebenskrisen aufhellend wirken und hilfreich sein bei ihrer Bewältigung (vgl. Kurz in: Klosinski 1994, 194), sie können aber auch wie negative Verstärker in diesen Krisensituationen wirken und sogar Auslöser von neuen Krisen und Konflikten sein, die die Lebenssituation eher verdunkeln als aufhellen.

Religion soll hier auf ihren (auch) riskanten und gefahrvollen Charakter, den sie unter bestimmten Bedingungen annehmen kann, und hinsichtlich ihrer verdrängten und oft unterschlagenen *Schattenseiten* kritisch hinterfragt werden. Als Religionsdidaktiker frage ich auch nach bestimmten religiös inhaltlichen Angeboten und ihrer „Passung" bzw. „Nicht-Passung" zur Situation und Disposition des Adressaten. Zunächst auf die Entwicklung des einzelnen Menschen und nicht so sehr auf gesellschaftliche Aspekte bezogen soll im Folgenden der Frage nachgegangen werden, wann Religion oder ein bestimmtes religiöses Angebot für eine gesunde Entwicklung des Menschen eine Gefahr sein kann.

3.1 Lebensgeschichtliche Verdunklung

Wie das Beispiel B. zeigt, sind lebensbedeutsame Entscheidungen zu religiöser Umkehr oder besondere religiöse Anstrengungen riskante Unternehmungen, denn sie können gefährlich, gesundheits-, und sogar lebensgefährlich werden. Da ihre verdunkelnde Wirkung sich zum größten Teil im Unbewussten vollzieht, ist ihre kritische Bearbeitung (als Bewusstmachung) eine notwendige Aufgabe der Religionspsychologie sowie der Religionspädagogik.

3.1.1 Fehlende Balance der Lebensgrundspannungen

B. erlebte den Zusammenbruch der wichtigsten Lebensgrundspannungen. Es waren vor allem die Beziehungsprobleme mit der stark religiös fordernden Partnerin, die ihn stressten und an seiner Identität zweifeln liessen. Solidarisch sein und sich auf den anderen einlassen, sich verändern ohne sein Gesicht zu verlieren (erwachsen sein), und gleichzeitig der Wunsch mit der Entwicklung noch einmal von vorne zu beginnen und jetzt alles ganz richtig zu machen (kindliche Religiosität), beide Strebungen verursachten eine Krise, die seine *ganze Existenz* aufs Spiel setzte. B. bzw. seine Psyche hat einen Ausweg in der Psychose gefunden und sich ein eigenes Denkgebäude mit einer eigenen Welt aufgebaut. Es war die Entdeckung einer neuen Dimension, die plötzlich wie von außen in sein Leben getreten war. Sie bestand aus Intuition, einem ozeanischen Gefühl, aus Mystik und dem Übernatürlichen und zugleich aus der Distanzierung zum Leistungsdenken, der Rationalität, der Wissenschaftlichkeit, der Logik. Aber das Neue dieser Dimension hatte auch etwas Grauenerregendes, es zog Lebenskraft ab, ließ Gift einströmen und rief Angstgefühle hervor, die schließlich nicht mehr zu ertragen waren.

An diesem Extrembeispiel kann vielleicht bewusst gemacht werden, wie störanfällig die Lebensgrundspannungen sind und wie wichtig ihre gute Ausbalancierung zur Erhaltung der psychischen Hygiene ist.
Wodurch kann die Balance der Lebensgrundspannungen Leben-Können und Sterben-Wollen, Für-sich-sein und Mitsein, Verändern und Bewahren, Meditation und Aktion gestört werden?
Die Störung ist zunächst ein ganz *normales Entwicklungsphänomen*, allerdings mit Aufgabencharakter. Je weiter der Mensch in seiner Entwicklung fortschreitet, sieht er sich Krisen, Konflikten, Widersprüchen und Paradoxien ausgesetzt, die neu und nicht leicht zu bewältigen sind, manche werden nicht bewältigt. Das ehemals so einfache, klar strukturierte Weltbild trägt nicht mehr, es wird radikal in Frage gestellt. Jede Stufe seiner Entwicklung fordert ihn neu heraus und verlangt von ihm neue akrobatische Balanceakte, ganz anders als die der vorangegangenen Stufe. Häufig ist es angenehmer sich dieser Entwicklungsarbeit zu entziehen und auf eine frühere, Sicherheit garantierende Stufe zurückfallen zu lassen oder jede Balancearbeit aufzugeben.
Nach dem erweiterten *psychoanalytischen* Modell kann die Balance zwischen den Instanzen Es, Ich und Über-Ich gestört sein und im Konflikt zwischen biologischer Triebhaftigkeit (Es) und sozialer Normativität (Über-Ich) eine realitätsangemessene Regulierung nicht zu Stande kommen. Die mangelnde „Regulationskompetenz" (Bekker 1982, Kurz in: Klosinski 1994, 188) beinhaltet, dass das Ausbalancieren und Herstellen eines Gleichgewichts zwischen medialen und figuralen Aspekten zunehmend - wie beispielsweise in der Pubertät - schwerer fällt oder ganz aufgegeben wird. Bei Zwangsneurotikern, deren Primärpersönlichkeit meist ängstlich depressiv, selbstunsicher und skrupulös geprägt ist, überwiegt dann die Sehnsucht nach einer starken Autorität, „die das erlösende Machtwort spricht", nach „Gott als höchste Instanz" und „als Verkörperung eines starken Über-Ichs" (Knölker, in: Klosinski 1994, 185). Ich-Schwäche bzw. neurotische oder psychotische Disponiertheit kann also dazu führen Halt zu suchen in religiösen Denk- und Verhaltensmodellen, die auf einfache aber stabile Strukturen reduziert sind (gut - böse, Gott - Satan, Himmel - Hölle u.a.). Diese vermeintlich schnellen und einfachen Lösungen komplizierter Konflikte wirken fast immer lebensgeschichtlich verdunkelnd, weil sie - psychologisch gesehen - die aufhellend wirkenden differenzierten Lösungen umgehen oder verhindern.
Weitere Beispiele für Verdunklung durch Vereinfachung sind: Straf-Animismus, der Schuldgefühle automatisch wachhält, religiöser Autoritarismus, der das Heil dekretiert und keine Autonomieentwicklung duldet, Stagnation als Verweigerung der Weiterentwicklung, Regression und religiöser Infantilismus, Fundamentalismus, „dämonische Gottesbilder", „Teufelsglaube" (s.u.).
Die Frage, ob am Ursprung der Balancestörung die religiös induzierte neurotische bzw. psychotische Erkrankung oder die neurotisch bzw. psychotisch induzierte Religiosität steht, ist wie die Frage nach „Henne oder Ei" nicht zu beantworten.

3.1.2 Überforderung

B. hat seine „neue Realität" entdeckt: Die Welt war auf einmal voller Wunder, und Gott hat sie direkt an ihm persönlich vollzogen. Es waren schon einige Wunder zu seinem Schutz passiert. Einmal gab es für ihn persönlich einen besonderen Schutz, der ihm gewährt wurde um ihn in seiner Entwicklung weiterkommen zu lassen. Gott hatte ihn auf die Probe gestellt und ihm befohlen in der Nacht seine Wohnung zu verlassen und in einen Wald zu fahren. Dort sollte er auf eine verlassene Ruine steigen und sich hinunterstürzen. Da B. aber auch unfreiwilligen Kontakt mit dem abtrünnigen Engel Luzifer hatte, konnte es sein, dass dieser sich vorgedrängt und von seiner Macht Gebrauch gemacht hat, eingeschränkten Einfluss auf ihn zu nehmen. Er war sich nicht sicher, ob *der* es vielleicht war. Da aber Gott den Luzifer längst besiegt hat, konnte es nur Gott gewesen sein.

Die regulierende und Überforderung vermeidende Funktion der Stufentheorien versagt hier vollständig. Auf der religiösen Entwicklungsstufe, die mit Fowler „persönlich reflektierter Glaube" umschrieben wird, hätten Auseinandersetzungen mit anderen Standpunkten und Konfrontationen mit Widersprüchen durch Integration und Ausbalancierung zur nächsten Stufe des „Versöhnlichen Glaubens" geführt.

Es musste die religiöse Entwicklungsebene verlassen und ganz entschieden eine *psychiatrische Behandlung* angesetzt werden. Statt dessen hieß es in dem in höchster Not von einem Priester zugefaxten „Gebet um Befreiung von dämonischen Attacken" im Vorspann: „[...] das Gefühl, von außen oder innen gelenkt zu sein, zwanghaft zum Selbstmord, zum übertriebenen Beten, zu sexuellen Handlungen [...] getrieben zu werden", „wenn ich schemenhafte Gestalten sehe, abnorme Ängste entwickle, ständig depressiv nach unten gezogen werde ohne eine plausible Erklärung zu haben, wenn seltsame Zeichen oder gehäufte Merkwürdigkeiten vorkommen", so sind dies Symptome, „die medizinisch oder psychologisch nicht zu klären und zu beseitigen sind. Auch bei reinem Verdacht ist es gut, um Befreiung zu beten" (Müller, Dr. Jörg SAC). Am Ende des Gebetes heißt es: „Jesus, ich bitte dich jetzt, mich in dein kostbares Blut einzutauchen, von allem Übel zu reinigen und vor künftigen dämonischen Attacken zu schützen" (ders.).

Die durch das mehrmalige gemeinsame Sprechen dieser Gebete hervorgerufene religiöse Totalüberforderung konnte in der Therapie nach einer mehrmonatigen Stabilisierungsphase durch eine schrittweise *rationale Gebetsanalyse* abgebaut werden. B. schreibt: „Nach meinem Selbstmordversuch in der Badewanne wirkte das Symbol von Jesu kostbarem Blut, in das ich eingetaucht zu werden bitten musste, im schlimmsten Sinne Angst machend. Es verstärkte meine Ängste und erzeugte neue Angst machende Blut-Bilder, die meine Lage nicht verbesserten. Wie kann man von kirchlicher Seite ich-geschwächte Menschen so überfordern! Ich weiß, welche Wirkung solche Gebetspraktiken auf ich-geschwächte Menschen haben können, besonders wenn sie schon drin stecken."

Es ist bei dieser Gelegenheit auf die Gefahr einer „*nur spirituellen Therapie*" hinzuweisen, die von der Bearbeitung der psychischen Fehleinstellungen und Konflikte ablenkt oder diese zudeckt durch gefühlsstarke Gottesdienst- und Gebetsformen. Dies bestätigt auch Grom, der sagt: „Wer alle Probleme theologistisch erklärt und sie allein durch Gebet und Meditation lösen will, verhindert u. U. die notwendige Behandlung durch einen ausgebildeten Therapeuten und geht bei Suizidgefährdeten ein hohes Risiko ein" (Grom 1992, 181f).

Es gibt weitere Formen überfordernder Religion, die hier nur kurz genannt seien: Bestimmte religiöse Inhalte der devotio christiana (Entmachtung böser Mächte, demutsvolle Hingabe, Selbstverleugnung...), Stagnation - Verharren im frühkindlichen Narzissmus, das zu Enttäuschung und Wut führt, zwanghaft religiöses Verhalten, Vollkommenheitsstreben in Verbindung mit der *Unfähigkeit zum Lebenskompromiss* (Hole in: Klosinski 1994, 220).

3.1.3 Schädigung des Selbstkonzeptes

Bestimmte religiöse Einstellungen oder Handlungen stören die menschliche Selbstkonzeptentwicklung, wenn sie die Entfaltung der zu einer gesunden Entwicklung gehörenden Kompetenzen beeinträchtigen. Es sind Beeinträchtigungen vor allem der Liebes- und Arbeitsfähigkeit, der Regulationskompetenz auf der Basis einer funktionstüchtigen Personenmitte, der subjektiven oder objektiven Selbstverwirklichungskompetenz sowie der Balancefähigkeiten beim Für-sich-Sein und Mit-Sein und beim Verändern und Bewahren (vgl. logotherapeutisches Set von Fähigkeiten bei Kurz in: Klosinski 1994, 192; ebd. 189 das „Selbstaktualisierungmodell" nach der Humanistischen Psychologie nach Rogers, Maslow).

In den meisten Fällen enden solche Selbstbeeinträchtigungen „in der pathologischen Endstrecke der Depression", genauer in der *„depressiven Dekompensation"* (Hole). „Gefährdet sind besonders stark beeindruckbare und identifikationsfähige, jedoch schon von früher Kindheit her vulnerable und spezifisch neurotisierte Menschen, speziell im Sinn der ekklesiogenen Neurosen; hierzu gehören die typischen Merkmale der Tabuisierung und Unterdrückung von Trieb- und Entfaltungsbedürfnissen einerseits und der Ausrichtung auf hohe perfektionistische Ziele andererseits" (Hole in: Klosinski 1994, 220).

Zu einer *Pathologie des religiösen Selbstbewusstseins* müssten noch gerechnet werden: Das düstere Bild des Menschen als böser und schuldbeladener Sünder, das extreme sola gratia Prinzip, die Frömmigkeitsideale der Selbstverleugnung und des Gehorsams, die religiöse Verdächtigung von positiven Selbstbewertungen und des Selbstwertgefühls als Götzendienst, religiös zwanghafte Dämpfung und Unterdrückung von Selbstentfaltungstendenzen aus Triebangst, weitere Formen neurotisierender und psychotisierender Religiosität (Dualismus, Autoritarismus, Ideologisierung, religiöser Fanatismus, Fundamentalismus, Magie).

Die genannten religiös pathologischen Einwirkungen, zu denen noch schädliche Gottesbilder (s.u.) gezählt werden müssen, kommen immer zur Schädigung des Selbst hinzu oder sie verstärken sie. Dominant bleibt das *beeinträchtigte Selbstwertgefühl*. Neuere Forschungen haben ergeben, dass das Selbstwertgefühl durch negative wie auch durch positivere Gottesvorstellungen kaum verändert werden kann, es sei denn sie bestätigen und verstärken schon vorhandene „negative Selbstbewertungsdispositionen" (vgl. Grom 1994, 104). Hier spielt der Umgang mit Selbsteinschätzungen und mit Angst in den Familien eine große Rolle. „Das, was T. Moser ‚Gottesvergiftung' genannt hat, setzt also immer auch eine Angst induzierende, selbstwertmindernde Beziehungsvergiftung in der Familie voraus" (Grom 1994, 105). Diese angedeuteten Zusammenhänge sind nach Grom nur hypothetisch zu verstehen. Genauere Forschungen stehen noch aus.

B. erhielt in der Therapie Einblick in seinen psychischen Zustand. Neben vielen medizinischen Informationen über Stressverarbeitung im Gehirn war die Rede von Ichkern-Spaltung, vom Ausgehen des inneren Lichtes, von der Aufweichung des Selbst und der Zerfliessung der Ich-Grenzen. Er lernte, dass die religiöse Symptomatik seiner psychotischen Erkrankung relativiert werden muss. Er musste die Religion wegschieben, die nur die Verpackung seiner inneren Probleme war. Wichtig war die *realistische Selbstwahrnehmung* ohne jede Verdrängung, die Anerkennung und Annahme von inneren Problemen, die ihm zu schaffen machten, und der Verzicht auf das äußerliche Überspielen und Kaschieren der inneren Probleme.
Die psychiatrische Sicht weist darauf hin, dass psychotisch erkrankte Menschen unter Ich-Störungen leiden, d.h. dass „die Unantastbarkeit der eigenen Person, des eigenen ‚Ichs' gefährdet ist" (Bäuml 1994, 16); bei ihnen ist zeitweise „die Fähigkeit zur kritischen Einschätzung von Wirklichkeit und Phantasie [...] eingeschränkt" (ebd., 23); bei zu hoher Stressbelastung kann die Erkrankung ausbrechen. Religion als Motivationsfaktor (s.o.) kann dabei als Auslöser durch dämonologische oder satanistische Deutungen von Angstzuständen wirken bzw. auch die psychotische Symptomatik (innere Stabilisierung) noch unterstützen (z.b. durch eine angeblich ‚unbezweifelbare' Berufung durch Gott).
Religionspädagogen sollten wissen, dass die gestörte Psyche in ihrer Selbstdiffusion einen *Halt* sucht und nach einem festen und am besten absolut zuverlässigen Außenhalt greift. Das kann bei christlich sozialisierten Menschen nur Gott sein, dessen Anruf und Stimme als unbezweifelbar erlebt wird. Diese Schutzsymptomatik mit austauschbar religiösem Inhalt - es könnten auch andere, etwa politische Inhalte sein - muss als solche erkannt und behandelt werden wie jede andere Symptomatik.
Ein theologisches Modell, das das Problem von Glaube und Selbsterfahrung einseitig auf den Glaubensfaktor focussiert und den Selbsterfahrungsfaktor zu Gunsten des Glaubensfaktors zurückstellt oder gar unter Verdacht nimmt, weil Entwicklung und Selbsterfahrung grundsätzlich der göttlichen Gnade und Offenbarung unterzuordnen sind, müsste sich von den hier beschriebenen Realitätserfordernissen hinterfragen lassen (vgl. Ringel/ Kirchmayr 1995, 37, 201, 213).

3.1.4 Isolation und Einsamkeit

Unter welchen Umständen können religiöse Einstellungen Isolation und Einsamkeit bewirken?
Wie schon erwähnt kann ein besonders intensives religiöses Bemühen, eine „religiöse Höhenwanderung" zu einem Zusammenbruch der bisher erreichten psychischen Gesundheit und Stabilität führen und in einem „depressiven Absturz" enden. Besonders betont sei hier die *Leidensintensität*, wenn die religiöse Auseinandersetzung mit den bösen Mächten als Kampf in völliger Isolation und in angstvoller Einsamkeit ausgetragen werden muss. „Für die Außenstehenden ist die Art und das Ausmaß der depressiven Qual, wenn überhaupt, dann höchstens ahnbar, jedoch kaum verstehbar und gewiss nicht ermessbar" (Hole ebd., 211).
Bei der in einem solchen Krisenfall auftretenden *Unfähigkeit* irgendeine Balance oder Kompensation herzustellen überwiegt entweder der Drang nach religiöser Vollkom-

menheit (Perfektionismus), der sich immer selbst überfordert und scheitern muss, oder eine deutliche Aggressionshemmung (fehlendes Durchsetzungsvermögen), die dazu führt sich in schwierigen Situationen lieber zurückzuziehen und alle Außenkontakte zu meiden. Zu Grunde liegt nach Hole ein familiäres Prägungs- und Erziehungsmuster, das Erziehung zur Vollkommenheit, konsequente Hingabe und Nachfolge mit Entweder-oder-Charakter, Triebunterdrückung und ‚Reinheit' betont. „In der religiösen Idealbildung wird dann z.b. selektiv auf ein einseitiges Jesus-Bild, den ‚sanften' Jesus, abgehoben" (Hole ebd., 214).

B. erlebt - wie er sagt - eine innige Christusliebe, eine Liebe, die den Menschen Mensch werden lässt und ihn heilt und rettet; dazu aber flieht er in die äußere Isolation und sitzt stundenlang ruhig auf seinem Zimmer und erlebt eine Art Identifikation mit Jesus Christus. Dann aber beklagt er seine fürchterliche Einsamkeit, die nächtlichen Ängste und Teufelsstimmen, die ihn zwingen bestimmte Körperhaltungen einzunehmen, die Rosenkranzgebete in Verbindung mit Selbstbestrafung bei Unandächtigkeit und Unkonzentriertheit, schließlich der fürchterliche Stupor (Angststarre), und alles in tiefer und fürchterlicher Einsamkeit.

Religion - vor allem in Verbindung mit solchen u.ä. Erkrankungen - macht beziehungsunfähig, wenn sie durch Überbewertung der religiösen Innerlichkeit die Voraussetzungen für gelingende Beziehungsaufnahmen einschränkt, wenn sie die Hierarchie und Abhängigkeit in der Beziehung zu Gott überbetont und den Menschen so schwächt, dass er nicht mehr wagt sich selbst in Beziehungen einzubringen (vgl. zur Transaktionsanalyse Esser 1994, 222f).

3.1.5 Dunkle Gottesbilder

Dunkle Gottesbilder entstehen sehr früh in der menschlichen Entwicklung - phylo- und ontogenetisch gesehen. Sie wurzeln beim einzelnen Menschen in der kindlichen Strafangst bzw. im *Straf-Animismus*, der alles eigene Erleben auf Dinge und Ereignisse überträgt, die so beseelt und vermenschlicht werden. Ein Gewitter wird als Strafe einer höheren Macht angesehen, die alles Böse bestraft. In jedem Kind wirkt „die Strafangst [...] als treibende Kraft" (Jaschke 1992, 30), eine tief im Menschen verwurzelte Neigung zur Gerechtigkeit (Piaget), verstärkt durch elterliche Strafpraxis. So wird in den seelischen Schuldkonflikten der frühen Kindheit das Bild vom Richtergott und Strafvollstrecker entwickelt, der alles sieht und gerecht bestraft. „Strafe, Sühne muss sein, so wird das Kind später auch belehrt werden, wenn es vom christlichen Gott hört, der das Opfer seines Sohnes als Sühne für unsere Sünden fordert" (ebd., 34). Pathologisch wirken solche Gottesvorstellungen (vgl. Daniel 1997, 152), wenn sie mit der menschlichen Entwicklung nicht mitgewachsen und auf der strafanimistischen Stufe hängen geblieben sind.

Auf Grund seiner therapeutischen Erfahrung kann Jaschke überzeugend nachweisen, dass gerade das so genannte „*christliche Gottesbild*" durch dieses strafanimistische Denken bis heute geprägt ist. Die biblischen Autoren (AT und NT), eine neurotisierende theologische Belehrung (Paulus, Augustinus, Luther) und die religiöse Unterweisung stünden immer noch unter dem Bann des strafenden Gottes (vgl. ebd. 30-76). Auch Baudler kommt am Ende seiner wirkungsgeschichtlichen Untersuchung zur

Gottesbildentwicklung zu dem Ergebnis, dass in der Geschichte des Christentums „die Erfahrung Gottes als Abba, als eines Gottes, der Liebe ist und Furcht vertreibt, [...] noch wenig ausgeprägt" ist (Baudler 1996, 217).

Ein Grund dürfte darin liegen, dass - nach dem psychoanalytischen Modell - dunkle oder dämonische Gottesbilder bei jedem Menschen aus *negativen Schlüsselerfahrungen* in der frühen Kindheit resultieren und seine ganze Lebenseinstellung prägen. So entsteht beispielsweise das Bild des „Todes"-Gottes aus der unbewusst wirkenden Bedrohung durch Werteinschränkung des eigenen Lebens (ich war „unerwünscht") und aus der damit gekoppelten Todesangst (ich sollte eigentlich gar nicht leben). Die todbringende Forderung „Liebe deinen Nächsten über alles, nur nicht dich selbst" (Frielingsdorf 1992, 83) ist dann das psychologische Schlüsselwort für das Bild des Todes-Gottes. Angst erzeugende Gottesbilder vergiften die Psyche mit „Gott". Von „Gottesvergiftung" spricht deshalb Moser, der in seiner „gebeteten" Selbstanalyse zu dem Ergebnis kam: „Du haustest in mir wie ein Gift, von dem sich der Körper nie befreien konnte. Du wohntest in mir als mein Selbsthass. Du bist in mich eingezogen wie eine schwer heilbare Krankheit, als mein Körper und meine Seele klein waren" (Moser 1976, 9f).

Der „Buchhalter-Gott" und der „Leistungsgott" sind weitere dunkle Gottesbilder, die in Frielingsdorfs Untersuchung von einem hohen Prozentsatz seiner Probanden genannt und analysiert wurden (ebd., 142-161).

Diese und andere dunklen Gottesbilder werden aufrecht erhalten durch fundamentalistische Bibelauslegung und unaufgeklärte konkretistische Symboldeutungen, die suchenden und hilflosen Menschen oft als *Sicherheits-Kontrollen* angeboten werden.

So sind Vorstellungen von Dämonen und vom Teufel sichere Kontrollinstanzen, die sich als Erklärung für das Böse in der Welt nicht nur dem antiken Menschen aufgedrängt haben. In einer jüdischen theologischen Tradition werden sie als von Gott abgefallene und bestrafte böse Geister verstanden, nach Haag „lediglich eine Notlösung", die dem religiösen Bedürfnis des Judentums entsprach, „das sich nicht mit der Vorstellung abfinden konnte, das Böse in der Welt sei letztlich auf das Walten Gottes zurückzuführen" (Haag 9/1996, 49).

Nach einer älteren Tradition ist Jahwe aber für Israel ein einziger Gott und die dualistische Lösung, es könne neben dem einen guten Gott noch einen zweiten Gott, einen bösen Gott geben, widerspricht dem jüdischen Grunddogma, dass Jahwe es ist, der alles wirkt, der Heil und Unheil *schafft*, wie er Himmel und Erde „*erschaffen*" (bara' vgl. Jes 45,6f) hat. Nur er - nicht der Mensch - hat die volle Lebensmacht und „überragende Tötungsgewalt, die Heil und Unheil, Segen und Fluch, Leben und Tod untrennbar und unverrechenbar *in sich enthält*" (Baudler 1996, 90).

Dunkle oder verdeckt dunkle Gottesbilder werden oft in bedrängenden Notsituationen gewählt und als höchst interpretationsbedürftige Symbole (Metaphern) in unkritischer oder pathologischer Weise wie in einem Realitätswahn (bei gesunden und psychisch kranken Menschen) fundamentalistisch, wörtlich, immer eher als bedrohlich denn als hilfreich verstanden und herangezogen (vgl. „Dämonische Gottesbilder" bei Frielingsdorf 1992 sowie „Exorzismus" bei Friemel 1996). Sie treten auch auf als ekstatische „Intensivform religiös motivierter Angstbewältigung", die als „Nachbildung von Selbstwertgefühl" gedeutet wird (vgl. Grom 1992, 276).

B. beschreibt seine *Gotteserfahrung*, wie er sie in der Psychose erlebt hat: „Gott ist groß. Er ist allmächtig. Als ich seinen Schutz unbedingt brauchte, hat er mir ein riesiges, weißes Kreuz an den wolkenlosen Himmel gemalt. Es war dort zu sehen, solange ich den Schutz brauchte. Zusammen mit meiner Not erschien es mir, und es verschwand mit dem Ende meiner Not. Jeder konnte es sehen. Der Zusammenhang zwischen meiner Not und Gottes Schutz in Form dieses Kreuzes ist sowohl räumlich als auch zeitlich eindeutig. Zufall ausgeschlossen. Ich war in dieser Stunde ganz von Gottes Geist erfüllt. Es war keine Einbildung und auch keine Auto-Suggestion. Es war pure Realität und ich danke Gott für seine unendliche Liebe. Nur nebenbei würde mich mal interessieren, wie die Psychologie den so genannten Placebo-Effekt erklärt."

In der letzten Frage taucht die kontrollierende Kritik am Erlebten auf, ob die pure Realität nicht vielleicht doch eine Einbildung war und wie ein Placebo gewirkt hat. Das weiße Kreuz waren zwei Kondenzstreifen, für ihn an den Himmel gesetzt als Beleg für die Echtheit seiner Gotteserfahrung - oder doch nur eine Illusion? Kann eine Illusion helfen? Dazu sagt Flammer: „Interessanterweise können abergläubisches Verhalten und illusorische Kontrolle ihre psychohygienische Funktion *genau so gut erfüllen wie wirkliche Kontrolle*. Ob religiöse Praktiken Aberglauben seien oder nicht, lässt sich psychologiewissenschaftlich nicht entscheiden" (Flammer in: Klosinski 1994, 23).

Eine *religionspsychologische Pathologie* entfaltet Grom unter den Stichworten „Religiosität zwischen Gewissenhaftigkeit und Zwangsneurose", „Religiosität in der Vielförmigkeit normaler und gestörter Emotionen" und „Religiosität in den Variationen veränderter Bewusstseinszustände" (Grom 1992, 117-133, 279-292 und 292-366; vgl. auch Sudbrack 1998, Klosinski 1994, Wied 1998). Wie die Ausführungen zeigen, müssten pathologische Aspekte viel stärker in den Dialog zwischen Religion bzw. Theologie und Psychologie und Religionspsychologie einbezogen werden (vgl. dazu die systematische Untersuchung von Utsch 1999).

Die Gefährlichkeit von Religion, der verdunkelnde Charakter von religiösen Erfahrungen, Einstellungen und Praktiken zeigt sich - wie Utsch darstellt - besonders klar am unaufgeklärten Verhältnis von Religion/Theologie und Psychologie/Religionspsychologie selbst. Zudem ist wichtig, dass sich psychoanalytische und strukturgenetische Ansätze je von ihren eigenen Grundfragen her zu gemeinsamen Themen wie etwa „Umgang mit Schuld" oder „Angst vor Gott" (Oberthür 1986) einander ergänzen. Erfreulicherweise liegen theologisch-exegetische und psychiatrisch-therapeutische Korrelationen bereits vor. Zu nennen sind: „Abschied vom Teufel" (Haag 1974, 9/1996), „Der Krieg und das Christentum" (Drewermann 1982), „Die Dunkelseite Gottes" (Schwarzenau 1991), „Dämonische Gottesbilder" (Frielingsdorf 1992), „Dunkle Gottesbilder" (Jaschke 1992) und „Prophetie" (Wied 1998).

3.2 Fehlformen religiöser Erziehung

Man spricht von entwicklungshemmenden oder Fehlformen religiöser Erziehung, wenn diese sich an erziehungsfremden Kriterien orientiert und zur Entfremdung des Menschen von sich selbst, von anderen Menschen, von der Welt und von Gott beiträgt. Sie entstehen immer dann, wenn sich psychohygienische Forderung und religionspädagogisches Angebot nicht mehr entsprechen oder wenn die religiöse Erziehung und Bildung ihre psychohygienische Funktion verloren hat.

3.2.1 Störungen in den Lebensgrundspannungen

Es sind entwicklungsstörende und entwicklungsverfehlende Formen religiöser Erziehung und Bildung zu unterscheiden (vgl. Schweitzer 1987, 234).

1. *Störende Formen* sind beispielsweise: Verweigerung des Urvertrauens, moralische Bevormundung, Verhinderung emanzipativer Entfaltung, Unterdrückung der Sexualentwicklung, Ignorierung der Religions- und Bibelkritik. Sie wirken sich vor allem in der Kindheit nachhaltig aus, da Kinder verletzlicher sind als Erwachsene und Jugendliche: Schon kleine Drohungen mit Gott, der alles sieht, können dazu führen, „dass sie Religion nur noch als Strafe und Einschränkung erleben" (ebd.).

Einem Neugeborenen das lebensnotwendige Urvertrauen zu verweigern bedeutet ihm den Eintritt ins Leben zu versperren und das In-Gang-Kommen der Entwicklung zu blockieren. Es ist *der* religionspädagogische Kategorienfehler, da Religiosität und Glaube ohne Vertrauensbasis undenkbar sind. Andererseits ist die im Urvertrauen verwurzelte Religiosität selbst lebensnotwendig für den Menschen, da „die religiöse Dimension zur menschlichen Entwicklung gehört" und „einen wesentlichen Bestandteil dieser Entwicklung bildet" (Schweitzer 1987, 236).

Entwicklungsstörend ist die Haltung, die Religion - aus welchen Gründen auch immer - gänzlich *vom Leben abspaltet* und die religiöse Erziehung und Bildung zum Nebenschauplatz des Lebens erklärt. Es sind Erzieher, die nicht mitvollzogen haben, dass religiöse Entwicklung heute umfassend als „ein lebensgeschichtlicher Veränderungsprozess" (Schweitzer 1987) verstanden wird. Sie gehen das Risiko des religiösen Lernens mit sich und ihren Kindern lieber gar nicht erst ein und enthalten ihnen lebenswichtige Sinnorientierungen vor. Es sind aber auch säkulare Psychotherapeuten, die alles Religiöse aus ihrer Heilkunst ausklammern und so entweder zu viel versprechen und nicht halten können oder der „Heilsforderung" nicht voll gerecht werden (vgl. Sloterdijk 1993, 284f). Menschliche Entwicklung ist aber immer (auch) von Sinnkrisen bestimmt und religiöses Urvertrauen wird gebraucht, aus der Krise wieder herauszukommen und neuen Sinn zu stiften.

Störend sind religions- und *kirchengestützte Formen restriktiver Sexualpädagogik*. Mit Recht stellt Bartholomäus fest: „Noch immer wird die Lebensgeschichte vieler junger Menschen durch einschränkende kirchliche Sexualerziehung unnötig belastet" (Bartholomäus in: Klosinski 1994, 137). Mit Berufung auf autobiografische Untersuchungen (Schweitzer und Bucher 1989 u.a.) und auf die empirische Sexualpädagogik (Meile 1983) hält Bartholomäus diesen Störfaktor für erheblich. Er kommt zu dem Ergebnis, dass gerade katholisch kirchlich gebundene Kinder und Jugendliche moralische Selbstbestimmung und einen gelassenen und verantworteten Umgang mit Lust und Liebe kaum finden. „Das kirchliche Christentum hat dies eher verhindert. Darum geht dies nur in Distanz zur real existierenden Religion. Neue Konzepte religiöser Erziehung, die auf die stabilisierende Funktion von Gottesbildern oder verbindlichen Sinngebungen setzen, haben mit dieser Empirie zu rechnen" (Bartholomäus ebd. 149).

2. *Entwicklungsverfehlende Formen* religiöser Erziehung liegen vor, wenn „auf kindliche Vorstellungen und Verstehensweisen nicht eingegangen wird, wo also Kindern nur die Religion der Erwachsenen angeboten und in äußerlicher Form [...] nahegebracht wird" (Schweitzer 1987, 235).

Verfehlende Formen wirken indirekt, da sie vom Erzieher fast immer in bester Absicht eingesetzt und von den Kindern vertrauensvoll und zunächst unkritisch mitvollzogen werden. Erst später wird rückblickend ihre tatsächliche Wirkung erkannt. Die Konzeption, religiöse Texte und (ihnen) völlig unverständliche Inhalte mechanisch auswendig lernen und aufsagen zu lassen, hat ganze Generationen religiös geprägt bzw. bewirkt, dass Religion als langweilig und „weltfremd" (Sloterdijk) abgeschrieben und bei Seite gelegt wurde. Religiöse Erziehung und Bildung ohne Lebensrelevanz verfehlt ihre zentrale Intention, wenn nicht zugelassen wird, dass unbewusst ablaufende Prozesse der religiösen Legitimierung von Erfahrungen (z.b. Jahrtausendwende und apokalyptische Androhung des Weltuntergangs; vgl. Dormeyer/ Hauser 1990) hinterfragt werden.

Eine weitere Fehlform ist gegeben, wenn Prozesse religiöser Entwicklung einen *krankheitsfördernden Verlauf* nehmen und wenn das neurotisch oder psychotisch religiöse Symptom als solches nicht erkannt wird (Ablehnung von Kriseneinsicht, Verdrängung von Defiziten und Konflikten) und statt einer medizinisch sachkundigen Behandlung der Weg der besserwissenden religiösen Belehrung gewählt wird. Angewandt auf die allgemeine religiöse Erziehung und Bildung heisst das: Eltern, Erzieher und Lehrer müssen in der Lage sein hinter religiös formulierten Fragen das tiefer sitzende psychologische Anliegen und in psychologisch beschreibbaren Lebenskrisen den religiösen Hintergrund zu erkennen.

3.2.2 Religionspädagogische Überforderung

Religion kann für die Entwicklung des Menschen eine Gefahr sein, wenn die religiöse Erziehung und Bildung einseitig kognitiv und wissensbetont vorgeht, wenn sie bevormundend moralisch überfordert und das Gesetz der lebensgeschichtlichen Sachlichkeit missachtet.

1. Kritiker der modernen *Religionsdidaktik* werfen dieser vor theologisch überfrachtet zu sein, weil der christliche Glaube in der Regel in der Distanz einer denkmöglichen „Option bleibt" (Englert 1993, 103). Die korrelativ beabsichtigte Erdung des Glaubens könne nicht mehr gelingen. Psychologisch fatal sei die Künstlichkeit der schulischen Unterrichtung in Religion. Auch der Analyse ist zuzustimmen, dass Schüler sich überfordert fühlen, wenn eine (zu) hoch ansetzende glaubensapologetisch begründete Korrelationsdidaktik schon nicht mehr „durch das Erleben begründungsentlasteter [...] Glaubensgemeinschaft ergänzt wird" (ebd., 104) und dass das größte Handicap des korrelativen Religionsunterrichts - so meint Englert - „wohl sein mangelnder Bezug zur Praxis gelebten Glaubens [war und ist]" (ebd., 106).

Englert müsste aber konsequenter fordern, dass der künftige Religionsunterricht zu einem Raum für die Praxis gelebten und reflektierten Glaubens und zum Entstehungsort authentischer Religiosität und christlicher Gläubigkeit umgestaltet wird, statt nach wie vor die störende Auslassung der emotionalen Dimension und die weitgehende

Ausblendung des Unbewussten zu tolerieren. An Stelle des instruktionstheoretisch begründeten braucht der Religionsunterricht ein dialogisch bzw. handlungstheoretisch verstandenes Offenbarungsmodell (Peukert, Mette), das kompatibel ist mit einer kommunikativen Religionsdidaktik, die primär an einer kind- und situationsgemäßen Elementartheologie interessiert ist, die für religiöse Symbolsprache sensibilisiert (Halbfas) und den Unterricht selbst als ein den Inhalten des Faches entsprechendes Interaktionsgeschehen versteht.

2. Viele junge Menschen fallen einem religiös perfektionistischen Erziehungsideal zum Opfer und haben *unter Rigorismus zu leiden*. Dieses Problem ist theologisch „keinesfalls hinreichend angegangen", es fehlt eine „durchformulierte ‚Theologie der Unvollkommenheit'" und des „lebbaren Kompromisses", die sich der Frage neu stellen muss, „wie man in der Erziehung mit biblischen Radikalforderungen umgehen soll, wenn man einerseits glaubwürdig bleiben und andererseits psychohygienisch unverträgliche Situationen vermeiden will" (Hole in: Klosinski 1994, 221). Durch moralische Überforderung (religiöses Vollkommenheitsideal) kann Religion Angst und Selbstzweifel auslösen und nicht-religiöse Stressfaktoren unterstützen, die sich besonders in der Kindheit nachhaltig auswirken (Perfektionismus, Selbstüberforderung, Enttäuschung, Einschränkung, Bedrohung der eigenen Freiheit, Strafe).

Schon früh in der Entwicklung sind deshalb die *religions- und kirchenkritischen* Fragen, die teilweise radikalen und provokativen Anfragen und Zweifel auch bei kirchengebundenen Heranwachsenden ernst zu nehmen und nicht einfach nur als Negativfilter für die Kirchenzugehörigkeit zu werten. Es wäre fatal für die Kirche, wenn die Bearbeitung dieser Fragen umgangen oder verhindert würde. Entscheidend ist, wie mit diesen Fragen umgegangen wird, denn das moralerzieherische Grundproblem ist heute der „Mangel an Idealen, an sinnstiftenden Werten und identifikationsfähigen ethischen Leitbildern" (Hole ebd., 221).

3. Religiöse Erziehung muss scheitern, wenn sie sich selbst durch *die Missachtung lebensgeschichtlicher Sachlichkeit* überfordert. Dadurch bürdet sie sich nicht zu bewältigende Aufgaben auf. Es fällt ihr oft schwer die Eigenständigkeit bestimmter Lebensbereiche, ihre wissenschaftliche Erforschung (Humanwissenschaften, Medizin...) und die sich daraus ergebenden Sachgesetzlichkeiten anzuerkennen. Sie meint in die eigenständigen Bereiche etwa der Psychologie und der medizinischen Psychiatrie eindringen und etwa eine psychische Erkrankung mit religiöser Symptomatik grundsätzlich nur unter religiösen Aspekten betrachten zu dürfen. Diese Überforderung kann von theologischer, aber auch von psychotherapeutischer Seite ausgehen.

Beispiel für die *psychotherapeutische Seite* ist hier die so genannte „Transpersonale Psychologie" (Grof, Galuska), die für „Menschen in spirituellen Krisen" angewandt wird. Grofs These lautet: Eine Psychose ist keine Erkrankung, sondern letztlich eine spirituelle Krise. „Man habe es mit Gottsuchern zu tun, die beim Sturm auf den Gipfel mystischen Erlebens abgestürzt seien. Der Sturz dürfe nicht durch Medikamente künstlich beendet werden. Neuroleptica würden letztlich nur die Symptome beseitigen, aber die Krise im seelischen Hintergrund nicht lösen. Der Sturz müsse bis zum Aufschlag durchlitten werden." Es werden „seine Ansichten und Methoden von den meisten Psychiatern entsetzt zurückgewiesen" (Rosien 1998, 47).

Von *theologischer Seite* ist vor allem die undifferenzierte Ablehnung jeder Medikation und die Verteufelung der fortgeschrittenen - psychotherapeutisch verfeinerten - Psychiatrie zu erwähnen. B. wurde noch nach Monaten während seines Aufenthaltes in einer psychiatrischen Tagesklinik „von den charismatischen Leuten" aufgefordert seine spirituelle Krise in einem bestimmten religiösen Haus statt in der Psychiatrie kurieren zu lassen. Man geht von religiösen Vorurteilen gegenüber Technik und Medizin aus und lässt nur religiöse Heilungsmethoden (Handauflegen, Gesundbeten, Exorzismus) zu. Solche Verfahren sind als Folgen eines antimedizinischen Theologismus nicht zu verantworten. „Therapie mit religiöser Motivation ist möglich; religiöse Motivation statt Therapie wäre unverantwortlich" (Grom 1994, 109).

3.2.3 Religionspädagogisch bedingte Schädigung des Selbstkonzepts

Weil es Belege gibt für die Verhinderung von Identitätsentwicklung durch religiöse Erziehung und Bildung, steht religiöse Erziehung heute immer noch *unter Verdacht*. Es werden religiöse Erziehungsmethoden eingesetzt, „die auf alles andere als auf eine Befähigung des Heranwachsenden zur freien Selbstbestimmung und Ausbildung einer autonomen Handlungskompetenz gerichtet" (Mette 1994, 145) sind. „Statt zu einer eigenständigen Identität zu ermutigen, trägt solche Erziehung zur Entfremdung des Menschen von sich selbst und anderen bei, liefert ihn der fremdbestimmten Abhängigkeit von Autoritäten, Perfektionsidealen, Schuldgefühlen und Ängsten aus" (ebd., 145).

Das Selbstkonzept leidet Schaden, wenn die religiöse Erziehung von der „Prägung einer autoritätsgläubigen und unterwürfigen Psyche" (Bartholomäus in: Klosinski 1994, 148) bestimmt wird und wenn sie „in weitgehendem Absehen von den Bedingungen und Bedürfnissen personaler Entwicklung, die gehorsame Annahme der von der Kirche verbindlich ausgelegten übernatürlichen Glaubenswahrheiten" fordert (Bitter und Englert, zit. b. Mette 1994, 126).

Es gibt eine im Familien-, Kindergarten- und Schulalltag unterschwellig wirkende religiöse *Praxis der Entmündigung*, die ihren Ausdruck findet in kleinen, aber wirksamen religiösen Absolutsetzungen (z.B. „Gott allein genügt"), denen Kinder nicht widersprechen können. Solche erziehungsverdunkelnde Praktiken könnten mit Hilfe pädagogischer, psychologischer etc. Beobachtungskriterien erkannt, vermieden oder korrigiert werden. Statt dessen aber setzt sich in den meisten Fällen der „heimliche Lehrplan" der irgendwie religiös erzogenen Eltern (Erzieher, Lehrer) durch, so dass selbst in religionsdistanzierten Familien selbstwertunterdrückende religiöse Vorstellungen (z.B. „du kommst in die Hölle") auftauchen. Es wird deutlich, dass die Form der verdeckten - und häufig auch zwanghaften - Religiosität eine nur schwer erkennbare Variante schädlicher religiöser Erziehung und Bildung darstellt (vgl. Moser).

Gefährlich ist *religiöse Unduldsamkeit*, wenn Religion die Entwicklung von Konflikt- und Fehlertoleranz verhindert und statt dessen rigoristisch und nur fordernd auftritt. Wenn sie Normen (Gebote) aufstellt und deren Verletzung unter Schuld und Sünde stellt, und dies ohne Unterstützung des Selbstwertgefühls. Im sexuellen Bereich können durch überstrenge Gewissenserziehung und enge Normsetzungen (z.B. in Bezug auf die Selbstbefriedigung) u.a. psychische Schäden verursacht werden, die oft nur schwer reparabel sind und sich nicht nur in der heute verbreiteten Verzögerung der Partnersexualität auswirken (vgl. Bartholomäus, 147).

Eine auf diese Weise verdunkelte religiöse Erziehung hält junge Menschen in Abhängigkeit und fesselt sie an Autoritäten, Leistungsidealen, Ängsten und Schuldgefühlen.

3.2.4 Isolation und Einsamkeit durch religiöse Erziehung

Religiöse Erziehung ist einseitig fehlgeleitet, wenn sie die Einbettung religiöser Entwicklung in die Prozesse des sozialen Lernens verkennt.

Die *Verdächtigung* der Regeln des sozialen Lernens, der Gesetzlichkeiten moralischer Entwicklung, der Entwicklung des religiösen Urteils und der Stufenfolge der Glaubensentwicklung als gottlose Selbststeuerung des Menschen führt dazu, dass sich der religiöse Leiter (Führer, Guru...) selbst grundsätzlich und mit Berufung auf Gott an die Stelle einer selbstwertunterstützenden christlichen Mitmenschlichkeit setzt. Der gratia-praesupponit-naturam-Grundsatz wird ignoriert und die Eingebundenheit der Gnade in die natürlichen Voraussetzungen unter theologischen Verdacht gestellt. An ihre Stelle tritt eine menschenverachtende reine „Gottergebenheit" und „Selbstverleugnung" im Sinne einer extrem aszetisch verstandenen „Nachfolge Christi".

Auf den *religiösen Erzieher* bezogen, bedeutet dies: Er ist nicht bereit seine Rollenwahrnehmung (Eltern, Lehrer, Erzieher, Priester...) flexibel zu gestalten und sich in der Interaktion als glaubwürdiger Gesprächspartner zu zeigen. Seine religiöse Erziehung „fixiert [...] die Heranwachsenden auf einen intoleranten und aggressiven Korpsgeist, verpflichtet sie auf die hergebrachten Rollenklischees und internalisiert [...] die bestehenden Herrschaftsstrukturen", „statt grenzenlos Solidarität zu fördern" (Mette 1994, 145).

Wer als religiöser Erzieher in Lebenskrisen pädagogische und psychologische Hilfe unterlässt, drängt die jungen Menschen in die Isolation. Wie bei B. ist auch im *Fall Klingenberg* (vgl. Mischo/ Niemann 1985) solche Hilfe aus verengt religiöser Sicht abgelehnt worden. Anneliese Michel, eine Theologiestudentin, starb am 1. Juli 1976. Ihre Eltern und zwei Priester wurden am 21.4.1978 in einem Exorzistenprozess von Aschaffenburg „wegen unterlassener Hilfeleistung und fahrlässiger Tötung zu einer Freiheitsstrafe auf Bewährung verurteilt. Anneliese Michel galt nämlich als eine vom Satan Besessene. Die Serie von Exorzismen sollte sie davon befreien; was nicht gelang; sondern es geschah das Gegenteil: Die Anfälle wurden wilder und sie ging dem Tod entgegen. Sie starb - wie man meinte - unter den Attacken Satans" (Sudbrack 1998, 92).

Die zuständigen Priester hätten wissen müssen, dass für die Ausübung des Exorzismus eine ausdrückliche Erlaubnis durch den Ortsordinarius und eine besondere Qualifikation des Priesters erforderlich sind (vgl. CIC 1983, Canon 1172; dazu Friemel 1996, 263 u. Niemann 1999). Es ist ein *Skandal*, dass in kirchlich anerkannten charismatischen Einrichtungen (z.B. in der „Gemeinschaft der Seligpreisungen" früher „Löwe von Juda") auch heute noch regelmäßig mit kirchlicher Genehmigung Priester zum grossen Exorzisten „fortgebildet" und in den Gruppen eingesetzt werden (vgl. Grom 1992, 336f). B. war mehreren solcher Priester ausgeliefert.

3.2.5 Erziehungsbedingte Verdunklung des Gottesbildes

Das Angstmachen mit Gott, der alles sieht, oder mit dem Teufel, der zum Bösen verführt, kann nicht nur für Kinder belastend sein, „dass sie Religion nur noch als Strafe und Einschränkung erleben" (Schweitzer 1987, 243), sondern auch für ältere Menschen, gerade weil sich die in der Kindheit gewonnenen Gottesvorstellungen auf das ganze Leben und nachweislich bis ins hohe Alter hinein auswirken. Nach der Kindheit muss man sich vor diesem „Richtergott" durch Distanzierung retten.

Es sind frühe erzieherische Einflüsse, die dunkle Gottesbilder zunächst automatisch entstehen lassen und zur Verdunklung des Gottesbildes *durch Dualisierung* beitragen, wenn sie das ganzheitlich dialektische Gottesbild oder das ganzheitliche Jesusbild bewusst oder unbewusst nicht vermitteln oder wenn sie den Teufel als Erziehungsmittel und/oder als Weltanschauungsgarant nach seiner „Verabschiedung" (Haag) wieder als Machthaber neben Gott einsetzen (vgl. den „neuen Satanismus" in der jugendlichen Musikszene).

Für *Fundamentalisten* lässt sich Gott nur denken im Gegensatz zum Teufel wie im Schwarz-Weiß-Modell. Der Dualismus gibt ihm Sicherheit. Der Fundamentalist lässt sich lieber nicht auf das Risiko ein, Gott als „coincidentia oppositorum" (Nicolaus von Kues) zu verstehen. Er wagt es nicht, an das je größere geheimnisvolle Du zu glauben und sich auf die anstrengende dialektische Spannung einzulassen. Er kann es nicht ertragen, dass die Wirklichkeitserfahrung ebenso wie die Vorstellungen von Gott, den Dämonen und vom Teufel der sprachlichen Interpretation bedürfen (vgl. Bonhoeffers Satz „Gott, den ‚es gibt', gibt es nicht" in: Friemel, 106). Deshalb „glaubt" der Fundamentalist die Bibel wörtlich und weist jede historisch-kritische Textanalyse zurück. Nur die Gnade zählt, ihre Vermittlung durch die Vernunft wird abgelehnt.

Nach der klaren Abgrenzung im fundamentalistischen Denken „hier das Gute und da das Böse" kann der *Mensch nur verderbt und böse*, niemals aber wesensmäßig dialektisch geschaffen sein. Entschieden abgelehnt wird dann auch das dialektische Gottesbild, nach dem - wie im gottesebenbildlichen Menschenbild - die Spannung zwischen Gut und Böse „aufgehoben" ist. Der nur gute und liebe Gott ist jedoch genau so dunkel wie der nur böse Gott, weil paradoxerweise seine Helligkeit gerade in seinem dunklen Geheimnis verborgen ist.

Verdunkelnd wirkt auch die theologische Position, die „Religion" von „Glaube" abgrenzt und unter den Verdacht des Götzendienstes stellt. Es ist ein neuer dogmatischer Fundamentalismus, der sich *rein gnadentheologisch* versteht und „Religion" als die gottlose und götzendienerische menschliche Bemühung um seine Selbstverwirklichung ablehnt. Alle den Faktor Natur einbeziehenden theologischen und religionspädagogischen Positionen werden von einer solchen Gnadentheologie gnadenlos verurteilt (vgl. Berger, David: Natur und Gnade, Regensburg 1999).

Sublim und noch nicht vollständig aufgeklärt ist die theologische Verdächtigung jeder Psychotherapie als „*Götzendienst*", die Metz in seinem Buch „Gottespassion" (1991) vorträgt. In seiner Kritik hält der Psychotherapeut Polednitschek seinem Lehrer Metz vor, er unterscheide nicht die von ihm als „gnostische Erlösungstheologie" kritisierte Psychotherapie von dem Anliegen einer psychotherapeutischen Kur (Polednitschek 1996, 22). Nach Metz verehre diese den Gott „psychologischer Selbstverwirklichungsphantasien", wie andere den Gott „klerikaler Machtphantasien" verehren. Polednitschek hält dieser Kritik entgegen, dass die Gründungsväter tiefenpsychologischer Schulen gerade nicht den lebendigen Gott durch das goldene Kalb der Selbstverwirklichung ersetzt hätten, sondern „keine andere Möglichkeit sahen, als mit dem Kampf gegen klerikale Bevormundung und Machtansprüche auch deren Gott abzulehnen" (ebd., 23); in der „Gottesferne" der späten Moderne entdeckten die Psychotherapeuten, dass die Mitte der Nacht auch der Anfang des Tages sein kann („ein selbstbewusstes Fühlen und Wollen, das nicht selbstbezogen ist", eine „Sensibilisierung für die leidtragenden anderen" (ebd., 24)). Dies gelte auch für das Christentum.

4. Konkrete Prophylaxe

Wie kann man sich gegen das Risiko „Religion" schützen?
1. Man sollte für die Lebensbegleitung junger Menschen *möglichst deckungsgleiche religiöse und psychologische Grundlagen* finden. Es geht zunächst um den Aufbau elementarer Fähigkeiten, die zum Menschsein wichtig sind: Sagen können: Ich bin wertvoll - Gott sagt ja zu mir. Du bist anders - was willst du? Ich staune über die Welt - woher kommt sie? Was ich tue, ist wichtig - Gottes Gaben helfen mir.
2. *Religionspsychologische Aufklärung* ist notwendig. Es gilt eine „vertrauensvolle" und „distanzierungsfähige" Religiosität und eine „solidarische" und „kritische" Glaubenshaltung in der Entwicklung zu unterstützen, also wechselseitige Kritik anzuregen und psychologische bzw. religiöse/theologische Arroganz zu verhindern. Es soll gelernt werden die aufgezeigten Zusammenhänge zu durchschauen, „gefährliche" Symptome früh genug zu erkennen und entsprechend gegenzusteuern.
3. Der *Grundsatz der Psychohygiene* gilt auch für religiös mystische Grenzerfahrungen. Es soll die gesunde Mitte zwischen vertrauensvoller Hingabe und kritischer Distanz immer wieder ausbalanciert werden, damit die Extreme naive Gleichgültigkeit und religiöser Fanatismus vermieden werden, d.h. Erziehern und zu Erziehenden sind diese Extreme bewusst zu machen, um sie bei sich und anderen Menschen als Haltung einschätzen und vermeiden zu lernen.
4. *Christliche Theologie* sollte sich fragen, ob religiöse Pathologisierungen natürlich gesunder Entwicklungen zu vereinbaren sind mit ihren eigenen biblischen Basistexten oder umgekehrt ob sich diese selbst nicht einer psychohygienischen Kritik aus heutiger Sicht stellen müssten. Gemessen an ihrem Anspruch als Erlösungsreligion müssten Kirche und Theologie an beiden Fragen interessiert sein. Christliche Religion kann krankmachende Auswirkungen unter der Voraussetzung verhindern, dass sie ihre eigene kritische Instanz, das auf das Heil des Menschen ausgerichtete Evangelium, ernst nimmt, es zur selbstkritischen Überprüfung ihrer Wirkungen einsetzt und dabei moderne diagnostische und therapeutische Kriterien für gesunde psychische Entwicklung ausdrücklich einbezieht - statt sie zu „verteufeln" (vgl. Ottmar Fuchs 1993 zur theologisch „inhaltliche[n] Kompetenz der ‚Besessenen' bzw. psychotisch Erkrankten" (107-129), zur „Gottespraxis Jesu" (120) und zum „entängstigenden Gottesglauben" (135-153)).

5. Es sei noch auf einige *praktische Hilfen* hingewiesen: Mit Kindern und Jugendlichen im Gespräch über das Leben bleiben. Mit ihnen immer ein gutes Gesprächsklima aufbauen, pflegen und aufrechterhalten. Fragen zurückgeben und mit Hand, Kopf und Herz erziehen. Wichtig scheint heute, elementare - beispielsweise magische - Formen von Religion als Durchgangsstadien positiver in ihrer für Kinder erhellenden Überbrückungsfunktion zu erkennen und gelten zu lassen, sie aber auch weiterzuführen, wenn ihre entwicklungsgemässe Funktion nachlässt.

6. Zum *dialektischen Denkansatz*: Im Anschluss an Fowlers Stufenmodell, das die volle Lebensspanne umfasst, ist weiterhin die auf Grund der Zusammenführung von struktur-genetischen und psychoanalytischen Ansätzen zu Stande gekommene neue Strukturstufe „jenseits formaler Operationen" zu beachten, nämlich „der Paradigmenwechsel zum dialektischen Prozessdenken", „das Denken in Komplementarität" (Nipkow 1988, 109) und zum Aushalten der Spannung des „Getrenntsein[s] in Bezogenheit" (Utsch 1998, 271). Dies ist zu beziehen auf die Findung einer eigenen konstitutiven und verbindlichen religiösen Identität in der Unverbindlichkeit und Beliebigkeit des so genannten interreligiösen Dialogs.

7. Es soll *die lebensgeschichtliche Funktionalität* von Religion und Glaube noch einmal betont werden. Sie ist unter der Bedingung berechtigt und notwendig, dass an Hand der aufgezeigten Kriterien ihre lebensgeschichtlich erhellende Wirkung erwartet werden kann. Aus Verantwortung gegenüber der jungen Generation sollte sich die Religionspädagogik deshalb gegen eine systematisch theologische Position wehren, die - unberührt von den hier aufgezeigten religiösen Entwicklungsrisiken - von dem als allgemeingültig unterstellten Gesetz ausgeht: Je stärker die Reflexion der Inhalte des Glaubens, desto weniger spielt die Funktionalisierung bzw. „Nützlichkeit der Religion" (vgl. Ruster 1994, 392) eine Rolle.

8. Zur *Rolle der religiösen Erzieher/innen*: Religionspädagogik beginnt, wenn Erzieher/innen über ihre religiöse Erziehung nachdenken, ohne dies den Kindern im frühen Entwicklungsstadium direkt vermitteln zu können (vgl. Schweitzer 1987, 190). Sie müssen sich klar werden über ihre eigenen lebensgeschichtlichen Erfahrungen und ob diese den tradierten religiösen Symbolen und ihren theologischen Deutungen entsprechen oder nicht. „Diese Entsprechungen [dienen] zunächst nur der Verständigung der Eltern und Erzieher, die daraus Aufschluss über die religiöse Dimension lebensgeschichtlicher Krisen gewinnen können und damit auch Orientierungen für eine angemessene religiöse Erziehung (Vermeidung von überzogenen Strafängsten, überhöhtem Leistungsdruck usw.)" (ebd.).

9. Religiöse Erziehung sollte *aus Erfahrungen der Psychotherapie lernen*. Erfahrene religiöse Erzieher und Lehrer wissen, wie wichtig es ist ihr eigenes Gottesbild und seinen Einfluss auf die religiöse Entwicklung und Erziehung kritisch zu reflektieren, damit die Gottesvorstellungen nicht unbewusst kontraproduktive Wirkungen in der frühen und weiteren Entwicklung ausüben. Wie aufgezeigt kann eine biografisch und kairologisch angemessene Vermittlung des christlichen Gottesbildes in der Erziehung prophylaktisch, aktuell wirksam und entwicklungsfördernd sein. „Bewusstheit" und „Pünktlichkeit" religiöser Angebote sind auch für den Erwachsenen selbst in Glaubenskrisen wichtige Kategorien. Insofern kann aus der Therapie gelernt werden, „welch transformierende Potenz in einer Krise steckt" (Englert, 1988, 129; vgl. auch

Munzel 1997). „Geistliches Wachstum hängt nicht zuletzt von dieser bewussten Auseinandersetzung mit dem tradierten religiösen Erbe ab" (Frielingsdorf 106). 10. Auf die *Gesellschaft* bezogen liegt die Aufgabe der Religionspädagogik in der Entfaltung einer Kritikfähigkeit, die Unterscheidung, Zustimmung und Widerstand beinhaltet und als bewusste Verweigerung des Einverständnisses mit gesellschaftlichen Tendenzen verstanden wird, wenn diese das Ende der Religion und zugleich den Tod des Menschen betreiben (vgl. Mette 1994, 145).

Literatur

Bäuml, Josef: Psychosen. Aus dem schizophrenen Formenkreis. Ein Ratgeber für Patienten und Angehörige, Berlin/Heidelberg 1994.

Bartholomäus, Wolfgang: Formungen und Verformungen der sexuellen Entwicklung durch religiöse Erziehung, in: Klosinski, 137-150.

Bischof, Norbert: Das Kraftfeld der Mythen. Signale aus der Zeit, in der wir die Welt erschaffen haben, München 1996.

Boschki, Reinhold: Dialogisch-kreative Religionsdidaktik, in: Katechetische Blätter 123. Jg. (1998), H. 1, 13-23.

Daniel, Gesa: Selbst- unbd Gottesbild. Entwicklung eines Klärungsverfahrens bei Kindern mit Sprachstörungen, Essen 1997.

Dormeyer, Detlev/ Hauser, Linus: Weltuntergang und Gottesherrschaft, Mainz 1990.

Drewermann, Eugen: Der Krieg und das Christentum. Von der Ohnmacht und Notwendigkeit des Religiösen, Regenburg 1982.

Englert, Rudolf: Glaubensgeschichte und Bildungsprozess. Versuch einer religionspädagogischen Kairologie, München 1985.

Ders.: Vom Nutzen der Stufentheorien bei der religiösen Bildung Erwachsener, in: Religionspädagogische Beiträge 21/1988, 115-138.

Ders.: Die Korrelationsdidaktik am Ausgang ihrer Epoche. Plädoyer für einen ehrenhaften Abgang, in: *Hilger/ Reilly* 1993, 97-110.

Ders.: Der Religionsunterricht nach der Emigration des Glaubens-Lernens. Tradition, Konfession und Institution in einem lebensweltorientierten Religionsunterricht, in: Katechetische Blätter 123. Jg. (1998), H. 1, 4-12.

Esser, Wolfgang G.: Gott reift in uns. Lebensphasen und religiöse Entwicklung, München 1991.

Fraas, Hans-Jürgen: Religiöse Erziehung und Sozialisation im Kindesalter, Göttingen 1973.

Frielingsdorf, Karl: Dämonische Gottesbilder. Ihre Entstehung, Entlarvung und Überwindung, Mainz 1992.

Friemel, Franz Georg/ Schneider, Franz (Hrsg.): „Ich bin ein Kind der Hölle". Nachdenken über den Teufel, Leipzig 1996.

Fuchs, Gotthard/ Werbick, Jürgen: Scheitern und Glauben. Vom christlichen Umgang mit Niederlagen, Freiburg im Breisgau 1991.

Fuchs, Ottmar: Im Brennpunkt: Stigma. Gezeichnete brauchen Beistand, Frankfurt a. M. 1993.

Grewel, Hans: Recht auf Leben. Drängende Fragen christlicher Ethik, Göttingen 1990.

Grom, Bernhard: Religionspsychologie, München/Göttingen 1992.

Ders.: Religiosität und das Streben nach positivem Selbstwertgefühl, in: Klosinski, 1994, 102-110.

Haag, Herbert: Abschied vom Teufel. Vom christlichen Umgang mit dem Bösen, Zürich 9/1996.

Ders.: Teufelsglaube, Tübingen 1974.

Hennecke, Elisabeth: Ein Kind lernt mit dem Tod zu leben. Religionspädagogische Überlegungen zum Elternverlust, Essen 1987.

Hilger, Georg/ Reilly, George: Religionsunterricht im Abseits. Das Spannungsfeld Jugend Schule Religion, München 1993.

Jaschke, Helmut: Dunkle Gottesbilder. Therapeutische Wege der Heilung, Freiburg i. Br. 1992.

Klosinski, Gunther (Hrsg.): Religion als Chance und Risiko. Entwicklungsfördernde und entwicklungshemmende Aspekte religiöser Erziehung, Bern u.a. 1994.

Mischo, J./ Niemann, U.J.: Die Besessenheit der Anneliese Michel (Klingenberg) in interdisziplinärer Sicht, in: Zeitschrift für Parapsychologie und Grenzgebiete der Psychologie 25 (1983) 129-193.

Moser, Tilmann: Gottesvergiftung, Frankfurt a. M. 1976.

Munzel, Friedhelm: Bibliotherapie und religiöses Lernen. Ein interdisziplinärer Beitrag zur ‚Theologie des Lesens' und zur Inovation des Religionsunterrichts, Münster 1997.

Niemann, Ulrich: Exorzismus oder/und Therapie? Psychiatrische und seelsorgliche Hilfen für von Dämonen ‚besessene' Menschen, in: Stimmen der Zeit 11/1999, 781-784.

Nipkow, Karl Ernst: Religiöse Denkformen in Glaubenskrisen und kirchlichen Konflikten. Zur Bedeutung postformaler dialektisch-paradoxaler und komplimentärer Denkstrukturen, in: Religionspädagogische Beiträge 21/1988, 95-114.

Ders.: Religion in Kindheit und Jugendalter. Forschungsperspektiven und -ergebnisse unter religionspägogischen Interessen, in: *Hilger/ Reilly* 1993, 183-223.

Oberthür, Rainer: Angst vor Gott. Über die Vorstellung eines strafenden Gottes in der religiösen Entwicklung und Erziehung, Essen 1986.

Ders.: Kinder und die großen Fragen, München 1995.

Ders.: Kinder fragen nach Leid und Gott, München 1998.

Polednitschek, Thomas: Ist Psychotherapie Götzendienst? Offener Brief des Psychotherapeuten T.P. an seinen Lehrer Johann Baptist Metz, in: Publik Forum Nr. 7 1996, 22-24.

Ringel, Erwin/ Kirchmayer, Alfred: Religionsverlust durch religiöse Erziehung. Tiefenpsychologische Ursachen und Folgerungen, Wien 1985.

Rosien, Peter: Wie real ist der Teufel?, in: Publik Forum Nr. 2, 1998, 44-47.

Ruster, Thomas: Die verlorene Nützlichkeit der Religion. Katholizismus und Moderne in der Weimarer Republik, Paderborn 1994.

Sauer, Ralph: Gott - lieb und gerecht? Hilfen zur Leidensproblematik in der Sekundarstufe I und II, Freiburg/Basel/Wien 1991.

Scharfenberg, Joachim/ Kämpfer, Horst: Mit Symbolen leben. Soziologische, psychologische und religiöse Konfliktbearbeitung, Olten und Freiburg i. Br. 1980.

Schillebeeckx, Edward: Glaubensinterpretation. Beiträge zu einer hermeneutischen und kritischen Theologie, Mainz 1971.

Schwarzenau, Paul: Die Dunkelseite Gottes, in: Forum Freies Christentum, Nr. 20, Stuttgart 1991, 4-20.

Schweitzer, Friedrich: Lebensgeschichte und Religion. Religiöse Entwicklung und Erziehung im Kindes- und Jugendalter, München 1987.

Sloterdijk, Peter: Weltfremdheit, Frankfurt a. M. 1993.

Spieckermann, Hermann: Der Gotteskampf. Jakob und der Engel in Bibel und Kunst, Zürich 1997.

Sudbrack, Josef: Religiöse Erfahrung und menschliche Psyche. Zu Grenzfragen von Religion und Psychologie, von Heiligkeit und Krankheit, von Gott und Satan, Mainz 1998.

Utsch, Michael: Religionspsychologie. Voraussetzungen, Grundlagen, Forschungsüberblick, Stuttgart/Berlin/Köln 1998.

Werbick, Jürgen: Glaube im Kontext. Prolegomena und Skizzen zu einer elementaren Theologie, St. Ottilien 1987.

Ders.: Glaubenlernen aus Erfahrung. Grundbegriffe einer Didaktik des Glaubens, München 1989.

Wied, Günther: Prophetie im Spektrum von Theologie, Psychiatrie und Parapsychologie, Münster 1998.

Rezension: Hans-Jürgen Röhrig: Religionsunterricht mit geistigbehinderten Schülern - aber wie? Perspektivwechsel zu einer subjektorientierten Religionsdidaktik, (Neukirchener Verl.) Neukirchen-Vluyn 1999, 247 Seiten

Dieses Buch ist eine wichtige und lesenswerte religionspädagogische Veröffentlichung. Sie sollte nicht nur von sonderpädagogisch engagierten, sondern von allen Religionspädagogen wahrgenommen werden, vor allem, wenn ihnen die Integration von Menschen mit und ohne Behinderung ein christliches Anliegen ist. Hans-Jürgen Röhrig legt eine Dissertation (Köln 1998/99) vor, die die konzeptionelle Weiterentwicklung des Religionsunterrichts anregen kann. Er stellt sich den Herausforderungen durch geistige und mehrfache Behinderung und gibt den Lehrenden in Schule und Hochschule, die neue Wege suchen, Legitimationshilfen an die Hand.

Das Buch gehört zur speziellen Fachliteratur, die den Religionsunterricht für die Berücksichtigung gesellschaftlicher Veränderungen offen halten will. Denn Wert und Anspruch einer zukunftsfähigen Gesellschaft bemessen sich an der Einstellung zu Menschen, die - durch welche Gründe auch immer - in irgendeiner Form benachteiligt sind. Wie schätzt die Gesellschaft heute - angesichts neuer gentechnischer Errungenschaften - konkret die Menschen mit Behinderungen und speziell mit geistigen Behinderungen ein?

R. thematisiert dieses Problem an Hand der neueren Entwicklung des Religionsunterrichts und stellt als Hypothese auf, dass sich die geforderte gesamtgesellschaftliche Einstellung zu Menschen mit Behinderungen am Perspektivwechsel dieses Faches in der Schule überprüfen lasse. Dafür wiederum sind das Menschenbild des Lehrers und der Lehrerin und ihr Verständnis von geistiger Behinderung die entscheidenden Kriterien. Nach dem hermeneutischen Zirkel entwickelt R. Verstehensebenen (V1 bis V5), die im Verlauf des Textes anschaulich in mitwachsenden Grafiken dargestellt und gründlich beschrieben werden. Ergebnis ist eine neue und erweiterte Sicht, die den Menschen mit geistiger Behinderung als „autonomen, potenten und entwicklungsoffenen Menschen" ansieht und die durch eine „unbefriedigende Unterrichtswirklichkeit mit hohen Anteilen von Unverständnis" (94) bisher verhindert wurde. Konsequent wird an einer vom Autor selbst gestalteten Unterrichtssituation im Rahmen einer Unterrichtsreihe über das Thema Weihnachten exemplifiziert, wie die religionsunterrichtliche Arbeit mit geistig behinderten Kindern und Jugendlichen von der sonderpädagogischen Forschung her neu zu verstehen und didaktisch zu konzipieren ist.

Dieses von der Praxis ausgehende Verfahren, das R. für das konzeptionelle Denken unerlässlich findet, bewährt sich nach meinem Eindruck im Detail wie im Ganzen. Im Folgenden (Kap. 6) wird die konzeptionelle Entwicklung des Faches seit dem achtzehnten Jahrhundert nachgezeichnet und zugleich am Maßstab der Berücksichtigung mehrfachbehinderter Menschen kritisch bewertet. Zu bedauern ist hier, dass die aufschlussreiche Arbeit von Reinhard Thoma „Religiöse Erziehung in den Anstalten für Geistesschwache. Zu den Anfängen eines differenzierenden Religionsunterrichts" (Diss. Eichstätt von 1998) keine Beachtung findet.

R.'s anthropologische Begründung seiner Konzeption ist theologisch fundiert: Der Mensch erhält seine personale Würde nicht durch mitmenschliches Verhalten bzw. durch gesellschaftliche Einschätzung, sondern allein durch Gott; Gesellschaft und

mitmenschliches Verhalten anerkennen die schon vom Schöpfer gesetzte personale Würde des Menschen.
Unter didaktischem Aspekt ist anzufragen, ob R.'s Forderung einer Neukonzeptionierung des Religionsunterrichts bzw. eines „Perspektivwechsels" hin zu einem „subjektorientierten Religionsunterricht" der jüngeren Entwicklung des Faches angemessen ist und ob die angeführten Legitimierungen (Kap.7) überzeugen können.
Meines Wissens gehen die Ansätze einer elementarisierenden, kommunikativen, integrativen, interreligiösen und diakonischen Religionsdidaktik (vgl. 144-178) von Röhrigs berechtigtem Anliegen der Subjektorientierung aus. Sie hätten ohne die Anerkennung der Subjektivität religiöser Lern- und Lehrprozesse bzw. der betroffenen Menschen selbst gar nicht entwickelt werden können. Die jedenfalls von Kollmann im kommunikativen Ansatz vertretenen neuen Rollenverständnisse von (behinderten) Schülern und Lehrern sowie die dort entwickelten Inhalts-Beziehungs-Verhältnisse setzen die von Röhrig geforderten neuen Sichtweisen vom Subjekt des Schülers mit Behinderung und vom Lehrer als partnerschaftlichem Begleiter selbstverständlich voraus. R. hätte stärker betonen sollen, dass in einer auf Individualisierung ausgerichteten Gesellschaft eine „Subjektorientierung" gefragt ist, die die Bejahung verpflichtender Gemeinschaft, auch die zwischen Menschen mit und ohne Behinderung, nicht aussondern einschließt. Sein Verständnis von Subjektorientierung ist beispielsweise ebenso einseitig wie eine Theologie, die Gott nicht auf Weiblichkeit oder Männlichkeit festlegen will, sich aber dennoch feministisch nennt.
Unter der Voraussetzung dieser Einschränkung ist zu begrüßen, dass R. die vorhandenen religionsdidaktischen Ansätze auf den Subjektaspekt hin untersucht hat. Wirklich weiterführend sind die Begründungs- und Legitimierungsversuche aus Sicht der neueren Geistigbehindertenpädagogik, die sich in erstaunlich klarer Weise mit dem theologischen und religionspädagogischen Verständnis des Menschen zur Deckung bringen lassen. Aus der Sicht des Rezensenten sind auch die kritischen Bemerkungen R's zur Dominanz des Bildungsbegriffs in der Didaktik zutreffend. Ihm ist ferner zuzustimmen, wenn er an verschiedenen Stellen die umfassenden Handlungs-, Sach- und Sozialorientierungen zur Geltung bringt, damit durch die Überbetonung des Kognitiven das Religions- und Glaubensverständnis nicht eingeengt wird.
Praktisch methodische Unterrichtsprobleme, beispielsweise innere Differenzierung und Individualisierung, müssen in einer Dissertation nicht unbedingt thematisiert werden. Deshalb kann dem Autor auch nicht vorgehalten werden, die am Ende der Arbeit aufgezählten praktischen Umsetzungsmöglichkeiten (vgl. 7.8.2 „Auf dem Weg zu einem offenen Religionsunterricht") seien zu summarisch ausgefallen. Im Gegenteil wird sehr deutlich, dass der konkrete Religionsunterricht an unseren Schulen nicht nur der engagierten und speziell ausgebildeten Lehrerinnen und Lehrer bedarf, sondern auch der institutionellen Rahmenbedingungen.
Vielleicht kann der von R. im Sinne der Subjektorientierung positiv besprochene neue „Grundlagenplan für den katholischen Religionsunterricht an Schulen für Geistigbehinderte" von 1999 (vgl. 115) dazu verhelfen, dass seine Idee ihren Realitätstest besteht.

„Mit Leid umgehen" - „Kinder fragen nach Leid und Gott" - Religionsdidaktische Perspektiven und Fragen im Zusammenhang von zwei neuen Veröffentlichungen (1999)

Unter den 23 Kolleginnen und Kollegen der ständigen Sektion „Didaktik" der Arbeitsgemeinschaft katholischer Katechetik-Dozenten (AKK) sollte am 26. März 1999 ein Gespräch über die Theodizee-Problematik angeregt und moderiert werden. Mir kam es auf den lebendigen Erfahrungs- und Gedankenaustausch zum Thema an. Deshalb wird im Folgenden der Ablauf der Ereignisse teilweise als Werkstattbericht und teilweise als Referat wiedergegeben.

I. Brain-storming and mind-mapping zu den religionspädagogischen Perspektiven

1. Leiderfahrungen und die Fähigkeit des Umgangs mit Leid

- Unterscheidungen: schweres und leichtes Leid, eigenes und fremdes
- Leid durch Nichtbeachtung, Nichtanerkennung, Angst
- Kinder verwöhnt und wenig leiderprobt - durch Erlebnis- und Konsumgesellschaft
- Sie müssen individuell lernen Leid wahrzunehmen und Mitleid zu empfinden
- Bereitschaft, gegen sinnloses Leid zu kämpfen
- Leidempfindungen: Angst, Schock und Verdrängung, Leidunterdrückung
- Fähigkeit, leidvolle Gefühle zuzulassen
- Lernen, Mit-Leid nicht zu umgehen

Ziel: Leiden können, eigenes Leid zulassen, Leid bei anderen wahrnehmen, Leid verstehen und teilen, Respekt vor dem Leid des anderen haben, sich gegen Leid wehren können, kämpfen gegen das Leid

2. Theologische Leiddeutung (Theodizee)

- Absolute Begrenzung der menschlichen Freiheit durch den Tod
- Der Tod als äußerste Steigerung oder Ende des Leids (Vernichtung/ Erlösung)
- Gefahr der Ideologisierung und „Arroganz" bei Betroffenen gegenüber Nicht-Leidenden
- Leid als Sündenstrafe (Gottesbild: sadistischer Gott, Opfertheologie)
- Leidensgeschichte Jesu als Gottes Leidensgeschichte
- Gott leidet mit dem Menschen (Tod und Auferstehung Jesu)
- Gott ist gegen das Leid, leidet Gott?
- Gott ist der Ohnmacht mächtig
- Hiob-Problem des AT: Wandlung des Gottesbildes
- Kritik am Tun-Ergehen-Zusammenhang in der Hiobgeschichte

Ziel: Hiob zerschlägt Tun-Ergehen-Zusammenhang (Strenge Lehre der Freunde wird in Frage gestellt), mit Gott kann man über den Sinn des Leids streiten

3. Unterrichtliche Möglichkeiten (Didaktik der Theodizee)

- Lernen, dass Leid zum Leben gehört und dass der leidende Mensch seine eigene Würde hat
- Lernen, dass man sich über erfahrenes Leid mit Gott auseinandersetzen kann
- Fähigkeit, Gott anklagen, sich bei Gott beschweren, schimpfen, gegen Leid protestieren...
- Leiden provoziert Glauben und Unglauben
- Lernen, dass Leid zwischen Glauben und Unglauben steht

Ziel: Entwicklung einer „Didaktik der Theodizee". Sie setzt an bei Leiderfahrungen (der Kinder) und zwar in einem Lernraum, der diese Erfahrungen wahrnimmt und wahrnehmen lässt. Ein solcher Lernraum kann der Religionsunterricht sein, der Mut macht „zu einem fragenorientierten religiösen Lernen: ohne Fragen würde der Religionsunterricht nicht entstehen" (Oberthür 1998, 85). Das heißt: Absage an einen RU, der die Fragen der Kinder mit Antworten zudeckt - Zulassung von Fragen nach Leid - Provokation zu Unglauben und Glauben

II. Vorstellung der beiden Veröffentlichungen zum Thema „Leid und Gott"

Adam, Gottfried/ Kollmann, Roland/ Pithan, Annbelle (Hg.): Mit Leid umgehen. Dokumentationsband des Sechsten Würzburger Religionspädagogischen Symposiums, (Comenius Institut) Münster 1998 (M)
Oberthür, Rainer: Kinder fragen nach Leid und Gott. Lernen mit der Bibel im Religionsunterricht, München 1998 (O)

Die beiden Werke sollen vorgestellt werden an Hand der drei gewonnenen religionsdidaktischen Perspektiven und Fragen zum Thema „Leid und Gott".

1. Problem der Befähigung zum Umgehen mit Leid („Leidensfähigkeit")
2. Überwindung der alten/neuen Vergeltungslehre (Theodizee)
3. Religionsunterrichtliche Annäherungen an das Leid (Didaktik der Theodizee)

1. Problem der Befähigung zum Umgehen mit Leid („Leidensfähigkeit")

Es sind zunächst die Voraussetzungen zu klären, die Ausgangssituationen, in denen alles religiöse Lernen und Lehren - und erst recht das über Leid und Gott - wurzelt.

Diese Voraussetzungen beziehen sich nicht nur auf die Situationen, in denen Kinder Leid erfahren und nach Leid und Gott fragen, sondern auch auf ihre Fähigkeiten mit Leid-Erfahrungen und Fragen nach „Leid und Gott" umzugehen, auf die diese Erfahrungen treffen.

1.1 Leiderfahrungen

Worunter oder woran leiden Kinder? Unter oder an sich selbst, wie sie sind. Unter den anderen, die sie nicht anerkennen oder nicht leiden können. Unter den Verhältnissen, wie sie sind („Warum gibt es Krieg"?). Worunter leiden Betroffene und betroffene Kinder? Wie leid-belastbar sind Kinder und Jugendliche? Welche ihrer Konflikte sind überhaupt bewältigbar und welche nicht (Trennung der Eltern)? Was ist mit der Schockerfahrung, mit der schicksalhaften Überwältigung durch Katastrophen oder seelische Grausamkeit und lebensbedrohliche Krankheiten (Muskeldystrophie)?

- Leid-Betroffene (Fulbert Steffensky - Ich habe nicht gelernt krank zu sein, jetzt bin ich krank, M 11ff); (Fredi Saal - „empfinde meine spastische Lähmung nicht als Übel" M 34ff); (Herwig Sander - „behindert bin und es bleiben werde", M 81-83); (Frieda Kahlo - Die Eingebundenheit in den Zusammenhang von Verzweiflung und Hoffnung mit den schrecklichen und tröstlichen Seiten, M 97ff); (Carsten Rensinghoff - Neue Gruppe von Behinderten: Die Schädel-Hirn-Verletzten und ihre „Independent Living-Bewegung" M 85ff)
- „Warum leide ich? Das ist der Fels des Atheismus" (G. Büchner) - „Gott, du kannst mich zu Tode peinigen - ich werde immer an dich glauben" (Zvi Koliz) - Diese Spannung ist bei Kindern empirisch nachweisbar (O 40ff)
- Der Krieg und sein Bruder, Kain und Abel (O 50ff),
- Kinder und das Leid heute (UNICEF, O 43-46)

1.2 Ist Befähigung zum Umgehen mit Leid notwendig?

Wie gehen Kinder mit dem Leid um? Wie werden Kinder mit dem Leiden fertig?
- Sie ertragen Leid passiv ohne etwas dagegen tun zu können
- Sie leiden aktiv, indem sie ihm einen Sinn geben
- Sie unterdrücken und verdrängen Leid, wenn es schwer zu ertragen ist
- Sie leiden mit
- Sie werden durch Leiden in ihrer Entwicklung beeinträchtigt oder gefördert
- Sie beklagen sich über das Leid
- Sie wollen das Leid beseitigen, wehren sich und stemmen sich gegen das Leid

Kinder zeigen also Verdrängung, Abwehr, Stärke, „Leidensfähigkeit", Mitgefühl, Hoffnung, Ausdauer, Geduld, Schicksalsergebenheit. Extreme Leidzumutungen (durch schwere Krankheiten oder sterben müssen) lassen Kinder oft erstaunlich mutig reagieren. Die häufigsten Reaktionen auf extreme Existenzbedrohungen sind Schweigen und Aggression.

- Nonverbale Leidgestaltung (Bilder) in der ärztlichen Sterbebegleitung (Puyn, M 165)
- Leidverarbeitung durch Anregung von mutigen und offenen Fragen: „Warum hast du böse Menschen geschaffen?" (O 87)

2. Überwindung der alten/neuen Vergeltungslehre (Theodizee)

Wie und was fragen Kinder, wenn sie nach „Leid und Gott" fragen? Zweiter Haltepunkt sind die Vorstellungen, die Kinder vom Leben haben und aus denen sich die tatsächlichen Deutungen von „Leid und Gott" ergeben: gerechte oder ungerechte Strafe für Schuld, Prüfung, göttliche Leid-Pädagogik, Sühne, Opfer, Vergeltung, Erlösung, Mitleiden... Die kindlichen Fragen nach „Leid und Gott" sind erst einmal zuzulassen und zu respektieren.
Es sind die Fragen nach einer kindgemäßen Theodizee. Ist es zu verantworten, Kinder mit der komplizierten und ungelösten Theodizee zu konfrontieren? Oder ist eine elementare Theodizee für Kinder möglich? Wenn ja, warum gibt es sie noch nicht?
- „Wie kannst du, guter Gott, das Leiden zulassen". Kinderfragen zur Theodizee (O 85-88)
- Die Wende im Hiob-Buch: Statt Tun-Ergehen neues Gottesbild (M 182)
- Hiob *gegen* und *unter* Gott, Freunde *zu* und *über* Gott (Ebach, s. O 108)
- Gegen Totalitätsterror und für gelungene Halbheit (Steffensky M 19, Vernooij M 41)
- Atheistisch mit Leid und Tod umgehen, gelebte Antworten (Dubiel M 53, 60)
- „Das offene Eingeständnis, dass wir als Religionspädagogen selbst keine allgemeingültige Antwort auf den Sinn und Grund von Leid oder Behinderung wissen, kann der erste Schritt zu einem mutmachenden, unterstützenden und von Echtheit und Transparenz geprägten Prozess der Begleitung und Krisenverarbeitung sein" (Boenisch, s. M 186)
- Unbedingtes Angenommensein auch körperlich-christlich-sakramental (Günther, s. M157; Kloster, s. M 143ff; Philipp, s. M 147ff)

3. Religionsunterrichtliche Annäherungen an das Leid (Didaktik der Theodizee)

Wie können Kinder lernen, mit Leid umzugehen und wie kann der RU dieses Lernen fördern? Es ist drittens ein Haltepunkt zu wissen, dass Kinder als kleine leidensfähige Menschen (der Schrei des Säuglings nach der Geburt) nicht am Leiden vorbeikommen (Anthropologie) und lernen müssen auf sich selbst und auf andere bezogen „leidensfähig" zu bleiben oder zu werden, d.h. durch konkretes Erleben von Leidumgangsmodellen (pragmatisch), durch ermunternde Begleitung (emotional) und durch theoretisches Nachdenken (kognitiv) Leid „bewältigen" zu lernen. Lernziel wäre demnach, propädeutisch fähiger zu werden, in ernsten Lebenssituationen die gelernten Fähigkeiten angemessen einsetzen zu können und Leiderfahrungen besser bewältigen zu kön-

nen. Hier besteht die Parallele zum Bereich des ethischen Handelns, das nach Stachel in der Schule zunächst „theoretisches Lernen in Bezug auf Praxis" ist.
Aber: Gibt es so etwas wie eine Leid-Prophylaxe, so dass der jungen Generation eine Menge Leid erspart bleibt? Oder muss jede Generation erkennen, dass man nur durch eigene Leiderfahrung lernen kann damit umzugehen? Dennoch, es können vielleicht bewährte Deutungen aus religiöser oder theologischer Tradition dabei behilflich sein. Wir hätten dann eine Rechtfertigung für die unterrichtliche Behandlung des Themas und könnten uns fragen, wie wir Lebenswissen über „Leid und Gott" vermitteln und wie wir die Fähigkeit mit Leid umzugehen, unterrichtlich konkret fördern wollen.
Können Kinder, die schon mit Leid, mit Armut, Unterdrückung und Ungerechtigkeit konfrontiert wurden, besser mit Leid umgehen als verwöhnte und überbehütete Kinder? Lernt man Angst nur durch eigene Angsterfahrung bewältigen? Wie kann man Kinder fit machen für den richtigen Umgang mit Angstgefühlen? Welche Bedingungen müssen erfüllt sein, damit der Glaube an Gott den jungen Menschen vor Existenzangst wirklich schützen hilft?
Bei Oberthür wird klar, dass gerade die religiösen Fragen nach Gott und Leid Anstöße brauchen. Diese können sein: indirekt (nonverbal atmosphärisch) und direkt (verbal ausdrücklich). Die indirekten Annäherungen regen das staunende, aber auch das empörte Fragen an (nach Ungerechtigkeit und Gott), sie können die innere Zulassung der Versprachlichung der Theodizee-Fragen begünstigen. Ein direkter Anstoß kann sein: „Stell dir vor, du kannst Gott Fragen stellen! Was fragst du ihn?" (O. 86ff, 129).

Wie jede religiöse Didaktik muss diese spezielle Didaktik der Theodizee ausgehen von der Lernausgangslage (des Fragens nach Leid und Gott). Jeder Lernprozess beginnt auf diesem schwierigen und verschwiegenen Gebiet mit sehr vorsichtigen Annäherungen und Ermutigungen zum direkten Fragen. Hier spielen die Zulassung von Gefühlen und das Hervorkommenlassen von bisher verdrängten Ängsten und Sinnfragen eine große Rolle.
Wie sieht die religiöse Lernausgangslage aus? Einige Hinweise:
- Stille Fragen, über die man lieber nicht spricht (einschließlich der Gottesbeschimpfung)
- Unangenehme Leidfragen, die von den Eltern gern ignoriert oder schnell abgetan werden
- Voreilige (zu frühe) Antworten (hat Gott so gewollt) decken naheliegende Folge-Fragen zu
- Religiöse Fragen passen nicht in die „religionslose" Umwelt („Gegenlernen" nach Werbick)

Die indirekten und die direkten Anstöße sollen die religiöse Neugier auf den geheimnisvollen und dunklen Gott wecken. Was ist das für ein Gott, der den Menschen leiden lässt? Diese implizite Theodizee-Frage kann dann zu einer expliziten werden, die folgende Gebetsform haben könnte: „Gott, wie kannst du das Leid nur zulassen? Was bist du eigentlich für ein Gott?"
Gerade in diesem sensiblen Themenbereich muss unbedingt vor jeder Antworten darbietenden Belehrung oder Antworten anzielenden Erarbeitung die Annäherung und die

Weckung der religiösen Neugier stehen. Ohne diese Schritte läuft nichts! *Annäherung*: Der Lehrende muss bei der Theodizeeproblematik für einen langen und intensiven Einstieg sorgen, der Anreize zur kreativen Teilnahme bietet um eigene Erfahrungen, Wahrnehmungen und Empfindungen mit denen anderer zu kontrastieren oder in Übereinstimmung zu bringen (vgl. I. Baldermann, bei O 74). Nur auf diese Weise werden schon von Anfang an Selbstlernprozesse angeregt: Die Kinder formulieren selbständig ihre Fragen und gestalten mit dem Lehrer ihren gemeinsamen Unterricht (statt der Reihenfolge Sachanalyse Unterrichtsplanung jetzt: im Unterricht inszenierte Lernarrangements).

So werden die Kinder ernst genommen mit ihren inneren Auseinandersetzungen. Das Thema „Der gute Gott und das Leid" muss nicht als anspruchsvolles Thema von oben vorgegeben werden, es wird - angeleitet durch den Lehrer - von den Kindern selbst gefunden und weiter verfolgt. Der Lehrer muss dazu die Kunst beherrschen die Kinder zum Fragen zu bringen und ihre Fragen hervorzulocken. Dies kann geschehen durch einfache Satzergänzungen (O 120f). Hier wird Oberthür allerdings sehr theoretisch und verlangt von den Kindern vielleicht zu viel des Guten an Konzentration auf feinste begriffliche Unterscheidungen.

Aber trotz dieses Bedenkens: Allein diese induktive Didaktik der Theodizee verspricht eine produktive Verarbeitung tradierter Theodizee (etwa des Hiob-Buches) und der Erarbeitung einer eigenen elementaren Theodizee. Offenbar ist dieser Weg bisher kaum (nur von R. Sauer in seinem Buch „Kinder fragen nach dem Leid 1986) beschritten worden, denn in der Fachliteratur wie in Schulbüchern für den RU wird das Thema bzw. die Behandlung des Hiob-Buches eher gemieden.

Es gibt vielfältige Zugänge zu eröffnen:
- Kinderfragen zur Existenz Gottes angesichts des Leids ernstnehmen (O 85-88)
- Klage-Sätze u.a. aus Hiob (O 90)
- Erzählung (O 98ff)
- Streiten mit Gott (O 105ff)
- Schreiben und bildnerisches und musikalisches Gestalten zu Hiob (O 108ff)
- Eigene Theodizee-Erfahrungen ordnen. Vgl. das Geschichtenhaus zum Thema Krieg (O 72f)
- Die Theodizeefrage als Frage mit Kindern vergegenwärtigen und bedenken (O 120ff)

Ergebnis: Oberthürs Buch ist eine sehr wertvolle Arbeit, weil es sich die Entfaltung eines schwierigen Themas zur Aufgabe gemacht hat, an die sich bisher kein Religionspädagoge mit diesem hochgesteckten theologisch-religionsdidaktischen Ziel herangewagt hat. Es ist zugleich ein hervorragendes Beispiel für eine aktuell geforderte Religionsdidaktik, da es eine gelungene Verbindung darstellt von theologischer Theorie, religiöser Didaktik und religionsunterrichtlicher Methodik. Es entspricht einer theologischen Sachanalyse im Vollzug des didaktischen Transfers. Man könnte sagen, es ist eine induktive und kindgemäße Lernausgangsdidaktik, eine Elementartheologie, die sowohl theologischen als auch entwicklungspsychologischen Ansprüchen gerecht wird. Seine Beispiele setzen allerdings sehr aufgeweckte Kinder eines vierten Schuljahres voraus, die in der Lage sind seine teilweise höchst anspruchsvollen Fragestellungen mitzuvollziehen.

Ergänzung:
- Leid im RU mit Schülern in riskanten Lebenslagen (Peter M 189-201)
- Leid im Grundlagenplan GB (Heßling M 208ff)

Das Buch „Mit Leid umgehen" spiegelt die Vielseitigkeit und Reichhaltigkeit dieses Themas und enthält u.a. auch Anregungen für die unterrichtliche Umsetzung. Vielleicht ist der zuletzt besprochene sonderpädagogische Grundlagenplan geeignet die induktive und elementare Behandlung des Themas „Leid und Gott" auch in anderen Schulformen und Lebensbereichen anzuregen. Hierzu einige Hinweise:
- Schulsituation und Fachrichtungen, verschiedene Dimensionen von Leid (KB u. GB konkreter, LB, E, SP eher das nicht genau fassbare „sozial bedingte" Leid)
- Was verstehen Sonderpädagogen unter Leid? Die Schwierigkeit des Leidbegriffs
- Wie kann ich die Leidenserfahrungen (z.b. schmerzhafte Krankheiten, drohender Tod) mit den Betroffenen, mit der Klasse aufarbeiten? Zorn und Trauerarbeit mit Kindern und Eltern
- Wie vermeide ich es mein Mitleid als „Leid" auf die Kinder zu projizieren?
- Korrelationsmöglichkeiten? Beispiele, Texte etc.
- Man darf schwach sein und wird deshalb geliebt/ realistische und dadurch positive Selbsteinschätzung
- Behinderung in den Medien (Sensation oder seriöse Berichterstattung, Darstellung, Interessensvertretung)
- Burn-Out Dilemma (moralischer Anspruch, Selbstanspruch und die eigene Unzulänglichkeit)

Die Herausgeber verstehen ihren Band („Mit Leid umgehen") als Eröffnung neuer Wege im Umgehen mit Leid. Dazu bieten sie kreative Herangehensweisen sowohl für die Betroffenen selbst als auch für die Fragen nach dem angemessenen Menschen- und Gottesbild.

Spaß an Reli. Darüber lacht man nicht...
Abschiedsvorlesung, gehalten am 30. Juni 2000 an der Universität Dortmund

1. Das didaktische Problem „Humor und Religion"

1.1 Der Religionsunterricht ein unbeliebtes Fach?

(Abb. 7)

Wir sehen zwei Personen, die sich nicht anschauen. Der eine schaut nach unten und mehr in sich hinein, der andere nach oben. Jeder ist auf seine Weise mit dem gleichen Problem beschäftigt, aber - wie das zum Fragezeichen gekrümmte Wort „Religionsunterricht" anzeigt - mit unterschiedlichen Perspektiven und Problemen des Religionsunterrichts. Der Angelpunkt des Fragezeichens ist der Kopf des Schülers. Findet ein Dialog über diese Problemaspekte statt? Die signifikante Zeichnung hat ein Signifikat, also eine Bedeutung, die wir Beobachter noch nicht kennen. Der Schüler scheint sich unwohl zu fühlen und möchte den Religionsunterricht vielleicht ändern und nicht nur im Kopf mitmachen müssen. Vielleicht will er den RU ablehnen und denkt über seine Abmeldung nach. Sein Gegenüber, Lehrer oder Vater, bleibt auf Distanz und schaut auf das Religionsproblem, nicht auf den Schüler als Mensch mit seinen Gedanken und Gefühlen. Könnte das Bedeutete (Signifikat) ein Plädoyer sein für die Abdankung des Prinzips der Schülerorientierung oder des verkopften Religionsunterrichts? Wenn wir wüssten, was im Schüler vor sich geht! Ein Rätselbild.
Man müsste genauer achten auf das, was die Schülerinnen und Schüler selbst zum Ausdruck bringen und sagen.
Ein Beispiel:
Fritzchen ist 8 Jahre und kommt nach Haus. Fragt die Mutter: wie war's denn in der Schule? Er: „Die Frau Pauli ist vielleicht gut drauf. Wir durften alle Fragen stellen, die uns einfallen." Die Mutter: „Was ist dir denn eingefallen?" Fritzchen: „Ob Gott auf die Dinosaurier vielleicht böse war. Warum hat er die nicht leben lassen, die waren doch gut? Alle haben gelacht." Mutter: „Wie kommst du auf die Frage?" „Weil die Dinos alle ausgestorben sind; Reli macht richtig Spaß."

Dem Religionsdidaktiker stellt sich hier die Frage: Was geht im Kopf von Fritzchen eigentlich vor sich? Fritzchen geht hier von der ihn beunruhigenden Frage aus, warum die Dinos aussterben mussten und er fragt nach dem Bild von Gott, der die Dinosaurier vielleicht deshalb aussterben ließ, weil sie böse waren. Seine altersgemäße Vermutung ist: wer böse ist, wird bestraft und muss sterben. Es ist die Denkstufe des do-ut-des, des Tun-Ergehen-Zusammenhangs, wie du mir, so ich dir oder: jedem, was er verdient. Aber warum lachen alle? Im Vergleich Dinos und Menschen ist ungewöhnlich, dass die von den Kindern dieses Alters bewunderten Riesentiere so böse sein können, dass Gott sie vernichten muss. Da passt etwas nicht, das ist zum Lachen oder zum Weinen oder beides.
Wie steht es überhaupt mit dem Lachen und dem Humor im Religionsunterricht?

1.2 Das Lachen im Religionsunterricht

Ich beginne am besten mit dem Lachen, und zwar wie Religionslehrerinnen und Religionslehrer mit dem Lachen im Unterricht ihres nicht ganz leichten Faches umgehen. Mein Vorschlag, sie sollten Wert darauf legen ihre Schüler, vor allem die pubertierenden Witzbolde, am besten außerhalb der Schule kennen zu lernen. In meiner Zeit als Lehrer habe ich gelernt, niemals über Schüler zu lachen, aber möglichst immer mit ihnen. Wenn die Lehrer lernen die Hürde des Blödelns im Unterricht zu umgehen, sie gar nicht entstehen zu lassen oder auch mitzublödeln, entdecken sie oft dahinter den Schüler als einen ganz anderen Menschen. Aber wie als Lehrerin umgehen mit plumpobszönen Bemerkungen? Dies ist ebenso schwierig, wie wenn über Religion und Glaube oder über religiöse Gegenstände und Haltungen lästerlich gelacht wird. Wichtig - scheint mir - ist hier die grundsätzliche Einstellung des Lehrers. Er muss sich mit dem Problem der Korrelation von Spaß - Freude - Humor auf der einen Seite und Religion - Glaube und Kirche auf der anderen Seite beschäftigt haben.

Geht man von der Sache aus: Schon das Evangelium als die gute Nachricht von der wohltuenden Nähe Gottes verbietet einen Unterricht, der Angst und Bedrohung verbreitet. Da geht es um Themen wie das „Heil des Menschen", „das Himmlische Jerusalem", die „Freude im Himmel über jeden, der umkehrt". Dieser Unterrichtsgegenstand fordert menschenfreundliche Lehrer und Lehrerinnen, gesundes und offenes Unterrichtsklima und anregende Methoden.

Geht man von den Schülern aus: In ihrer Sprache ist „Spaß an Reli" ein Kosewort für einen Religionsunterricht, der spannend ist und „was bringt" - ganz im Sinne der Erlebnisgesellschaft (Schulze) formuliert. Da geht es zwar ernst zu, aber es darf auch gelacht werden. Wir wissen, dass Kinder und Jugendliche sich auf ihren Reli-Unterricht freuen, wenn bestimmte Kriterien erfüllt sind. Spaß an Reli haben die Schüler:
- wenn ihre Verstehensvoraussetzungen respektiert und nicht nur ihr Kopf, sondern auch ihre sozialen und emotionalen Fähigkeiten angesprochen werden (ganzheitliches Lernen und Freiarbeit).

- wenn ihre Neigung Freud und Leid zu äußern, ernst genommen wird (Spiel und Musik)
- wenn sie alles fragen dürfen und nichts übel genommen wird (Kinder und die großen Fragen).
- wenn sie ihre Kreativität entfalten und etwas Neues ausprobieren dürfen, z.b. fragen, ob Dinos gut und böse sein können, wie Gott eigentlich ist; oder unbekannte Methoden kennen lernen (wie Bibliodrama oder Karikaturen).

1.3 Karikatur und Lebensglück

Macht der heutige Religionsunterricht Spaß? Fördert er das Lebensglück der jungen Menschen? Was sagt die Forschung? Es gibt Untersuchungen, aus denen man entnehmen kann, ob der Religionsunterricht - statistisch gesehen - Spaß macht. Ich zähle dazu die mir vorliegenden Berichte aus den Schulen aller Schulformen über entsprechende Experimente zu Bibliodrama (also zur szenischen Erarbeitung von biblischen Texten im Religionsunterricht) und zu Karikaturen (also zu Zeichnungen, die einen zum Lachen reizen). Auch konkrete Erfahrungen mit diesen Themen in meinen Lehr-Veranstaltungen belegen, dass Religionsunterricht tatsächlich Spaß machen und spannend sein kann. Das ist eine positive Resonanz auf den Versuch vernünftig und menschlich mit den Stoffen der Theologie im Fach Religionslehre umzugehen und unter schulischen und hochschulischen Rahmenbedingungen möglichst teilnehmerorientiert und erfahrungsnah über religiöse und theologische Sachverhalte sich zu verständigen. Ich kann mir Religionsunterricht und Theologie an der Universität ohne die Methoden der szenischen Erarbeitung (etwa von biblischen Texten) und ohne den Einsatz von neuen Medien wie den Karikaturen nicht mehr vorstellen. Damit stehe ich natürlich in Konkurrenz zu anderen Auffassungen, etwa dieser:

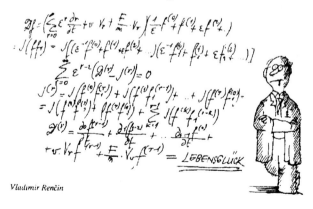

Vladimir Renčin

(Abb. 8)

Die Karikatur lebt von der Übertreibung, das Lebensglück mathematisch exakt in einer Glücksformel ausdrücken und nach dieser Formel herstellen zu können. Die Zufriedenheit des Mathematikers spiegelt die Auffassung, zur Gewinnung des Lebensglücks genüge die mathematische Berechnung, andere Zugangsweisen wie textanalytische, hermeneutische, philosophische, psychologische, soziologische, politologische, historische, linguistische, theologische u.a. sind zu vernachlässigen. Wir lachen über seine kurzsichtige Überheblichkeit und erstellen im Religionsunterricht ein erweitertes Bild mit anderen lebensglück-wichtigen Symbolen (Sonne, Weg, Mandala, Kreuz, ...). Dennoch Zahlen sind auch wichtig.

Auch ich komme an Zahlen nicht vorbei. Ich muss als Religionspädagoge in einer technischen Universität wie der unseren mithalten können und Zahlen anbieten, sonst gelte ich hier nichts. Es geht schon los, wenn ich die Bedeutung meines Themas messe an seiner zahlenmäßigen Präsenz in der Literatur und feststelle, dass sie noch sehr dürftig ist. Meine Recherche im Zeitrahmen seit 1980 ergab lediglich 19 ernstzunehmende Titel (Comenius-Institut Münster). Aber ist das wirklich so schlimm für mich und für mein Thema! Wäre es besser um mich und mein Thema bestellt, wenn es mehr Bücher gäbe?

Ich bin verführt weitere Zahlen zu nennen: Während nach einer Untersuchung von 1972 der Religionsunterricht noch als „unbeliebtes Fach" (Havers) galt, so weisen die neueren empirischen Untersuchungen (die Allensbach-Studie von 1989, die Untersuchung von Jürgen Zinnecker von 1993 und die von Anton A. Bucher von 1996) nach, dass seine Akzeptanz inzwischen im oberen Mittelfeld auf Rang 10 bei 21 befragten Fächern liegt (Allensbach). Nach Zinnecker sind es 12% aller befragten Jugendlichen, die Religion als ihr Lieblingsfach bezeichnen. Bucher nennt seinen Buchtitel „Religionsunterricht: Besser als sein Ruf?" und stellte es unter das Motto: „Religionsunterricht zwischen Glaubenshilfe und Gaudi". Er kommt bei seiner Untersuchung bei 2700 Schülerinnen und Schülern und ca. 400 Lehrern zu dem überraschenden Ergebnis, dass der Religionsunterricht besser ist als sein Ruf. In Zahlen: Er kam bei den Adjektiven friedlich, gerecht, gut, bildend immerhin zu Akzeptanzwerten, die zwischen 81 und 65% positiver Zustimmung lagen (vgl. Langer, Michael: Der Religionsunterricht in der Diskussion. Versuch einer Aufgabenbestimmung, in: Langer/ Laschet (Hg.): Wertorientierung im Wandel, Kevelaer/Aachen 1998, 131-149, 134).

„Als sehr negativ wird er auf der Skala von etwa 6% der Befragten eingeschätzt, als eher positiv von rund 74%. Neben dem hohen Rang des Faches in der Beliebtheitsskala (Platz 4 von 10) seitens der Schüler ist auch die hohe Berufszufriedenheit und die Überzeugung der Religionslehrerinnen und -lehrer eine wichtige Aufgabe zu erfüllen bemerkenswert" (ebd. f). Was sagen die Schüler? Einige Stichproben: „Religion ist das einzige Fach, wo man über Probleme reden kann [...] Religion ist ein Fach, das notwendig ist [...] Religion ist ein Fach, das durch nichts zu ersetzen ist. Religionsunterricht, wenn er gut abläuft, hilft der Klassengemeinschaft. Das ist sehr wichtig. Auch bereitet er auf die christliche Lebenseinstellung vor. Das würde mir sehr fehlen" (ebd.).

1.4 Religionsdidaktische Lachforschung

Nicht allein Zahlen bringen uns weiter, also Untersuchungen zur Steigerung der Lachquote im Religionsunterricht. Es muss auch über Religion und Humor und Humor im Religionsunterricht ernsthaft geforscht werden. Die schon sprichwörtlich gewordene Humordefinition von Otto Bierbaum lautet: „Humor ist, wenn man trotzdem lacht." Karl-Josef Kuschel und Werner Thiede sind der Meinung, dass diese Definition genau das Wesen des Humors als eine existentielle Haltung des Lachens angesichts von Widrigkeiten trifft, durch die der Lachende selbst betroffen oder mitbetroffen ist, die er aber geistig derart zu integrieren und in ihrem Ernst zu relativieren vermag, dass er innerlich mehr oder weniger befreit ist von ihnen und deshalb trotzdem lachen kann (vgl. König 1995, 296f).

Auch bei Kindern kann Lachen Tiefgang haben. Hier ein Beispiel für das Lachen über einen sehr ernsten Hintergrund:

(Abb. 9)

Zur Situationsschilderung (Fest des Schenkens und der Liebe): Er schenkt ihr ein Paket. Sie packt es aus und freut sich über die Puppe. Er freut sich im Stillen schon auf ihr Gegengeschenk. Aber sie schenkt ihm nur ihre eigene Liebe. Kleinere Kinder sagen: Die ist aber gemein. Sie lachen noch nicht. Wann lachen ältere Kinder? Wenn sie gelernt haben, auf zwei Ebenen zu denken: hier die Idealisierung der Liebe und dort die Vergegenständlichung der Liebe, das liebevolle Schenken eines Gegenstandes.

Lachen ist also an Bedingungen gebunden. Warum lachen wir Menschen überhaupt? Beispiel: Der bekannte und humorvolle Helmut Thielicke, Professor der Evangelischen Theologie in Hamburg, erklärt, warum er sein Buch „Das Lachen der Heiligen und Narren" geschrieben habe: Ohne Englischkenntnisse sei er zur Verleihung seiner Ehrendoktorwürde nach Glasgow in die schottische Universität gereist. Sein Lateinlehrer habe ihnen früher immer gesagt, Englisch sei etwas für Kellner, aber nicht für Humanisten. Nun aber erklärte ihm der Dekan, es gehe auch ohne Englisch, er mache traditionsgemäß zwei Witze und wenn das Publikum lache, brauche er nur einzustimmen. „Es war dumm von mir, dass ich mich darauf einließ. Denn nun stand ich in einem feuerroten Doktor-Talar, der Versammlung zugewandt, hoch über Würdenträgern und Publikum, und alle starrten mich an, während sich das Elogium über mir ergoß. Plötzlich lachten alle los; der erste Witz hatte offenbar gezündet. Ich musste also mitlachen, hatte aber keine Ahnung, worüber gelacht wurde. Beklommen fragte ich mich: Ob er etwas Ironisches über Engländer oder Deutsche gesagt hat? Dann musst du vielsagend lächeln. Oder hat er etwas Lobendes über dich selbst gesagt? Dann musst du bescheiden abwehrend lächeln. Oder hat er nur eine geistreiche Formulierung gebraucht? Dann musst du intellektuell hintergründig lächeln. Ich weiß noch, wie mir in meiner Verlegenheit der ganze Katalog der Möglichkeiten durch den Kopf schoß. Vielleicht kam mir da meine Fähigkeit ein wenig zu Hilfe, Grimassen zu schneiden. Ich bemühte mich um eine völlig indifferente Lache, die man so oder so deuten konnte" (Thielicke 1974, 13).

Erzähler oder Zeichner und Lacher benötigen also einen gemeinsamen Konnotationsrahmen (hier die Sprache), in dem der Witz als unangemessener Vergleich, als Verfremdung oder als Umkehrung funktionieren soll, und bestimmte Bedeutungsgehalte, mit denen das geschieht und über die dann gelacht werden kann. Die dialogische Struktur bleibt erhalten, auch wenn der Zeichner allein über seine Karikatur lacht.

Auf unsere Situation in der Universität angewandt, lautet die Frage: „Was gibt es an Hochschulen zu lachen?" Hochschuldidaktisch ist das Lachthema ziemlich unterbelichtet. Nach meinen Erfahrungen kann aber das Fach Theologie durch Karikaturen mit Spannung und Humor gewürzt werden. Schon bei der Bilderklärung einer unverstandenen Karikatur kommt man oft blitzschnell zum Thema und weiter zu tiefergehenden theologischen Gesprächen. Es ist erstaunlich, wie schnell und wie leicht theologische Themen im Religionsunterricht oder im Seminar durch eine Karikatur Brisanz gewinnen können, wie engagiert auch religiös nicht besonders vorgebildete Schüler sich über religiöse Fragen äußern. Hier ein Beispiel für eine zunächst unverstandene Karikatur:

„Und damit basta, Herr Küng!"
(Abb. 10)

Sie setzt Vorkenntnisse voraus. Die Insider, die diese haben, lachen als erste. In meinem Seminar über Karikaturen kannten nur zwei Studenten den „Fall Küng" und keiner sah auf Anhieb den Zusammenhang zwischen Weltkugel und Bremse sowie „Galilei", der ja gesagt haben soll: „Und sie bewegt sich doch!" Es blieb stumm im Hörsaal. Auf dem Schnittpunkt der beiden Bildelemente (dem äußeren Signifikanten) entsteht die Frage: Wer ist Herr Küng? Was ist mit der gebremsten Erdkugel? (dem inneren Signifikanten). Auf der äußeren Bedeutungsebene wird erklärt: „Unfehlbarkeit" und „Erde um die Sonne". Auf der inneren Bedeutungsebene geht es um den Vergleich zwischen beiden: Wenn die grimmig dreinschauende Kirche Galilei gezwungen hat die erkannte Wahrheit zu leugnen, welche Einsichten soll Küng heute widerrufen? Hier kann man reden über das Infallibilitätsdogma von 1870 und das Buch von Hans Küng mit dem Titel „Unfehlbar". Man kann den Weg vom Ersten zum Zweiten Vatikanum aufzeigen und Informationen zur Rehabilitation von Galilei anbieten und darüber nachdenken, ob die Kirche damals wie heute die Wahrheit bremsen kann.

2. Einwände gegen das Lachen über Religiöses

Ist das Lachen über Religiöses und das Spaß-haben am Glauben nicht doch etwas Ehrenrühriges, Schlimmes oder ist es schon etwas Sündhaftes? So wie bei Hägar dem Schrecklichen, der gefragt wird: „Ist Sex Sünde?" Er: „Macht es Spaß?" Antwort: „Ich glaube ja!" Er: „Dann ist es Sünde!" Das Erkennungsmerkmal von Sünde ist also nicht die Abwendung von Gott, sondern dass sie auch noch Spaß macht.

(Abb.11)

2.1 Einwände aus der Tradition

Die christlich-katholische Tradition ist offiziell ziemlich humorlos, tatsächlich aber vom Humor, vom Lachen über Witziges und von Freude, Dank und Jubel durchtränkt. Das liegt daran, dass sich beide Seiten, traditionelles Kirchen-System und Humor, offenbar gegenseitig bedingen. Denn es gilt der Grundsatz: Humor gedeiht in einer humorlosen Umgebung besonders gut. Das gilt auch für die christliche Tradition, in der nicht nur die Sexualität, sondern auch der Humor kirchlich reglementiert war. Wenn der Humor zeitweise zugelassen wurde (wie beispielsweise im 17. Jh. in Köln die „Kinderbischöfe", der „Narrenpapst", der „Wilde Mann" und der „Karneval"), dann nur unter Aufsicht der oberen Behörden. Die aus dem Mittelalter tradierte Verkleidung als Bischof war solch ein Fall. „Eine Verordnung des Kölner Erzbischofs Ferdinand vom 6. April 1644 verbietet die Ausübung der bischöflichen Insignien sowie der bischöflichen Funktionen beim Vespergottesdienst als einen Missbrauch, der ‚voll knabenhafter Ausgelassenheit und Mutwille sei sowie dem Ernste und der Würde des Gottesdienstes starken Eintrag tue'" (Heck, Erich: Kinderbischöfe und andere Narren, in: KatBl 1984, 110).

Was stand dahinter? Landesherr, Bischof und Abt sollten einmal im Jahr erfahren, was sie im Magnifikat immer beteten: „Deposuit potentes de sede et exaltavit humiles" (Mächtige hat er vom Thron gestürzt und die Niedrigen erhöht). Den Subdiakonen, den Schülern und Untergebenen machten diese Fest-Narreteien und Possenspiele Spaß. Aber dem kleinen Kleriker wurde der fundamentale Spaß, einmal in führender Stellung dienen zu dürfen, nur an einem Tag erlaubt. Insgesamt waren es durch Jahrhunderte hindurch im Kirchenjahr feste Zeiten, in denen Witz, Humor, Lachen und Gelächter gleichsam von Rechts wegen einen Platz auf der Kanzel beanspruchen durften, so an Neujahr, an Ostern und zum Kirchweihfest. Das liturgische Ostergelächter, der risus paschalis, ist beschränkt auf die Osternacht, am Fest der Auferstehung. Denn da lässt sich das Lachen nicht mehr verkneifen. Im ritualisierten Lachen darf sich der Christ über die Erlösung von den Fesseln des Todes freuen. Sonst geht es immer sehr ernst zu. Im Mittelalter bleibt das Lachen bis in die Neuzeit ein verkniffenes oder ein sehr scharfes Lachen, das wir heute nur sehr schwer oder gar nicht mehr nachvollziehen können. Zwei ziemlich harte satirische Witz-Zeichnungen, die in den konfliktreichen Zeiten der Reformation als Waffe zum Zweck der gegenseitigen Verteufelung eingesetzt werden:

(Abb. 12)

Unter dieser Karikatur war zu lesen: „Die beste und bösartigste Luther-Karikatur zeigt den Augustinermönch als ‚Des Teufels Dudelsack'". Sie entstand 1525. An ihr lässt sich die Ur-Technik des Karikierens gut beobachten. Sie liegt in der Übertreibung und in der satirischen Methode des Vergleichs mit verachtenswerten Gestalten (Teufel), indem sie etwas wörtlich zeichnet. Der Luther-Kopf wird umgestaltet zum Dudelsack. Die Beschimpfung Luthers durch den katholischen Karikaturisten gewinnt durch die Visualisierung an Wirkkraft. Text: „Vor zeyten pfiff ich hin und her/ Aus solchen Pfeiffen dicht und mer/ Vil Fabel Treum und Fanthasey/ Ist jetzundt auß und gar entzwey/ das ist mir leyd auch schwer und bang/ Doch hoff ich es wer auch nit lang/ die weyl die welt so fürwitz ist/ Sündtlich duckisch vol arger list."

(Abb. 13)

Beim Anthropomorphismus werden menschliche Züge oder Attribute in Analogie zu Tieren, Pflanzen oder Dingen vorgestellt. Diese Karikatur entstand zwei Jahre früher (1523) in einem für den beginnenden Glaubensstreit typischen Pamphlet als Angriffswaffe gegen den Papst, der mit Eselskopf, schuppigem Hurenleib, Teufelsfratze am Hintern, Pferdefuß und Vogelkrallen dargestellt wird. Ohne die einzelnen Symbole deuten zu wollen, insgesamt bleibt dem unbefangenen heutigen Betrachter das Lachen im Halse stecken, dem damaligen Kämpfer auf einer der Seiten war sie Bestätigung seines konfessionellen Denkens und Empfindens.

Noch zwei Beispiele aus der jüngeren Vergangenheit: Eine Karikatur als Parodie (Zitat) ist oft - wie die folgende - nicht ganz unproblematisch, weil sie viele Assoziationen zuläßt und leicht missverstanden werden kann.

„Maul halten und weiterdienen"
(Abb. 14)

Diese Karikatur „Christus mit Gasmaske" von George Grosz, die als satirischer Zugriff auf Entstellungen des Christseins gedacht war, wurde als Angriff auf Glaubensinhalte verstanden. Die Darstellung meinte die Haltung der Christen, die sich durch Christus am Kreuz aufgefordert fühlen: in Christi Namen Maul halten und weiterdienen. „Die 1928 entstandene Kruzifix-Parodie trug dem Zeichner den bisher größten Prozess wegen ‚Gotteslästerung' ein. Erst in zweiter Instanz wurde er freigesprochen, mit der Begründung, er habe nicht Christus angegriffen, sondern die, welche seinen Namen zur Verherrlichung militärischer Gewalt missbrauchen" (Berg 1981, 69).

(Abb. 15)

Im gleichen Jahr machten drei Zeichner, die unter dem Pseudonym Kukryniksy auftraten, die gezeigte Karikatur zum Thema ihrer eigenen Karikatur „Der Gotteslästerer". Wenn Kirche und Militär die Distanz zueinander verloren haben und das Maulhalten und Weiterdienen als christliches Verhalten deklariert werden, bleibt oft nur noch Lästerung als verzweifelter Befreiungsversuch übrig. Er kann dazu führen die Situation umzukehren und - wie hier - den Zeichner George Grosz selbst zynisch als Gotteslästerer darzustellen, damit die Haltung der Verhärtung und Erstarrung überhaupt deutlich wird. Der Satiriker sollte die Rezeptionsbedingungen seiner Zielgruppen sehr genau kennen und die kritisierten Institutionen sollten aus solchen Satiren, die gerade nicht blasphemisch sein wollen, lernen den Angriff nicht von sich abzulenken und nicht zu behaupten, er gelte Gott selbst.

2.2 Grundsätzliche Bedenken

Viele Theologen und Kirchenleute gehen von der Annahme aus, dass Humor und Lachen allem Religiösen nur schaden könne, erst recht wenn sie in der Form der institutionellen Kritik auftreten.

Ich fand in einer Zeitschrift den folgenden Vergleich: Ob ein Pfarrer in seine Predigt über den heiligen Geist einen lustigen Scherz einbaut oder ob heute eine Theologin über den heiligen Geist schreibt, dieser könne auf Grund alttestamentlicher Texte als „ruah", weiblich, also „die Geist", genannt werden, ist ungefähr so, als ob ein Lehrer im NS-Staat sich kritisch zur Rassenlehre äußerte; beide müssen um ihre Existenz bzw. ihre berufliche Kariere fürchten.

Wenn Theologen sich in der heutigen Zeit gegen schlimme Entwicklungen in der Kirche kritisch äußern, haben sie nichts zu lachen. Es geht - zumindest in der katholischen Kirche - ziemlich humorlos zu und es wird viel Angst verbreitet. Man denke an die so genannte „Kölner Erklärung" von 1989 gegen die Einflussnahme des Vatikans auf den Wahlvorgang bei der Wahl der Kandidaten zur Besetzung des Bischofsstuhles im Kölner Domkapitel. Die 269 Theologieprofessoren, die unterschrieben haben, bekommen die bitterernsten Folgen ihres unerwünschten Verhaltens heftig zu spüren. Sollte man nicht schon aus Vorsicht die Kritik und den Spaß aus Kirche und Theologie herauslassen? Erst recht, wenn man eine theologische Karriere vor sich hat?

Ein grundsätzlicher Einwand besagt, dass es in Religion und Glaube um das letzte Heil des Menschen geht: Das aber ist eine zutiefst ernsthafte Angelegenheit. Darüber lacht man nicht. Wenn jemand sagt „Spaß beiseite!" so heißt das: Bisher war alles nur Spaß, aber jetzt wird's Ernst. Gut, man kann sich ja mal einen harmlosen Witz über Kirche, Bischöfe oder Papst erlauben, aber dann? Man weiß ja nie, wie das Lachen gemeint ist. Ist es: jemand auslachen und verlachen, weil er an Gott glaubt? Ist es anlachen? lächeln? Oder über etwas lachen? Ist es überhaupt Humor? Oder Äußerung von Freude? Über Gott und Teufel, Himmel und Hölle Witze machen? Spöttisch und satirisch über religiöse Dinge herziehen, auch wenn man Hans-Dieter Hüsch heißt? Darf man Religion und Glaube dem Kabarett in der spaßsüchtigen Erlebnisgesellschaft ausliefern? Wo verläuft die Grenze zwischen Humor und Blasphemie? Wer bestimmt die Grenze zwischen Humor und Gotteslästerung? Ich meine, darüber entscheiden immer die Menschen selbst in ihren je bestimmten und sehr unterschiedlichen Lebenssituationen.

Interessant ist die Beobachtung, dass im deutschen Osten die Kirchen und die Kirchenvertreter ebenso wie die Theologen in einem eher positiven Licht stehen und trotz niedriger Taufzahlen auch heute noch wegen ihrer Verdienste um die Wende („Theologen an den runden Tischen") in guter Erinnerung sind und - vielleicht deshalb - im Osten rigorose Blasphemie selten ist. Im deutschen Westen dagegen konnte religiöse Satire von der üblen Sorte in Talkshows öffentliche Gunst gewinnen. Der Philosoph Richard Schröder schreibt in seiner Replik auf Schnädelbachs Generalangriff auf das Christentum (in der ZEIT vom 25. Mai 2000): „Der Atheismus war offizielle Staatsdoktrin der DDR. Aber das Kruzifix als Klopapierhalter auf der Titelseite einer Zeitschrift prangend, das habe ich erst im Westen erlebt. Woran liegt das? Offenbar setzen glühende Gegnerschaft und Freude am Sakrileg Nähe, prägende Begegnung voraus. Das Christentum war für beide in der DDR einfach zu weit weg."

Bei fehlender Distanz oder in zu großer Nähe zur Kirche kann sich eine Humorlosigkeit entwickeln, die „unchristlich" genannt werden müsste. Diese Kirchenleute haben es nicht gelernt, sich selbst vom Evangelium her kritisch zu betrachten. Es gibt bei uns leider wieder vermehrt Formen verklemmten Theologisierens und humorlosen Glaubens. Ich höre von den Studierenden, die von ihren Gemeinden berichten, dass manche Pfarrer es verstehen das Evangelium freudig zu vermitteln, ich höre aber auch schlimme Dinge: Geschiedenen wird die Kommunion verweigert, Kinder von (nur) standesamtlich verheirateten Eltern werden nicht zur Taufe zugelassen, von den Kanzeln wird heruntergedonnert, in einigen sehr aktiven charismatischen Gruppen werden apokalyptische Weltuntergangsstimmungen und Angst und Schrecken verbreitet. Die oft selbst ernannten Gurus lassen ihre Mitglieder - auch in der katholischen Kirche - in Strafängsten vor dem rachsüchtigen Richtergott und vor Höllenqualen erzittern. Diese fundamentalistische Glaubensform ist theologisch falsch, ihr fehlt der Humor. Sie steht nicht über den Dingen. Ihr fehlt die Distanz zu sich selbst und eine gesunde Einstellung zum theologischen Kern des christlichen Glaubens an Gott, der Zuversicht.

(Abb. 16)

(Linke Hälfte abgedeckt): Der Prediger erhebt drohend seinen Zeigefinger gegen die blinden Schafe unter ihm, aber er scheint sich nicht sicher zu sein und wendet sich um.
(Linke Hälfte aufdecken): Jesus am Kreuz hält sich die Ohren zu.
Die szenische Erarbeitung im Seminar war spannend und hat sehr viel Spaß gemacht. Schnell waren die Rollen verteilt, die in Kleingruppen mit den Methoden der Identifikation und der Imagination ausgearbeitet wurden:
Der Prediger: Ihr seid Sünder und ich führe euch wie ein Hirt seine blinden irrenden Schafe. Ich predige euch von Gott, dem Richter, der euch alle verurteilen wird für eure Sünden und der euch mit der ewigen Hölle bestrafen wird. Mein Bild von der christlichen Gemeinde? Sie sind wirklich alle blind für Gott.
Jesus: Mir ist diese Predigt unerträglich. Was hat er eigentlich studiert? Seine Rede von Hirtenamt, Hirt und Schafherde müssen unbedingt als schlechte Kirchenmetaphern entlarvt werden. Kirche ist sich doch nicht Selbstzweck. Er soll mich und mein Evangelium vom annehmenden und vergebenden Gott verkünden.
Die Schafe: Er hält uns tatsächlich für blind. Dabei können wir inzwischen auch lesen und nachdenken. Wir haben Jesus längst verstanden, dass er zu uns gehört und unter uns sein will. So verrückt er auch ist, aber er bringt uns die Nähe Gottes. Wieso sieht der Pfarrer uns wie Schafe an? Er stülpt uns die Schafmetapher über und möchte uns gern zu Opferlämmern machen.
Wir die Beobachter: Auch auf uns wirkt diese Predigt ärgerlich. Sein Bild von Gemeinde widerspricht der Intention Jesu. Warum schaut der Prediger uns und nicht Jesus an? Hört er unseren Protest gegen seine Androhungen? Warum ist sein Blick so ängstlich? Wir müssen jetzt selber das Evangelium lesen und danach leben.
Ergebnis: Die Diagonale von links oben nach rechts unten wirkt entlarvend und befreiend. In den Augen Jesu stimmt sie nicht, sie ist theologisch fasch. Der Prediger

sollte sich zurücknehmen. Die ganze Szene hat etwas Rührendes: Er kann donnern wie er will, seine Predigt bleibt wirkungslos, letztlich ist auch für ihn der ohnmächtige Jesus am Kreuz die Autorität, die sich gegen die Widerstände seiner Unzulänglichkeit durchsetzen wird.

3. Theologie des Humors und des Lachens

These: Humor gehört zum christlichen Verständnis von Religion und Glaube. Es sollte eine Theologie des Humors und des Lachens entwickelt werden.

3.1 Lachen über „Relatives"

Religion und Glaube sagen etwas über das Leben, wie es ist und wie es „richtig" sein könnte und sollte. Aber da gibt es immer Widerstände, die das richtige Leben nicht so ganz gelingen lassen.
Kulturgeschichtlich und theologisch gesehen geht der Humor aus Kontrasterfahrungen hervor, aus der souveränen Freiheit gegenüber dem Schicksal und aus dem Mut, der sich gegen Zwänge und falsche Autoritäten stellt. Sie führen zur Emanzipation von den widrigen Umständen und zum humorvollen Drüberstehen. Für Christen war das immer die Welt, das Geld, die Natur, der Staat, mit denen sie einerseits leben mussten, denen sie aber andererseits auch verfallen sein konnten, und über die sie sich erheben und transzendierend verhalten konnten. Bei religiösen und christlichen Ideologen, das sind Leute, die Einseitigkeiten verabsolutieren, fehlen Freiheit und Emanzipation. Sie lassen Kontrasterfahrung zu ihrer eigenen Position nicht zu, plädieren immer für klare Fronten und sind an Dialog und Konsensfindung nicht interessiert. „Weil sie distanzlos Angepasste sind, werden sie zu Gefangenen des Systems, sehen sich selber nie aus dem Parkett und also von außen, sondern sind immer in Aktion und haben die Fähigkeit des Transzendierens verloren" (Thielicke, Helmut: Das Lachen der Heiligen und Narren. Nachdenkliches über Witz und Humor, Freiburg i. Br. 1974, 34). Die Humorvollen, die Clowns, die Weisen und die Christen (wie ich sie verstehe) haben sich zwar ihre Solidarität zur Welt bewahrt, fühlen sich aber von ihr nicht abhängig. Insofern hat Kierkegaard recht, wenn er sagt, „dass die eigentliche Sünde darin bestünde, sich ‚absolut zum Relativen' zu verhalten, also dem Vergänglichen und Eitlen in einem Grade zugewandt zu sein, der ihm nicht gebühre" (Thielicke 1974, 127). Die hier gemeinte Relativierung zu fördern, ist Aufgabe des Karneval.

Am Karneval kann man sehen, dass das Religiöse mit Gegensätzen und mit dem Spiel mit Gegensätzen zu tun hat, etwa zwischen Leben und Tod, Versklavung an das Vergängliche und die Befreiung davon. Der christliche Humor stellt sich über diese Gegensätze, und zwar anders als die Mythen unserer dunklen germanischen Vergangenheit. Zumindest der Rheinische Karneval ist ganz klar christlichen Ursprungs. Im Mittelalter und auch heute noch braucht die ernste Fastenzeit eine motivierende

Kontrasterfahrung, die ausgelassene Zulassung alles Lachhaften, um wieder in eine erträgliche Balance zu kommen. Auch ich brauchte einmal eine neue Balance; deshalb habe ich nach meinem Theologiestudium als werdender Kleriker in Bonn und Köln im Kölner Karneval meine spätere Frau kennen gelernt.

Humor lebt also vom Gegensatz: Realität und Ideal, absoluter Wahrheitsanspruch und Geschichtlichkeit, Objektivität und Subjektivität. Und es gibt drei Positionen, die man in diesen Gegensatzfeldern antreffen kann: Die Spötter (Harald Schmidt); die Fundamentalisten (ideologische Dogmatiker) und die Humoristen unter den Theologen (sie können über sich und ihr eigenes Fach lachen).

(Abb. 17)

Man sieht deutlich die Kritik an einer Kirche, die Gott zur Handpuppe oder zum Popanz macht. Gott wird zwar in der Bildhälfte sichtbar dargestellt, aber in der Sachhälfte ist die Intention der Karikatur auf den Kleriker gerichtet, der sich selbst genügt und Gott zum Spielzeug verkleinert. Der Humor selbst ist auf das Vorletzte ausgerichtet.

Selbst Witze über die Symbole für Gott, für den Sohn Gottes und den heiligen Geist beziehen sich nie auf Gott selbst. Man kann sie belächeln. Beispiel: „Joseph, der Zimmermann, wählt im Himmel immer SPD und wird dafür gerügt. Er ist es schließlich leid und sagt zu Maria: Komm, Maria, pack das Kind in den Wagen und den Vogel in den Käfig, wir hauen ab. Mal sehen, was die ohne uns machen." Was bewegt den einen fundamentalistisch zu werden, den anderen humorvoll? Der Fundamentalist blickt auf das im Symbol Gemeinte und empfindet die Darstellung als Beleidigung des Absoluten, Gottes selbst. Der Humorvolle blickt auf das Spiel mit den zerbrechlichen Symbolen, mit dem Vorläufigen an den Symbolen „Sohn" und „Vogel", über die er vielleicht schon länger nachgedacht hat.

3.2 Aspekte des christlichen Humors

Stimmt der Satz: „Wer zuletzt denkt, lacht am besten" (Buchtitel von Albert Keller)? Gibt es einen ernsten Grund gegen unchristliche Humorlosigkeit? Warum schließen sich Humorlosigkeit und Christlichkeit aus? Vielleicht lassen sich Religiöses und Theologisches nur deshalb nur witzig oder humorvoll erzählen, weil die Erstbegegnungen mit dem Göttlichen meist überraschenden oder wunderlichen Charakter haben. Wenn Gott den Menschen mit seinen göttlichen Ein-fällen immer über-fällt bzw. ihn meistens - wie die Offenbarungsgeschichte zeigt - erst im Nachhinein über seine Absichten aufklärt, dann muss der Mensch zuerst lachen oder auch weinen und sich wundern oder staunen, und erst viel später entsteht die Theologie als Ergebnis des Denkens darüber. Ist der Humor der Ursprung religiöser Erfahrung oder gar der Theologie? Wenn der Mensch auf Nicht-Erklärliches in seinem Leben zurückblickt und anfängt darüber „nachzudenken", entsteht ja meistens erst die Frage nach Zufall oder Gott, der einen bis hierhin und warum gerade so und nicht anders geführt hat. Warum sind die Wege Gottes so krumm? Warum lässt sich Gott nicht direkter erfahren, die Umwege und die Indirektheit, die sind es doch, die Gott manchmal unbeholfen, komisch oder lächerlich erscheinen lassen bzw. warum auch viele Gottesbegegnungen in der Bibel komisch wirken und geradezu humorvoll sind.

3.3 Lachen in der Bibel

Gibt es in der Bibel das Lachen? Es ist bei allem Ernst und bei allen Härten, die die Bibel enthält, erstaunlich stark vertreten. Wie im Englischen joke (Witz) und whitty („Witz", gewitzt, schlau) zu unterscheiden sind, muss man auch in der Bibel zwischen Witz als Lachanreiz und „Witz" als Gewitztheit unterscheiden. Wir können beides beobachten. Auch den Übersprung bzw. die Überraschungswende vom oberflächlichen, zum Lachen reizenden Witz zur ernsteren bzw. schlaueren Polemik und zur Freude an Gott, zum Jubel und zum Fest aus Dankbarkeit. An entscheidenden Stellen der Gottesoffenbarung kommt Freude auf, wird über das Geschehene nicht nur gestaunt oder Furcht empfunden, es wird auch gelacht.

Es ist auf eine Schlüsselstelle für die gesamte Theologie des Ersten Testamentes, nämlich Gen 17,17 zu verweisen, wo Abraham erfährt, dass er als Hundertjähriger noch zur Zeugung und seine Frau Sara als Neunzigjährige zur Geburt eines Kindes fähig sein werden. Wie reagiert Abraham? „Da fiel er auf sein Angesicht und lachte". Seine Demutsgeste paart sich mit Lachen. Er lacht über Gottes Verheißung, ein Lachen der Ungläubigkeit und des Zweifels. Eine unerhörte Szene und ein abgründiges Bild: Der Glaube präsentiert sich hier als lachender Zweifel an Gott. Und es geht weiter. Sara hört die Verheißung hinter dem Vorhang mit an und kann ihr ungläubiges stilles In-sich-hinein-Lachen nicht zurückhalten. Trotzdem geschieht das Unerwartete, weshalb das Kind Isaak (= „Gott lacht") genannt wird. In Isaak lacht Gott. Die biblische Erzählform ist dialogisch, so sagt die verwirrte Sara später, sie habe während der Vorhersage nicht gelacht. Jahwe tut so, als glaube er ihr, sagt aber schließlich: Weißt du, in Wirklichkeit hast du doch gelacht. Eine Kehre ist erkennbar: Nach der Geburt lacht Sara immer noch, aber aus gläubiger Dankbarkeit: „Gott ließ mich lachen; jeder, der davon hört, wird mit mir lachen" (21,6). „Die theologische Pointe dieser Geschichte besteht in der Erkenntnis: Das Lachen des Menschen auch über Gott ist von Gott zugelassen" (Kuschel 1994, 99).

Es gibt im NT überraschende Antworten, die nur mit Humor im Hintergrund zu denken und zu verstehen sind. Lk 17,20f ist solch eine Stelle. „Als Jesus von den Pharisäern gefragt wurde, wann das Reich Gottes komme, antwortete er: Das Reich Gottes kommt nicht so, dass man es an äußeren Zeichen erkennen könnte. Man kann auch nicht sagen: Seht, hier ist es!, oder: Dort ist es! Denn das Reich Gottes ist (schon) mitten unter euch" (lat.: intra vos est, gr.: entos hymon estin). Das Witzige liegt in der stillschweigenden, aber bedeutsamen Umfunktionierung des Wann in das Wo. Keiner hat nach der Beobachtbarkeit des Reiches Gottes (der „basileia thou theou") gefragt. Wer sich aber auf äußere Zeichen (wann und wo) verlässt, kann das gesuchte Reich Gottes schon deshalb nicht finden, weil es zwischen den Menschen schon vorhanden ist. Es gibt auch eine zeitliche Pointe: Nicht das erst in Zukunft zu Erwartende steht zur Diskussion, sondern die Gegenwart; es ist schon da. Die Antwort beinhaltet häufig die mitlaufende Information darüber, dass die Frage eigentlich falsch gestellt ist und anders vorgetragen werden muss. So wirkten die Antworten Jesu häufig wegen des Perspektivenwechsels überraschend und komisch.

Hat Jesus gelacht? Darüber sind sich die Theologen bis heute nicht einig. So hat der bekannte und unter uns weilende religionspädagogische Bildforscher Günter Lange, der auch Bilder kennt, auf denen Jesus lacht (vgl. Günter Lange: Hat Jesus gelacht? in: KatBl 1984, 103-108) gesagt, „eine theologisch-spirituelle Aufwertung des möglichen Lachens Jesu ist fällig" (ebd., 108).
Ich glaube, dass Jesus kurz vor seinen Geschichten in sich hineingelacht hat. Seine berühmte Bergpredigt mit ihren radikalen (Über-)Forderungen macht alle Männer, die Frauen nachschauen, zu Ehebrechern. Das muss er mit einem Augenzwinkern gesagt haben. Oft wurde er deshalb ausgelacht. Aber man hat ihm Narrenfreiheit gelassen. Nachdem die Familie mit seinem Anspruch der Gottesnähe nichts anzufangen wusste, ihn für verrückt erklärt und aus dem Heimatort Nazareth verjagt hatte, schlug er sich mit allen möglichen Typen von Menschen herum, um an den Parties, die er mit ihnen feierte, im gemeinsamen Essen und Trinken die Nähe des Gottesreiches provokativ zu demonstrieren. Seine Idee vom Gottesreich, in dem alle gleich sind vor Gott, in dem die Armen und Unterdrückten glücklich genannt werden und den Weinenden das Lachen verheißen wird, das alles hat ja was Narrenhaftes an sich.

Seine auffälligen Andersartigkeiten, die sich aus der Übereinstimmung seines Handelns mit seiner Lehre ergaben, mussten auf seine Zeitgenossen komisch wirken. Man kann sich in Anlehnung an Künstler wie James Ensor und George Rouault, die Jesus im Gewande des Clowns abgebildet haben, oder an Guido Muer, der ihn als tanzenden Clown gemalt hat, oder an Bölls „Ansichten eines Clowns" und andere literarische Werke (Heinrich Heine, Gerhard Hauptmann, Harvey Cox und Umberto Ecco wären hier zu nennen), die dieses selbstsichere Stehen über den Dingen bei Jesus als Clownerie beschreiben, fragen, ob solche Deutungen zutreffend sind. Man müsste exegetisch der Frage nachgehen, ob es angeht seinem Denken und Verhalten eine komische Seite abzugewinnen und ob diese aus bestimmten Interessen heraus später gestrichen wurde, weil alles so tragisch und ernst zu Ende ging. Ist Jesus der Narr Gottes, „in Person die ‚unmögliche' Zuwendung Gottes" wie Kuschel formuliert (Kuschel 1998, 122).

In Mt 5-7 ist seine Ironie überliefert gegenüber der religiösen Schaustellerei (Beten und Fasten), gegenüber der Bewahrungsmentalität (Sammlung von Schätzen), gegenüber den kleingläubigen Sorgen und der Heuchelei (vgl. Kuschel 1998, 119). Vor allem seine grotesken Bilder, etwa vom Kamel, das eher durch ein Nadelöhr geht, als ein Reicher in das Reich Gottes gelangt (vgl. Mk 10, 25) und seine paradoxen Radikalismen („lasst die Toten ihre Toten begraben" Lk 9, 60) deuten schon an, dass er am Ende als der Verlachte dasteht, als der gescheiterte Gehenkte, sein Lachen erstickt im Todesschrei, der allerdings - nach Mt - ein Gebet ist: „Mein Gott, mein Gott, warum hast du mich verlassen?" (Ps 22).

3.4 Die Pointe des Humors im Christentum

So paradox es klingen mag, sagt Ottmar Fuchs, ist nach christlichem Verständnis diese gebetete Klage in der Verzweiflung der Weg zur Freude (vgl. Fuchs 1984, 94). Der Christ glaubt an einen komischen Gott: Er lässt sterben, aber im Tod den Sterbenden nicht fallen. Der Notleidende klagt im Klagegebet die versprochene Nähe Gottes ein. Wie ist diese Wende zu verstehen?

Mit Hilfe der Literatur- und Sprachwissenschaft sollte die Theologie die strukturellen Elemente der Pointenproduktion (nach Preisendanz, vgl. Fuchs 1984, 90) im Fall des Todes Jesu genauer erforschen. Denn diese Pointe, die im Zusammenfall des Todesschreis und der erlösenden Freude liegt, der Umschlag von der tiefsten Verzweiflung zum tiefsten Vertrauen müsste den Christen als Anlass zur Freude bewusster werden. In dieser Geheimnishaftigkeit der Glaubensinhalte (insbesondere die der Leidensgeschichte, der Auferstehungsbotschaft oder der Lehre vom Heiligen Geist) liegt insofern nicht nur Wichtigkeit und Bedeutungsschwere, sondern etwas Freudiges und sogar im tieferen Sinne Humorvolles, das zentrale erlösende und befreiende Moment des christlichen Glaubens.

Dieser kennt also auf der einen Seite die realistische Wahrnehmung der menschlichen Begrenztheit und Fehlerhaftigkeit, der Sündenverfallenheit des Menschen und seines abgrundtiefen Ausgeliefertseins an Hoffnungslosigkeit und Verzweiflung und auf der anderen Seite das Stehen darüber, das triumphierende Hoffendürfen auf Erfüllung aller Sehnsucht, der Freude über den annehmenden und befreienden göttlich-mütterlichen Vater aller und der letzten Geborgenheit in seiner/ihrer Hand. Ritualisiert in der christlichen Liturgie bis hin zum „risus paschalis" in der Osternacht. Die Theologie sollte alles an Gott erforschen, nicht nur das, was „wichtig ist...", sondern auch das, was „humorvoll und witzig erscheint".

Aus Klage wird Freude

- *Erlebnis/Beobachtung/Erfahrung*

Ergebnis: Es muss eine Theologie der Freude entwickelt werden, die dann eine christliche Theologie des Lachens begründen könnte. Ihr Inhalt wäre „das Lachen befreiter und erlöster Freude, die grenzensprengenden und integrierenden Charakter aber auch das Risiko des Verlacht-Werdens zu tragen hat" (Kuschel 1998, 138).

4. Spaß an Reli durch die Karikatur

Was verbindet „Messer", „Wort" und „Karikatur"? Sie können sehr gefährlich und sehr nützlich sein. Man kann sie als Waffe einsetzen, aber auch vernünftig handhaben lernen. Man kann z.B. lernen Karikaturen im Religionsunterricht einzusetzen und erleben, wie schnell, originell und ernsthaft Kinder und Jugendliche ins theologische Gespräch kommen.

4.1 Lachen der Kirche über sich selbst

Meine These besagt: „Karikaturen können theologische Horizonte öffnen." Bekannt ist der aus Kindermund formulierte Buchtitel von Jörg Zink: „Kriegt ein Hund im Himmel Flügel?" Und: Den Schluss von „Allein Gott in der Höh sei Ehr" sang ein Kind im dritten Schuljahr statt: „Nun ist groß Fried ohn Unterlass, All Feh'd ist nun zu Ende": „Nun ißt Gottfried ohn' Unterlaß, Alfred ist schon zu Ende". Wird hier das karikierende Missverständnis durch detaillierte Worterklärungen aufgehoben, stellt sich plötzlich ein theologisches Verständnis ein. Bei religiös stark sozialisierten Kindern äußerte sich früher häufig das theologische Über-Ich und die theologischen Horizonte mussten wieder richtiggestellt werden: Lehrer: „Wie nennt man einen, der sich von seinem Geld nicht trennen kann? - Nun, ihr wisst es nicht? Einen - G - einen Gei...? Ein Kind: „Einen Geistlichen".

(Abb. 18)

Spiegelverdreht liest der römische Kleriker AMOR für ROMA. Sein einfaches Birett kann er demnächst vielleicht mit dem römischen Kardinalshut (hinter ihm) vertauschen. Oder geht seine Sehnsucht in die Richtung seines Blickes? Wann endlich überprüft ROMA sein Verhältnis zu AMOR einmal neu und ganz grundsätzlich? Geht ROMA auf Pro und Contra zum Zölibat ein oder bleibt den Betroffenen die humorvolle Distanz, die Doppelmoral oder der Abschied von dieser Lebensform (vgl. Zander 1999)? Das Lachen über Klerikales hat im Rheinland eine besondere Qualität. Es gibt eine humorvolle Art, der Kritik an Klerikern die Spitze zu nehmen. Wenn sonntags beim Mittagessen die Predigt kritisiert wird, sagt immer jemand: „Wie och immer, uns Heere sin al juut" (wie auch immer, unsere Herren Geistlichen sind alle gut).

(Abb. 19)

Diese Karikatur lebt vom Spiel mit dem Wort „gestorben" in den Sprechblasen, also auf der Sprachebene. Die religiöse Klischeesprache der Missionierer („die Zuversicht ins Herz pflanzen" und „auch für sie gestorben") reibt sich heftig mit der lockeren Alltagssprache des wohlhabenden Hausbesitzers („schon lange für mich gestorben"). Der Betrachter empfindet, dass in der Mitte zwischen den beiden Sprechblasen vielleicht die angemessene Sprachform gefunden werden könnte, wenn es überhaupt darum gehen sollte, den Tod Jesu zu deuten. Wie soll dann die angemessene Deutungsperspektive einer theologisch und didaktisch reflektierten Rede vom Sterben Jesu aussehen? Es müsste beginnen mit dem Aspekt des „Sterbens-für", das sich als „prosoziales Verhalten" im Alltag beobachten lässt.

Für den Schweizer Cartoonisten A.J. Smolinski (JALS) steht die Bischofsgestalt immer für die Institution Kirche mit ihrer hierarchischen Struktur (Verschlossenheit und Strenge).

(Abb. 20)

Die auffliegende Taube symbolisiert den Heiligen Geist. Sie hat soeben etwas auf die Mitra des Bischofs fallen lassen. Hat er es nicht gemerkt? Oder doch, ohne aber zu reagieren? Deutung: Der Heilige Geist verrichtet sein Geschäft um dann schnell aus der Kirche zu verschwinden? Oder benutzt er gezielt solch drastische Methoden, um die Kirche in Bewegung zu bringen? Welcher „pneumatische Anschiss" könnte hier gemeint sein? Ist es eine scharfe und unerwünschte Kritik, so werden die Getroffenen sie als „Nestbeschmutzung" abwerten. JALS mahnt, die Kritik als „Wink des Geistes" aufzufassen und sie als produktive Selbstkritik umzudeuten.

An den drei letzten Karikaturen lässt sich erkennen, dass der Witz in der erzählten oder gezeichneten Geschichte selbst liegt, der Humor aber in ihrer Interpretation (Thielicke 1974, 120).

4.2 Lachen über Bischöfe und den Papst

Meine These lautet hier: Durch Karikaturen können schlimme Zustände in der Kirche entlarvt und ungelöste Konfliktsituationen bewusst gemacht werden.

(Abb. 21)

Sein Spagat zwischen Vatikan und Realität kennzeichnet die gegenwärtige Spannung innerhalb der katholischen Kirche, die man als Gefahr für ein drohendes Schisma beschreiben kann. Im Lachen über den hängenden Bischof schwingt viel Sympathie und Verständnis mit. Man wünscht dem mutigen Bischof Kraft den fast unerträglichen Spagat auszuhalten. Oder verschlingt ihn der Abgrund, wenn ihn nicht eine andere als die eigene Kraft hält?

(Abb. 22)

(Obere Hälfte abdecken) Eine angesägte Brücke. Ein Bischof ist ins Wasser gefallen und reckt die Hände zum Himmel. Betet er? Warum schwimmt er nicht ans Ufer? Der Strom trägt ihn, aber wohin? Er lässt sich einfach vom Strom treiben. (Schrift aufdecken) Die rennende Frau. Die Sprechblase. Warum lachen wir? Im Seminar wird das Wortfeld „abtreiben" kurz bewusst gemacht. „Sich treiben lassen" wird hinzu genommen. Das brisante Wortspiel „Der Papst treibt ab!" thematisiert die deutsche Schwangerenberatungs-Schein-Problematik. In Bild und Wort wird der Papst in den Vordergrund gerückt und was ihm geschieht im Prozess der gesellschaftlichen Entwicklung auf dem Hintergrund der schwindenden Geltung des Papsttums in Geschichte, Gesellschaft, Wirtschaft und Politik: „er treibt ab" im Sinne von „er lässt sich treiben" oder auch „er wird abgetrieben" (im doppelten Sinne).

Die einzelnen Symbole: Im Wasser (Symbol des Lebens) ertrinkt fast der Mann, der das Leben fördern will. Der Pontifex (Brückenbauer) stürzt von der Brücke. Die Brükke, die unter der Last des Mannes zerbricht, die Säge, wem gehört sie? Die winzige davonlaufende und um Hilfe schreiende Frau (ist sie wirklich besorgt um das Schicksal des Papstes?)

Die Karikatur übt Kritik, indem sie den Machtanspruch des amtierenden Papstes lächerlich macht, der die Argumente seiner bischöflichen Mitbrüder rigoros ablehnt. Sie entlarvt die Zustände in der römischen Kirche und hofft auf Veränderung. Der Zeichner Peter Thulke weiß, dass Kritik an den Zuständen und an den Macht-Habenden notwendig ist, dass in einem hierarchisch strukturierten und männlich dominierten Machtapparat - wie er sich historisch nun einmal entwickelt hat - alternativisches Denken und kritische Denkpotenz-von-unten nicht nur als erwünscht, sondern sogar als überlebensnotwendig toleriert werden müssten. Eine Studentin schreibt: „Mich erschreckt die extrem zugespitzte visionäre Darstellung einer gespaltenen katholischen Kirche. Die Zeichnung von P. Thulke enthält einen äußerst satirischen und zynischen Beigeschmack."

4.3 Lachen über Theologieprofessoren - und die fehlende Fehlerfreundlichkeit

(Abb. 23)

Es gibt ihn wirklich, den zugleich forschenden, lehrenden, verwaltenden und organisierenden Hochschullehrer, den hin- und hergerissenen, multifunktional und universal agierenden Menschen, der deshalb auch den Titel „Universitäts"-Professor trägt.

Kennt er aber auch die Konfrontation der Selbstnichtwahrnehmung seines (ihm unbewussten) Fehlverhaltens mit der klaren Fremdwahrnehmung dieses Verhaltens durch die Studierenden. Auch den gibt es wirklich, den verbissenen Theologiegelehrten, der diesen weißen Flecken in der Selbstwahrnehmung nicht kennt und nicht kennen lernen will. Er forscht und lehrt in dem Bewusstsein der Allwissenheit über Gott und die Welt. Es kümmert ihn nicht, wenn der Preis seines Mühens die Arroganz ist. Diese autoritären Eierköpfe sind in der theologischen Variante besonders gefährlich. Aber die Studierenden wissen schon nach einigen Semestern, wie man mit ihnen umzugehen hat: Man muss ihnen kritisch auf die Finger gucken, denn alle Reden, die sie halten, schreiben sie auch noch auf und füllen damit ganze Bibliotheken. Diese sind deshalb in der Tat „gefährliche Brutstätten des Geistes" (Staeck). Wir anderen trösten uns mit dem Gedanken: Gottes Geist kann trotz aller Anstrengungen von Theologen und Religionspädagogen bewirken, dass die gesellschaftlichen, die schulischen und die universitären Verhältnisse immer ein bisschen mehr an die Reich-Gottes-Vision des Jesus von Nazareth herangeführt werden.

Was mich persönlich angeht, so fühle ich mich durch die folgende Karikatur besonders angesprochen:

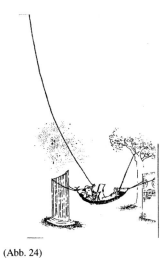

(Abb. 24)

Diese Karikatur habe ich auf dem Buchdeckel von Ulrich Lükes Buch „Erregung öffentlichen Nachdenkens" gefunden. Sie passt schon eher auf meine neue Situation. Ich kann jetzt endlich richtig nachdenken über die Antike, aber nicht nur die griechische, die Natur erleben, aber nicht nur die Bäume, mit der Technik hantieren, demnächst im Internet, aber auch die Kunst ausüben, vor allem die Musik. Die Zeichnung trifft meine Situation aber erst dann voll, wenn der Transzendenz-Faden nach oben auch die Beziehung zu allen Menschen, also zu Ihnen und zu Euch nicht abreißen lässt. Vielen Dank!

Literatur

Berg, Sigrid/ Berg, Horst Klaus: Mit Liedern, Bildern und Szenen im Religionsunterricht arbeiten. Didaktisch-methodische Einführungen und Gesamtregister, Stuttgart München 1981.
Berger, Peter L.: Erlösendes Lachen. Das Komische in der menschlichen Erfahrung, Berlin/New York 1998.
Betz, Otto: Ausgespannt zwischen Lachen und Weinen. Über einige Grunderfahrungen des Menschen, in: KatBl 109. Jg. (1984), H. 2, 84-89.
Birk, Gerd: Lacht doch, damit ich nicht weinen muss, in: KatBl 109. Jg. (1984), H. 2, 136.
Bremmer, Jan/ Roodenburg, Herman (Hg.): Kulturgeschichte des Humors. Von der Antike bis heute, Darmstadt 1999 .
Fuchs, Ottmar: Die Freude in der Klage! Zur Pointe des alttestamentlichen Klagegebets und Gottvertrauen, in: KatBl 109. Jg. (1984), H.2, 90-99.
Gülden, Josef: Vom Lachen und Weinen des heiligen Philipp Neri, in: KatBl 109. Jg. (1984), H. 2, 120-124.

Heck, Erich: Kinderbischöfe und andere Narren. Historische Miniaturen, in: KatBl 109. Jg. (1984), H.2, 109-114.

Keller, Albert: Wer zuletzt denkt, lacht am besten! Witziges gegen unchristliche Humorlosigkeit, Regensburg Freiburg i. Br. 1984.

König, Klaus: Humor und Spiritualität. Bezüge unter religionspädagogischen Vorzeichen, in: Deuser, Hermann/ Schmalenberg, Gerhard (Hg.): Christlicher Glaube und religiöse Bildung (FS Friedel Kriechbaum), Gießen 1995, 287-301.

Kuschel, Karl-Josef: Lachen. Gottes und der Menschen Kunst, Freiburg i. Br. 1998.

Lange, Günter: Glücklich oder intelligent? Zu einer Karikatur von Vladimir Rencin, in: Hat Jesus gelacht? in: KatBl 109. Jg. (1984), H. 2, 103-108.

Ders.: Bild und Wort. Religionspädagogische Einsichten und Ausblicke. Abschiedsvorlesung an der Ruhr-Universität Bochum, 5. Februar 1997

Lüke, Ulrich: Erregung öffentlichen Umdenkens. Anstößige Gedanken im Kirchenjahr, Regensburg 1993.

Moser, Dietz-Rüdiger: Von Teufeln und Hexen, Prinzen, Narren und Sündern. Der Karneval und sein kirchlicher Ursprung, in: forschung (Mitteilungen der DFG) 1/1982, 6-10.

Müller, Bernhard: Menschlich - Allzumenschliches. Karikaturen für Religionsunterricht und Ethik, München/Stuttgart 1992.

Ders.: Um Himmels willen. Karikaturen zum Thema ‚Kirche und Religion'. Ein Arbeitsbuch, München/Stuttgart 1996.

Niehl, Franz W: Ein schiefes Bild der Welt - ein Bild der schiefen Welt. Karikaturen für den Religionsunterricht, Materialbrief RU 4/88, Deutscher Katecheten-Verein e.V., München 1988.

Pirner, Manfred L.: Heilige Höschen. Religion und Erotik in der Popkultur. ‚Maria Viva' - Mode und ihre Vermarktung, in: Religion, Heft 2, 2000, 92-97.

Pollak, Detlef/ Wohlrab-Sahr, Monika: Humor als Signal der Transzendenz?, in: Soziologische Revue, Heft 3, 1999, 273-278.

Roggenbuck, Clemens: Jesu Wehruf über die Lachenden, in: KatBl 109. Jg., (1984), H. 2, 100-102.

Safranski, Rüdiger (Interview mit...): „Der Mensch ist nicht ganz dicht; er entweicht ins Imaginäre", in: Zeitschrift für Pädagogik und Theologie, 51. Jg. (1999), H. 4, 391-403.

Thiede, Werner: Eine leise Ahnung letzter Geborgenheit. Humor als Zeichen von Transzendenz, in: Lutherische Monatshefte 12/1988, 558-560.

Ders.: Verheißenes Lachen. Humor ist ein Ausdruck von Spiritualität, in: Evangelische Kommentare 2/1999, 10-13.

Thielicke, Helmut: Das Lachen der Heiligen und Narren. Nachdenkliches über Witz und Humor, Freiburg i. Br. 1974.

Zander, Hans Conrad: Von der Leichtigkeit der Religion. Kleine katholische Kalorienkunde, Düsseldorf 1999.

Ders.: Zehn Argumente für den Zölibat. Ein Schwarzbuch, München 2000.

Zangerle, Maria: Ob ich lache oder weine. Religionsunterricht als Förderunterricht, in: KatBl 109. Jg. (1984), H. 2, 130-135.

Montag, 20. XI. 2000
Katholisches Bildungswerk Essen
Jona-Kirchzentrum, Heidhauser Str. 63

„Weitergabe des Glaubens - Für den Glauben Worte finden – Sprachlosigkeiten überwinden"

Zwei Vorbemerkungen

Erstens: Ich spreche zu Ihnen als ein Mensch, der bisher zweierlei versucht hat: ein gläubiger Mensch zu werden und dabei ein kritischer Mensch zu bleiben.
Wie soll das zusammen gehen?
Mein Lebensweg war - was die Religion angeht - ein Glücksfall. Es war der Versuch, die in der Kindheit und Jugend erhaltenen Lebensorientierungen durchzuhalten und ihnen im weiteren Leben einen authentischen Ausdruck - auch sprachlichen Ausdruck - zu geben (eine religiös und musikalisch anregende Familie, eigene Verantwortung für eine Jungengruppe, jahrelange Auseinandersetzungen mit einem sadistischen Deutsch- und Geschichtslehrer, der sich über mein jugendliches Engagement in Sachen Religion und Musik und meinen Wunsch Priester werden ärgerte; mein Theologie- und Lehramtsstudium, u.a. um ihm das Gegenteil zu beweisen, Lehrer, Ehe und drei Kinder, Promotion und Habilitation in Religionspädagogik, Prof. für Religions- und Sonderpädagogik). Das war immer mit Krisen verbunden. Deshalb musste ich meinen Glauben aber auch immer wieder kritisch hinterfragen. Zudem war es meine Aufgabe als Religionspädagoge junge Menschen, die in einer anderen Zeit als ich aufwachsen und die Religionslehrer werden wollten, bei ihrer Suche zu begleiten und ihnen den Sinn und die Vernünftigkeit, der Verantwortbarkeit und Notwendigkeit eines solchen Glaubens aufzuzeigen.

Zweitens: Es geht um dieses glaubwürdige, authentische und sprachlich ehrliche Glaubenkönnen. Insofern ist die Frage berechtigt, ob unser Thema glücklich formuliert ist: Geht es um die „Weitergabe" eines fest verschnürten Glaubenspaketes oder nicht doch eher um die Hilfe beim Suchen und Finden dieser Fähigkeit christlich glauben zu können? Ich verstehe meine eigentliche Aufgabe im zweiten Sinne, also so, dass (vor allem) den jungen Menschen geholfen wird in einer total veränderten Welt eine christliche Lebensdeutung zu finden und authentisch über den christlichen Glauben sich verständigen zu können. In diesem Sinne ist nicht „Weitergabe" der rechten Glaubenslehre gemeint, sondern „Weitergabe" dieser Fähigkeit sein Leben von Jesus und von Gott her zu verstehen und zu leben.

1. Was behindert das Glaubenkönnen heute? Welche Worte für den Glauben sind verloren gegangen? Welche Sprachlosigkeiten gibt es?

1.1 Was das Glaubenkönnen behindert

Es sind Außen- und Innenfaktoren zu nennen:

1.1.1 Äußere Faktoren
- Bedeutungsverlust der Religion in der Gesellschaft (Säkularisierung, Individualisierung, Pluralisierung, Globalisierung, Entfremdung)
- Heil in der reinen Immanenz ohne Transzendenz (im unentwegt innovativen Heute)
- Gefährliche Risiko- und Erlebnisgesellschaft
- Ersatzreligionen, neue Religiositäten, pseudoreligiöse Phänomene

1.1.2 Innere Faktoren
- Das Versagen der religiösen Sprache in der Erziehung: Die Missachtung der psychischen Gesundheit, Kritik an religiöser Erziehung und Bildung (Mette 93ff): „Gottesvergiftung" (Moser), ekklesiogene Neurosen, schon früher: Rousseau - Entfaltung der natürlichen Anlagen, bei der die Religion nicht stören darf; Freud - Befreiung von bedrohenden oder beschützenden Autoritäten durch Wissenschaft, nicht durch Religion.
- Das Nicht-authentische Sprechen über den Glauben in Liturgie und Predigt (z.B. die Opfer-Sprache, Probleme der eigenen Schwiegermutter, ihre Erschütterung über den Gott, der verlangt hat, dass sein unschuldiger Sohn für ihre Sünden hat sterben müssen). Umgekehrt: Ein unbekümmertes Sprechen über Gott und von Gott, das Auschwitz vergessen hat und so tut, als wäre da nichts gewesen (s.u.).
- Die göttliche Überhöhung der christologischen Sprache. Das Hinwegsehen über die geschichtliche Bedeutung des Menschen und Juden Jesus von Nazaret, die Abhängigkeit des Christusereignisses und -glaubens vom geschichtlichen Kontext (Jesus als Mensch, auch Gott, Liebe, Böses, Erlösung, ...). Lange Zeit in der Kirchengeschichte statt dessen dogmatische Verallgemeinerungen: „Et incarnatus est", „crucifixus etiam pro nobis" (in Bachs H-moll-Messe eine Sängerin: Der Text stößt eher total ab, wir singen nur wegen der Musik).
- Weigerung von Kirche und Theologie das moderne Bewusstsein nachzuvollziehen, sich den längst veränderten Wirklichkeitsvorstellungen zu stellen und den Raum der neuen Sprachen zu betreten (Antimodernisten-Eid von 1910).
- Es gibt immer noch wenig Theologen, die sich in der Kunst oder in der Literatur oder in Pädagogik, Psychologie, Soziologie und den Naturwissenschaften auskennen.
- Wir beobachten das Aufblühen und die Zulassung einer neuen fundamentalistischen Sprache. Es gibt die dogmatische Tendenz Religion gegen Glauben auszuspielen. Dies kommt sprachlich zum Ausdruck, wenn Theologen u.a. fordern, das Wort „Religionsunterricht" durch „Glaubensunterricht" zu ersetzen (Neo-Barthianismus).
- Statt Menschen, die unter Angstgefühlen leiden und sich vom Bösen beeinflusst fühlen, interdisziplinär - von Psychiatern, Psychotherapeuten und Seelsorgern - zu helfen, ziehen sich religiöse und gläubige Menschen auf veraltete Verfahren zurück und lassen nur die Deutung der Teufelsbesessenheit zu (vgl. den Fall Anneliese Michel von

Klingenberg 1976). So erhalten die Begriffe „Teufel", „Dämonen", „Besessenheit" (Satanologie) wieder Konjunktur, der neue Große Exorzismus ist kirchenrechtlich seit Januar 1999 und zwar nach den alten von 1614 stammenden Kriterien zugelassen (große Enttäuschung nach 15 jähriger Arbeit). Es finden Fortbildungen für Priester zum Exorzisten statt, es gibt Dämonen- und Teufelsaustreibungen in katholischen charismatischen Gruppen, die überall den Untergang des Abendlandes und den Teufel persönlich wittern, sich für die schlagkräftigste Truppe des Vatikans halten und nicht davor zurückschrecken Bischöfe zu bedrängen und durch Denunziation zu diffamieren. In diesen Gruppen sind Zweifel und Hinweise auf die gottgegebene Vernunft und Freiheit des Menschen nicht erlaubt. Die davon Gebrauch machen, sind bereits in der Hand des Antichristen. Dies nicht nur im süddeutschen Raum, hier im Essener Sekten-Info ergingen im Jahr 1999 150 Anfragen und Hilferufe zu Themen Satanismus und Okkultismus (vgl. Hertel 1999).

- Sprache der kirchlichen Bollwerk-Mentalität drückt sich aus in einer gewissen Unbeweglichkeit der theologischen, dogmatischen und liturgischen Sprachformen. Dies führt zu dem Widerspruch zwischen einer harten und gewalttätigen Rede in der Verkündigung der Gewaltlosigkeit des Evangeliums (Schuldzuweisung, Sünde, Hölle,...).
- Die Inhalte, die durch die kirchliche Sprache vermittelt werden, werden nicht mehr verstanden und lösen in der Öffentlichkeit eher nur noch ein teilnahmsloses Kopfschütteln aus. Als Beispiel: Die Seligsprechung des antijüdischen und antimenschenrechtlichen Pius' IX. gemeinsam mit dem großen Johannes XXIII.
- Es ist nicht nur ein Sprachproblem, wenn die katholische Kirche neuerdings den anderen Kirchen den Titel „Kirche" verweigert und sie allenfalls „christliche Gemeinschaften" nennt. Den evangelischen Kirchen und den Anglikanern wird die Anrede „Schwesterkirche" ausdrücklich abgesprochen, der Glaube der Juden sei defizitär (Erklärung der Glaubenskongregation „Dominus Jesus" vom September 2000). Wir stehen vor einem ökumenischen Scherbenhaufen am Ende des so genannten Heiligen Jahres. Ratzinger wollte offenbar den ökumenischen Klimasturz, er konterkariert zusätzlich die Versöhnungsbemühungen des amtierenden Papstes.

1.2 Worte, die für den Glauben verloren gegangen sind

- Die traditionelle Sprache des Glaubens (Katechismus u.a., Heil, Allmacht Gottes, Satan, Himmel, Hölle, Fegefeuer...) ist in Gefahr sich abhängig zu machen von bestimmten Weltbildern (Antike). Sie verliert ihre sinngebende und weltdeutende Kraft, wenn das Weltbild sich ändert und sie selbst sich nicht ändert.
- Sie entwickelt dann ein Eigenleben und koppelt sich von eigenständig gewordenen Lebensbereichen (Musik, Naturwissenschaft, Medizin, Psychologie...) ab. Heute erleben wir die Entstehung immer neuer Lebensbereiche (z.B. den fiktiven), die sich voneinander weg bewegen. Wer kann sie bündeln?
- Die Folge ist die „Unzeitgemäßheit" religiösen Sprechens, auch die Verstaubtheit der religiösen Sprache. Wir tradieren z.B. in der Liturgie ohne jeden Kommentar Feindbilder in der religiösen Sprache des AT, antik-kulturgebundene Gottesbilder, ohne sie zu hinterfragen, ebenso Kriegs- und Droh-Psalmen. Diese Sprache findet einfach nicht mehr den Anschluss an das Leben der Menschen heute.

- Nur schwer sind alte religiöse Liedtexte (z.B. „Jammertal" im Pietismus) von ihrer Entstehung her zu verstehen. Sie im Gottesdienst innerlich mit frommer Haltung mitzuvollziehen ist oft eine unerträgliche Zumutung. Nur wer diese Sprache im Vollzug gedanklich umdeuten kann, wird diese Schwierigkeiten nicht mehr haben.

1.3 Heutige Sprachlosigkeiten

- Wie in der nachchristlichen Gesellschaft, die keine verbindlichen weltanschaulichen Rahmenbedingungen mehr kennt, mit Schuld und allen ungeklärten Lebensfragen umgehen (vgl. das Verschwinden der Beichte)?
- Leben, „Liebe, Tod und Auferstehung" (Nocke 3/1993) werden nicht mehr als selbstverständlich zusammenhängend erlebt. Schon vor Jahren hieß ein Buchtitel „Der Verlust der Mitte" (Sedlmeyer 1948). Es herrscht in unseren Köpfen (immer noch) das mittelalterliche religiöse Weltbild mit Leben nach den zehn Geboten, Erbsünde, Opfertod Jesu, Tod, letztem Gericht, Fegefeuer und ewigem Leben in Himmel oder Hölle. Wer formuliert die Zusammenhänge zwischen Leben, Liebe, Tod und Auferstehung (s.u.)?
- Das erdrückende und unerledigte Theodizeeproblem (vgl. „der ‚gute Gott' und das Leid?"): Wie kann es nach Auschwitz noch Glauben an den guten Schöpfer- und Erlösergott geben, wie noch Theologie, die darüber nachdenken soll, wie noch Kirche, die verkünden soll: Gott ist Schöpfer von Menschen, die zum absolut Bösen fähig sind, die er von ihrer Schuld und Sünde befreit hat, die dennoch nicht frei geworden sind, sie morden weiter die anderen Völker. Das Grauen macht sprachlos. Gewalt nimmt zu. Gott ist in die Krise geraten, die „Gotteskrise" ist nach J.B. Metz das Thema der Theologie heute.
- Trotz des Erlösungspotentials des christlichen Glaubens droht die ungebrochene Macht des Bösen und die Machtlosigkeit eines Gottes, der durch die liebende Hingabe seines Sohnes die Welt erlöst haben soll. Wie da noch glauben können?
- Ein Verdacht ist, dass Aufklärung, Religionskritik und neue Realitätssichten zu wenig ernst genommen wurden. Kritik tut weh, erst recht die an der eigenen Religion und am eigenen Glauben. Man hält an ihm fest, so lang es geht, und fühlt sich als „Auserwählter", als „heiliger Rest" und „Märtyrer um des Glaubens willen".
- Die Rückkehr zur ersten Naivität ist eine zu leichte Lösung. Schröer: „Das Christliche affirmativ, apodiktisch und bekenntnishaft zur Sprache zu bringen, hält [eine Schriftstellerin wie... d.V.] Renate Günzel-Horatz für kontraproduktiv, weil es mit ‚unzeitgemäß' und ‚verstaubt' assoziiert wird. Sie weiß darum, dass die ‚gewalttätige' Rede, deren sich die Verkündigung in den Kirchen allzu oft bedient hat, vielen Menschen den christlichen Glauben verleidet. [...] Nicht das ‚Christliche' ist verbraucht, sondern seine sprachliche Gestalt, nachdem sie verunstaltet worden ist durch unangemessenes, nicht authentisches Sprechen, das die ‚heilige Unberechenbarkeit Gottes' vergessen hat" (220).

Als Ergebnis des bisher Gesagten ist festzuhalten:
Es gibt innere (kirchliche) und äußere (gesellschaftliche) Faktoren, die verantwortlich zu machen sind für die beklagten religiösen Sprachbarrieren und das teilweise Ver-

schwinden der Religion und des christlichen Glaubens aus dem alltäglichen Erlebenszusammenhang.

2. Wie kann das Glauben heute gelingen? Welche Worte sind für den Glauben geeignet? Wie sind die Sprachlosigkeiten zu überwinden?

These: In unserer verunsicherten und desorientierten Gesellschaft, die durch die genannten Gründe an ihren eigenen Widersprüchlichkeiten scheitert und in der religiöse Identität nicht mehr selbstverständlich gelingen kann, lassen sich dennoch vielfältige Spuren der verloren gegangenen Religion und des verlorenen Gottes erkennen und vielleicht neue religiöse und christliche Identität aufbauen. Aber unter welchen Bedingungen?

2.1 Menschlich über Religion und Glaube reden (Gefühl für gesunde Sprache haben)

Die Theologie muss beim Menschen anfangen, von Gott reden heißt vom Menschen reden, der nach Gott fragt (anthropologische Wende). Der junge Mensch muss eine gesunde Identität entwickeln können und es ist die Frage, wie der christliche Glaube dabei eine Hilfe sein kann (Psychohygiene). Denn auch die deutschen Bischöfe stimmen der neueren Identitätstheorie zu, nach der Identität „nicht in der Art der Inhalte, sondern im Modus der Aneignung von Inhalten [gegründet ist]" (vgl. Mette 1999, 400f). Es geht um konkrete Existenz, Befähigung zur Perspektivenübernahme, Befähigung zur Selbstständigkeit mitsamt Ermutigung zu kritischer Selbstdistanz, Verbürgung eines tragfähigen Lebenssinns und Öffnung zu einem Dasein für andere (vgl. Die bildende Kraft 1996).
- Erfahrungsansatz: An religiöse Lernausgangslagen anknüpfen und religiöse Bedürfnisse entdecken: Bei der Lebenspraxis, beim Lieben und Arbeiten der Menschen religiöse Urbedürfnisse aufspüren. Deshalb nicht bei der theologischen Deutung der Geburt Jesu ansetzen (Menschwerdung, dualistisches Weltbild), auch nicht bei der theologischen Deutung des Todes Jesu (Kreuzestheologie, Satisfaktionstheorie), sondern bei der „Lebenspraxis Jesu" (Risiko der Liebe, Tischgemeinschaft gesehen als Solidarisierung mit den Feinden Gottes). Liebe ist (lebens-)gefährliche Hingabe. „Jesus ist an seiner Liebe zu uns gestorben" (ebd. 122). Nachfolge Jesu heißt: Jesus auf seinem Weg folgen („Weg-Schema" beim Lukanischen Ansatz), weil er zum „messianischen Anführer" geworden ist und die ihm Folgenden „in das Verheißungsland des Lebens" hineinführt (vgl. Nocke 120).
- Erfahrungen mit Menschen mit Behinderungen (gesungener RU)
- Weltbildveränderungen registrieren und sich von Naturwissenschaftlern anstecken lassen: Sie staunen über die Entstehung des Lebens auf der Erde, nur ein Zufall im Kosmos? (in einem mittleren Spiralnebel, bei diesem Abstand der Erde von der Sonne,

bei diesen Umlaufverhältnissen mit dem Mond und in der Nähe des riesigen Juppiter, der gefährliche Meteoriten auf sich und von uns abzieht.
- Die religiöse Sprache als Symbolsprache, als Sprache in Bildern, in Bildworten und Metaphern verstehen, sprechen und interpretieren lernen (Gleichnisse). Damit verbunden das „umkreisende Verstehen" von tradierten Texten, Worten und Ausdrücken (vgl. Beispiele aus den Büchern von Oberthür).
- Neue Medien nutzen (Film, Videos, Karikaturen...s.u.).

2.2 Religiöse Spuren in der Alltagssprache entdecken (Anknüpfungspunkte suchen)

- Es sprachlich der Bibel nachmachen: Einfache Sprache der Landbevölkerung, aus der Natur die Beispiele wählen (die Lilien auf dem Felde, die Vögel des Himmels) und entsprechende Bildworte verwenden. Wie damals mit heutigen Sprachmitteln religiöse Sachverhalte ausdrücken, eine Aufgabe für Bibelübersetzer (Kinderbibeln) und Schriftsteller (z.b. Fährmann, Lindgren).
- Achtung: Spuren nicht verwischen! Deshalb zwischen expliziten und impliziten Redeformen unterscheiden und sie je nach Situation einsetzen und nicht durch falschen Bekennermut alles verderben (z.b.: Beim Nachbarschaftstreffen vor dem Essen laut beten?).
- Religiöse Spuren liegen unter der menschlichen Erfahrung. Erfahrungsorientiert über Glaubensdinge sprechen. Eigene und frühere Erfahrungen verknüpfen. Der christliche Glaube „weiß sich angesichts des ständigen Wandels und der Diktatur der jeweiligen Gegenwart einem Traditionskontinuum verpflichtet, das zur Relativierung der eigenen Erfahrung und zum korrelativen Dialog mit den Erfahrungen der Vorfahren einlädt" (Schröer 2000, 121).
- Die religiösen oder Glaubens-Spuren bei Kindern und Jugendlichen aufsuchen und dazu die Entwicklungspsychologie nutzen. „Neue Kindheit" und die „alte Tradition" prallen im RU aufeinander. Es gibt Belege für gelingende Begegnungen: Kinder entdecken die Psalmen (Ingo Baldermann, Hubertus Halbfas, Rainer Oberthür).
- Es ist spannend die dramatischen Spuren in der Bibel zu entdecken. Die biblische Sprache kann in dramatischen Szenen neu erfahren werden. Wie ist das gemeint? In Ergänzung zur historisch rückwärtsgewandten Sichtweise der historisch-kritischen Exegese (die nach den Quellen, den Gattungen, den Adressaten... fragt) sollte jetzt stärker die zukunftsorientierte Sicht betont werden. Der Bibeltext selbst will ja in die Zukunft wirken und Glauben wecken. Deshalb müssen szenische Erfahrungszugänge zu biblischen Texten wie im Bibliodrama gesucht werden.
- Wir sollten die religiösen Spuren in anderen Lebens-Sprachen entdecken: Musik, Tanz, Wissenschaft, Literatur, Kunst.... Wir als Religionspädagogen brauchen eine religiös „unverbrauchte Sprache". Wir müssen uns auf die neuen Sprachmuster (auch die esoterische, oder die Informationssprachen) einstellen und die „Kryptogramme" lesen lernen, die auf ihre Art das Evangelium von Erlösung und Versöhnung artikulieren.

2.3 Weltlich von Gott reden (die alte Sprache übersetzen)

- Neue weltliche Sprache gewinnen wie bei Kurt Marti, für den es schwer ist, die gegenwärtige Wirklichkeit sprachlich zu formulieren: „Sogleich formulierbar ist immer nur, was bereits formuliert ist: Wirklichkeit von gestern. Jetzige Wirklichkeit ist darüber hinaus, darüber hinweg gewuchert. So geschieht es, dass wir meist gestrig reden - was nicht lügen, aber auch nicht die Wahrheit sagen heißt" (Marti 4/1980, 14). „Vielleicht hält Gott sich einige Dichter (ich sage mit Bedacht: Dichter!), damit das Reden von ihm jene heilige Unberechenbarkeit bewahre, die den Priestern und Theologen abhanden gekommen ist" (ebd., 16). Zum Beispiel das Gedicht „Der sterbliche Gott" von Marie Luise Kaschnitz (s. F. W. Niehl 1988, 53f).
- das so genannte „weltliche Credo" (vgl. F. W. Niehl). Den theologischen Hintergrund bildet Mt 25, inhaltlicher Tenor: das Böse hat nicht das letzte Wort.
- Den Glauben mit weltlichen Mitteln prüfen. Glaubensgehorsam allein kann nicht genügen. Dazu betont Albert Keller (Keller 2000, 578): Vor dem Gehorchen muss gründlich unter Einsatz des Willens und des Verstandes geprüft werden, was denn geglaubt werden soll. Es genügt nicht zu beteuern, man ‚„hange [...] mit religiösem Gehorsam des Willens und des Verstandes den [vorgelegten] Lehren an'. Wohl nicht beabsichtigt ist eine Haltung, wie sie eine Anekdote festhält, die der verstorbene Kardinal Alois Grillmeier gern erzählte: Beim Versehgang habe ein Dorfpfarrer die todkranke Bäuerin gefragt: ‚Hubenbäuerin, Du glaubst doch alles, was unsere heilige Kirche lehrt?' Und die habe mit fester Stimme geantwortet: ‚Jawohl, Hochwürden, ich glaube alles, ob's wahr oder falsch ist!'"
- Die Glaubenssprache muss befreiend und erlösend wirken, wie D. Bonhoeffer in einem Brief im Mai 1944 kurz vor seiner Hinrichtung an sein Patenkind Bethge geschrieben hat: Wenn die Kirchen nur noch um ihre Selbsterhaltung kämpfen, so müssen „die früheren Worte kraftlos werden und verstummen, und unser Christsein wird heute nur in zweierlei bestehen: im Beten und im Tun des Gerechten unter den Menschen [...] Der Tag wird kommen, an dem wieder Menschen berufen werden, das Wort Gottes so auszusprechen, dass sich die Welt darunter verändert und erneuert. Es wird eine neue Sprache sein, vielleicht ganz unreligiös, aber befreiend und erlösend, wie die Sprache Jesu" (zit. n. Mette 1994, 272).
- Vgl. auch D. Sölle, die als Theologin weltliche Sprache sucht und lyrische Gedichte schreibt. Es geht um das erinnernde Sprechenkönnen über Gott, um eine neue Theologie des Leids, eine „Theologie des Schmerzes Gottes". Liebe ist ohne Leid nicht zu haben. „Wir könnten viele Leiden und die Bitterkeit der Leiden vermeiden. Aber nur um einen Preis, der zu hoch ist: wenn wir aufhören zu lieben" (zit. n. Nocke, 127f).
- Wir finden christliche Motive (z.B. das Böse und seine Überwindung, Versöhnung, Erlösung) in der Jugendliteratur, die aus christlichem Geist geschrieben wurde und deshalb zur Fortschreibung der christlichen Tradition beitragen kann, auch ohne affirmative Rede (tradierte religiöse Begriffe). Es gibt Jugendbücher (z.B. von Lindgren, Preußler, Fährmann, Korschunow, Pausewang, Günzel-Horatz), „die in einem tieferen Sinne als ‚christlich' bezeichnet werden [können], weil sie erzählend darstellen, ‚was Christum treibet', welches Sein und welches Handeln sein Erlösungsprogramm voranbringen und Zeichen der hereinbrechenden Gottesherrschaft sind" (Schröer 2000, 255). Die Protagonisten handeln aus der Hoffnung, dass das Böse grundsätzlich und

endgültig überwunden ist. Sie selbst sind Hoffnungsträger, weil sie im Sinne und in der Gesinnung Jesu und aus der Kraft seines Gottesgeistes handeln.

4. Mit Humor geht alles besser

- „Spaß an Reli" sagen die Schüler, wenn ihnen der RU gefällt. So muss die Glaubenssprache gemessen werden an der Freude, die sie vermittelt oder nicht vermittelt.
- AKK und DKV auf ihrem gemeinsamen Kongress 2000 in Berlin haben den Liedermacher Wolf Biermann eingeladen, der aus Distanz aber humorvoll den Festabend gestaltet hat. Von ihm stammt der Spitzensatz: „Ob ich ein Atheist bin, das weiß Gott allein".
- Neu und sehr wirkungsvoll für die Gewinnung einer eigenen religiösen Sprache ist der Einsatz von „Bildern" und „Karikaturen". Dazu einige typische Beispiele, an denen deutlich werden mag, wie neues religiöses Sprechen lebensnah und wirkungsvoll gelingen kann (vgl. die Karikaturen „Lebensglück", „Und damit basta, Herr Küng", „Der Prediger" und „gestorben" in „Spaß an Reli").

Zum Schluss ein Witz: „Sprechen ein katholischer Pfarrer, ein protestantischer Pastor und ein jüdischer Rabbi über die Verteilung der Kollekte. Der Katholische: Ich ziehe zwei Kreise und lasse das Geld fallen. Der Protestantische: Ich ziehe eine Linie und lasse das Geld fallen. Der Jüdische: Ich werfe das Geld in die Luft und bete: Herr nimm an, was dir gehört und halte es fest. "

Literatur

Hertel, Peter: Glaubenswächter. Katholische Traditionalisten im deutschsprachigen Raum, Würzburg 2000.
Keller, Albert: Glaubensgehorsam, in: Stimmen der Zeit 9/2000, 577-578.
Marti, Kurt: Zärtlichkeit und Schmerz, Darmstadt 4/1980.
Mette, Norbert: Identitätsbildung heute - im Modus christlichen Glaubens, in: KatBl 124. Jg. (1999), 397-403.
Ders.: Religionspädagogik, Düsseldorf 1994.
Niehl, Franz W.: Gottes Ohnmacht, Mainz 1988.
Niemann, Ulrich: Exorzismus oder/und Therapie?, in: Stimmen der Zeit 11/1999, 781-784.
Nocke, Franz-Josef: Liebe, Tod und Auferstehung. Über die Mitte des Glaubens, München 3/1993.
Schröer, Siegfried: Jugendliteratur und christliche Erlösungshoffnung. Vom Widerstand junger Menschen gegen die Mächte des Bösen, Essen 2001.
Sekretariat der Deutschen Bischofskonferenz (Hg.), Die deutschen Bischöfe 56, Die bildende Kraft des Religionsunterrichts. Zur Konfessionalität des Katholischen Religionsunterrichts, Bonn (27. September) 1996.

Phänomenologie der Behinderung (2001)

Die Eigenperspektive von Menschen mit Behinderungen ist notwendige Grundlage für jede weitere Beschreibung des Phänomens „Behinderung" einschließlich der Integrationsprobleme, ob sie nun psychologisch, medizinisch, sonder- und heil-pädagogisch, religiös, theologisch oder sozial-integrativ ausgerichtet ist. Anderseits gibt es erhebliche methodische Schwierigkeiten, Einzelphänomene unterschiedlicher Behinderungen aus den Lebenssituationen, und zwar ohne einseitige Fixierung auf die Behinderungen, zu erschließen. Dies kann - auch im Sinne einer sonder- und integrationspädagogischen Diagnostik - nur annäherungsweise gelingen. Deshalb wird im Folgenden ein erfahrungsorientierter Ansatz vorgestellt, der „Behinderung" ausgehend von alltäglichen Erfahrungen Betroffener zu beschreiben versucht. Beschreibungen im Sinne traditioneller Definitionen, die eher distanzierte und defizitorientierte Perspektiven bevorzugen und integrativen Interessen eher entgegengewirkt haben, sollen vermieden werden.

Alltägliche Erfahrung von Behinderung im weiteren Sinne

Bei „Behinderung" und „Behinderten" denken viele an Menschen, die in auffälliger Weise Zeichen des Behindertseins an sich tragen. Schwerer zugängliche oder versteckte Phänomene der Selbst- und Fremdwahrnehmung werden dabei ausgeklammert. Was Behinderung meint, muss also differenzierter gesehen werden.

Das Leben in Grenzen

Beim Versuch einer Verständigung über das, was mit „Behinderung" eigentlich gemeint ist, sollte man mit dem weiten Verständnis von Behinderung beginnen: Jeder Mensch macht die Erfahrung begrenzt zu sein. Seine Grenzerfahrungen beziehen sich auf Wünsche, die nicht alle und in vollem Maße erfüllbar sind, auf Anfang und Ende des Lebens, seine Endlichkeit, auf Bedrohungen des Lebens durch Krankheit, Umweltschäden und Krieg, auf soziale Beeinträchtigungen durch Arbeitslosigkeit, Ungerechtigkeit und Unterdrückung, vor allem auf fortschrittsbedingte neue Lebensformen, die das Älter-werden-Können großer Bevölkerungsgruppen und den damit verbundenen sog. sozialen Tod zu ungeahnten Begrenzungen menschlichen Lebens machen.
Jeder Mensch, der solche Grenzerfahrungen macht und als Mensch machen muss, erlebt in diesem weiten Sinne „Behinderung". Es ist ihm nicht möglich eine grenzenlose und ganz und gar unbehinderte Lebenserfüllung zu finden. Schon das kleine Kind muss mit Begrenzungen fertig werden, die manchmal als unerträglicher Schmerz oder bei Trennung als tiefe Verletzung erlebt werden. In der Regel sind solche Krisen sogar als Anreiz für eine sinnvolle Weiterentwicklung notwendig. Verarbeitet das Kind seine

Grenzerfahrungen aus welchen Gründen auch immer nicht oder nur schlecht, so können hier Ursachen für spätere spezielle Behinderungen (z.B. Verhaltensauffälligkeiten) entstehen.

Soziale Ausgrenzung

Menschen mit einer speziellen Behinderung machen die alltägliche Erfahrung, dass sie auf Grund ihres Andersseins mit sozialen Beeinträchtigungen rechnen müssen: Sie werden ausgegrenzt und fühlen sich als Außenseiter (z.b. die psychisch Kranken und heute die HIV-Infizierten). Soziale Probleme wie etwa Alleinsein, Isolation und Einsamkeit sind die Folge.
Erika Schuchardt kommt in ihrer Untersuchung der Lebensgeschichte von hunderten von Behinderten zu dem erschütternden Ergebnis, dass zwei Drittel aller Biographen, die ihr Leben mit Behinderung beschrieben haben, ihren Lernprozess vorzeitig abbrachen bzw. lebenslang in der sozialen Isolation verharren mussten. Kinder und Jugendliche, die eine auffallende Behinderung haben, müssen sich also zusätzlich und in den meisten Fällen intensiver mit dem Folgephänomen „Isolation" auseinandersetzen, das häufig sogar zum Hauptproblem eines Behinderten wird. Das hängt u.a. damit zusammen, dass Grenzerfahrungen wie Krankheit, Behinderung und Sterben in unserer Gesellschaft tabuisiert werden.
Menschen mit einer Behinderung werden auch innerhalb ihres Umfeldes mit dem Maßstab des Normalen, Starken, Leistungsfähigen, Gesunden und Sieghaften konfrontiert. Dadurch wird ihnen bewusst oder unbewusst suggeriert, dass ihre Behinderung und damit auch sie selbst abnorm und un-normal seien. Viele erleben deshalb ihre Behinderung als Dauerkrise oder Bedrohung. Häufig steht dies in Verbindung mit der schleichenden Angst den Kontakt zu anderen Menschen zu verlieren und so für immer benachteiligt zu sein.

Behinderung als anthropologische Kategorie

Ausgehend von diesen Überlegungen ergibt sich eine allgemeine Beschreibung des Phänomens Behinderung: Behinderung ist - anthropologisch gesehen - das jedem Menschen eigene Erleben von Grenzerfahrungen auf der personalen, sozialen und gesellschaftlichen Ebene. Menschsein schließt das Phänomen Behinderung ein. Insofern gibt es keine grundsätzliche Trennung bzw. Unterscheidung zwischen Menschen mit und Menschen ohne Behinderung. Sofern Behinderung als allgemeine oder spezielle Grenzerfahrung betrachtet wird, kann Menschsein ohne Behinderungserfahrung nicht gedacht und erfahren werden.
Bedingt durch dieses Menschenbild ergibt sich eine neue Sichtweise spezieller Behinderung: Sie hat immer die Behinderung im weiten Sinne zur Voraussetzung. Der Mensch mit einer speziellen Behinderung ist zuerst Mensch, der mit allen Menschen gemeinsam hat begrenzt zu sein, der ein Recht darauf hat, wie jeder andere behandelt zu werden. Menschen mit Behinderung machen die Erfahrung, dass dieses Menschen-

bild für den Umgang mit ihrer speziellen Behinderung eine unerlässliche Voraussetzung ist.

Konsequenzen für die Integration

Ein solch weitgefasstes Behinderungsverständnis, wie es sich auch in der von der Weltgesundheitsorganisation (WHO) entwickelten differenzierten Definition von Behinderung antreffen lässt, hat vielfältige Auswirkungen auf das pädagogische, didaktische und methodische sowie auf das pastorale und katechetische Selbstverständnis von Erziehenden und Lehrenden in Schulen, Heimen und Kirchen. Die WHO definiert Behinderung nicht länger als absolute Größe oder defizitäre Eigenschaft von Menschen, sondern als ein Phänomen, das sich in Relation zu den individuellen, aktuellen Lebensverhältnissen des behinderten Menschen und der gesellschaftlichen Bedingungen ständig wandelt.

Am deutlichsten zeigen sich diese Auswirkungen in den seit 1990 immer stärker werdenden Integrationsbemühungen in Gesellschaft und Wissenschaft. Mit Bezug auf das oben genannte Behinderungsverständnis versucht die Integrationsbewegung den individualtheoretischen, eher selektiv ausgerichteten Ansatz beispielsweise durch Verbandsarbeit, in der allgemeinen Schulpolitik, in der spezialisierten Heil- und Sonderpädagogik sowie in den Erziehungswissenschaften zu überwinden. Der Begriff der Integration steht insofern für die gemeinsame Erziehung und Bildung nichtbehinderter und behinderter Menschen unabhängig von der Art und Schwere ihrer Behinderung. Integration macht auch neue Methoden des Selbst- und Fremdverstehens notwendig, die sich beispielsweise auf den alltäglichen Umgang miteinander, das gemeinsame Lernen in den Schulen und die wissenschaftliche Erforschung der Behinderung beziehen.

Spezielle Behinderungsphänomene

Welche Grenzerfahrungen werden durch die speziellen Behinderungen verursacht und wie sind die behinderungsbedingten Lebenssituationen aus der Sicht der Betroffenen zu beschreiben?

Die „Lernbehinderung"

„Jeder lernt anders" und „Aus Fehlern wird man klug". Diese Binsenweisheiten bekräftigen die Lebenserfahrung, dass anders als andere zu lernen und durch Fehler klug zu werden nicht nur erlaubt ist, sondern Maßstab sein sollte für die Beurteilung von Lernprozessen und von Lernenden. Diese brauchen eine günstige Lernumwelt, so fordern es alle Wissenschaften vom Menschen, vor allem die Erziehungswissenschaften.

Eine allein auf Leistung ausgerichtete Gesellschaft stellt eine äußerst ungünstige Umgebung für Lernende dar. Lernt hier jemand auf seine eigene und anders als die vorgeschriebene Weise und wird er für seine Fehler bestraft, statt aus ihnen lernen zu dürfen, so entwickelt er sich - gemessen an den gesellschaftlichen Leistungsmaßstäben - allmählich zu einem Fremden und zu einem Lernbehinderten. Widersetzt sich also eine Gesellschaft der Anerkennung des Fremden und der Geltung der Fehlerfreundlichkeit, muss es auch mehr und mehr am Lernen Gehinderte und Lernbehinderte geben. Es wird der Begriff ‚lernbehindert' erfunden, mit dem junge Menschen bezeichnet werden, die in irgendeiner Weise auf Grund ihrer sozio-kulturellen Benachteiligung nicht lernen dürfen oder können, wie sie es möchten oder müssten. Diese Formen der Lernbenachteiligung treffen wir nicht nur in sozialen Brennpunkten an. Lernbehinderung tritt in allen sozialen Schichten auf. Physiologisch-neurologische Befunde liegen für eine Lernbehinderung meist nicht vor. Dies schließt aber nicht aus, dass auch Schädigungen des Organismus wie Hirnfunktionsstörungen oder ererbte Begabungsschwächen beteiligt sein können.

Diese Kinder und Jugendlichen leiden darunter, nicht aus ihrem Milieu herauszukommen. Häufig fühlen sie sich durch ihre Umgebung erdrückt und zur Anpassung gezwungen. Sie sitzen in der Zwickmühle, einerseits wollen sie heraus, andererseits können sie sich nur durch Unterordnung entziehen. Bedingt durch diese von außen kommende Lernbeeinträchtigung reagieren sie mit inneren Aggressionen oder mit Ohnmachtgefühlen sowie mit Lernverweigerung. Wo keine Veränderungs- oder Lernperspektive entstehen kann, bleibt oft nur die Resignation. Allenfalls besteht ihre Aktivität (noch) darin, den gegebenen Zustand durch Anpassung aufrechtzuerhalten. Sie bewegen sich in einem Teufelskreis. Soziale Abhängigkeit ist die Folge. Leider wird „Lernbehinderung" immer noch - trotz breiter Aufklärung in der Gesellschaft - als schulisch konstituierter Begriff im Sinne eines organisch bedingt gravierenden Schulversagens missverstanden.

Die „Erziehungsschwierigkeit"

Erziehungsschwierige sind junge Menschen - zu 80% sind es männliche - mit Verhaltensauffälligkeiten und erheblichen Verhaltensproblemen. Sie haben Lebensstörungen (Zuwendungsentzug, zerrüttete Familie, Missbrauch, seelische Überwältigungen u.a.) erlebt, die sie schwer bedrängen. Oft ist ihr akutes Verhalten ein Signal für ihre verzweifelt unbewusste Bemühung die Störung, die ihnen zu schaffen macht, zu beseitigen. Verständlicherweise entlädt sich ihr Frust über den Misserfolg zunächst in Reaktionen, die ihre komplizierte Situation momentan entlasten. Wiederholt sich dieser Vorgang, entstehen bestimmte Verhaltensstandards: erhöhte Konflikt- und Gewaltbereitschaft, provozierende Aggressivität, sozialer Rückzug, Versagen, Selbst- und Fremdgefährdung, Angst und Verwirrung u.a.. Immer aber fühlen sie sich zu Verhaltensweisen herausgefordert, die ihrer Umgebung als nicht angemessen erscheinen. Ihr ernst gemeintes Signal, eben ihre spezielle Verhaltensauffälligkeit, wird nicht verstanden, falsch gedeutet und zusätzlich bestraft.
In der speziellen Sonderschule machen sie die Erfahrung als schwierig abgestempelt zu sein, vor allem weil sie andere Schüler „mit gestörtem Verhalten" als Vorbilder

erleben. So halten sie sich am Ende selbst für stigmatisiert. Zu ihrer Integration bedürfen sie der zusätzlichen personellen Betreuung, des oft außergewöhnlichen Engagements ihrer Lehrerinnen und Lehrer sowie der öffentlichen Anerkennung unterstützender Maßnahmen in Regelschulen und Integrationsklassen.

Das Phänomen der „Körperbehinderung"

„Körperbehinderte" erfahren in den meisten Fällen, dass sie als Objekt angesehen und behandelt werden. Das Verhältnis von Menschen ohne Körperbehinderung zu ihnen ist dadurch bestimmt, dass die Wahrnehmung der Behinderung im Vordergrund steht und alle weiteren Begegnungen bestimmt und meistens blockiert. Während sich das körperbehinderte Kind in den ersten Lebensjahren subjektiv nicht behindert fühlt, macht die gesellschaftliche Umwelt aus den Kindern, die etwas anders aussehen und sich bewegen, die „Körperbehinderten" (Stigmatisierung). Diese selbst erleben dadurch bedingt ihre eigene Behinderung als Auslöser von Unsicherheit und anderen negativen Gefühlen. Überhaupt rückt die Körperbehinderung durch Behandlung und vielseitige Förderung derart in den Mittelpunkt des Interesses, dass kaum noch Zeit und Freude bleibt, ein Kind wie andere zu sein.

Integration kann bei diesen Menschen gelingen, wenn die nicht-körperbehinderten Mitmenschen erkennen und sich danach richten, dass die eigentlichen Hürden für die Körperbehinderten nicht die Treppenstufen sind, sondern die Barrieren in ihren eigenen Köpfen.

Die „Sprachbehinderung"

„Sprachbehinderte" erleiden auf Grund ihres Stammelns, Stotterns, Polterns, Näselns oder weiterer sprachbezogener Verhaltensweisen - beispielsweise Sprechangst - meist schon früh einen starken Einbruch ihrer Persönlichkeitsentwicklung. Denn soziale Kontakte, die sie für die Entfaltung ihrer Persönlichkeit wie jedes Kind unbedingt benötigen, werden durch Beeinträchtigungen der Sprachentwicklung gestört. Die Kommunikation kann dadurch auch auf anderen - als nur den sprachlichen - Ebenen eingeschränkt sein. Häufig müssen sie damit fertig werden, dass die Umwelt ihre erhebliche Beeinträchtigung als relativ gering einstuft und ihnen im Vergleich zu anderen Behinderten weniger Zugeständnisse macht. Diese „doppelt behinderten" Menschen - mit einer Sprach- und Sozialbehinderung - sind den gesellschaftlichen Stigmatisierungsprozessen in besonderem Maße ausgesetzt, erst recht bei Aphasie (Sprachlosigkeit), Mutismus (Sprachverweigerung) und Autismus (Kommunikationsstörung). Die dadurch erlittenen Entwicklungsverzögerungen erfordern speziell sprachtherapeutische, die Komplexität berücksichtigende Förderungsformen (logopädische Behandlung, Einzelunterricht, binnendifferenzierender Unterricht).

Für viele ist es ein Gewinn, wenn sie in Integrationsklassen sich an normal sprechenden Kindern orientieren, mit ihnen zusammen leben und dadurch ihre Angst vor Sprachfehlern überwinden können.

„Sinnesbehinderung" als besondere Grenzerfahrung

„Sinnesbehinderte" sind Hörgeschädigte und Gehörlose, Sehbehinderte und Blinde. „Hörgeschädigte" sind zwar optisch integriert, auf Grund der durch ihre Hörbeeinträchtigung fehlenden Ausdrucksmöglichkeiten jedoch - kommunikativ gesehen - isoliert. Sie benötigen eine spezielle sprachliche Kompetenz um am gesellschaftlichen Leben teilnehmen zu können. Es kann dazu kommen, dass sie eine gewisse - nicht nur sprachliche - Teilnahmslosigkeit und innere Leere erleben, die nur schwer zu ertragen ist. Hörgeschädigte - vor allem Gehörlose - erfahren die Diskrepanz zwischen ihrer eigenen Andersartigkeit und der gesellschaftlichen Sprachwelt. Um sich in dieser von Sprache geprägten Welt zurechtzufinden müssen oder wollen sie das gesellschaftliche Sprachniveau wenigstens in Ansätzen erreichen (Gebärden- und Lautsprache). In den meisten Fällen sind sie gezwungen sich in beiden Welten einzurichten. Im schlimmsten Fall, wenn die Welt der Hörenden dominant bleibt, wird ihr Leben in allen Bereichen als zerteilt erfahren. Im besten Fall erlernen sie die Gebärdensprache oder das „Lautieren" und bewegen sich in beiden Welten.

„Blinde" müssen ein Übermaß an Zugeständnissen gegenüber ihrer Behinderung verkraften. Dadurch wird ihre Kreativität beeinträchtigt, ebenso ihre Einstellung zu sich selbst. Extreme Überversorgung kann zu Abhängigkeitsbeziehungen von „Sehenden" führen und eine zusätzliche Isolierung bewirken. Menschen mit Blindheit sind als „blinde Menschen" oft Anlass für die Nächstenliebe sehender Mitmenschen und Objekt ihrer Barmherzigkeit. Anderseits stehen sie in der Gefahr zu meinen durch höhere Leistung und vielleicht auch durch Geld sich aus der Abhängigkeit von anderen loskaufen zu können. Wenn sie über ihre Situation als Blinde reflektieren, kommen sie an dieser Spannung nicht vorbei. Sie müssen mit ihr leben lernen.

Lernen und Integration gelingen bei diesen Menschen mit Sinnesbehinderungen oft leichter und besser, wenn sie ihre eigenen besonderen Fähigkeiten und Interessen zur Geltung bringen können. Beispielsweise haben sehgeschädigte Menschen oft ein großes Interesse an Musik, das ihnen in verschiedenen anderen Lebensfeldern behilflich sein kann (in Lernprozessen, bei Festgestaltungen u.a.).

Leben mit „geistiger Behinderung"

Für Menschen mit einer geistigen Behinderung ist eine medizinische Diagnose über Ursache und Entstehung ihrer Behinderung relativ unwichtig. Wichtig ist die Frage, welche Fähigkeiten bereits entwickelt sind und von ihrer Umwelt als gegebene Voraussetzung der individuellen Weiterentwicklung ernstgenommen werden. Sie wollen selber leben und lernen können und nicht nur mit den anderen mitlaufen oder ihnen hinterher laufen. Sie haben ihre individuellen Lernmöglichkeiten und wollen sich an ihren eigenen Lernfortschritten und nicht an Vergleichen mit anderen messen lassen. Deshalb ist die Rede vom sog. „Entwicklungsalter" unzutreffend, denn es legt den individuellen Entwicklungsstand fest und unterbindet weitere Entfaltungsmöglichkeiten. Wenn ihnen in der Schule eigene Lernziele zugestanden werden und ihr Lernen nicht ziellos verplant wird, dann gewinnen sie - wie die Erfahrung zeigt - größere Selbstsicherheit und stabileres Sozialverhalten.

Menschen mit geistiger Behinderung erleben unscheinbare Alltagsereignisse als bedeutsam. Sie finden leicht Zugang zu Emotionen wie Freude und Trauer, den Gefühlen des Angenommen- und Ausgestoßenseins, der Liebe und der Angst. Ihr Leben orientieren sie an der direkten Begegnung mit Personen und Sachen, die ihnen für sich, ihre Persönlichkeitsentwicklung und ihren Lernfortschritt bedeutsam erscheinen. Vitale Lebensbedürfnisse können sie spontan äußern und umsetzen. Im Zusammenleben mit anderen kann durch solche Unmittelbarkeit der Gefühlsäußerung leicht der Eindruck der aufdringlichen Distanzlosigkeit entstehen. Beide Seiten müssen hier lernen mit eigenen und fremden Gefühlen umzugehen. Innerhalb eines positiv anregenden sozialen Rahmens (Familie, Schulklasse, Gruppe oder Heim) sind sie in der Lage Akzeptanz zu empfangen und zu geben.

Menschen mit „Mehrfachbehinderungen"

Es sind Menschen wie du und ich, nur dass bei ihnen - durch welche Umstände auch immer - einige Funktionen nicht ausgebildet oder außer Kraft gesetzt sind. In den meisten Fällen jedoch lassen sich die bereits ausgebildeten Fähigkeiten durch spezielle Unterstützung erweitern. Es muss besonders auf ihre komplizierten Behinderungserfahrungen als Mehrfach-, Schwer- oder Schwerstbehinderte hingewiesen werden, die für Menschen ohne Behinderung nur schwer verstehbar zu machen und nachzuempfinden sind. Sie entziehen sich sowohl der subjektiven als auch der wissenschaftlich-objektiv genauen Beschreibung, so dass es um den verstehenden Blick der begleitenden Bezugspersonen geht, der ihre Lebensmöglichkeiten erfassen möchte. Um sich in ihre Situation einfühlen zu können sind Menschenliebe, längere gemeinsame Lebensphasen sowie hohe Professionalität erforderlich.
Unter pädagogischem und integrativem Aspekt gilt für diese Menschen wie für alle anderen auch, zunächst die vorhandenen Fähigkeiten ausfindig zu machen und darauf eine konzeptionelle Vorstellung für weitere Schritte (technische Ausstattung, Transporte, Unterricht und Lebensführung) auszuarbeiten.

Sensibilität für Behinderungen aller Art

Angesichts der hier kurz skizzierten Behinderungsarten ist freilich auch daran zu denken, dass in allen Lebensbereichen mit ähnlichen oder vergleichbaren leichteren Beeinträchtigungen auf Grund von körperlichen und seelischen Belastungen zu rechnen ist. Gemeint sind Misch- oder Zwischenformen, die den beschriebenen Behinderungsarten nicht eindeutig zugeordnet werden können. Es ist für die meisten Mitmenschen oft schwer sachgerecht auf ungewöhnliches Verhalten anderer reagieren zu können. Dies müssten insbesondere aber die Verantwortung Tragenden gelernt haben. Beispielsweise sollte die Lehrerin oder der Lehrer in der Schule oder der Chef im Betrieb auf solche verdeckte „Behinderungen" aufmerksam werden und angemessen reagieren, statt die Störung als persönlichen Angriff, als moralisches Vergehen oder persönliche Gestörtheit des Betroffenen misszuverstehen. Zur geforderten Sensibilität im

Umgang mit solchen Störungen in normalen Lebenssituationen kann sicherlich nur eine Kooperation von wissenschaftlicher Ursachen- und Interaktionsforschung, gesellschaftlicher Integrationsarbeit und menschlicher Kompetenzbildung beitragen.

Behinderung (2001)
Lexikonartikel (Roland Kollmann/ Olivia Püttmann)

1. Definition
Behinderung lässt sich religionspädagogisch nur unter Berücksichtigung medizinischer, geschichtlich-gesellschaftlicher, (sonder)pädagogischer und theologischer Aspekte hinreichend bestimmen.

Medizinisch betrachtet werden verschiedene Behinderungsarten unterschieden: Körperbehinderungen (durch Schädigung des Stütz- und Bewegungssystems, durch Spaltbildung des Gesichts bzw. des Rumpfes, durch schwere innere Erkrankungen und Beeinträchtigungen der Sinne z.B. der Hör-, Seh- oder Sprechfunktionen), geistige Behinderungen (kognitive Beeinträchtigungen), seelische Behinderungen (z.b. Depression, Neurose, Psychose, seelische Überwältigung). Unterschiedliche multifaktoriell bedingte Erscheinungsformen können auftreten, z.b. Autismus, Hyperaktivität, Hospitalismus, Stereotypien, selbstverletzende Verhaltensweisen, Legasthenie, deren genaue Zuordnung weiterer Forschung vorbehalten ist.

1.1 Der dynamische Behinderungsbegriff
Der Begriff „Behinderung" ist hinsichtlich seiner inhaltlichen Bedeutung und praktischen Verwendung nicht eindeutig. Als Relationsbegriff wird er von demjenigen bestimmt, der ihn verwendet. Dies gilt sowohl für den allgemeinen als auch für den wissenschaftlichen Sprachgebrauch. Zudem ist Behinderung ein normativer Ordnungsbegriff, ein Leit- und Orientierungsbegriff zur Kennzeichnung besonderer, vom ‚Normalen' abweichender Bewertungs- und Handlungswirklichkeiten (vgl. Speck 1998, 256).
Definitionsversuche müssen subjektives Erleben von Einschränkungen, ihre kulturell-sozialen Auswirkungen und die geschichtlich-gesellschaftlichen Einschätzungen zugleich erfassen. Die Weltgesundheitsorganisation (WHO) unterscheidet deshalb bei der Entwicklung ihres analytischen Behinderungsbegriffes drei Ebenen:
- Auf der organischen Ebene kann eine Schädigung (impairment) vorliegen, worunter ein Verlust oder eine Anomalie einer psycho-physiologischen Struktur oder Funktion zu verstehen ist.
- Daraus folgend kann sich auf der individuellen psychischen Ebene eine Leistungsminderung/Beeinträchtigung (disability) entwickeln. Diese umfasst jede (auf eine Schädigung zurückgehende) Einschränkung der Fähigkeit oder die Unfähigkeit einer Person eine Tätigkeit in einer für einen Menschen als „normal" geltenden Art und Weise auszuüben.
- Dies hat zumeist Auswirkungen auf der sozialen Ebene. Die daraus entstehende Behinderung (handicap) ist eine auf eine Schädigung oder Leistungsminderung (Beeinträchtigung) zurückgehende Benachteiligung, die einen bestimmten Menschen teilweise oder ganz daran hindert eine Rolle auszuüben, die für ihn nach Alter, Geschlecht oder soziokulturellen Faktoren „normal" wäre.
Die WHO sieht Behinderung als universelles Problem und nicht als individuelles Merkmal einer bestimmten Person oder Gruppe. Behinderung ist demnach ein komplexes Beziehungsgefüge zwischen Gesundheitszustand und kontextuellen Faktoren (vgl. WHO, 1980). Einschränkend sei darauf hingewiesen, dass es auch individuelle Behin-

derungserfahrungen gibt, die durch körperliche Schädigungen (z.B. Schmerzen, die „behindern") und nicht durch Zuschreibungsprozesse entstanden sind.
Diese Differenzierungen führen zum dynamischen Behinderungsbegriff, der die Schädigung oder Beeinträchtigung (z.b. Körperbehinderung - eine Schädigung des Körpers, Beeinträchtigung der körperlichen Leistung; geistige Behinderung - eine Schädigung des Geistes, Beeinträchtigung der geistigen Leistung) nicht isoliert sieht und die mit den Schädigungen bzw. Beeinträchtigungen verbundenen sozialen und gesellschaftlichen Benachteiligungen als „Behinderung" im strengen Sinne betont. Dagegen wird Behinderung umgangssprachlich vielfach gleichgesetzt mit der somatischen Schädigung (z.b. Fixierung auf Erblindung oder Fehlbildung) und häufig als individuelles Wesensmerkmal verwandt, das den Menschen allein von seinen Störungen und Beeinträchtigungen her definiert (z.b. „Er ist blind"). Zudem tendiert eine leistungs- und erfolgsbestimmte Gesellschaft dazu, Menschen mit Behinderungen als nicht konkurrenzfähig abzustempeln, sie für ökonomisch nutzlos und unbrauchbar zu halten und als „Mängelwesen" abzuwerten (Stigmatisierung).

Die dynamische Komponente des Begriffes geht verloren, wenn nicht beachtet wird, dass sowohl der praktische Umgang mit Menschen mit Behinderungen als auch die theoretische Klärung des Begriffs Behinderung von einer Vielzahl geschichtlicher, gesellschaftlich-kultureller und individueller Bedingungen abhängen, die in jeder Situation speziell und faktoriell neu zu gewichten sind. Unter Behinderung ist also der Ausdruck jener geschichtlichen, gesellschaftlichen, ökonomischen und sozialen Prozesse zu verstehen, die auf einen Menschen einwirken, der durch organische und/oder soziale Beeinträchtigungen gesellschaftlichen Minimalvorstellungen und Erwartungen hinsichtlich seiner individuellen Entwicklung, Leistungsfähigkeit und Verwertbarkeit nicht entspricht (vgl. Feuser 1995).

1.2 Sonder- bzw. heilpädagogische Aspekte

Seit dem UNESCO-Weltkongress in Salamanca 1994 und der Empfehlung der deutschen Kultusministerkonferenz (1994) wird „Behinderung" mit der Konzeption des besonderen Förderbedarfs (special educational needs) und mit dem Paradigmenwechsel von der Aussonderung (Segregation) zur Eingliederung (Integration) von Menschen mit Behinderung in die Gesellschaft neu beschrieben. Förderbedarf und Integrationsforderung relativieren die traditionelle Sichtweise von Behinderung und von sonderpädagogischen Maßnahmen. Das gesellschaftliche Umfeld hat an Bedeutung gewonnen für Planung und Realisierung der pädagogischen Maßnahmen (z.B. Gestaltung der schulischen Bedingungen). Die spezielle Förderung wird zur Minimierung der durch die Schädigung verursachten physiologischen, psychischen und sozialen „Behinderungen" und zum Auf- und Ausbau der vorhandenen Fähigkeiten eingesetzt. So wird „Bildung bei besonderem Förderbedarf" pragmatisch verstanden z.B. als Schulreform und Verbesserung der speziellen schulischen und außerschulischen Fördermaßnahmen. Behinderung als multifaktorielles Phänomen, dessen Ursachen nicht allein in der Person liegen, hat sonder-, behinderten-, integrations- und rehabilitationspädagogische Konsequenzen. Der individualtheoretische Ansatz ist zu ersetzen, denn ‚Behinderungen' des Lebens und Lernens zeigen sich immer erst in den differenzierten Bedingungen und Anforderungen des Lebens und Lernens selbst. Behinderung ist nicht nur individuell spezifisch, sondern auch abhängig von Vorerfahrungen und bisheriger Le-

benserfahrung, bedingt durch situative Herausforderungen, menschliche Partner und gesellschaftliche Institutionen wie Schule und deren Ausstattung, ihre Erwartungen und Möglichkeiten (vgl. Begemann 1999, 1f). Hinzu kommt, dass gesellschaftliche Bewegungen zu neuen Sicht- und Handlungsweisen geführt haben (vgl. die Diskussion um die Gesamtschule, die Schulwirksamkeitsforschung und die eingeschränkte Wirkung der Sonderbeschulung). Nationale und internationale Entwicklungen ergeben unterschiedliche Schwerpunkte: Das Normalisierungprinzip (Skandinavien), die Bürgerrechtsbewegung (USA), die Förderbarkeit jedes Kindes (Großbritannien), die Anti-Institutionalisierungs-Bewegung (Italien).
Manche Sonder- bzw. Heilpädagogen (z.B. Speck, Eberwein) lehnen den Begriff „Behinderung" konsequent ab, weil sich Erziehung nicht primär am Fehlenden und Behindernden orientiert, sondern an ihren immanenten Möglichkeiten im Menschen und in seiner Lebenswelt. Der Begriff Behinderung sei für pädagogische Zwecke unergiebig und ungeeignet (vgl. Speck 1998, 266). Den Begriffen „Behinderten- oder Sonderpädagogik", „behinderte Menschen" bzw. „Menschen mit Behinderung" sollten die Begriffe „Pädagogik bzw. Bildung bei besonderem Förderbedarf", „Menschen mit speziellen Erziehungsbedürfnissen" vorgezogen werden. Der Begriff der Behinderung wird so zu einem erheblichen Teil eingeschränkt.
Ein entsprechender Wandel im Selbstverständnis der traditionellen Fachrichtungen ist im Sinne ihrer stärkeren gesellschaftlichen und wissenschaftlichen Vernetzung angezeigt (Begemann 1995, Feuser 1995). Die Erziehungsschwierigen-, Sprachbehinderten-, Verhaltensgestörten-, Lernbehinderten-, Körperbehinderten-, Schwerstbehinderten-, Geistigbehinderten-, Gehörlosen-, Schwerhörigen-, Sehbehinderten- und Blindenpädagogiken sind herausgefordert, gemeinsam und in Kooperation mit der allgemeinen Erziehungswissenschaft Konzepte der Chancengleichheit, der Integration und der eigenständigen Lebensführung für Menschen mit Behinderungen zu entwickeln. Erst recht angesichts der bewusst gewordenen Integrations- und Förderperspektiven und der damit verbundenen Umstrukturierungen und Relativierungen der bestehenden Sonderschuleinrichtungen müssen die sonderpädagogischen Fachrichtungskonzepte zur Erfassung des besonderen Förderbedarfs reformiert und dazu angehalten werden ihre segregierende Funktion kritisch zu reflektieren und subjektorientierte und auf Gleichwertigkeit und Gleichberechtigung aller Menschen ausgerichtete Erziehungs- und Bildungskonzepte zu entwickeln (z.b. ambulante Förderung in Integrationsklassen, Gemeinsamer Unterricht).
In Zukunft ist mit der Entstehung von bisher unbekannten etwa umwelt- und medienbedingten oder durch schleichende Entmoralisierung bedingten Behinderungsformen zu rechnen, die sich als Folge z.B. von Veränderungen der Wirklichkeitswahrnehmung (Virtualität der Erfahrung) oder der Politik (Anonymität der Großsysteme) ergeben können.

1.3 Theologisch - religionspädagogische Sichtweisen
Theologisch ist für eine Definition von Behinderung das Menschenbild leitend, das sich aus dem konkreten Umgang des Jesus von Nazareth mit Menschen ergibt, deren Leben in irgendeiner Weise beeinträchtigt (behindert) war. Es setzt an bei den konkret und unmittelbar erlebten Einschränkungen und Beeinträchtigungen und sieht darin die allgemein-menschliche Erfahrung von Begrenztheit, Endlichkeit und Zerbrechlichkeit

des Lebens in allen personalen, sozialen und gesellschaftlichen Erfahrungsbereichen. In diesem Sinne schließt Menschsein Behinderung ein. „Behinderung ist ein Existential menschlichen Daseins" (O. Fuchs 1993, 173). Eine grundsätzliche Trennung bzw. Unterscheidung zwischen „Behinderten" und „Nichtbehinderten" ist anthropologisch nicht zulässig. Menschsein kann ohne Behinderung nicht erfahren und gedacht werden. Behinderung wird immer als eine spezielle somatische oder geistige und gesellschaftlich bedingte Beeinträchtigung und zugleich als allgemein-menschliche Begrenztheit und Kontingenz erlebt, die bezeichnet, was nicht notwendig aus sich selbst existiert. Genesis 1, 27 besagt, dass Gott den Menschen nach seinem Bild geschaffen hat. Danach ist der Mensch Ebenbild Gottes, das als Geschöpf von Gott abgegrenzt und zugleich in seiner endlichen Geschöpflichkeit bedingungslos angenommen und geliebt ist. Dieser „Ebenbildlichkeitsglaube" war in Bezug auf Menschen mit Behinderungen in der jüdischen und christlichen Kirchen- und Theologiegeschichte immer umstritten. Idealisiert kann Ebenbildlichkeit so verstanden werden, dass der gottverbundene Mensch als stark und gesund, keinesfalls aber als schwach und behindert gilt. Den darin enthaltenen Vorstellungen eines nur gewaltigen und übermächtigen Gottes widerspricht schon das AT, wenn Gott mit Israel, seinem geliebten Volk, leidet (Jes 63, 9; vgl. auch Hiob, s.u.).

Jesus von Nazareth, der sich um die Blinden, Lahmen, Armen und Aussätzigen kümmert, zeigt damit, wer sie im Angesicht Gottes sind: Menschen, von denen Gott sein Gottsein abhängig macht. Erst durch die in Jesus Christus vollzogene Selbstoffenbarung Gottes als eines mitleidenden Gottes wird deutlich, dass Schwäche, Ohnmacht, Zweifel, Versagen und Scheitern konstitutiv zum Leben und zum Glauben an Gott dazugehören (vgl. G. Fuchs/ J. Werbick 1991). Angesichts behinderter Menschen und durch ihre Anerkennung lässt er sich selber „behindern" und wird ein „Behinderter unter Behinderten". Dadurch wird die Hierarchie zwischen stark (d.h. nicht-behindert) und schwach (d.h. behindert) aufgehoben. Er ist zugleich Helfer und Hilfsbedürftiger. Glaube an diesen Gott und Vertrauen auf ihn eröffnet *allen* Menschen Befreiung und Menschlichkeit, Selbsterfahrung und Selbstbestimmung (vgl. O. Fuchs 1993, 163f).

Dieses Menschen- und Gottesbild bedeutet in Verbindung mit Behinderung, dass Selbsterkenntnis und existentielle Wahrheit erst am Bild des behinderten Menschen (Widerspiegelung der eigenen Begrenztheit) gefunden werden und dass Gott durch Jesus Christus in den Begegnungsgeschichten zwischen Hilfsbedürftigen und Helfern (vgl. die Samaritergeschichte Lk 10, 25-37) für alle Zeit erfahrbar bleibt, so dass keine Heteronomie und Entfremdung des Menschen mehr bestehen muss, sondern dass Gott und Mensch im liebevollen Zulassen von Freiheit und Selbstentfaltung aufeinander angewiesen bleiben.

Das christliche Menschenbild lehnt deshalb den Leistungsgedanken als Maßstab für den Wert des menschlichen Lebens ab und ersetzt ihn durch den Gedanken des Geschaffenseins und des unbedingten Angenommenseins jedes menschlichen Lebens durch Gott. Den Götzen der Leistung und des Habens steht die freie Abhängigkeit der Christen von Gott gegenüber. Vor der Selbstentäußerung und freiwilligen Erniedrigung Gottes verbietet sich jede Vergötzung der Gesundheit, der Kraft, der Schönheit, der Selbständigkeit und der Freiheit von Behinderung.

Das Befreiende der christlichen Botschaft besteht in der Hoffnung auf Überwindung jeder Begrenztheit, auch der des Todes, durch die Vollendung in der vorbehaltlosen

Annahme durch Gott, der die Liebe ist (1 Joh 4, 8). Auferstehungshoffnung kann schon im Hier und Jetzt in der Erfahrung wirksam werden, dass die Liebe stärker ist als der Tod (vgl. Nocke 3/1993, 155f; Hoffmann/ Standop 1994, 153f). Sie bewirkt nicht Eliminierung menschlicher Begrenztheit und Behinderung, sondern ihre Relativierung und führt zur wechselseitigen Befreiung der Menschen mit Behinderungen und ihrer Angehörigen und Helfer von möglichen Belastungen wie Ausgrenzungen, Schuldkomplexen, Minderwertigkeitsgefühlen, Hilflosigkeit etc. (vgl. O. Fuchs 1993). Es ist nachgewiesen, dass das Leben mit Behinderung bei vielen Betroffenen die verzweifelten Fragen aufdrängt: „Warum gerade ich?" und „Wie kann Gott das durch die Behinderung bedingte Leid zulassen?" (Theodizee). In den Versuchen einer „Theologie des Schmerzes Gottes" oder einer „Theologie des mitleidenden Gottes" wird auf diese Fragen eingegangen (vgl. Nocke 3/1993, 127-130), ohne dass sie damit beantwortet wären. Andere betonen, dass Behinderung von Behinderten selbst als normal erlebt und die Leid- und Theodizeefrage nicht zugelassen bzw. sogar als unangebracht empfunden wird.

Aus theologischer Sicht ist auf ideologische Gefahren hinzuweisen: Die Erwartung des totalen Befreitseins von Behinderung, die Herstellung unbehinderter heilvoller Menschen und perfekter Gesellschaften und der Zwang zu radikaler Sündenlosigkeit. Diese ethischen Gesundheits- und theologischen Leistungsideologien überfordern den endlichen Menschen und bewirken Unmenschlichkeit. Dagegen wird von Christen erwartet, dass sie in der Durchsetzung ihrer Ziele auf Gewalttätigkeit und in der Erfahrung des Scheiterns auf Resignation verzichten können.

Religionspädagogisch ist bei der Behinderungserfahrung selbst anzusetzen, die als menschliche Erfahrungsweise mit Religion und Glaube, Erziehung und Bildung einen Zusammenhang bildet. Die christliche Botschaft kann nur dann im Erfahrungsraum von Behinderung verwirklicht werden, wenn die religiöse Dimension der Behinderungserfahrung bewusst wahrgenommen und thematisiert wird.

Kinder und Jugendliche mit Behinderung erleben häufig, dass sie von anderen als abzulehnendes „Übel" angesehen werden und dass Nichtbehinderte, die sich dennoch auf sie einlassen, Verunsicherungen und Versuchungen bis zu geheimsten Vernichtungswünschen und Schuldkomplexen ausgesetzt sind. Andererseits ist bekannt, dass auch junge Menschen mit Behinderungen in schwierigen und oft ausweglosen Situationen zu Helfenden für die Helfer werden.

Der Begriff der Behinderung ist aus religionspädagogischem Blickwinkel eng verbunden mit dem Begriff der religiösen Bedürftigkeit. Religiöse Erziehung und Bildung zielt gerade bei Kindern und Jugendlichen mit Behinderungen nicht auf Affirmation des Bedürftigkeitsstatus und auf Anpassung, sondern auf Verweigerung des Einverständnisses mit solchen gesellschaftlichen Tendenzen (vgl. Mette 1994, 145). Jede pädagogische Maßnahme hat bei der Lernausgangslage des einzelnen Schülers anzusetzen. Die Erfahrung von Behinderung oder Begrenztheit nötigt den Betroffenen im Verlauf ihres Lebens häufig existentielle Fragen auf, die in ihrer Ausprägung - wenn auch z.T. nur rudimentär - religiöse Züge tragen. Religiöse Bedürftigkeit wächst mit dem Wunsch nach Deutung oder Sinngebung ihres Lebens. Behindert-Sein hat eine existentiell religiöse Dimension. Aus der Erfahrung der Isolation und des Getrenntseins können bei Kindern und Jugendlichen mit Behinderungen intensive Sehnsüchte nach Angenommensein entstehen, aus dem Fehlen oder Scheitern verlässlicher Beziehungen das Bedürfnis nach begleitender Erziehung und aus der Situation der eigenen Betroffenheit das Verlangen nach religiösem Wissen. Kinder und Jugendliche mit einer Behinderung sind empfänglich für religiöse und christliche Lebensdeutungen, vor allem, wenn sie entdecken, dass ihre Situation in der christlichen Sicht des Lebens besonders ernst genommen wird.

Die Religionspädagogik einschließlich der Didaktik des Religionsunterrichts muss die speziellen behinderungsbedingten religiösen Bedürftigkeiten wahrnehmen und auf sie eingehen, indem sie entsprechende pädagogische und theologische Angebote bereitstellt. Eine kommunikative Religionsdidaktik, die den Vorrang der sachstrukturellen Erkenntnisvermittlung vor dem subjektiven Erkenntnisgewinn des Schülers bestreitet, setzt ein bei der menschlichen Begegnung auf gleichem Niveau zwischen Lehrer und Schüler (ganzheitlich-gleichstufige Begegnung), der Klärung der religiösen Lernausgangslage (entwicklungspsychologische und pädagogische Analyse) und der Bedeutung, die die zu vermittelnden religiösen und theologischen Inhalte in dieser Situation haben können (religionsdidaktische Erschließung). Dies bedeutet, dass der Religionsunterricht an Sonderschulen bzw. der religionsdidaktische Bestandteil des integrativen Unterrichts eine auf die religiösen Bedürftigkeiten abgestimmte Didaktik und Methodik benötigt, die sich einer gegenstandsgleichen und zieldifferenten inneren Differenzierung und Individualisierung verpflichtet wissen.

Konkrete behinderungsspezifische und religionspädagogische Konsequenzen für die Unterrichtspraxis ergeben sich aus unterschiedlichen Nuancierungen zwischen den jeweiligen speziellen Behinderungen und therapeutischen, pflegerischen und pädagogischen Ansätzen, die aufeinander zu beziehen sind (vgl. Adam u.a. 1988ff). In der Schule für Geistigbehinderte verwirklicht beispielsweise der kirchliche Bildungsauftrag „Menschwerdung in Solidarität" (DBK 1993) den schulischen Bildungsauftrag „Selbstverwirklichung in sozialer Integration" (KMK 1979), indem Schulkultur (Schule als Lebensraum, Ganztagsschule), Lernen in Fachdidaktiken sowie in fachübergreifenden Projekten und Lernvorhaben lebenspraktisches Lernen gepflegt werden. Dazu gehört, dass der Bruch zwischen Religion/Kirche, die vordergründig als weltfremde Bereiche erlebt werden, und der pädagogischen Forderung nach mehr Lebensnähe und Ganzheitlichkeit überwunden wird. Es ist Aufgabe des Religionsunterrichts (vgl. die Grundlagenpläne, z.B. „Grundlagenplan für den katholischen Religionsunterricht an Schulen für Geistigbehinderte" - im Auftrag der DBK von 1999) die ganze Vielfalt des religiösen Lernens anzuregen, die Situations-, Gegenwartsbezogenheit und Handlungsorientierung des Lernens bei jungen Menschen mit Behinderung besonders zu beachten und basale Zugangsweisen, konkrete Erfahrungsbezüge und Förderkonzepte zu initiieren (Prinzipien der Korrelation, der Elementarisierung und der symbolischen Verständigung). Wie in allen religionsunterrichtlichen Lehr- und Lernprozessen haben hier in besonderer Weise die Lehrerinnen und Lehrer als Anreger des Lernens in sozialen Bezügen - dazu gehört z.B. auch die Kooperation mit Kollegen - und in ihrem Vorbildverhalten für das religiöse Lernen der Schüler und Schülerinnen eine hohe Bedeutung. Die behinderungsbedingt zu vermittelnden Qualifikationen und Inhalte ergeben sich zum einen aus dem Bildungsauftrag der Kirchen und zum anderen aus dem Grundsatz, dass sich Glaube für junge Menschen mit Behinderungen nur im Vollzug der Beziehungsdimension auswirken kann. Im Sinne einer erneuerten Integrations-Pastoral können auch die „allgemeine Seelsorge" und „Schulseelsorge" mit den beschriebenen Anliegen einer kommunikativen und integrativen Religionsdidaktik verbunden werden.

2. Behinderung in der Bibel
2.1 Behinderung im Alten Testament

Menschen mit Behinderungen zählten zur Zeit der Entstehung des AT wie die Kranken, Unterdrückten und Armen zu den sozial Benachteiligten. Ihre religiöse Einschätzung hing zusammen mit den sozio-ökonomischen Entwicklungen, dem sich wandelnden alttestamentlichen Menschen- und Gottesbild und dem Verständnis von Gesetz und Reinheit bzw. Sünde des Volkes Israel.

In der durch egalitäre, patriarchalische Strukturen und kollektive Sichtweise maßgeblich geprägten vorexilischen Zeit (vor 587 v. Chr.) ist von einer als selbstverständlich erfahrenen gesellschaftlichen Integration geschädigter, kranker und behinderter Menschen auszugehen. Die bäuerliche Großfamilie bot nicht nur den größtmöglichen verwandtschaftlichen Schutz, sondern zugleich im Rahmen ihrer autonomen Arbeitsteilung ökonomische Nischen für die Geschädigten und Kranken (vgl. Herbst 1999, 69). Behinderungen, Krankheiten oder Schädigungen wurden, solange sie nicht das Kollektiv bedrohten (z.b. wegen Ansteckungsgefahr), als zum Leben dazugehörig und „normal" angesehen.

In der nachexilischen Zeit (nach 563 v. Chr.) manifestierte sich beeinflusst durch die Auflösung der patriarchalischen Strukturen und durch die Hinwendung zur hellenistisch geprägten individuellen Sichtweise die starre Vorstellung eines Vergeltungsprinzips (vgl. Herbst, 1999, 66). Die im Bundesschluss mit Jahwe begründete Unbedingtheit des Jahwe-Gesetzes garantierte die für das israelitische Volk einzig objektive Sinnordnung im Kult. Diese legte fest, was als rein oder unrein, sündig oder nicht sündig galt. Unrein war, wer wissentlich oder unwissentlich gegen den Nomos der Kultordnung verstieß. Zugleich bildete sein Tun und/oder das seiner Vorfahren die Voraussetzung dafür, wie es ihm erging. Die Menschen unterlagen dem Tun-Ergehens-Zusammenhang (TEZ). Behinderung wurde mit dem Gedanken des Widergöttlichen in Verbindung gebracht und theologisch als Folge der Sünde und Strafe Gottes für begangene Sünden gedeutet.

In der weiteren Entwicklung ist zu beobachten, dass Menschen mit Behinderungen zwar in der sozialen Hierarchie auf der untersten Stufe stehen, aber dennoch in der Gnade und Liebe Gottes aufgehoben sind. Schon im Buch Hiob (Abfassung 4. Jh. v. Chr.) wird der TEZ in Frage gestellt. Hiob ist ganz in der Gnade Gottes. Er ist niemals durch Sünde oder Vergehen aus der Gnade herausgefallen, er bleibt Gott unverwandt nah. Die Radikalität des Vergeltungsdogmas mit dem Ausschluss des behinderten Menschen und der Abwendung Jahwes vom Behinderten wird durch das Buch Hiob nicht nur in Frage gestellt, sondern abgelehnt: Jahwe ist mit Hiob, der alle Formen des Umgehens mit Leid und Behinderung - auch die des Streits, der Klage und Anklage Gottes - durchlebt.

2.2 Behinderung im Neuen Testament
Die neutestamentliche Einstellung zu Krankheit und Behinderung ist ambivalent. Einerseits finden sich bei den Synoptikern zahlreiche Hinweise und Deutungsmodelle,

die auf Beendigung bzw. Beseitigung von Krankheit und Schädigung hinweisen (z.B. Heilung des Besessenen von Gerasa, Mk 5, 1-20). Andererseits kann Krankheit und Behinderung auch als ein besonderes Merkmal göttlicher Gnade und christlicher Nachfolge verstanden werden, d.h. auch der Kranke, der Mensch mit Behinderung, trägt sein „Kreuz" (vgl. 2. Kor 12, 1-13). Das NT umfasst nicht nur das Motiv der Auflehnung gegen körperliche Beeinträchtigungen, sondern auch das Motiv ihrer Akzeptanz (vgl. Herbst 1999, 205). In diesem Sinne kann Behinderung zur „Begabung" werden, wenn ein Glaubender davon ausgeht, dass Gott die Menschen gerade als beeinträchtigte und heilsbedürftige Menschen liebt und nicht nur als solche, die bereits geheilt und unbehindert sind.

Wie im AT tauchen im NT antike Denkmodelle und Motive auf, die Krankheit bzw. Behinderung in die Nähe von Unreinheit, Widergöttlichem oder Sünde stellen. So galt der Mann von Gerasa, der aus heutiger Sicht wahrscheinlich als psychisch krank zu betrachten ist, als von Dämonen besessen und deshalb unrein. Dennoch ist im NT der kranke, behinderte Mensch nicht als sündig anzusehen und nicht von der Gnade, der Liebe und Zuwendung Gottes ausgeschlossen. Der TEZ wird im NT durch Jesus radikal in Frage gestellt bzw. aufgehoben. Der kranke, behinderte Mensch erfährt die besondere Liebe Gottes, indem sich Jesus - und damit Gott - bewusst den Kranken, Behinderten und Leidenden zuwendet (z.B. Bartimäus, Mk 10, 46-52). Die Sozialität Jesu besteht in der Ernstnahme und Annahme des Andersartigen und in der konkreten Umsetzung des christlichen Ethos ‚Liebe Deinen Nächsten' (vgl. Herbst 1999, 205). Der im AT nur latent angesprochene Gedanke eines gerade mit den Leidenden, Schwachen, Kranken und Behinderten solidarischen Gottes wird hier öffentlich proklamiert und zum Kernpunkt christlichen Denkens und Handelns erhoben. Die von Jahwe erhoffte Zuwendung zum Behinderten wird durch Jesus praktisch eingelöst, der sich als Leidender unter Leidenden, als Behinderter unter Behinderten versteht, ohne Leid und Behinderung beseitigen zu können. Die urchristlichen Wundergeschichten sind als symbolische Handlungen des Protestes gegen die Ausgrenzung von Kranken und Behinderten zu verstehen. Sie bringen zeichenhaft die Überwindung von Krankheit, Hunger, Armut, Gewalt und Traurigkeit zum Ausdruck. Auch der Impuls für christliches Engagement zu Gunsten der Menschen mit Behinderungen wurzelt in der Tradition, die sich weigert der Behinderung, der Krankheit und dem Leid einen theologischen Sinn zu geben. Statt dessen setzt sie auf die Erfahrung der frühen christlichen Gemeinden, dass eigenes Behindertsein in Leid, Tod und Auferstehung Jesu aufgehoben ist.

3. Behinderung und Kirche

Wie die Religions- und Kirchengeschichte zeigt, stehen Religion, Kirche, Glaube und Theologie zu Menschen mit Behinderung in einem spannungsreichen Verhältnis, sowohl im Sinne der Respektierung und besonderen Zuwendung (in Diakonie und Caritas) als auch im Sinne der Verachtung und Ausgrenzung (im Schweigen zu Pogromen und Euthanasieprogrammen).

Die religiöse Ambivalenz in der Einstellung zu behinderten Menschen ist auf die Zweischneidigkeit der allgemeinen Einschätzung von Behinderung zwischen Dämonisierung und Entdämonisierung zurückzuführen, die von der Antike bis heute nachwirkt. Humane und christliche Lebensdeutungen standen immer in Wechselwirkung - Abhängigkeit und/oder Widerstand - zur politischen und kulturellen Entwicklung einer

Gesellschaft, so dass in Kirche und Theologie „Behinderung" zeitweise widersprüchlich eingeschätzt wurde. Luther legitimierte mit Teufelsbesessenheit die Tötung von schwerstbehinderten Kindern. In der katholischen Kirche galt bis zur Reform des Codex iuris canonici (1983) die körperliche Behinderung als Weihehindernis. Die Geschichte zeigt, dass das Schicksal des behinderten Menschen auch in der Kirche eher von wechselnden gesellschaftlich bedingten Vorstellungen und Konventionen bestimmt war als vom christlichen Protest-Glauben, obwohl das Evangelium alle Voraussetzungen für solidarisches Verhalten gegenüber Menschen mit Behinderungen bereithielt (vgl. Szagun 1983). Bis weit ins 19. Jahrhundert hinein ist ein Tiefstand des diakonischen Engagements der offiziellen Kirchen festzustellen (vgl. ebd.).
Dagegen versteht sich christlicher Glaube von seinem Ursprung her als Alternative zu ideologischen und ausgrenzenden Einschätzungen von Behinderung. Ausgehend von der Botschaft Jesu Christi und der neutestamentlichen Ethik muss in den Kirchen der Wert jedes Menschen, ob schwach oder stark, behindert oder nicht behindert, in Wort und Tat vertreten werden. In ihrer Option für die Benachteiligten sollte eine „kontextuelle Kirche" (sacramentum mundi) die kulturgeschichtlich bedingten Einstellungen zu Behinderung, Krankheit und Leid des Menschen kritisch hinterfragen und durch konkrete Solidarisierung entkräften.
In Gegenwart und Zukunft werden Kirche, theologische Ethik und Medizin gleicherweise mit fortschrittsbedingten, bisher ungeahnten, szientistisch, technizistisch oder utilitaristisch geprägten neuen Sichtweisen von Behinderung konfrontiert. Angesichts der Probleme, die mit der Entstehung von Behinderung, Krankheit und Leid zusammenhängen, und der Gefahr, dass das Recht des behinderten Menschen auf Leben und seine Würde radikal in Frage gestellt werden, muss sich die Kirche beteiligen an der Entwicklung einer mitwachsenden nachhaltigen Ethik (Humangenetik, pränatale Diagnostik, perinatale Beratung, Umgang mit Behinderung, Geragogik und Sterbebegleitung).
Von ihrem Selbstverständnis her hat die Kirche zwei Aufgaben:
- In Bezug auf ihre Sicht von Behinderung muss sie sich als christliche Gemeinde vom Evangelium herausfordern lassen und sich der Menschen mit Behinderungen besonders annehmen. Sie hat nicht nur den Bildungsanspruch für alle, unabhängig davon, ob sie mit einer Behinderung leben oder nicht, sondern auch ihre besondere Akzeptanz innerhalb der Kirche zu vertreten (Schaffung unterstützender sozialer Netze).
- Im pluralen gesellschaftlichen Kontext muss sie als Anwalt der im gesellschaftlichen System Benachteiligten handeln und - wenn nötig - öffentlich Kritik äußern. Bedürfnisse der Menschen mit Behinderungen und Anliegen der Behindertenvertretungen, wie etwa gesellschaftliche Integration, Recht auf Leben und Selbstverwirklichung müssen von der Kirche als elementar-menschliche und damit zugleich christliche Anliegen und Bedürfnisse aufgegriffen und unterstützt werden. Für ihre gesellschaftliche Berücksichtigung und gegen Abgrenzungsmechanismen, die von inhumanen Systemen unterstützt werden, muss Kirche sich einsetzen. Die Konsequenzen für Selbstverständnis und Kirchenstruktur beziehen sich auf die Probleme der Präsenz oder Isolierung von Menschen mit Behinderungen in Gottesdienst und Gemeindeleben (Gemeinde-Integration), auf kirchliches Engagement für Behinderte (Diakonie, Caritas), Kranke (Krankenhäuser in kirchlicher Trägerschaft, Krankenhausseelsorge) und behinderte Kinder und Jugendliche (Heime). Dabei ist zu bedenken, dass Institutionen für Behin-

derte in Gesellschaft und Kirche auch als Selbstentlastung für persönliches Engagement missverstanden werden können. Die Vorbildfunktion, die vom Einsatz einzelner Personen für kirchliche und außerkirchliche Behindertenarbeit ausgeht und institutionenstiftende Wirkung hat, ist historisch erwiesen (Solarová, Möckel). In Zukunft ist es ständige Aufgabe für Einzelpersonen (Christen), Institutionen (private, staatliche und kirchliche) und Wissenschaften (disziplinübergreifende Forschung und Lehre) die christliche Sicht behinderten und erlösten Menschseins als kritisches Korrektiv für humanes Miteinanderleben aufrecht zu erhalten und zum solidarischen Handeln zu motivieren.

Literatur

Adam, Gottfried/ Kollmann, Roland/ Pithan, Annebelle (Hg.): „Normal ist, verschieden zu sein" 4 (Comenius) Münster, 1994, Blickwechsel 5 (Comenius) Münster 1996, Mit Leid umgehen 6 (Comenius) Münster 1998.
Begemann, Ernst: Sonderpädagogische Fachrichtungen im Wandel, Behindertenpädagogik in Bayern 3, 1995, 351-373.
Ders. Stellungnahme zum Entwurf der KMK-Empfehlungen zum Förderschwerpunkt Lernen, (unveröffentl. Manuskript) 1999.
Feuser, Georg: Behinderte Kinder und Jugendliche. Zwischen Integration und Aussonderung, Darmstadt 1995.
Fuchs, Gotthard/ Werbick, Jürgen: Scheitern und Glauben. Vom christlichen Umgang mit Niederlagen, Freiburg i. Br. 1991.
Fuchs, Ottmar: Heilen und befreien, Düsseldorf 1990.
Ders., Im Brennpunkt: Stigma. Gezeichnete brauchen Beistand, Frankfurt a. M. 1993.
Grewel, Hans: Brennende Fragen christlicher Ethik, Göttingen 1988.
Herbst, Hans R: Behinderte Menschen in Kirche und Gesellschaft, Stuttgart/Berlin/Köln 1999.
Hoffmann, Ingeborg/ Standop, Anette: Art. Behinderte - Praktisch-theologisch, in: LThK 2 (1994), 154.
Klee, Ernst: Art. Behinderte, in: Evangelisches Kirchenlexikon 3 (1986), 396-397.
Kollmann, Roland: Religionsunterricht an Sonderschulen (Theologie im Fernkurs, Lehrbrief 22), Würzburg 2/2000.
Ders., Sonderpädagogische Zugänge zum Religionsunterricht (Theologie im Fernkurs, Lehrbrief 22a), Würzburg 1993.
Ders., Menschen mit Behinderungen - Kirche mit Behinderungen, Zeitschrift für Heilpädagogik 46 (1995), 539-547.
Mette, Norbert: Religionspädagogik, Düsseldorf 1994.
Nocke, Franz-Josef: Liebe, Tod und Auferstehung. Über die Mitte des Glaubens, München 3/1993.
Speck, Otto: System Heilpädagogik, München, 4/1998.
Ders. Chaos und Autonomie in der Erziehung. Erziehungsschwierigkeiten unter moralischem Aspekt, München/Basel 2/1997.
Szagun, Anna-Katharina: Behinderung. Ein gesellschaftliches, theologisches und pädagogisches Problem, Göttingen 1983.

Bibliodrama (2001)
Lexikonartikel

1. Begriff und Typen
Biblio-Drama („biblio=Buch" und „drama=Handlung") ist eine szenische, erfahrungsbezogene, exegetisch und theologisch begründete Zugangsweise zur Erschließung biblischer Texte. B. bezeichnet eine Methode der Bibelauslegung, die zugleich die Ansprüche/Erfahrungen der Teilnehmer und die Regeln der literaturwissenschaftlichen Exegese beachtet. *Exegetisch* gesehen ist das B. eine Variante interaktionaler bzw. pragmatischer Auslegung biblischer Texte (D. Dormeyer, H. Frankemölle, T. Schramm, H.-K. Berg). Es erweitert das diachrone Verfahren, das den Text von seiner Entstehung her interpretiert, indem es durch Spiel, Imagination, lebensbezogene Deutung und Reflexion eine synchrone, möglichst umfassende und ganzheitliche Auslegung anstrebt. Der Kreislauf des naiven, des anspruchsvolleren und des forschenden Verstehens biblischer Texte soll auf diese Weise gefördert werden. *Didaktisch* gesehen bilden die religiösen Lebensprobleme der Teilnehmer den Ausgangspunkt. Diese regen zu spontanen und intuitiven Identifizierungen mit biblischen Personen und Szenen an, die in einem weiteren Schritt mit den Erfahrungen der biblischen Glaubenszeugen verknüpft und zur Gewinnung eines eigenen Glaubensstandpunktes verarbeitet werden können.
Es gibt unterschiedliche *Typen von B.*: Text- und themenzentriertes (G. M. Martin), spielpädagogisches (U. Bubenheimer, E. N. Warns), Hagiodrama (Y. Spiegel), seelsorgliches (H. Andriessen, N. Derksen, R. Passauer, H. Langer), mimetisches (S. Laeuchli, J. Brobowski), psychodramatisches (H. Petzold, H. Heidenreich) und didaktisches B. (R. Kollmann, G. Piber, A. Röhm, G. Lohkemper-Sobiech).

2. Didaktisches Bibliodrama
Das didaktische B. kennt drei aufeinander aufbauende Grundformen: „Szenisches Spiel", „Interaktionale Auslegung" und „Dramatische Auseinandersetzung". Für seine Durchführung gilt die Phaseneinteilung: Warming-up (2.1), kreative Texterschließung (2.2) und Aufarbeitung (2.3).

2.1. Das „Warming-up" ist grundlegend für eine möglichst ganzheitliche Textaufnahme. Die Teilnehmer sollen die eigene Befindlichkeit und ihren Körper wahrnehmen (H. Keßler), Nähe zu den anderen Mitwirkenden aufbauen und sich auf den Text und seine Aussage einstimmen (z.B. durch Standbilder und Pantomimen). Durch (meist non-verbale) Selbsterfahrungs- und Assoziationsübungen zu inhaltlichen Elementen des Textes wird bereits in die Thematik des Gesamttextes eingeführt.

2.2 Die kreative Texterschließung führt den indirekten Textbezug weiter zu einer direkten Begegnung mit dem Bibeltext im Sinne des Sicheinlassens oder der Konfrontation. Der Text sollte mehrmals erzählt, vor- und mitgelesen werden, damit die Teilnehmer sich auf Akteure, Situationen und Gegenstände einlassen können. Es folgt die szenische Erschließung durch rollenspielartige Erarbeitungsformen (z.B. „Rollentausch", „Doppeln" und „Spiegeln") sowohl der „erzählten Situation" (Bedeutung des Textes), als auch der „Erzählsituation" (Entstehung, Absicht und Wirkung des Textes) und des „Transfers auf die gegenwärtige Lebenssituation" durch z.b. Stuhltheater, Rundgespräch, Schreibmeditation, Bildgestaltung. Dabei muss darauf geachtet werden, dass der von den Teilnehmern exegetisch gefundene theologische Inhaltsbezug im gruppendynamischen Geschehen gewahrt bleibt.

2.3 Die Phase der Aufarbeitung besteht aus Gespräch und Reflexion. Die Teilnehmer haben Gelegenheit sich der im Spiel gewonnenen neuen Erfahrungen und Erkenntnisse bewusst zu werden, sie sich anzueignen, mit den anderen Akteuren und Zuschauern auszutauschen und zu besprechen (Supervision). Wenn gewünscht, können abschließend die theologischen Positionen (Vorurteile, Erwartungen, Bewertungen) einzelner Teilnehmer reflektiert werden. Intention dieser Phase ist die gemeinsame Überprüfung der Aktualisierung des tradierten Bibeltextes.

3. Bibliodrama und Bibeldidaktik

Die in der konzeptionellen Entwicklung des Religionsunterrichts gewonnenen Kategorien (Wissensvermittlung, Verkündigung, Problemorientierung, Schülerorientierung, Korrelation, Symbolsinn, Erfahrungsbezug, Kommunikation) bestimmen bis heute in ihrer unterschiedlichen Gewichtung Religionsunterricht und Katechese. Um die Lebensinteressen der Schüler in die theologische Textinterpretation einbeziehen zu können, müssen in der Bibeldidaktik Lernausgangs-, Ziel-, Erarbeitungs- und Wirkungsaspekte stärker berücksichtigt werden (W. Langer, I. Baldermann).
Angesichts der theologisch-didaktischen Kritik an der Wirkungslosigkeit zu stark kognitiv-analytisch ausgerichteter bibeldidaktischer Textvermittlungen, wird die Notwendigkeit interaktionaler Bibelinterpretation offensichtlich. Bibeldidaktik sollte den Menschen das Befreiende und Gemeinschaftsstiftende des christlichen Glaubens in möglichst freien Arbeitsgruppen erfahrbar machen, ihnen ein erfüllteres Leben ermöglichen und erfahrungsnahe sowie exegetisch verantwortbare Methodenkonzepte entwickeln, damit partnerschaftliche und gruppendynamisch wirksame Texterschließungen gelingen können.

4. Bibliodrama und kommunikative Religionsdidaktik

Unter didaktischen Aspekten sind u.a. die grundlegenden Erfahrungen mit der Themenzentrierten Interaktion (TZI, R. Cohn) einzubeziehen. Danach gleicht der unterrichtliche Prozess einer Ausbalancierung von persönlicher Lebensgeschichte, sozialer Situation und überliefertem Glauben. In Kleingruppen bilden Einzelleser (Ich), Gesprächsrunde (Wir) und Text (Es) eine Dreierbeziehung. Elemente bibliodramatischer Arbeit können im schulischen Unterricht zur Sensibilisierung und Motivierung der Teilnehmer (Schüler und Lehrer) für die biblische Botschaft eingesetzt werden. Sie gehen einher mit der Gestaltung korrelativer Gruppen- und Gesprächssituationen, in denen sich damalige und heutige religiöse Erfahrungen, Evangelium und heutiges Menschsein gegenseitig erschließen können. So verbindet das B. den globalen gesellschaftlichen Kontext, die soziale Dimension innerhalb der Gruppe, die persönlichen

Lebensprobleme und die Wirkungsgeschichte des christlichen Glaubens. Im B. ist die Beziehungsebene - wie in der kommunikativen Religionsdidaktik - konstitutiv für die Zuwendung zur Sache sowie für ihre Aneignung. Ein kommunikativ und bibliodramatisch ausgerichteter Religionsunterricht fordert und fördert soziales Lernen und das Erlernen religiös und theologisch relevanter Kompetenzen wie Akzeptanz bzw. Glaube und Hoffnung, Identität bzw. Selbstwertschätzung vor Gott, Solidarität bzw. Nächsten- und Gottesliebe, Toleranz bzw. ökumenische Dialogbereitschaft und interreligiöses Lernen.

Literatur

Andriessen, Herman/ Derksen, Nicolaas: Lebendige Glaubensvermittlung im Bibliodrama. Eine Einführung, Mainz 2/1991.
J. Brobowski, Bibliodramapraxis. Biblische Symbole im Spiel erfahren, Hamburg 1991.
Bubenheimer, Ulrich: Bibliodrama - Selbsterfahrung und Bibelauslegung im Spiel, in: *Isidor Baumgartner,* Handbuch der Pastoralpsychologie, Regensburg 1990, 533-545.
Heidenreich, Hartmut: Bibliodrama im Boom, KatBl 119 (1994), 513-522.
Immig, Doris/ Gremmels, Christian: Bibliodrama. Zwischenbilanz eines Fortbildungsangebotes, EvErz 48 (1996), H.1, 47-56.
Keßler, H: Bibliodrama und Leiblichkeit. Leibhafte Textauslegung im theologischen und therapeutischen Diskurs (Praktische Theologie heute 20), Stuttgart/Berlin/Köln 1995.
Kiehn, Antje u.a.: Bibliodrama, Stuttgart 5/1992.
Kollmann, Roland: Bibliodrama in Praxis und Theorie, EvErz 48 (1996), H.1, 20-41.
Laeuchli, Samuel: Das Spiel vor dem dunklen Gott. ‚Mimesis'- ein Beitrag zur Entwicklung des Bibliodramas, Neukirchen-Vluyn 1987.
Lohkemper-Sobiech, Gudrun: Bibliodrama im Religionsunterricht, 1 Grundlegung, 2 Praktische Erfahrungen an berufsbildenden Schulen, Mainz 1998.
Martin, Gerhard Marcel: ‚Bibliodrama' als Spiel, Exegese und Seelsorge, WPKG 68 (1979), 135-144.
Warns, Else Natalie/ Fallner, Heinrich (Hg.): Bibliodrama als Prozess. Leitung und Beratung, Bielefeld 1994.

14. Februar 2001

Pfarrer Siegfried Kollmann
(*11.10.1936 +27.01.2001)
Nachruf auf seinen Tod

hier gerichtet an den Erzbischof von Köln, Joachim Kardinal Meisner
nachrichtlich in gekürzter Form an ausgewählte Organe der öffentlichen Presse

Eine Woche nach der Beisetzung unseres Bruders, Schwagers, Onkels und Pfarrers von Köln-Longerich, Siegfried Kollmann, möchten wir uns bei der Gemeinde St. Dionysius, beim Dechanten Herrn Helmut Strobel und bei Herrn Weihbischof Jansen ausdrücklich bedanken für ihr Mitgefühl und die überzeugende Art der Gestaltung des Auferstehungsgottesdienstes. Die feste Zuversicht des christlichen Glaubens war deutlich spürbar, sie überstrahlte - zunächst - alle Traurigkeit und allen Zorn über seinen viel zu frühen Tod.

Aber woran und warum musste Siegfried Kollmann so früh sterben? War es sein Einsatz für die Gemeinde? War es seine Krankheit? War es der Streit in der Gemeinde? War es die tiefe persönliche Verletzung durch seine Entpflichtung von den Aufgaben des Kirchenvorstandes am 25. Januar 2001, angeblich wegen Ungehorsams? Aber hat er nicht immer aus christlicher Zuversicht heraus gelebt? Hat er nicht uns und seine Gemeinden immer wieder mit seiner frohen Lebensart angesteckt und auch als volksnaher Priester - wie wir aus eigener Anschauung wissen - den christlichen Glauben verkündet und glaubwürdig vertreten? Diese seine Stärken waren auch seine Schwächen. Wir wissen, er war als Mensch sehr warmherzig und wir nehmen an, er hatte für alles Menschliche vielleicht zu viel Verständnis um es allen recht machen zu können. Er war als Priester seinem Bischof loyal und vielleicht sogar zu gehorsam um sich selbstbewusst und mit sachlichen Argumenten wehren zu können. Zum Kämpfen hatte man ihm die Kraft genommen. Was ihm blieb, war das unerträgliche Paradox der Resignation im priesterlichen Gehorsam.

Um so unfasslicher ist für uns die Tatsache, dass zwar fast die ganze Gemeinde und viele priesterliche Freunde ihn geliebt, unterstützt und ihm das letzte Geleit gegeben haben, nicht aber die höheren Repräsentanten der offiziellen Kölner Kirche. Raymund Weber (BGV, Abt. Seelsorge), PR Alfred Lohmann (BGV, Abt. Gemeindepastoral), Prälat Johannes Bastgen (BGV, Abt. Personal), Dr. Norbert Feldhoff (Generalvikar) und Sie, der Erzbischof von Köln Joachim Kardinal Meisner, haben ebenso wie die Hauptverantwortlichen aus dem Pfarrgemeinderat - bis auf eine Person, die wir ausdrücklich eingeladen haben - der Familie bis heute nicht kondoliert, obwohl sie mit ihrem priesterlichen Mitbruder bzw. Pfarrer Siegfried Kollmann bis zum letzten Tag vor seinem Tod persönlich und beruflich ständig zu tun hatten. Warum unterlassen gerade Sie es uns Hinterbliebenen in unserer Trauer Ihr Mitgefühl zu zeigen? Haben Sie vielleicht ein schlechtes Gewissen falsch mit ihm umgegangen zu sein? Der würdevolle Gottesdienst hat jedenfalls das grauenvolle Entsetzen, das uns immer noch über das Geschehene erstarren lässt, nicht verdecken können.

Deshalb wollen wir hier einige veröffentlichte Behauptungen richtig stellen:

1. Es wird behauptet, er sei sehr krank gewesen und hätte auch ohne die Probleme in seiner Gemeinde nicht mehr lange gelebt.
Richtig ist: Laut Aussage seines Arztes (Dr. med. S., namentlich bekannt) war sein Zustand medizinisch gesehen zur Zeit seines Todes stabiler als in früheren Zeiten (Blutdruck, Kreislauf, Zucker). Zudem hatte er eine Kur geplant. Entsprechende Zusagen zur Finanzierung lagen bereits auf seinem Tisch. Aber die gleiche kirchliche Behörde, die jetzt seine Krankheit als möglichen Grund für seinen Tod hervorhebt, hat ihn trotz seiner angeschlagenen Gesundheit nicht geschont, sondern ihn auch noch unter psychischen Druck gesetzt. (Das Generalvikariat hat statt seiner eine Minderheit im PGR durch Presseerklärungen öffentlich massiv unterstützt und sich nicht gescheut den Sachverhalt des destruktiven Verhaltens dieser Minderheit und ihrer gezielten Denunziationen herunterzuspielen bzw. abzustreiten.) So wurde ihm das Leben nicht nur schwer, sondern unerträglich gemacht.
Uns wurde deutlich, wie gnadenlos dieses totalitäre Kirchensystem und seine Vertreter mit Meinungsverschiedenheiten, menschlicher Schwachheit und Unzulänglichkeit umgehen. Herr Kardinal Meisner, was Sie getan haben, widerspricht dem Geist Jesu Christi, der sich gerade der Schwachen und Bedürftigen angenommen hat. Wie die Gemeinde richtet auch die Familie an Sie und die Verantwortlichen die schwerwiegende Frage, wie Sie sich jetzt verhalten wollen, nachdem Sie zu einem erheblichen Teil dazu beigetragen haben dem schon kranken Siegfried Kollmann auch noch das Herz zu brechen?

2. Es wird behauptet, es gäbe keine Kausalität der Ereignisse, also zwischen seiner Amtsentpflichtung, seinem Unwohlsein und dem Tod am frühen Morgen des folgenden Tages. Es sei vielmehr reiner Zufall bzw. tragischer Zusammenfall der Ereignisse.
Richtig ist: Wir wissen aus unserer eigenen beruflichen Arbeit in der medizinischen, pädagogischen, psychologischen und religionspädagogischen Beratung, dass strenges Mobbing nicht nur schädigend, sondern auch tödlich wirken kann. Wir weisen in diesem Fall alle fatalistischen und theologischen Vorsehungs-Erklärungen als selbstentlastende Lügen ab. Herr Kardinal, Sie als Mensch und Bischof haben hier entschieden und gehandelt! Wir wissen zu genau, dass Siegfried Kollmann ganz in seinem Priesteramt aufging, so dass ihn gerade die Entpflichtung von seinen Verwaltungsaufgaben besonders hart treffen musste. In der zweifellos tragischen Verknotung der Umstände überwiegen für uns die deutlich erkennbaren kausalen Zusammenhänge: Der Mensch und Priester Siegfried Kollmann ist zum Opfer des Kölner Kirchensystems und seiner derzeitigen Leitung mit Ihnen an der Spitze geworden.

3. Es wird behauptet, er habe die Gemeinde gegen den Bischof aufgewiegelt, mit den Vereinen und anderen Kräften in der Gemeinde widerrechtlich einen „Laienrat" gebildet und Unterschriften für sein Verbleiben in der Gemeinde gesammelt.
Richtig ist: Die Gemeinde hat ohne sein Zutun Unterschriften gesammelt und den sog. Laienrat gebildet. Wir haben bei den Trauerfeierlichkeiten eine im Glauben engagierte

Gemeinde erlebt, die ihr Pfarrer - bis auf drei Monate - 25 Jahre lang mitgeprägt hat und deren Zorn auf die einseitige Solidarisierung des Bischofs mit der genannten Minderheit sich Luft gemacht hat zunächst in 800 Unterschriften und in vielen Einzelgesprächen mit uns. „Die Kirche als Volk Gottes" (II. Vaticanum), davon ist offenbar in der Kölner Kirche nichts bekannt. Wie sonst soll man sich Ihren Stil als Oberhirt im Umgang mit mündigen Gläubigen und den eigenen Priestern erklären? Wenn schon keine Demokratie in der Kirche, dann wenigstens ein wenig mehr verständnisvolle Nächstenliebe als anderswo in der Welt, Herr Kardinal!

4. Es wird behauptet: Er hatte gerade als Priester menschlich verständliche, aber kirchlich nicht tolerierbare Fehler, z.b. war ihm Bier nicht fremd, auch hatte er seinen eigenen Kopf, von dem er in Seelsorge und Verwaltung Gebrauch machte. So habe er einige Gemeindemitglieder, die er nicht leiden mochte, öffentlich beschimpft.
Dies stimmt nur halb. Richtig ist, dass Mitglieder durch ihr querulantisches Verhalten den PGR arbeitsunfähig gemacht und Austritte von anderen Mitgliedern sowie den Pfarrer persönlich immer wieder provoziert haben. Der Pfarrer konnte und wollte diese Belastungen nicht mehr ertragen, er wehrte sich und lehnte die weitere Zusammenarbeit ab. Ist solch eine Kooperationsverweigerung aber ein Vergehen, das die Parteinahme des Bischofs mit der Minderheit gegen die ganze Gemeinde und den Vorwurf des Ungehorsams gegen den Pfarrer hätte rechtfertigen können? Herr Meisner, warum forderten Sie als Bischof hier Amtsgehorsam, wo doch ein nur disziplinarisches Detail im Gespräch oder supervisorisch zu klären war? Statt dessen machten Sie die Sache noch schlimmer: Sie drohten ihm sogleich mit der Keule der Amtsenthebung für den Fall, dass er Ihnen widersprechen würde. Alle anderen denkbaren Lösungsmöglichkeiten wären doch menschlicher gewesen.
Statt dessen schrieben Sie im Brief vom 30. September 2000 an Pfarrer Siegfried Kollmann, er habe Ihrer Anordnung nachzukommen, „sowohl um der Zukunft der Pfarrei und des Seelsorgebereichs willen, aber auch um Ihrer selbst willen". Hier sprechen Sie klar aus, dass er seine „Existenz" im Falle des Ungehorsams aufs Spiel setze. Also wurde er - wie im Kirchenrecht (schlimm genug) vorgesehen - dringend gebeten, von sich aus und „um seiner selbst willen" auf sein Pfarramt zu verzichten. Wir wissen, dass er dies zutiefst als äußerste Erniedrigung und Demütigung empfand, die er aber meinte im Gehorsam gegenüber dem Bischof ertragen zu müssen.
In Wahrheit ist der empfindsame Mensch Siegfried Kollmann Ihrem oberhirtlichen Zynismus erlegen. An der kalten Härte seiner eigenen Kirche und ihrer Vertreter ist er zerbrochen. In der Kölner Kirchenkrise war Siegfried Kollmann nicht Täter, sondern unschuldiges Opfer. Wie Jesus von Nazareth von den Oberpriestern seiner Zeit wurde der Pfarrer von Köln-Longerich von Ihnen als dem Kölner Oberhirten fallen gelassen. Wir sind entsetzt über Ihre unchristliche Gefühllosigkeit und die rigorose Unverhältnismäßigkeit der von Ihnen eingesetzten Mittel! Herr Kardinal Meisner, Sie sollten sich die Frage vorlegen, ob Sie nicht vielleicht Siegfried Kollmann, unsern Bruder, Schwager und Onkel, auf dem Gewissen haben.

Im Namen der Familie

(Prof. Dr. Roland Kollmann)

1. März 2001
Eindrücke nach dem Gespräch mit Kardinal Meisner in Köln

Der Empfang durch Prälat Bastgen war freundlich und förmlich. B. wirkte auf mich ziemlich unsicher. Er sprach einige Minuten mit meiner Schwester und ließ mich stehen. Im später folgenden Gespräch machte er auf mich den Eindruck eines ängstlichen Opportunisten, der immer das sagt, was der Obere von ihm erwartet.

Meine Schwester und ich werden in den Empfangsraum und an Stühle herangeführt. Dann tritt der Kardinal auf, begrüßt uns freundlich, aber auch sehr hektisch, gibt zwar die Hand, aber ohne Augenkontakt, und ordnet aufwendig gestikulierend an, wo wir zu sitzen haben, rechts von ihm meine Schwester, links ich, rechts außen der Prälat. Die Anrede bleibt bis zum Ende nach eineinviertel Stunde Herr Professor, Herr Kardinal, Herr Prälat und Frau Kollmann.

Das Gespräch beginnt der Kardinal mit einem Hinweis auf das traurige Ereignis und seine persönliche Betroffenheit, aber nur kurz, und gibt Bastgen das Wort. Der rollt die allen bekannten Ereignisse seit 1999 in St. Dionysius auf, betont den guten Willen des Kardinals und seine zahlreichen Bemühungen, dem Pfarrer Siegfried Kollmann mit allen Mitteln und Personen seines Hauses geholfen zu haben, und beendet seine Rede.

Meine erste Reaktion war der Hinweis auf seinen (Bastgens) Vorschlag bei der Versammlung aller Gremien am 20. Juni 2000 dem Pfarrer entgegenzukommen und wie in anderen Kölner Gemeinden ohne PGR zu arbeiten. Weder diesen Vorschlag noch die Ablehnung durch den Generalvikar in dieser Sitzung griff er auf, d.h. er bestätigte damit meine Aussage, er selbst als Personalchef habe dem Pfarrer entgegenkommen wollen, sei aber in diesem entscheidenden Punkt durch seinen Chef gestoppt worden.

Dann ging es um die Art des miteinander Umgehens, weil der Kardinal seine freundschaftliche Beziehung zum Verstorbenen betonte, mit dem er noch kürzlich auf einer Wallfahrt nach Rom konzelebriert und den er häufiger in seine Nähe geholt habe.

Meine Erwiderung: Fast alle anderen hätten aber seinen Vorwurf des Ungehorsams gegen S.K. und die Härte des behördlichen Vorgehens gegen den Pfarrer von Longerich nicht damit in Verbindung bringen können. Unserm Bruder sei der Mut genommen worden, er habe nicht mehr kämpfen können und wollen, er habe im priesterlichen Gehorsam resigniert und die Demütigungen auf Grund des freundlichen Umgangs seiner Vorgesetzten und die damit verbundenen ungesunden Gefühle des Unterlegen- und Gescheitertseins und der vergeblichen Wut ertragen müssen. Dieser psychologische Mechanismus sei für ihn schließlich unerträglich geworden. Den Blick von mir abgewandt und zum Fenster hinausschauend gestand Meisner davon nichts zu verstehen und diese Gefühle bei sich auch nicht zu kennen. Er betonte dagegen wiederholt seinen guten Willen in Bezug auf S.K., der mit seinen Anordnungen nach seinem Eindruck sogar immer sehr zufrieden gewesen sei!

Sowohl seine mangelnde Einfühlung in die Situation des Untergebenen als auch seine fehlende Einsicht in die Unverhältnismäßigkeit der eingesetzten Mittel musste ich immer wieder neu thematisieren, weil es deutlich sein Bestreben war von diesem Thema wegzukommen. Schließlich streckte er seine Hände aus und sagte: „Vor Gott wollen wir jetzt alles..."

Da unterbrach ich ihn, wobei er mich zum ersten Mal mit großen Augen ansah. Ich fuhr fort, vor Gott müsse uns klar sein, dass die Auferstehung, an die wir als Christen

doch glaubten (dazu seine heftige Zustimmung), das Leid des Gerechten nicht ungeschehen mache. Den Auferstandenen erkenne man an seinen Wundmalen. Auch den verstorbenen S.K. erkenne man an dem Leid, das wir - auch die Familie - ihm zugefügt hätten. „Wir werden ihn wiedersehen, auch mit den Wundmalen, die Sie ihm zugefügt haben, Herr Kardinal." Er sagte, dem könne er nicht widersprechen.
Als Nächstes stellte ich fest, dass im Fall S.K. durch den Oberen eindeutig Fürsorgepflichten verletzt worden seien. Dazu führte Meisner aus, man hätte die besten Leute (insbesondere Lohmann, Gemeindepastoral) eingesetzt, die auch seinen menschlichen Zustand berücksichtigt hätten. Zu meiner weiteren Feststellung, diese Leute hätten hinter unserem Bruder herspioniert und genaue Daten seines Tagesablaufs an das EGV weitergeleitet, könne man nichts Näheres sagen. Über seine Gesundheit sei man nicht so genau informiert gewesen. Zu seinem Arzt habe kein Kontakt bestanden.
Ebenso schweigsam reagierten beide auf meine Behauptung die kirchliche Behörde habe sich auf die falschen Informanten gestützt und kein Interesse an der Meinungsbildung in der Gemeinde gezeigt.
Meine Schwester wurde vom Kardinal ausdrücklich gebeten ihre Sicht der Dinge kurz zu nennen. Sie sagte, Kern des Problems seien die vier Mitglieder des PGR, die nach ihrer Meinung einseitig durch die Behörde unterstützt wurden, obwohl sie unserem Bruder nachweislich das Leben schwer und unerträglich gemacht hätten. Beide ließen diese Aussage im Raum stehen und gingen nicht weiter auf sie ein.
Auch blieb mein Hinweis auf zwei warnende Beschwerdebriefe unbeantwortet, in denen der Kardinal von Kölner Pfarrern im Falle einer Amtsenthebung auf die ungünstigen Folgen für die Kirche und für sich selbst hingewiesen wurde.
Zum Punkt Ereignisfolge (Punkt 2 des Nachrufs) konnte gemeinsam geklärt werden, dass es sich kirchenrechtlich gesehen bei der Urkundenüberreichung durch die Herren Lohmann (EGV) und Strobel (Dechant) am 25. Januar 2001, also zwei Tage vor dem Tod, nicht schon um eine „Amtsenthebung", sondern lediglich um eine Übertragung der Vermögensverwaltung auf den Dechanten gehandelt habe. Meine Feststellung: Daran sei mein Bruder zerbrochen, denn sein letztes Wort war: „Jetzt haben sie mir alles genommen!"
Meine Frage, warum die Behörde im Mai „erst feiern" und dann den Pfarrer „feuern" wollte, reagierte er äußerst unsicher und beteuerte noch einmal seine Christlichkeit im Amte. Ich versuchte eine nüchterne Analyse seines speziellen Rollenkonfliktes: Er habe gerade in der Kirche sein schweres Amt menschlich auszufüllen. Dies wurde von ihm bestätigt. Aber meine Aussage, er schade sich und der Kirche, wenn er sein Amt unsensibel und unmenschlich wahrnehme, ließ er dagegen unbeantwortet. Ich legte Wert auf die Feststellung, dass kurz vor dem Tod unseres Bruders im Dezember oder erst im Januar der Ablauf der Ereignisse umgekehrt worden sei. Aus „erst feiern, dann feuern" wurde plötzlich und unerwartet: „erst feuern, dann feiern". Ein solcher Zynismus sei nicht mehr zu überbieten. Diesen Eindruck habe er nicht hervorrufen wollen, er habe alles nur gut gemeint. Meine Vorhaltung des Zynismus beantwortete er mit dem Hinweis, er wirke auch auf andere Menschen manchmal zynisch, in Wirklichkeit aber sei er nicht zynisch. Die Eile im Verfahren und die Wirkung dieser Eile auf unseren Bruder wollte der Kardinal als psychologisches Thema lieber umgehen. Meine Nachfrage ergab, dass er die Entziehung des Pfarreramtes nach dem 25-

jährigen Longericher Ortsjubiläum im Mai und die Umkehrung der Reihenfolge als ein großzügiges Entgegenkommen verstanden hatte!

Meisner unterstrich, dass er zwar in Berlin einen ähnlichen Fall (Tod eines Pfarrers nach seiner Amtsenthebung durch ihn) erlebt, jedoch einen so schwerwiegenden und vorwurfsvollen Brief wie den unseren noch nie erhalten habe; er allein könne nicht Ursache für unseren grimmigen Zorn sein. Meine Antwort: Auch andere Bischöfe hätten unsere Familie schon ergrimmt. 1997 sei unser Sohn (31) durch die mehrmalige Anwendung des großen Exorzismus - ähnlich wie im Fall Klingenberg - psychisch schwer erkrankt und psychotisch/schizophren geworden, so dass er psychiatrisch behandelt werden musste. Meine Proteste beim zuständigen Erzbischof von Paderborn gegen die Gemeinschaft der Seligpreisungen (früher „Löwe von Juda", Warstein, Sauerland), die diese Priester zum großen Exorzisten fortgebildet hatte und dies immer noch dürfe, seien bis heute unbeantwortet geblieben. Die Antwort des Kardinals beschränkte sich auf die Feststellung, den Fall Klingenberg kenne er, der Ort liege bei Würzburg.

Bastgen unterstrich noch einmal, der Pfarrer S.K. habe die Gemeinde doch gegen den Bischof „aufgewiegelt" und vom Bier habe man im EGV nichts gewusst. Dennoch habe der Kardinal ihn entlasten wollen und sei ihm auch noch großzügig entgegengekommen. „Herr Prälat, ihr Zynismus übertrifft den des Kardinals" sagte ich. Der sog. „Laienrat" und seine Unterschriftensammlung (800!) seien spontan und ohne Zutun des Pfarrers gewesen, vom Erzbischof aber ignoriert worden. Der Prälat antwortete, die Kirche sei zwar keine Demokratie, aber in ihr gehe es demokratisch zu. Der Kardinal: „*Keine* Ignorierung der 800 Stimmen, sie sind nicht im Papierkorb gelandet."

Die Feststellung einer zu beanstandenden Rechtskultur in Köln beantwortete der Kardinal mit einem überschwänglichen Lob auf seinen Generalvikar, der in der ganzen Welt bewundert werde! Unter Rechtskultur verstünde ich die Einhaltung der Grundregeln des menschlichen und christlichen Umgangs miteinander, in der Kirche erst recht und in erster Linie die Fürsorge des Oberen für seinen ihm im Gehorsam verpflichteten Priester und Pfarrer. Wir seien umso enttäuschter vom Kölner Rechtsgebrauch, als wir drei Geschwister unser Leben in den Dienst der Kirche bzw. des Evangeliums gestellt hätten. So fühlte sich Siegfried Kollmann als zutiefst loyaler Priester im Gehorsam seinem Bischof verpflichtet, auch noch als dieser ihn - in seinen Augen - fallen ließ.

Darauf wollte der Kardinal wissen, wo meine Schwester tätig sei und wo ich denn eigentlich Theologie gelehrt hätte. Um das Gespräch zu beenden, sagte er mit ausgebreiteten Händen: „So wollen wir alles der Barmherzigkeit Gottes anheim geben und..."

Ich unterbrach ihn und fragte, was nach seiner Meinung jetzt geschehen solle. Sein Vorschlag war, er werde auf eine schriftliche und öffentliche Erwiderung auf die Vorwürfe der Familie verzichten und wir sollten uns einverstanden erklären mit einem beiderseitigen Stillhalten. Wir stimmten zu.

Er verschwand aus dem Raum, kam mit zwei Büchern zurück, die er signierte und uns übergab (es war sein Buch: Mit dem Herzen sehen, Aachen 2000). Mit diesem Akt verabschiedete er uns, nachdem der Kaplan ihn an den nächsten Termin erinnert hatte.

Beim Hinausgehen befiel mich das Gefühl, trotzt unseres Mutes in einen eigenartigen Harmonienebel eingehüllt worden zu sein. Noch auf dem bischöflichen Hof - gleich neben dem Priesterseminar, das ich 1959 verlassen hatte - wurde uns klar, für *ihn* gehen wir beruhigt nach Hause und die Sache ist damit vom Tisch.

Köperbehindertenfürsorge (2002)
Lexikonartikel im RGG

Heil- u. Sonderpäd.: K. bezeichnet Hilfe für Menschen mit körperlichen >Behinderungen, ersetzt 1925 i. d. preußischen Gesetzgebung den Begriff „Krüppelfürsorge" u. wird nach Verschlechterung der rechtlichen Stellung behinderter Menschen im Nationalsozialismus (Sterilisationsgesetz 1933, Selektion, >Euthanasie, Vernichtung >lebensunwerten Lebens) 1957 im Körperbehindertenfürsorgegesetz wieder verwendet u. 1961 in das Bundessozialhilfegesetz integriert. Ende des 20. Jh. gelten die Begriffe der sozialen, päd. und beruflichen „Förderung" bzw. >„Rehabilitation" von Menschen mit Körperbehinderungen. Die Kritik betont, der Begriff „Körperbehinderte" beschreibe die menschliche Person einseitig von ihren körperl. Beeinträchtigungen her und der Begriff „Fürsorge" mache sie zum Objekt des >sonderpäd. oder staatlichen Handelns. Danach werden in der >Sonderpädagogik Defizitkonzepte u. mangelnder Subjektbezug abgelehnt. Als Ziel gilt die uneingeschränkte Achtung vor dem Lebensrecht und die umfassende Förderung von „Menschen mit Behinderungen". Diese sollen sich in möglichst allen Lebensbezügen entwickeln können. Das subjektive Erleben von Behinderung (emotionale, soziale u. kognitive Vollzüge in Folge einer Schädigung des Stütz- u. Bewegungsapparates oder einer anderen Schädigung) rufen bei den Betroffenen selbst u. anderen unterschiedliche Reaktionen u. geschichtlich-gesellschaftlich bedingte Einschätzungen von Behinderung hervor. Generell sind Begriff u. Personenkreis deshalb nicht eindeutig definierbar. Als Relationsbegriff kann „Behinderung" nur kontextuell sinnvoll verwendet werden. Daraus resultiert die „International Classification of Impairments (physische Schädigungen), Disabilities (psychische Beeinträchtigungen) and Handicaps (soziale Benachteiligungen)" (ICIDH) der Welt-gesundheitsorganisation (WHO 1980) u. die Neufassung der internationalen Sprachregelung (ICIDH-2, 1999): Disabilities wird ergänzt durch: Activity Limitation (aktive, wenn auch begrenzte Selbstverwirklichung) u. Handicaps durch: Participation Restriction (teilhabende, wenn auch eingeschränkte Interaktion). Bei dieser bedeutsamen Änderung steht die sozial-aktive Orientierung im Vordergrund. Seit 1994 (UNESCO-Weltkongress in Salamanca u. zeitgleiche Empfehlung der dt. KMK) wird „Behinderung" neu beschrieben durch den besonderen Förderbedarf („special educational needs") u. den Paradigmenwechsel von der gesellschaftlichen Aussonderung (Segregation) zur Eingliederung (>Integration) von Menschen mit Behinderung. Die spezielle Förderung wird zur Minimierung der durch die Schädigung verursachten physischen, psychischen u. sozialen „Behinderungen" u. zum Auf- u. Ausbau der vorhandenen Fähigkeiten eingesetzt. Ein angemessener Umgang mit dem multifaktoriellen Phänomen Behinderung hat sonder-, behinderten-, integrations- und rehabilitationspäd. Konsequenzen. Schwerpunkte sind Früherkennung, Frühförderung, schulische, außeru. nachschulische Förderung (z.B. ambulante Integration, Integrationsklassen).
Theol.: Das christliche Menschen- und Gottesbild orientiert sich am Umgang Jesu v. Nazaret (>Jesus Christus) mit Menschen, deren Leben in irgendeiner Weise beeinträchtigt (behindert) ist. Er hilft, indem er Hilfsbedürftigkeit teilt u. sich für Menschen mit Behinderungen einsetzt. Zugleich erhebt er den Anspruch, dass in seinem Reden u. Handeln >Gott als der unbedingt teil- und annehmende Gott erfahrbar wird. Konkrete >Nachfolge Christi kann beim Theodizeeproblem („Wie kann Gott das zulassen?") u.

bei der Frage „Warum gerade ich?" als Hilfe aus dem Glauben verstanden werden. *Rel.-päd.*: Die Vermittlung der befreienden christl. Botschaft sollte die rel. Dimension der B.-Erfahrung, die speziell rel. Bedürftigkeit je nach Art der B. beachten. Rel.-päd. Maßnahmen (z.B. bedingungslose Annahme, Begleitung, Pflege, Belehrung, Ausbildung) müssen bei der rel. Lebens- u. Lernausgangslage der einzelnen Lernenden ansetzen u. möglichst die bewährten >didaktischen Prinzipien Korrelation, basale Stimulation, Individualisierung, innere u./od. äußere Differenzierung, Elementarisierung beachten. In >Familie, Heim, gesellschaftlicher Öffentlichkeit, >Kirche/Gemeinde u. >Schule (>Religionsunterricht an >Sonderschulen, >Schulseelsorge) sollte eine so verstandene rel. Erziehung u. Bildung v.a. jungen Menschen mit B. als wertvolle Lebenshilfe nicht vorenthalten werden. Ziele christlicher (Körper-)Behindertenhilfe sind: Ermöglichung annehmender u. identitätstiftender Solidarität, Aufbau konfliktstabiler Beziehungen, Förderung integrativer Prozesse (einschl. jur., techn. u. finanz. Absicherungen), Angebote spezieller u. ganzheitlicher (z.b. biblischer) Lebensorientierung, Ausrichtung am >Dienst-, >Verkündigungs- u. Bildungsauftrag der Kirchen (>Caritas, >Diakonie, spezielle >Gemeindepädagogik, >Katechese u. >Religionsunterricht).

Literatur

Adam, G./ Kollmann, R./ Pithan, A. (Hg.): Mit Leid umgehen (Dokumentationsband des 6. Würzburger Religionspädagogischen Symposiums), Münster 1998.
Briefs, P.J.: Körperbehindertenfürsorge im Geiste der Caritas, 1955.
Fuchs, O.: Im Brennpunkt: Stigma. Gezeichnete brauchen Beistand, 1993.
Haupt, U./ Jansen, G.W.: Pädagogik der Körperbehinderten, (Handbuch der Sonderpädagogik, Bd.8), 1983.
Herbst, H.R.: Behinderte Menschen in Kirche und Gesellschaft, 1999.
Kollmann, R.: Menschen mit Behinderungen - Kirche mit Behinderungen (ZfHP 46, 1995, 539-547).
Ders.: Religionsunterricht an Sonderschulen (Lehrbrief 22.03.03, Fernkurs Theologie, Domschule Würzburg), 2000.
Leyendecker, C.: Geschädigter Körper - behindertes Selbst, demn. in: *Kallenbach* (Hg.), 2000.
van der Locht, V.: Von der karitativen Fürsorge zum ärztlichen Selektionsblick, 1997.
Merkens, L.: Fürsorge und Erziehung bei Körperbehinderten, 1981.
Stadler, H.: Rehabilitation bei Körperbehinderung, 1998.
Tillmann, B.: Behinderung als Curriculumdeterminante für den Religionsunterricht mit körperbehinderten Schülern, Dortmund 1994.
Wellmitz, B./ von Pawel, B. (Hg.): Körperbehinderung, 1993
Zum Religionsunterricht an Sonderschulen, Erklärung der DBK, Bonn 1992.

Theodizee und Integration (2002)

„Warum gerade ich", so habe ich mich in der letzten Zeit oft fragen müssen bei Erkrankungen in der Familie, beim unerwarteten Tod nahestehender Menschen und anlässlich einer eigenen lebensbedrohlichen Herzerkrankung. So fragen auch Menschen, die mit einer Behinderung - oft von Geburt an - leben müssen. Andere, die nicht behindert sind, stellen - aus Angst davor einmal behindert zu werden, die bange Frage: „Wie kann es Gott überhaupt zulassen, dass Menschen mit Behinderungen geboren oder durch Unfall behindert werden und mit ihren Behinderungen unser gemeinsames Leben belasten." Sie stehen vor dem Paradox behinderten Lebens inmitten einer Schöpfung, die nach Gen 1, 31 „sehr gut" genannt wird.

Theodizee versus Integration?

In der postmodernen Gesellschaft spitzen sich die Probleme des Zusammenlebens (der Integration) derart zu, dass sich die Fragen nach dem gerechten und gütigen Gott angesichts der Behinderungen und der damit verbundenen Widerfahrnisse von Krankheit, Leid und Tod zu Anklage, Protest und Auflehnung gegen Gott aber auch zu Enttäuschung, Gleichgültigkeit oder zur Leugnung Gottes verdichten. Muss deshalb Integration nicht Utopie bleiben, wenn Gott (gr.: *theos*) schon bei der Schöpfung nicht gerecht (gr.: *dike*) gewesen sein kann? Vor allem schwere Behinderung provoziert im täglichen Umgang miteinander die Theodizee-Frage. Auf seinem Sterbebett klagte der bekannte Theologe Romano Guardini: „Warum, Gott, zum Heil die fürchterlichen Umwege, das Leid der Unschuldigen, die Schuld?" (Oelmüller, in: Metz 1995, 63).
Vor allen Integrationsbemühungen stellt sich angesichts vielfacher Lebensbeeinträchtigungen, Behinderungen und des unsäglichen Leids in der Welt das Theodizee-Problem, das umgekehrt jede Integration zu blockieren scheint. Christen - ob behindert oder nicht, die an einen barmherzigen Gott glauben und sich integrativ engagieren, stoßen schon bei der Begründung ihrer Motive für die Integrationsarbeit auf ihr Gottesbild und sind verunsichert. Sie sind gezwungen ihren Gottesbegriff in Bezug auf seine Stimmigkeit mit ihren Leiderfahrungen zu hinterfragen. Wenn der gütige Gott den Schrei ‚Warum gerade ich?' mit Schweigen beantwortet, stellen Glaubende - mit und ohne Behinderungen - die Gerechtigkeit Gottes und damit jede Integration mit Recht in Frage.
Gelingt Integration besser ohne Gott? Genügen nicht Aufmerksamkeit und Mitleid, als wenn es Gott nicht gäbe? Wenn behinderte und nicht behinderte Menschen sich selber helfen, brauchen sie dazu Gott? Die Einschätzung von Behinderung hat Anteil an der neuzeitlichen Freiheitsgeschichte, die zeigt, dass das Leid selbst, das den Menschen überwältigt (das Erdbeben von Lissabon im Jahre 1755) bzw. das Leid, das der Mensch selbst verursacht hat (Auschwitz), Gott in Frage stellt. Gott kann nicht sein, er hätte denn das Leid und die grauenvollen Leiden gewollt. In antiken und modernen Gesellschaften, die auf die Probleme der Menschen mit und ohne Behinderung und ihre Integration ausdrücklich eingehen, stellen sich die Fragen nach der Einstellung zur

Behinderung, nach dem Sinn des mit Behinderung verbundenen Leids, und dies vor allem angesichts eines geglaubten Schöpfer- und Erlösergottes im jüdisch-christlichen Verständnishorizont mit der Zuspitzung in der Frage nach der Existenz Gottes, der Theodizee. „Wer immer von Gott spricht, handelt sich die Theodizeefrage ein" (Metz 1995, 84).

Bei der Integration als einem Interaktionsproblem haben wir es mit unterschiedlichen Perspektiven von Behinderung und Einstellungen zu Behinderung zu tun. Diese reichen vom Gedanken der Leidfreiheit bis zur Suizidgefährdung und vom Atheismus bis zu Hiob, der mit Gott streitet, ohne ihn in Frage zu stellen. Leiden nicht-behinderte Menschen unter ihrer häufig anzutreffenden Unfähigkeit, sich in die Situation der behinderten Menschen versetzen zu können? Ist ihnen ihre Blindheit für Behinderung ein Problem? Leiden Menschen ohne Behinderung stärker unter der Behinderung anderer als die Menschen mit Behinderungen? Haben Menschen mit Behinderungen ein anderes Verhältnis zu Gott als nicht behinderte Menschen? Wie stehen Menschen mit und ohne Behinderung zum Theodizee-Problem? Kann eine bestimmte Form des christlichen Glaubens Integration fördern, eine andere die Integration verhindern?

Die rigorose Form der Theodizee besagt, dass Gott nicht existiert wegen des Leids in der Welt; Leid ist „der Fels des Atheismus" (Büchner). Durch das Leid selbst werden Schöpfer und Geschöpf und somit auch die Integrationsinteressen in Frage gestellt, erschwert oder verhindert. Man könnte sagen: Wenn der Glaube an Gott verloren geht, ist eine wesentliche Bedingung für die Integration, die Achtung des Behinderten als Gottes Geschöpf, entfallen. Der Gottesgedanke kann niemanden mehr für integratives Engagement motivieren, da Gott versagt hat.

Die rigorose Fassung der Theodizeefrage hat konsequent zur Entscheidung zwischen integrativer Selbsthilfe ohne Gott oder zu einer theologisch anders begründeten Integration herausgefordert. Deshalb geht es um ein *Theodizee-bewusstes Menschen- und Gottesverständnis*. Mit praktischem Interesse ist der Frage nachzugehen, was eine Integration unter dem Vorzeichen eines gewandelten Menschenbildes erschwert. Es ist zunächst die Vorstellung des leidfreien und durch keine Behinderung beeinträchtigten Menschen, die neue Integrationsfragen provoziert.

Der Mensch zwischen Fortschritt und Integration

Am Beginn des dritten Jahrtausends erleben wir mit der Entdeckung des menschlichen Genoms den Paradigmenwechsel zum Zeitalter der möglichen Selbstmanipulation des Menschen im Sinne der selbstgesteuerten Umgestaltung seines identischen Selbst. Erübrigt der wissenschaftliche Fortschritt die Anerkennung der vom Schöpfer gesetzten Grenzen des Menschen, und wo liegen diese eigentlich? Müssen jetzt Mensch und Gott neu gedacht werden? Bisher ungeahnte Dimensionen tun sich auf, die Grenzen des Menschseins werden offenbar verschoben, so dass auch unbehindert sein und behindert sein ebenso neu gedacht werden müssen wie die Interaktion und die Integration zwischen Menschen mit und Menschen ohne Behinderung.

Die Forderung nach Integration wirft also die Frage nach einem Bild vom Menschen auf, der sich selbst und seinen Lebenswert selbst bestimmen kann, einschließlich des Verhältnisses zu sich selbst, zum anderen Menschen, zur Welt und zu Gott. Das neue Genom-Paradigma stellt auch die Gottesfrage neu: Der Mensch kann jetzt den Schöpfer-Gott, der endgültig als Sadist entlarvt worden ist, ersetzen. Denn der wissenschaftliche Fortschritt schafft neue Verhältnisse, die Ethik und Politik zwingen, die zunächst als verführerische Suggestion eingeschätzte Sicht, Behinderung und alles Leid könne abgeschafft werden, als Ziel künftiger Entwicklung zu hinterfragen. Aber wenn Behinderung verhindert werden kann, warum sich durch behinderte Menschen am leidfreien Leben behindern lassen? Wird der Mensch das Maß, so gilt nicht nur die Behinderung, sondern auch schon die Verschiedenheit von Menschen als Abweichung vom Maß und somit als Mangel, der beseitigt werden muss.

Was können Theologie und Religionspädagogik zu diesen neuen Integrationsproblemen beitragen? Ist der Mensch das Wesen, das sich selbst zum Maß aller Dinge macht? Oder ist der Mensch erst Mensch, wenn er unbehindert und beschwerdefrei ist? Der Erfahrungsansatz geht davon aus, dass es verschiedene Menschen, darunter auch solche mit Behinderungen, gibt und dass jede Person jederzeit mit Behinderung zu tun bekommen kann. Verletzlich, endlich, fremd, widersprüchlich und verschieden zu sein, sind grundsätzliche Bedingungen des Menschseins, an denen sich das Menschsein des Menschen zu bewähren hat. Das apriorisch soziale Eingebundensein des Menschen bedeutet nicht nur seine Abhängigkeit von Zuneigung und Vertrauen, sondern auch sein individuelles Existieren-Müssen gegenüber anderen in Fremdheit und mit Widersprüchen, so dass es normal ist, verschieden zu sein.

Hinzu kommt, dass der Mensch das Wesen bleibt, das scheitern kann. Behinderung, Endlichkeit, Tod und Scheitern machen einen Teil des Menschen aus und werden auch weiterhin zur *conditio humana* gehören. Es bleibt nichts anderes übrig, als „mit Niederlagen (christlich) umgehen" zu lernen (vgl. Fuchs/ Werbick 1990) und zu der paradoxen Formulierung zu greifen: Mit Behinderung leben macht hellhörig für das, was eine humane Gesellschaft ausmacht.

Die Integrationsfrage lässt sich ohne das Theodizeeproblem nicht wirklich behandeln, weil Integration ein Verständnis vom Menschen fordert, das der Mensch sich selbst nicht geben kann. Woher soll er die Kriterien für sein Menschsein nehmen, wenn nicht von außerhalb seiner selbst? Wenn Gott aber nicht hilft, mit welchem Gottesbild soll er sich helfen? Mit welcher Theodizee soll er es wagen? Sind neue Menschen- und Gottesbilder zu erfinden? Gegenüber diesen Fragen steht der Mensch unter starkem Handlungszwang. Kann Integration angesichts der ungelösten, aber vielleicht im Glauben ertragenen und ausgehaltenen Theodizee als notwendig erachtet werden und zum ersten Schritt motivieren?

Mit Leid und Behinderung umgehen lernen

Die Umsetzung der hier entwickelten Integrationsvorstellungen steht noch aus. Man muss zugeben, dass das Doppelproblem Integration-Theodizee noch nicht gelöst ist. Realität ist die gestörte Integration. An deren „Desintegration" hat die Theologie eine wichtige Zukunftsaufgabe (vgl. O. Fuchs in diesem Band). Deshalb ist eine analytische Strategie gefragt, die folgende Aspekte zu bearbeiten hat: Abbau von integralistischem Denken als theologische Arbeit gegen die falschen Gottesbilder und Verzicht auf billigen Trost (Trug Gottes, Hiob) sowie Abschied von der Verteidigung des idealisierten Gottesbildes, das von Leid und Behinderung „bereinigt" ist.

Prägt die Leidverarbeitung die Gottes- und Menschenbilder oder ist es umgekehrt so, dass die entwicklungsbedingten Menschen- und Gottesbilder die Art der Leidverarbeitung prägen? Es sind zunächst die theologischen Nachdenkmuster - auch die archetypischen - über das Leid, die die Leiderfahrung des Menschen prägen, und nicht umgekehrt. Ist nämlich Leidbewältigung (auch die autonome) gegen alle menschliche Erwartung gelungen, wird sie - wie im Fall der Exoduserzählung – ‚nachträglich' als Hilfe durch göttliches Eingreifen gedeutet (theologisches Erfahrungsargument). Der Glaube an den Retter-Gott ist insofern immer retrospektiv gerichtet. Daraus entwickelt sich erst - glaubensgeschichtlich gesehen - der prospektiv ausgerichtete eschatologische Hoffnungsglaube (an den Vollender-Gott) sowie der auf die Gegenwart gerichtete Bejahungs-Glaube (an den liebend annehmenden Gott), der das Selbst, die Welt, den andern und Gott umfasst. Theologisch gesehen lebt integrativ religionspädagogisches Handeln vom Dennoch-Glauben an die Wirklichkeit des annehmenden Gottes. Darin hat es seine theologische Rechtfertigung.

Bewusstsein schaffen

Es geht um den Aufbau einer christlich motivierten Integration in den Köpfen und Herzen der Menschen, aller und nicht nur der Christen. Es ist das Integrations-Bewusstsein zu fördern durch begleitende Seelsorge. Dazu helfen die christlichen Motive der Theodizee-Bewältigung: Klage darf und muss sein, Freude über Erfolge, Liebe besiegt den Tod, von dunklen Gottesbildern befreien, Christus nachfolgen. Aber was heißt das?
Der Erfahrungsansatz geht von den Betroffenen aus. Behinderte erleben ihre Behinderung nicht unbedingt als Leid oder leidvolles Schicksal, aber durch ihre Behinderung werden sie selbst und die Nichtbehinderten angeregt sich den Fragen nach Begrenztheit, Endlichkeit, Verletzlichkeit des Lebens durch Gewalt - und also dem Leid - zu stellen.

Es wurde oben schon betont, „Behinderung" ist nicht identisch mit Leid. Behinderung kann aber die Leidfrage als Theodizee eröffnen, also die Tiefendimension der Frage nach dem guten Gott und dem Bösen in der Welt. Letztlich ist auf der Ebene des analytischen Denkens das Problem der Theodizee nicht zu lösen. Auch Behinderung bleibt wie das Leid überhaupt „eine schwerwiegende Anfechtung des Glaubens"

(Dillmann 1996, 142), die nach dem Neuen Testament nur existentiell als Spannung ausgehalten und durchgetragen werden kann. Denn Jesus hat solidarisch die menschliche Existenz in all ihren Begrenzungen und Schwächen durchlebt und durchlitten.

Integration endet theologisch betrachtet bei der Theodizee, die die Focussierung auf Menschen mit Behinderungen überwindet und bei allen Menschen das Übel in der Welt und Gott zusammentreffen lässt (vgl. Ammicht-Quinn 1992, 267). Das könnte das Integrative an der Theodizee sein. Sind Behinderung und Krankheit, ist Gewalt und Unterdrückung, sind die Leiden und das Übel in der Welt ohne Gott vorstellbar? Wird Gott „nur" als Schöpfer gedacht, müsste er diese gewollt oder zugelassen haben, so dass hinter ihnen ein tieferes Verständnis liegen könnte, das für den Menschen aber nicht fassbar ist und nie wird gelöst werden können. Wird Gott „auch" als Erlöser gedacht, hat das Negative eine andere Funktion (Schuld, Sünde), die erklärt werden müsste.

Biographische Theodizee: Der leidende Gott

Die spekulative Theodizee ist gescheitert, sie zwingt zum Verzicht auf die Frage nach der Herkunft des Bösen. Dieses Eingeständnis reicht aber nicht aus, da die Theodizeefrage eine Erwiderung fordert. „Die der Frage angemessene Erwiderung ist aber nicht die einer spekulativen Antwort, sondern diejenige einer praktischen Haltung" (Ammicht-Quinn 1992, 264). Integration als praktische Haltung fordert eine *praktische Theodizee*. Ihre Konturen sind Trost (Solidarität mit dem Opfer) und (An)Klage (Identitätsfindung). Integration setzt Abstinenz in spekulativen Antworten voraus (die Frage ist offen zu halten) und ist insofern die konkrete Umsetzung einer praktisch konturierten authentischen Theodizee (die im Paulinischen Sinne hoffend handelt, vgl. Röm 8, 24).

Jetzt lautet die Frage: Wenn Gott ein leidender Gott ist, kann dann die Nicht-Fassbarkeit des Leids nicht doch besser ausgehalten werden? Aber liegt darin wirklich ein Trost? Es gibt auch Grenzen des Gedankens der Ohnmacht Gottes, die Levinas gegen Jonas' These von der Selbstaufgabe Gottes vorgetragen hat. Denn was hilft die Wehrlosigkeit Gottes (Kenose), wenn so viele leidende Menschen dabei draufgehen? „Diese ohnmächtige Kenose kostet den Menschen (nicht Gott, R.K.) allzu viel" (Levinas, zit. n. Striet, in: Wagner 1998, 51).

Die Antworten *des Alten Testamentes* lauten: Leid ist und bleibt unerklärbar (die gütige Schattenseite Jahwes, vgl. Hiob) und zugleich absurd (die dämonische Schattenseite Jahwes, vgl. Gottesknecht). Leid wird als gerechte Strafe Gottes für menschliches Fehlverhalten, als Prüfung im Sinne einer pädagogischen Maßnahme und neue Lebenschance, aber auch als stellvertretendes Leiden angesehen. Dies ist nur zu verstehen, wenn der Glaubende Jahwe oder das Tun der Tora in jede Situation seiner Geschichte „hineinlässt". Jahwe wird dann als der alles - auch das Leid - umfassende Sinn erfahren (vgl. Menke, in: Wagner 1998, 103f). Insofern versteht sich der Glaube an Jahwe „nicht" als „das ganz andere Stockwerk über der natürlichen Vernunft" und auch nicht als eine Vertröstung auf das Jenseits der Geschichte (ebd., 98).

Im Blick auf *das Neue Testament* lautet die entscheidende Frage: „Wodurch hat sich Jesus als der Christus, als der Sinn von Welt und Geschichte, als der Sinn des Einzelnen und des Ganzen erwiesen? Durch ein transgeschichtliches Ereignis oder durch die Selbstmitteilung Gottes in der Geschichte (Inkarnation)?" (Menke, in: Wagner 1998, 109f). Nach Pröpper, Kessler und Menke lautet die Antwort des Neuen Testamentes: Da Gott die Liebe ist, will er die Freiheit des andern. Statt der Bemächtigung durch Krankheit, Not, Zwang, Furcht, Verurteilung, Vereinsamung, Unterdrückung und Abhängigkeit will er die Befreiung zur Freiheit. D.h. Gott leidet selbst mit und gibt Beistand im Leid. Seine mitleidende Liebe ist seine Stärke. Seine Allmacht besteht in seiner unbedingt selbstlosen und ohnmächtigen Liebe, die den andern zu seinem Selbstsein befreit. Diese Liebe ist nicht erst nach dem Tode erfahrbar, sondern zumindest anfanghaft schon hier und jetzt. Der Christ wird dadurch mitleids- und beistandsfähig.

Heute kann Antwort nur eine Theologie geben, die den Tod als äußerste Grenze (und das Sterben-Müssen schon zu Lebzeiten als Behinderung?) des Menschseins respektiert - auch nach dem postmodernen Paradigmenwechsel. Sie darf sich zu Recht Erfahrungstheologie nennen, weil sie von dem jedem Menschen eigenen Verlangen nach Liebe und von der konkret erfahrbaren liebenden Kommunikation zwischen Menschen ausgeht, die korrelativ durch die Zusicherung des Glaubens verstärkt wird, dass jeder Mensch von Gott unbedingt angenommen und bejaht ist. Lässt sich der Mensch auf dieses Liebesangebot Gottes ein, wird er auch erfahren, dass die Liebe stärker ist als der Tod.

Dieser Theologie liegt die neutestamentlich eschatologische Perspektive zu Grunde, nach der Jesus sein Leben für sein Menschen- und Gottesbild eingesetzt hat, indem er gegen Behinderung, Gewalt, Leid und Böses gekämpft und so den Menschen Würde gegeben hat. Er setzte seine Biographie auf den zum Mitleid fähigen Gott. Man könnte deshalb von einer „existentiellen" oder einer „*biographischen Theodizee*" Jesu sprechen. Das Muss des Leidens wird von Jesus vorausgesetzt. D.h. in Gott gehören Leid und Tod zum Leben. Auch zwischen Menschen ist Leid und Tod nicht abwendbar. Wenn aber Gott in Jesu Leiden und Sterben offenbar geworden ist, so hat er sich in dem rätselhaften und unerbittlichen Muss des Leids als Mitleid-Gott geoffenbart (vgl. Mk 8, 31-33). Aber nach Auschwitz? Metz vertritt die Meinung, nach dieser Katastrophe könne nicht mehr von Gott im Sinne einer alles versöhnenden Antwort geredet werden. Es bleibt nur noch die „unablässige Rückfrage an Gott" und die Beseitigung einer „mangelnden *Theodizee-Empfindlichkeit*" auch in der Theologie (Metz 1995, 82).

Die theologische Folge aus dem Gesagten ist der paradoxe Satz: An den Grenzen setzenden Gott glauben und gegen die Grenzen kämpfen, als gäbe es ihn nicht. Hier liegt der Ansatz des dialektisch-integrativen Menschen- und Gottesbildes, der die Theodizeefrage nicht endgültig lösen, sondern je nach situativer Herausforderung neu formulieren und damit offen halten will. Dann ist Integration theologisch gesehen eine postmoderne Reaktion auf die Theodizeefrage, die die Spannung zwischen Respektierung und Infragestellung der Begrenztheit des Menschen theoretisch-dialektisch offen hält und praktisch-authentisch aushält.

Jesus als „Modell"

Die heutige Religionspädagogik orientiert sich wieder stärker am Vorbild Jesu von Nazareth. Dabei hat sie an der neutestamentlich eschatologischen Lebensperspektive einen Rückhalt, die als Dienst am (bedürftigen) Nächsten zu verstehen ist und deshalb heute die moderne Rehabilitations- und Förderpädagogik nutzt und zugleich erweitert zur Proklamation der Lebenswürde eines jeden Menschen. Sie beinhaltet konkret die Nachfolge Jesu am Maßstab der Zuwendung Gottes zum Bedürftigsten und nicht am Maßstab eines heroischen Christus. Dieses irreführende Helden-Bild wird im NT wiederholt durchbrochen und ersetzt durch Christus, der - ähnlich wie der leidende Gottesknecht - vieles leiden muss und in dessen Leiden sich Gott dem Menschen zuwendet (Mk 8, 31-33). So kann Jesus nur unter Vorbehalt als „Modell" und Identifikationsfigur gesehen werden. Zunächst ist Jesus für den Glaubenden in das Leid des Menschen „eingegangen" und hat es so auf Gott hin „geöffnet" (vgl. Dillmann, in: G. Fuchs 1996, 12). Einer direkten Nachahmung aber ist Jesus den Menschen entzogen, höchstens „zur Nacheiferung empfohlen" (Dillmann 1996, 129).

Der Religionsunterricht hat insbesondere die Ergebnisse der modernen literaturwissenschaftlichen Gattungsforschung (vgl. D. Wördemann, Dissertation Dortmund, demn. 2002 bei Schöningh) zu beachten: Anders als der antike Bios (Charakterbild des Helden) sind die Evangelien auf die einzigartige Stellung des Jesus von Nazareth zu seinem Vater-Gott ausgerichtet. Die Jesusnachfolge muss als Christusnachfolge scheitern. Die Gegenbiographie des Evangeliums führt von der Herausforderung zur Identifizierung über die wiederholte Durchbrechung des jeweils gewonnenen Christusbildes bis zum Bekenntnis des leidenden Christus, den Sohn Gottes (vgl. Mk 15, 39 der römische Hauptmann unter dem Kreuz: „Wahrhaft, dieser Mensch war Sohn Gottes"). Die Evangelien stehen als Gegenbiographien quer zu den nachahmenswerten Exempla in den antiken Biografien. Jeder Versuch den Christus nachzuahmen, muss scheitern. Am Ende bleibt das Bekenntnis zum leidenden Christus als Sohn Gottes, der mich von dem Druck, mich selbst - im Sinne der Heldennachfolge - erlösen zu müssen, entlastet. Diese biografische Theodizee könnte dahingehend missverstanden werden, dass das Neue Testament eine leidbewältigende Idealbiografie sei. Dagegen ist es als „Gegenbiografie" zu verstehen sowohl zur antiken und als auch zur modernen Biografie. Es geht um das Christusbild, das sich im Lebensweg des Jesus von Nazareth gezeigt hat und den Menschen ganz auf den Willen Gottes ausrichtet.

Wege und Formen Integrativer Religionspädagogik

Ethische Praxis

Alle Versuche die Theodizeefrage theoretisch zu klären, sind gescheitert. Was bleibt, ist der praktische und verantwortliche Umgang mit diesem ungelösten und qualvollen Problem: die ethische Praxis. Von der Situation der Betroffenen selbst und von den so oder so gegebenen Lebensbedingungen auszugehen und dann in der Interaktion human miteinander umzugehen, darin allein liegt der theologische Sinn und die humane Auswirkung des Ansatzes einer integrativen Religionspädagogik. Christlich Glaubende sollten die eigenen religiösen Motive anderen nicht aufdrängen, sondern schlicht helfen, wo es nötig ist, und sich dabei auf Mt 25, 40 u. 45 und Lk 10, 36f berufen. Lebenssituationen zwingen oft, Behinderung als menschliche Lebensmöglichkeit anzunehmen oder als Schicksal hinzunehmen und ungerechtes Leid theologisch zu deuten. Vielen hilft hier die Einsicht, dass es Erwachsenwerden und Liebe zwischen den Menschen ohne Not- und Leiderfahrung nicht gibt und dass über das Muss und die Notwendigkeit des Leids oder der Leiden gerade das Christentum einiges zu sagen hat (vgl. die Leidensgeschichte Jesu). Finden Leidende, Kranke und Behinderte eher zum annehmenden Gott und zu integrativem Handeln als andere? Die Frage lässt sich nicht beantworten, obwohl sie in christlicher Sicht die Bevorzugten im Reich Gottes sind. Aber nicht die Nicht-Gott-Suchenden und nicht die Nicht-Behinderten machen das eigentliche Integrationsproblem aus; es sind die zu reflektierenden Menschen- und Gottesbilder, die so oder so das menschliche Handeln leiten. Eine Orientierung im Alltag kann das folgende Gebet geben: „Herr, gib mir Gelassenheit, Dinge hinzunehmen, die ich nicht ändern kann. Gib mir den Mut, Dinge zu ändern, die ich ändern kann. Gib mir Weisheit, das eine vom anderen zu unterscheiden."

Zwei Einsichten

Zu unserem Thema sind des weiteren zwei wichtige Einsichten im Blick zu behalten:
Erstens: Das Verhältnis von Integration und Theodizee kann nicht mehr allein unter theologischen Aspekten bearbeitet und beurteilt werden. Kulturelle, gesellschaftliche, (religions-)geschichtliche, (heil- und sonder)pädagogische, politische und ethische Aspekte müssen in weit größerem Umfang als bisher hier einbezogen werden. Insbesondere ist wichtig das Ausgehen von authentischen Betroffenheiten: nicht-behinderte Glaubende verändern ihre Meinung über Behinderte, Behinderte ergreifen Initiativen in Kirche und Gesellschaft, es gibt Angebote sonderpädagogischer Beratung, Kooperation von Theologie und Sonder- bzw. Heilpädagogik.

Zweitens: Gegen den Mangel an Theodizeefähigkeit in breiten Schichten der Bevölkerung ist die Berechtigung zur Klage über unverdientes und ungerechtes Leid zu setzen, ist das Bild eines Gottes zu vermitteln, mit dem man - wie Hiob - streiten kann; es sind auch neue liturgische Gottesdienstformen zu entwickeln, die auf diesen Vorstellungen aufbauen (vgl. die entsprechenden Beiträge in diesem Band).

Eine so verstandene Theodizee kann Impulse für die Entwicklung einer kommunikativen Religionspädagogik geben und zu integrativem miteinander Umgehen angesichts der Behinderung sensibilisieren. Dann versteht sich Integrative Religionspädagogik als ein zielgleiches und zieldiffrenretes Angebot für nicht behinderte und für behinderte Menschen. Sie verfolgt als Ziel die Förderung des religiös verstehenden Lernens einschließlich einer Öffnung zur interreligiösen und interkulturellen Arbeit. Hier soll vor allem wortlos stellvertretende Solidarität und Kraft in der Schwäche erfahrbar und bewusst gemacht werden (Schuchard 1985, 116).

Christliches Handeln und pathisches Lernen

Christlich handeln heißt, gerade aus dem, was uns zu vernichten scheint, neue Lebenskraft ziehen zu können. Das aber setzt voraus, die angemessene Einstellung, den Blickwechsel, die „völlig andere Sicht des Leids", die „Gegenwart Gottes im Leid" schon gewonnen zu haben und die geeigneten Schritte tatsächlich zu wagen. Als gläubiger Christ darf ich davon ausgehen eine Kraftquelle zu haben, die Leid und auch Behinderung tragen hilft (vgl. Hahne 1988, 39). „Das Leiden Jesu ist [...] ein Symbol der Realität und des Protestes gegen das Leiden und weist nicht auf Erlösung *durch* Leiden, sondern *von* Leiden hin" (Heinrich 2001, 1208f). Das schließt die Bejahung des beschädigten Lebens ein, nicht aus.

Pathisches Lernen heißt: Lernen, dass das, was wir für Verlust und Schwäche halten, Gewinn und Stärke sein kann. Aus dem Zusammenhang von Lernen (gr.: mathein) und Leiden (gr.: pathein) ergibt sich der diakonisch-begegnungsorientierte Ansatz (nach Heimbrock), nach dem „in der Begegnung und im Zusammenleben mit Behinderten und anderen Ausgegrenzten ‚von klein auf' die Einfühlungsfähigkeit in eigene Ängste und Schwächen, in eigenes und fremdes Leiden vergrößert werden... Leiden bleibt Leiden, und Leid bleibt Leid, aber all diese Erfahrungen verlieren ihre Ausschließlichkeit" (Heinrich 2001, 1210).

Die Öffentlichkeit nutzen

Gelungene Integrations-Modelle sollten durch die Medien einer breiteren Öffentlichkeit bekannt gemacht werden. Denn es gibt besondere Integrations-Aufgaben für die Nicht-Behinderten. Bei einer anzustrebenden wechselseitigen Sensibilisierung müssen beide Seiten - aber besonders die Menschen ohne Behinderung - lernen „Behinderung" in ihr Menschen- und bei Glaubenden in ihr Gottesbild einzubeziehen. Dabei ist besonders zu beachten, dass die Menschen, die unter Behinderung leiden und die Theodizeefrage stellen, mit den Aspekten des Leidens und des Bösen nicht identifiziert werden dürfen. Sie sind oft äußerst empfindlich, wenn Theologen die Neigung zeigen, Behinderung mit Sünde und dem Bösen in Verbindung zu bringen (vgl. Theologiegeschichte). Säkulare Integrations-Modelle können in religiöser und christlicher Motivation mitgetragen, die diakonische Gesinnung sollte überall gefördert werden und zwar inner- und außerhalb der Kirchen.

Humane und zugleich christliche Integrations-Regeln

- Sich selbst nicht raushalten, sich hinterfragen (lassen), sein eigenes Verständnis von Behinderung ständig überprüfen.
- Sich fragen, ob die angemessene Reaktion auf das Unabwendbare die Ergebenheit, der Widerstand oder das Drüberstehen ist.

- Die eigenen Grenzen erkennen und sich selbst durch Einsatz für Benachteiligte bestätigen.
- Leiden - so gut es geht - bekämpfen.
- Klagen und Anklagen als Ausdrucksformen ausdrücklich zulassen.
- Die Fähigkeit entwickeln, unvermeidbares Leid anzunehmen.
- Unterscheiden können zwischen Mitleid und sich identifizierendem Mitleiden.
- „Sich einlassen" darf nicht „sich herablassen" werden.
- Hilfe und den eigenen Glauben niemals aufdrängen (Helfersyndrom).
- den Behinderten niemals zum Objekt der Nächstenliebe machen
- Die Solidarisierung mit leidenden und behinderten Menschen macht menschlicher.
- Lebenssituationen verstehen heißt, das Gemeinsame in Anderen, das Andere im Eigenen zu entdecken.

Literatur

Ammicht-Quinn, Regina: Von Lissabon bis Auschwitz. Zum Paradigmenwechsel in der Theodizeefrage, Freiburg Schweiz/Freiburg i. Br. 1992.
Dillmann, Rainer: Durch Leiden Gehorsam lernen? Zur Frage nach einem guten Gott und dem Bösen in der Welt aus neutestamentlicher Sicht, in: *Fuchs, Ottmar (Hg.)* 1996, 119-147.
Fuchs, Gotthard/ Werbick, Jürgen: Scheitern und Glauben. Vom christlichen Umgang mit Niederlagen, Freiburg i. Br. u.a.1991.
Fuchs, Ottmar: Angesichts des Leids an Gott glauben? Zur Theologie der Klage, Frankfurt a. M. 1996.
Ders.: Im Brennpunkt: Stigma. Gezeichnete brauchen Beistand, Frankfurt a. M. 1993.
Hahne, Peter: Leid. Warum lässt Gott das zu? Neuhausen-Stuttgart 2/1988.
Heinrich, Rolf: Art. Leiden, in: Lexikon der Religionspädagogik, Neukirchen-Vluyn 2001, Bd. 2, 1206-1211.
Kessler, Hans: Leben durch Zerstörung? Über das Leiden in der Schöpfung. Ein Gespräch der Wissenschaften, Würzburg 2000.
Kollmann, Roland: Menschen mit Behinderungen - Kirche mit Behinderungen?, in: Zeitschrift für Heilpädagogik , Heft 11, (1995), H. 11, 539-547.
Kollmann, Roland/ Püttmann, Olivia: Art. Behinderung, in: Lexikon der Religionspädagogik, Neukirchen-Vluyn, Bd. 1, 2001, 119-129.
Langer, Michael: Gedanken zum Buch Hiob im Religionsunterricht der gymnasialen Oberstufe, in: *Frühwald-König, Johannes u.a. (Hg.):* Steht nicht geschrieben? Studien zur Bibel und ihrer Wirkungsgeschichte (FS Georg Schmuttermayr), Regensburg 2001.
Metz, Johann Baptist: „Landschaft aus Schreien". Zur Dramatik der Theodizeefrage, Mainz 1995.
Oberthür, Rainer: Kinder fragen nach Leid und Gott. Lernen mit der Bibel im Religionsunterricht, München 1998.
Oelmüller, Willi: Über das Leiden nicht schweigen. Philosophische Antwortversuche, in: *Metz, Johann Baptist (Hg.)* 1995, 56-80.
Sauer, Ralph: Gott - lieb und gerecht? Junge Menschen fragen nach dem Leid, Freiburg i. Br. 1991.
Schuchard, Erika, Warum gerade ich ...? Behinderung und Glaube. Pädagogische Schritte mit Betroffenen und Begleitenden, Offenbach 3/1985.
Wagner, Harald: Mit Gott streiten. Neue Zugänge zum Theodizee-Problem, Freiburg i. Br. u.a., 2/1998.

Rezension: Leimgruber, Stephan/ Pithan, Annebelle/ Spieckermann, Martin (Hg.), Der Mensch lebt nicht vom Brot allein. **Forum für Heil- und Religionspädagogik**, (Comenius-Institut), Münster 2001, 204 Seiten

Nach den sechs Dokumentationsbänden zu den Würzburger Religionspädagogischen Symposien (1988-1998) liegt nun der erste Band zum Fortsetzungskongress mit dem neuen Namen „Forum für Heil- und Religionspädagogik" vor. Das Forum tagte vom 10. bis 12. Mai 2000 in Bad Honnef. Annebelle Pithan (Münster) steht als Mitherausgeberin neben Prof. Dr. Stephan Leimgruber (München) und Dr. Martin Spiekermann (Berlin) für Kontinuität und institutionellen Rückhalt beim Comenius-Institut in Münster, das gemeinsam mit dem Deutschen Katecheten-Verein in München die Reihe der Symposien fortsetzen wird.

Der zu besprechende Band setzt neue Maßstäbe. Im ersten grundlegenden Beitrag formuliert die amerikanische Professorin für Religionssoziologie Nancy L. Eiesland eine bisher ungewohnte Befreiungstheologie der Behinderung, die sie auf Grund eigenen Behindertseins mit der Rede vom „behinderten Gott" authentisch vertreten kann. Der Mediziner und Sachverständige der Enquete-Kommission des Deutschen Bundestages Prof. Dr. Linus S. Geisler plädiert für die verbindliche Festschreibung des tradierten christlichen Menschenbildes um die Würde des Lebens und die demokratische Ordnung vor einer drohenden autoritären Technokratie zu schützen. In Ergänzung dazu entfaltet im dritten Beitrag der Historiker und Sonderpädagoge Prof. Dr. Andreas Möckel die Geschichte der Heilerziehung bzw. der Heilpädagogik als Teilprozess der europäischen Geschichte. Die Erziehung und Bildung behinderter Kinder und Erwachsener versteht er als Errungenschaft der Säkularisation im Zeitalter der Aufklärung, als ein „legitimes Kind der europäischen Revolutionsgeschichte" und als „Wiedererweckung" des urzeitlichen „Gastrechtes für die Fremden".

Dass Brot allein den Hunger nach Sinn nicht stillen kann, ist Gegenstand auch der Workshop-Berichte, die beispielsweise die Selbstbestimmung geistig behinderter Menschen thematisieren oder eine kreative Schreibwerkstatt, Kunst, Bewegung und Tanz in unterschiedlichen Gruppierungen, Freiarbeit, symbolische Erschließungen und fächerübergreifende Projekte für den schulischen Religionsunterricht vorstellen oder die Arbeit mit Bilderbüchern, die Werterziehung, integratives Lernen, involvierende Bibelauslegungen und Gottesdienste für Menschen mit einer intensiven geistigen Behinderung anregen.

Hier liegt ein anspruchsvolles und zugleich praktisch brauchbares Buch vor, das trotz einer etwas eigenwilligen formalen Seitengestaltung dennoch viele Religionspädagogen, Katecheten, Erzieher/innen, Lehrer/innen und Pfarrer/innen positiv ansprechen wird. Da die Literatur auf diesem Sektor dünn gesät ist, sei allen geraten, die konkrete Hilfe und Orientierung suchen für die behindertenspezifische Differenzierung ihrer Arbeit, die Bestellung beim Comenius-Institut für nur 10,00 Euro nicht zu scheuen.

Rezension: Leyendecker, Christoph/ Lammers, Alexandra, „Lass mich einen Schritt alleine tun". Lebensbeistand und Sterbebegleitung lebensbedrohlich erkrankter Kinder (Verlag W. Kohlhammer GmbH), Stuttgart/Berlin/Köln 2001, 220 Seiten

Worüber sonst lieber geschwiegen wird, bringen die Autoren klar zur Sprache: Dass Sterben ein Stück Leben ist und „humanes Sterben" häufig von Kindern gelernt werden muss, weil deren frühen Tod auch unsere Versicherungsgesellschaft nicht verhindern kann. Es ist der „Kleine Prinz" von Saint-Exupéry, der vor seinem tapferen Sterben sagt: „Das ist es. Lass mich einen Schritt ganz alleine tun." In den Tod gehen und den andern in den Tod gehen lassen, ist Thema dieses praktischen Buches, das Eltern, Erziehern/innen, Lehrern/innen u.a. sachkundige Hilfe in schwierigen Lebenssituationen anbietet. Es geht aus von der Praxis der Lebens- und Sterbebegleitung mit Kindern. Zudem werden Interviews mit betroffenen Schülern, Eltern und Lehrern herangezogen. Erreicht wird dadurch zwar keine statistische Repräsentativität, wohl aber erhöhte Authentizität und Glaubwürdigkeit ihrer Aussagen zur Trauerarbeit. Auch andere erfahrene Sterbebegleiter kommen reichlich zu Wort. Im Mittelpunkt steht die professionelle Sterbebegleitung von Kindern. Dennoch sind die Ausführungen auch für solche Eltern, Erzieher/innen, Lehrerinnen und Lehrer geeignet, die nicht unmittelbar sterbende Kinder zu begleiten haben. Denn auch für die professionellen Sterbebegleiter ist der Beistand im Sterbeprozess selbst eher die Ausnahme. Sie gehen mit den Schülerinnen und Schülern gemeinsam den Weg zwischen Erkennen bzw. Ignorieren des Todes und Annehmen bzw. Ablehnen des Sterbens. Dieser Weg hat vergleichbare Markierungen mit Lebenswegen, die nicht zwingend (final/terminal) zum Tod führen, aber durch lebensbedrohliche Krankheiten und progrediente Behinderungen gekennzeichnet sind. Detaillierte Problembeschreibungen kennzeichnen die durchgehend sehr sachkompetente Darstellung der Beistands- und Begleitsituationen von betroffenen Eltern (Elternarbeit), der Angehörigen u.a. (Beratung) sowie der Lehrer (Tod und Sterben als Thema im Unterricht). Aufschlussreich für die Einarbeitung ins Thema sind die detaillierten Ausführungen über die Trauerarbeit in der Klasse sowie über die Bedeutung von Ritualen für Abschied, Begräbnis, Trauer und Gedenken (165-204). Religionspädagogisch bedeutsam ist, dass die theologische Relevanz des Umgangs mit Tod und Sterben in allen Situationen der Sterbebegleitung spürbar und niemals aufgedrängt wird. Ausdrücklich thematisiert werden religiöse und christliche Aspekte im Kapitel 6.7. Aber auch hier gehen die Autoren mit diesen Zusammenhängen wohltuend vorsichtig um. Immer gilt der Respekt vor der religiösen Einstellung des auf den Tod zugehenden jungen Menschen und seines Begleiters. Verdienstvoll, beispielsweise die „Methoden qualitativer Sozialforschung", die „Hospizbewegung", die „nichtdirektive Kinderpsychotherapie" und die „Lösung von der gewohnten Lehrerrolle" konsequent aufeinander bezogen zu haben. Wertvoll und anregend sind die konkreten „Bewältigungsmöglichkeiten" für Lehrer (87-100), auf die auch die reguläre Erzieher- und Lehrerausbildung gezielter als bisher zurückgreifen sollte. Ein in jeder Hinsicht lebenswichtiges Buch, das - paradoxerweise - auf Grund seiner Superspezialisierung eine „integrative" Gesamtwirkung nicht verfehlen wird.

Wer bin ich, vor mir selbst, vor anderen und vor Gott?

22.-24.Februar 2002 Gemeinsame Tagung von Bund Neudeutschland und Heliand in Ludwigshafen

Auch als Christen brauchen wir ein „kulturelles Gedächtnis", erst recht, um in einer religiös-chaotischen Gesellschaft herauszufinden, wer wir sind und wofür wir leben. Kann aber identitätstiftende Kraft aus einem antiken Text wie dem Neuen Testament gewonnen werden? Ziel des workshops war, an Hand der Szene „Jesus streitet mit seinen Verwandten in Nazareth" (Lk 4,16-30) die Probe aufs Exempel zu machen und nach dem christlichen Identitätsbewusstsein, der Treue zu sich selbst, zu anderen und zu Gott zu suchen. Die Teilnehmer und Teilnehmerinnen waren bereit, sich gemeinsam auf den ausgewählten Text einzulassen.

Unsere Arbeit begann - wie in einem Bibliodrama - mit einigen einführenden Vorübungen zum Thema (Pantomime zur Körpersprache im Gottesdienst, Standbilder zu verschiedenen Streitsituationen...). Ich regte an, den laut vorgelesenen Text aktiv mit unterschiedlichen Ohren (Familie, Jesus-Anhänger...) und aus unterschiedlichen Hörersituationen (Nachbarn, Nicht-Jude...) zu hören. Es war Zeit genug den Text still nachzulesen und Lieblingsstellen oder schwer verständliche Stellen zu markieren. Dann schlossen sich Partnergespräche an. Es war den Teilnehmern wichtig nicht nur den Text zu verstehen, sondern auch ihre eigenen Erfahrungen zur Textaussage und vergleichbare Alltagssituationen zur Geltung zu bringen.

Es ist zunächst die bekannte Situation: Jesus kommt, von allen Menschen bewundert, nach Nazareth, wo er aufgezogen worden war, in die Synagoge und erfährt zuerst „Erstaunen über seine Worte der Gnade", dann aber heftigste Ablehnung. Er hatte im Gottesdienst behauptet, in ihm sei das Wort des Propheten Jesaja 61,1f in Erfüllung gegangen: „Der Geist Gottes ist auf mir, weil er mich geschickt hat, den Armen das Evangelium [...] und ein genehmes Jahr des Herrn zu verkünden [...] dieses Schriftwort ist heute in euren Ohren erfüllt worden".

Von ihren eigenen Gottesdiensterfahrungen her konnten die Teilnehmerinnen und Teilnehmer leicht nachvollziehen, wie die Gemeinde im Gottesdienst, die Verwandten zu Hause und die Nachbarn auf der Straße auf den provozierenden Anspruch Jesu reagierten. Schwerer fiel den Teilnehmern, sich mit den geteilten Meinungen der Leute auseinander zu setzen, die schweren Vorwürfe der Familie gegen Jesus zu verstehen und sich schließlich zu all dem auch noch eine eigene Meinung zu bilden.

Wir versuchten dann, einzelne Situationen nachzustellen und nachzuempfinden: Die Situation Jesu (Ablösung von der Familie, Aufenthalt in der Wüste, Taufe im Jordan), die Familie mit Maria, Joseph und den Geschwistern Jesu (aus einer früheren Ehe Josephs?), die Gottesdienstbesucher, die Nachbarn, die Synagogenvorsteher, der Prophet Elias, die Witwe von Sarepta und Naiman der Syrer, die Jesus als Nichtjuden der Gemeinde als Vorbild vor Augen geführt hatte.

Damit hatte er die Leute aus Nazareth vor den Kopf gestoßen, so dass sie gegen ihn mit Wut erfüllt wurden, ihn aus der Stadt verjagten und zu steinigen versuchten. Aber da war noch die Gruppe der Anhänger Jesu (die Apostel, die Jünger und einige reiche Frauen, die seine Predigtwanderungen finanzierten). Sie waren umstritten wie Jesus selbst. Sie konnten einerseits die Reaktionen der Familie Jesu verstehen, kamen aber andererseits als Fremdkörper in das traute Nest Nazareth und trugen zur Verschärfung des entstandenen Familienstreites bei. Sie hatten sich bereits von der revolutionierenden Botschaft des Mannes aus Nazareth faszinieren lassen und ihr Leben auf ihn gesetzt.

Und mitten im Streit hin- und hergerissen standen die Nachbarn, die Jesus aus Kinderzeiten kannten: Wir kennen ihn doch, wie kann der so reden!? Für sie war klar: Dieser Jesus ist abgehoben, religiös überdreht, arrogant, ein Spinner, wahnsinnig, besessen und psychotisch. Dem schloss sich die Familie schließlich an: er ist krank, wir müssen ihn „heimholen".

In kleinen Gruppen wurden solche und ähnliche Imaginationen szenisch nachgespielt und im Plenum dann als „Stuhltheater" präsentiert. Dies alles im einzelnen aufzuarbeiten brachte viel Spaß, wurde aber auch hautnah und existentiell, sobald die eigene Position im Streit um den Anspruch Jesu konkret zum Ausdruck gebracht werden sollte.

Was ist am Ende dabei herausgekommen?

1. Beim Stuhltheater erlebten wir, dass auf einmal „meine" eigene christliche Identität auf dem Spiel stand, sofern ich selber gefragt war, „wo" ich denn stehe mitten im Streit um mein Selbstverständnis, mein Gottesbild und meine Jesus-Beziehung, mein authentisches Christsein und das meiner Kinder und Enkel in der eigenen Familie. Es drängte sich uns (drei Männer und neun Frauen mittleren bis älteren Alters) die Frage auf, ob in meinem Leben „meine innere Stimme" immer gleich geblieben ist oder ob sie sich verändert hat (vgl. 1 Kor 13, 11: „als ich ein Kind war, dachte ich wie ein Kind..."). Ob ich dem treu bleiben muss, was ich als Kind gelernt habe oder ob sich Treue und Glaube nicht gerade im Streit um die Grundorientierungen und im Wandel der Herausforderungen erst entwickeln müssen.

2. Bezogen auf den religiös verunsicherten und enttäuschten Menschen der Postmoderne lehrt der Text: „Treue" ist ein personaler und flexibler Beziehungsbegriff (Jesus zwischen Familie und Gottesbeziehung), als fester Bestand (im bürgerlichen Sinne) ist Treue nicht mehr selbstverständlich. Lebensentwürfe und einmal gültig gefasste Vorsätze müssen im Prozess der sich verändernden Gesellschaft ebenfalls verändert und angepasst werden. Vorbildern und Idealen nachzueifern, ist nicht immer identitätsstiftend. Und dem eigenen Gewissen zu folgen, der inneren Stimme in mir, ist praktisch nicht immer möglich. Aber auch gegenüber Gegenständen, Tieren und konkreten Personen und gegenüber Gott muss ich in wechselnden Bezügen meinen je neuen Stand finden. Dann sagen wir: Treue gibt es nur in Interaktion und Dialog. Dies in Bezug auf meine eigenen religiösen Einstellungen erkannt zu haben, war ein wichtiges Ergebnis dieses workshops.

3. Uns wurde auch bewusst, dass Christen in ihrem Glauben einen Vorteil gegenüber Nicht-Glaubenden haben: Sie können und dürfen vertrauen auf die *vorgängige* Zuwendung und Treue Gottes. Es ist nämlich der Gott, der dem Menschen seine Treue zuerst anbietet, bevor er Treue erwartet, und insofern absolut treu ist. Er ist der, der „seine Sonne scheinen lässt über Böse und Gute" (Mt 5, 44).

4. Bei der Reflexion wurde betont, dass „Christen" ihren Namen nach „Christus" tragen, zu dem sie eine Beziehung haben (sollten). Man erkennt sie an ihrer Treue zu Christus. Aber kann ich als Christ Christus nachfolgen? Muss ich mich nicht begnügen, dem Menschen Jesus nachzufolgen, sofern er wahrer Mensch war wie wir? Mit dem Menschen Jesus von Nazareth kann ich mich eher identifizieren als mit dem zum Messias und Sohn Gottes erhöhten Menschen. Nach den Evangelien und speziell nach Lk 4,18f ist Jesus sich selbst treu geblieben („kein Prophet ist genehm in seiner Vaterstadt"), ist Jesus seinen Mitmenschen treu geblieben (den Zuwendungsbedürftigen) und ist Jesus Gott treu geblieben („du bist mein geliebter Sohn").

5. Mit Blick auf den einzelnen Teilnehmer ging vom Text die Frage aus: „Wer" bin ich eigentlich vor mir selber, vor den anderen und vor Gott? Jesus hat mit diesen Fragen gerungen, wie ich. Als junger Mensch hat auch er nicht klar gewusst, was seine Bestimmung war, wozu er lebte und worin seine gottgewollte Aufgabe bestehen sollte. Jesus hat dies erst lernen müssen, er hat Identitätskonflikte (die Versuchungen Jesu) durchstehen und sich zu seinem Glauben an den mütterlichen Vater-Gott (gegen den Richter-Gott Johannes des Täufers) durchringen müssen, und zwar gegen die Erwartungen und Vorstellungen seiner Familie, Nachbarn und anderer Zeitgenossen (vgl. den Titel des sehr empfehlenswerten Buches von Wilhelm Bruners, Wie Jesus glauben lernte, Freiburg i.Br. 2/1989). Schließlich ist er - menschlich gesprochen - in diesem Identitätsfindungskonflikt gescheitert, wegen Gotteslästerung verurteilt und hingerichtet worden. Eine Teilnehmerin sagte zum Schluss: Ich habe sehen gelernt, was ich eigentlich riskiere, wenn ich versuche, mir über mein Selbst- und mein Gottesbild und meine Jesus-Beziehung klar zu werden.

In einem zweiten Durchgang wurde ein weiterer Text herangezogen: das Gleichnis vom „Pharisäer und Zöllner", das tiefenpsychologisch als Selbstbildkonflikt (in meinem „innern Team") ausgelegt werden kann: Wer bin ich vor Gott, vor den anderen und vor mir? Die Arbeit an diesem Text betonte die Identität des Menschen vor Gott unter dem Aspekt der rechten Selbstwerteinschätzung. Dies soll aber nicht mehr Gegenstand dieses Berichtes sein.

Literaturverzeichnis

Das Sachlesestück der Oberstufe (1964), in: lehren und lernen, Heft 8, 348-351

Notwendigkeit und Möglichkeiten der inneren Differenzierung (1966), in: lehren und lernen, Heft 1, 16-23

Zur Didaktik der Theologie (1970), in: Der Katholische Erzieher, Heft 2, 55-56

Bildung - Bildungsideal - Weltanschauung. Studien zur pädagogischen Theorie Eduard Sprangers und Max Frischeisenköhlers (1972), Ratingen-Kastellaun-Düsseldorf (1-336)

Rez.: Auf dem Weg zu einer Studienordnung für das Fach Didaktik der Theologie. Zum Diskussionsbeitrag von Johann Hofmeier in KatBl Heft 3/1972, 169-176, hier in: KatBl, Heft 11/1972, 672-676.

Das Wonach in der Gottesfrage. Die Intentionalität der Gottesfrage bei Weischedel und Schillebeeckx (1972), in: Theologie der Gegenwart, Heft 3, 131-138

Wonach fragen wir, wenn wir nach Gott fragen? (1973), in: Die Frage nach Gott. Zeitgemäßes Sprechen von Gott, o.J. (Hg. Hauptabteilung Schule und Erziehung Münster)

Jugend und Glaubenskrise (1972), in: Handreichungen für Seminarleiter von Elternseminaren in der theologischen Erwachsenenbildung, GV Münster, 1-21

Rez. (1973) Hans Dennerlein: Glaubenserziehung heute. Eine Hilfe für Eltern, in: Welt des Kindes, Heft 3, 140-141

Monologische und dialogische Kommunikation im Religionsunterricht (1973), in: KatBl, Heft 11, 663-672

Das Kommunikationsfeld Religionslehrer - Schüler (1973), 3. Kap. des 6. Lehrbriefes „Theologie im Fernkurs": Der Religionslehrer in der Sekundarstufe I. Seine Rolle als Anreger von Kommunikation, 22-35

Rez. (1974) Rudolf Padberg: Entkonfessionalisierung des Religionsunterrichts? Zur Frage des Religionsunterrichts an öffentlichen Schulen, in: KatBl, Heft 7, 464-466

Das Kriterienproblem der Religionslehrerausbildung (1974), in: KatBl, Heft 11, 674-683

Vorbemerkungen zu einem fachdidaktischen Curriculum für die Ausbildung von Religionslehrern (1974), Dokumentation des Kongresses der AKK in Brixen, Münster, 1-16

Religionspädagogik und Pragmatik (1975), in: Stock, Alex (Hg.): Religionspädagogik als Wissenschaft. Gegenstandsbereich - Probleme - Methoden, Zürich - Einsiedeln - Köln, 51-57

Ergreifen und Aushandeln religiöser Sprechchancen (1979), in: Stachel, Günther (Hg.): Sozialisation Identitätsfindung Glaubenserfahrung. Referate des Zweiten Kongresses der ‚Arbeitsgemeinschaft Katholischer Katechetik-Dozenten', Zürich-Einsiedeln-Köln, 215-219

Zur Methodik des Religionsunterrichts. Eine Zwischenbilanz mit Perspektive (1983), in: KatBl, Heft 5, 332-344

Rez. (1984) Jendorff, Bernhard: Hausaufgaben im Religionsunterricht, München 1983, in: KatBl, Heft 5, 401

„Verhaltensstörungen" im Religionsunterricht. Fälle - Deutungen - Hilfen (1983), in: KatBl, Heft 3, 180-193

Sonderschule L. Umgang mit Verhaltensstörungen im Religionsunterricht (1984), in: Dokumentation des Deutschen Katechetischen Kongresses 1983, DKV, München, 376-388

Neue Religiosität - Dialogversuche zwischen jung und alt (1985), in: Nach seinem Bild und Gleichnis. Dokumentation vom Bundestag des Bundes Neudeutschland, Frankfurt, 307-314

Soziale Erziehung in theologischer Sicht: Disziplinkonflikte im Religionsunterricht (1986), in: Biermann, Rudolf/ Wittenbruch, Wilhelm (Hg.): Soziale Erziehung. Orientierung für pädagogische Handlungsfelder, Heinsberg, 138-149

Glaube gefragt - auch in der Sonderschule? (1986), in: Dokumentation Pädagogische Woche 21. bis 26. April 1986, Hauptabteilung Schule/Hochschule EGV Köln, 129-151

Religionsunterricht unter erschwerenden Bedingungen (1988) (Reihe Religionspädagogische Perspektiven, Band 8), Essen, 1-230

Glaube gefragt - auch in der Sonderschule? (1988), in: Sonderpädagogik, 18. Jg., Heft 1, 1- 19

Rez. (1989) Munzel, Friedhelm: Geschichtenbuch Religion zum Vorlesen in der Sekundarstufe I, München 1987, in: KatBl Heft 5, 381-382

Gesundheit, Sport und Religion - ein religionspädagogisch wichtiger Zusammenhang (1989), in: Religionspädagogische Beiträge Heft 14, 126-144

Religionsunterricht an Sonderschulen (1990), Lehrbrief 22.03.03, „Theologie im Fernkurs", Katholische Akademie Domschule, Würzburg, 1-93

Religion und Gesundheit - ein Widerspruch? (1990), in: Alles für die Gesundheit! Gesundheit über alles? Dokumentation des 5. Studientages zum Gesundheitslernen an der Universität Dortmund am 11. November 1988, Bielefeld, 79-85

Rez. (1990) Neue Religiosität: Bienemann, Georg: Pendel, Tisch & Totenstimmen. Spiritismus und christlicher Glaube. Ein Ratgeber, Freiburg 1988; van Dijk, Alphons: Erziehung zum Geisterglauben. Geistige Erziehung oder Erziehung zu den Geistern, Hamm 1988; Weis, Christian: Begnadet, besessen oder was sonst? Okkultismus und christlicher Glaube, Salzburg 1986; Hummel, Reinhart: Reinkarnation. Weltbilder des Reinkarnationsglaubens und das Christentum, Mainz 1988; Janzen, Wolfram: Okkultismus. Erscheinungen - Übersinnliche Kräfte - Spiritismus, Mainz 1988; Wenisch, Bernhard: Satanismus. Schwarze Messen - Dämonenglaube - Hexenkulte, Mainz 1988, in: KatBl Heft 7-8, 559-562

Symboldidaktik an Sonderschulen. Stellungnahme zum Ansatz von Hubertus Halbfas (1990), in: Adam, Gottfried/ Pithan, Annebelle (Hg.): Wege religiöser Kommunikation. Kreative Ansätze der Arbeit mit behinderten Menschen. Dokumentationsband des Zweiten Würzburger Religionspädagogischen Symposiums, (Comenius Institut) Münster, 245-253

Zöllner und Pharisäer. Eine Ansprache zu Drewermanns Bibeldeutung (1991), in: Fleckenstein, Wolfgang/ Herion; Horst (Hg.): Lernprozesse im Glauben (FS Paul Neuenzeit), Gießen, 139-146

„Behinderte" Schüler - Schulen für „Behinderte", in: engagement o.Jg. (1991), H. 3, 177-203

‚Behinderte' Schüler - Formen von Behinderungen und ihre Auswirkungen auf den schulischen Unterricht (1992), in: Schriftenreihe der Katholischen Elternschaft Deutschlands (Hg.), Heft 18: Integration Behinderter in Regelschulen - Förderung oder Überforderung? Bonn, 7-23

Rez. (1991) Hemel, Ulrich: Religionsunterricht im Spiegel der wissenschaftlichen Religionspädagogik, in: KatBl Heft 11, 765-771

Der gute Gott und das Leid (1992), in: Der Katechet und Prediger (131. Jg.) Heft 6, 741-748

Offen gebliebene Fragen - Mögliche Perspektiven - Spezielle Aspekte für den Religionsunterricht in den neuen Bundesländern (zus. m. Blasberg-Kuhnke, Martina und Winden, Hans-Willi) (1993), in: Sekretariat der Deutschen Bischofskonferenz (Hg.): Arbeitshilfen 111: Religionsunterricht 20 Jahre nach dem Synodenbeschluss, Bonn, 131-138

‚Darf ich laut sagen, was ich über Behinderung denke?' Protokollnotizen aus der Fortbildung für Ärzte und Krankenschwestern (1993), in: Lesch, Karl Josef/ Saller, Margot

(Hg): Warum Gott...? Der fragende Mensch vor dem Geheimnis Gottes (FS Ralph Sauer), Kevelaer, 151-160

Geburtstag von Kurt Hahn (1886-1974) (1993), in: Englert, Rudolf (Hg.): Woran sie glaubten - Wofür sie lebten. 365 Wegbegleiter für die Tage des Jahres. Ein Kalenderbuch, München, 164

Geburtstag von Hermann Lietz (1886-1919) (1993), in: Englert, Rudolf (Hg.): Woran sie glaubten - Wofür sie lebten. 365 Wegbegleiter für die Tage des Jahres. Ein Kalenderbuch, München, 126

Sonderpädagogische Zugänge zum Religionsunterricht (1993), Lehrbrief 22a, „Theologie im Fernkurs", Katholische Akademie Domschule, Würzburg (1-92)

Bibliodrama. Drei didaktische Grundformen am Beispiel der Maria-Martha-Perikope (1994), in: Katechetische Blätter, (119. Jg.) Heft 7-8, 509-513

Rez. (1994): Dillmann, Rainer/Hochstaffl, Josef: Jesus als Modell. Praxisbegleitung in einem Gemeindebesuchsdienst, Mainz 1991, in: Journal of Empirical Theology 7, 110-111

Bibliodrama in Praxis und Theorie (1994), in: Flessau, Kurt-Ingo (Hg.): Lebenspfade (FS Friedrich Grütters), Bochum, 131-154

Brückenfunktionen der Religionspädagogik. Versuch einer Standortbestimmung (1994), in: Religionspädagogische Beiträge, Heft 33, 3-27

Bibliodrama w Doswiadczeniu i Badaniach Naukowych (1994), in: Katechizacja Roznymi Metodami, (Inspektorat Towarzystwa Salezjanskiego) Krakow, 33-54

Umgehen mit Aggressionen - Kollegiale Praxisberatung (1994), in: Adam, Gottfried/ Kollmann, Roland/ Pithan, Annabelle (Hg.): „Normal ist, verschieden zu sein". Das Menschenbild in seiner Bedeutung für religionspädagogisches und sonderpädagogisches Handeln. Dokumentationsband des Vierten Würzburger Symposiums, Münster (Comenius-Institut), 209-234

Menschen mit Behinderungen - Kirche mit Behinderungen?, (1995), in: Zeitschrift für Heilpädagogik, Heft 11, 539-547

Rez. (1995) Ziebertz, Hans Georg/ Simon, Werner: Bilanz der Religionspädagogik, in: Katechetische Blätter (120 Jg.) Heft 12, 882-885

Bibliodrama in Praxis und Theorie (1996), in: Der Evangelische Erzieher, 48. Jg. Heft 1, 20-41

Der gute Gott und das Leid (1998), in: Adam, Gottfried/ Kollmann, Roland/ Pithan, Annebelle (Hg.): Mit Leid umgehen. Dokumentationsband des Sechsten Würzburger Religionspädagogischen Symposiums, Münster (Comenius-Institut), 63-69

Rez. (1996) Rogowski, Cyprian: Die Entwicklung der katholischen Religionspädagogik in Polen und in der Bundesrepublik Deutschland nach dem II. Vatikanischen Konzil. Eine vergleichende Untersuchung, Paderborn 1995

Verso un comportamento educativo di fronte all' aggressione. La consulenza collegiale tra insegnanti (1996), in: Orientamenti Pedagogici 43, 125-150

Rez. (1997) Baudler, Georg: El Jahwe Abba. Wie die Bibel Gott versteht, Düsseldorf 1996, in: KatBl. Heft 4, 287

Religionsdidaktik - eine interdisziplinäre Schnittmenge (2000), in: Erstes Interdisziplinäres Fachdidaktisches Kolloquium der Universität Dortmund

Religion als Risiko. Entwicklungsfördernde und entwicklungshemmende Aspekte von Religion (2000), in: Dormeyer, Detlev/ Mölle, Herbert/ Ruster, Thomas (Hg.): Lebenswege und Religion, Münster 2000, 23-55

Human Beings with Special Educational Needs in Catechizing and Religious Education, in: Panorama - International Journal of Comparative Religious Education and Values, Volume 12, Number 1, Summer 2000, 105-118

Menschen mit Behinderungen in Katechese und Religionsunterricht, in: RpB 45/ 2000, 89-102

Behinderung, in: Mette, Norbert/ Rickers, Folkert (Hg.): Lexikon der Religionspädagogik, Neukirchen-Vluyn 2001, 119-129

Körperbehindertenfürsorge, demn. in: Betz u.a. (Hg.): Religion in Geschichte und Gegenwart (RGG), Tübingen 4/2002

Theodizee und Integration, in: Pithan, Annebelle / Adam, Gottfried / Kollmann, Roland (Hg.): Handbuch Integrative Religionspädagogik. Reflexionen und Impulse für Gesellschaft, Schule und Gemeinde, Gütersloh 2002, 144-154

Rezension: Stephan Leimgruber/ Annebelle Pithan/ Martin Spieckermann (Hg.): Der Mensch lebt nicht vom Brot allein (Forum für Heil- und Religionspädagogik), (Comenius-Institut), Münster 2001

Rezension: Christoph Leyendecker/ Alexandra Lammers: „Lass mich einen Schritt alleine tun". Lebensbeistand und Sterbebegleitung lebensbedrohlich erkrankter Kinder, Stuttgart, Berlin, Köln 2001, in: Katechetische Blätter 2002, Heft 3/ 2002, 233

Wer bin ich, vor mir selbst, vor anderen und vor Gott, in: Hirschberg, Jg. 55, Heft 5, 2002, 250-252

Wissenschaftlicher Mitautor in Kommissionen

Zum Religionsunterricht an Sonderschulen (1992), Sekretariat der Deutschen Bischofskonferenz (Hg.): Erklärungen der Kommissionen, Kommission für Erziehung und Schule, Nr. 11, Bonn (1-93)

Grundlagenplan für den katholischen Religionsunterricht an Schulen für Geistigbehinderte, hg. v. d. Deutschen Bischofskonferenz, April 1998 (1-181)

Lehrplan Katholische Religionslehre an Gesamtschulen in NRW, hg. v. Ministerium für Schule und Weiterbildung des Landes Nordrhein-Westfalen, Düsseldorf, März 1998 (1-64)

Herausgeber

Reihe: Elementa theologiae. Arbeiten zur Theologie und Religionspädagogik (im Verlag Peter Lang)

Band 1: Spiekermann, Martin: Die Antizipation der Gottesherrschaft als Erschließung eines Horizonts der Universalität. Ein Beitrag zur Diskussion um die Inhalte des Religionsunterrichts am Beispiel der Auseinandersetzung zwischen christlicher und marxistischer Tradition, Frankfurt a.M., Bern, New York 1984 (1-237)

Band 2: Elbers, Alfons: Rockmusik und ihre Bedeutung für den Religionsunterricht, Frankfurt a.M., Bern, New York 1984 (1-96)

Band 3: Endersch, Beate: Die Selbstaussage des Menschen vor Gott. Ein Versuch über Möglichkeiten und Grenzen christlichen Betens, Frankfurt a.M., Bern, New York 1984

Band 4: Schneider, Ulrich: Rollenkonflikte des Religionslehrers. Bedingungen ihrer Entstehung und Aspekte ihrer Bearbeitung, Frankfurt a.M., Bern, New York 1984

Band 5: Buchka, Maximilian: Katechese und Religionsunterricht bei Geistigbehinderten, Frankfurt a.M., Bern, New York 1984 (1-397)

Band 6: Ihmenkamp, Martina: Jugendreligionen im Religionsunterricht. Ein Beitrag zur aktuellen Diskussion um die neue Religiosität, Frankfurt a.M., Bern, New York 1984

Band 7: Bäumer, Franz-Josef: Fortschritt und Theologie. Philosophische und theologische Überlegungen zum Fortschrittsgedanken, Frankfurt a.M., Bern, New York 1985

Band 8: Mersch, Andreas: Asthetik, Ethik und Religion bei Hermann Broch. Mit einer theologisch-ethischen Interpretation seines „Bergromans", Frankfurt a.M., Bern, New York, Paris 1989 (1-269)

Band 9: Steinhoff, Marc: Widerstand gegen das Dritte Reich im Raum der katholischen Kirche, Bern 1997 (1-188)

Band 10: Petermeier, Maria: Die religiöse Entwicklung der Edith Stein. Eine Untersuchung zur Korrelation von Lebens- und Glaubensgeschichte, Bern 1998 (1-243)

Band 11: Knops, Heike: Die Verantwortung der Kirche in der Euthanasie-Frage. Eine Untersuchung zu den historischen Wurzeln der gegenwärtigen Euthanasie-Diskussion in Kirche und Theologie, Bern 2001

Reihe: Religionspädagogische Perspektiven (im Verlag die Blaue Eule Essen)

Band 1: Averwald, Barbara: Leben mit geistig Behinderten in christlichen Gemeinden, Essen 1984 (1-163)

Band 2: Ringele, Beate: Tilmann Moser ‚Gottesvergiftung'. Über die Ursprünge von Religion im frühen Kindesalter, Essen 1984 (1-199)

Band 3: Fleer, Bärbel: Taizé. Eine Herausforderung. Der Anspruch christlicher Orden in Theorie und Praxis, Essen 1988 (1-187)

Band 4: Oberthür, Rainer: Angst vor Gott? Über die Vorstellung eines strafenden Gottes in der religiösen Entwicklung und Erziehung, Essen 1986 (1-141)

Band 5: Hennecke, Elisabeth: Ein Kind lernt mit dem Tod zu leben. Religionspädagogische Überlegungen zum Elternverlust, Essen 1987 (1-160)

Band 6: Oberthür, Rainer: Sehen lernen. Unterricht mit Bildern Relindis Agethens aus dem Grundschulwerk von Hubertus Halbfas, Essen 1988 (1-115)

Band 7: Oberthür, Ruth: Malen im Religionsunterricht, Essen 1988 (1-139)

Band 8: Kollmann, Roland: Religionsunterricht unter erschwerenden Bedingungen, Essen 1988 (1-230)

Band 9: Sprißler, Renate: Leben in der Urgemeinde - Gemeindeleben heute. Eine Unterrichtsreihe, Essen 1991 (1-101)

Band 10: Bodarwé, Christoph: Reden vom Tod ist Reden vom Leben. Neuere Kinder- und Jugendliteratur zum Thema „Tod" als Impuls für die religionspädagogische Praxis in Sonderschulen, Essen 1989 (1-187)

Band 11: Mingenbach, Hans-Michael: Gott führt in die Freiheit. Ein symboldidaktischer Unterrichtsversuch, Essen 1990 (1-103)

Band 12: Winzenick, Mechthild: Altern - aber wie? Gerontologische Aspekte zur Daseinsbewältigung, Essen 1990 (1-175)

Band 13: Trautmann, Franz: Religionsunterricht im Wandel. Eine Arbeitshilfe zu seiner konzeptionellen Entwicklung, Essen 1990 (1-140)

Band 14: Frey, Kathrin: erwachsen glauben. Konzeption einer zeitgemäßen theologischen Erwachsenenbildung, Essen 1991 (1-240)

2. Aufl. Band 6: Oberthür, Rainer: Sehen lernen. Unterricht mit Bildern Relindis Agethens aus dem Grundschulwerk von Hubertus Halbfas, Essen 1992 (1-115)

Band 15: Schlüter, Richard: Ökumenisches Lernen in den Kirchen - Schritte in die gemeinsame Zukunft. Eine praktisch-theologische Grundlegung, Essen 1992 (1-143)

Band 16: Menke, Birgit: Freiarbeit - Eine Chance für den Religionsunterricht, Essen 1992 (1-138)

Band 17: Keß, Christoph: Technik als Unterrichtsthema. Beiträge zu einer christlichen Technikreflexion im Religionsunterricht, Essen 1992 (1-142)

Band 18: Faber, Bettina: Weibliche Religiosität in der Schule, Essen 1993, (1-104)

Band 7 (2. Aufl.): Oberthür, Ruth: Malen im Religionsunterricht, Essen 1993 (1-139)

Band 19: Arens, Veronika: Grenzsituationen. Mit Kindern über Sterben und Tod sprechen, Essen 1994 (1-228)

Band 20: Schnell, Wolfgang: Jona - Prophet der Ökumene, Essen 1993 (1-148)

Band 21: Willems, Lydia: Vom Sichtbaren zum Unsichtbaren. Fächerintegrative Einführung in die Symbolsprache, Essen 1994 (1-181)

Band 22: Hegeler, Ingeborg: Symbole und Behinderte. Symboldidaktik mit Lernbehinderten im Kreuzverhör, Essen 1995 (1-116)

Band 23: Kinzel, Klaus-Michael: Befreiungstheologie in Deutschland?, Essen 1995 (1-174)

Band 24: Gottfried; Thomas: Religionsunterricht als Lebenshilfe. Diakonische Orientierung des Religionsunterrichts in der postmodernen Gesellschaft, Essen 1995 (1-211)

Band 25: Beuers, Christoph: Die frühe religiöse Sozialisation von Kindern mit geistiger Behinderung, Essen 1996 (1-288)

Band 26: Cyrus, Sylvia: Aufbruch zu neuen Horizonten. Ökumenisches Lernen mit Kindern und Jugendlichen, Essen 1996 (1-109);

Band 27: Böhm, Uwe: Jugendarbeit und Schule, Essen 1996 (1-160)

Band 28: Rosenberger, Gertraud: Das große Buch für kleine Leute. Kriterien und Beurteilung ausgewählter Kinderbibeln, Essen 1997 (1-188)

Band 29: Jungbluth, Gert: Religiöses Lernen im Heim. Theoretische und praktische Aspekte einer lebensgeschichtlich orientierten Religionspädagogik im Kinder- und Jugendheim, Essen 1997 (1-312)

Band 30: Daniel, Gesa: Selbst- und Gottesbild. Entwicklung eines Klärungsverfahrens bei Kindern mit Sprachstörungen, Essen 1997 (1-396)

Band 31: Schiene, Katrin: Nur schöne Geschichten zur Weihnachtszeit? Die ‚Kindheitsgeschichten Jesu' (Lk 2,1-10; Mt 2,1-12), Essen 1998 (1-184)

Band 32: Hennemeier, Mechthild: Religionsunterricht für alle? Religionsunterricht an der Grundschule und an der Schule für Geistigbehinderte im Vergleich, Essen 1998 (1-100)

Band 33: Büsch, Anna: Judentum im katholischen Religionsunterricht, Essen 1998 (1-152)

Band 34: Brenner, Ulrich: Beten in Religionsunterricht und Katechese, Essen 1999 (1-296)

Band 35: Hippmann, Wolfgang: Religionsunterricht vor Ort. Zu seiner Regionalisierung in der pluralistischen Gesellschaft, Essen 1999 (1-444)

Band 36: Andonov, Bojidar: Der Religionsunterricht in Bulgarien. Geschichte, Gegenwart und Zukunft religiöser Bildung in der orthodoxen Kirche Bulgariens, Essen 2000 (1-392)

Band 37: Schneider, Karin: Ja, vielleicht, Heiliger Geist. Impulse zur Firmung mit 16-18, Essen 2001 (1-126)

Band 38: Schröer, Siegfried: Jugendliteratur und christliche Erlösungshoffnung. Vom Widerstand junger Menschen gegen die Mächte des Bösen, Essen 2001 (1-272)

Band 39: Gerling, Verena: „Wir werden den Weg schon finden!" Das Märchen Hänsel und Gretel in der religiösen Erziehung, Essen 2001 (1-142)

Band 40: Ringel, Nadja: „Was ich nicht alles können muss..." Religionspädagogische Handlungskompetenzen von Religionslehrer/-innen an Grundschulen, Essen 2001 (1-130)

Mitherausgeber

Adam, Gottfried/ Kollmann, Roland/ Pithan, Annebelle (Hg.): „Normal ist, verschieden zu sein". Das Menschenbild in seiner Bedeutung für religionspädagogisches und sonderpädagogisches Handeln. Dokumentationsband des Vierten Würzburger Religionspädagogischen Symposiums, Comenius Institut Münster 1994 (1-284)

Adam, Gottfried/ Kollmann, Roland/ Pithan, Annebelle (Hg.): „Blickwechsel". Alltag von Menschen mit Behinderungen als Ausgangspunkt für Theologie und Pädagogik. Dokumentationsband des Fünften Würzburger Religionspädagogischen Symposiums, Comenius Institut Münster 1996 (1-364)

Adam, Gottfried/ Kollmann, Roland/ Pithan, Annebelle (Hg.): Mit Leid umgehen. Dokumentationsband des Sechsten Würzburger Religionspädagogischen Symposiums, Münster (Comenius-Institut) 1998 (1-302)

Pithan, Annebelle/ Adam, Gottfried/ Kollmann, Roland, Handbuch Integrative Religionspädagogik. Reflexionen und Impulse für Gesellschaft, Schule und Gemeinde, Münster u. Gütersloh 2002 (1-638)

Herausgeber der Zeitschrift „Religionspädagogische Beiträge" der Arbeitsgemeinschaft Katholischer Katechetik-Dozenten (AKK):

Religionspädagogische Beiträge, Themenheft „500 Jahre Eroberung 1492-1992", Heft 29/1992 (1-184)

Religionspädagogische Beiträge, Themenheft „Ästhetik", Heft 30/ 1992 (1-184)

Religionspädagogische Beiträge, Themenheft „Natur als Schöpfung", Heft 31/ 1993 (1-192)

Abbildungsverzeichnis

Band 1

Abb. 1	S. 157	„Das eine steht fest..."	Zeichnung: Stauber Quelle: KatBl 5/1983
Abb. 2	S. 160	Schüler am Tisch	Zeichnung: Stauber Quelle: KatBl 5/1983
Abb. 3	S. 163	„So Kinder..."	Zeichnung: Stauber Quelle: KatBl 5/1983
Abb. 4	S. 174	„Aufrecht u. frohgemut..."	Zeichnung: Marie Marks Quelle: KatBl 3/1983
Abb. 5	S. 176	„...und bricht zusammen"	Zeichnung: Marie Marks Quelle: KatBl 3/1983
Abb. 6	S. 179	„...und erhebt sich wieder"	Zeichnung: Marie Marks Quelle: KatBl 3/1983

Band 2

Abb. 7	S. 635	RU als Fragezeichen	Zeichnung: Löffler (LR) Quelle: unbekannt
Abb. 8	S. 637	Lebensglück	Zeichnung: Vladimir Rencin Quelle: Baaske Cartoons
Abb. 9	S. 639	Es ist das Fest des Schenkens	Zeichnung: E. Lenkor (Serie „Adam u. Evchen")
Abb. 10	S. 640	„Und damit basta, Herr Küng!"	Zeichnung: Wolter Quelle: Deutsches Allgemeines Sonntagsblatt
Abb. 11	S. 641	„Ist Sex Sünde?"	Zeichnung: Dik Browne (c 274) King Features Syndicate, inc., 1998 KFS/ Distr. Bulls

Abb. 12	S. 642	Luther-Dudelsack	Zeichnung: Erhard Schoen um 1525 Quelle: W. Dollinger, Lachen streng verboten, München 1972, S. 17
Abb. 13	S. 643	Papst als Esel	Zeichnung 1523 („Bapstesel zu Rom") Quelle: W. Dollinger, s.o., S. 8
Abb. 14	S. 643	„Maul halten..." (Christus mit Gasmaske)	Zeichnung: George Grosz Quelle: Hintergrund. 17 Zeichnungen von G.G. zur Aufführung des Schweigk in der Piscatorbühne
Abb. 15	S. 644	Der Gotteslästerer (George Grosz)	Zeichnung: Kukryniksy Quelle: Dies., Karikaturen, Berlin 1977, S. 12
Abb. 16	S. 646	Der Prediger	Zeichnung: Claude Bernhard Quelle: Publik Forum Nr. 18/1987, S. 40
Abb. 17	S. 648	Gott als Handpuppe	Zeichnung: Erich Rauschenbach Quelle: Das Gelächter der Hoffnung - Cartoons zum Thema: Die Verantwortung des Narren, hrsg. von Helmut Mayer; Löwenstein: Ev. Tagungsstätte Löwenstein 1988, S. 21; hier: DKV (Hg.) Materialbrief 4/1988, S. 3
Abb. 18	S. 653	AMOR-ROMA	Zeichnung: Wolter Quelle: unbekannt
Abb. 19	S. 654	„gestorben... gestorben"	Zeichnung: unbekannt Quelle: unbekannt

Abb. 20	S. 654	Geistschiss	Zeichnung: A.J. Smolinski (Jals) Quelle: Publik Forum 8/1978
Abb. 21	S. 655	Lehmann	Zeichnung: unbekannt Quelle: Zum Beitrag: Angst essen Bischofs-Seelen auf. Zwischen Frust und Zorn: Hintergründe des Trauerspiels zwischen Papst und deutschen Bischöfen. Die Chance des Kirchenvolkes. Publik Forum
Abb. 22	S. 656	„Der Papst treibt ab..."	Zeichnung: Peter Thulke Quelle: Koepenicker Cartoon-Gesellschaft
Abb. 23	S. 657	Prof.	Zeichnung: Mester Quelle: unbekannt
Abb. 24	S. 658	Hängematte	Zeichnung: Vladimir Rencin Quelle: Ulrich Lüke, Erregung öffentlichen Umdenkens, Regensburg 1993

Religionspädagogische Perspektiven
Herausgegeben von Prof. Dr. Roland Kollmann

Band 37   *Karin Schneider*
Ja, vielleicht, Heiliger Geist
Impulse zur Firmung mit 16 -18
Essen 2001, 128 Seiten, 16,50 € [D]   ISBN 3-89206-074-6

Band 38   *Siegfried Schröer*
Jugendliteratur und christliche Erlösungshoffnung
Vom Widerstand junger Menschen
gegen die Mächte des Bösen
Essen 2001, 274 Seiten, 41,00 € [D]   ISBN 3-89206-070-3

Band 39   *Verena Gerling*
"Wir werden den Weg schon finden!"
Das Märchen *Hänsel und Gretel*
in der religiösen Erziehung
Essen 2001, 144 Seiten, 20,50 € [D]   ISBN 3-89206-051-7

Band 40   *Nadja Ringel*
"Was ich nicht alles können muß..."
Religionspädagogische Handlungskompetenzen
von Religionslehrer/-innen an Grundschulen
Essen 2001, 132 Seiten, 17,50 € [D]   ISBN 3-89206-039-8

Roland Kollmann
**Wegmarken
in der religionspädagogischen Landschaft**
Essen 2002, 742 Seiten in 2 Teilbänden, 49,00 € [D]   ISBN 3-89206-013-4

Die Ladenpreise unterliegen dem Preisbindungsrevers. €-Preise ab 01.01.2002

Verlag DIE BLAUE EULE
Annastraße 74 • D 45130 Essen • Tel. 0201/8776963 • Fax 8776964
http://www.die-blaue-eule.de